工商管理经典译丛
市场营销系列
Business Administration
Classics·marketing

零售管理

Retail Management
A Strategic Approach

第13版
Thirteenth Edition

[美] 巴里·伯曼(Barry Berman)
乔尔·埃文斯(Joel R. Evans)
帕特拉莉·查特吉(Patrali Chatterjee)
著

金钰
译

中国人民大学出版社
·北京·

工商管理经典译丛·市场营销系列

出版说明

随着我国市场经济的不断深化，市场营销在企业中的地位日益突出，高素质的市场营销人才也成为企业的迫切需要。中国人民大学出版社早在1998年就开始组织策划“工商管理经典译丛·市场营销系列”丛书，这是国内第一套引进版市场营销类丛书，一经推出，便受到国内营销学界和企业界的普遍欢迎。

本丛书站在当代营销学教育的前沿，总结国际上营销学的最新理论和实践发展的成果，所选图书均为营销学界有影响的专家学者所著，被世界各国（地区）的高校师生和企业界人士所广泛使用。在内容上，涵盖了营销管理的各个重要领域，既注意与国内营销学相关课程配套，又兼顾企业营销的实际需要。

市场营销学是实践性很强的应用学科，随着我国企业营销实践的日渐深入和营销学教育的快速发展，本丛书也不断更新版本，增加新的内容，形成了今天呈现在读者面前的这一较为完善的体系。今后，随着营销学的发展和实践的积累，本丛书还将进行补充和更新。

在本丛书选择和论证过程中，我们得到了国内营销学界著名专家学者的大力支持和帮助，我社原策划编辑闻洁女士在早期的总体策划中付出了大量的心血，谨在此致以崇高的敬意和衷心的感谢。最后，还要特别感谢为本丛书提供版权的培生教育出版集团、约翰威立公司、麦格劳-希尔教育出版公司、圣智学习出版公司等国际著名出版公司。

希望本丛书对推动我国营销人才的培养和企业营销能力的提升持续发挥应有的作用。

中国人民大学出版社

译者序

零售业是商业的重要组成部分，也是就业的主要来源，零售趋势可以反映一个国家的整体经济走向。在分销渠道中，零售商充当着制造商和批发商与消费者之间的纽带。零售商与供应商之间的关系往往非常复杂。因此，零售业成为一个重要的研究领域。由巴里·伯曼教授、乔尔·埃文斯教授和帕特拉莉·查特吉教授撰写的《零售管理》是该领域最为经典的著作之一。迈进21世纪以来，虽然零售业销售额达到了历史最高点，但零售商也面临着诸多挑战。如何在赚取利润的同时为顾客提供更好的服务？如何在竞争激烈的市场中脱颖而出？如何协调不同渠道之间的商品经营、定价及服务策略？如何在维系核心忠诚顾客的同时不断壮大企业？零售决策制定者必须根据零售基本原则，采用完善的、系统的、具有针对性的零售战略来解决这些问题。这正是本书的核心要旨！

我们非常高兴能够承担《零售管理》（第13版）的翻译工作，向那些对零售业感兴趣的学生和学者以及零售业的从业人员介绍零售战略规划过程，希望能对中国的零售实践和理论研究的发展提供帮助并做出贡献。本书的翻译以准确为原则，同时在忠实原文的基础上，力图以流畅易懂的语言呈现内容。在翻译本书的过程中，我们得到了中国人民大学出版社石岩编辑的大力支持、帮助和鼓励，在此表示衷心的感谢！

本书内容极为丰富，覆盖了所有重要的零售主题。尽管我们为本书的翻译付出了非常大的努力，对译稿进行了多次校对与修改，但由于译者的能力有限，文中难免存在不当或疏漏之处，恳请读者批评指正。

金 钰

前言

我们怀着无比自豪与感激之情出版了这本畅销不衰的书籍。本书得到了世界各地高等学校的广泛采用，并已翻译成中文和俄文。

乔尔（Joel）和我很高兴欢迎这一版的新合著者——帕特拉莉·查特吉（Patrali Chatterjee）博士（营销专业管理学博士）。她是蒙特克莱尔州立大学费利西亚诺商学院的营销学全职教授，还是美国高校零售协会（American Collegiate Retailing Association, ACRA）的高级管理人员。她在许多学术期刊上发表过自己的研究成果，并在商业媒体上发表过文章。她还为多家《财富》(*Fortune*) 500 强企业提供咨询服务。

迈入 21 世纪，我们的目标是将传统的零售业与竞争现状以及高科技结合在一起。本书既有前沿内容，又保留了教师和学生最渴望的内容和特点。为了与时俱进，我们定期通过博客（www.bermanevansretail.com）发布有关时事材料，我们的博客已经有超过 1 500 篇帖子，浏览者来自 180 个国家和地区。

我们对教学和写作的热情始终很高。我们在霍夫斯特拉大学扎布商学院（乔尔和我）和蒙特克莱尔州立大学费利西亚诺商学院（帕特拉莉）讲授完整的本科生和研究生课程，这两所学校都获得了国际高等商学院协会（AACSB International）的认证。我们一直积极参与并支持 ACRA。巴里曾担任主席并入选了 ACRA 名人堂，乔尔编辑过一些会议论文集，帕特拉莉是委员会的高级管理人员。

战略方法和零售战略是本书的基石，我们是最先将这种重要观点引入零售管理教学的作者。战略方法的基本原则是零售商必须适应复杂多变的环境并制订经营计划，机会和限制条件都必须考虑。零售战略是指导零售商经营活动的总体计划或总体框架。理想情况下，它将持续至少一年，包括零售商的使命、目标、消费者市场、总体和具体活动以及控制机制。如果没有预先制定的、整合良好的战略，企业可能会举步维艰，无法应对周围的环境。我们希望读者通过对本书的学习能够成为一名优秀的零售计划制订者和决策者，并具备适应变化的能力。

本书面向零售及零售管理领域的读者。该领域的大多数读者已经接触过营销原理，我们认为零售应被视为一种营销形式。

第 13 版的创新之处

自本书问世以来，我们力求使本书具有时代性和前瞻性。在每一版的撰写过程中，我们都非常积极主动而非消极被动，借用沃尔玛创始人萨姆·沃尔顿（Sam Walton）的名言——“恪尽职守，坚信不疑。”

《零售管理》(第 13 版）有许多变化：

1. 所有的数据和案例都是最新的，尽可能反映当前的经济形势和世界形势。我们认为本书有必要将经济环境考虑进来，因为它对企业和消费者产生了巨大影响。

2. 本书用大量篇幅介绍全渠道零售——一种不断发展的做法，即最佳零售商能够了解并无缝地整合不同渠道(包括商店、网站、移动端、社交媒体等)。

3. 每章全新的开篇专栏——每一个都与零售业的不断发展有关。

4. 全新的小案例和综合案例。每个案例都来自真实的公司和真实的情境。

基于坚实的传统

本书沿袭了以下特征：

- 采取战略决策导向，包含许多附带说明的流程图、数字和表格。章节内容涉及制定和实施零售战略的六个步骤，第 1 章对这些步骤进行了概述。
- 全面覆盖所有主要的零售主题，包括商品经营、消费者行为、信息系统、全渠道零售、商店选址、运营、物流、服务零售业、零售审计、零售机构、特许经营、人力资源管理、计算机化以及不断变化环境中的零售业。
- 每章都包含关于当前零售问题的专栏。这些专栏通过关注真实的企业和情境，进一步阐述文中介绍的概念。
- 每章末尾都提供了关键术语和讨论题。
- 既有各类零售商和零售实践的小案例，也有综合案例。
- 书中的最新信息来自：《广告时代》(*Advertising Age*)、《商业周刊》(*Businessweek*)、《连锁商店时代》(*Chain Store Age*)、《直复营销》(*Direct Marketing*)、《企业家》(*Entrepreneur*)、《财富》(*Fortune*)、《公司》(*Inc.*)、《零售与配送管理国际期刊》(*International Journal of Retail & Distribution Management*)、《零售期刊》(*Journal of Retailing*)、《多渠道商人》(*Multichannel Merchant*)、《先进食品杂货商》(*Progressive Grocer*)、《今日零售》(*Retailing Today*)、《今日购物中心》(*Shopping Centers Today*)、《标准普尔》(*Standard & Poor's*)、《商店》(*Stores*) 和《华尔街日报》(*Wall Street Journal*) 等。

本书架构

全书分为八篇。第 Ⅰ 篇介绍零售业、战略规划的基础、建立和维护关系的重要性，以及创建或管理零售企业时需要制定的决策。第 Ⅱ 篇根据所有权类型以及有店铺、无店铺、电子化和非传统零售形式对零售机构进行了考察。这一篇还介绍了零售轮转、跨界商品经营、零售生命周期和网络的概念。第Ⅲ篇着重讨论目标营销和信息收集方法，包括消费者购物的原因和方式、零售信息系统和数据仓库。第Ⅳ篇提出了选址规划的四步骤方法：商圈分析、选择最理想的店址类型、选择一个大体位置以及确定具体地点。第Ⅴ篇讨论管理零售企业所涉及的要素：零售组织结构、人力资源管理和运营管理（从财务和经营两个方面）。第Ⅵ篇探讨商品管理——制订和实施商品计划、商品的财务管理以及定价。第Ⅶ篇分析与顾客沟通的方法，侧重于零售形象、氛围和促销。第Ⅷ篇讨论零售战略的整合与控制。

结束语

我们一如既往地竭力在开发和维护教学资源方面亲力亲为。欢迎您就《零售管理》及其配套资料的任何方面向我们反馈。

巴里·伯曼
乔尔·埃文斯
帕特拉莉·查特吉

目 录

第 I 篇 战略性零售管理概述

第Ⅱ篇　形势分析

第Ⅲ篇　确定目标顾客与收集信息

第Ⅳ篇 商店选址

第Ⅴ篇 管理零售企业

第Ⅵ篇　商品管理和定价

第Ⅶ篇 顾客沟通

第Ⅷ篇 总 结

R E T A I L   M A N A G E M E N T

第 I 篇

战略性零售管理概述

欢迎阅读《零售管理》第 13 版。希望本书为您提供丰富的最新信息、行动方向和阅读上的便利。

第 I 篇探讨零售业、关系的建立和维护以及创建或管理零售企业时的战略规划的基本原则和决策。

第 1 章对零售业进行描述，说明研究它的原因并考察它的特征。本章首先指出战略规划的价值，接着介绍零售理念以及整体零售体验、顾客服务和关系零售，最后说明本书的重点和架构。

第 2 章着眼于零售商面对的复杂关系，既包括与顾客的关系，又包括与其他渠道成员的关系。本章考察价值和价值链、顾客关系和渠道关系、商品零售商与服务零售商在关系建立方面的差异、技术对零售关系的影响以及伦理表现与零售关系之间的相互作用。本章附录为“针对服务零售业的特征制定规划”。

第 3 章阐述战略规划对各类零售商的作用。本章重点讨论战略规划的过程：形势分析、目标、识别消费者、整体战略、具体行动、控制和反馈。本章还讨论了零售战略的可控和不可控因素。本章通过依次介绍一系列彼此相关的步骤对战略规划进行说明。本章还对一个计算机化战略规划模板进行了详尽介绍。

RETAIL MANAGEMENT

第1章

零售业简介

学习目标

- 定义零售，阐述其影响，并指出其特征。
- 介绍战略规划的概念并加以应用。
- 说明为什么零售理念是企业成功的基础，重点讨论整体零售体验、顾客服务和关系零售。
- 说明本书的重点和架构。

Web 2.0、社交媒体和移动媒体等数字技术极大地改变了世界各地的企业和消费者获取信息、制定决策、相互沟通、进行交易和拥有与分享财产的方式。在这个始终互联、时刻充满竞争的零售环境中，消费者会选择与零售商互动的方式、时间和地点。零售商应该积极主动地预测消费者需求，并用全渠道方法为顾客提供无缝的购物体验，无论顾客是使用台式电脑或移动设备、打电话，还是在实体店内购物。本书每章的开篇都会讨论与该章主题相关的全渠道方法。

如何区分多渠道零售与全渠道零售呢？多渠道零售是指零售商拥有不同的渠道（商店和网络）。在传统的多渠道零售环境中，不同渠道之间的联系很少。简单地说，尽管购物者可以通过任意一个渠道购买商品，但渠道之间并不存在重要的联系。例如，消费者无法在网上查询商店库存，在不同的渠道需要支付不同的价格，无法安排网上订单的到店自取，不能将网上购买的商品退给当地商店，商店和网站的顾客数据库可能也不一样。

与之不同的是，不论采用哪种渠道或设备（商店、笔记本电脑、iPad、智能手机等），全渠道零售都可以提供一致、不间断和无缝的体验。全渠道零售假设不同购物者在其购物过程中使用移动设备、网络和商店的方式有很大差异。例如，消费者可以通过网络或社交媒体来发现产品，使用网络或店内观察来收集信息，也可以将通过移动设备购买的商品退给商店。全渠道零售本质上是无缝的和整合的。

我们创建了一个零售博客（www.bermanevansretail.com），上面提供各种有趣的最新信息，包括零售商链接、就业机会、有关零售业和零售商的新闻等，欢迎访问！

许多不同类型的零售商都采用多种技术，并利用社交媒体和移动媒体来与顾客沟通、提升零售商形象、推荐新店址和新商品、销售产品和举办特别的促销活动等。

资料来源：iQoncept/Shutterstock. Reprinted by permission.

概　述

零售（retailing）是指向消费者销售商品和服务的商业活动，以供个人、家庭或非家庭住户使用。它包括向最终消费者进行的所有销售活动，如销售汽车、服装、餐饮和电影票。零售是从供应商到消费者的分销过程的最后阶段。

如今，零售业正处于一个复杂的十字路口。一方面，零售额达到了历史最高点（尽管在 2008—2010 年的“大衰退”期间有所下滑）。沃尔玛（Walmart）虽然是在全球范围内销售额领先的公司，但亚马逊网站（Amazon.com）的销售额年增长率高达 25%（主要作为在线零售商，在撰写本书时其实体店数量很少），沃尔玛仅为 1%。[1] 技术进步会不断提高零售效率。无论是创办新的零售企业，还是为现有的零售企业工作，或是成为特许加盟商，都存在许多机会。全球零售业蕴藏着大量商机，尤其是对于纯粹的在线零售商来说，因为它们无须付出零售店铺的成本就可以在全球复制其商业模式。

另一方面，零售商也面临着诸多挑战。近年来，美元对主要货币的升值对世界各地的零售商、供应商和消费者都产生了重大影响。许多消费者对购物感到厌烦，或者没有太多时间去购物，他们花费更多的反而是体验。有些地区的商店数量过多，零售商相互竞争以至于频繁降价（利润率也随之下降）。消费者对服务寄予厚望，但越来越多的零售商却在提供自助服务、自动化系统以及全渠道订购和自取服务。尽管电子商务仅占美国零售额的 7.1%，但它的增长速度很快，并且正在蚕食实体商店的销售收入。一些零售商仍在为其全渠道战略而奋战，在实体店与虚拟店之间分配资本和人力资源，协调各渠道之间的商品经营、定价和物流，以及对形象提升、顾客信息和反馈及销售交易给予相应的重视。手机和社交媒体技术的普及使许多零售商原有的全球战略遇到了困难。零售商必须解决的关键问题包括：

- 如何在赚取合理利润的同时为顾客提供更好的服务？
- 如何在竞争激烈、消费者有许多选择的环境中脱颖而出？
- 如何协调在成本、利润率和目标细分市场上都存在差异的各个渠道的商品经营、定价和服务策略？
- 如何在维系核心忠诚顾客的同时不断壮大企业？

通过充分理解和应用零售基本原则，零售决策制定者可以采用一种结构完善的、系统的和具有针对性的零售战略来解决这些问题。这正是本书所揭示的理念。

零售商能否在当今的市场环境中蓬勃发展？当然可以！只要看一看你喜欢的餐馆、礼品店和食品店，再看看开市客（Costco）、星巴克（Starbucks）、L Brands（其主打品牌包括维多利亚的秘密（Victoria's Secret）和 Bath & Body Works）和亚马逊等成功的零售商，你就会充满信心。它们有什么共同点呢？那就是渴望取悦顾客和建立稳固的利基市场。为了实现长期繁荣，它们都需要制定并调整战略规划——这两点正是本书的核心要旨。

本章介绍零售业的框架、制定和实施合理的零售战略的价值，并说明本书的重点和架构。

零售业的框架

为了理解零售业的作用和零售活动的范围，下面从三个角度进行考察。

1. 假设我们管理着一家生产化妆品的制造企业，我们应该如何销售这些商品呢？我们可以通过丝芙兰（Sephora）等大型连锁店或小型邻里商店进行销售，可以通过我们自己的销售人员上门推销（如玫琳凯（Mary Kay）一样）或者开设我们自己的商店（如果我们具备所需的能力和资源）销售，也可以赞助电视专题广告片或杂志广告并附上一个免费电话号码销售。

2. 假设我们产生了一个构想，试图采用一种新方法来教一年级学生使用计算机软件学习拼写和词汇，我们应该如何实现这个构想呢？我们可以在商业街的购物中心租一家商店并在当地报纸上做广告，可以在当地的某个社会组织中推荐，也可以向家长邮寄广告并登门拜访。在以上情况下，服务都是“当场”提供的。还有另一种选择：我们可以利用动画网站为儿童提供在线教育。

3. 假设我们是需要购买服装的消费者，我们有哪些选择？我们可以去百货商店或服装店，可以选择提供全面服务的零售商或折扣店，可以去购物中心或通过商品目录订购，可以惠顾经营各类服装（从外套、牛仔裤到西装）的零售商或专营某个服装类别（如皮衣）的商店，可以浏览全球各地的零售商的网站，也可以在 Facebook 上查看其他消费者对不同零售商的评价。

人们倾向于认为零售业主要涉及有形（实体）商品的销售，但是零售业还包括服务和数字商品的销售，这是零售业的重要组成部分！服务可能是购物者主要购买的商品（如理发），也可能是购物者购买商品的一部分（如家具配送）。许多实体商品（如书籍、电影和音乐等产品类别）的销售现在主要是通过应用程序下载来进行。显然，零售业不一定要涉及商店。邮购和电话订购、在消费者家里或办公室进行直销、网络交易、信息亭和自动售货机销售都属于零售的范畴。事实上，零售甚至不必包括“零售商”。向最终消费者进行销售时，制造商、进口商、非营利组织、批发商和在线平台上的个体工匠（如 Etsy.com）都充当着零售商的角色。

接下来讨论研究零售业的各种原因以及零售业的特征。

研究零售业的原因

由于零售业对经济的影响、它在分销中的功能以及它与那些向零售商销售商品和服务以供其转售或使用的企业之间的关系等，零售业成为一个重要的研究领域。这些因素稍后进行讨论。对零售专业的学生来说，第四个原因是零售业提供了广泛的就业机会。

零售业对经济的影响

零售业是美国和世界商业的重要组成部分。零售业的销售额和就业机会是重要的经济贡献，零售趋势往往反映了一个国家整体经济走向。

根据美国商务部（Department of Commerce）的资料，2015 年美国零售店的销售额高达 4.785 万亿美元——占美国经济总量的 1/3。同年，美国的零售额占世界零售额的 1/5 以上。[2] 电子商务零售额占美国总零售额的加权平均份额从 2007 年的 3.4% 稳步增长到 2015 年的 7.1%。[3] 欧洲在线零售额的份额略高，为 7.5%，亚太地区最高，为 10.2%。无店铺零售商的电话和邮购销售、自动售货机以及直销产生的年收入高达数千亿美元。金融、医疗、法律、教育和其他服务方面的个人支出也创造了数千亿美元的年零售收入。

耐用品商店（包括汽车和配件经销商，家具、家居用品、电子产品和电器商店，建材和五金商店等）的销售额占美国零售商店销售额的 30%。非耐用品商店和服务商店（包括日用品商店，食品和饮料商店，健康和个人护理商店，加油站，服装和配饰商店，体育用品、业余爱好、书籍和音像商店，餐饮场所，杂货零售商等）则占其余的 70%。

全球 250 家最大的零售商创造的年收入超过 4.6 万亿美元，它们分属 29 个国家，其中 76 家在美国，28 家在日本，17 家在德国，16 家在英国，15 家在法国，它们当中有 5 家是无店铺零售商。[4] 美国十大零售商的年国内收入近 1 万亿美元，其全球总销售额超过 1.2 万亿美元，它们在美国经营的商店超过 32 000 家（见表 1-1）。

表 1－1 美国十大零售商

排名	公司	网址	主要零售业态	2015 年在美国的销售额（百万美元）	2015 年在美国的商店数量	2015 年的全球销售额（百万美元）
1	沃尔玛	www.walmart.com	全线折扣店、超级购物中心、会员俱乐部	353 108	5 182	500 108
2	克罗格（Kroger）	www.kroger.com	超市、便利店、珠宝店	103 878	3 747	103 878
3	开市客	www.costco.com	会员俱乐部	83 545	476	116 671
4	家得宝（Home Depot）	www.homedepot.com	家居用品中心	79 297	1 965	88 621
5	沃尔格林博姿联合公司（Walgreen Boots Alliance）	www.walgreens.com	药店	76 604	8 052	92 670
6	塔吉特（Target）	www.target.com	全线折扣店、超级购物中心	73 226	1 774	73 226
7	CVS Health	www.cvshealth.com	药店	72 151	9 659	73 546
8	亚马逊	www.amazon.com	网络商家	61 619	N/A	104 060
9	艾伯森（Albertsons）	www.albertsons.com	超级购物中心、药店	58 443	2 311	58 443
10	劳氏（Lowe's）	www.lowes.com	家居用品中心	57 486	1 805	59 051

资料来源：Baised on material in David P. Schulz, "Stores Top 100 Retailers," *STORES Magazine* (July 2016). Reprinted by permission Copyright 2016. STORES Magazine.

零售业是就业的主要来源。仅在美国就有 1 500 万人（约占总劳动力的 1/10）受雇于传统零售商（包括餐馆等食品和饮料服务企业）。但是，该数据低估了零售业的实际就业人数，因为它未包括数百万受雇于其他服务企业的员工、季节性员工、业主以及家庭企业或合伙企业中未被统计报告的员工。

零售业是美国最大的私营部门雇主。根据美国零售联合会（National Retail Federation）的说法，任何在消费品相关行业就业的人（从向制造商供应原材料的人到配送商品的卡车司机）都算是以零售为生。零售业拥有 3 500 万家商店和众多供应商，创造了 4 200 万个就业岗位和 1.6 万亿美元的劳动收入，并且贡献了 2.6 万亿美元的美国国内生产总值（GDP）。[5]

从成本角度看，零售业也是重要的研究领域。2015 年美国的百货商店平均每 1 美元中有 36 美分、女装商店有 47 美分、药店和杂货店有 28 美分，用于支付营业成本、开展宣传活动和获取利润。成本包括租金、商品陈列费用、薪酬、广告费和商店维护费用。利润仅占很小一部分，并且零售部门的利润率各不相同。2015 年音频 / 视频和消费电子产品商店的税前利润率为 4.2%，百货商店的平均税前利润率为 2.1%。[6] 沃尔玛是全世界最大的零售商，在截至 2016 年 1 月 31 日的财务年度内，其税后利润占销售额的 3.1%。[7]

零售职场

内部招聘与外部招聘

零售业中有两种相反的人力资源策略：（1）仅限于晋升企业内部员工；（2）从竞争企业招聘人员。内部晋升策略可以降低员工流动率，促进员工忠诚，为现有员工开拓职业发展道路，它还最大限度地降低了培训新员工遵守公司政策的难度。

外部招聘策略寻求的是某个职位的最佳人选。该策略鼓励企业采取新的思考方式，吸引到那些在别的企业积累了技能和人脉的员工。

在什么情况下零售商应该采用外部招聘策略？采用这种策略的零售商如何才能避免现有员工士气低落？

零售在分销中的功能

零售是**分销渠道**（channel of distribution）的最后一个阶段。分销渠道是指在商品和服务的实体及所有权从生产者到消费者的转移过程中所有参与的企业和个人。典型的分销渠道如图 1 - 1 所示。零售商通常充当制造商、批发商与消费者之间的纽带。许多制造商希望只生产一种基本类型的商品，并将所有库存销售给尽可能少的采购人员，但消费者通常希望从品类繁多的商品和服务中选购数量有限的商品。零售商从不同渠道大批量采购各种商品和服务，并以小批量出售。这就是**分拣过程**（sorting process）（见图 1 - 2）。

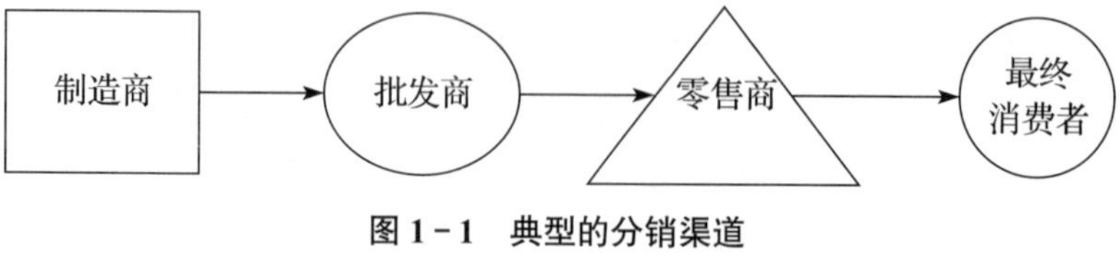

图 1 - 1　典型的分销渠道

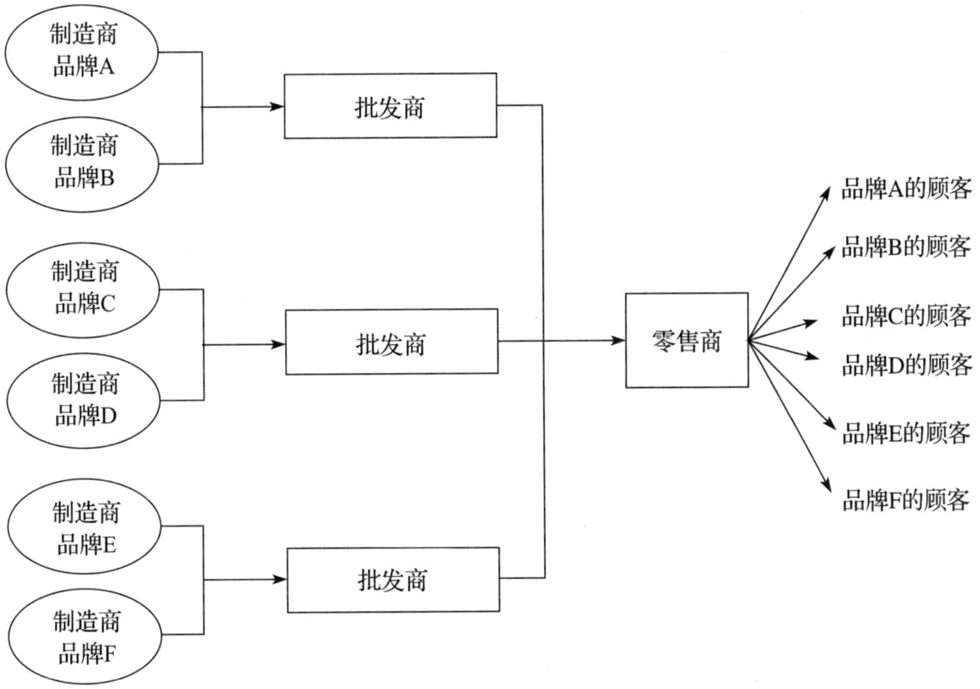

图 1－2　零售商在分拣过程中的作用

零售商的另一项工作是与顾客以及制造商和批发商沟通。购物者通过零售商的广告、销售人员和店内陈列了解商品和服务的可获得性和特征、商店营业时间及销售情况等信息。制造商和批发商通过零售商获取销售预测、配送延迟、顾客投诉、残次商品、库存周转率等信息。许多商品和服务都是根据零售商的反馈才得到了改进。

对小型供应商来说，零售商可以在产品的运输、储存、标记、广告和预付款等方面提供协助。小型零售商可能也需要供应商提供上述协助。零售商所履行的职能会影响成本和利润在销售收入中所占的百分比。

零售商还负责与顾客达成交易。这意味着零售商要拥有便利的位置，能迅速准确地承接订单并处理信用购买。有些零售商还提供礼品包装、配送和安装等顾客服务。为了提高吸引力，许多企业现在都采用**全渠道零售**（omnichannel retailing），即零售商通过多种零售业态（接触点）向消费者进行销售。大多数大型零售商既经营实体商店，也利用网站销售，以使购物更加便利，满足消费者的需求。有些企业通过多种接触点向顾客提供信息并进行销售，这些接触点包括零售商店、邮购、网站、平板电脑、智能手机和免费订购电话。

由于上述原因，产品并非完全通过制造商（批发商）的零售商进行销售。制造商能够通过多种接触点接触更多顾客，降低成本，改善现金流，迅速提高销售额，并专注于它们的专业领域。宣伟（Sherwin-Williams）、蔻驰（Coach）和耐克（Nike）等一流企业则经营自己的零售设施（除了通过独立零售商销售）。这些企业在商店的经营过程中承担所有的零售职能，并与传统零售商展开竞争。

零售商与供应商的关系

零售商与供应商之间的关系可能非常复杂。零售商是分销渠道的一部分，制造商和批发商必须考虑零售商的陈列能力、顾客服务、营业时间及其作为商业伙伴的可靠性。零售商也是转售的商品和服务、商店固定装置、计算机、管理咨询和保险的主要顾客。

零售商与供应商可能存在分歧的方面包括渠道控制、利润分配、经营供应商产品的竞争性零售商的数量、产品陈列、促销支持、付款条件和经营灵活性。由于大型连锁店的发展，零售商的权力比以往更大。除非供应商了解零售商的需求，否则它们之间无法保持良好的关系；只要零售商有选择供应商的机会，它们就会选择供应能力更大的供应商。

采用**独家分销**（exclusive distribution）时，渠道关系往往最为融洽。独家分销是指供应商仅与一家或少数几家零售商达成协议，指定其作为在特定地区经营特定品牌或产品的独家企业。这会激励双方在维护形象、分配货架空间、分配利润和成本以及广告宣传等方面密切合作。这通常也要求零售商限定其产品线中的品牌选择，它们可能不得不放弃经营其他供应商的品牌。从制造商的角度来看，独家分销可能会限制其长期总销售额。

采用**密集型分销**（intensive distribution）时，渠道关系往往最不稳定。密集型分销是指供应商通过尽可能多的零售商销售商品。通过这种形式，供应商的销售额通常可以最大化，零售商也可以经营许多品牌和产品。销售同类商品的零售商之间的竞争非常激烈。零售商可能会采用不利于个别供应商的经营策略，因为零售商更关注自己的绩效。零售商可能会减少特定品牌的货架空间，设定非常高的价格，或者不去进行广告宣传。

选择性分销（selective distribution）是指供应商通过中等数量的零售商进行销售。这种方式将独家分销与密集型分销结合起来。供应商能够实现比独家分销更高的销售额，零售商也能够经营一些竞争性品牌。它鼓励供应商为零售商提供一些营销支持，也鼓励零售商给予供应商足够的货架空间（见图 1－3）。

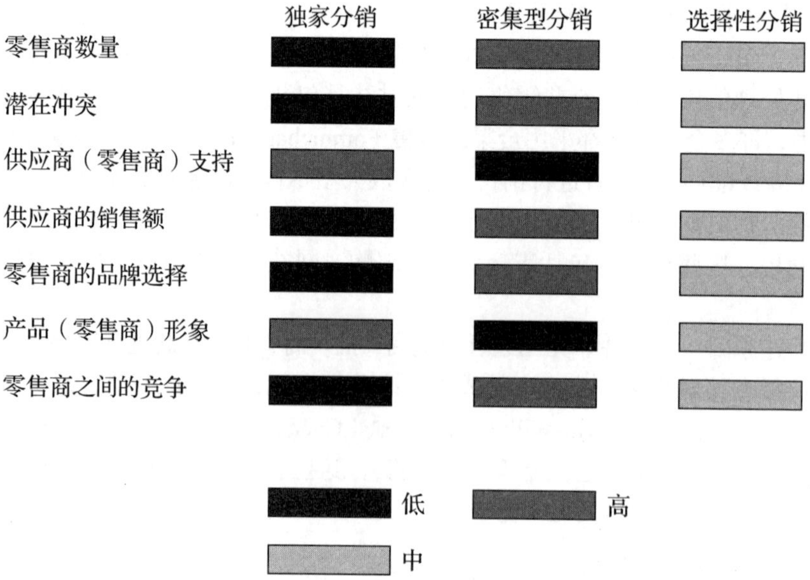

图 1－3　独家分销、密集型分销和选择性分销的比较

零售业的特征

下面讨论使零售业显著区别于其他类型行业的三个因素（见图1－4）。每个因素都对零售企业提出了独特的要求。

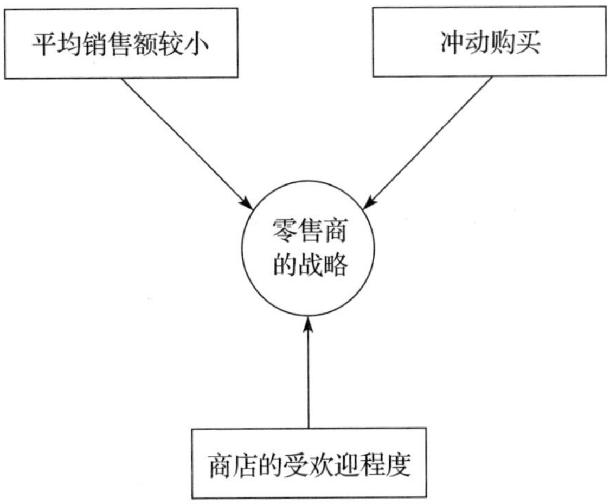

图1－4 影响零售商的特征

与制造商相比，零售商每笔交易的平均销售额要小得多。零售业每笔顾客交易的平均销售额非常低。超市交易的平均销售额约为30美元。[8] 相比之下，家得宝公司2015年的每笔交易平均销售额为58.55美元。[9] 百货商店和专卖店的单次购物每笔交易平均销售额都低于100美元。销售额低就需要零售商控制与每笔交易有关的成本（如信用验证、销售人员和包装等方面的成本）；为了尽可能增加顾客数量，零售商需要更加关注广告和促销活动；零售商还需要通过更积极的销售来增加消费者的冲动购买。但是，成本控制可能很难。例如，零售商与大量顾客之间的小额交易往往会导致高额的库存管理成本。普通的超市每个星期都会发生数千笔顾客交易，这就更难确定适当的库存水平和产品选择。因此，零售商正在加大对计算机化库存管理系统的使用。

消费者经常进行无计划购买或冲动购买。调查显示，大部分消费者购物前不看广告，不准备购物清单（或者在商店里购买清单上没有的商品），而且会进行毫无计划的购买。这些行为表明，店内陈列，吸引人的商店布局，精心设计的商店、商品目录和网站都具有重要价值。如果将糖果、化妆品、零食、杂志等商品放在商店、商品目录或网站上比较显眼、客流量（或浏览量）大的区域，就可以使消费者产生冲动购买。由于无计划购买如此之多，零售商更难进行预测、预算、商品采购和配备足够的现场销售人员。

尽管无店铺零售商越来越多，但现在或是将来，大多数零售交易仍会在商店内进行。许多人都喜欢亲自去购物，想要摸一摸，闻一闻，或试一试产品；喜欢浏览购物清单以外的商品；相对于等候配送，更喜欢自己将商品带回家；渴望享受自己在商店购物才能得到的隐私。这种到店铺购物的导向对零售商有许多启示：它们必须努力吸引购物者光临商店，并需要考虑许多因素，如商店地址、交通、营业时间、与竞争对手的距离、产品选择、停车设施和广告等。

制定和实施零售战略的重要性

零售战略（retail strategy）是指导零售企业的整体规划。它影响企业的经营活动及对竞争和经济形势等市场力量的反应。无论什么规模或类型的零售商都应在战略规划中采用以下六个步骤：

1. 根据商品或服务类别以及企业的特定导向（如全面服务或不提供附加服务）确定业务类型。

2. 制定销售额和利润、市场份额、形象等方面的长期和短期目标。

3. 根据顾客特征（如性别和收入水平）和需要（如产品和品牌偏好）确定目标市场。

4. 制定总体的长期规划，为企业及其员工指明总体方向。

5. 实施整合战略，将选址、产品分类、定价、广告和陈列等因素结合起来，以实现目标。

6. 定期评估绩效，并在发现弱点或问题时予以纠正。

零售理念

公司采用以顾客为中心、一体化的战略制定与实施方法，受价值驱动，且目标明确。这四个原则共同构成了**零售理念**（retailing concept）（见图 1－5），所有零售商都应充分理解并加以应用。

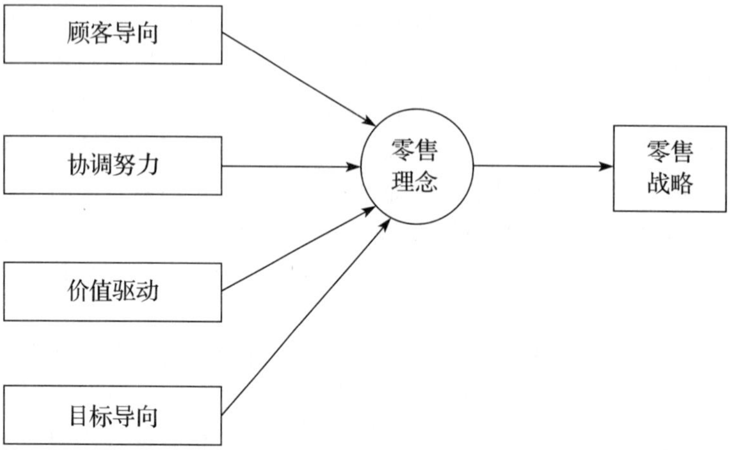

图 1－5　应用零售理念

1. 顾客导向：零售商确定顾客的属性和需要，并最大限度地满足这些需要。

2. 协调努力：零售商整合所有的计划和活动，以实现效率最大化。

3. 价值驱动：零售商向顾客提供最大价值，无论是高档商店还是折扣店。这意味着根据产品和顾客服务水平制定合理的价格。

4. 目标导向：零售商制定目标，然后实施战略以实现目标。

遗憾的是，并非所有零售商都领会了这种零售理念。一些零售商对顾客需要漠不关心，对制订计划漫不经心，定价与价值相悖，且目标不明确。一些零售商不接受改变，或盲目追随竞争对手的战略。还有一些零售商并不收集顾客的反馈，而是依赖于供应商的报告或自己以往的销售额变化趋势。

零售理念并不难理解。它是指与顾客沟通并将顾客需求视为企业成功的关键；制定一致的战略（如提供设计师品牌、充足的销售人员、吸引人的商品陈列以及价格高于平均水平的高档商店）；提供被顾客认为“公道”的价格（物有所值）；努力实现有意义、具体和可达的目标。不过，零售理念只是一种战略指导，它不能解决企业的内在能力或竞争优势方面的问题，只能提供宏观的规划框架。

根据零售理念，接下来探讨与零售商绩效有关的三个问题：整体零售体验、顾客服务和关系零售。

整体零售体验

电子商务和智能移动设备的迅速普及使人们能够随时购买任何商品，并配送到任何地点。这从根本上改变了消费者的购物习惯和期望。几乎所有顾客在其购物过程中都会获得整体零售体验。试想，在观看球赛时使用移动应用程序购买一台冰箱。当你回到家时，冰箱已经安排好送货了。从通过移动应用程序购买到在家收货，顾客获得了整体零售体验。

大多数零售商都意识到，价格一直并且将永远是购物行为的关键动力。但是，对于零售商来说，重要的是要记住，必须在每个接触点提供适当的顾客体验，以维持顾客的持续忠诚。如今，购物更多的是关于如何“吸引”顾客，以及顾客感受到的购物体验如何，还涉及以新的和不同的方式促进顾客参与，从而提供相关体验，以供顾客在社交媒体上与他人分享。消费者期望的转变迫使零售商关注“他们是谁”而不是“他们想要什么”——如今零售商之间竞争的是消费者的生命期支出份额而不是钱包份额。[10]零售商必须有诚意和兴趣倾听和解决顾客的需要，具备核心价值观并关注社会，才有可能获利更多。

整体零售体验（total retail experience）是指在消费者与零售商接触时，零售商品中鼓励或抑制消费者的所有要素。许多要素（如销售人员的数量、陈列、价格、品牌名称、移动应用程序或网页设计、准确的产品和定价信息、现有库存等）是零售商可以控制的，有些要素（如停车位是否充足、消费者的互联网连接速度、销售税等）则是零售商无法控制的。如果整体零售体验中的某些要素令人不满，消费者就可能放弃购买；如果消费者将失败的体验归咎于零售商，他们甚至不再光顾该零售店。鉴于移动设备在商店内的广泛使用和可以分享信息，消费者可以通过社交媒体将一次糟糕的零售体验迅速分享给许多现有和潜在消费者。

制定战略规划时，零售商必须确保所有战略要素都已就绪。对于零售商想要吸引的细分市场，整体零售体验必须能实现该细分市场的期望。折扣商店在降价销售时应备有充足的存货而不必铺上豪华的长绒地毯；提供全面服务的商店应配备优秀的人员而不是被顾客认为傲慢的人员。许多零售商没有吸取教训，这就是一些主题餐厅陷入困境的原因。随着新奇感的消失，许多人认为那里的食物品质一般，价格却很高。

零售商面临的一个巨大挑战是如何激发顾客的“激情”，因为许多人对购物感到厌烦或几乎没有时间购物。例如，金泰迪工作室（Build-A-Bear Workshop）是一家领先的全球公司，也是唯一提供互动式自制毛绒动物玩具零售娱乐体验的公司。目前该公司在世界各地开设的分店超过400家，包括在美国、波多黎各、加拿大、英国和爱尔兰的公司所有的商店，以及在欧洲、亚洲、非洲、墨西哥和中东的特许加盟店。

自2007年以来，随着金泰迪工作室的社交娱乐网站和虚拟世界Bearville.com的推出，其互动式体验得到了加强，并最终推出了“赛熊空间”（CyBEAR®）。2015年9月，该公司推出了一种新的商店业态，并将其品牌更新为面向千禧世代父母的一种“多代”品牌，这些父母从孩童时期就开始接触金泰迪工作室。

光临金泰迪工作室商店的顾客会发现自己进入了一个可识别、有特色的泰迪熊主题环境，其中包括8个毛绒动物制作站：选择站、声音站、填充站、缝合站、理绒站、着装站、命名站和提货站。商店的员工（称作“制熊大师”）可以在玩具熊制作过程的每个阶段与顾客分享经验，也可以动手帮助顾客制作。[11] 此外，借助以原创视频为特色的Bearville Alive YouTube频道等娱乐产品以及与配套产品相关的移动应用程序（一种企业销售解决方案），顾客可以享受该品牌提供的“毛绒玩具以外的游戏”，与朋友和家人创造美好回忆，并通过社交媒体分享。[12]

顾客服务

顾客服务（customer service）是指由零售商采取的、与其销售的基本商品和服务相关的、可识别的、有时是无形的活动。它对整体零售体验具有重大影响。构成顾客服务战略的要素包括营业时间、停车设施、方便购物者的商店布局、接受信用购买、乐于助人的销售人员、礼品包装等便利服务、整洁的卫生间、合理的配送政策、购物者排队结账所花费的时间以及顾客跟进。这份清单并没有包含所有的顾客服务要素，它也会根据企业采取的零售战略而有所不同。第2章将进一步讨论顾客服务。

顾客服务的满意度受期望（基于零售商类型）和过去经历的影响。人们对顾客服务的评价取决于他们的知觉（未必取决于事实），不同的人对同一服务的评价可能存在巨大差异。尽管企业的顾客服务始终如一，但是由于服务具有无形性，同一个人也可能在不同时间对该服务做出不同的评价。有趣的是，虽然许多优秀零售商都渴望提供卓越的顾客服务，但它们现在怀疑顾客是否永远是对的，是否存在一些局限性。

关系零售

最优秀的零售商知道开展**关系零售**（relationship retailing）对它们是有利的，它们寻求与顾客建立和保持长期关系，而不是将每笔销售都看作与顾客的一次全新接触。这意味着零售商必须专注于整体零售体验，监控顾客服务满意度，并与顾客保持联系。图1-6列出了一份“顾客为尊”清单，零售商可以用它来评估其关系维护工作。

为了有效地开展关系零售，企业必须牢记两点。第一，吸引新顾客比使现有顾客满意更困难，因此“双赢”方法非常关键。零售商如果想在长期内“赢”（吸引顾客、达成销售、赚取利润），必须保证顾客能在短期内“赢”（买到物超所值的商品、受到尊重、感受到企业的欢迎），否则，零售商会受损（购物者转而光顾竞争对手的商店），顾客也会受损（花费时间和金钱去了解其他零售商）。第二，由于计算机技术的进步，如今更容易开发记录顾客特征和购物行为等信息的顾客数据库，与顾客进行接触可以更有效、更频繁、更具有针对性。第2章将进一步阐述该主题。

- 与顾客互动时，员工是否经常说“有什么需要我帮忙的吗”“请”和“谢谢”？
- 员工是否经过适当培训来为顾客提供服务？
- 顾客陈述其偏好时，员工是否认真倾听，而不是推荐顾客不感兴趣或者超出顾客预算的商品和服务？
- 员工在与顾客交谈时是否有耐心？
- 员工是否珍惜顾客的时间？
- 零售商的营业时间是否符合顾客的要求？
- 零售商及其员工是否兑现了对顾客的所有承诺，并努力不去误导购物者？
- 当顾客对商品或服务进行投诉时，员工是否尽量避免与顾客发生冲突？
- 顾客的电话、电子邮件以及其他函电是否转给了合适的员工并及时处理？
- 对于同时经营商店和在线业务的零售商来说，是否在商店和网站上明确规定了有关购买、配送和退货的政策？是否标明了这两种业态在这些政策方面的区别？
- 零售商是否对在线顾客评论和社交媒体讨论进行监控，并努力解决出现的问题？
- 零售商是否尊重所有的顾客，无论他们的年龄、性别、种族、民族为何？
- 零售商是否认可并奖励其最忠诚的顾客？
- 零售商的员工评审过程是否包括顾客对员工的评价？

图 1－6 “顾客为尊”清单

本书的重点和架构

零售研究有多种方法：制度法，描述零售商的类型及其发展状况；功能法，着重于零售商从事的活动（如采购、定价和人员管理）；战略法，定义零售企业、制定目标、迎合恰当的顾客市场、制定总体规划、实施整合战略和定期审核经营状况等。

本书将从各个角度对零售业展开研究，但侧重于战略方法。本书的基本前提是，零售商必须针对复杂多变的环境制订计划并加以调整。对机会与威胁必须同时加以考虑。通过实施战略性零售管理，鼓励零售商对竞争对手、供应商、经济因素、消费者变化、市场趋势和法律限制等问题进行研究。只有在竞争优势与环境机会相匹配、劣势得以消除或降至最低并且计划着眼于未来（和过去）时，企业才能繁荣发展。

本书共分八篇。第Ⅰ篇研究零售关系的建立和战略规划。第Ⅱ篇根据所有权类型、有店铺的战略组合，以及网络、无店铺和其他非传统零售业态对零售机构进行探讨。第Ⅲ篇讨论零售业的消费者行为和信息收集方法。第Ⅳ篇至第Ⅶ篇讨论零售战略的具体要素：规划店址；管理零售企业；商品计划、财务管理和定价；顾客沟通。第Ⅷ篇研究如何整合、分析和改进零售战略。

关键术语

零售（retailing）
分销渠道（channel of distribution）
分拣过程（sorting process）
全渠道零售（omnichannel retailing）
独家分销（exclusive distribution）
密集型分销（intensive distribution）
选择性分销（selective distribution）
零售战略（retail strategy）

零售理念（retailing concept）
整体零售体验（total retail experience）
顾客服务（customer service）
关系零售（relationship retailing）

讨论题

1. 你最喜欢的消费电子产品零售商是哪个？讨论你的选择标准。竞争企业如何才能将你从最喜欢的企业那里吸引过去？
2. 零售商可以向顾客传播哪些信息？向供应商呢？
3. 像苹果（Apple）这样拥有自己的零售商店和电子商务网站，同时也通过传统零售商进行销售的企业有何优缺点？
4. 为什么一些零售商希望成为独家分销渠道的成员，另一些零售商则希望成为密集型分销渠道的成员？
5. 阐述零售业的特征能够为当地礼品店提供哪些机会，又会产生哪些问题。
6. 制定正式的零售战略的目的是什么？餐饮连锁店应如何利用战略规划？
7. 解释零售理念，并将其应用于你们学校的书店。
8. 定义“整体零售体验”。描述你近期经历的一次超出你期望的零售体验，并说明理由。
9. 你认为零售业的顾客服务是进步了还是退步了？为什么？
10. 小型网络零售商应如何开展关系零售？

第2章

建立和维护零售关系

学习目标

- 解释价值的真正意义，并说明它在零售商建立和维护关系过程中的关键作用。
- 描述如何在当今高度竞争的市场中培养顾客关系和渠道关系。
- 研究商品零售商与服务零售商在关系建立方面的差异。
- 讨论技术对零售关系的影响。
- 讨论零售商的伦理表现与零售关系之间的相互作用。

本章重点探讨“价值”和“关系”对零售商的重要性。零售商致力于通过各种接触点提供良好的顾客体验，也就是通过店内、在线和移动接触点以及客服呼叫中心创造卓越的体验价值，即能够吸引新顾客并维系现有顾客以使企业在行业中保持竞争力的无形的心理和情感价值。研究显示，创造体验价值可以培养长期关系，并提高零售商未来的销售额。[1]

零售商在维护长期顾客关系方面面临着相当大的挑战，因为顾客希望零售商“知道”他们在网上做了什么，并对个性化帮助和定制化店内体验等需求做出响应！根据 TimeTrade 公司基于 5 000 名消费者和 100 名零售商高管的数据进行的零售业年度状况调查（http://timetrade.com）[2]，59% 的受访者希望商店员工知道顾客网上购物车内有什么商品！[3]但是，目前只有 24% 的零售商具备这种能力，只有 12% 的零售商有望在未来 18 个月内能够做到这一点。

一些零售商利用特定技术将自己定位成消费者零售选择过程中的合作者，试图在竞争中独树一帜。这些零售商致力于确保数字渠道与传统渠道之间无缝衔接，以提供迅速的个性化店内服务。

例如：EyeQ 公司结合使用店内数字标牌、先进的面部识别软件以及 IBM 的认知计算系统“沃森”（Watson）的功能，当购物者停下来看 EyeQ 数字标牌时，它会使用复杂的面部识别软件，根据购物者的面部特征和外表，专门推荐适合其年龄和性别的产品。如果购物者将其 Twitter 用户名输入沃森系统，它就可以抓取购物者最近的 200 条推文，利用自然语言处理功能处理这些推文，并将该顾客归入某个基本的个性类型。根据这些数据，该系统不仅可以改变所推荐的产品，还可以改变整体体验，如背景颜色、视频和音乐等。个性化服务不需要顾客证明自己的身份。该系统可以通过顾客的移动设备在搜索可用无线网络时发出的唯一媒体访问控制地址来识别回头客，即使顾客没有进入系统或没有提供个人信息。购物者每次光顾商店时，系统都会加深对其了解，更新参数，并提供更适当的推荐。[4]

在店内购物时，消费者最重视的是“快捷服务”（54%）、“个性化体验”（30%）和“智能推荐”（30%）。缺乏快捷服务将导致大多数消费者（85%）离开商店，放弃购买意向。总之，顾客希望每天 24 小时都可以通过多种媒体平台与零售商取得联系，并且希望自己提出的评论、反馈、问题、投诉和称赞都能得到零售商及时且有用的回复。[5]

资料来源：Allies Interactive/Shutterstock. Reprinted by permission.

概　述

要想取得成功，零售商必须正确地应用“价值”和“关系”的概念，以达到两个目的：（1）顾客坚信企业提供的商品物有所值；（2）顾客和渠道成员都希望与零售商开展业务。一些企业对这一点掌握得很好，一些企业则需要继续努力。以 GameStop 公司为例，它是一家经营一系列专业零售品牌产品的全球性零售商，通过零售店和维修中心提供最受欢迎的技术。

作为全球最大的视频游戏零售商，GameStop 通过旗下的 GameStop，EB Games 和 Micromania 商店销售新的和二手的视频游戏硬件、实体和数字视频游戏软件以及视频游戏配件，也销售新的和二手的移动和消费电子产品和其他商品。从顾客手中购进他们不想要的游戏和游戏手柄，无论顾客当初是在哪里购买的，经修理和确认质量后将其作为二手商品出售，这种做法为卖方顾客和买方顾客都创造了价值（通过降低与旧货相关的成本），这种回收利用也有利于环境保护。截至 2016 年 6 月，GameStop 在美国、澳大利亚、加拿大和欧洲经营着大约 7 100 家商店，主要位于购物中心和商业街。2015 年 7 月，该公司收购了 Geeknet 公司（www.thinkgeek.com），这家公司专门向技术爱好者、普通消费者和批发顾客销售收藏品、服装、小器具、电子产品和玩具等商品。Geeknet 的业务范围包括一个基于浏览器的游戏网站 www.kongregate.com，全球领先的数字视频游戏的出版物《游戏情报站》杂志（*Game Informer*）以及相应的 iOS 和安卓系统的移动应用程序。[6]

正如本章开头所述，消费者期望购物过程能够事半功倍，相对于在线或移动购物体验，他们对店内购物的期望更是如此。[7] 承受着时间和经济压力的消费者将减少购物的时间和次数，不再光顾那么多商店，购物的目的性也会更强。消费者将光顾不同的零售业态以满足不同的需求。具体而言，他们会将商品的购买过程与寻求增值的购物过程区分开来。消费者对定价和广告策略越发地持怀疑态度，并越来越关注消费对环境的影响。在到处都是特价销售的浪潮下，价格已经失去了意义，促销噱头也失去了吸引力。为了重新赢得消费者，零售商和制造商的定价必须更透明、更明智、更精准。

本章将介绍价值和价值链、关于顾客和渠道伙伴的关系零售、商品零售商与服务零售商在关系建立方面的差异、科技与关系以及伦理与关系。本章末尾还有一个关于服务零售业的附录。

价值和价值链

分销渠道涉及多方参与者：制造商、批发商、零售商和顾客。当他们对所提供和获得的价值有相似的观念，并就该价值水平达成一致的付款条件时，才最有可能对彼此的互动关系感到满意。

从制造商、批发商和零售商的角度来看，**价值**（value）是指可以为消费者提供特定水平的价值的各种活动和过程（价值链）。它是为购物者提供的有形和无形产品以及顾客服务属性的总和。价值水平与各企业对合理利润和利基市场（如折扣与高档）的渴望有关。不同企业在提供价值回报和安排活动方面可能存在差异。

从顾客的角度来看，**价值**（value）是指购物者对价值链的知觉。它是顾客对购买行为（由整体零售体验构成）的全部利益的看法。价值的基础是相对于所支付价格的感知既得利益。价值因购物者的类型而异。例如，价格导向型购物者希望价格低廉，服务导向型购物者愿意为优质的顾客服务支付更高的价格，地位导向型购物者乐意花大价钱光顾名品商店。

为什么价值对各种环境下的所有零售商都非常重要呢？

- 顾客必须始终相信他们的钱花得值得，无论零售商销售的是 45 000 美元一块的百达翡丽（Patek Phillipe）手表，还是 40 美元一块的卡西欧（Casio）手表。
- 企业必须付出大量的零售努力，使顾客以企业希望的方式感知价值。
- 所有顾客都渴望获得价值，但是对不同的顾客而言，价值的意义有所不同。

● 通过广告和网络，消费者购物时很容易对价格进行比较，因此，不同零售商的商品价格越来越接近。

● 零售差异化至关重要，企业应避免被消费者视为“大众化”零售商。

● 企业必须设定一个特定的价值 / 价格水平。零售商既可以对价值 100 美元的商品收取 100 美元的利益价值，也可以对同样的商品收取 125 美元的利益价值（通过提供更好的购物环境和顾客服务）。如果得到了适当的实施和营销，任何一种方法都是可行的。

价值链（value chain）是通过分销渠道为消费者提供的利益总和。它包括购物地点和停车设施、零售环境、顾客服务水平、经营的产品 / 品牌、产品质量、零售商的库存状况、配送服务、价格、零售商形象等诸多要素。通常消费者关心的是价值链的结果而不是过程。在网上购买 Peapod 食品的消费者只关心他们能否按时收到所订购的商品，不关心商品送货上门所需的步骤。

零售价值链中的一些要素是购物者可见的，如陈列橱窗、营业时间、销售人员和销售点设备；另一些要素则是不可见的，如选址计划、信用处理、公司仓库以及许多商品经营决策。在后一种情形下，价值可以有多种体现，如高端零售商的高档商店环境和充足的销售人员，折扣店的购物车和自助服务等。

以价值为导向的零售战略包括三个方面：期望零售战略、增强零售战略和潜在零售战略。期望零售战略是指特定的顾客细分市场（如年轻女性）期望某种类型零售商（如中等价格水平的服装零售商）所提供的最基本的价值链要素。在大多数情况下，期望价值链要素包括整洁的商店、便利的营业时间、能为顾客提供充足信息的员工、及时的服务、热门商品的库存充足、停车便利以及退换货权利。如果期望要素运用不当，会导致顾客不满，这也是购物者不再光顾某些零售商的原因。

增强零售战略包括价值链中将一个零售商区别于其他零售商的各种附加要素。例如，萨克斯第五大道精品百货店（Saks）与西尔斯百货（Sears）存在哪些区别呢？增强要素通常包括独家品牌、优秀的销售人员、顾客忠诚计划、配送服务、购物顾问等特别服务以及代客泊车服务。增强要素是对期望价值链要素的补充，它们才是吸引顾客继续光顾特定零售商的关键。

潜在零售战略包括同类零售商中竞争企业做得不够好的价值链要素。例如，新开张的高档服装连锁店可以提供哪些其他连锁店没有的顾客服务呢？在许多情况下，潜在价值链要素包括一周 7 天每天营业 24 小时（超市采用的一种增强战略）、顾客的无条件退换货权利、全面的产品定制化、通过店内订单即时完成缺货商品的到货优先供应并提供免费配送、提供电瓶车以方便购物者穿梭于巨大的区域购物中心以及设置门卫。那些最先利用潜在要素的企业通常会比竞争对手高出一筹。巴诺（Barnes & Noble）和 Borders 通过开设图书超市就做到了这一点，亚马逊则通过开设首家在线书店成为行业佼佼者。即使是领先者，企业若想进一步发展，必须尽力满足顾客的基本期望，并提供有别于竞争对手的差异化特征，这就是 Borders 最终不得不关闭其所有书店的原因——它的适应速度不够快。

规划价值导向型零售战略时，应避免陷入以下五种潜在陷阱：

● 仅从价格角度规划价值。价值与两个因素密切相关：利益和价格。所有大型折扣店现在都接受信用卡，因为购物者希望用这种支付方式进行购买。

● 提供顾客不想要或不会支付额外费用的增值服务。宜家公司（IKEA）知道其大多数顾客都希望通过自己动手组装家具来节省开支。

● 在错误的价值 / 价格细分市场中竞争。邻里零售商通常很难在低价市场上竞争。通过提供增强利益以及设定比大型连锁店稍高的价格，它们的境况可以好转。

● 认为仅提供增强要素就可以创造价值。许多零售商认为，它们如果能提供竞争对手无法提供的利益，自然就会取得成功，但它们绝不应该忽视期望利益的重要性。即使是首映电影，停车位有限的电影院也会出现问题。

● 将顾客服务仅仅停留在口头上。大多数企业声称，甚至相信，顾客永远是对的，它们的所作所为却违反了这一理念——销售人员的流动率高、对已拆开包装的商品收取退货手续费以及不提供缺货商品的到货优先供应保证。

为了避开这些陷阱，零售商可以利用图 2－1 所示的清单，该清单罗列了许多必须解决的问题。这些问题可由企业所有者 / 公司总裁、高管团队或独立顾问来回答。企业应该每年进行一次审核；如果面临重大变化，如出现了一个强大的竞争对手，企业就需要提高审核的频率。

请对每个问题回答“是”或“否”。
- 是否从消费者的角度定义价值？
- 零售商是否设定了清晰的价值 / 价格水平？
- 零售商的价值定位是否对竞争具有防御能力？
- 渠道伙伴是否有能力提供增值服务？
- 零售商是否对期望价值链要素与增强价值链要素进行了区分？
- 零售商是否识别出了有意义的潜在价值链要素？
- 零售商的价值导向方法是否针对某个特定的细分市场？
- 零售商的价值导向方法是否始终如一？
- 零售商的价值导向方法是否有效地传播给了目标市场？
- 目标市场能否清楚识别零售商的定位战略？
- 零售商的定位战略是否考虑了销售额与利润之间的权衡关系？
- 零售商是否设定了顾客满意的目标？
- 零售商是否定期测量顾客满意水平？
- 零售商在价值导向的零售过程中是否小心地避免落入陷阱？
- 零售商是否坚持寻找能够创造顾客价值的新机会？

图 2－1 价值导向型零售审核清单

零售商的关系

第 1 章介绍了“关系零售”的概念，即零售商寻求与顾客建立和保持长期关系，而不是将每笔销售交易都看作与顾客的一次全新接触。为了使关系零售发挥作用，零售商需要与其他渠道成员以及顾客保持长久的价值驱动关系。这两项工作都极具挑战性。欢迎访问我们的博客（www.bermanevansretail.com），浏览与关系零售问题相关的帖子。

顾客关系

忠诚顾客是企业的支柱，因此，零售商基于信任关系反复销售来维系忠诚顾客是很重要的。忠诚有两个独特的维度——态度忠诚和行为忠诚，这两个维度对零售商的收入、利润和市场份额起不同的作用。[8] 态度忠诚的顾客更倾向于在社交媒体上向亲朋好友积极推荐，对零售商有更高的承诺，并情愿从特定零售商那里以更高的价格购买产品。

行为忠诚的顾客更倾向于从特定零售商那里持续购买。行为忠诚也可能是惯性（或惯性忠诚）的表现，因为更换零售商的成本很高。态度忠诚和行为忠诚对于实现企业目标和维持企业在市场中的地位都很重要，零售商的定位战略（将在第 3 章进行讨论）将影响需要对哪个维度进行战略管理。如果目标是收取更高的价格，则应强调态度忠诚；如果目标是增加市场份额或利润，则行为忠诚更为重要。[9]

在零售等竞争激烈的行业中，许多消费者对不止一个零售商表现出行为忠诚，以满足对某一商品类别的需求。原因如下：你已经使顾客感到满意。“这很好，不是吗？的确，顾客将在短期内持续购买。虽然忠诚顾客一定是满意的顾客，反之却不尽然。真正的忠诚（或态度忠诚）比单纯的满意更难获得，它意味着你的顾客希望与你保持长期关系，并且会与他人分享这种感受。”[10] 零售商需要开发忠诚计划并进行战略管理，以培养顾客的行为忠诚（本章稍后将对此进行讨论）。从长远来看，这不一定足够。花钱多的顾客可能会转向提供更低价格或更好服务的零售商并加入多个忠诚计划。态度忠诚并非源自单纯的成功交易，而是源自不断超出顾客的期望以及提供令人愉悦的体验，这些体验让购物者在情感上投入，以至于他们想与他人分享自己的体验。

开展关系零售需要考虑四个因素：顾客群体、顾客服务、顾客满意以及忠诚计划和流失率。下面分别进行探讨。

顾客群体

零售商必须定期分析顾客群体的人口和生活方式变化趋势、购物的态度和原因、忠诚度以及新老顾客的组合。

据美国人口普查局（U. S. Census Bureau）报告，美国人口正在老龄化。1/4 的家庭只有 1 个人，1/7 的人口每年都要搬迁，大多数人居住在城市和郊区，中等阶层的收入增长非常缓慢，非洲裔美国人、西班牙裔美国人和亚裔美国人的数量不断增加。性别角色正在变化，购物者有更多的需求，消费者更加多样化，购物兴趣降低，节省时间的商品和服务受到欢迎。

未来的零售趋势将受千禧世代（Y 世代）的影响，因为千禧世代已经超过婴儿潮世代成为人数最多的一代人。据美国皮尤研究中心（Pew Research Center）称，约 7 500 万美国人出生于 20 世纪 80 年代初至 90 年代末，而且很难对这些人分类，因为他们是美国历史上最具种族多样性的一代人。[11] 千禧世代有更高的理想主义意识，关注品牌和零售商在社会责任、环境可持续性、性别平等和公平贸易方面的表现。

在寻求市场份额和销售收入增长的过程中，许多零售商通常侧重于顾客价值的一个方面——提供价值。顾客是上帝，因此必须竭尽所能为顾客提供卓越的价值并令他们愉悦。精明的零售商会在这一点与顾客价值的另一方面（即获取价值）之间保持平衡。它们的做法是，吸引和维系那些通过交易以利润形式为企业提供价值的顾客。

一些购物者比其他购物者更值得培养关系，他们是零售商的**核心顾客**（core customers），即最佳顾客，这些忠诚并满意的顾客从零售商处获得高价值并为零售商贡献高利润。核心顾客是零售商最渴望的顾客，因为他们能够抵抗来自竞争对手的更优惠交易的诱惑，并为零售商贡献长期利润。另一个极端则是那些“必将放弃的顾客”，他们不看重零售商的商品或服务，对零售商也没有利润贡献。[12] 零售商为这些顾客付出的代价超过了其价值，因为他们经常投诉产品和退货，传播消极口碑，不正当地利用促销，并降低员工士气。从一开始，零售商获取这些顾客就不具有经济意义。失去这些顾客可能会降低市场份额，但可以提高利润率和零售商的绩效水平。对于“搭便车顾客”（对公司非常满意但利润贡献不高的顾客）和脆弱顾客（对零售商有利润贡献但并不满意的顾客）可以通过顾客关系管理战略进行管理。对搭便车顾客收取较高价格并降低服务水平可以提高利润率。对于脆弱顾客，零售商必须识别出他们未满足的需求，并考虑满足这些需求是否有利可图，否则，竞争对手就会将他们挖走。

零售商需要识别出最佳顾客，并了解这些有利可图的顾客与其他顾客的不同之处。然后，零售商应确定向搭便车顾客和脆弱顾客提供差异化商品和服务是否具有经济意义，并对那些最有可能成为有利可图的顾客的消费者进行战略上的精细调整。

新顾客与忠诚顾客的理想组合取决于企业所处的生命周期阶段、目标、资源和竞争对手的行为。成熟的企业更倾向于依赖核心顾客，并通过新购物者来补充收入。新企业则面临着吸引购物者和建立忠诚关系的双重任务，因为没有前者也就没有后者。如果企业的目标是增长，就必须通过增加商店和广告等来扩大顾客群体，这种做法的挑战在于不能忽略对核心顾客的关注。虽然吸引新顾客的成本要高于服务现有顾客的成本，但维系核心顾客并非没有成本，他们必须得到适当的服务。如果竞争对手试图通过降价和促销来抢走零售商的现有顾客，零售商可能也会以同样的方式抢走竞争对手的顾客。无论采取何种行动，所有零售商都必须小心，不要疏远核心顾客。

顾客服务

正如第 1 章所述，顾客服务是指由零售商采取的、与其销售的基本商品和服务相关的、可识别的、有时是无形的活动。它对整体零售体验具有重大影响。为了与价值链理念保持一致，零售商必须应用顾客服务的两个组成部分。**期望的顾客服务**（expected customer service）是顾客渴望从某个零售商那里得到的服务水平，如基本的员工礼仪。**增强的顾客服务**（augmented customer service）是提升购物体验并为零售商带来竞争优势的各种活动。

与顾客互动的员工的属性（如礼貌程度和知识水平）以及所提供的顾客服务的数量和种类，都对建立关系具有重要影响。尽管规划卓越的顾客服务战略可能很复杂，但执行得当的战略可以大见成效。

一些零售商意识到，当它们采用**员工授权**（employee empowerment）时，顾客服务工作会完成得更好。员工授权是指为了使顾客满意，员工有权在合理范围内去做他们认为需要做的事，即使这违反了某些规定。家得宝公司的创始人制定了一项战略决策，旨在训练员工与顾客建立持久的关系，而不是推动销售额的持续增长。由于其出色的顾客服务，该零售商发展得非常快。家得宝的核心价值是“关心员工”，即公司鼓励员工畅所欲言，勇于承担风险，对优秀的工作表现给予认可和奖励，并领导和发展员工以使他们成长。家得宝认为它在市场上取得成功和竞争优势的关键在于与人为善——公司从员工做起，进而员工确保顾客也会获得善待。但是，2014 年秋，家得宝遭遇了一次备受关注的信用卡安全漏洞，其美国顾客满意度指数（American Customer Satisfaction Index）的得分在家居装修类别中跌至谷底。[13] 从那以后，该得分一直在上升。

为了有效地开展顾客服务，企业必须首先开发整体服务战略，然后制订个别的服务计划。图 2－2 显示了零售商看待其提供的顾客服务的一种方式。

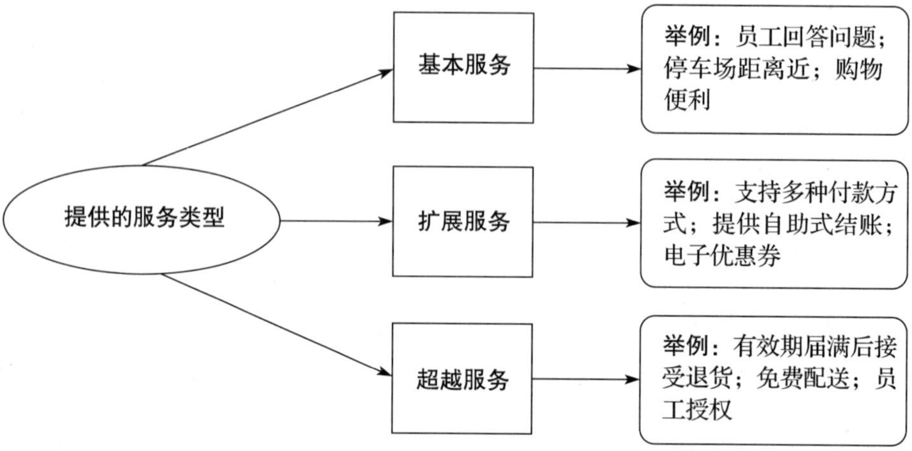

图 2－2　顾客服务的分类

● **开发顾客服务战略**。零售商必须制定以下重大决策。

对特定零售商而言，期望的顾客服务有哪些？增强的顾客服务有哪些？举例来说，期望的顾客服务包括家具零售商的信誉、汽车经销商销售新车的准备工作以及礼品店的自由退换货政策。如果没有这些服务，上述零售商很难在各自的行业立足。因为增强的顾客服务提供的是一些额外要素，所以即使没有这些服务，企业也可以服务于其目标市场，但提供这些服务会提高企业的竞争力。例如，超市提供的一小时送货上门服务，二手汽车经销商的延长保修期，玩具店的免费礼品包装等。每家企业都需要了解在特定情境下，哪些是期望的顾客服务，哪些是增强的顾客服务。被一个零售商视为期望的顾客服务的服务（如配送），可能会被另一个零售商视为增强的顾客服务。

为了提升企业形象，何种水平的顾客服务是适当的？高档零售商提供的顾客服务可能多于折扣店，因为人们期望高档企业将更广泛的顾客服务作为其基本战略的一部分。另外，表现形式也有所不同。高档零售商的顾客可能期望精致的礼品包装、代客泊车服务、店内餐厅和有服务员的洗手间；折扣店购物者可能期望纸板礼品盒、自助式停车场、午餐柜台和没有服务员的洗手间。这些例子说明，顾客服务的类型是相同的，但表现形式存在差异。

应该提供可选择的顾客服务吗？一些企业允许顾客从不同水平的顾客服务中进行选择，另一些企业只提供单一水平的服务。零售商可能接受多种信用卡，也可能只接受自己的信用卡。可能允许对某些商品进行换购，也可能允许对所有商品进行换购。保修期可能是固定的，也可能允许顾客选择延长的期限。企业可能提供 1 个月、3 个月和 6 个月的付款计划，也可能采用立即付款的方式。

顾客服务应该免费吗？以下两个因素导致零售商对某些顾客服务收取费用：第一，配送、礼品包装及其他一些服务都属于劳动密集型；第二，如果收取费用，人们更倾向于在家中等待送货或服务电话。确定免费或收费战略时，企业应该做到以下三点：（1）确定哪些是期望的顾客服务（这些服务通常是免费的），哪些是增强的顾客服务（这些服务是可以收费的）；（2）监控竞争对手的情况及利润率；（3）研究目标市场。确定特定顾客服务的费用时，零售商还必须决定其目标是保本还是盈利。

零售商如何衡量提供顾客服务的收益与成本？提供顾客服务的目的是提升购物体验，从而吸引和维系购物者，同时使销售额和利润最大化。因此，零售商不应该提供增强服务，除非这些服务会提高销售额和利润。零售商应该根据自己的经验、竞争对手的行动和顾客评论来制订增强的顾客服务计划。当这些顾客服务的成本上升时，零售商应该向消费者收取更高的价格。

如何终止顾客服务？购物者往往会对任何顾客服务水平的降低做出负面反应，然而，有时零售商不得不放弃某些成本高昂的增强的顾客服务。在这种情况下，最好的方法是直截了当，向顾客解释为什么这些顾客服务被终止以及顾客将如何通过较低的价格受益。有时，企业可能会采取折中方式，对原先免费的顾客服务（如服装改制）收取费用，从而使希望得到这些服务的人仍然能够获得这些服务。

- **制订个别顾客服务计划。**整体的顾客服务战略制定完成之后，就需要制订个别的顾客服务计划。百货商店可能会提供信用卡支付、分期预付、礼品包装、婚礼礼物单、免费停车、餐厅、美容室、地毯铺装、更衣室、服装改制、洗手间以及休息区、婴儿车、送货上门和皮草存储等服务。表 2－1 列出了一系列典型的顾客服务。

表 2－1　典型的顾客服务

日常服务	多样化服务	
● 信用卡支付	● 婚礼礼物单	● 美容室
● 配送	● 室内设计师	● 皮草存储
● 改制和安装	● 购物顾问	● 购物袋
● 包装（礼品包装）	● 售票网点	● 信息咨询台
● 处理投诉和退货	● 停车服务	● 分期预付
● 礼品卡	● 婴儿车	
● 换购	● 公司赞助的社交媒体	
● 试购	● 洗手间	
● 针对常客的特价销售	● 餐厅	
● 延长营业时间	● 婴儿托管	
● 邮购或电话订购	● 试衣间	

大多数零售商接受顾客使用信用卡购物，许多企业也接受经过适当身份认证的个人支票。随着购买金额的增加，消费者对信用卡的使用也会增加。零售商倡办的信用卡有三个主要优势：（1）零售商可以节省使用外部信用卡产生的费用；（2）可以促使人们从特定零售商处购物，因为别的地方通常不接受该零售商倡办的信用卡；（3）可以与顾客保持联系，并了解有关顾客的信息。零售商信用卡也存在一些弊端：启用成本较高；企业担心未付账单和缓慢的现金流；必须执行信用核查和跟踪任务；没有该企业信用卡的顾客可能

不愿意去其零售店购物。银行信用卡和其他商业信用卡使中小型零售商能够提供信用支付，为所有类型的零售商带来附加业务，吸引流动购物者，从赞助商那里获得广告支持，减少坏账，消除零售商的启用成本，以及提供数据。但是，使用这类信用卡需要缴纳交易费，并且无法建立起顾客对零售商的忠诚。

大多数银行信用卡和零售商信用卡都采用**循环信用账户**（revolving credit account），即允许顾客赊购商品并根据未结的累积余额按月支付账单。**选择信用账户**（option credit account）是循环信用账户的一种形式。到期时全额支付账单即可免付利息；如果只支付部分款项，则根据未结余额按月计息。有些信用卡公司（如美国运通（American Express））和有些零售商提供**开放信用账户**（open credit account），即消费者必须在到期时全额支付账单，部分支付和循环支付都是不允许的。开放信用账户还存在信用限额（尽管限额可能较灵活）。

提供配送服务的零售商需要制定三项决策：运输方式、使用自有设备还是租赁设备以及送货时间。运输方式可以选择小轿车、厢式货车、卡车、铁路运输和邮寄等。运输成本和运输方式的适用性取决于产品。在运输设备方面，大型零售商拥有自己的运输工具是比较经济的，这样它们也可以为公司做广告，便于控制时间，以及使用自己的员工送货。服务于有限商圈的小型零售商可能会使用个人运输工具。如果消费者居住在公司配送区域以外的地点且其他送货方式效率不高，许多小型、中型甚至大型零售商会利用联合包裹（UPS）等专业承运人。最后，在送货时间方面，零售商必须决定处理订单的速度以及送货到不同地点的频率。

对一些零售商而言，改制和安装属于期望的顾客服务——虽然越来越多的零售商现在开始对此收费。许多折扣店已不再提供服装改制和家用电器安装服务，无论收费与否，它们觉得这些服务对公司业务的辅助作用太小，不值得付出努力。一些零售商仅提供基本的改制服务：剪短裤腿、收紧腰部和加长夹克袖，它们不提供夹克肩部或肥瘦方面的改制。有些家电零售商可能仅负责安装洗衣机，但不负责连接水管。

在商店内，包装（礼品包装）以及投诉和退货的处理可以在特定地点集中办理，也可以在不同地点分散办理。集中包装柜台以及投诉和退货处具有一些优势，它们可以利用店内的死角，不会使主销售区显得杂乱，可以利用专业人员，还可以遵循通用政策。分散地点的优势在于：它们为购物者提供了方便，位于销售区内（销售人员可以就地解决问题，或提供不同的商品），且无须额外的人员。无论采用哪种方法，零售商都需要为投诉和退货处理制定明确的准则。

礼品卡可以促使顾客从特定的零售商那里购物。许多企业都要求礼品卡只能用于消费，不得兑换现金。换购同样可以吸引新老顾客光顾商店或网站，因为人们会觉得买到了便宜货。试购使购物者可以在最终购买之前测试商品。

零售商向常客提供的特殊顾客服务越来越多。例如，提供特价销售活动（并不面向公众）和延长营业时间；接受邮购和电话订购，以方便顾客。

其他有用的顾客服务包括婚礼礼物单、室内设计师、购物顾问、售票网点、免费（或低收费）的大型停车场、喷泉、投币式公用电话、婴儿车、公司赞助的社交媒体、洗手间、餐厅、婴儿托管、试衣间、美容室、皮草存储、购物袋、信息咨询台和分期预付购买计划等。

零售商提供部分或所有这些服务的意愿表明了对顾客的关注。企业需要考虑过多自助式服务的影响。研究显示，有些购物者认为，服务零售商使用自助服务技术（self-service technology，SST）的目的是减少成本而不是扩展顾客服务。因此，服务经理需要提供使用自助服务的明确理由，以使顾客了解其目的是向顾客提供更高利益和便利性。[14]

顾客满意

当零售体验过程中所提供的价值和顾客服务达到或超过顾客期望时，就会产生**顾客满意**（customer satisfaction）。如果对价值和顾客服务的期望未能得到满足，顾客就会不满。“零售满意包括三类：购物系统满意，包括零售点的可获得性和类型；购买系统满意，包括产品的选择和实际购买；顾客满意，源于产品的使用。只要三者中任何一个存在不满，就会导致顾客不忠诚、销售额下降以及市场份额遭到侵蚀。”[15]

只有非常满意的顾客才有可能长期保持忠诚。零售商在顾客满意方面做得如何呢？许多零售商仍需努力。美国顾客满意度指数（www.theacsi.org）每年都会调查数千人，以研究顾客满意与顾客期望、感知质量及感知价值之间的关系。总的来说，百货商店和折扣店通常得分为 66 ～ 82 分，超市为 67 ～ 86 分，专业零售店为 65 ～ 81 分（按百分制），加油站在零售类别中的得分最低（在 70 分左右）。为了提升顾客满意度，零售商应该考虑开展如图 2 – 3 所示的活动。

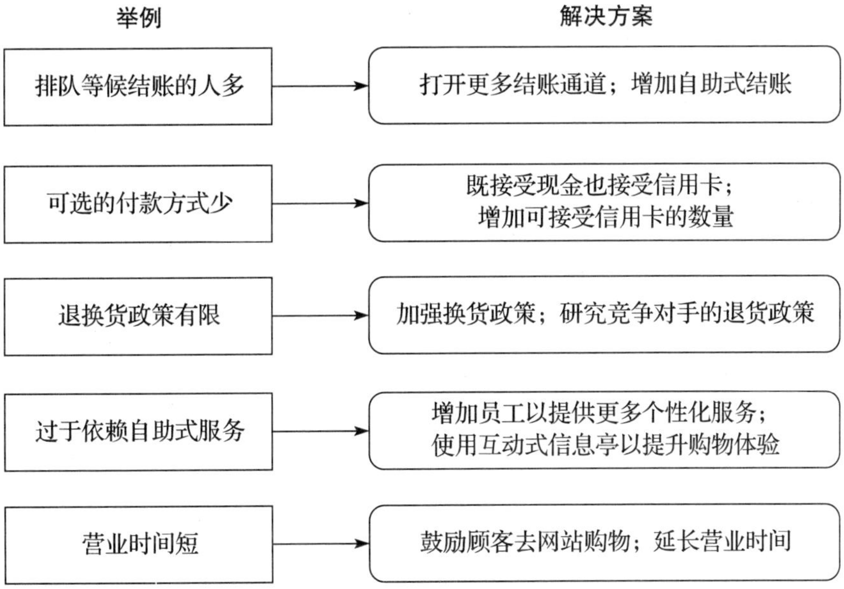

图 2 – 3　扭转薄弱的顾客服务

说明：所有这些解决方案都会产生成本，因此，零售商必须在改善服务所带来的利益与增加成本之间进行权衡。

大多数消费者在感到不满时不会向零售商投诉，他们只是改去别的地方购物。为什么购物者不愿意去投诉呢？（1）因为大多数人觉得投诉不会产生积极效果，或者说效果很小，所以他们就懒得去投诉了；（2）投诉本身也并不容易。消费者必须找到接受投诉的部门，与该部门接触的渠道可能非常有限，可能还需要填写一些书面表格。

为了获得更多反馈，零售商必须使购物者投诉更容易，确保购物者相信他们的投诉会得到妥善处理，并持续开展顾客满意调查。正如 StatPac 软件公司所建议的那样，零售商应该提出以下这些问题，然后采取正确的行动：

1. “总的来说，您对本商店的满意或不满意程度如何？”

2. “您对所购商品价格的满意或不满意程度如何？”

3. “您对商品质量的满意或不满意程度如何？”

4. “请您就我们应如何改进本商店提出建议。”[16]

忠诚计划和流失率

零售商通过**顾客忠诚（频繁购物者）计划**（consumer loyalty (frequent shopper) programs）奖励其最佳顾客，与之保持长久关系。事实证明，这些计划可以提高消费者的购买频率和数量。举一个忠诚计划的例子，在你的会员卡被打孔 9 次之后，表明你已经购买了 9 份煎饼早餐，你的第 10 份煎饼早餐就是免费的。不同的忠诚计划在诸多方面存在显著差异，如惠顾次数、奖励时间、奖励类型、奖励价值、兑换前后的行为、达到奖励的累计积分、用于跟踪购买行为的行为单位（如积分、飞行里程、住宿天数、金额、购买 / 惠顾次数等）、奖励兑换政策等。研究显示，与免费参与忠诚计划的消费者相比，付费参与忠诚计划的消费者对忠诚计划有更积极的态度，行为忠诚度更高，更关注参与忠诚计划所带来的利益，并且认为这些忠诚计划具有更高的价值。[17]

对零售商而言，收费忠诚计划可以在消费者参与后增加企业收入。通常参与忠诚计划的费用越高，消费者的参与意愿就越低。当只是象征性地收取会员费（或免费）时，简单地按金额和积分累计的效果最好，参与意愿最高，并且可以使消费者更关注计划的成本 / 收益评估（而不是参与计划的代价）。[18] 简单的累计制更便于兑换，并且使最终奖励看起来更容易获得和更具吸引力，从而提高顾客的成本 / 收益比率。对忠诚计划收费较高的零售商更有可能在采用复杂的累计制时吸引到会员，即对每单位消费金额累计多个积分，以鼓励消费者从整体上考虑会员奖励的利益。

经营差异性较小的商品类别（如航空和超市）的零售商提供忠诚计划的目的是增加重复购买并提高利润率。在这种情况下，参与忠诚计划的决定可能会产生重大影响，因为顾客对转换成本的知觉的提高会提高行为忠诚度。企业可以在顾客注册时收集顾客的社会关系和社会人口信息，并跟踪其浏览和购买行为，以提供个性化商品和服务并加强与顾客的交流。[19]

从购物者的角度来看，奖励分为以下五种类型[20]：

1. 经济型奖励，包括降价和代金券等。这类奖励可以吸引对价格敏感的顾客，促使他们购买更多。唐恩都乐公司（Dunkin Donuts）DDPerks 计划的会员在有效购买中累积 200 积分（消费 40 美元）就可以获得一杯免费饮料。会员还可能收到附带特定食品或饮料优惠券的促销电子邮件，当他们使用移动应用程序或在店内使用会员卡进行购买时，就可以自动使用这些优惠券。[21]

2. 享乐型奖励，包括可用于兑换水疗服务、比赛或抽奖资格的积分等。这类奖励具有更高的情感价值，可以吸引享乐型购物者。

3. 社会关系型奖励，包括关于特殊活动的信件和机场特殊候机区的使用权等。希望被视为特权群体的消费者会看重这类奖励。

4. 信息型奖励，包括个性化美容建议和关于新商品或服务的信息等。这类奖励可以吸引那些始终喜欢一个品牌或商店的消费者。

5. 功能型奖励，包括优先结账和送货上门等。希望节省购物时间的消费者对这类奖励最为看重。唐恩都乐 DDPerks 计划的会员可以使用移动应用程序 On-The-Go 提前订购而无须在商店里排队。

好的顾客忠诚计划有哪些共同点呢？它们的奖励有用且有吸引力，可以在合理时间内获得。推荐（通过社交媒体或直接邀请）可以得到奖励，频繁购物行为亦是如此（购买越多则获益越大）。每年星巴克奖励计划的会员都从玉星级会员（Green Level）开始，每消费 1 美元可以获得两颗星，直到累积 300 颗星就可以成为金星级会员（Gold Level）。在年底前，金星级会员的每 125 颗星可以换取一杯免费饮料，还可以获得其他利益。[22] 特定零售商提供的独特的且在其他地方不可兑换的奖励更为有效。奖励对短期购买和长期购买都具有刺激作用。与顾客的沟通变得个性化。频繁购物者会觉得自己很“特殊”。参与规则要公开且很少改动。

通过研究顾客流失情况（通过数据库跟踪或消费者调查），零售商可以了解失去了多少顾客以及为什么顾客不再光顾本企业。可以从绝对流失（根本不会再从该企业购买的人）和相对流失（购买频率或平均购买数量下降的人）两个角度来研究顾客流失。每家零售商都必须确定可接受的流失率。此外，并非所有购物者都是“好”顾客。如果流失的是那些总是寻求特价销售、无收据退货、期望免费获得有偿服务的购物者，那么零售商可能会觉得没什么问题。遗憾的是，很少有零售商审核流失数据或对流失的顾客进行调查，其原因在于这样做非常复杂，而且人们不愿听到坏消息。

渠道关系

价值链内的分销渠道成员（制造商、批发商和零售商）结合起来构成**价值传递系统**（value delivery system），它包括特定商品和服务的开发、生产、配送以及销售与服务的所有参与者。它对零售商具有以下影响：

- 每个渠道成员都依赖于其他成员。消费者在特定零售商那里购物通常是由于该零售商及其所经营商品的特征。
- 价值传递系统中的所有活动必须做到责任分明。
- 小型零售商可能不得不与正常分销渠道之外的供应商合作，以获得想要的商品和足够的供应商支持。大型企业可以直接从制造商那里采购，小型企业可能需要通过受理小批量业务的批发商进行采购。
- 价值传递系统的优劣取决于其最薄弱的环节。如果供应商配送延迟或拒绝保修，那么无论零售商工作得多么出色，购物者仍然会不满。
- 特定价值传递系统的性质必须符合目标市场的期望。
- 渠道成员的成本和功能受各方角色的影响。长期合作和双向信息流有助于提高效率。
- 价值传递系统非常复杂，因为超级商店的产品品类繁多，零售业态多种多样，并且有些制造商使用多个分销渠道。
- 无店铺零售（如邮购、电话和网上交易）的价值传递系统有别于店铺零售。
- 由于在利润率、货架空间等方面存在相互冲突的目标，某些渠道成员互相竞争，这有损于价值传递系统和渠道关系。

渠道关系稳固而积极时，价值传递系统的成员能够更好地服务于其他成员和最终消费者。举例说明：沃尔玛及其山姆会员店（Sam's Club）通过与供应商的密切合作来减少不必要的成本，将节省的费用让利给购物者。[23] Ace Hardware 公司的合作结构使其 4 800 多家门店的采购员能够与供应商进行强有力的谈判，因此其商店具有显著的优势。[24]

一些制造商和零售商（尤其是连锁超市）所采用的一种关系导向型的做法称作“类别管理”，即渠道成员之间进行协作，按类别管理产品而不是按个别商品管理。成功的类别管理基于以下几点：（1）零售商更好地倾听顾客的意见并储备顾客想要的商品；（2）因为库存更符合需求，所以利润率得到提高；（3）由于更具有针对性，购物者对每个部门都更加满意；（4）零售采购员对产品类别的绩效承担更多责任和义务；（5）零售商和供应商分享数据并更加依赖于计算机的应用；（6）零售商和供应商共同制订计划。图 2－4 列出了有助于建立有效渠道关系的各种要素。第 14 章将进一步讨论类别管理。

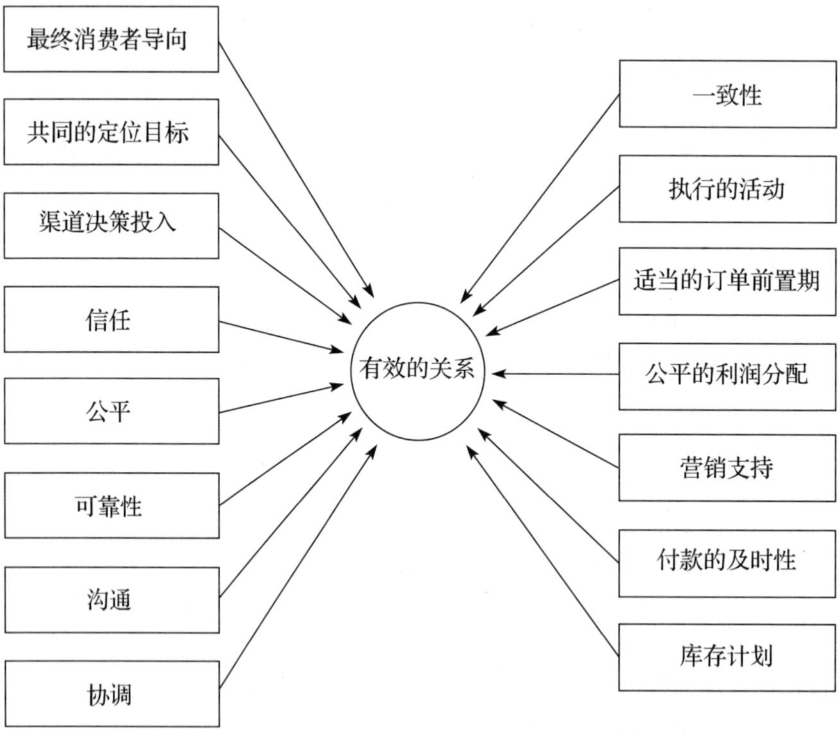

图 2－4　有助于建立有效渠道关系的要素

商品零售商与服务零售商在关系建立方面的差异

消费者对服务的兴趣使理解商品零售商与服务零售商在关系建立方面的差异变得至关重要。这适用于有店铺的企业与无店铺的企业，以及仅提供商品或服务的企业与同时提供商品和服务的企业。

商品零售（goods retailing）是指专营有形（实体）产品的销售。**服务零售**（service retailing）是指消费者并不购买或获得有形产品所有权的交易。一些零售商从事商品零售（如五金店）或服务零售（如旅行社），另一些零售商二者兼营（如既销售个人电脑又提供极客团队（Geek Squad）收费服务的百思买公司（Best Buy）），后者正在不断发展。试想，有多少杂货店配有处理数码照片的设备，有多少百货商店设有咖啡厅，又有多少酒店设有礼品店，等等。

服务零售业包括个人服务、酒店和汽车旅馆、汽车维修和租赁以及娱乐服务等多种业务。虽然有些服务尚未被视为零售业的一部分，但当它们涉及面向最终消费者的销售时，就应该被视为零售业的一部分。服务零售业分为三种基本类型。

- **租赁商品服务**（rented-goods service），是指消费者在特定时期内租用商品。有形商品按固定时间租赁，但承租人不能获得商品所有权，且在租期结束时必须归还商品。例如赫兹公司（Hertz）的汽车租赁、超市的地毯清洁机出租，以及Redbox公司信息亭的光碟出租等。
- **自有商品服务**（owned-goods services），是指对消费者所拥有的商品提供修理、改进或维护服务。在这类服务中，提供服务的零售商从不拥有所涉及商品的所有权。例如手表修理、草坪维护和每年一次的空调调试保养等。
- **非商品服务**（nongoods services），是指向消费者提供无形的个人服务，消费者将体验而非拥有这些服务。零售商在特定时间内提供个人的专业技能并收取费用，这类服务不涉及有形商品。例如会计、股票经纪人、旅行社、房地产经纪人和私人教练等。

请注意："顾客服务"与"服务零售"这两个概念不能互换。顾客服务是指与零售商的主营业务相结合的活动，这些活动是整体零售体验的一部分。服务零售则是指将服务出售给消费者的活动。

服务零售业的四个特征会影响关系建立和顾客维系：（1）服务具有无形性，这使消费者选择竞争性服务的难度超过实体商品；（2）服务提供者与其所提供的服务有时是不可分离的（使营销努力本土化）；（3）服务具有易逝性，因此无法保存，且会增加风险；（4）服务涉及人性因素，这使服务更加多变。

服务的无形（或抽象）性使企业更难以开发消费者导向型战略，特别是许多零售商（如眼科医生、修理人员和庭园设计师）在开始经营服务业务时都是基于他们对产品的专业知识。服务提供者与其服务的不可分离性意味着服务提供者通常是不可或缺的，且良好的顾客关系至关重要。服务的易逝性在许多情况下带来了不可避免的风险。比如，没有租出去的酒店房间就意味着白白损失了收入。服务的多变性意味着每次购物体验、每家商店或每个服务提供者的服务质量可能存在差异（见图2-5）。

与商品零售业相比，服务零售业更依赖于人际互动和口碑传播。伦纳德·贝里（Leonard Berry）教授提出，建立顾客与企业的关系对双方都有利："对于那些具有个人重要意义、质量多变和/或复杂的服务，许多顾客都渴望成为'关系户'。"例如，金融、保险和美发服务的特征"使许多顾客都渴望与同一个服务提供者保持长久关系，希望其具有主动的服务态度，并提供定制化服务"。[25]

图2-6显示了消费者在形成对特定企业所提供的服务零售的质量的知觉时可能会考虑的一些因素。本章末尾的附录将进一步讨论服务零售企业经营的特征。

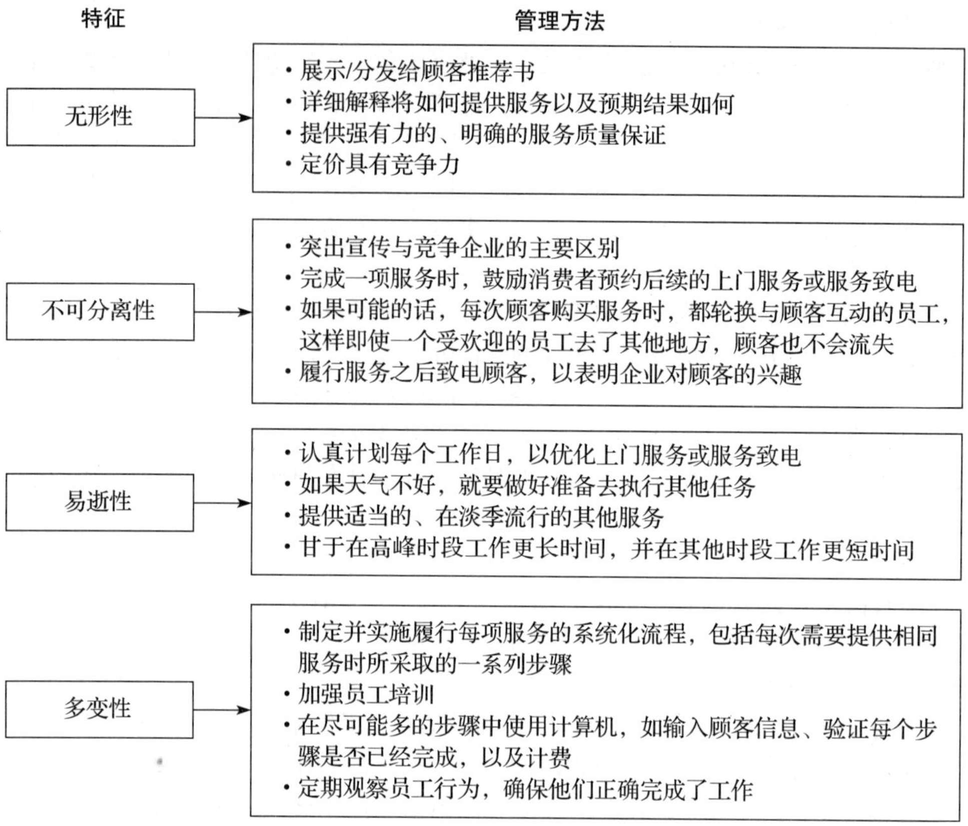

图 2－5　服务零售业的特征及其管理方法

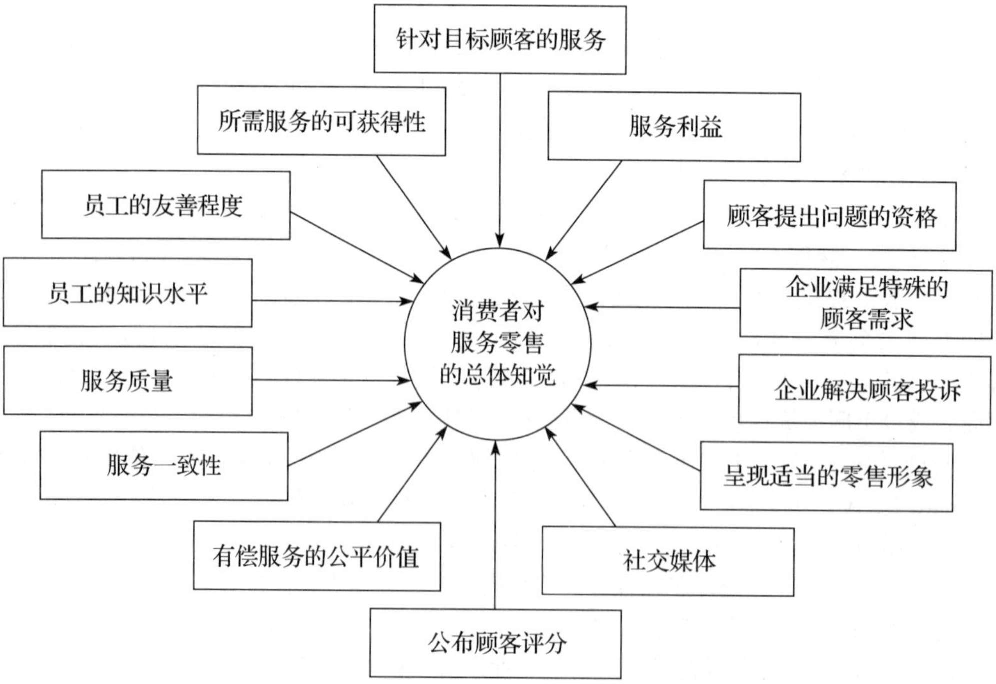

图 2－6　影响消费者对服务零售的知觉的因素

技术与零售关系

如果技术有助于零售商与其顾客、供应商顺畅沟通，那么技术就有利于零售关系，交易也会更快捷、更可靠。

研究技术及其对零售关系的影响，应考虑以下两个要点：

1. 在每家企业中，技术和人的角色必须界定清楚，并与企业的目标和类型保持一致。虽然技术可以促进顾客服务，但它可能会过载和崩溃。有些消费者还认为技术是非人性化的。必须有效地开发新技术，同时尽量减少对供应商、员工和顾客的干扰。

2. 购物者期望特定操作随时就绪，这样他们就可以快速地完成信用卡交易、获得关于产品可获得性的反馈等。企业应该采用一些先进技术（如计算机化结账系统），哪怕只是为了提高竞争力。通过采用先进技术，企业可以卓尔不群。例如，为那些想要补涂旧漆或扔掉了旧油漆桶却没保存定制油漆色号的顾客配备了计算机油漆配色设备的油漆店。

在本书各章的讨论中，我们对技术进步给予了很大关注。在此我们分别从电子银行、零售商与顾客及供应商的互动角度讨论技术的影响。

电子银行

电子银行（electronic banking）涉及对自动提款机（ATM）的应用和对零售购买的快速处理。它有助于集中记账，并使顾客每天 24 小时、每周 7 天均可在银行和非银行地点（包括家里或办公室）完成交易。除了应用于传统的金融交易（如支票兑现、存款、提款和转账），许多零售商现在也使用电子银行。这些零售商接受特定形式的电子借记卡付款计划（第 13 章将对此进行深入讨论），即购买金额迅速通过计算机从消费者的银行账户扣除并转入零售商的账户。

全世界大约有 30 亿台自动提款机——仅美国就有 45 万台，人们每年通过自动提款机进行数十亿次交易（每台自动提款机每月平均 800 次交易）。[26] 这些自动提款机被安装在银行、购物中心、百货商店、超市、便利店、酒店、机场、大学校园及其他场所。由于采用了 Cirrus，Maestro 和 Plus 网络等共享系统，消费者可以在当地金融区域以外及全世界的自动提款机上完成交易。

智能卡的普及对零售商和购物者都很重要，智能卡上的电子条可以实时存储和修改顾客信息。智能卡内置了集成电路芯片，既可以通过物理接触与读卡器交换数据，又可以利用远程非接触式电磁场，这种电磁场能够激活智能卡芯片，完成智能卡与读卡器之间的数据传输。[27]

2014 年以来，Apple Pay，Android Pay 和 Samsung Pay 应用程序开始应用于基于 NFC（近场通信）技术的移动设备，从而实现了非接触式付款方式。非接触式支付不需要消费者的支付设备与销售点（POS）终端设备之间的物理接触。消费者只需将支持 NFC 技术的移动设备靠近商家的 POS 终端（2 ～ 4 英寸内），便可以通过射频无线传输支付账户信息。[28]

零售商与顾客及供应商的互动

技术正在改变零售商与顾客、零售商与供应商互动的性质。如果应用得当，各方都会获益；反之，则会产生消极影响。以下是几个实例。

为什么零售商会广泛采用销售点扫描设备？通过对产品进行电子扫描（而不是收银员

用收款机逐个记录产品的销售额），零售商可以快速完成交易，收集销售数据，向供应商提供反馈，更迅速地发出和接受订单，降低成本，以及调整库存。电子扫描也有弊端：出错率。这可能会使消费者感到不安，尤其是当他们认为扫描不准确时。不过，对扫描的研究发现，扫描仪在读取价格时出错的频率非常低。虽然消费者认为大多数错误都会造成多收款，但多收款和少收款的可能性其实是相等的。使消费者确信扫描结果正确的一种方法是在购买点查看收银条。

有一种销售点系统采用的是自助扫描（第 13 章将对此进行深入讨论）。这种由顾客操作的基本销售点系统——自助扫描结账——的工作原理如下：购物者无须与收银员互动（虽然通常附近会有一位员工随时准备提供协助），购物者可以自行扫描商品，在指定的插槽中插入优惠券，使用电子收款机处理现金、信用卡或借记卡支付，并自行将商品装袋。自助扫描结账处通常设有触摸式显示屏。将商品放在平板扫描仪上，它就会读取商品的二维码；对于农产品，需要输入商品类别，将商品称重，然后扫描仪就可以处理价格。如果购物者忘记扫描某个商品，警报器会提醒员工。[29]

有一种自助结账形式将自助扫描与移动技术结合起来，即“边购物边扫描”形式。顾客从商店货架上选择商品时，可以利用智能手机应用程序扫描商品并加入购物车。他们可以通过点击来兑换他们之前选择的零售商忠诚计划所提供的数字优惠券。顾客可以在离店前在自助结账处使用现金或手机钱包中已保存的支付数据完成支付，得到收据，并拿回找零的现金，就像使用自动提款机一样。对于顾客而言，这是一种更简单、更快捷、自动化的购物体验，同时它也使零售商能够将顾客付款标准化，奖励顾客的优惠券兑换，并通过针对个别顾客开展的移动营销活动，根据顾客之前的购买情况，提供个性化的产品推荐。[30]

其他技术创新也会影响零售互动，以下是三个例子。

- 许多零售商认为它们已经解决了寻找完美礼物的问题——电子礼品卡。礼品卡行业的年销售收入超过 1 000 亿美元。每年大约 93% 的消费者都收到或送出过礼品卡。礼品卡可以促使消费者进行新的购买，通常是在最初 90 天内，并且大多数消费者的消费额都超出了礼品卡金额。[31] 有些零售商现在向顾客提供礼品卡兑换，顾客可以用折扣价兑换其他企业（有时是竞争对手）发行的实体礼品卡。[32] 零售商宣传并销售礼品卡，将其作为增加销售额、改善现金流及管理库存的方法。零售商甚至可以利用网站和移动应用程序提供虚拟礼品卡，通过电子邮件、短信、Facebook 帖子或推文送达接收者。
- 互动式电子信息亭（将在第 6 章讨论）的使用日益广泛，截至 2014 年，占 12 亿美元的全球互动信息亭市场的 40% 以上。[33] 装有传感器的智能信息亭能够在顾客的整个购买过程中收集并分析顾客的数据，显示产品推荐，并为顾客下订单。智能信息亭大受欢迎的原因如下：顾客越发喜欢自助服务（如酒店、机场和餐馆）；顾客可以在店内与信息亭进行更好的互动，以在网上下订单（如 Lands’ End 服装公司和史泰博办公用品公司（Staples））；容易获取产品信息（如史泰博公司）；能够定制产品（如爽健公司（Dr. Scholl）的足底测绘信息亭）。智能信息亭无须店内人员完成日常工作，或减少了这种需求，从而降低了成本。但移动应用程序对信息亭构成了威胁。许多信息亭能够执行的工作都可以通过零售商投入非常低的智能手机应用程序来完成。有些信息亭–移动集成式应用，如亚马逊储物柜（Amazon Lockers），使用移动应用程序向顾客发送密码和位置，并使用信息亭作为与顾客互动的分发或收集中心。[34]

- 越来越多的零售商使用门户网站与供应商交换信息。例如，连锁药店网（Chain-DrugStore.net）通过其行业网站 hub.pharmacyfocus.com 服务于药品利益相关者网络，提供高效的药品采购、调剂、偿付和缔约。这些门户网站提供了一套在线工具，旨在简化沟通，促进分析方法和专有商业情报，并管理药品网络的日常数据需求。这些门户网站与 300 多家制造商、批发商和管理式医疗组织进行合作，通过安全的在线沟通、分析和专有商业情报工具，对药品采购、调剂、偿付和缔约产生了积极影响。连锁药店网已经成为 100 000 多家商店和药房的纽带。[35]

伦理表现与零售关系

伦理挑战分为相互关联的三种类型：伦理涉及零售商的道德原则和价值观；社会责任涉及有利于社会的行动；消费者保护主义涉及对消费者权益的保护。良好行为不仅取决于零售商的做法，而且取决于零售商所处的社会的期望。

本书各章的讨论审视了许多伦理问题。我们在此研究伦理、社会责任和消费者保护主义的广泛影响。欢迎访问我们的博客（www.bermanevansretail.com），浏览关于伦理挑战的帖子。

伦理

与各种利益相关者（顾客、公众、员工、供应商、竞争对手等）打交道时，零售商有义务采取道德的行为。由于媒体对企业行为的关注度提高了，人们的期望也提高了，企业的不道德行为可能会导致负面宣传、法律诉讼、顾客流失以及员工缺乏自尊。

当零售商具有**伦理**（ethics）意识时，就会对所有的利益相关者采取值得信赖、公正、诚实和恭敬的活动。企业高管必须向员工和渠道成员明确地表述什么样的行为是可以接受的，什么样的行为是不可接受的。对企业而言，避免不道德行为的最佳方法是制定书面的伦理准则，将其分发给员工和渠道成员，监控他们的行为，并对恶劣行为进行惩罚；高层管理者则应以身作则。

社会可能认为特定行为是不道德的，即使法律并不禁止这种行为。大多数观察家都认同下列行为是不道德的（有时也是违法的）：

- 遭遇飓风等自然灾害后抬高稀缺商品的价格。
- 特价促销时没有备足存货。
- 在低收入地区收取高价，因为那里的消费者缺乏交通工具去社区外购物。
- 向儿童出售烟酒。
- 进行电话营销时让销售人员冒充市场调研人员。
- 诽谤竞争对手。
- 销售以旧充新的商品。
- 强迫员工推销高利润商品，即使这些商品并非最好的产品。
- 将顾客数据库中的信息出售给其他方。

许多行业协会都会向成员企业宣传伦理准则。例如，以下是直复营销协会（Direct Marketing Association）伦理准则中的一些条款：

第 1 条："所有报盘都应清晰、诚实和完整。"

第 8 条：“所有接触都应公开发起者的姓名及接触的全部目的；任何人都不得出于违背原意的目的发出报盘或招揽顾客。”

第 24 条：“任何抽奖促销活动都不得宣传某位中奖者或参与者已经赢取了奖项，也不得虚假地宣称某位参与者的中奖概率大于其他参与者。”

第 32 条：“企业应谨慎处理消费者的隐私问题。”[36]

社会责任

具有**社会责任**（social responsibility）的零售商在谋求自身利益最大化的同时为社会利益最大化而采取行动。其挑战在于如何在企业的公民角色与股东、管理人员和员工的合理利润之间取得平衡。一些形式的社会责任实际上是没有成本的，如动员员工参与社区活动，或以更谨慎的方式处理废旧产品。另一些社会责任的成本则较高，如向慈善团体捐款，或向学校捐赠商品和服务。还有一些社会责任超越了法律条文，例如除法律规定的轮椅无障碍进入零售场所，还为残疾人免费提供借用轮椅。

大多数零售商都知道社会责任行为一定会引起关注。对于那些不具备战略优势的企业而言，即使这些行为未必会增加顾客的光顾，但对于那些被视为“我也这么做了”的企业来说，这些行为也可以成为一种吸引顾客的诱因。做好事也可能会为企业带来利润。如果零售商将多余的库存捐赠给关心病人的慈善机构，就可以获得税收减免，减免额等于商品成本加上成本与零售价格之差的一半。获得这种税收减免的条件是，该零售商必须是有限公司，且该慈善机构必须使用这些商品而不得将其用于销售或交易。

以下是一些具有社会责任的零售商典范。自 1974 年以来，麦当劳叔叔之家慈善基金（Ronald McDonald House Charities，RMHC）一直是麦当劳（Mc Donald's）的慈善选择。在其全国筹款活动期间，RMHC 已从光顾其餐厅的顾客那里筹集了超过 2 亿美元的捐款。RMHC 的部分运营成本是由麦当劳的所有者 / 运营商提供的资金。麦当劳公司建立了麦当劳叔叔之家，当重病儿童远离家乡就医时，其家人可以住在收费较低的麦当劳叔叔之家而不必入住昂贵的酒店。麦当劳叔叔之家慈善基金通过其 334 个麦当劳叔叔之家已经为 570 万儿童及其家人提供了服务。[37]

塔吉特公司和 CVS 与许多企业一样停止了香烟销售。沃尔玛则有具体的环保目标，涉及以下方面：减少运往垃圾填埋场的废弃物；利用可再生能源获取电力；降低排放；开发可持续性更强的食品系统。[38] 1999 年，全食超市（Whole Foods Market）成为第一家获得海洋管理委员会（Marine Stewardship Council，MSC）认证的连锁超市，这是一个针对可持续的、野生捕捞海产品的领先的认证项目。全食超市还停止了濒危鱼种的销售。

消费者保护主义

消费者保护主义（consumerism）是指政府、企业和其他组织采取行动来保护消费者的个人权益免受侵害。这些行动承认消费者享有应得到保障的基本权利。正如约翰·肯尼迪（John Kennedy）所说，消费者拥有以下权利：安全权（有权被保护免受不安全条件及危险商品和服务的侵害）；知情权（有权被保护免受欺诈、虚假和不完整的信息、广告及标签的侵害）；选择权（有权自主选择商品、服务和零售商）；陈情权（有权向企业和政府机构提出正面和负面反馈）。

零售商及其渠道伙伴应避免在商业活动中侵害消费者的这些权利，并尽量理解和保护这些权利，原因如下：

● 有些零售行为受法律约束。其中一个主要法律是**《美国残疾人法案》**（Americans with Disabilities Act，ADA），该法案规定零售商应为残疾人提供进出零售设施的适当通道。该法案第三条规定（www.ada.gov/cguide.htm）：“公共设施（零售商店）必须遵守基本的无歧视要求，禁止排斥、隔离或不平等对待。它们还必须遵守一些具体要求，涉及以下方面：新建和改建的建筑物的建筑标准；对政策、实践和过程的合理修改；与有听力、视力或语言障碍的人进行有效的沟通；其他一些进出权利方面的要求。此外，根据公共设施的资源，在难度不大且费用不高的情况下，公共设施必须清除现有建筑物内的障碍。”《美国残疾人法案》还对零售商店的入口、垂直运输系统、通道宽度和商店陈列提出了要求。

● 人们更愿意光顾被视为顾客导向的商店，而不愿去看起来“贪婪”的商店购物。

● 消费者比过去更有学识、更挑剔，对价格也更加敏感。在线顾客评论和社交媒体吸引了许多购物者。

● 大型零售商有可能被认为对消费者漠不关心，因为它们可能没有给予购物者足够的个人关照，或者对员工缺乏足够的控制。

● 对于有些购物者来说，越来越多的自助服务的应用令其受挫。

● 创新技术令许多消费者感到不安，因为他们必须学习新的购物行为（如怎样使用电子视频信息亭）。

● 零售商直接接触顾客，因此它们经常因制造商的问题（如有瑕疵的产品）而遭到批评，并被要求解决问题。

消费者面临的一个棘手问题是零售商如何处理顾客隐私。一种具备下列要素的以顾客为导向的方法可以减轻购物者的负面感受：

1. 消费者应被清楚地告知公司处理顾客数据的方式，这涉及透明度（全面披露）。

2. 当公司要求消费者选择加入时，消费者应有权决定他们想要从公司接收的信息种类（选择所接收的信息）而不是必须选择加入（可以主动告知公司不应该发送信息）。

3. 消费者应确信个人隐私得到了公司的保护和安全保管，并且只有有限的信息会传递给第三方（如承运人）。

4. 消费者应有权纠正由公司保存的他们认为不正确的任何个人数据。

5. 公司应及时妥善处理关于个人隐私信息的消费者反馈。[39]

为了避免引起顾客关系方面的问题，许多零售商不等政府或消费者施压，就已经制订了消费者权益保护计划，举例如下。

巨人食品（Giant Food）连锁超市 40 多年前就开始遵循肯尼迪提出的四项权利的消费者法案并沿用至今：（1）安全权；（2）知情权；（3）选择权；（4）陈情权。公司还添加了第 5 项权利：赔偿权，为购物者提供了退款保证政策。[40]

近年来，无线电话服务零售商之间的竞争越发激烈，尤其是 AT&T、威瑞森（Verizon）、T-Mobile 和 Sprint 这四大巨头。它们从未停止过电视广告及其他广告宣传。为了独树一帜，特别是与 AT&T 和威瑞森两大巨头竞争，T-Mobile 决定通过制定该行业的首个消费者权益法案，将消费者保护主义宗旨加入公司的定位战略。T-Mobile 的消费者权益法案包括诸多问题，如无须签订服务合同、顾客有权随时升级到新手机、允许结转未使用的数据、提供全球免费漫游等。[41]

许多零售商已经制订了一些计划来测试商品的价值、质量、含量的失实表述以及安全性和耐用性等属性。西尔斯百货、沃尔玛、梅西百货（Macy's）和塔吉特等许多公司都在进行这类测试。许多零售商采取的消费者保护主义行动还包括制定明确的顾客投诉处理程序，赞助消费者教育计划，培训员工与顾客进行适当的互动。

以消费者为导向的活动并不局限于大型连锁店，小型企业也可以开展。地方性玩具商店可以按年龄组划分玩具。杂货店可以专门陈列环保型清洁剂。邻里餐馆可以使用低脂植物油烹饪食品。体育用品商店可以提供运动器材的退款保证，这样人们就可以在家里进行试用。

关键术语

价值（value）
价值链（value chain）
核心顾客（core customers）
期望的顾客服务（expected customer service）
增强的顾客服务（augmented customer service）
员工授权（employee empowerment）
循环信用账户（revolving credit account）
选择信用账户（option credit account）
开放信用账户（open credit account）
顾客满意（customer satisfaction）
顾客忠诚（频繁购物者）计划（consumer loyalty (frequent shopper) programs）
价值传递系统（value delivery system）
商品零售（goods retailing）
服务零售（service retailing）
租赁商品服务（rented-goods service）
自有商品服务（owned-goods services）
非商品服务（nongoods services）
电子银行（electronic banking）
伦理（ethics）
社会责任（social responsibility）
消费者保护主义（consumerism）
《美国残疾人法案》(Americans with Disabilities Act，ADA）

讨论题

1. 消费者在高档服装店购物时，哪些因素决定该消费者认为自己得到了公平的价值？同一位消费者在低档服装店购物时，其价值知觉会有何不同？
2. 以下零售商的期望价值链要素和增强价值链要素分别有哪些？
（1）家得宝
（2）宜家
（3）当地的水果蔬菜店
3. 为什么零售商应特别关注其核心顾客？怎样才能做到这一点？
4. 顾客服务与员工授权之间存在什么关系？员工授权任何时候都是个好主意吗？为什么？
5. 你如何测量你最喜欢的餐馆的顾客满意水平？
6. 为巴诺公司设计一份顾客忠诚计划。
7. 服务零售业具有哪些特征？举例说明。
8. 自动提款机有哪些利弊？作为零售商，你会在自己的商店里安装自动提款机吗？为什么？
9. 大多数消费者购物都会使用自助扫描的时代将要到来吗？解释你的答案。
10. 描述三种你最近遇到的不道德却是合法的零售商行为。你当时的反应如何？
11. 从零售商的角度解释社会责任与消费者保护主义之间的区别。
12. 在与零售商的关系中，你将如何处理消费者对隐私的担忧？

附　录

针对服务零售业的特征制定规划

我们之所以提供这个附录是因为美国和世界各地的服务零售业都在稳步增长，并且在整个零售业中占很大比例。美国消费者将税后收入的 60% 花在旅游、娱乐、个人护理、教育、医疗及住房等服务上。84% 以上的劳动力就业于服务行业。消费者每年花费数十亿美元租用电动工具和聚会用品（如咖啡壶、银器、酒杯等）等产品。全美约有 86 000 家美容美发店、480 000 家餐馆、53 000 家商业儿童护理设施以及 21 000 家非营利性儿童护理设施。[1] 虽然自动化已经大幅降低了制造业的劳动力成本，但由于服务离不开人这一性质，许多服务仍属于劳动密集型。

我们在此讨论成为成功的服务零售商需要具备的能力，如何提高服务零售商的绩效，以及波多里奇国家质量奖（Baldrige Award）获得者的战略。

成功的服务零售商需要具备的能力

在服务零售业取得成功需要具备的个人能力通常与商品零售业存在很大差异，原因如下：

- 在服务零售业中，提供给顾客的主要价值是某种类型的零售服务，而不是由制造商生产的实体产品的所有权。
- 通常需要特定的技能，并且这些技能可能无法从一种服务转移至另一种服务。电视维修技师、美容师和会计都无法轻易改变行业或转移技能。家电商店、化妆品商店和玩具商店的所有者（他们都是商品零售商）比服务零售商更容易向其他领域转行和转移技能。
- 越来越多的服务经营者必须取得执照或认证才能经营其业务。美发师、房地产经纪人、牙医、律师、管道工及其他服务经营者都必须通过所在领域的资格考试。
- 服务企业的所有者必须热爱他们的工作并具备所需资质。由于需要与顾客进行密切的个人接触，这些要素必不可少且很难造假。

与商品零售商相比，许多服务零售商可以在较低的总投资下运营，并以较少的年收入取得成功。一家拥有四个户外网球场的企业可能只需要一名员工就可以运营，这名员工可以身兼职员 / 收银员和维护人员。报税企业可能只要一名会计就可以成功经营。手表修理店可能只需要一名修理人员。在这些例子中，企业所有者可能就是唯一的技术工人，运营成本也可以相应地降低。与此相反，商品零售商需要储备大量的商品，这可能会导致较高的成本，并需要充足的储存设施。

服务零售商的投入时间因业务种类而异。有些业务，如自助洗衣店或电影院，需要投入的时间较少。另一些业务，如房屋粉刷或旅行社，则需要投入大量的时间，因为个人服务才是盈利的关键。与低投入时间业务相比，更多服务零售商经营的是高投入时间业务。

提高服务零售商的绩效

通过强调服务提供者的可靠性、宣传一贯的主题（如赫兹公司的 #1 俱乐部金卡会员服务）、描述特定的结果（如通过调整汽车发动机，将燃油效率提高 1 英里 / 加仑）以及提供某些担保（如酒店向不满意的客人提供自动退款保证），可以加强服务的有形性。许多航空公司创建了网站，顾客可以在网上选择航班并进行预订，这些网站就是航空公司的一种有形展示。

通过向具有不同需求的细分市场提供类似服务，可以更好地匹配需求和供给。具体做法如下：提供具有与现有服务相反周期需求模式的新服务（如丹佛的高尔夫度假村在冬季提供越野滑雪服务）；提供可以补充现有服务的新服务（如美容院增加紫外线灯晒身箱服务）；在非高峰期提供特别优惠（如电影院在工作日提供折扣票价）；提供不受现有能力限制的新服务（如拥有 10 张餐桌的餐馆开始提供家庭套餐服务）。

服务标准化可以降低服务的多变性，更易于定价和提高效率。可以通过以下方式进行服务标准化：清晰界定各项工作；确定完成各项工作所需的最短时间和最长时间；选择完成各项工作的最佳顺序；关注整个服务的最佳完成时间和质量。服务标准化已经成功地应用于快速汽车服务提供商（机油更换和发动机调整企业）、法律事务所（提供有关房产交割及类似手续的服务）和紧急医疗中心等企业。如果服务实现了标准化，零售商往往需要做出一种权衡（例如，以更加稳定的服务质量和便利性换取更少的个人接触）。

除了服务标准化，零售商还可以通过自动化以及用机器替代人工来提高服务效率。例如，房地产律师经常使用文字处理模板来处理房产交割文件中的常见段落。这意味着文件的外观更加一致，可以节省时间，文件更加整洁且错误更少。至少部分业务已实现自动化的服务性企业包括银行、洗车行、保龄球馆、航空公司、电话服务公司、房地产经纪人和酒店。

通过服务提高顾客忠诚的方法之一是更好地理解和应对购物者的投诉。该方法使服务运营商能够纠正那些原本不会发现的问题，也使服务运营商能够向消费者提供赔偿，以使他们保持忠诚。遗憾的是，通常情况下不满意的顾客更容易转向竞争对手（或向亲朋好友抱怨）而不是向该服务运营商投诉。零售商可以通过以下方法来减少服务失败的负面影响：（1）道歉；（2）审查顾客投诉；（3）解决问题并跟进问题以表示关注；（4）将问题记录在案以避免再次发生；（5）与这些顾客沟通并公正地对待他们。员工的礼貌和真诚与服务失败后的顾客满意度密切相关。[2]

服务零售商必须谨慎选择店址。有时服务是"配送"到顾客家中的，如电视机维修、房屋粉刷和草坪护理等。企业的服务地点就是客户的家，办公室反而不那么重要了。许多客户甚至从未见过服务性企业的办公室，这些企业通过电话或亲自拜访与顾客接触，为顾客提供最大的便利性。虽然企业需要承担交通费用，但租金很低（甚至没有），并且无须维护商店设施及布置陈列等。顾客也可能出于"特定意图"去拜访某些服务零售商。虽然顾客可能很关注服务地点的便利性，但通常不会仅仅基于地点选择医生或律师等熟练从业者。医生和律师将办公室设在自己家里或医院及法院附近，这很常见。服务零售商通常可以使用较小的店面，因为很少或根本不需要空间来陈列商品。一家旅行社可能拥有 6 名销售人员，旅行预订金额高达数百万美元，但一个 500 平方英尺的店面就足够了。

基于顾客满意的定价策略可以识别和降低因服务的无形性导致的顾客对不确定性的知觉。具体措施包括服务担保、利益导向定价和固定费率定价。[3] 关系定价可以促进与有价值的顾客的长期关系，它包括长期合同和价格捆绑。效率定价则使企业可以与顾客分享成本节约，这是企业有效地执行服务任务所带来的，这与成本领先的概念有关。

当涉及的服务具有独特性或非常复杂且双方必须就一次性价格达成一致时，零售商需要针对个别顾客制定定价方案，这就是协商定价。与传统定价（所有消费者为标准化服务支付相同的价格）不同，在协商定价下不同消费者可能会支付不同的价格（取决于服务的独特性）。搬家公司会收取不同的费用，这取决于搬家的距离、由谁包装易损家具、使用楼梯还是电梯、通往高速公路的便利程度以及家具的重量等。

权变定价是指服务零售商在完成服务之后才获得报酬，且付款取决于服务是否令人满意。房地产经纪人只有将房屋买方（准备好、愿意并有经济能力购买）介绍给房屋卖方时才能收取费用。也许几个房地产经纪人会同时向潜在买主展示房源，但只有真正将房屋出售的经纪人才能赚取佣金。这种方法会给零售商带来风险，因为它们可能会付出大量的时间和努力却得不到报酬。房地产经纪人可能将房屋展示了 25 次却未能成交，也就得不到报酬。

动态定价使用来自顾客的数据以及对预订进行的持续分析（如航空公司和酒店），根据顾客的不同来改变价格。相同服务（如航空旅行）的价格可能不同，这取决于顾客的预订时间（早或晚）、航班在一周中的哪一天及在一天中的什么时刻，以及服务零售商是否认为有必要降价，以免出现设施的闲置（如飞机或演出的座位）。[4]

有些服务零售商难以接触到的一类顾客是自己动手族。随着服务成本的提高（以及由于经济的缓慢增长），美国的自己动手族人数不断增加。自己动手族会自己修理汽车、粉刷房屋、修剪草坪以及制订度假计划。商品导向型折扣零售商通过向这些人出售必需物资可以实现良好的绩效，但是由于顾客自己完成了这些工作，服务零售商就无利可图了。

波多里奇国家质量奖获得者 Pal's Sudden Service 公司的战略[5]

波多里奇国家质量奖是美国总统颁发给企业（制造业和服务业，小型企业和大型企业）以及教育和医疗卫生组织的奖项。这些企业或组织需要在以下七个领域提出申请并被评定为杰出典范：领导力；战略规划；顾客和市场关注；测量、分析及信息管理；人力资源关注；流程管理；绩效。获得该奖项为数不多的零售商之一就是 Pal's Sudden Service 公司，这是一家总部位于田纳西州金斯波特的私营快速服务连锁餐厅。截至 2016 年，该公司一共拥有 26 家分店及大约 1 000 名员工。该公司通过提供具有价格竞争力的一贯高质量食品以及快速、热情和无差错的配餐脱颖而出。

在 Pal's 餐厅，顾客从下单到取餐的时间比全美速度第二快的快速服务餐厅要快很多；在“免下车”窗口下单时，平均周转时间仅为 12 秒。虽然服务速度快，但 Pal's 平均每 3 600 单才出错一次，这比普通的快餐厅要好 10 倍。

Pal's 制定了所有组织活动和经营活动的流程，其“卓越业务流程”（Business Excellence Process）是关键的整合力量，可确保顾客的需求在每笔交易中都得到满足。在公司高管团队和分店经理的领导和执行下，“卓越业务流程”覆盖了经营活动的方方面面，从战略规划（每年制定一次）到在线质量控制。

公司在显著降低员工流动率方面取得的成功是其重要优势之一。这些员工主要是一线生产人员和服务人员，他们的年龄大多在 16 ～ 18 岁，并且是兼职员工。求职者必须先通过一个包含 60 个问题的心理测试才有机会被考虑加以培训。分店经理和经理助理对员工培训负有主要责任，培训过程基于一个四步骤模式：演示、执行、评价及再执行。新员工在独立工作之前必须接受 120 小时的培训，并且必须完全胜任每项特定的工作任务。在经理助理级别，员工流动率为 1.4%；在一线员工级别，流动率达 32%。

第3章

零售业战略规划

学习目标

- 阐述战略规划对各类零售商的价值。
- 解释零售商制定战略规划的步骤：形势分析、目标、识别消费者、整体战略、具体行动、控制和反馈。
- 考察零售战略中的各个可控要素和不可控要素，并提出战略规划的一系列整合步骤。
- 说明如何制定战略规划。

零售业战略规划是一个复杂的过程，涉及许多相互交织的因素，其中既有可控因素，又有不可控因素。以前，零售商专注于店内营销，试图影响消费者购物时的购买决策——通常是通过华丽的产品陈列、通道尽头的特别促销以及货架上引人注目的包装。

如今，许多消费者的购物方式发生了变化，因此零售商需要相应地制定和调整其战略。消费者上网不仅是为了购物，他们还可以上网体验逛商店的过程，有时只是为了听听别人说些什么。在消费电子产品、旅游和娱乐等一些零售类别中，在线渠道的主导地位损害并在某些情况下摧毁了传统零售商的商业模式，并导致纯在线企业的普及。在另一些产品类别中，虽然在线渠道的破坏性较小，但由于移动和社交媒体技术的不断发展，消费者在搜索和购买过程中可以交替地、无缝地使用各种渠道和设备（笔记本电脑、智能手机和平板电脑），且零售商对此无法控制，这迫使零售商必须加强其全渠道战略的规划和投资。与顾客建立长期关系，即品牌亲密，才是制胜关键。“品牌亲密”是指一个人与一个品牌（包括零售商）之间的本质关系。品牌亲密不仅意味着使用、购买和品牌忠诚。根据品牌代理机构 MBLM 的品牌亲密部门的调研结果，亲密品牌可以提高商业绩效。

那么，哪些品牌能够成功地建立亲密关系呢？这取决于性别。女性通常会与许多成熟品牌建立关系，这些品牌涉及她们日常生活的方方面面。据 MBLM 称，在女性消费者中，苹果是最亲密的品牌，接下来是迪士尼（Disney）、亚马逊、全食超市和丰田（Toyota）。男性的五大亲密品牌则是哈雷 - 戴维森（Harley-Davidson）、苹果、丰田、任天堂（Nintendo）和雷克萨斯（Lexus）。MBLM 的合作伙伴丽娜 · 普莱普勒（Rina Plapler）坚称，人们与品牌的关系不仅取决于性别，“重要的是要了解女性倾向于与之建立关系的品牌类型，以及年龄和收入如何影响品牌选择。这有助于零售商更有效地推广商品和服务，并形成深厚的品牌依恋”。

年龄和收入在决定品牌偏好方面发挥着重要作用。在 18 ～ 34 岁的女性千禧世代中，五大亲密品牌是苹果、亚马逊、丝芙兰、塔吉特和全食超市；18 ～ 34 岁男性的五大亲密品牌则是任天堂、三星（Samsung）、索尼 PS（PlayStation）、微软 Xbox 和 YouTube。收入在 34 000 ～ 49 000 美元的女性与欧莱雅（L'Oréal）、露华浓（Revlon）和多芬（Dove）的关系最亲密。收入在 50 000 ～ 75 000 美元的人中，亲密品牌则是苹果、星巴克、玉兰油（Olay）、可口可乐（Coca-Cola）和网飞（Netflix）。收入在 75 000 ～ 150 000 美元的人的五大亲密品牌是苹果、丝芙兰、亚马逊、塔吉特和倩碧（Clinique）。[1]

资料来源：niroworld/Shutterstock. Reprinted by permission.

概　述

本章详细讨论零售业战略规划，这是本书的基础。正如第 1 章所述，**零售战略**（retail strategy）是指导零售商的整体规划或行动框架。在理想情况下，零售战略的生效时间至少为一年，它概括了零售商的使命、目标、消费者市场、整体战略和具体行动以及控制机制。如果没有明确的、整合良好的战略，企业可能就无法应对市场。美国小企业管理局（U.S. Small Business Administration，SBA）建议，不论是否打算寻求放款人或投资者的财政支持，每个企业都应该制定全面和周密的商业规划，它是企业未来 3 ～ 5 年的发展蓝图，有助于对许多关键业务要素进行周密和客观的决策。这些要素包括：

（1）创业需要做些什么以及你需要花费哪些资源（时间和金钱等）；（2）你的企业如何才能获利以及获利需要多长时间；（3）为了有效地宣传你的企业，你需要让潜在顾客、供应商和投资者了解哪些信息。对企业成功至关重要的其他因素取决于你的规划：外部资金、供应商提供的赊购、运营管理和财务管理、企业推广和营销以及企业目标的实现。美国小企业管理局提供了一个分步的互动式指南商业计划工具（Business Plan Tool），帮助企业家开始他们的规划过程。[2]

零售战略规划过程具有下列显著特征：

1. 全面分析了不同类型零售商开展业务的要求。

2. 概括了零售商的目标。

3. 有助于企业决定如何实现与竞争对手的差异化，以及如何开发吸引顾客群的产品。

4. 探讨了法律、经济和竞争环境。

5. 使企业的整体努力互相协调。

6. 预测危机，并通常将其最小化或避免。

战略规划的制定者可以是企业所有者、专业管理人员或二者的结合。即使是家族企业，大多数高增长公司也都有战略规划。

规划和实施零售战略的各个步骤相互依存。通常企业最初只制订一个整体计划，随着各种选择方案和决定因素逐渐明朗化，计划也逐渐具体化。本章将阐述零售战略规划的各个步骤（见图3－1）。考虑到全球零售业的重要性，本章附录探讨了全球环境下的战略规划特征。欢迎访问我们的博客（www.bermanevansretail.com），获取有关战略规划的链接。

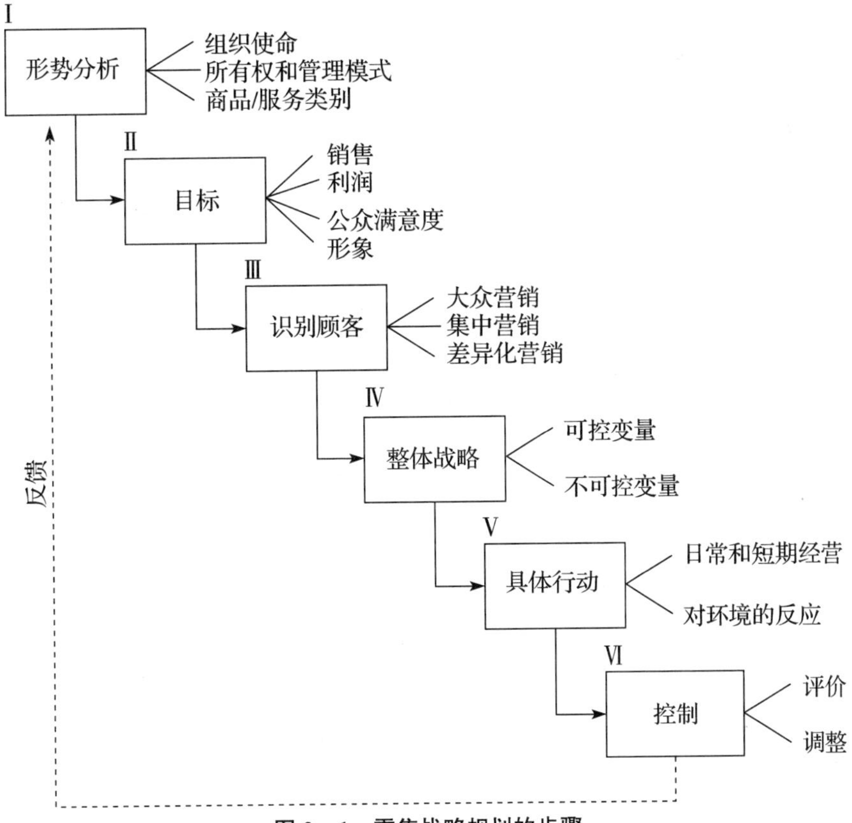

图3－1 零售战略规划的步骤

形势分析

形势分析（situation analysis）是对潜在或现有零售商所面临的机会和威胁进行客观评价的过程。它的目的是回答两个一般性问题：企业的当前状况如何？企业应该朝哪个方向发展？形势分析意味着在组织使命的指引下，对所有权和管理模式进行评价，并确定应该销售的商品 / 服务类别。

好的战略能够预测和应对不断变化的商业环境中的机会和威胁。**机会**（opportunities）是指其他零售商尚未充分利用的市场空隙。宜家之所以成功，正是因为公司率先以折扣价格提供各式各样的家具。**威胁**（threats）是指在零售商没有采取应对措施（有时，即使它们采取了措施）的情况下可能对其产生不利影响的环境和市场因素。单厅电影院几乎消失了，因为它们无法抵挡多厅电影院的竞争。提供付费点播服务的电影以及网飞和亚马逊等提供的流媒体电影对电影院行业构成了新的威胁。

企业需要尽早发现变化趋势以满足顾客的需求，并在竞争对手中保持领先，但前提是购物者已经做好了应对变化的准备，且对变化趋势的预测是正确的。实施商品转换（如销售时尚商品）要比改变企业的位置、价格或促销策略快得多。与具有既定形象、仍有租约以及空间有限的现有零售商相比，新的零售商更容易适应变化趋势。准备充分的小企业因更具有灵活性可以与大型零售商竞争。

在形势分析过程中，特别是对于新零售商或考虑实施重大战略转变的零售商而言，进行诚实而深入的自我评估是至关重要的。一个人或一家公司可以雄心勃勃、积极进取，但过高估计自己的能力和前景可能是有害的——有可能导致进入错误的零售业务领域、资源不足或对竞争误判。

组织使命

组织使命（organizational mission）是零售商对业务类型和独特的市场角色的承诺，体现在对消费者、员工、供应商、竞争对手、政府及其他相关者的态度上。明确的使命可以帮助企业赢得顾客的追随并从竞争中脱颖而出。

零售商必须制定的一项重大决策是，企业应该以所售商品和服务为基础，还是以消费者的需求为基础。经营五金店的零售商必须决定，除了五金产品，是否应该储备一系列浴室盥洗台产品。因循守旧的零售商可能不会经营盥洗台，因为它似乎与拟议的业务无关，但是，如果该商店想要成为一个 DIY 家居装修用品中心，那么盥洗台则是产品组合的合理组成部分，这样的商店会经营消费者所需的所有相关商品。

第二项重大决策是，零售商想要成为市场上的领导者还是追随者。零售商可以设法采取一种独特的战略，如塔可钟（Taco Bell）成为全美国首家墨西哥快餐食品连锁店。企业也可以效仿竞争对手的做法，但比竞争对手做得更好，如一家地方性的墨西哥快餐店提供五分钟服务保证和清洁保证。

第三项决策涉及市场范围。大型连锁店通常寻求广泛的顾客群体（鉴于其资源和知晓度），但对于小型零售商和创业者而言，范围较窄的顾客群体通常是最佳选择，这样它们才能在当地市场和地区市场上竞争。

制定组织使命只是战略规划过程的第一步，企业应该不断审查和调整其使命，反映不断变化的公司目标和动态的零售环境。下面这个例子说明了亚马逊自 1995 年 7 月在网上发布组织使命以来，其组织使命是如何演进的。

亚马逊的最初使命是，利用互联网将购书过程转变为最快、最简单、最愉快的购物体验。[3] 从那时起，亚马逊的销售收入（2015 年达 1 000 亿美元）[4] 和产品品类不断增长，终成为世界第七大零售商。如今，其使命宣言更为广泛，但对顾客满意和提供教育购物体验的关注和承诺没变。[5]

所有权和管理模式的选择

形势分析的一个重要方面是评估备选的所有权和管理模式，包括成立独资企业、合伙企业还是有限公司，以及开设新店、收购现有商店还是成为特许加盟店。[6] 管理模式的选择包括所有者经理制或职业经理制以及集权式或分权式管理结构。不存在适用于所有零售商的最佳所有权形式；法律结构的类型影响纳税、个人责任、记账和融资能力。特定所有权形式的局限性通常可以得到克服。例如，独资经营者可以购买保险，以降低责任风险。精明的企业家会随着业务的发展反复评价他们选择的实体形式。美国小企业管理局以及经验丰富的律师或税务顾问都可以为企业提供宝贵的信息和建议。[7]

独资企业（sole proprietorship）是由一个人所有的非公司制零售企业。所有的收益、利润、风险和成本均由个人所有者承担。独资企业易于组建，由所有者全面控制，运营灵活，易于解散，并只需缴纳单一税，但所有者对供应商、债权人和其他人提起的法律诉讼承担个人责任。独资企业的资金和专业性可能也十分有限。

合伙企业（partnership）是由两个或更多人所有的非公司制零售企业，其中每个人都可以获得经济收益。合伙人分摊收益、利润、风险和成本。合伙企业的优势包括以下几点：责任由多个合伙人分担，专业知识共享，比独资企业的融资能力更强，比有限公司更易于组建，并只需缴纳单一税。合伙企业的所有者对法律诉讼承担个人责任；如果合伙人死亡或意见不合，可以解散企业；如果个别合伙人代表企业采取行为，其他合伙人都受该行为约束；合伙企业比有限公司的融资能力弱。

有限公司（corporation）是根据州法律正式组建的零售企业，它是有别于个体经营者（或股东）的法人实体。有限公司可以通过出售股票筹集资金；对个人的法律诉讼通常是不允许的；所有权转移相对容易；公司长期存在的可能性更高（如果创始人离开公司、退休或死亡）；鼓励聘用职业经理人；经营权限必须明确。有限公司需要双重缴税（公司缴纳企业所得税，股东缴纳利润分配税）；面临更多的政府法规；组建流程可能非常复杂；可能被视为非个人的；所有权与经营权可能分离。非上市公司的经营者人数有限，他们控制着公司的所有权，其股票不能上市交易。上市公司的股票可以上市交易。

在美国的纳税零售企业中，独资企业占 74%，合伙企业占 6%，有限公司占 20%。然而，独资企业的销售额占美国零售业总销售额的比例仅为 5%，合伙企业占 10%，有限公司则占 85%。[8]

创办新企业（创业）时，零售商可以灵活地选择店址、经营模式、产品线、顾客市场及其他要素，并完全针对所有者的愿望和优势制定和实施战略。创业可能需要高昂的创业成本；从企业创建到获得利润需要较长时间；开业时企业名称不为人知；必须与供应商建立关系，并且必须储备充足的商品。

如果收购现有企业，零售商可以获得现成的公司名称、顾客的追随、有利的店址、训练有素的员工以及设备；可以立即营业；可以创造持续的销售额和利润；有可能获得有利的租赁条款或者从卖方那里获得融资（以较低的利率）。收购现有企业的弊端在于设备可能比较陈旧，针对新业主的愿望和优势实施战略时缺乏灵活性，并且企业的增长潜力可能有限。

如果成为特许加盟店，零售商可以在拥有独立所有权的同时获得特许权授予人的支持，如战略规划协助；还可以获得知名的公司名称和忠诚的顾客；获得合作广告和合作采购；获得地区性、全国性或全球性（而非地方性）的形象。但是，特许经营协议可能会明确规定严格的运营标准，限制所售产品，并限制对供应商的选择；特许权授予人通常连续收取特许权使用费；可能需要广告费；如果特许权授予人对协议的履行情况不满意，也有可能终止协议。

从战略角度来看，管理模式的选择具有巨大的影响。采用所有者经理制时，规划往往不那么正式，更多是凭直觉制定的，并且许多任务都由经理独立完成（如员工监督和现金管理）。采用职业经理制时，规划往往更正式、更系统。然而，与所有者经理相比，职业经理的权限受到了更多限制。在集权式结构中，规划权属于高级管理层或所有者；在分权式结构中，则由各个部门经理制定主要决策。

第 4 章将全面讨论独立零售商、连锁店、特许经营、租赁部门、垂直营销系统和消费者合作社。

商品 / 服务类别

潜在的零售企业在全面制定战略规划之前，必须选择所要经营的**商品 / 服务类别**（goods/service category），即企业的经营范围。第 5 章将探讨食品零售商和日用品零售商的属性。第 6 章主要介绍网络、无店铺和其他形式的非传统零售业态。

零售商在确定了笼统的商品 / 服务类别后，应该进一步确定更为具体的种类。梅赛德斯（Mercedes）经销商是迎合高端顾客的豪华汽车零售商。温蒂（Wendy's）是一家以优质快餐食品而闻名的连锁餐厅，主要销售汉堡包。6 号汽车旅馆（Motel 6）是一家连锁旅店，其优势是价格低廉、整洁、位于市中心，且装修简单。

潜在的零售企业所有者在选择企业类型时，必须保证其个人能力、财务资源和可用时间符合该类企业的要求。访问我们的博客（www.bermanevansretail.com），获取不同商品 / 服务类别的众多零售行业协会的链接。

个人能力

个人能力取决于以下方面：个人才能，即对某类企业的偏好以及能够成功的潜质；教育，即关于零售实践和政策的正规学习过程；经验，即关于零售实践和政策的实践学习过程。

与那些依赖他人建议、不喜欢迅速制定决策的人相比，渴望经营企业、主动性强、对竞争反应敏捷的人更能适应各种不同的情境。前者可以寻求合作伙伴或特许经营，或是文具店等稳定的行业；后者则可以成为独立经营者，投身于服装等变化迅速的行业。有些人喜欢与顾客互动，不喜欢无须个人接触的自助式服务；另一些人则喜欢无须个人接触的邮购或网络零售。

在某些特定行业，对教育和经验方面的要求做出了明确规定。股票经纪人、房地产经纪人、美容师、药剂师和眼科医生都必须达到教育或经验方面的标准，以证明其专业能力。例如，房地产经纪人必须通过对他们的房地产实践知识和道德品质的审查之后才能获得执照。经纪人的资质并不取决于销售能力或以顾客为导向的行为。

一些技能可以后天习得，一些技能则是天生的。因此，潜在零售业主必须评估自己的技能，以符合特定企业的要求。这需要对自身进行仔细的反思。当两个或更多人拥有互补的技能时，合伙企业可能是最佳选择。具有销售经验的人可以与具有经营技能的人共同创办一家企业。虽然每个合伙人都拥有宝贵的技能，但如果没有其他人的专业知识，任何人都没有能力独立经营一家零售企业。

财务资源

许多零售企业的失败，尤其是新创办的独立企业的失败，都是因为所有者没能充分规划企业开业和运营所需的财务资源。

值得注意的是，零售商往往低估个人提款账户的作用。该账户用于支付所有者及其家庭在企业早期未盈利阶段的日常生活费用。因为很少有新企业能够立即盈利，所以预算必须包括这项费用。此外，现有设施的翻修成本常常被错误计算。资金不足的企业通常只投资于必要的翻修。这样做虽然可以减少初期投资，但可能会有损零售商的形象。商品分类以及所售商品和服务的种类也会影响财务支出。最后，采用合伙企业、有限公司还是特许经营也会影响投资。

美国小企业管理局（www.sba.gov）通过每年为数千笔贷款提供担保来帮助企业。富国银行（Wells Fargo）和美国运通公司等私人公司也提供针对小型企业的融资计划。

时间要求

零售所有者（或管理者）的时间要求因商品或服务类别而存在巨大差异。它既受消费者购物模式的影响，也受所有者或管理者实施自动化经营或将业务活动委托给他人的能力的影响。

许多零售商必须利用周末和晚上的时间为时间紧迫的购物者提供服务。礼品店和玩具店等商店的营业时间极具季节性。邮购企业和网上销售企业的营业时间更加灵活，可以全天处理订单。

一些企业需要较少的所有者参与，如不提供修车服务的加油站、投币式洗衣店和电影院。这些企业加强了自动化、自助服务、标准化和财务控制，从而减少了所有者的时间投入。另一些企业则需要所有者的积极参与，如美发店、餐馆和珠宝店。

以下因素可能导致所有者需要积极参与：

- 所有者可能是关键的服务提供者，大量顾客被其技能（主要竞争优势）吸引。将工作委托给他人势必降低顾客忠诚。
- 个人服务不容易实现自动化。
- 由于资金有限，小型零售企业的所有者及其家庭成员通常必须承担所有的经营职能。40% 的家族企业有配偶和 / 或子女在里面工作。
- 在使用现金交易的企业里，所有者必须在场，以免受骗。

在非营业时间进行的活动通常至关重要。餐馆必须在营业之前准备好一些食品。小型电脑商店的所有者需要在打烊之后进行清扫、整理货架和记账。潜在零售业主还需要考虑稳定性与季节性、理想工作时间以及个人参与方面的时间偏好。

目　标

在形势分析之后，零售商需要制定**目标**（objectives），即零售商希望达到的长期和短期绩效目标。这不仅有助于制定战略，而且有助于将组织使命转化为行动。企业可以追求一个或多个方面的相关目标：销售、利润、公众满意度和形象等。一些零售商努力实现所有这些目标；一些零售商则只关注少数目标，希望能够很好地达到这些目标。思考克罗格公司的一系列目标：在保持盈利的同时采取竞争性定价、长期销售额增长以及降低经营成本。[9]

销售

销售目标与零售商的商品 / 服务的销售量有关。增长率、稳定性和市场份额是最常见的销售目标。

一些零售商将销售增长率作为首要目标。它们希望扩展业务，因此可能不太重视短期利润。其假设是当前投资将在未来产生销售和利润。经营良好的企业通常热衷于开设新的分店、扩大渠道覆盖率以及提高收入。但是，扩张过快有时会导致对管理技能和个人参与的忽视。

重视保持销量、市场份额、价格水平等方面的零售商会将稳定性作为目标。小型零售商通常寻求稳定的销量，以使所有者每年都能过上满意的生活而不会出现大幅波动。某些企业则重视培养忠诚顾客，并且没有扩张意图，希望继续采用对原有顾客具有吸引力的方法。

对于一些企业而言，市场份额（特定企业的销售额占该零售类别总销售额的百分比）是另一个目标。它通常是大型零售商或零售连锁店的目标。小型零售商则更关注邻里商店之间的竞争而不是在大都市地区的总销售额。

销售目标可以用金额或数量表示。为了达到金额目标，零售商可以采取折扣战略（低价格和高销量）、温和战略（中等价格和中等销量）或声望战略（高价格和低销量）。从长期来看，将销量作为绩效目标至关重要。由于零售价格和通货膨胀的变化，不同年度的销售额可能难以比较，但各年的销量容易比较。例如，一家企业三年前的销售额为 35 万美元，现在的销售额为 50 万美元，该企业也许自认为经营得不错，但在比较了销量之后（三年前为 10 000 件，现在为 8 000 件），就会发现事实并非如此。

利润

就利润目标而言，零售商在特定时期（通常为一年）内至少会寻求一个最低利润水平。利润可以用金额或占销售额的百分比表示。如果一家企业的年销售额为 500 万美元，总成本为 420 万美元，那么其税前利润为 80 万美元，利润占销售额的百分比为 16%。如果其利润目标小于或等于 80 万美元或 16%，那么该零售商就会感到满意。如果其利润目标更高，那么该零售商就未达到预期的最低利润水平，该零售商就会不满意。

在土地、建筑和设备方面支出了大量资本的企业通常将投资回报率（ROI）作为目标。投资回报率反映的是利润与资本项目投资之间的关系。企业通常会事先设定一个满意的投资回报率，然后在年末或会计期末将该目标与实际回报率进行比较。如果零售商的年销售额为 500 万美元，支出（包括对资本项目的支付）为 400 万美元，那么其年利润为 100 万美元。如果其总资本投资为 1 000 万美元，那么其投资回报率为 100 万美元除以 1 000 万美元，即每年 10%。能够使该零售商满意的投资回报率目标必须大于或等于 10%。

营业效率可以表示为：1 -（营业费用 / 企业销售额）。该值越大，企业的效率就越高。如果零售商的销售额为 200 万美元，营业费用为 100 万美元，那么其营业效率为 50%［1 -（100/200）］，即每 1 美元的销售额中，有 50 美分用于非营业成本和利润，剩余的 50 美分用于营业费用。该零售商有可能会将营业效率目标提高到 60%，那么对于 200 万美元的销售额，营业成本必须降至 80 万美元［1 -（80/200）］，即每 1 美元的销售额中，有 60 美分用于非营业成本和利润，40 美分用于营业费用，这将带来更高的利润。但是，如果企业过度削减营业费用，顾客服务水平就可能下降，进而导致销售额和利润下降。

公众满意度

零售商通常会竭力使公众满意，公众包括公司股东、顾客、供应商、员工和政府。股东满意是任何公开上市企业的目标。一些企业制定的策略旨在每年小幅提高销售额和利润（因为这些目标可以长期持续，并表明了管理有方），而不是采用那些可能导致销售额和利润大起大落的创新方法（表明有风险的决策）。稳定的收益可以带来稳定的股东分红。

对整体零售体验的顾客满意是目前大多数企业的一个根深蒂固的目标。在当今竞争激烈的市场中，“买者自慎”或“没有投诉即表明顾客满意”的政策是行不通的。零售商必须听取批评并加以调整。如果能使购物者感到满意，那么其他目标就更容易实现。然而，许多零售商对其他目标的重视程度都超过了顾客满意。

良好的供应商关系也是一个关键目标。零售商必须理解供应商并与之协作，才能获得优惠的采购条款、新产品、有利的退货政策、快捷的运输以及合作。良好的供应商关系对小型零售商尤为重要，因为供应商能为其提供许多服务。

友好的员工关系是另一个对零售商绩效至关重要的目标。高昂的员工士气可以降低旷工率，使员工更好地对待顾客以及降低员工流动率。员工关系可以通过有效的筛选、培训和激励来加以改善。

由于各级政府实施的法规都会影响零售实践，零售商的另一个目标是理解和响应政府法规。在某些情况下，企业可以通过成为大型团体（如贸易协会或商会）的成员来影响政府法规。

形象（定位）

形象（image）是指消费者和其他人对特定零售商的知觉。企业可能被视为创新者或保守者、专营者或广泛经营者、折扣导向型或高档型。成功形象的关键是使消费者按照零售商希望的方式来看待零售商。

通过**定位**（positioning）战略，零售商针对其零售类别和竞争对手设计自己的形象，并促使消费者对这一形象做出反应。例如，销售女性服装的企业通常可以将自己定位为高档或中等价位的专业店、传统百货商店、折扣百货商店或折扣专业店，也可以根据经营女性服装的其他零售商的情况为自己定位。

近年来，两种相反的定位理念流行起来：大众销售和利基零售。**大众销售**（mass merchandising）是指零售商提供一种折扣或价值导向型形象、具有宽度和/或深度的商品选择以及大型商店设施的定位方法。沃尔玛的商品组合既宽又深，迪克体育用品商店（Dick's Sporting Goods）的商品组合则更窄更深。这些企业可以迎合广泛的顾客市场，吸引大量的顾客，并创造较高的存货周转率。由于大规模销售的营业成本相对较低，可以实现规模运营，吸引价值敏感型购物者，其盛行的趋势是可以预见的。

进行**利基零售**（niche retailing）时，零售商识别特定的顾客细分市场，并采用独特的战略满足这些细分市场（而不是大众市场）的需求。利基零售可以创造高水平的顾客忠诚，并保护零售商免受传统竞争对手的冲击。宝贝反斗城公司（Babies "R" Us）吸引了年幼孩子的父母，凯瑟琳商店（Catherines Stores）则为肥胖女性提供超大码的时尚服饰。利基零售的前景十分看好，因为采用这种方法的零售商可以关注非价格因素并更有效地针对目标市场。

大众销售和利基零售目前都十分盛行，一些观察家将这个时代称为**分叉零售**（bifurcated retailing）时代，他们认为这会导致走中间道路的零售企业没落。既没有价格竞争力又没有独特个性的企业可能更难以参与竞争。

下面通过两个案例进一步研究定位的概念。

- 服装连锁企业 bebe 公司设计、开发和生产当代女士服装和配饰，其目标顾客群体是 18 ～ 35 岁的优雅、时尚、注重身材的女性，她们追求时尚潮流，以满足她们的生活方式需求。[10]

- Trader Joe's 食品商店旨在提供"价值"。该公司以每日低价销售所有商品而无须使用"忠诚卡"、会员卡或噱头。Trader Joe's 专注于最重要的东西："优质的食品＋优惠的价格＝价值"。[11]

图 3－2 显示的零售定位图基于两个购物标准：（1）价格和服务；（2）提供的产品线。其假设是，价格与服务之间存在联系（高价格代表优质服务）。高档百货商店（如尼曼·马库斯公司（Neiman Marcus））提供卓越的顾客服务和知名的设计师品牌服装。传统百货商店（如西尔斯）侧重于家电、工具、汽车修理和自有品牌服装。折扣百货商店（如沃尔玛）经营多种产品线，并依赖于自助服务。会员俱乐部（如开市客）经营大量的产品类别，但每个产品类别中的品种有限，它们提供非常低廉的价格和仓库式的购物环境。高档专业店（如蒂芙尼（Tiffany））提供卓越的顾客服务，专营一种日用品类别。传统专业店（如盖璞（Gap））通过训练有素的销售人员为顾客提供帮助，专注于满足整个家庭的服装需求。折扣专业店（如 Old Navy）更多地依赖于自助服务，并专营一种日用品类别。强势零售商（如宜家）则提供中等水平的服务、较低的价格以及一种日用品类别中的众多品种。

目标选择

通过制定明确的目标和战略，企业能够提高成功的机会。例如，棒约翰公司（Papa John's）就是一家拥有明确目标以及实现这些目标的适当战略的零售商，该公司在全美 50

个州及 37 个国家拥有 4 900 家比萨连锁店。据其网站（www.papajohns.com）报道，棒约翰公司关注顾客。该公司旨在通过以下方式创造强大的品牌忠诚：（1）货真价实、质量一流的产品；（2）赫赫有名的顾客服务；（3）杰出的社区服务。

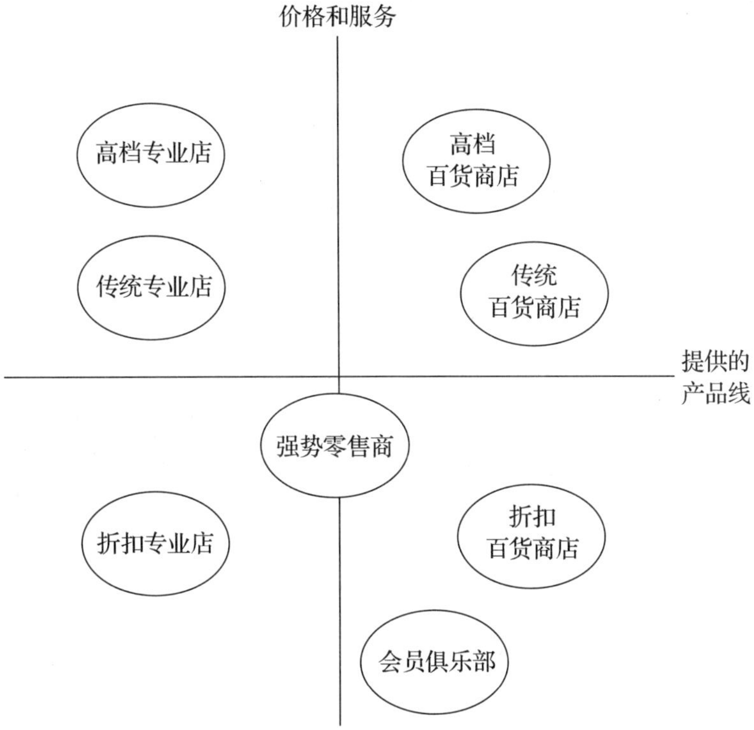

图 3－2　特定的零售定位战略

识别顾客的特征和需求

零售商试图吸引和满足的顾客群体称作**目标市场**（target market）。选择目标市场时，企业可以采用以下三种方法：**大众营销**（mass marketing），向广大消费者销售商品和服务；**集中营销**（concentrated marketing），向特定消费者群体销售商品和服务；**差异化营销**（differentiated marketing），针对两个或更多存在差异的消费者群体，分别采取不同的零售方法。

超市和杂货店的目标市场范围较广，它们以大众化的价格销售各种各样中等质量的商品。小型高档男鞋店面向特定的消费者群体，以高于平均水平的价格（或者在其他情况下，以低于平均水平的价格）提供窄而深的商品分类。针对一个细分市场的零售商不会试图去吸引所有人。

百货商店是寻求多个细分市场的零售商之一，它们向多个顾客群体分别提供独特的商品和服务。服装可以在商店内多个不同的精品店销售。大型连锁店通常拥有多个部门，以吸引不同的细分市场。达登餐饮公司（Darden Restaurants）针对食品偏好不同的顾客，开设了 Olive Garden 餐厅（意大利餐）、LongHorn Steakhouse 餐厅（以牛肉为主菜）、Capital Grill

餐厅（“轻松优雅”的美式风味）、Seasons 52 餐厅（时令烧烤和葡萄酒吧）、Bahama Breeze 餐厅（加勒比风味）、Eddie V's 餐厅（海鲜）和 Yard House 餐厅（美食和精酿啤酒）。

选择目标市场后，企业可以确定其最佳竞争优势并制定战略组合（见表 3－1）。**竞争优势**（competitive advantages）是指零售商相对于竞争对手的独特能力，其重要性不容忽视。以下这些例子充分说明了这一点。

表 3－1　确定目标市场的方法及其战略组合

战略组合	确定目标市场的方法		
	大众营销	集中营销	差异化营销
零售商的店址	靠近庞大的人群	靠近中小型人群	靠近庞大的人群
商品和服务组合	各种中等质量的商品	针对特定细分市场的商品——高质量或低质量商品	针对每个细分市场的独特商品 / 服务
促销努力	大众广告订阅	直邮、电子邮件和特定的社交媒体	针对每个细分市场采用不同的促销努力
价格导向	大众化价格	高价或低价	根据细分市场采用高价、中等价格或低价
战略	针对庞大的同质（类似）消费者群体采取通用战略	针对特定的、规模有限的消费者群体采取特定战略	针对每个不同的（异质）消费者群体分别采取特定战略

- 蒂芙尼公司的目标市场是富裕且注重地位的消费者。公司将商店设于知名购物区，销售高质量产品，使用优雅的广告，提供全面的顾客服务，并制定较高的价格。
- 科尔士百货公司（Kohl's）针对的是中等阶层、有价值意识的消费者。公司的大多数商店位于郊区购物区，销售全国性品牌以及科尔士的中等质量品牌产品，在广告中强调物有所值，提供一些顾客服务，并收取低于或等于平均水平的价格。
- T. J. Maxx 公司是一家低价连锁店，其目标市场是那些对价格高度敏感的消费者。公司将商店设于租金便宜的商业街购物中心或商业区，销售质量低于或等于平均水平的全国性品牌产品（有时销售积压商品和次品），在广告中强调低价，提供的顾客服务很少，并制定非常低的价格。

以上这些零售商成功的关键在于它们能够确定目标顾客群体并以独特的方式满足顾客的需求。如果零售商对消费者行为有充分的理解，它们就能更好地选择目标市场并满足顾客的需求。第 7 章将讨论这一主题。

整体战略

接下来，零售商需要制定深入的整体战略。它包括两个部分：零售商可以直接控制的商业因素，零售商必须适应的因素。前者称为**可控变量**（controllable variables），后者称为**不可控变量**（uncontrollable variables）（见图 3－3）。

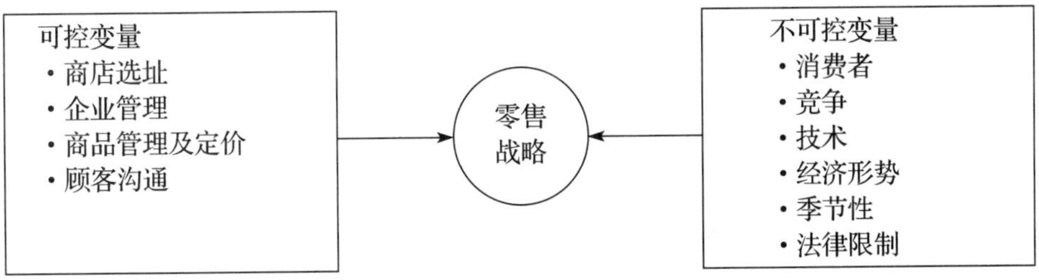

图 3－3　制定整体零售战略

制定战略时，零售商必须同时考虑这两种变量。使用合适的数据有助于零售商了解和预测可控变量和不可控变量的作用。第 8 章将介绍零售信息的收集和处理。

可控变量

零售战略的可控变量包括：商店选址、企业管理、商品管理及定价、顾客沟通。好的战略需要将这些因素整合在一起。第 9 ～ 19 章将分别深入讨论这些因素。

商店选址

零售商需要制定几个商店选址决策。首先要决策的是采用有店铺的业态还是无店铺的业态。然后，对于采用店铺的零售商而言，需要选择大体位置和具体地点。选择店址时应该考虑竞争对手状况、交通便利性、人口密度、社区类型、与供应商的距离、人流量以及周边的商店构成。

零售商必须决定是自建、购买还是租用店铺。如果决定租用，还必须考虑租赁条款（如租金和经营灵活性）。如果零售商的目标是扩张，那么还需要考虑多个分店的地址。

企业管理

企业管理主要涉及零售组织和人力资源管理以及运营管理。零售组织结构概述了任务、政策、资源、权限、责任和奖励等。人力资源管理规定了员工的招聘、培训、薪酬和监督等措施。职位描述及职能、所有人员及命令链的责任也需要得到有效的传达。

运营管理的任务是满足顾客、员工和管理层的目标。运营管理的财务方面涉及资产管理、预算和资源分配。其他方面包括商店业态和规模、人员使用、商店维护、能源管理、商店安保、保险、信用管理、计算机化和危机管理等。

商品管理及定价

在商品管理中，零售商应确定所提供的商品和服务的一般质量，并做出有关商品分类的宽度（所经营产品类别的数量）和深度（产品类别中的品种数量）的决策。零售商还应制定有关推出新商品的政策，设定采购决策的标准（采购频率、采购条款以及供应商的选择），并确定预测、预算和会计流程以及每类商品的库存水平。最后，零售商还要制定程序来评估每件所售商品的成败。

关于定价，零售商需要在几种定价方法中做出选择，并设定符合企业形象以及所提供的商品和服务的质量的价格范围。每个产品类别都需要制定价格范围，例如便携行李箱的价格范围是 39 ～ 99 美元。零售商还应提前计划降价政策，包括商品降价销售的频率以及在通常销售价格基础上的降价幅度。

顾客沟通

企业可以利用多种方法来建立和维护形象。

商店的物理属性（即氛围）及其周边环境会影响消费者知觉。店面（店铺的建筑外观或网络零售商的网站首页）的影响不应低估，因为它是顾客首先看到的物理元素。在商店内部，布局和商品陈列、地板颜色、照明、气味、音乐以及销售人员也会影响零售商的形象。此外，顾客服务和社区关系有助于树立有利的形象。

正确地使用促销工具可以提高销售绩效。促销工具既包括外卖餐厅的廉价宣传单，又包括特许连锁店的昂贵的全国性广告活动。有三种付费促销方式可供选择：广告、人员销售和销售促进。如果关于零售商的故事出现在书籍、电视、广播或博客上，那么该零售商就可以获得免费宣传。

不可控变量

以上讨论了零售战略的可控变量，不可控变量也必须考虑。零售战略的不可控变量包括消费者、竞争、技术、经济形势、季节性和法律限制。有远见的零售商会密切关注那些它们无法直接控制的因素，并及时调整其战略的可控部分。

消费者

经验丰富的零售商知道，它无法改变人口变化趋势或人们的生活方式，无法强行改变人们的偏好，也不能强迫人们购买其商品和服务。企业会研究目标市场，并制定符合消费者趋势和需求的战略。企业不应销售超出顾客所能接受的价格范围的商品或服务，不应销售顾客不想要的商品，也不应以不适当的方式陈列或宣传商品。

竞争

零售商几乎无法阻止竞争对手进入市场。事实上，零售商的成功可能会鼓励新企业进入，或促使现有竞争对手改变战略，从成功零售商那里分一杯羹。愈演愈烈的竞争将促使企业重新审视其战略，包括目标市场和商品经营重点，以确保维持竞争优势。坚持不懈地比竞争对手更好地满足顾客需求是最根本的成功之路。零售商应从广义上定义竞争。塔吉特销售易腐食品，史泰博办公用品公司销售家居清洁用品，亚马逊生鲜（AmazonFresh）提供食品百货的送货到家服务，所有这些都对连锁超市构成了竞争威胁。

技术

计算机系统可以应用于库存管理和结账操作。商品的仓储和运输也可以采用许多高科技方式。免费 800 电话已广泛用于消费者订购。当然，还有网络的应用。然而，有些先进技术的费用高昂，小型零售商可能负担不起。例如，虽然小企业可能采用了计算机结账，但它们没有能力采用全面自动化的库存系统，因此，它们的效率可能会低于大型竞争对手，必须通过提供更加个性化的服务来提高竞争能力。

经济形势

不论零售商的规模有多大，任何零售商都无法控制经济形势。失业、利率、通货膨胀、税率和经济增长（表示为国内生产总值，即 GDP）都是零售商必须应对的经济因素。零售商需要考虑有关国际、国家、州和地方经济的预测。

季节性

某些零售商面临的一种限制是商品和服务的季节性，以及不可预测的天气严重影响对销售额的预测。经营体育器材、生鲜食品、旅游服务以及汽车租赁业务的零售商无法控制需求的季节性或恶劣天气。它们可以采用的应对办法是提供多样化的商品 / 服务组合，以便在不同季节都有应季商品可以销售。因此，体育器材零售商可以在冬季经营滑雪设备和雪地摩托车，在春季经营棒球和高尔夫球装备，在夏季经营潜水设备和钓鱼用具，在秋季经营篮球和足球用品。

整合整体战略

至此，企业完成了整体战略的制定。企业确定了组织使命、所有权和管理模式以及商品 / 服务类别；目标已经明确；目标市场已选定并经过了研究；已经做出了有关商店选址、企业管理、商品管理及定价以及顾客沟通方面的决策。企业必须对这些因素加以协调，以制定一致的、整合的战略，同时还需要考虑不可控变量（消费者、竞争、技术、经济形势、季节性等）。企业此时已经准备好开展具体行动，高效地执行其战略。

具体行动

现在可以针对图 3－3 中零售战略的各个可控变量制定并实施短期决策。这些短期决策又称作**战术**（tactics），包括零售商的日常和短期运营活动。这些活动必须对不可控的环境做出及时响应。以下是零售商可以采取的一些战术行动。

- 商店选址：企业可以通过商圈分析确定可以吸引到顾客的区域，定期研究商圈内的竞争水平，并优化与附近零售商的关系。连锁店必须谨慎选择新分店的店址，并根据实际情况建造或改建设施。
- 企业管理：管理层与员工之间必须有清晰的命令链。组织结构必须明确。企业应重视对员工的招聘、培训和监督，实施财务管理以监测资产和负债，适当地支出，开展系统化经营，并根据需要调整经营活动。
- 商品管理及定价：每个部门的经营品种和所分配的营业空间需要经常调整。创新型企业需要开发新商品并及时清理滞销商品。企业应不断寻求新的供应商，通过谈判获得有利的采购条款。销售价格应反映企业的形象和目标市场，价格范围要能为消费者提供一些选择。为了应对供应商提价或竞争对手的价格，企业需要及时进行调整。
- 顾客沟通：零售商需要经常关注店面和橱窗、商店布局以及商品陈列，因为这些因素有助于激发消费者的热情、展现新鲜感、推出新产品以及反映季节变化。广告投放应选择适当的时间和适当的媒体。销售人员的部署因商品类别和季节而异。

卓越零售的本质在于制定合理的战略并对其进行微调。对于任何企业来说不进则退。第 9 ～ 19 章将详细讨论这些战术决策。

控 制

在零售战略规划的**控制**（control）阶段（图 3－1 中的第Ⅵ步），零售商需要根据企业使命、目标和顾客（图 3－1 中的第Ⅰ、第Ⅱ和第Ⅲ步）对其战略和战术（图 3－1 中的第Ⅳ和第Ⅴ步）进行评估。这个过程称作“零售审计”，即对零售商绩效的系统性分析过程。第 20 章将讨论零售审计。

通过分析，零售商可以了解其优势和劣势。零售战略中好的部分应继续保持，欠佳的部分应加以调整，使之与企业使命、目标和顾客相符。企业应在下一次零售审计时对该调整进行评估。

反 馈

在每个战略阶段，细心的管理人员都会收集关于零售战略成功与否的信号或线索，这称为**反馈**（feedback）（见图 3－1）。积极的反馈包括销售收入提高、续订会员的顾客占比提高，以及员工流动率和旷工率降低。消极的反馈包括销售收入下滑、会员续订率降低，以及员工流动率和旷工率提高。零售商希望得到积极和消极的反馈，这样才能确定原因，进而充分利用机会或解决问题。

零售管理的战略规划模板

本书网站（www.pearsonhighered.com/bermanevans）提供了一个详细的、用户友好的战略规划模板——计算机辅助零售管理战略规划。基于图 3－1 的这个模板可以帮助制定战略规划。你可以直接应用该模板提供的方案，也可以设计自己的方案。你可以选择分别打印规划过程的各个方面，也可以打印整个规划。

关键术语

零售战略（retail strategy）
形势分析（situation analysis）
机会（opportunities）
威胁（threats）
组织使命（organizational mission）
独资企业（sole proprietorship）
合伙企业（partnership）
有限公司（corporation）
商品/服务类别（goods/service category）
目标（objectives）
形象（image）
定位（positioning）
大众销售（mass merchandising）
利基零售（niche retailing）
分叉零售（bifurcated retailing）
目标市场（target market）
大众营销（mass marketing）
集中营销（concentrated marketing）
差异化营销（differentiated marketing）
竞争优势（competitive advantages）

可控变量（controllable variables）
不可控变量（uncontrollable variables）
战术（tactics）
控制（control）
反馈（feedback）

讨论题

1. 为什么小型零售商需要制定全面的整合战略？如果企业没有制定这样的战略将产生什么后果？
2. 鞋类连锁店与在线鞋类零售商的形势分析有何不同？
3. 与收购现有美发店相比，新建一家美发店有什么利弊？
4. 设计一份清单，帮助潜在服务零售商选择适当的服务类别来开展经营。该清单应包括个人能力、财务资源和时间要求。
5. 为什么零售商经常低估企业的财务资源和时间要求？
6. 绘制一张显示平板电脑（如 iPad 和 Kindle Fire）零售商类型的定位图，并加以解释。
7. 讨论采用大众营销、集中营销和差异化营销的当地零售商的例子。
8. 玛莎·希尔（Marsha Hill）是一家服装店的经理，该商店距离一所大学 3 英里。她已积攒了 10 万美元，想要开一家自己的商店。帮助玛莎制定整体战略，你的答案中应包括图 3－3 所列出的各个可控变量。
9. 与你竞争的一家自行车商店比你的位置更好。它位于一个现代化的购物中心内，顾客流量非常大。你的商店位于老街区，要走很远才能到达。你如何采用商品管理、定位和沟通策略来克服你的不利店址？
10. 描述零售商如何进行战略规划的细微调整？
11. 零售战略规划的控制与反馈阶段如何相互关联？举例说明。
12. 采用目录销售的男装零售商是否应该使用与互联网零售商不同的战略规划过程？为什么？

第Ⅰ篇 小案例

案例 1

零售商必须以未来为导向①

当儿童有机食品制造商禧贝公司（Happy Family）想要重新设计其零售渠道时，面临着很大的风险。禧贝公司的战略与洞察副总裁里德希什·坎拉里亚（Riddhish Kankariya）表示："我们需要考察人们如何购买这类商品。他们是根据品牌购物，还是根据有机与非有机食品、食品类别或年龄购物？"

为了回答这些问题，禧贝公司借助虚拟现实（VR）技术，创造了四种不同的购物场景，从 800 名购物者身上收集数据。坎拉里亚补充道："若不是利用虚拟环境，我们不可能获得这些数据。"虽然禧贝公司似乎走在了前面，但虚拟现实和增强现实（AR）技术早已开始改变整个零售业了，从商店设计到标牌。

凯度零售虚拟现实公司（Kantar Retail Virtual Reality）的商业总监戴维·埃文斯（David Evans）表示："这绝对是现今最热门的技术之一。这项技术在市场上很热门，它不会是昙花一现。VR 技术已经存在很久了，因此它有时间日臻完善。"CEEK VR 公司的创始人玛丽·斯皮奥（Mary Spio）指出："对零售商来说，VR 技术并不是一种补充，而是网络技术的演进。当我们刚开始与各个品牌合作拍摄线上视频时，我们还处于 Web 1.0 时代，当时的视频里只有文字和图片。最早开始使用视频宣传的品牌可以吸引更广泛的用户群体。现在的 VR 技术对于零售商来说也是同样的道理。"

全世界都在等待硬件产品的跟进，一些大型制造商已于 2016 年推出了各自的 VR 技术设备。随后，越来越多的顾客可以在网上购物时体验到 VR 和 AR 技术。通过 VR 技术关注购物者的 InContext Solutions 公司的首席执行官马克·哈迪（Mark Hardy）表示："下一步就是虚拟商务，它将成为全渠道战略的一部分。我可以看看产品的原料或零件吗？我能试用一下吗？我能在其他环境下看看这个产品的样子吗？这些传统电子商务的缺点都可以在 VR 技术下得到解决，无论是向上销售还是交叉销售，VR 技术都可以为消费者提供互动性更强、更个性化的购物体验。"

禧贝公司的调研仅仅是公司利用 VR 技术的开始。通过与 InContext 合作，坎拉里亚看到了更多可能性。他表示："当我们向首席执行官和公司创始人展示 VR 技术时，她的第一个想法是，'这项技术太有用了，我们既可以用它来测试产品包装或设计，也可以用来与消费者互动。'"

---

① Based on material from Sandy Smith, " The Future Is Now, " *STORES Magazine*, April 2016, pp. 20-23. Reprinted by permission. Copyright 2016. STORES Magazine.

哈迪表示："在宏观层面上，VR技术一开始可以用于商店设计、客流量统计以及相邻商店的分析，然后可以扩展到微观层面的用途上，比如产品、类别、陈列和标牌的设计。想要开设新店的零售商有两种选择，它们可以利用现有的风格，在现有商店中重塑购物体验，也可以开创全新的建筑风格。"这正是利用VR技术的原因。"如果你在现实世界中开设新店，你的竞争对手在你的新店产生影响之前就会知道你在做什么。"凭借VR技术，零售商无须建造设施，也无须保留库存，就能让顾客在虚拟店铺中购物，同时还可以观察顾客的行为，了解他们买了什么、如何购买以及为什么要买这些商品。

AR可视化平台Cimagine的首席执行官雅尼·内沃（Yoni Nevo）评论道："AR技术是在你的现实世界中增加一个虚拟层面，它可以瞬间增强体验，并提供前所未有的价值。它为消费者提供了情景信息，可以在消费者购买前展示产品，让消费者有信心做出快速购买的明智决策。AR技术能够在用户的真实环境中添加虚拟层面，这为品牌、零售商和制造商提供了重要价值。"

问题

1. 你认为VR技术对当今零售商有哪些用途？又有哪些局限？
2. 普通零售商准备好利用VR技术了吗？为什么？
3. VR技术如何提升企业创造良好的整体零售体验和关系零售的能力？
4. 即使还没有准备好利用VR技术，零售商可以从该案例中学到什么？

案例2

竞争和快餐服务①

消费者对方便、快捷、高质量的预制食品有需求。由于消费者对传统便利店的产品的需求下滑，便利店经营者为了提高利润必须更加重视预制食品。依托吸引人的食品营销，越来越多的连锁便利店都在提供高质量的快捷食品。对于快餐店来说，这意味着许多便利店现在都成为直接竞争对手。

食品杂货店也在关注预制食品。食品杂货零售商曾经与餐馆大不相同，满足了顾客在家做饭的需求。但是如今，预制的即食膳食和零食在该渠道随时都可以获得。食品杂货店的预制食品质量很高，品种不断增加。

曾经大不相同的便利店和食品杂货店，现在却与传统快餐店在同一个领域竞争，在相同的场合为相同的顾客提供服务。大多数顾客使用多种渠道购买即食食品。不到1/4的美国消费者仅在快餐店购买这种膳食。快餐店的独家顾客与快餐店的其他顾客一样，既可能在餐厅用餐，也可能外带。快餐店独家购买者很有可能转向其他渠道。NPD集团的研究显示，顾客共享的程度表明零售与传统快餐服务部门的渠道界限逐渐模糊。

便利店和食品杂货店提供的快捷食品不断增加快餐服务市场的顾客数量。此外，在平均4周的时间段内，顾客到这些商店购买快餐的次数超过6次。提供早餐的传统快餐店的顾客群体更有可能受到便利店的影响。人们吃早餐时往往随进随出、抓了就走，因此更有可能选择方便快捷的便利店而不是快餐店。

正餐之间的零食购买是一天当中另一个存在竞争的时段。便利店在咖啡、零食、早餐

① Based on material from Bonnie Riggs, "The Competition for Quick Foodservice Heats Up," *Convenience Store News*, January 2016, pp. 72, 74. Reprinted by permission. Convenience Store News © 2016 (www.csnews.com)

及软饮料等产品类别占有最高的份额。它们所提供的产品各异，其中一些连锁便利店尤以预制食品为重。食品杂货店在鸡肉、配菜及沙拉等类别占有较高的份额，它们为家庭提供方便快捷的即食膳食，并且可以满足不同家庭成员的需求。

便利店和食品杂货店的零售快餐服务不断增长，并且有望继续增长。从消费者的角度来说，这种增长在快餐服务的市场结构方面提供了截然不同的全新洞见。消费者需要方便、快捷、高质量的预制食品，哪个渠道能满足这种需求，他们就会惠顾哪里。

所有快餐零售商面临的挑战是，为了提高市场份额，必须寻求最佳方法以在众多竞争对手中脱颖而出。图 1 到图 3 提供了更多关于该竞争的信息（注：Wawa 是一家连锁便利店）。

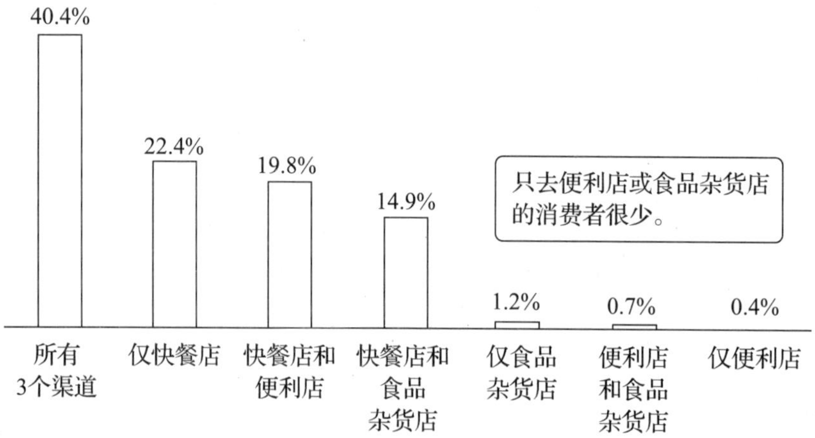

图 1　消费者去哪里购买快餐

资料来源：NPD Group/QSR Plus Retail Market Monitor, March-June 2015. Reprinted by permission of Convenience Store News © 2016 (www.csnews.com)

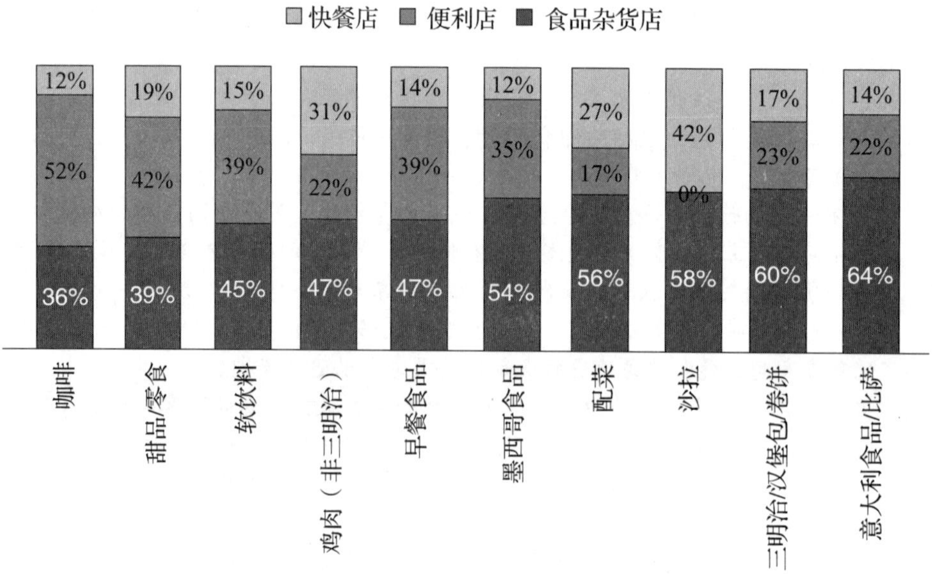

图 2　在不同渠道购买的食品类别

资料来源：NPD Group/QSR Plus Retail Market Monitor, March-June 2015. Reprinted by permission of Convenience Store News © 2016 (www.csnews.com)

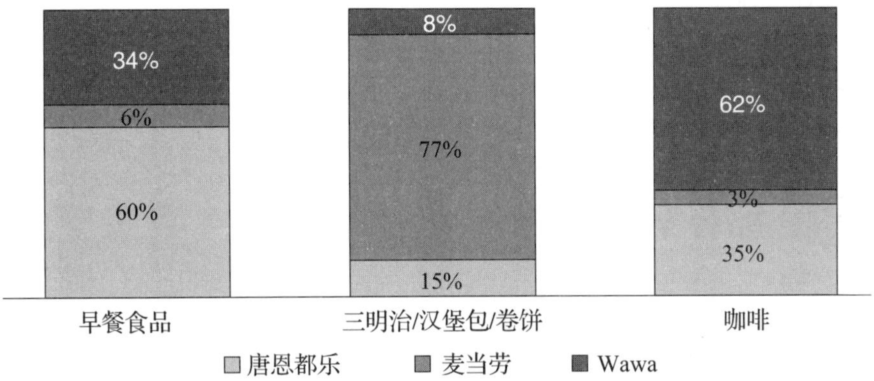

图 3 在唐恩都乐、麦当劳和 Wawa 购买的食品类别（报告的是在费城地区的惠顾数据）

资料来源：NPD Group/QSR Plus Retail Market Monitor, March-June 2015. Reprinted by permission of Convenience Store News © 2016 (www.csnews.com)

问题

1. 便利店与快餐店的组织使命有何不同？为什么？
2. 与快餐店相比，便利店有什么竞争优势？解释你的答案。
3. 评论图 1 和图 2 中的信息，其战略意义是什么？
4. 唐恩都乐、麦当劳和 Wawa 能从图 3 的信息中学到什么？其战略意义是什么？

第Ⅰ篇　综合案例

值得借鉴的理念①

绪言

在零售创新之路上感觉落后一步并且资金短缺吗？无须担心，美国零售行业杂志《商店》（*STORES*）帮你解决。今年的“值得借鉴的理念”排行榜为你提供了大量迎头赶上的机会。在这个要求越来越高的行业里，大大小小的零售商都打出了创意制胜的旗号，它们的许多创意理念都可以灵活地适用于其他公司。在这里，我们庆祝它们的成功，同时欢迎更多公司加入这个行列！干杯！

将产品、生活方式和体验融合在一起

考虑从另一个角度看待营销。眼镜电商企业沃比帕克（Warby Parker）发起的“好好看夏天”(#seesummerbetter）活动鼓励消费者下载美国各地必看景点的地图及 Spotify 播放列表来“享受夏季的旅程”。贯穿始终的自然是最热门的太阳镜款式。对于一家鉴于眼镜太贵而创建的公司来说，提供免费服务是最合适不过的；那些有趣、古怪的设计与该公司众所周知的创造力相得益彰。这些景点包括得克萨斯州阿马里洛的卡迪拉克牧场，田纳西州孟菲斯的斯塔克斯美国灵魂音乐博物馆，以及伊利诺伊州柯林斯维尔的世界上最大的番茄酱瓶等，还包括该公司的门店。

顺便提一句，沃比帕克被著名商业杂志《快公司》（*Fast Company*）评为 2015 年最具创新力的公司，并被誉为第一个伟大的线上品牌。沃比帕克还成功地扩大了其实体店。

为他人提供成功的机遇

商业的很大一部分是竞争，但不是全部。在线服装租赁公司 Rent the Runway 于 2015 年与全球金融服务提供商 UBS 合作，通过“企业家项目”（Project Entrepreneur）帮助全美的女性创业者创建高增长、高影响力的企业。

“企业家项目”于 2015 年 9 月推出，是非营利性 Rent the Runway 基金会的第一项举措，它是一项风险投资竞赛，面向那些缺乏创意、打算利用现有原型或测试版技术建立高增长公司的人。前 200 名决赛选手参加了 2016 年 4 月在纽约举办的研讨会，其中三支获胜团队各获得 1 万美元奖金，并在一个为期 5 周的加速器项目中获得一个名额。该项目还举行了一系列免费教育高峰会议。

---

① Based on material from Sandy Smith and Fiona Soltes, “20 Ideas Worth Stealing in 2016,” *STORES Magazine*, January 2016, pp. 32-40. Reprinted by permission. Copyright 2016. STORES Magazine.

Rent the Runway 的首席执行官珍妮弗·海曼（Jennifer Hyman）指出，尽管女性企业家创办的企业为数众多，但只有 4% 的企业年收入达到或超过 50 万美元。可拓展的空间仍然存在，诸如此类的努力可以帮助实现突破。

为顾客提供内部人士的视角

纽约时装周是引领潮流者的聚集之地。现在，艾奥瓦州或蒙大拿州的时尚人士可以不必离开沙发就能观看时装秀。

劳伦·康拉德（Lauren Conrad）由女演员转型为设计师，她为科尔士百货公司设计的时装系列在 2015 年 9 月的时装周上首次亮相。科尔士利用康拉德积极活跃的社交媒体影响力（她在多家社交媒体网站拥有近 1 100 万关注者）发出邀请，在视频流媒体网站 Periscope 上主持了这场时装秀。观看者可以实时聊天和评论，也可以购物——那些时装都可以立即在线购买。

在时装秀期间，科尔士的网站流量增长了 600%。这进一步证明，如今的消费者渴望感受到自己与某个品牌的联系，并感受到该品牌也喜欢他们。

表达欣赏之意

永远不要忘记：小小的举动可以帮助员工感受到被重视和赏识。维拉布拉德利公司（Vera Bradley）的共同创始人兼首席创意官芭芭拉·布拉德利·贝克加德（Barbara Bradley Baekgaard）在公司的手提包、箱包和配饰年销售额达到 5.09 亿美元的惊人增长过程中，始终保持着一种人情味。

她最近向《财富》杂志表示："我父亲常常说，'在商业领域，你首先推销你自己，其次是公司，最后才是产品。'他无疑是正确的。商业就是建立关系，并拥有一家能反映你价值观的公司。"

那么结果如何呢？贝克加德告诉该杂志：公司刚成立时，领导层会在员工的生日卡里放入 50 美元现金，并注明"这是你应得的"。当公司扩大到 3 000 名员工时，每个人的生日卡里仍有一张 50 美元的钞票。她说："财务部门每年都会问我是否可以将这笔钱存入员工的工资里，我的回答是不。当你得到现金时，它才更有意义。"

为员工提供内部人士的视角

关于这一点，我们有必要再次提及科尔士百货公司。当设计师王薇薇（Vera Wang）参观该零售商位于威斯康星州梅诺莫尼福尔斯总部附近的新创新中心时，该公司与她共同主持了一次问答式会议。在 IT、商店设计、采购及供应链运营方面的员工（他们从夏天开始陆续进入新中心）得到了与王薇薇和科尔士的董事长、总裁兼首席执行官凯文·曼塞尔（Kevin Mansell）进行互动的机会。

科尔士将此次活动称为向行业顶尖人才学习的机会，这是其多年伟大议程战略的一部分，该战略的核心组成部分之一是"团队制胜"。该公司意识到，未来的零售商将比以往更加依赖员工。投资于开发员工技能，并让他们接触到顶尖的专家，比仅仅提供稳定的薪水更能培养员工的责任感。

通过创新的会员关系建立持久关系

社区咖啡店充其量是为社区成员提供了与熟人一起享用热气腾腾的咖啡的机会。但是，纽约市的一家咖啡店对该理念进行了扩展。格林威治村的 Fair Folks & a Goat 咖啡馆采用了会员制：每月 25 美元，会员就能无限畅饮咖啡、茶和柠檬水。

这家咖啡馆于 2012 年开业，还经营服装、艺术品及家居设计品等商品，即使不是会员，消费者也可以购买这些商品。会员可以享受特定商品的折扣，会收到各种活动的邀请，还有机会访问“会员之家”。随着第二家店开业，其会员群体继续扩大，被推荐的朋友可免费获得一个月的会员资格。对此，让我们举杯致敬。

重新学习销售商品

有人说我们生活在一个颠覆性的环境中。谁能想到文胸也需要颠覆？时尚品牌 Chromat 和设计师贝卡·麦卡伦（Becca McCharen）一直在这样做。

麦卡伦将其在建筑和城市设计方面的知识用于人体，特别是为文胸、泳装、运动装和内衣等服装制作建筑结构式的衬底。当然，引人注意的也许是其古怪的设计（比如像笼子一样的服装），尤其是当碧昂斯（Beyoncé）穿着这样的服装进行超级碗表演或出席视频音乐奖盛典时，但有些作品的功能方面更值得关注。

2015 年，Chromat 与英特尔（Intel）合作，利用该科技公司的居里模块（Curie Module）创作了两件作品：一件文胸，当感觉到热量和汗水时，它可以打开通风口来冷却身体；一件 3D 打印连衣裙，它可以测量肾上腺素水平，还可以扩展以模拟“战斗或逃跑”模式。由此证明，在这个颠覆性的时代，即使是最基本的产品也在走向高科技化，因此零售商需要重新考虑销售策略。

利用共同的回忆和故事壮大消费者群体

为了宣传于 2015 年 9 月 4 日午夜首映的卢卡斯影业公司（Lucasfilm）的电影《星球大战 7：原力觉醒》，塔吉特举办了一次“购买原力”活动，活动涉及与该电影相关的玩具、服饰等商品，此外，该零售商还在网上和商店里发起了“分享原力”体验活动。

在商店里，消费者有机会在 9 月 5 日得到合成的照片、赠品和《星球大战》玩具的小样。在 SharetheForce.com 活动网站上，消费者可以上传自己的资料用来合成星际“全息图”。这些上传的资料都会被卢卡斯影业公司（由迪士尼所有）收录。正如达斯·维德（Darth Vader）所说：“我们终于再度见面。循环现已完成。”

不公平地争夺货架空间

毫无疑问，将新产品上架是一项艰巨的任务。如果没有适当的位置，产品就不会成功。巧克力薄脆片品牌 barkTHINS 使用产品样品，通过区域品牌经理打通了通往商店货架之路。

barkTHINS 与 Switch 公司的品牌成长策略师合作，在特定市场聘用了区域品牌经理，他们通常是注重健康的巧克力爱好者。该公司不仅为这些区域品牌经理提供产品样品，而且允许他们在必要时与零售商进行谈判。通过使用仪表板来监控账户访问、样品的使用以及销售额的增加，barkTHINS 能够密切关注区域品牌经理的工作进展。在当今的竞争环境中，零售商需要采取不同的策略。

直面性别成见和性别歧视

据一个创意活动家组织称，近 2/3 的巴西女性不赞同广告中对她们的描绘方式，这可能是因为该国的广告创意人中只有 10% 是女性。那么你如何对待像啤酒这样的产品呢？这取决于它是不是 Cerveja Feminista 啤酒。

这款“女性主义啤酒”是一个名为“65/10”的组织与波伏娃酿酒厂（Beauvoir Brewing）于 2015 年共同推出的。作为一款饮品，它掀起了非常高的话题度。它是一种红色艾尔啤酒，介于通常令人联想到男性的黑啤与联想到女性的淡啤之间。它的标签不具有性别针对性，但它引起的话题相当丰富。《快公司》《独立报》（*The Independent*）等杂志都刊登过 Cerveja Feminista 的故事，谈论的不仅是这款啤酒，还有女性的待遇问题。每隔 90 分钟就有一名巴西女性死于家庭暴力。“65/10”组织声称，当女性被物化时，她们被视为财产，这最终导致了她们被残暴地对待。

改变观念

作为一个成功的高端零售商，诺德斯特龙（Nordstrom）安全行事是可以理解的，尤其是在新技术方面，这种传统在 2015 年变得复杂起来：为了促进夏季销售，诺德斯特龙在屋顶安装了一个模仿其蕾斯（Leith）豹纹连衣裙的 3D 装置，作为一个 Instagram 巨型帖子的一部分。

这件 55 英尺长的连衣裙（包括一个 25 英尺的木制衣架）安装在诺德斯特龙西雅图旗舰店的屋顶上。整个装置——一位穿着豹纹连衣裙走在屋顶上的女子——经无人机拍摄，在社交媒体上进行了直播。公司还制作了该装置的延时视频，并通过 Instagram 进行了共享。这种综合性的社交媒体活动可能并没有引起其典型的富裕顾客的共鸣，但诺德斯特龙正在为开发下一代购物者奠定基础。

充分利用 Instagram

一张照片就能换来上千笔销售？视觉商务平台 Curalate 与 eBay 公司合作推出了 Like2Buy，它允许用户直接从 Instagram 照片点击进入电子商务产品页面。

它的优势何在？其易于使用的系统适用于各种规模的发布商，用户可以在 Like2Buy 上快速访问 eBay 公司联属网络中的 100 000 多个发布商。据 Curalate 称，一个发布商发现 60% 的访问者点击了相关内容，并且在其网站上花费的时间比该发布商的普通移动访问者多 37%。

eBay 公司认为这项举措是消除购买体验障碍的“巨大机遇”，因为 30% 的电子商务支出是由移动设备带来的。这正是我们所有人都需要的：更多的理由去花时间看照片。

创造体验并倾听线索

走进服装零售商 Alton Lane 的陈列室，你可能会发现自己一边悠闲地喝着饮品，一边兴致勃勃地谈论着自己的爱好。

首席执行官兼联合创始人科林·亨特（Colin Hunter）表示，这家高端定制服装零售商正在开创一场关于定制男装的革命，试图充分了解其顾客，以创造最佳体验。“我们希望我们的团队能成为敏锐的主人，因此我们尝试找出谈话中自然流露出的一些小线索。”

款式偏好、服装需求及个人兴趣都有助于确定最佳产品。至于顾客数据，则通过 NetSuite 的顾客关系管理、财务、库存和订单管理集成软件来处理。亨特将这种合作关系视为“游戏规则改变者”，它使 Alton Lane 能够轻松地追踪和访问数据，就像闲聊一样。

利用尖端科技

也许现在是物联网（Internet of Things，IoT）崛起之时了。伦敦的零售商 Dandy Lab 就是这样做的，它使用的是思科公司（Cisco）的物联网技术和第三方软件。店面最初是为小型独立英国时装设计师设计的，虽然这仍是产品的基础，但技术被用来推动销售。

因为人们在购买时渴望得到丰富的信息，顾客可以拿起产品，将其放在近场通信终端上，并在大屏幕上看到更多关于这个品牌的信息。平板电脑大小的屏幕嵌在墙壁上，当一件商品被放在屏幕前时，屏幕会显示价格、产品细节和库存水平。顾客可以在另一个区域展示产品、颜色或图案，并获得关于配套或替代商品的建议。在当今日益网络化的世界里，Dandy Lab 成了零售商下一波浪潮的游乐场。

创建“陈列”的新定义

总部设在北京的李宁有限公司（Li Ning Company Limited）（以其创始人—中国著名的体操运动员李宁命名）最近推出了一个新模式——实体陈列室，体育用品顾客可以在这里触摸和感受产品，但不能购买。

据彭博社（Bloomberg）报道，这一克服近年来亏损的战略，使这个流行品牌得以保留数千家门店，但只从一个仓库配送商品，这意味着成本的降低和库存管理的改善。在第一个月，该策略创造了相当于 350 万美元的销售额。

李宁并非唯一采用这种策略的公司。据彭博社报道，海尔电子（Haier Electronics）也在其中国各地的多家门店展示仅限陈列的库存产品，总部设在中国香港的在线服装零售商 Grana 于 2016 年在新加坡、澳大利亚和美国开设了陈列室。

以新的方式获得曝光

当美国家园频道（HGTV）想要为其“2015 年城市绿洲”（2015 Urban Oasis）节目配备家具时，它选择了 Overstock.com 的商品。电商巨头 Overstock 为其位于北卡罗来纳州阿什维尔的 1 300 平方英尺的平房提供了家具、家居装饰品、体育用品、服装及配饰。Overstock 不仅仅是经过一番角逐的比赛获胜者。通过 Overstock 的捐赠，城市绿洲向一位幸运观众提供了 50 万美元的大奖套餐，Overstock 也从这次大力推广的赠品活动中获得了额外的曝光机会。

Overstock 还获得了额外的好处，因为它提供的不仅仅是家具（包括一艘皮艇），所以 Overstock 得以展示其丰富的生活方式产品。在这个提供平房参观和广告的电视节目之外，还有一个专门的网页用来展示大量的节目中的产品图片。

这只是 Overstock 与 HGTV 发展关系的第一步，双方还合作打造了电视节目《免费度假屋》（Vacation House for Free）和《2015 年度假屋》（Holiday House 2015）。Overstock 从中受益匪浅，它创建了专门的网页，让观众可以购买在节目中看到的产品。

制定突破传统的战略

随着零售业定制化的不断增加，传统的广告似乎有些千篇一律。个性化数字媒体公司 Catalina 推出了“我最喜欢的特价商品”（My Favorite Deals），可以根据过去的购买情况为个体购物者量身定制广告。

通过实体店、在线、电子邮件及手机等方式，“我最喜欢的特价商品”为购物者提供五种以上最相关的优惠商品，增加了销售额，并建立了忠诚度。Catalina 发现 66% 以上的每周购物者通过定制广告购买的商品都不只一件。通过“我最喜欢的特价商品”，零售商针对目标购物者的销售额增加了 1.5%，促销商品的销售额增加了 1.5% ～ 5%。

更有利的是，Catalina 骄傲地说，“我最喜欢的特价商品”不需要零售商更改硬件或系统，该公司的网络已经包括了 28 000 多家美国杂货店、药店和大众商品商店。

利用主题月

似乎每天、每周、每个月都有一些特殊的主题。在“家庭聚餐月”来临之际，中西部地区的杂货商 Hy-Vee 已经备好了一个解决方案，用来解决家庭聚餐最大的障碍之一：需要有人计划和烹饪。

“晚餐速制”（Dinner Crasher）促销活动选择在特定商店购物的一个家庭，由 Hy-Vee 的厨师和营养师为其速制晚餐，并创造一种定制的晚餐体验。在商店里选择了这个家庭之后，Hy-Vee 会与其讨论饮食需求和偏好以及将在那个星期晚些时候进行的晚餐速制。

对于精明的零售商来说，最重要的是利用主题日 / 周 / 月来进行促销，这既能使顾客满意，又能解决问题。双赢。

问题

1. 零售商可以从该案例中学到什么？
2. 该案例中的材料与整体零售体验有什么联系？
3. 哪些不可控变量会影响零售商采纳该案例所提出的建议的能力？你会怎么处理它们？
4. 评论以下观点：“在商业领域，你首先推销你自己，其次是公司，最后才是产品。”
5. 塔吉特有一个关于它提供的购物体验的网站（http://corporate.target.com/about/shopping-experience/）。根据第 3 章所讨论的步骤，将你在该网站上的发现与塔吉特的整体零售战略联系起来。
6. 诺德斯特龙应该提供什么样的忠诚计划？请详细回答。
7. 你对放眼未来的零售商有什么建议？

第Ⅱ篇

形势分析

第Ⅱ篇讨论各类零售机构的组织使命、所有权结构与管理决策、商品 / 服务类别以及经营目标。通过理解这些零售机构的特征，可以更好地制定和实施零售战略。

第 4 章研究按所有权类型划分的零售机构的特点，包括独立商店、连锁店、特许经营商店、租赁商品部、垂直营销系统以及消费者合作社。本章还讨论制造商、批发商和零售商对分销渠道加以控制的方法。本章附录提供了关于特许经营的更多信息。

第 5 章从战略组合的角度描述零售机构。本章介绍三个重要概念：零售轮转、跨界商品经营和零售生命周期。本章还探讨对逐步发展的市场的战略反应，并分别研究食品和日用品零售商的几个战略组合。

第 6 章着重讨论无店铺零售、电子零售和非传统零售方式。本章内容涉及直复营销、直销、自动售货机、万维网、视频信息亭和机场零售。本章还探讨了网络零售业的发展动态。本章附录深入讨论全渠道零售这一新兴领域。

R E T A I L   M A N A G E M E N T

第4章

按所有权划分的零售机构

学习目标

» 介绍零售机构的各种分类方法。
» 根据所有权类型研究各类零售商及其特征。
» 探讨制造商、批发商和零售商在分销渠道中发挥影响力的方法。

基于商店的零售企业可能只经营一个门店，如一家当地的比萨店，也可能经营数千个门店，如赛百味连锁快餐店（Subway）在世界各地拥有超过 44 000 家门店。零售商对所有权结构的选择受到以下因素的影响：规模、产品组合及所经营产品的产品生命周期阶段方面的差异；消费者购买前、购买中和购买后的信息和服务需求；分销渠道结构；法律法规。

大多数州都有法律限制汽车经销商直接向消费者销售新车。这些法律规定新车只能通过特许经销商销售。特许经营协议通常赋予了经销商在特定地理区域的独家经营权。这种地域保护使零售商愿意投资于特许加盟店，因为它知道其商店与附近的经销商不存在直接竞争。地域保护还可以保护传统经销商免受直接的价格竞争。

与汽车特许经营模式不同的是，特斯拉汽车公司（Tesla Motors）通过其经营的零售中心直接向消费者销售汽车，从而绕开了特许经销商网络。特斯拉声称，其经营方式与传统汽车制造商不同。（1）与传统经销商不同，特斯拉的库存中没有未订购的汽车。它只根据顾客的订单进行生产。（2）因为特斯拉的技术具有创新性，所以需要花时间来解释产品特性。经销商的销售人员不如特斯拉的销售人员知识丰富，也不那么愿意回答所有问题。（3）普通经销商通常通过延长保修期和融资等业务赚取更多利润而不是靠汽车的实际销售，但特斯拉不提供这些服务。（4）汽车反垄断法旨在防止制造商与现有经销商竞争，但特斯拉没有经销商。（5）特斯拉向销售人员支付工资，但经销商向销售人员支付佣金，这种佣金制度促使销售人员向消费者抬价，或者向消费者销售超出其需求的昂贵汽车和配件。（6）特斯拉声称，直接分销的成本低于特许经销商网络的成本。[1]

资料来源：Keith Bell/Shutterstock. Reprinted by permission.

概　述

零售机构（retail institution）是零售企业的基本形态或结构。在美国，约有 240 万家零售企业（包括那些没有工资单，仅由所有者和 / 或家庭成员参与经营的企业），它们经营着 320 万家商店。一次关于零售机构的讨论揭示了各种零售形态的相对规模和差异，并指出了外部环境对各类零售商的影响。机构分析在战略规划的以下几个阶段中至关重要：确定组织使命，选择所有权形式，确定商品 / 服务类别，设定经营目标。

本书从以下几个方面考察零售机构：所有权（在本章讨论）；有店铺的战略组合（第 5 章）；无店铺、电子化和其他非传统零售（第 6 章）。图 4－1 展示了零售机构的各种分类方法。一家零售机构可以同时归属于多个类别：一家百货商店可以是连锁店的分店，采用有店铺的战略，接受邮购，同时还可以经营网站。

请谨慎解释第 4 ～ 6 章的数据，因为某些机构类别并非相互排斥，所以汇总统计数据时要非常小心，以免重复计算。这些章节里的数据来自多个政府和非政府来源。尽管我们尽可能采用了最新数据，但并非所有信息都属于同一时期。《零售业普查》（*Census of Retail Trade*）中的数据每 10 年采集 2 次。此外，本书采用的数据是基于对零售业的广泛理解，涉及汽车修理店、酒店和汽车旅馆、电影院、房地产经纪人以及向最终消费者销售商品的其他企业或个人。

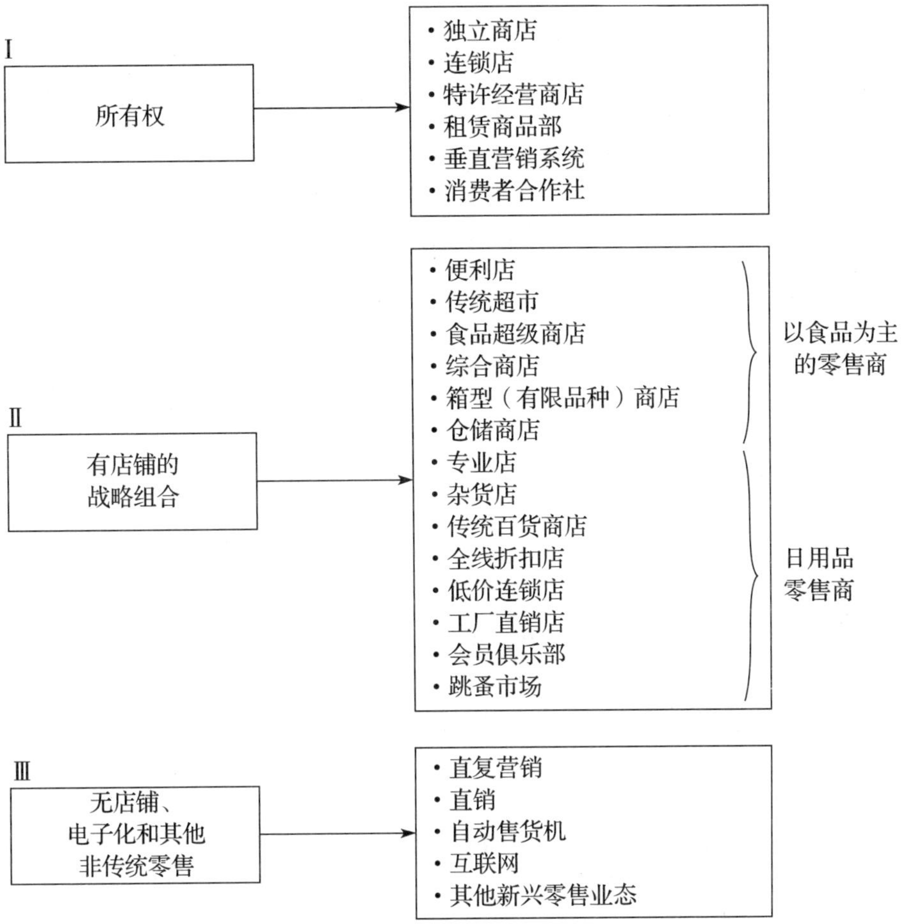

图 4-1　零售机构的分类方法

按所有权划分的零售机构

零售企业可以是独立商店、连锁店、特许经营商店、租赁商品部，也可以由制造商、批发商或消费者所有。

尽管零售商通常规模都很小（3/4 的商店是由只拥有一家店铺的企业经营的，半数以上的零售企业只有两名或更少的付薪员工），但也有规模巨大的零售商。美国前 5 强零售商在美国的年销售总额超过 7 000 亿美元，雇有约 300 万名员工。根据美国人口普查局（www.census.gov）的调查，女性拥有约 100 万家零售企业，非洲裔美国人（男性和女性）拥有约 12 万家零售企业，西班牙裔美国人（男性和女性）拥有约 18.5 万家零售企业，亚裔美国人（男性和女性）拥有约 20 万家零售企业。

如果战略运用得当，各种所有权模式都可以占据一个利基市场。

- 独立商店零售商可以针对明确的顾客群体，以一种友好、随意的方式使购物者满意。口碑传播非常重要。这些零售商应避免为过多的顾客提供服务或陷入价格战。
- 连锁店零售商可以充分利用其知名的企业形象、规模经济和大规模促销的机会。它们应在所有连锁店保持统一的形象，避免僵化管理，以适应市场变化。

• 特许经营商店拥有地理覆盖面广的优势（源于加盟商）和加盟商作为业主经营者的动机。它们应避免陷入与加盟商的政策争执或索取过高的特许加盟费。

• 租赁商品部使商店经营者能够与外界各方联合起来，改善购物体验，并共享专业技能、共担费用。它们应避免损害商店形象或在吸引商店客流方面对承租方施加过大压力。

• 垂直营销系统使企业能够更有效地控制货源，但应避免可供消费者选择的产品过少或零售店面过少的问题。

• 消费者合作社通过集中采购和仓库的共同所有权可以为成员节省费用。它们应避免期望成员过多地参与或添置成本过高的设施。

独立商店

独立商店（independent）只拥有一个零售单位。据估计，美国现有 230 万家独立商店，其销售额约占全美商店销售总额的 1/4。70% 的独立商店由所有者或其家庭成员经营，其销售额（平均年收入低于 10 万美元）仅占全美商店销售总额的 3%，且没有付薪员工（无工资单）。

独立商店的数量庞大与其市场的**容易进入**（ease of entry）有关，因为对于许多小型零售企业而言，其对资金的要求较低、不存在许可条款或许可条款相对简单。零售业的人均投资额通常较制造业低很多，零售许可证的颁发也是司空见惯的。每年美国都有数以万计的零售企业开业，其中大多数为独立商店。

零售业的容易进入导致了激烈竞争，这也是零售新企业经营失败率高的重要原因。在美国新成立的零售企业中，1/3 经营不满 1 年，2/3 经营不满 3 年。这些倒闭的企业中大多数是独立商店。每年，美国有数以千计的各种规模的零售商申请破产保护，还有数以千计的小型企业直接倒闭。[2]

美国小企业管理局（SBA）设有“小企业发展中心”（Small Business Development Center，SBDC），旨在帮助现有的和即将开业的小企业主（www.sba.gov/content/small-business-development-centers-sbdcs）。全美共有 63 个指导性的小企业发展中心（每个州至少 1 个）以及 900 多个地方性的小企业发展中心、附属机构和专业中心，旨在“为小企业提供财务、营销、生产、组织、工程、技术问题及可行性研究等方面的支持”。这些小企业发展中心提供免费咨询、研讨会、培训课程和会议，通过互联网等方式发布信息。美国小企业管理局还在其网站（www.sba.gov）提供可免费下载的信息。

独立商店的竞争优势和劣势

独立商店具有多种优势和劣势。其竞争优势包括以下方面：

• 独立商店在选择零售形态、店址和制定战略方面有很大的灵活性。由于只涉及一个店址，它可以就最佳店址制定详细的规定并进行全面的研究。与连锁店不同，它不需要统一的选址标准，也无须担心商店之间距离过近。独立商店在选择目标市场方面有很大的自由度。由于其目标通常比较适度，它们可能选择较小的细分市场而不是大众市场，然后根据细分市场确定相应的商品分类、价格、营业时间等事项。

• 租金、固定装置、人工和商品等成本均可以降低；没有闲置的库存或人员；内部责任的界定也非常清晰。

• 独立商店通常是特定商品 / 服务类别利基市场的专家。它们的效率更高，并能吸引那些对专业零售商感兴趣的购物者。

- 独立商店可以对其战略施加强有力的控制，并且其所有者兼经营者经常在商店内。其决策集中化，管理人员层级最少。
- 独立商店（特别是小型独立商店）具有连锁店难以企及的特定形象，即通过提供舒适的购物氛围而深受人们喜爱的零售商形象。
- 由于只经营一家商店，独立商店很容易保持其经营活动的一致性。
- 独立商店具有独立性，它们不必为股东、董事会及劳资纠纷而烦恼。它们通常不受工会和上级规定的约束。
- 所有者兼经营者通常具有强烈的企业家精神。他们对企业进行的是个人投资，因此自我参与程度很高。研究表明，独立商店更有可能“将顾客利益放在第一位”。他们与顾客之间的互动、扁平化的组织结构以及有限的资源有利于制定高效的、以顾客为导向的规划，进而提高利润率。[3]

同时，独立商店也存在以下劣势：

- 与供应商讨价还价时，独立商店的议价能力较弱，因为其采购量通常较小，供应商甚至可能忽视它们。如果最低订货量的要求较高，订货也许会相当困难。有些独立商店（如五金店）会组团采购，以提高议价能力。
- 独立商店在采购和维持库存方面通常无法实现规模经济。由于资金有限，它们只能每年多次采购品种较少的商品，单位商品的运输、订购和处理成本很高。
- 独立商店的经营属于劳动密集型，有时不需要使用计算机。订购、盘存、标记、收款和记账等工作均可以由人工完成。其效率虽然低于计算机，但在许多情况下，所有者兼经营者不愿意或没有条件学习如何设定和使用计算机管理程序。
- 由于电视广告费用较高，杂志和一些报纸的地理覆盖面较广（对于只有一家商店的企业而言过大），独立商店对特定媒体的利用受到了限制。然而，富有创造性的独立商店可以开发多种促销工具（见第 19 章）。
- 独立商店的一个关键问题是对所有者的过度依赖。所有决策都由所有者制定，一旦所有者生病、休假或退休，管理的连续性就会中断。诸多财务方面的问题（如何支付账单、如何收取应收账款、如何发放工资或偿还银行贷款等）可能会压垮一个独立商店，这也会影响企业的长期发展和员工士气。[4]
- 由于所有者忙于企业的日常经营，其用于制定长期规划的时间非常有限。

连锁店

连锁店（chain）在共同所有权下经营多个销售点（商店单位），通常实行一定程度的集中（或协调式）采购和决策。美国约有 11 万家连锁店，经营着约 100 万家分店。

尽管连锁店数量很少（不足美国零售企业的 5%），但它们的实力却非常强大。如今连锁店经营着约 30% 的零售商店，由于这些商店往往比独立商店大得多，其销售额和员工人数分别约占全美商店销售总额和员工总数的 3/4。大部分连锁企业的分店数量不超过 5 家，但拥有 100 家以上分店的数百家连锁企业的销售额占全美零售总额的 60% 以上。一些大型的美国连锁企业至少拥有 1 000 家分店。此外，还有许多大型的外国连锁企业。

连锁店的主导地位因零售商类型而异。在美国，百货商店、折扣百货商店和食品杂货店中的连锁店占该类别总销售额的 75%。文具店、美容院、家具店和酒类商店中的连锁店在该类别零售总额中所占的比重却不足 50%。

连锁店的竞争优势和劣势

连锁店具有很多竞争优势：

• 由于采购量大，许多连锁店拥有较强的议价能力。它们可以得到新上市的商品，其订单能够得到迅速履行，还能获得供应商的销售支持和数量折扣。大型连锁店还能获得特定商品的独家经销权，并经营该连锁店的自有品牌商品。

• 连锁店通过直接从制造商大批量采购、运输和储存商品，可以实现成本效率，还可以通过参加由供应商赞助的贸易展销会获取有关新产品的信息。它们有时还可以越过批发商，获得更低的供应商价格。

• 连锁店的经营效率可以通过以下方式得到提高：共享仓储设施、采购标准化的商店固定装置、集中采购和决策以及其他方式。连锁店通常赋予总部主管在人事政策、采购、定价及广告决策等方面的广泛权力。

• 连锁店使用计算机执行订购、盘存、预测、收款和记账工作，从而提高了效率并降低了总成本。

• 连锁店（特别是全国性或区域性的连锁店）可以利用电视、杂志、报纸及在线博客等各种媒体。

• 大多数连锁店的管理理念都界定得非常明确，包括详细的战略和清晰的员工职责。当管理人员缺席或退休时，由于有合格的人员来填补空缺，并且企业备有继任计划，其经营可以保持连续性。

• 许多连锁店都投入大量时间制定长期规划，并且指派特定人员进行规划，从而仔细地监控企业面临的机会和威胁。

连锁店也存在一些劣势：

• 连锁店一旦建立，灵活性就会受到限制。很难找到商圈范围不重叠的新店址。所有分店必须在定价、促销和商品分类等方面执行一致的战略。连锁店可能很难适应各地不同的市场。

• 由于涉及众多的租约以及大量的固定装置，连锁店的投资成本高昂。此外，由于许多分店都备有存货，库存投资也较高。

• 连锁店的管理控制非常复杂，尤其是那些分店地理位置分散的连锁店。高层管理者不可能像独立商店控制其单一商店那样维持对每个分店的控制。缺乏沟通以及在制定和实施决策时的拖延是两个尤为严重的问题。

• 大型连锁店的管理层级较多，加入工会的员工也多，因此其员工自主性有限。一些连锁店通过授权的方式赋予员工更多自主权。

» 特许经营商店[5]

特许经营（franchising）是指特许权授予人（制造商、批发商或服务供应商）与零售特许权使用人签订协议，允许特许权使用人使用某个已注册的名称和某种特定的经营模式开展经营活动。通常为了获得在特定地理区域内商品和服务的独家销售权，特许权使用人除了支付一笔初期费用，还需要每月支付销售总额的特定百分比。小型企业可以通过成为这种大型连锁式零售机构的一员而受益。

在**产品 / 商标特许经营**（product/trademark franchising）中，特许权使用人通过协议获得特许权授予人的授权，同意销售后者的产品和 / 或以后者的名义进行经营。特许权使用人在经营上拥有相当大的自主权。虽然必须遵守一些经营规则，但特许权使用人可以自行确定营业时间、选择店址以及决定商店设施和陈列。产品 / 商标特许经营占零售特许经营总销售额的 60%。汽车经销商和许多加油站就属于这种特许经营企业。

在**经营模式特许经营**（business format franchising）中，特许权授予人与特许权使用人之间的关系更具有互动性。特许权使用人除有权销售商品和服务，还可以在商店选址、质量控制、会计系统、创业实践、管理培训和问题响应等方面获得协助。原型商店、标准化产品线以及合作广告的运用使其达到了连锁店才具备的协调水平。经营模式特许经营在餐馆及其他食品商店、房地产和服务零售业中很常见。许多特许加盟店的规模较小，因此经营模式特许加盟店的数量约占全部特许经营商店的 80%，尽管其销售额仅占 40%（包括汽车经销商）(见图 4－2)。

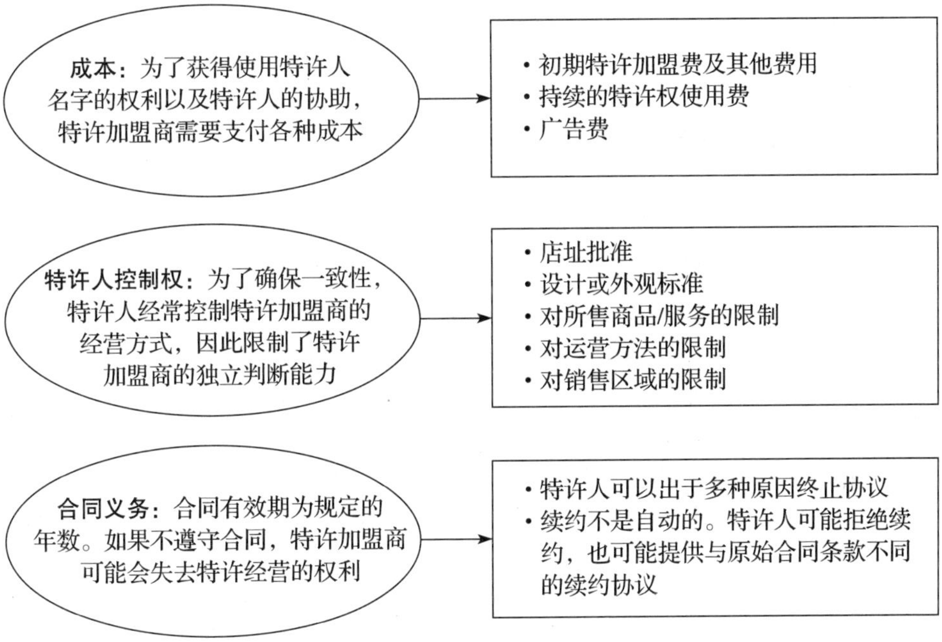

图 4－2　潜在特许加盟商应考虑的特定因素

说明：开展特许经营应考虑特定成本、特许人控制权及合同义务。

资料来源：Based on material from the Federal Trade Commission, " A Consumer's Guide to Buying a Franchise," www.ftc.gov/tips-advice/business-center/guidance/consumers-guide-buying-franchise.

麦当劳（www.aboutmcdonalds.com/mcd/franchising.html）称得上是经营模式特许经营的典范。该公司提供汉堡包大学的加盟商培训、详细的经营手册、服务经理的定期访问以及复习培训。如果与麦当劳签订了 20 年的特许经营协议，除了要有至少 50 万美元的不可退回的初始个人投资，传统加盟商通常还必须将今后销售额的至少 12.5% 作为特许权使用费支付给麦当劳公司。

规模和结构 [6]

尽管汽车和卡车经销商的销售额占全美零售业特许经营销售额的一半以上，但现在几乎没有什么零售部门不受特许经营增长的影响了。在美国，有 3 000 多家特许零售商与超过 35 万家加盟商存在业务关系，它们经营着 85 万家特许人和加盟商所有的商店，员工人数达到数百万，其销售额占商店销售总额的 1/3。此外，数百家美国特许零售商拥有国外业务，其特许加盟店数以万计。

在美国，大约 85% 的特许销售额和特许加盟店涉及加盟商所有的商店，其余的涉及特许人所有的商店。如果加盟商只经营一家商店，就属于独立加盟商；如果经营两家或更多商店，则属于连锁加盟商。现在，大量加盟商采取的经营形式为连锁店。

特许经营分为以下三种结构：

1. 制造商 – 零售商：通过特许经营协议，制造商赋予独立加盟商销售商品及相关服务的权利。

2. 批发商 – 零售商：

（1）自愿式：批发商建立特许经营系统，授予个体零售商特许经营权。

（2）合作式：由一组零售商建立特许经营系统，共享批发组织的所有权和经营权。

3. 服务供应商 – 零售商：服务企业授权个体零售商向消费者提供特定的服务组合。

特许经营的竞争优势和劣势

通过投资于成功的特许经营业务，特许加盟商可获得诸多利益：

- 投入相对较少的资本即可拥有一家零售企业。
- 可获得知名的品牌及产品 / 服务线。
- 有机会学习标准化的经营流程和管理技能。
- 可开展合作式的营销活动（如区域性或全国性广告）。
- 享有特定地理区域内的独家经销权。
- 由于整个特许经营系统的大批量采购，加盟商的单位采购成本较低。

对特许加盟商来说，也存在一些潜在问题：

- 如果某个区域内的特许加盟商过多，可能会导致市场饱和。
- 那些过度热衷于销售的特许人可能会对加盟商的收入潜力、所需的管理能力及投资情况做出错误的评价。
- 特许加盟商可能会受到特许经营协议的约束，即必须从特许人或特定供应商处采购。
- 如果特许经营协议的有关条款未得到满足，特许人有权取消协议。
- 在某些行业，特许经营协议的有效期较短。
- 无论特许加盟商的利润如何，特许权使用费通常都是销售总额的一定百分比。

以上因素会导致**约束型决策**（constrained decision making），即特许人限制加盟商参与战略规划过程。

美国联邦贸易委员会（Federal Trade Commission，FTC）制定了一部关于披露要求和商业机会的法规（www.ftc.gov/tips-advice/business-center/guidance/amended-franchise-rule-faqs），它适用于美国所有的特许经营企业。该法规的目的是在潜在加盟商投资前向它们提供充分的信息。尽管联邦贸易委员会并不定期检查披露情况，但将近 20 个州确实在进行这项检查，并勒令违规者整改。此外，很多州（包括阿肯色州、加利福尼亚州、夏威夷州、伊利诺伊州、印第安纳州、马里兰州、密歇根州、明尼苏达州、密西西比州、内布拉斯加州、南达科他州、弗吉尼亚州、华盛顿州和威斯康星州）还制定了公平执业法，规定特许人没有正当理由不得终止、取消或拒绝续签特许经营协议。联邦贸易委员会还提供了一个关于特许经营的网站（https://goo.gl/ivfnSW）。

通过特许经营，特许权授予人可以获得许多利益：

- 特许人使用较少的投资就可以更迅速地在全国或全球开展业务。
- 特许人可以设定申请特许权的加盟商的资格并据此执行。
- 特许人可以通过协议要求加盟商严格遵守经营规则。
- 资金在商品配送时而非出售时即可收回。
- 因为加盟商是所有者而非员工，所以他们更有动力努力工作。
- 加盟商支付初期加盟费后，特许人还可以向其收取特许权使用费，也有可能向个别经营者出售产品。

特许权授予人也面临着一些潜在问题：

- 如果加盟商不遵守企业标准，会损害公司的整体声誉。
- 如果加盟店之间缺乏一致性，会对顾客忠诚造成不利影响。
- 加盟店之间的相互竞争会带来不利影响。
- 如果加盟商经营不善，会损害其商店的转售价值。
- 运营效率低的加盟店会直接损害特许人向其出售服务、原料或产品时以及收取特许权使用费时的收益。
- 越来越多的加盟商正致力于制定限制特许人的规章制度。

你还可以访问我们的博客（www.bermanevansretail.com），浏览关于该主题的大量帖子。

租赁商品部

租赁商品部（leased department）是零售商店（通常是百货商店、折扣店或专业店）出租给其他外部企业的部门。租赁商品部的经营者需要对其业务的各个方面（包括店内固定设施）负责，并按销售额的一定百分比向商店支付租金。业主零售商通过出租多余的营业空间可以获得稳定的收入，租赁商品部则能够以较小的占地面积和较低的成本进入市场。商店为了确保总体协调一致，需要对租赁商品部设置经营限制。[7]

一些店铺零售商经常采用租赁商品部（有时称作“店中店”，或占地面积更小的信息亭），以将其产品扩展至商店主营产品线之外的产品类别。租赁商品部最常见于店内的美容院、银行、摄影工作室、鞋类部门、珠宝部门、化妆品部门、钟表修理部门及修鞋部门等。此外，购物中心的食品街也经常采用租赁商品部。在百货商店的年销售额中，租赁商品部的销售额占 200 亿美元。越来越多的奢侈品牌（如古驰（Gucci）和迪奥（Dior））都在出租商品部门，以对其产品的销售方式加强控制。遗憾的是，关于租赁商品部销售总额的数据无法获得。

“店中店”的概念为业主零售商及其承租方提供了交叉营销其品牌并接触新顾客群体的机会。租赁店面可以提高顾客购物体验的新鲜感，增加零售商产品品类的多样性，还可以鼓励顾客延长购物时间并进行冲动购买。对零售商来说，该战略的成败取决于选择合适的零售合作伙伴，确保它们能够与业主零售商相辅相成，并有潜力为业主零售商吸引新的顾客群体。该战略还必须得到业主零售商及其零售合作伙伴的适当广告支持，以提高人们对租赁商品部店内位置的知晓度。成功采用该战略的一个例子是丝芙兰，该品牌自 2006 年起就在杰西潘尼百货公司（J. C. Penney）经营多个租赁商品部。丝芙兰的出现为杰西潘尼注入了活力，重塑了杰西潘尼的形象。

下面是其他一些实例：CVS 以 19 亿美元购买了 1 660 家塔吉特的药店和诊所的运营权，并将其更名为 CVS，还添加了数字医疗工具。这使 CVS 的零售面积扩大了 20%，并增加了在日用品商店进行的药品购买。塔吉特则可以利用 CVS 的专业知识为顾客提供综合性的医药服务，并专注于提高其核心产品领域的绩效。[8] 运动鞋和服饰零售商 Finish Line 在梅西百货旗下的近 600 家品牌商店中销售独家的鞋类系列产品。Finish Line 的销售表现强劲，梅西百货的客流量也有所增加。[9]

对于面临销售下滑的零售商来说，出租营业空间也许可以作为紧缩战略之一，在减少占地面积的同时创造稳定的收入。西尔斯百货出租店面给女性时尚品牌 Forever 21。沃尔玛地产公司（Walmart Realty）表示，它已为一些实力相当的零售商准备了近 400 份店内租约，这些零售商有望受益于让“沃尔玛的回头客成为它们的回头客”。欧洲和亚洲的零售商都广泛地使用了这个概念——几乎所有的中国大型零售商实际上都是千变万化的小型商店的集合体，它们在竞争中此起彼伏。[10]

租赁商品部的竞争优势和劣势

从商店的角度看，租赁商品部可以提供许多有利之处：

- 通过向顾客提供一站式购物，租赁商品部可以扩大商店的市场。
- 人事管理、商品陈列及商品再订购等事务均由承租方负责。
- 商店的普通员工不需要参与。
- 租赁商品部的经营者需要支付一些费用，这可以降低商店成本。
- 租赁商品部的经营者需要定期向商店支付其收入的一定百分比。

从商店的角度看，租赁商品部也存在一些潜在陷阱：

- 租赁商品部的经营流程可能与商店存在冲突。
- 承租方可能对商店形象造成不利影响。
- 顾客有可能将租赁商品部发生的问题归咎于商店而不是承租方。

租赁商品部的经营者可以获得以下优势：

- 商店已广为人知，拥有稳定的顾客，可迅速为租赁商品部带来销售额。
- 安全设备和陈列橱窗等设施是共享的，可降低一些成本。
- 与知名商店建立了关系，其形象可以得到加强。
- 与零售商充当中间商相比，租赁商品部的经营者可以更有力地控制自己的形象和销售策略。

承租方可能面临以下问题：

- 必须遵守特定的营业时间和经营形式，灵活性较差。
- 商品 / 服务线通常受限制。
- 如果承租方经营成功，商店可能会提高租金或租赁期满时不再续租。
- 租赁商品部在店内的位置可能无法实现预期的销售额。

陆逊梯卡集团（Luxottica）与梅西百货之间的长期租赁协议就是一个很好的例子。陆逊梯卡集团自 2009 年起在梅西百货内经营其 Sunglass Hut 太阳镜店，向梅西百货的顾客提供其光学产品及服务。Sunglass Hut 太阳镜店已经入驻 670 家梅西百货商店，此外，

2016 年 4 月，陆逊梯卡集团同意在 500 家梅西百货商店内开设其亮视点（LensCrafters）眼镜店。[11]

垂直营销系统

垂直营销系统（vertical marketing system）包括分销渠道中各个级别的独立企业。商品和服务通常通过三种类型的系统之一进行分销：独立系统、部分一体化系统和完全一体化系统（见图 4－3）。

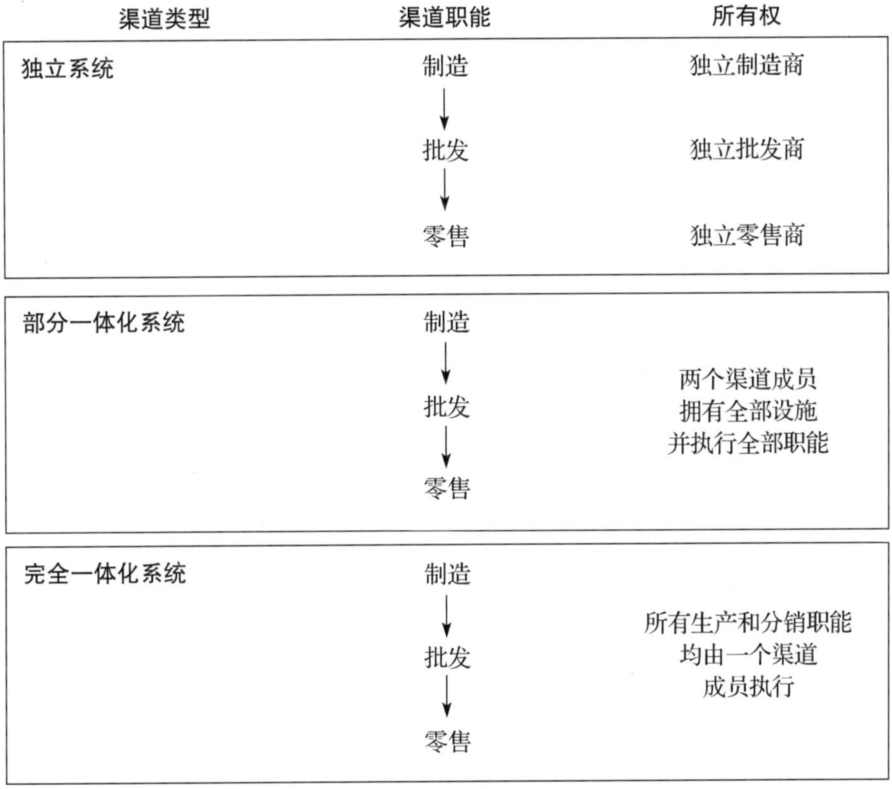

图 4－3　垂直营销系统：职能和所有权

在独立垂直营销系统中，存在三级所有权独立的企业：制造商、批发商和零售商。独立垂直营销系统最常见于以下情形：制造商或零售商规模较小，试图采用密集型分销，顾客分布广，单位销售额高，企业资源有限，渠道成员试图分担成本和风险，以及需要专业化分工。文具店、礼品店、五金店、食品店、药店等众多企业采用的就是独立垂直营销系统，它是垂直营销系统的主要形式。

在部分一体化垂直营销系统中，渠道中的两个独立企业执行全部生产和分销职能。这类系统最常见的情形是：制造商和零售商在没有批发商的情况下达成交易，并执行运输、储存及其他分销职能。该系统最适合以下情形：制造商和零售商规模较大，试图采用选择性分销或独家分销，单位销售额适中，企业资源充足，需要加强渠道控制，以及现有批发商成本太高或根本无法找到批发商。家具店、家用电器商店、餐馆、计算机零售商和邮购公司经常采用部分一体化垂直营销系统。

在完全一体化垂直营销系统中，一家企业执行全部生产和分销职能。该企业可以完全控制其战略，直接与顾客取得联系，并享有对商品和服务的独家经营权及全部利润。这类系统成本较高且需要大量专业知识。以前，此类系统主要由制造商采用，如雅芳公司（Avon）和宣伟－威廉斯涂料公司。宣伟－威廉斯涂料公司拥有 4 100 家涂料商店，其销售额占公司销售总额的 60%。[12] 如今，越来越多的零售商（如克罗格公司）至少在某些产品上采用完全一体化系统。

一些企业采用**双重营销**（dual marketing）（多渠道零售的一种形式），即利用多种分销渠道，以吸引不同消费者、增加销售额、分担成本，并保持良好的战略控制。以下是两个例子：（1）宣伟－威廉斯涂料公司在其自有商店销售宣伟－威廉斯牌涂料，在家装店、全线折扣店、五金店等商店销售荷兰小子牌（Dutch Boy）涂料（见图 4－4）。（2）除了经营传统的独立商店，唐恩都乐公司还与芭斯罗缤冰激凌（Baskin-Robbins）在许多分店共享设施，以吸引更多顾客并增加单笔交易的收入。

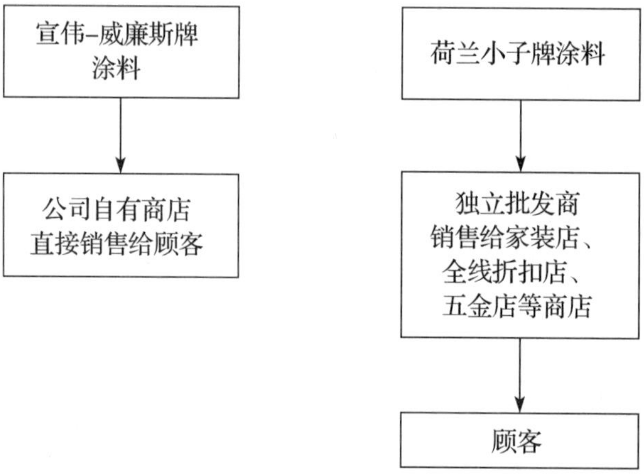

图 4－4 宣伟－威廉斯涂料公司的双重营销系统

除了部分一体化或完全一体化垂直营销系统，企业还可以凭借其经济、法律或政治力量，卓越的知识与技能，以及顾客忠诚等在分销渠道中施加影响。**渠道控制**（channel control）意味着分销渠道的某一成员凭借其所拥有的力量支配该渠道中的决策。制造商、批发商和零售商都自有一套方法来提高在渠道中的相对地位。

制造商实施控制的方法如下：采用特许经营，建立强大的品牌忠诚，预先给商品贴标签（标明建议零售价格），以及将某个地区的独家分销权赋予那些同意遵守特定标准的零售商。当批发商规模较大，推出自有品牌，发起特许经营，并且是效率（如处理再订货的效率）最高的渠道成员时，批发商就可以施加影响。当零售商在供应商的销量中占比很大以及零售商开发自有品牌时，零售商就可以发挥影响力。只要产品特色相同，开发自有品牌的零售商在转换供应商时不会影响其顾客忠诚。

稳固的长期渠道关系通常对所有渠道成员都是有利的，因为它可以提高运营效率并降低成本。此外，广告、财务和结算等活动也会因此大为简化。

消费者合作社

消费者合作社（consumer cooperative）是由顾客成员所有的零售企业。一个消费者群体对企业进行投资、选举管理人员、管理运营，并分享利润或结余。[13] 美国现有数千家消费者合作社，从小型的采购俱乐部到年销售额25亿美元的娱乐设备公司（Recreational Equipment Inc.，REI）。消费者合作社在食品零售行业最为常见。尽管如此，美国约500家食品合作社的销售额仍不足食品杂货店销售总额的1%。

消费者合作社存在的基本原因是：一些消费者认为他们能与传统零售商一样或更好地经营商店；消费者认为现有零售商没有充分满足顾客对健康、环保产品的需求；消费者还认为现有零售商获取的利润过高，他们自己反而能以较低的价格销售商品。

娱乐设备公司向550万名会员及其他顾客销售户外娱乐设备。该公司拥有140家商店，还经营着一家邮购企业和一个网站（www.rei.com）。与其他合作社不同，该公司由专业人员经营，并坚持由会员选举的董事会制定决策。顾客一次性缴纳20美元会费后即可在该公司购物、选举董事会成员并分享利润（基于每个会员的消费额）。娱乐设备公司的目标是定期向会员分配红利。

消费者合作社在零售业中所占的比重非常小，原因有以下几点：消费者必须具备动力和积极性；消费者通常并不精通各种零售职能；通常无法实现预期的成本节约和低价销售；消费者经营合作社时经常会产生厌烦情绪。

关键术语

零售机构（retail institution）
独立商店（independent）
容易进入（ease of entry）
连锁店（chain）
特许经营（franchising）
产品/商标特许经营（product/trademark franchising）
经营模式特许经营（business format franchising）
约束型决策（constrained decision making）
租赁商品部（leased department）
垂直营销系统（vertical marketing system）
双重营销（dual marketing）
渠道控制（channel control）
消费者合作社（consumer cooperative）

讨论题

1. 本章讨论的各种所有权形式各有哪些特点？
2. 你认为独立商店会很快在零售领域消失吗？解释你的答案。
3. 为什么容易进入通常对独立商店的影响比对连锁店的影响更大？
4. 独立商店如何克服计算机化程度低的问题？
5. 独立商店在试图扩张为连锁店时可能会遇到哪些困难？
6. 区域性连锁店与全国性连锁店相比具有哪些竞争优势和劣势？
7. 连锁店与特许经营商店有何异同？
8. 从特许权使用人的角度看，在哪些情形下产品/商标特许经营具有优势？在哪些情形下经营模式特许经营具有优势？
9. 为什么超市宁愿将营业空间出租给外部经营者而不是自己经营（如干洗店）？
10. 宣伟－威廉斯涂料公司采用双重营销的利弊是什么？
11. 小型独立餐厅应如何加强对渠道的控制？
12. 如果娱乐设备公司采用传统的连锁店经营方式，它能获得今天的成功吗？解释你的答案。

第5章

按有店铺战略组合划分的零售机构

学习目标

- 介绍零售轮转、跨界商品经营和零售生命周期，并说明如何利用这些概念解释零售战略组合的绩效。
- 讨论零售战略组合的演进方式。
- 考察采用有店铺战略组合的各种食品零售商。
- 考察采用有店铺战略组合的各种日用品零售商。

几乎在每种零售业态中都存在着大量的竞争。本章讨论 14 种零售业态，其中 6 种以经营食品为主，另外 8 种侧重于非食品商品和服务。显而易见，越来越多的购物者对低价格感兴趣，许多零售业态也相应地进行了调整，其中之一就是工厂直销店。

过去，制造商设立工厂直销店是为了收回与瑕疵商品有关的部分成本。这些工厂直销店销售断码商品（不完整的商品选择）、次等品（有小裂口的服装或有划痕的电器）以及由零售商和最终消费者退回的、已略微使用过的商品。

这种经营方式与布克兄弟（Brooks Brothers）、拉夫·劳伦（Ralph Lauren）、盖璞和蔻驰等零售商目前的工厂直销店经营方式不同。现在的工厂直销店有可能位于购物中心，拥有吸引人的氛围、训练有素的销售人员和试衣间。今天，甚至在一些大型购物区内只有工厂直销店，比如缅因州的品牌折扣购物中心 Kittery Outlets 就设有超过 120 家工厂直销店。现在工厂直销店的另一个卖点是，大多数商店都接受信用卡并支持退换货。

工厂直销店通常有两种商品来源：计划来源和机会来源。计划来源包括那些专门为工厂直销店生产的商品（往往采用低质的面料和工艺）。这种来源使工厂直销店全年都能提供各种各样的商品选择，也有助于吸引更注重价格的购物者。机会来源包括清仓处理商品、百货商店的退货商品、积压商品和断码商品，这些商品的一个主要好处是可以促使购物者进行寻宝式购物（频繁地光顾商店）。

有些企业宁愿在工厂直销店销售而不是在马歇尔百货（Marshall's）、萨克斯第五大道精品百货店的折扣店（Off Saks）和诺德斯特龙的折扣店（The Rack）等低价零售店。通过公司所有并经营的工厂直销店进行销售时，零售商能够更有力地控制最终售价以及销售折扣商品的商店位置，但是有些公司担心在工厂直销店销售大打折扣的商品会激怒传统的百货商店和专业店。

资料来源：Monkey Business Images/Shutterstock. Reprinted by permission.

概　述

第 4 章从所有权的角度描述了零售机构。本章首先介绍零售战略规划中的三个关键概念：零售轮转、跨界商品经营和零售生命周期。接下来讨论零售战略的演进，并考察几种有店铺的战略组合。第 6 章将讨论无店铺、电子化和非传统的战略组合。

规划零售战略组合时应考虑的因素

零售商可以按其**战略组合**（strategy mix）进行分类，战略组合是指企业对商店选址、运营方法、可供商品 / 服务、定价策略、商店氛围和顾客服务以及促销方法的特定组合。

商店选址是指采用店铺形式还是无店铺形式，在某个地理区域的位置，以及该店址的类型（如购物中心）。运营方法包括雇员、管理风格、营业时间等要素。可供商品 / 服务是指经营多个产品类别还是只经营一个产品类别，质量是低档、中档还是高档。定价策略是指采用声望定价（树立一种高质量形象）、竞争定价（按照竞争对手的价格水平定价）还是渗透定价（定价低于其他零售商）。商店氛围和顾客服务体现在实体设施、人文关怀、退货政策、商品配送等方面。促销是指广告、商品陈列、人员销售和销售促进等方面的活动。通过将这些要素相结合，零售商就可以制定一套独特的战略。

为了在今天的市场环境中蓬勃发展，零售商应该努力在某些方面占据主导地位，这样才能成为**目标零售商**（destination retailer），即消费者认为其与众不同、对其忠诚且会想方设法去那里购物的企业。人们往往将“占主导地位”与“营业面积大”联系起来。然而，小型零售商和大型零售商都可以通过不同的方式影响消费者基于时间、金钱或地位而做出的选择。如下所示，零售商成为目标零售商的方法有多种，如能将两种以上方法结合使用，它们就可以发挥更大的作用：

- 以价格为导向并注重成本效益，吸引那些对价格敏感的购物者。
- 提高商品和服务的档次，吸引那些要求全面服务、注重地位的消费者。
- 提供便利条件，吸引那些想要轻松购物、就近购物或长时间购物的消费者。
- 在所经营的产品线中提供丰富的品种，吸引那些对品种多样性和店内比较购物感兴趣的顾客。
- 提供优质的顾客服务，吸引那些因零售服务质量下降而感到沮丧的人。
- 保持创新性或独特性，采用与众不同的经营方式（如设在机场的视频信息亭），或经营其他企业没有的产品 / 品牌，迎合那些追求新意或对购物感到厌倦的人。

在考察具体的战略组合之前，先了解一下有助于解释如何运用这些组合的三个概念：零售轮转、跨界商品经营和零售生命周期，以及零售战略的演进方式。

零售轮转

根据**零售轮转**（wheel of retailing）理论，零售创新者通常最初以低成本、低利润的低价零售商形象出现，一段时间后，它们会提高所经营商品的档次，改善设施和顾客服务（增加质量更好的商品、移至租金更高的位置、提供信用购买和配送服务等）并提高价格，随着这些创新者的成熟，它们将面临成本更低的新型折扣零售商的威胁，这就是零售轮转[1]（见图 5－1）。

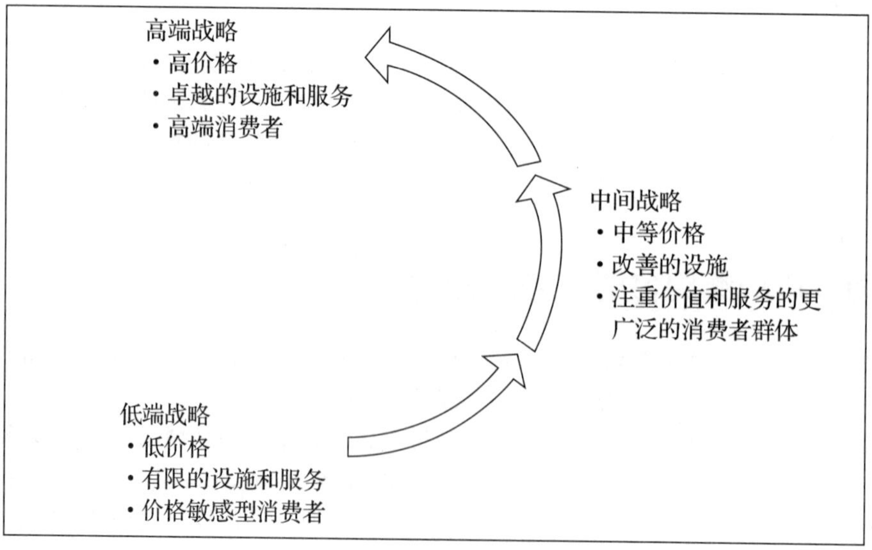

图 5－1 零售轮转

说明：随着低端零售商通过战略升级提高了销售额和利润率，新型的折扣零售商会取而代之。

零售轮转理论基于四个原则：（1）许多价格敏感型购物者为了追求低价格宁愿舍弃顾客服务、广泛的商品选择和便利的店址。（2）价格敏感型购物者的忠诚度通常很低，他们会转向售价更低的零售商；相比之下，声望导向型顾客乐于在采用高端战略的零售商处购物。（3）新型零售机构的营业成本通常低于现有零售机构。（4）随着零售商沿着零售轮转进行战略升级，它们通常能够提高销售额，扩大目标市场，并改善自身形象。

例如，当传统百货商店的价格对许多消费者来说过高时，全线折扣店（以沃尔玛作为引领者）的崛起就是必然结果。全线折扣店的价格之所以低廉，是因为采用了各种削减成本的方法，如减少销售人员、选择租金较低的店址、使用便宜的固定装置、提高库存周转率、只接受现金或支票支付等。然后，随着全线折扣店的繁荣发展，它们通常也会试图沿着零售轮转进行升级。这意味着扩充销售队伍、选择更好的店址、升级固定装置、增加商品选择、接受信用卡等。这些升级将导致成本上升和价格上涨。这时零售轮转再次发挥作用，新型的折扣店（如低价连锁店、工厂直销店和永久性跳蚤市场）发展起来，以满足价格敏感度最高的消费者的需求。最近，网络折扣零售商纷纷出现，其中一些企业的成本非常低，因为它们根本没有实体设施。

如图 5－1 所示，零售轮转揭示了三种基本的战略定位：低端、中间和高端。如果处于中间的零售商被认为没有什么与众不同，那么中间战略可能会遇到一些问题。对于百货商店这样的成熟业态来说，高端和低端的竞争对手会蚕食采用中间战略的零售商（如西尔斯百货）的市场份额。西尔斯的商品经营战略是销售大量中等价位的商品和服务。此外，当其他百货商店采用的战略出现两极分化（低端和高端）时，西尔斯未能正确预测和迅速反应，这威胁着其作为零售商的生存。[2] 图 5－2 展示了两种相反的战略组合方案。

低端战略	高端战略
租金较低的店址（如小路）	店址在租金较高的购物中心或中心商业区
不提供服务或服务需额外付费（或仅提供信用购买和退货服务）	价格中包含精心的服务，如信用购买、配送、改制、装饰、礼品包装、分期预付等
简朴的固定装置和商品陈列	精心设计的固定装置和商品陈列
简单的零售人事组织	复杂的零售人事组织
在促销中强调价格	在促销中不强调价格
自助服务，或商店员工的人均销售额较高	产品演示，商店员工的人均销售额较低
店内拥挤	店内宽敞
大多数商品都陈列出来	大多数商品都放置在库房

图 5－2　零售战略方案

零售轮转理论提出，现有零售商在增加服务或从低端战略向高端战略升级时应倍加谨慎，因为价格敏感型购物者通常忠诚度较低，他们很容易转向售价更低的企业。此外，零售商可能会舍弃那些最初使其盈利的竞争优势。零售目录陈列室的兴衰就证明了这一点，如今这种零售业态已不复存在。

跨界商品经营

零售轮转关注的是商品质量、价格和顾客服务，跨界商品经营则涉及零售商增加其商品分类的宽度（即所经营的不同产品线的数量）。**跨界商品经营**（scrambled merchandising）是指零售商增加一些彼此无关且与企业初始业务无关的商品和服务（见图 5－3）。

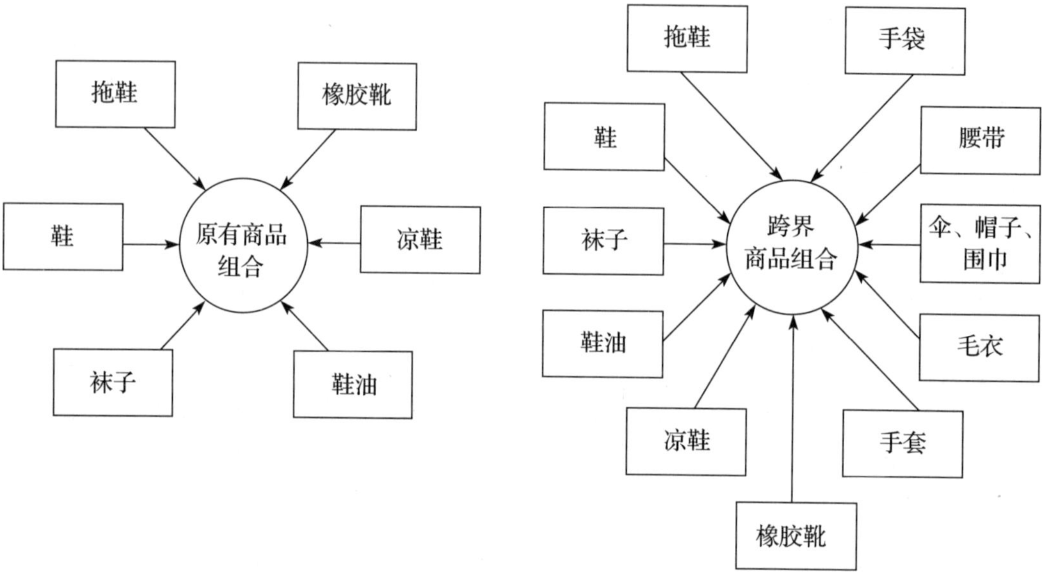

图 5－3　一家鞋店的跨界商品经营

跨界商品经营之所以盛行有以下原因：零售商希望提高总收入；增加经营的通常是畅销的、高利润的商品和服务；消费者的冲动购买越来越多；人们喜欢一站式购物；可以开发不同的目标市场；季节性和竞争的影响降低。此外，零售商原有产品线的受欢迎程度可能有所下降，这导致零售商不得不跨界经营以维系或扩大顾客群体。例如，虽然星巴克的店内咖啡销售依然强劲，但现在它在咖啡市场上正面临着来自唐恩都乐（www.dunkindonuts.com）、麦当劳（www.mcdonalds.com）等连锁店的激烈竞争，这些连锁店升级了它们的产品。如今，星巴克（www.starbucks.com）也开始经营其原有咖啡业务之外的许多商品，如糕点、热早餐、沙拉、三明治、奶昔等，甚至在一些分店还经营葡萄酒。

跨界商品经营具有传导性。药店、书店、花店、厨具店和礼品店都受到了超市跨界商品经营的影响。美国超市的大部分销售额来自日用品、保健美容用品和其他非杂货类商品，如药品、杂志、鲜花和厨房用品等。作为回应，药店等零售商被迫开始跨界商品经营，以填补因超市造成的销售空白。药店增加了玩具、礼品、贺卡、电池和照相机等商品，这又造成了另外一些零售商的销售空白，后者也被迫开始跨界商品经营。

跨界商品经营的盛行意味着不同类型零售商之间的竞争加剧，此外，由于销售分散至更多零售商，分销成本也会受到影响。跨界商品经营的其他局限性如下：零售商在采购和销售不熟悉的商品及提供相应服务时可能缺少专业知识；与商品分类拓宽相关的成本增加（包括较低的库存周转率）；不成功的跨界商品经营可能损害零售商的形象。

零售生命周期

零售生命周期（retail life cycle）理论认为零售机构（如同其所销售的商品和服务一样）会经历生命阶段：导入期（早期成长期）、成长期（加速发展期）、成熟期和衰退期。该理论可以解释零售业态变化的方向和速度。[3] 图 5 - 4 简要说明了零售生命周期的五个阶段，并在底部列出了每个阶段的实例。

开发期	导入期（早期成长期）	成长期（加速发展期）	成熟期	衰退期

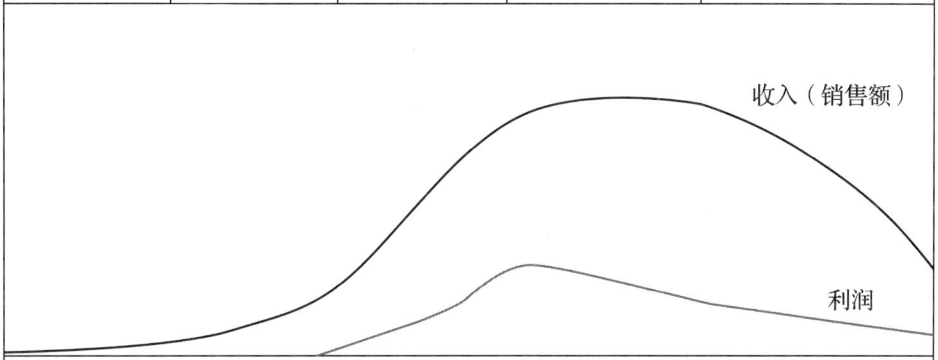

← 时间 →				
新的零售概念得到开发	零售概念得到消费者的尝试	零售概念变得更受欢迎；竞争加剧	零售概念的受欢迎程度达到顶峰；高度竞争	零售概念的受欢迎程度降低；竞争减弱
实例				
	以前仅经营在线业务的零售商开始开设实体店（如亚马逊网站）	快时尚零售商变得更受欢迎（如优衣库）	折扣百货商店达到销售和竞争高峰，努力占据一席之地（如沃尔玛）	由于来自在线零售商的竞争，某些商品类别的专业店开始衰落；一些企业倒闭（如Sports Authority）

图 5 - 4　零售生命周期

下面详细考察零售生命周期，将其运用于各种零售业态，并举例说明。处在生命周期第一阶段（导入期）的企业与现有零售机构的战略组合之间存在明显差异。处于此阶段的企业与传统竞争对手相比，至少在战略组合的一种要素上会做出重大转变。对于首先进入新业态的企业来说，销售额和利润通常会急剧增长。但是，在这一阶段，长期成功得不到保证，因为存在新业态不被购物者接受的风险，并且投资太大可能造成严重的初期损失。

处于导入期的一种零售业态就是在线闪购零售网站。许多闪购网站针对那些订阅其服务并寻求便宜货的顾客，专门以极低的价格限时（通常是几个小时）销售少量规格和颜色有限的高端品牌服装。

该业态的领先者是闪购网站 Gilt Groupe（www.gilt.com），这是一家成立于 2007 年、由哈德逊湾公司（Hudson's Bay）所有的美国在线零售商。这类零售机构还包括 Rue La La（www.ruelala.com）、Ideel（www.ideel.com）、Haute Look（www.hautelook.com）、The RealReal（www.therealreal.com）和 Zulily（www.zulily.com），其中 Zulily 以母亲和幼儿为目标顾客群体，是该业态中唯一的上市公司。[4] 在 2008 年开始的经济衰退期间，实体店的高端品牌销售额急剧下降，迫使制造商和零售商迅速找到购买者来消化这些高端产品的过剩库存，这为闪购网站在市场上的出现和成功提供了绝佳机会。

从那时起，经济形势和消费者的财务状况有所改善，对高端商品的需求也有所增加。一些高端品牌在经济衰退期间缩减了产量，尽管现在需求增加，但它们对增加产量更加谨慎。考虑到高端商品数量较少以及能够提前采购的低价零售商（如 T. J. Maxx）的购买力，一些闪购网站想方设法获取库存。与规模较大的服装零售商相比，闪购网站的商品选择更少且运费更高，这导致其增长放缓。[5] 因此，它们通过与规模更大的网站合并来进行调整，开始经营多个产品类别，如艺术品、家居用品（如 Beyond the Rack 网站）和二手商品（如 The RealReal 网站），或者采用混合零售模式，如提供个人服饰咨询服务（如 Trunk Club 网站）或精心挑选的设计师品牌（如 Gilt Groupe 网站）。[6]

在成长期，销售额和利润都呈现快速增长态势。现有企业在地域上扩张，同类型的新企业进入市场。加速发展接近尾声时，成本压力（员工数量的增加、更复杂的库存系统以及广泛的控制）开始影响利润。

互动式电子视频信息亭就是处于成长期的一种零售机构。今天，信息亭的销售范围包括服装、杂志、保险和个人电脑等各种商品。信息亭有多种形式：自助结账机、售票亭（设于游乐园、停车场、电影院等）、入住登记亭（设于酒店）、点餐亭、邮政亭（用于邮寄包裹和信件）及杂项亭（如 DVD 租赁）。根据一份研究报告，截至 2015 年，美国信息亭的零售收入超过了 1 万亿美元。[7] 第 6 章将进一步讨论这种零售业态。

处于零售生命周期第三阶段（成熟期）的零售机构的特征是销售增长速度放缓。尽管销售总额可能会继续增长，但其增长率远低于前一阶段。为了刺激购买，企业不得不降低利润率。成熟期的到来是由于同一业态中的企业过多造成市场饱和，新型零售机构带来了竞争，消费者的兴趣发生转变，以及企业缺乏管理大型成熟企业所需的技能。一旦进入成熟期，企业的目标就是尽可能长久地维持现状，避免过早进入衰退期。

销售啤酒、葡萄酒和烈酒的专业店正处于成熟期，其销售额仍在增长，但增长速度比前些年要缓慢。原因如下：来自会员俱乐部、采用邮购方式的酒类零售商和超市（一些州允许超市销售酒类）的竞争；人们的生活方式及对酒精饮料的态度改变；全国范围内 21 岁方可饮酒的规定；一些地区对允许酒类商店出售的非酒精类商品的限制。

零售生命周期的最后阶段是衰退期。在这一阶段，某一业态整个行业的销售额和利润呈下降态势，许多企业会放弃这种业态，新的业态吸引了曾经青睐这种业态的消费者。在某些情况下，扭转衰退很困难或几乎不可能。但在另一些情况下，通过重新定位，企业有可能避免或延缓衰退。

20 世纪 80 年代的顶峰时期过后，零售目录陈列室开始衰退；随着行业领先者的破产，该业态于 1998 年在美国消失。在该业态中，消费者通过商品目录选择商品，在仓库环境中购物，最后填写订单。它为什么会消失呢？因为许多其他零售商降低了成本和价格，目录陈列室不再具有低价优势。此外，商品目录必须提前印刷；滞销或利润率低的商品太多；一些消费者觉得目录陈列室过于拥挤，他们也不喜欢填写订单；有限的商品陈列缩短了浏览时间；服装商品的匮乏降低了收入。（注：英国家悦采购集团（Home Retail Group）旗下的 Argos 连锁店（www.argos.co.uk）经营着 845 家目录陈列室，是英国最大的日用品零售商。[8]）

传统超市通过在郊区购物中心开设新店、重新设计店内环境、延长营业时间、降低价格、进一步开展跨界商品经营、关闭不盈利的小店转而开设较大的商店等措施，减缓了衰退速度。

零售生命周期理论指出了零售商在业态演进过程中应如何做出适当的反应。扩张是初始阶段的重点，管理技能和高效运营在成熟阶段非常关键，调整在衰退期至关重要。

零售机构的演进方式

高瞻远瞩的企业都知道，随着零售机构的不断发展，它们必须调整战略，绝不能自满。由于激烈的竞争和消费者对低价格的兴趣，许多零售商的利润率都在下降。这迫使它们加强内部成本控制，推广高利润的商品和服务，同时淘汰无利润的商品。下面考察企业如何通过合并、多元化、缩小规模、成本控制以及价值驱动型零售等方式来应对严峻的挑战。

合并、多元化和缩小规模

在竞争激烈的环境中（或当零售机构处于成熟阶段时），一些零售企业通过合并和多元化维持销售额增长。对于实力较强的企业来说，这一趋势有望得到延续。

合并（mergers）是指所有者不同的零售企业之间的合并。一些合并发生在不同类型的零售商之间，如西尔斯公司（连锁百货商店）与凯马特公司（Kmart）（连锁全线折扣店）之间，以及萨克斯第五大道精品百货店与罗德 & 泰勒百货公司（Lord & Taylor）（二者均为哈德逊湾公司所有）之间的合并。另一些合并则发生在相似类型的零售商之间，如两家银行（如美国银行（Bank of America）收购了商业银行（Commerce Bank））之间，以及连锁超市皇家阿霍德集团（Royal Ahold）与德尔海兹集团（Delhaize Group）之间的合并。通过合并，企业能够共同地充分利用资源，扩大顾客群体，提高运营效率和议价能力，克服弱点，并获得竞争优势。对于资源丰富的零售商来说，合并是一种更快的增长方式；对于实力较弱的零售商来说，这是一种改善长期生存前景（或出售资产）的方式。

通过**多元化**（diversification），零售商积极从事其常规业务之外的经营活动，如增设不同的商品 / 服务类别的商店。这就是为什么 Bed Bath & Beyond 公司现在拥有并经营着 Christmas Tree Shops（一家低价连锁店）、Harmon、Harmon Face Values（专营化妆品和健康美容用品的折扣连锁店）及 buybuy BABY（一家针对婴幼儿的父母提供 2 万多种商品的连锁店）。

尽管一些零售连锁店通过合并和多元化扩大了规模，但并非所有企业都借此获得了成功。虽然实力较强的企业在不断扩张，但一些对绩效不满意的零售商正在**缩小规模**（downsizing），即关闭无利润的商店或出售分店。由于多元化经营效果不佳，凯马特公司关闭或出售了日用品领域之外的商店（包括 Borders 书店、Builders Square、Office Max、

Payless 鞋店及 Sports Authority)，并在与西尔斯公司合并后关闭了许多凯马特商店。

缩小规模的情况可能会持续下去。许多零售商过度扩张，但并不具备成功所需的资源或管理人才，也不能有效地降低成本。在开设新店时，某些企业选择了较差的店址（最佳位置已经饱和）。巴诺公司等零售商更喜欢经营数量少但规模更大的商店，同时它们还能更有效地利用网络。一些超市零售商发现，如果它们采用地区性经营而非全国性经营，它们可以做得更好。

成本控制和价值驱动型零售

利用成本控制方法，零售商努力降低初始投资和营业成本。许多企业采用这一战略的原因如下：来自折扣零售商的激烈竞争；控制复杂的连锁店或特许经营的需要；高额的土地和建设成本；经济形势的波动；最大化运营效率的渴望。此外，由于成熟且高度饱和的市场、低增长的经济环境、通过多种渠道服务于顾客的竞争压力以及企业无法提高价格等原因，零售商必须降低成本。它们必须审视其业务的各个方面，高效运营并降低成本。

通过采用以下一种或多种方法，零售商可以加强成本控制：

- 对运营流程、商店布局、商店规模及产品实行标准化管理。
- 选择次等店址、独立式商店及老旧商业街购物中心的店址，或利用其他零售商放弃的店址（二手店址）。
- 将商店开设在规模较小的社区，因为那里的建筑法规不那么严格，劳动力成本较低，建设和营业成本也可以降低。
- 使用便宜的建筑材料，如裸露的砖墙体和水泥地。
- 采用简单的固定装置和低成本的陈列。
- 购买翻新的设备。
- 加入合作采购和广告团体。
- 鼓励制造商为库存融资。
- 采用可以降低库存持有成本的运输技术。

成本控制的驱动力是为顾客提供良好价值的追求。但是，价值的含义往往具有主观性，它可以意味着价格、质量、服务、便利性或以上各因素的结合。价格通常对购物者购买的商品和他们光顾的企业有很大影响。一些零售商（尤其是折扣零售商）的定价策略鼓励人们寻找廉价商品并对销售价格保持警惕。聪明的购物者已经认识到，价格可能不是衡量质量的真正标准，他们可以利用“每日低价”买到高质量的商品。[9]

按有店铺战略组合划分的零售机构

本节着重介绍了 14 种有店铺零售机构（分为食品类和日用品类两组）的战略组合的特定方面（见表 5-1）。虽然不是全部，但这些战略组合很好地概括了有店铺零售商的战略。请注意：商品分类的宽度是指零售商经营的不同产品线的数量；商品分类的深度是指零售商经营的产品线中的品种多样性。

表 5-1 有店铺零售战略组合的特定方面

零售商类型	店址	商品	价格	氛围和服务	促销
食品类					
便利店	居民住宅区	中等宽度和低等深度的商品分类；中档质量	平均价格至高于平均价格	平均水平	适度
传统超市	居民住宅区	商品分类很宽且很深；中档质量；制造商品牌、自有品牌和无品牌商品	竞争性价格	平均水平	大量使用报纸、传单和优惠券；自助服务
食品超级商店	社区购物中心或孤立位置	全面的超市商品分类，加上健康美容用品和日用品	竞争性价格	平均水平	大量使用报纸和传单；自助服务
综合商店	社区购物中心或孤立位置	全面的超市和药店商品分类，或全面的超市和日用品商品分类；中档质量	竞争性价格	平均水平	大量使用报纸和传单；自助服务
箱型（有限品种）商店	居民住宅区	低等宽度和深度的商品分类；很少经营易腐商品和全国性品牌商品	很低	低水平	很少或没有
仓储商店	次等位置，通常位于工业区	中等宽度和深度的商品分类；侧重于以折扣价格购进的制造商品牌商品	很低	低水平	很少或没有
日用品类					
专业店	商业区或购物中心	商品分类很窄但很深；中档至高档质量	竞争性价格至高于平均价格	平均水平至非常好	大量使用陈列；销售人员数量众多
传统百货商店	商业区、购物中心或孤立商店	商品分类很宽且很深；中档至高档质量	平均价格至高于平均价格	好至非常好	大量使用广告和商品目录；直邮；人员销售
全线折扣店	商业区、购物中心或孤立商店	商品分类很宽且很深；中档至高档质量	竞争性价格	略低于平均水平至平均水平	大量使用报纸；价格导向；销售人员数量适中
杂货店	商业区、购物中心或孤立商店	商品分类较宽且略深；低于中档至中档质量	平均价格	低于平均水平	使用报纸；自助服务
低价连锁店	商业区、郊区购物街或孤立商店	中等宽度但深度很浅的商品分类；中档至高档质量；规格不齐全	低	低于平均水平	使用报纸；品牌没有广告宣传；销售人员数量有限
工厂直销店	偏僻位置或折扣购物中心	中等宽度但深度很浅的商品分类；有些次品；规格不齐全	很低	很低	很少；自助服务
会员俱乐部	孤立商店或次等位置（工业园区）	中等宽度但深度很浅的商品分类；规格不齐全	很低	很低	很少；一些直邮；销售人员数量有限
跳蚤市场	孤立位置、跑道或运动场	商品分类很宽但很浅；质量参差不齐；规格不齐全	很低	很低	有限；自助服务

以经营食品为主的零售商

下面介绍以经营食品为主的战略零售业态：便利店、传统超市、食品超级商店、综合商店、箱型（有限品种）商店和仓储商店。

便利店

便利店（convenience store）是一种以经营食品为主的零售店，通常位置极为便利，营业时间长，经营的商品数量中等。其商店设施很小（仅相当于传统超市的很小一部分），价格居中或高于平均水平，环境氛围和顾客服务水平一般。由于便利店的购物便利性以及许多大型超市的非人性化特征，便利店对顾客特别有吸引力，其中许多顾客是男性。

美国约有 15.4 万家便利店（不包括那些食品销售额仅占收入很小一部分的商店），其年销售总额达 2 150 亿美元（汽油除外）。[10] 以经营食品为主的美国大型连锁便利店包括 7–11（www.7-eleven.com）、OK 便利店（Circle K, www.circlek.com）、凯西连锁杂货店（Casey's General Store, www.caseys.com）和 Wawa（www.wawa.com）。Speedway（www.speedway.com）是首屈一指的加油站连锁便利店，共有 2 770 家分店。[11]

牛奶、鸡蛋和面包等商品曾是便利店销售额的主要来源，现在，袋装沙拉及新鲜的完整或切件水果和蔬菜等健康食品的销售额增长最快。[12] 三明治、香烟、零食、软饮料、日用品、啤酒和葡萄酒、自动取款机及彩票也是主营商品。最近，许多便利店还增加了预制食品。在大多数销售汽油的便利店中，汽油的销售额占总销售额的 30% 以上。

便利店业态的优势可以体现在以下情形中：人们不想花时间去超市购物时；加油的同时需要购买临时需要的商品时；营业时间较长时；设有免下车购物窗口时。许多购物者一周内多次光顾便利店，但平均交易额很小。由于空间有限，便利店的进货频繁且处理商品的成本较高。便利店购物者对价格的敏感程度低于其他食品商店的购物者。

便利店也存在一些问题：一些地区的商店已经饱和；一些便利店过度扩张，导致购物不再那么便利；超市现在延长了营业时间并经营更多非食品类商品；烟草的购买量减少，这本来是一个销售额很大的商品类别；一些连锁便利店陷入了财务困境。

传统超市

超市（supermarket）是设有食品杂货、肉类和农产品等部门，每年最低销售额达 200 万美元的自助服务式食品商店。这类零售业态包括传统超市、食品超级商店、综合商店、箱型（有限品种）商店和仓储商店。

传统超市（conventional supermarket）是按部门管理的食品商店，经营各类食品及相关产品，但日用品的销售相当有限。这种零售机构至少在 80 年前就已经出现，它使人们认识到只有大规模经营才能使零售商将高销量、自助服务和低价格结合起来。自助服务使超市能够降低成本并提高销量。人员成本降低，冲动购买增加。家用汽车和冰箱的普及帮助超市获得了成功，因为它们降低了交通成本并延长了易腐商品的保质期。

几十年来，美国的超市销售总额占食品杂货销售总额的 70% ～ 75%，其中传统超市销售额占超市销售总额的比例较小。美国共有26 000家传统超市，年销售额达4 200亿美元。[13]连锁店的销售额则占超市销售总额的绝大部分，其中的领军者包括克罗格公司（www.kroger.com）、西夫韦公司（Safeway, www.safeway.com）和美国大众超级市场公司（Publix, www.publix.com），这些公司的许多商店现已成为食品超级商店。许多独立超市都加入了合作或自愿组织，如国际独立零售商联盟（IGA, www.iga.com）和美国超价商店公司（Supervalu, www.supervalu.com）。

传统超市往往依赖于较高的库存周转率（高销量），它们的利润率较低，通常平均毛利润（销售价格减去商品成本）占销售额的20%～22%，净利润仅占销售额的1%～3%。

传统超市面临着来自其他食品商店的激烈竞争：便利店提供更便捷的购物；食品超级商店和综合商店经营的产品线更多，商品品种更丰富，利润率也更高；箱型（有限品种）商店和仓储商店的营业成本和商品价格更低。生鲜直达（Fresh Direct）和亚马逊生鲜等提供食品配送服务的零售商提供“在线订购、送货上门”的便利。会员俱乐部（稍后讨论）凭借低价格也成了竞争者，特别是现在它们拓宽了食品产品线。下面讨论各种变相的超市。

食品超级商店

食品超级商店（food-based superstore）是比传统超市更大、经营范围更广，但通常比综合商店更小、经营范围更窄的零售业态。这种零售业态始于20世纪70年代，在那时，超市试图通过扩大商店规模和增加所经营的非食品类商品的数量来阻止销售额下滑。一些超市与药店或日用品商店合并，但更多的超市则自食其力，逐渐成长为食品超级商店。美国共有12 000家食品超级商店，销售额达2 800亿美元。[14]

食品超级商店的营业面积至少为30 000～50 000平方英尺，其销售额的20%～25%来自日用品，如园艺用品、鲜花、小型家用电器和DVD等。它可以满足消费者的全部食品杂货需求，也可以提供消费者临时需要的日用品。

与综合商店一样，食品超级商店的效率也很高，提供一定程度的一站式购物，刺激冲动购买，并经营高利润的日用品。食品超级商店还具有以下优势：与转变为综合商店相比，将超市重新设计并转变为食品超级商店更容易，费用也更低；许多人感觉在食品超级商店购物比在巨大的综合商店购物更舒服；管理方面的专业知识得到了更大的重视。

很多美国的连锁超市已经转变为食品超级商店，它们扩建和改造现有超市并建立新商店。许多独立商店也已转变为食品超级商店。

综合商店

综合商店（combination store）将超市与日用品商店结合在一家店里，其中日用品的销售额通常占总销售额的25%～40%。这种业态出现于20世纪60年代末70年代初，当时商店的收款区域由所有权独立的超市与药店共用，或由超市与日用品商店共用，其结果自然是将业务整合进行统一管理。美国数以千计的综合商店（包括超级购物中心）的年销售额达数千亿美元。[15]综合商店的领军者包括美喆（Meijer, www.meijer.com）、Fred Meyer（www.fredmeyer.com）和艾伯森（www.albertsons.com）。

综合商店规模巨大，营业面积为3万～10万平方英尺或更大。这意味着经营效率更高且成本更低。大多数消费者喜欢一站式购物，宁愿多走一段路来光顾综合商店。其冲动购买的比例很高。日用品的利润率通常高于食品。超市与药店在顾客群体以及所售的低价格、高周转率的商品方面存在共性。药店和日用品商店的顾客光顾此类商店的频率更高。

超级购物中心（supercenter）是将经济型超市与折扣百货商店相结合的综合商店。它是规模更大的**巨型超市**（hypermarket）（以家乐福（Carrefour, www.carrefour.com）等为代表的欧洲零售机构，虽然在美国并不成功）在美国的翻版。通常超级购物中心的销售额主要来自非食品类商品，其营业面积为 7.5 万～ 15 万平方英尺，库存商品在 5 万件以上，远远多于其他综合商店的 3 万件。沃尔玛和塔吉特都经营着越来越多的超级购物中心。

箱型（有限品种）商店

箱型（有限品种）商店（box (limited-line) store）是一种以经营食品为主的折扣商店，可供选择的商品品类少，营业时间中等（与其他超市相比），几乎不提供服务，只经营有限的制造商品牌。这类商店经营的商品不足 2 000 件，几乎没有冷藏的易腐商品，每种商品的规格和品牌也很少。商品采用割箱陈列方式，价格显示在货架上或头顶的标牌上。顾客自己携带购物袋。箱型商店主要经营低价的自有品牌，其商品价格比超市低 20% ～ 30%。

箱型商店起源于欧洲，于 20 世纪 70 年代中期进入美国。这类商店的发展没有预期的那么好，近些年的销售额实际上还略有下降。其原因如下：一些其他类型食品商店的价格与箱型商店一样具有竞争力；许多人对制造商品牌保持忠诚；箱型商店无法满足一站式购物的需要。美国有 2 500 家箱型商店，销售额达 140 亿美元。[16] 箱型商店的领军者是 Save-A-Lot（http://save-a-lot.com）和奥乐齐（Aldi, www.aldi.com）。

仓储商店

仓储商店（warehouse store）是一种以经营食品为主的折扣商店，在简陋的环境中销售适量的食品商品。这类商店吸引的是一站式食品购物者，专门采购特价的热门品牌，采用割箱陈列，几乎不提供服务，价签贴在货架上，店址选择在次等位置。仓储商店始于 20 世纪 70 年代后期，目前美国有 1 700 家仓储商店，年销售额为 700 亿美元。[17]

最大的仓储商店称为超级仓储商店，在美国有 600 多家。其单店年销售额超过 2 000 万美元，拥有多个商品部门，包括农产品。这种商店的天花板很高，可以容纳装载食品杂货的托盘。商品直接运抵商店。顾客自己打包所购买的商品。超级仓储商店的毛利润率远低于传统超市，但仍可以盈利。超级仓储商店的领军者是 Cub Foods（www.cub.com）。

许多人不喜欢仓储商店的购物环境。此外，由于产品通常是特价采购，一些品牌会暂时或永久性缺货。表 5－2 显示了上述食品零售商的部分特征。

表 5－2 食品零售商的部分特征（2016 年）

因素	便利店	传统超市	食品超级商店	综合商店	箱型（有限品种）商店	仓储商店
店均销售面积（平方英尺）	<5 000	15 000 ～ 20 000	30 000 ～ 50 000+	30 000 ～ 100 000+	5 000 ～ 9 000	15 000+
店均收银台数量	1 ～ 3	6 ～ 10	10+	10+	3 ～ 5	5+
毛利润率	25% ～ 30%	20% ～ 22%	20% ～ 25%	25%	10% ～ 12%	12% ～ 15%
店均库存商品数量	3 000 ～ 4 000	15 000 ～ 60 000	30 000+	30 000+	低于 2 000	2 500+
主要特征	满足日常临时所需；乳制品、三明治、香烟、汽油、饮料、杂志	食品；仅有 5% ～ 10% 的销售额来自日用品；可能设有熟食店、面包店和药店	定位在超市与综合商店之间；20% ～ 25% 的销售额来自日用品；设有多个商品部门并提供额外服务	一站式购物；25% ～ 40% 的销售额来自日用品（超级购物中心的这一比率更高）	低价格；很少或不经营易腐商品	低价格；商品分类多变；可能经营或可能不经营易腐商品

日用品零售商

下面介绍表 5－1 列出的各种日用品零售业态：专业店、传统百货商店、全线折扣店、杂货店、低价连锁店、工厂直销店、会员俱乐部和跳蚤市场。

专业店

专业店（specialty store）集中销售一种产品线或服务，如只经营年轻女性的服装。专业店通常在选定的商品类别中经营很窄但很深的商品分类，并针对特定的细分市场定制战略。这使专业店能比竞争对手（通常是百货商店）为顾客提供更多的产品选择并具备更专业的销售技能。它们还可以控制投资，同时具有一定的灵活性。专业店经营的热门商品类别包括服装、个人护理用品、汽车用品、家居用品、电子产品、书籍、玩具、家庭装修用品、宠物用品、珠宝和体育用品。

消费者经常光顾专业店购物的原因如下：销售人员的知识丰富；特定类别内的商品选择多；顾客服务水平高；适当的商店规模和友好的购物氛围（虽然类别杀手专业店并非如此）；没有拥挤的人群（类别杀手专业店也并非如此）；在消费者必须穿行的通道中不会塞满不相关的商品。一些专业店专门为富裕购物者配置了精致的固定装置和高档的商品；另一些专业店则以折扣为导向，专门吸引那些价格敏感型消费者。

专业店的总销售额难以确定，因为这些零售商几乎销售各种商品和服务，美国政府也没有编制专业店的汇总数据。专业店的领军者包括家得宝（家庭装修）、百思买（消费电子产品）、史泰博（办公用品）、玩具反斗城（玩具）、GameStop（视频游戏）和 Bed Bath & Beyond（家居用品及小家电）。

有一类专业店——类别杀手——的优势明显。**类别杀手**（category killer）也称作**强势零售商**（power retailer），是以其繁多的产品品种和相对较低的价格为特征的特大型专业店，它可以吸引广泛地理区域内的消费者。家得宝（www.homedepot.com）、巴诺（www.barnesandnoble.com）、丝芙兰（www.sephora.com）和史泰博（www.staples.com）几乎都是类别杀手的连锁专业店。例如，丝芙兰不仅在法国是香水和化妆品连锁店的领头羊，它还在全世界 29 个国家设有 1 900 多家分店（包括北美的 360 家分店）。丝芙兰销售的品牌繁多，经营的产品类别包括化妆品、皮肤护理产品、香水、沐浴露和护肤乳、唇部护理产品和护发产品等。此外，丝芙兰还拥有自有品牌。[18]

尽管如此，小型专业店（甚至是营业面积低于 1 000 平方英尺的专业店）只要经营范围高度集中，能为顾客提供良好的服务，并避免模仿大型企业，同样可以繁荣发展。想要快速购买产品的购物者可能不愿意花费时间和精力在大型类别杀手专业店的众多产品类别和品牌中进行搜寻，更愿意在小型专业店里购物。此外，与类别杀手专业店通常能够提供的支持相比，一些商品类别（如高科技消费电子产品）需要经过专门培训的、知识丰富的员工提供更多的支持。

任何规模的专业店都会因季节原因或其产品类别的受欢迎程度下降而受到负面影响。这类商店还难以吸引那些喜欢一站式购齐多种产品类别的消费者。

传统百货商店

百货商店（department store）是一种经营分类广泛（既有宽度又有深度）的商品和服务的大型零售商店，通常按采购、促销、顾客服务和控制等目的设立多个独立的部门。

百货商店是提供商品品种最多的日用品零售机构，通常充当购物中心或商业区的主力商店，普遍接受信用卡支付，往往采用连锁经营。一家零售机构若要被归类为百货商店，必须销售多种多样的商品（如服装、家具、家用电器和家居用品等），同时还销售一些其他类型的商品（如涂料、五金制品、洗漱用品、化妆品、照相器材、珠宝、玩具和体育用品等），并均衡经营各个产品线，即没有任何一个产品线占主导地位。

有两种基本类型的零售机构满足上述标准：传统百货商店和全线折扣店。它们在美国的年销售总额约为 6 800 亿美元。[19] 下面讨论传统百货商店，随后讨论全线折扣店。

传统百货商店（traditional department store）所经营的商品从中档到高档，价格从适中到高于平均水平，顾客服务（如销售帮助、信用购买和配送等）也由中等水平到高水平。例如，梅西百货（www.macys.com）的目标顾客是那些对繁多品类和适中价格感兴趣的中产阶层购物者，布鲁明戴尔百货商店（Bloomingdale's, www.bloomingdales.com）则针对高端消费者提供更为时尚的商品和较高的价格。很少有哪家传统百货商店销售所有的产品线。许多传统百货商店主要经营服装而不涉足家具、电子产品及大型家用电器等产品线。

在其发展历程中，传统百货商店有许多创新之举，如采用价格广告、实施一价政策（所有购物者对相同商品支付相同价格）、开发计算机化收款系统、提供退款保证、增设分店、分散化管理和迁往郊区购物中心等。近年来，传统百货商店的绩效远远落后于全线折扣店。今天，传统百货商店的销售额（每年 1 700 亿美元）占所有百货商店销售总额的 1/4。以下是造成传统百货商店经营困难的一些原因：

- 与传统百货商店相比，价格敏感型消费者更容易受到折扣店和在线商店的吸引。
- 这些商店销售的许多商品不再享有独家品牌。
- 购物中心的增加促进了专业店的发展，消费者可以在同一购物中心内的多家专业店进行一站式购物。此外，百货商店还失去了对周围小型商店的主导力量。
- 专业店通常在所经营的产品线中可以提供品种更丰富的商品。
- 顾客服务水平下降。店员不再像从前那样忠诚、乐于助人和知识丰富。
- 一些商店的规模过大，大量营业空间得不到充分利用，商品周转率很低。
- 许多百货商店对细分市场的重视程度不够，形象模糊。
- 西尔斯等连锁百货商店频繁改变战略，导致消费者对它们的形象感到困惑（西尔斯是连锁传统百货商店还是连锁全线折扣店呢）。
- 一些企业在商品经营决策的创意性方面大不如前。

为了解决这些问题，传统百货商店需要明确它们的利基市场（零售定位）；更加重视顾客服务和销售人员；营造更宜人、更有序的店内环境；通过缩小商店规模和剔除滞销商品来提高营业空间利用率；在规模较小、不太发达的城镇开设分店（正如西尔斯所做的）。传统百货商店还可以对更多采购和促销职能进行集中化管理，更好地进行市场调研以及更有效地接触顾客（通过目标邮件等工具）。

全线折扣店

全线折扣店（full-line discount store）是百货商店的一种类型，具有以下特征：

- 具有高销量、低成本的商店形象，以低于常规水平的价格销售品类繁多的产品。
- 倾向于经营那些曾经只在百货商店销售的日用品，包括电子产品、家具和家用电器，也经营汽车配件、园艺工具和家居用品等。

- 提供购物车和集中结账服务。
- 顾客服务通常不是在商店各部门内提供的而是在一个集中区域提供。产品通常通过自助服务销售，任何一个部门都很少提供协助。
- 非耐用品（软商品）通常为自有品牌，耐用品（硬商品）多为知名的制造商品牌。
- 经营的商品通常不太时尚。
- 建筑材料、设备和固定装置较廉价；营业成本低于传统百货商店和专业店。

美国全线折扣店的年销售收入为 5 100 亿美元（包括日用品超级购物中心和租赁商品部），约占全美百货商店销售总额的 75%。沃尔玛（www.walmart.com）和塔吉特（www.target.com）仅在美国就经营着 7 400 家全线折扣店。[20]

全线折扣店的成功有很多原因：这些商店有明确的目标顾客，即寻求物美价廉商品的中产阶层和中低阶层购物者；它们以具有竞争力的价格销售中档到高档的热门品牌；它们增加了所经营的商品和服务类别，通常还经营自有品牌；它们努力提升自身形象，为顾客提供更多服务；普通的全线折扣店（不包括超级购物中心）往往比传统百货商店的规模小，但每平方英尺的销售额通常更高，因此提高了运营效率；一些全线折扣店位于小城镇，竞争不那么激烈；全线折扣店的设施可能也比许多传统百货商店要新一些。

全线折扣店面临的巨大挑战包括：来自其他零售商（尤其是价格更低的折扣商店、类别杀手专业店，以及亚马逊和 eBay 等网络零售商）的竞争；一些企业扩张过快；主要区域已经饱和；沃尔玛和塔吉特的统治地位（经过鼎盛时期之后，凯马特的地位开始大幅下滑）。该行业经历了大量的合并、破产和清算。

杂货店

杂货店（variety store）经营品类丰富、价格低廉且公道的商品和服务，如特定价格区间内的服饰、人造珠宝、小五金杂货、糖果、玩具等商品。商品开放式陈列且销售人员很少。杂货店不经营完整的产品线，不划分商品部门，也不提供配送服务。虽然传统杂货店日渐衰落，但它衍生了两种成功的零售业态：一美元折扣店（dollar discount store）和清仓连锁店（closeout chain）。

一美元折扣店销售的商品与传统杂货店相似，但店面更为简朴，价格更为低廉，其年销售额为 400 亿美元。Dollar General 和 Dollar Tree（于 2015 年收购了 Family Dollar）是两家领先的连锁一美元折扣店，它们一共经营着 26 000 多家分店，年销售额约 350 亿美元。清仓连锁店销售的商品也与传统杂货店相似，但基本上都是清仓品和积压品，其年销售额为 80 亿美元。Big Lots（www.biglots.com）是这类商店的领头羊，拥有 1 460 家分店，年销售额达 52 亿美元。[21]

经历了长期的成功经营之后，传统的杂货店业态（包括沃尔沃斯超市（Woolworths）和麦克罗里超市（McCrory））于 20 世纪 90 年代中期几乎从美国市场上消失了。为什么？其原因如下：专业店和折扣店的激烈竞争；大多数杂货店的设施陈旧；一些商品的利润率过低。曾几何时，沃尔沃斯拥有 1 200 家分店，年销售额达 20 亿美元。

低价连锁店

低价连锁店（off-price chain）是指在高效的有限服务环境中，以每日低价销售名牌服饰、鞋类、亚麻制品、纺织品、化妆品和 / 或家居用品的连锁店。它通常设有公共试衣间和集中收银台，不提供礼品包装，并对改制额外收费。低价连锁店利用特价交易的机会采购商品。其他零售商取消的订单、制造商的次等品和积压品以及季末清仓品的采购价格往往远低于原始批发价。美国低价服装连锁店的销售总额为 550 亿美元。规模最大的低价连锁店包括 T. J. Maxx 公司（www.tjmaxx.com）和马歇尔百货（www.marshalls.com）（二者都由 TJX 公司所有）、罗斯百货（Ross Stores, www.rossstores.com）以及伯灵顿制衣厂（Burlington Coat Factory, www.burlingtoncoatfactory.com）(现在简称“伯灵顿”公司)。

低价连锁店的目标顾客与传统百货商店相同，但商品价格低 40% ～ 50%。购物者也会受到其定期进新货这一承诺的吸引。

低价连锁店最重要的战略要素是商品采购以及与供应商建立长期关系。为了获得成功，它们必须以极低的批发价大量采购商品并定期进货。有时，制造商会利用低价连锁店销售样品、上市后销售不佳的商品以及季末的积压商品。在另一些情况下，低价连锁店会采用更积极的采购策略，它们不会坐等清仓品和其他零售商取消的订单，而是说服制造商在淡季生产商品，并提前以现金支付。低价连锁店很少要求供应商提供支持，它们不会退货，付款也及时。

低价连锁店面临着一些市场压力，因为其他业态的零售店（如临时快闪店和工厂直销店）一年到头频繁地降价促销。此外，低价连锁店还有以下劣势：商品规格不齐全；一些企业管理欠佳；对一些购物者提供的顾客服务不足；资金短缺的企业容易倒闭。

工厂直销店

工厂直销店（factory outlet）是制造商的自有商店，销售其清仓商品、断码商品、残次商品和被取消订单的商品，有时也销售应季的、品质一流的商品。制造商对工厂直销店越来越感兴趣的原因有以下四点：

1. 制造商可以控制其折扣商品的销售地点。如将直销店设在公司品牌销售渗透率较低的偏僻地段，其收入不会影响公司与主要专业店和百货商店客户的关系。

2. 尽管直销店的价格比常规零售价格低 60%，但它们仍然盈利。其利润源于营业成本较低（提供的服务很少、租金较低、商品陈列有限、商店固定装置简朴）以及销售的商品多为专门为直销店所生产的商品。

3. 制造商可以决定商店外观、制定促销策略、移除标签以及确保断码商品和次等品得到妥善处理。

4. 由于许多专业店和百货商店不断增加自有品牌产品的销售，制造商需要依靠直销店的收入维持自身增长。

现在，越来越多的工厂直销店入驻商业集聚中心或直销店购物中心，以增加客流量。此外，它们还可以利用合作广告。加利福尼亚、佛罗里达、得克萨斯、宾夕法尼亚和纽约等州都有大量的直销店购物中心。美国最大的工厂直销店购物中心是坐落在纽约州中央山谷的伍德伯里名品直销城（Woodbury Common Premium Outlets），其总面积达 90.4 万平方英尺。

全美共有 200 多个直销店购物中心。[22] 设有大型直销店的公司包括 PVH 公司（Phillips-Van Heusen Corp.）（旗下品牌有汤米・希尔费格（Tommy Hilfiger）、卡尔文・克莱恩（Calvin Klein）和箭牌（Arrow））、Ascena Retail Group（旗下品牌有 Dress Barn、Maurices、Justice、莱恩・布赖恩特（Lane Bryant）和凯瑟琳（Catherines））、盖璞公司（旗下品牌有盖璞和 Banana Republic）、JAG Footwear 和卡特公司（Carter’s Inc.，童装）。2015

年全球工厂直销店的销售额达 460 亿美元。

康涅狄格、佛罗里达、佐治亚、纽约、宾夕法尼亚、田纳西等州都有大型的直销店购物中心。全美的工厂直销店有 15 000 多家，它们归属于数百家制造商，其中很多设在直销店购物中心内。这些直销店在美国的年销售额达 270 亿美元，其中 3/4 来自服饰。在购物中心设有直销店的公司包括巴斯（Bass，鞋类）、拉夫·劳伦（服装）、李维斯（Levi's，服装）、耐克（服装和鞋类）、新秀丽（Samsonite，箱包）和都达斯（Totes，雨具）。

制造商在决定是否采用工厂直销店时要谨慎行事，它们必须评估自己的零售专业知识、投资成本、对采购其产品的现有零售商的影响以及消费者的反应。制造商并不想危及按全价销售其产品的零售商的生意。

会员俱乐部

会员（仓储）俱乐部（membership (warehouse) club）的业务介于批发与零售之间，目标是价格敏感型消费者，但他们必须是商店的会员。一些会员是小企业主和员工，他们要缴纳会员费才能按批发价购买商品，其购买目的是用于企业经营或个人消费，其购买金额占会员俱乐部销售总额的 60%。大多数会员是最终消费者，他们的购买目的是个人使用，其购买金额占会员俱乐部销售总额的 40%。他们也必须缴纳会员年费，不过费用可能略高于企业顾客。美国有 1 500 多家会员俱乐部，对最终消费者的年销售额达 750 亿美元。开市客（www.costco.com）和山姆会员店（www.samsclub.com）的销售额占该行业销售总额的 90% 以上。[23]

今天的会员俱乐部运营战略侧重于：大型商店（至少 10 万平方英尺）；租金低廉的店址；机会性采购（一些产品的规格不齐全）；经营品种仅为全线折扣店的很小一部分；几乎没有广告宣传；仓库式的固定装置；通道宽敞，便于叉车接近货架；水泥地面；较少配送；价格低廉。会员俱乐部通常经营三类商品：日用品，如消费电子产品、家用电器、电脑、家居用品、轮胎和服装（占销售额的 35% ～ 60%）；食品（占销售额的 20% ～ 35%）；杂货，如健康美容用品、香烟、酒和糖果（占销售额的 15% ～ 30%）。会员俱乐部可能还经营药房、照片冲洗、购车服务、加油站以及一些曾经被视为对这种业态来说无利可图的商品。其库存周转率是百货商店的好几倍。

会员俱乐部面临以下挑战：如何在企业顾客与最终消费者之间分配资源（不会招致任何一方的反感，也不会导致商店形象模糊）；许多消费者没有兴趣在仓储商店购物；两个行业领先者过于强大；过度扩张可能导致市场饱和。

跳蚤市场

在**跳蚤市场**（flea market）上，众多零售卖主在简陋的环境中以折扣价格销售多种产品。它承袭了有着数百年历史的街头贩卖传统：购物者可以触摸和试用商品，还可以讨价还价。卖主过去只销售古董、小摆设和各种旧货，现在他们也经常销售新商品，如服装、化妆品、手表、消费电子产品、家居用品和礼品等。

许多跳蚤市场位于非传统地点，如跑道、运动场和体育馆。有些则设在其他零售商放弃的地点。通常卖主需要租用场地，根据位置的不同，每个摊位的日租金从 30 美元到 100 美元不等。一些跳蚤市场还向购物者收取停车费或入场费。

美国有数百处大型跳蚤市场，但总销售额的数据不详。永久性跳蚤市场的信誉、消费者对讨价还价的兴趣、更宽的商品组合、品牌商品的可获得性以及低廉的价格，都是这种业态的吸引人之处。一个广为人知的跳蚤市场是玫瑰碗跳蚤市场（Rose Bowl Flea Market, www.rgcshows.com/rosebowl.aspx），它在每个月的第二个星期天营业。这里通常有大约2 500个卖主，每天可以吸引20 000名购物者，除了食品、动物、枪支、弹药、色情产品及需要身体接触的服务，什么都卖。每个摊位的日租金为60～250美元。

在跳蚤市场里，讨价还价司空见惯，主要是现金交易，许多卖主在这里获得了作为零售企业家的第一次真实体验。跳蚤市场在21世纪的发展趋势是无店铺、基于网络的形态，如eBay（www.ebay.com）、eBid（www.ebid.com）、OnlineAuction（www.onlineauction.com）和Skoreit!（www.skoreit.com）。在线拍卖网站的年销售额达数十亿美元，它们在热衷于寻觅便宜货的消费者中很受欢迎。

许多传统零售商认为，跳蚤市场是一种不公平的竞争手段，主要原因如下：商品质量可能难以保证；消费者可能会在跳蚤市场购买商品后退给其他零售商，从而得到高于购买价格的退款；供应商通常不知道它们的商品在那里出售；很容易逃避销售税；营业成本很低。此外，跳蚤市场可能还会引起交通拥堵。

低价连锁店、工厂直销店、会员俱乐部和跳蚤市场的高销量可以用零售轮转理论加以解释。这些零售机构的营业成本很低，可以吸引价格敏感型消费者，这些消费者对其他零售业态不是特别满意，因为这些业态已经提升了商品档次和顾客服务，抬高了价格，并沿着零售轮转进行了升级。

关键术语

战略组合（strategy mix）
目标零售商（destination retailer）
零售轮转（wheel of retailing）
跨界商品经营（scrambled merchandising）
零售生命周期（retail life cycle）
合并（mergers）
多元化（diversification）
缩小规模（downsizing）
便利店（convenience store）
超市（supermarket）
传统超市（conventional supermarket）
食品超级商店（food-based superstore）
综合商店（combination store）
超级购物中心（supercenter）
巨型超市（hypermarket）
箱型（有限品种）商店（box (limited-line) store）
仓储商店（warehouse store）
专业店（specialty store）
类别杀手（强势零售商）（category killer (power retailer)）
百货商店（department store）
传统百货商店（traditional department store）
全线折扣店（full-line discount store）
杂货店（variety store）
低价连锁店（off-price chain）
工厂直销店（factory outlet）
会员（仓储）俱乐部（membership (warehouse) club）
跳蚤市场（flea market）

讨论题

1. 试述一家小型鞋店如何能成为目标零售商。
2. 解释零售轮转理论。该理论在今天是否仍然适用？为什么？

3. 为一家玩具店制定一个高端零售战略组合，包括商店选址、运营流程、所提供的商品/服务、定价策略及促销方法。
4. 以下零售商如何才能最好地应用跨界商品经营？解释你的答案。
（1）凯氏珠宝公司（Kay Jewelers）
（2）礼品花卉电商公司（1-800-Flowers.com）
（3）一家当地的熟食店
（4）唐恩都乐公司
5. 比较处于零售生命周期成长期与成熟期的零售机构应该着重采用的战略组合。
6. 比较便利店、传统超市、食品超级商店和仓储商店的战略组合。它们是否还存在发展空间？解释你的答案。
7. 你认为美国的综合商店（超级购物中心）是否将主导食品杂货零售业？为什么？
8. 经营 200 多个品牌的个人护理产品的丝芙兰公司有何利弊？
9. 比较专业店、传统百货商店和全线折扣店的战略组合。
10. 要想在未来获得成功，低价连锁店必须做些什么？
11. 你认为工厂直销店购物中心是否会继续发展？解释你的答案。
12. 评论许多会员俱乐部开展出售汽油业务的决策。

| 第6章 |

网络、无店铺和其他形式的非传统零售

学习目标

» 比较单渠道、多渠道和全渠道零售。

» 考察采用无店铺战略组合——直复营销、直销和自动售货机（以直复营销为重点）的三类主要零售机构的特征。

» 探讨基于万维网的电子零售的出现。

» 讨论另外两种非传统零售形式：视频信息亭和机场零售。

虽然多渠道零售商和网络零售商都希望增加在线销售收入，但它们中的许多零售商可能错失了机会。为什么？因为这些零售商面临的一个巨大挑战是如何有效地协调它们的电子商务活动与社交媒体活动。这两种形式往往没有得到良好的整合，有时甚至完全互不相关。

全渠道零售商整合了它们所有渠道的经营活动，并寻求最大限度地提高企业在这些渠道的总体绩效。在全渠道零售中，一种流行的物流策略是让购物者在线购买并在商店取货，这样他们就可以立即收到产品而不会产生运费。这种策略对零售商有什么好处呢？它们可以利用这种策略销售相关产品（电池、线缆、延长保修等），也可以在顾客到达商店时说服他们购买更多相关的、利润率更高的商品。

科尔士百货公司是众多采用“在线购买，到店取货”计划的零售商之一。该公司的执行副总裁兼首席数字官克丽丝塔·贝里（Krista Berry）表示：“我们将其视为一项优势。‘便利性’是我们的核心特征之一，顾客可以在线订购后开车到店里取货，我们发现顾客对此的反应非常积极。”

科尔士的“在线购买，到店取货”计划最初仅限于台式电脑和笔记本电脑。但是，当这项服务在移动设备上推广之后，下载科尔士应用程序的购物者达到了 700 万以上。科尔士可以利用其应用程序的钱包功能发送可在店内扫描并兑换的个性化信息和优惠券。

顾问保罗·麦克法伦（Paul McFarren）指出：“零售企业的规模是实施‘在线购买，到店取货’计划的重要因素。零售商需要完善的库存管理系统，以准确地显示每家分店的库存商品数量。零售商还需要充足的人员在商店里为在线购买预留商品。”[1]

资料来源：Photosani/Shutterstock. Reprinted by permission.

概　述

本章首先比较单渠道、多渠道和全渠道零售。然后考察无店铺零售、电子零售和其他两种非传统零售形式（视频信息亭和机场零售）。这些业态对现有的和将来的有店铺零售商存在影响。欢迎访问我们的博客（www.bermanevansretail.com）浏览这方面的帖子。

在创业之初，零售商通常依赖于**单渠道零售**（single-channel retailing），即零售商只通过一种零售业态向消费者销售商品。该业态可能基于有店铺零售（街角的鞋店），也可能基于无店铺零售（目录零售、直销或网络零售）。随着不断发展，企业可能转而采用**多渠道零售**（multichannel retailing），即零售商通过多种零售业态向消费者销售商品。

为了提高效率和改善顾客体验，优秀的零售商会转向**全渠道零售**（omnichannel retailing），即不论采用哪种渠道或设备，零售商都向顾客提供一致、不间断和无缝的购物体验。正如第 1 章所述，全渠道零售假设购物者在购物过程中的不同阶段使用移动设备、网络和商店的方式有所不同。消费者可以通过网络或社交媒体来发现产品，利用网络或店内观察来收集信息，也可以通过移动设备购买商品后退货至商店。例如，最近的研究表明，与其他方式（包括口碑）相比，网络用户最容易通过网络发现小型企业。[2]

必须理解多渠道零售与全渠道零售之间的区别。虽然这两类零售商都通过多种渠道进行销售，但多渠道零售商的各个渠道或设备之间几乎不存在整合或协调。除了与其他零售商竞争，多渠道零售商的各个渠道之间也会相互竞争。不同渠道的价格、产品编码和顾客退货政策也可能不一样。多渠道零售商还会寻求最大限度地提高每个渠道的绩效，因此该企业的商店经理与网店主管就会彼此竞争。有时，多渠道零售商不允许消费者在线购买商品后退货至当地商店，它们也不大可能拥有汇总数据库来确定顾客在不同渠道的购买情况。

相比之下，全渠道零售则侧重于使消费者在单次购买过程中可以使用多种设备和渠道。多渠道方法可能对通过各个单独渠道购买的顾客进行奖励，但是全渠道方法对通过所有渠道购买的顾客进行奖励。全渠道战略的一个例子是：零售商通过网站或移动应用程序发布关于店内产品可获得性、特定商品的通道位置以及在线订购并到店取货的可能性等信息，通过短信向顾客发送可在当地商店兑换的促销代码。全渠道零售商还鼓励店内购物者进入“无尽的通道”，即使用视频信息亭在线订购，然后购物者到店取货或商店负责送货到家（见表6-1）。

表6-1 消费者参与（给予极其重要或非常重要评价的受访者的百分比）

在当今时代，当人们决定去哪里购买食品时，他们比以往任何时候都有更多的选择，同时也有更多方式来分享和强调他们对购买渠道的评价，因此利用更具目的性、更有影响力的顾客参与策略来研究顾客的喜好就变得更加重要。

	百分比（%）
顾客关系营销	81.8
社交媒体	57.6
忠诚激励计划	46.3
博客	23.9
在线调查	21.2
评论卡	16.4
免费热线电话	12.1

资料来源：“ Progressive Grocer’s 83rd Annual Report of the Grocery Industry,” *Progressive Grocer*, April 2016. p. 50. Reprinted by permission.

零售业领先者沃尔玛就同时通过商店（包括沃尔玛超市、山姆会员店和沃尔玛邻里超市）、网站（www.walmart.com）和“网络到商店”形式（顾客在线购买并在就近的商店取货）进行销售。图6-1列出了单渠道、多渠道和全渠道零售的例子。本章末尾的附录将对全渠道零售进行更详尽的探讨。

为什么本书要介绍全渠道零售？因为虽然一些无店铺企业仅采用单一渠道（单渠道零售商），但越来越多的企业已将有店铺零售与无店铺零售结合起来，积极开展多渠道乃至全渠道零售。随着新的数字渠道的出现以及消费者对各种渠道的偏好不断演变，越来越多的零售商正在探索新的方式，以在适当的时间、通过适当的渠道、以适当的信息接触适当的顾客。优秀的零售商都知道，全渠道零售成功的秘诀是投资新渠道、制定渠道整合战略、更积极地使用顾客分析、加强网站建设以及开展更有效的营销传播。[3]

单渠道零售举例

经营唯一商店业态的店铺零售商，如一家当地服装店	仅通过目录进行销售的体育用品邮购零售商	仅通过网络经营业务的在线CD/DVD零售商

多渠道零售举例

也通过邮购进行销售的店铺零售商，如一家当地礼品店	也通过网络进行销售的店铺零售商，如一家珠宝店	既有网站又与CyberMonday.com等网络公司合作的店铺零售商，如塔吉特

全渠道零售举例

也通过目录、直销和网络进行销售的店铺零售商，如一家美容用品零售商	也通过网络以及折扣百货商店的租赁商品部进行销售的店铺零售商，如一家药店	既有网站又有其他商店（如梅西二手店），同时还经营其他商店品牌（如布鲁明戴尔）的店铺零售商，如梅西百货

图 6－1　各种零售渠道举例

当零售商（无论是单渠道、多渠道还是全渠道零售商）利用无店铺战略接触消费者并达成交易时，它们就是在从事**无店铺零售**（nonstore retailing）。美国无店铺零售的年销售额超过 5 300 亿美元。增长速度最快的一种直复营销形式是电子（包括移动）零售。2015 年美国网络零售的销售额为 3 190 亿美元。同年，受网络影响的线下零售额为 1.55 万亿美元。[4]

非传统零售还包括视频信息亭和机场零售，这两种业态既不完全属于有店铺零售，也不完全属于无店铺零售，因为它们有时有店铺，有时没有店铺。二者的相同之处是它们都背离了传统的零售战略。

直复营销

在**直复营销**（direct marketing）中，顾客首先通过非人员媒介（直接邮件、电视、广播、杂志、报纸、计算机、平板电脑或移动设备）接触商品或服务，然后通过信件、电话、传真以及应用日益广泛的计算机、智能手机或平板电脑进行订购。美国直复营销的年销售额超过 4 750 亿美元（包括网络零售），一半以上的美国成年人每年至少进行一次直复营销的购物。除了美国，日本、德国、英国、法国和意大利也是直复营销领域的领先者。通过直复营销销售的产品主要包括礼品、服装、杂志、图书和音像制品、体育器材、家居用品、食品和保险服务。

在美国，直复营销的顾客大多是中产阶层。邮购购物者更有可能住在远离购物中心的区域；电话购物者则更有可能住在繁华的大都市区，这样通过电话购物他们可以避免交通拥堵并节省时间。在直复营销中，男性购买者所占的份额不断增长。直复营销购物者的年均消费额为数百美元，他们喜欢这种方式带来的便利性、独特的产品和实惠的价格。

直复营销可以分为两类：普通型和专业型。普通型直复营销企业（如尼曼・马库斯公司（采用邮购和网络业务）和 QVC 公司（采用有线电视和网络业务））提供完整的产品线，销售从服装到家居用品的各类商品。专业型直复营销企业专注于较窄的产品线。莱昂・比恩公司（L. L. Bean）、Publishers Clearinghouse 和 Franklin Mint 就是美国数千家专业型直复营销企业的代表。

直复营销具有许多战略经营优势：

- 成本降低了：启动成本可能很低；可以减少库存；不需要商品陈列；店址不用选在黄金地段；不必遵循常规的实体店营业时间；不需要销售人员；可在车库或地下室经营。
- 与店铺零售商相比，直复营销企业有可能提供更低的价格（由于成本降低）。它们可以以低成本和高效率在一个巨大的地理区域内开展业务。
- 顾客购物便捷：没有拥挤的人群、停车拥堵或排队付款现象，顾客也无须担心清晨或深夜购物时的安全问题。
- 通过有针对性的邮件可以深入特定的消费者细分市场。
- 有时，消费者从没有在他们居住的州设立零售商店的直复营销企业购物可以合法避税（但是，有些州有意弥补这一漏洞）。
- 店铺零售商不需要增设分店就可以通过直复营销补充其常规业务并扩大商圈（甚至成为一家全国性或全球性企业）。

直复营销也存在一些局限性，但不像直销的问题那么严重：

- 消费者无法在购买前查验商品。因此，通过直复营销能买到的商品品种少于店铺，企业需要采用自由退货政策来吸引和维系顾客。
- 企业有可能低估成本。商品目录的成本可能很高；必须利用计算机系统跟踪配送、购买和退货情况并随时更新信息；可能需要 24 小时的电话服务人员。
- 即使是成功的商品目录通常也只能吸引不足 10% 的收件人进行购买。
- 杂乱无用的信息太多。每年仅在美国就有数十亿份电子邮件和商品目录被寄出。
- 印刷目录要提前备好，这导致对价格和款式难以做出计划。
- 一些企业延迟配送或销售次品，损害了行业声誉。

美国联邦贸易委员会的“30 天法则”是影响直复营销企业的重要法规。它规定企业必须在接到订单后的 30 天内发货，或将延迟发货告知顾客。若接到订单后 60 天内未发货，企业必须告知顾客具体的发货日期，并提供“取消订单”或“继续等待履行订单”的选择。这项法规适用于通过邮件、电话、传真及计算机等进行的订购。

尽管存在局限性，但直复营销仍有望呈现长期增长趋势。消费者喜欢方便的购物方式，很难专门留出时间去购物，这些现象将持续下去。越来越多的直复营销企业都将提供 24 小时订购并不断提高效率。产品标准化程度的提高和知名品牌的声誉会降低消费者在通过目录或网络购买时的感知风险。技术突破（如智能手机购物）将吸引更多的消费者进行购买。

由于直复营销广为流行并具有巨大潜力，本章的详细讨论旨在使读者深入了解直复营销。下面研究直复营销的范畴、数据库零售、新兴趋势、直复营销战略的步骤以及直复营销企业面临的关键问题。

直复营销的范畴

正如前文所定义的，直复营销是消费者通过非人员媒介接触商品或服务，再通过邮件、电话、传真、计算机或移动媒体进行订购的零售形式。它也可以被看作“一种由数据驱动的、跨媒体的、互动式的、多渠道过程，目的是建立并维护公司与其顾客及潜在顾客之间的互惠关系”。[5]

根据定义，直复营销包括以下形式：商品目录、邮件、电视、广播、杂志、报纸、电话号码簿、传真等各种广告；通过计算机或移动应用程序达成的各项交易；促使顾客通过邮件、电话、传真或计算机（包括互动电视和移动设备）进行订购的各种非人员接触。

直复营销不包括以下形式：（1）直销，即通过人员推销或销售人员主动打电话促使消费者购买，以及企业利用人员沟通与顾客建立联系的销售方式。（2）传统的自动售货机，尽管消费者面对的也是非人员媒介，但无须通过邮件、电话、传真或计算机完成交易；企业并未与消费者互动，因此无法生成并保存数据。

通过计算机化视频信息亭完成的许多交易都涉及直复营销。商品送至消费者之后，企业与消费者之间就完成了互动，可以建立数据库。当消费者看到商品目录或广告后主动打电话订购时，也是直复营销在起作用。

顾客数据库：直复营销成功的关键

直复营销企业通常需要与顾客主动联系（与消费者主动前往商店购物不同），因此开发并维护全面的顾客数据库势在必行。利用数据库，企业可以确定最佳目标顾客，针对顾客的具体需求提供优惠，避免向那些不会回复的购物者发送邮资昂贵的邮件，同时还可以跟踪顾客的购买情况。良好的数据库是大多数直复营销企业的重要资产，每个蓬勃发展的直复营销企业都有强大的数据库。

数据库零售（database retailing）是一种收集、存储和使用顾客相关信息的方法。这些信息通常包括顾客姓名、地址、背景资料、购物兴趣和购买行为等。虽然数据库往往是通过大型计算机信息系统编制的，但尚未完全计算机化的小型企业也可以使用数据库。

关于数据库零售的报告显示，收集在线和店内购物行为方面的个体层面顾客数据（individual-level customer data，ILCD）有助于零售商更有效地选择和接触顾客，定制个性化的内容和优惠信息，提升顾客体验，还可以通过单独互动媒体（individually interactive media，IIM）和其他接触点改善个体消费者或企业买家的购买转换现象。当企业可以将顾客的购买行为与刺激他们购买的优惠信息联系起来时，对于此后应该向这些特定顾客及潜在顾客提供具有针对性的商品、服务和促销优惠而言，这些数据提供了宝贵的线索。了解关于目标受众的特定态度、倾向及家庭构成的更多信息，可以为下一次接触所采用的渠道、信息和时机提供线索。[6] 第 8 章将进一步讨论数据库零售。

新兴趋势

与直复营销有关的几个趋势包括：直复营销企业活动的演进；消费者生活方式的变化；企业间竞争的加剧；全渠道零售的广泛应用；商品目录和电视的新作用；技术进步；对全球直复营销的兴趣日益浓厚。本章稍后将对在线零售进行深入讨论。

直复营销企业活动的演进

在过去几十年里，直复营销企业的活动发生了以下演进：

- 网络和移动技术已经成为影响直复营销各个方面（从潜在顾客开发到订单处理）的首要因素。
- 今天，大多数企业都提供多种顾客接触点。
- 数据库零售越发受到重视。
- 与过去几十年相比，数据库驱动的直复营销服务的出现有助于较新的和较小的企业以更低的成本进入新市场并开展多样化经营。[7]
- 现在，许多企业都制定了明确的、广而告之的隐私政策。

消费者生活方式的变化

美国消费者的生活方式发生了巨大变化，很大程度上是因为现在女性大量就业，另一个原因是住在郊区的居民上下班的通勤时间更长。许多消费者没有时间或不愿意去商店购物，因而被直复营销这种方式带来的便利性吸引。消费者选择直复营销企业时会考虑以下因素：

- 企业声誉（形象）。
- 能否随时购物。
- 所经营的商品和服务的品类及品牌。
- 是否提供免费电话订购或网站订购。
- 是否接受信用卡。
- 承诺的配送速度。
- 有竞争力的价格。
- 对过去购买的满意度及完善的退货政策。
- 零售商店里及社交媒体上的顾客评论。

企业间竞争的加剧

随着直复营销销售额的增长，竞争也不断加剧。尽管这个领域有许多大型企业，如推出了高伦雅芙（Proactiv）祛痘产品等的 Guthy/Renker 公司（www.guthy-renker.com），但还存在着数以千计的小型企业。据直复营销协会统计，美国仅邮购公司（包括通过电子邮件订购的公司）就有数千家。

存在激烈的竞争是因为进入直复营销领域比进入店铺零售领域更容易且成本更低。直复营销企业不需要店铺，只需雇用少量人员，可以在杂志上投放低成本的一英寸广告，可以向目标购物者寄送宣传册，也可以创建低成本的网站。它还可以保持低库存，并在消费者订购商品后再向供应商订货（只要遵守“30 天法则”）。

大约每两家新成立的直复营销企业中就有一家会失败。直复营销对许多小型企业颇具吸引力，但它们对自己的利基市场界定不清，提供的产品缺乏特色，经验有限，低估了所需的努力，难以保证供货连续性，还经常遭到消费者投诉。

多渠道零售和全渠道零售的广泛应用

如今，许多商店利用广告、宣传册、商品目录及网站等进行销售，以增加销售收入。它们意识到直复营销的效率更高，可以针对特定的细分市场，还可以吸引那些本不会到商店购物的消费者。此外，与开设分店相比，直复营销在地理区域扩张方面所需的投资更少。

尼曼·马库斯集团就是一个典范，这家奢侈品店铺零售商凭借其独特的全渠道策略蓬勃发展。它利用其强大的印刷目录经验来推动全渠道零售活动。该公司的商品目录，如尼曼·马库斯集团的《这本书》及其附属公司波道夫·古德曼（Bergdorf Goodman）的《BG 杂志》，在以一种非常贴近消费者的方式让公司焕发生机方面发挥了重要作用。尼曼·马库斯集团从 1999 年开始通过其网站进行在线销售，今天，在线销售占其全部业务量的 24%。该公司主张，需要目录服务的利基市场仍然存在，并且商品目录在吸引人口统计特征各不相同的顾客进行购买方面发挥着重要作用。在其电子商务活动中，尼曼·马库斯集团成功地利用了从其目录、供应商关系及订单履行基础设施中获得的数据和洞见。[8]

商品目录和电视的新作用

直复营销企业正在调整它们使用商品目录和电视销售的方式。由来已久的目录零售正在经历有目共睹的三个重要变化：（1）许多企业现在印制“专项目录”以补充或取代列出其所有产品的年度目录。利用**专项目录**（specialog），零售商可以满足特定顾客细分市场的需求，着重于有限数量的商品，还可以降低目录制作和邮寄成本（专项目录比普通目录薄得多）。每年，Spiegel、莱昂·比恩和 Travelsmith 等企业都根据细分市场或不同场合分别寄出不同的专项目录。（2）为了分摊目录成本，一些企业接受了来自那些与其形象相符的非竞争性企业的广告。（3）为了刺激销售并分摊成本，一些目录还在书店、超市、机场及公司网站上出售。在购买目录的消费者中，实际购买了商品的消费者所占的比例远远高于那些通过邮件获得目录的消费者。

电视零售包含两大部分（不包括新兴的互动式电视购物）：购物频道和专题广告片。在购物频道上，节目侧重于商品展示及销售（通常通过电话进行）。这一领域最大的两家公司是有线电视巨头 QVC 和家庭购物网（Home Shopping Network，HSN），它们在全世界的年收入总额达 124 亿美元。QVC 公司在全球拥有 3.5 亿个家庭的电视观众，HSN 的受众达到了 9 400 万个家庭。它们主要销售珠宝、女装和个人护理用品，并且不侧重于知名品牌。大多数商品必须在展示时购买，以鼓励购物者迅速行动。这两家企业都采用了活跃的网站（www.qvc.com 和 www.hsn.com）和移动应用程序。它们在美国的销售收入有将近一半来自电子商务订单（2015 年，HSN40%，QVC49%），其中移动业务占 QVC 电子商务收入的一半。[9]

专题广告片（infomercial）是在有线电视或广播电视上播出的、长度类似于电视节目（通常为 30 分钟）的特定商品或服务的电视广告，通常在非黄金时段播出。购物者观看专题广告片时可以打电话订购，商品就会配送上门。专题广告片尤其适用于那些可以获益于视觉展示的产品。制作精良的专题广告片能够呈现商品的详细信息（包括顾客推荐），具有趣味性，还能按特定时长划分成段（因为普通观众一次只看几分钟），其中每段都会显示订购信息。专题广告片在美国的年销售收入达数十亿美元。知名的专题广告片包括托托健身器（Total Gym）、Life Lock、高伦雅芙祛痘产品、Shark Rocket 和 Copper Chef 的广告。美国电子零售协会（Electronic Retailing Association, www.retailing.org）是专题广告片企业的行业协会。

技术进步

技术革命提高了运营效率，并增加了销售机会。

- 企业可以更有针对性地面向细分市场。通过“选择性绑定”，可以将较厚的商品目录寄给最佳顾客，将较薄的目录寄给潜在顾客。
- 数据库技术的进步使选择性地接触个别顾客变得更容易，成本也更低。
- 企业可以较低的成本使用计算机录入邮件和电话订单，安排发货，并监控现有库存。
- 大型的自动化配送中心可以高效地接收订单并配送商品。
- 顾客可以拨打免费电话或访问网站订购商品并获取信息。对直复营销企业来说，每通电话的成本相当低廉。
- 消费者可以在许多地点达成交易，包括机场和火车站的信息亭。
- 有线电视节目、卫星电视节目和企业网站都可以提供 24 小时购物及订购。
- 消费者无论在家里、办公室还是在闲暇时间均可进行网络购物。

对全球直复营销的兴趣日益浓厚

越来越多的美国零售商开始从事全球直复营销，因为在其他国家接受无店铺零售的消费者不断增加。在美国的直复营销企业中，大力开展国际业务的公司有博克斯通（Bookstone）、艾迪堡（Eddie Bauer）、Lands’ End 和威廉姆斯 – 索诺玛（Williams-Sonoma）。

在美国以外的国家和地区，直复营销的年销售额达数千亿美元（由国内和国外企业创造）。澳大利亚、巴西、中国、法国、德国、日本、俄罗斯和西班牙等多个国家都有直复营销行业协会（各自都有许多成员企业）。仅在欧洲就有超过 10 000 家直复营销企业；在印度新兴的直复营销行业中也有为数众多的国内和国际企业。[10]

直复营销战略的步骤

直复营销战略分为八个步骤：界定业务、生成顾客、选择媒体、展示信息、接触顾客、顾客响应、履行订单、测量结果和维护数据库（见图 6 – 2）。

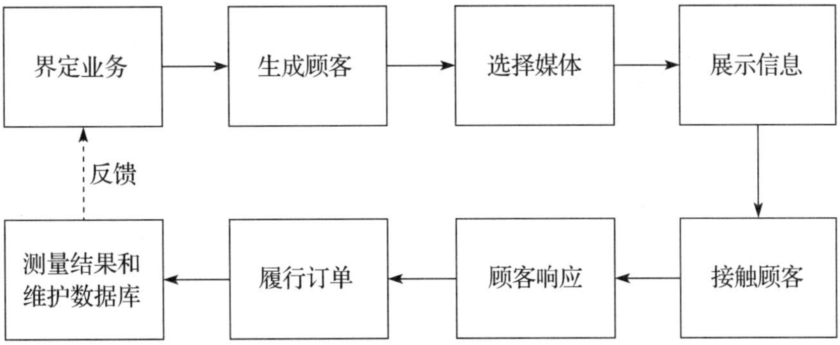

图 6 – 2　实施直复营销战略的步骤

界定业务

首先，企业在界定业务时需要做出两个决策：（1）企业是打算成为纯粹的直复营销企业，还是打算开展多渠道或全渠道零售？如果企业选择后两种策略之一，它必须明确直复营销在其整体零售战略中的作用。（2）企业是打算成为经营各种产品品类的一般直复营销企业，还是打算专门经营某个产品类别？

生成顾客

接下来，企业需要制定生成顾客的机制。

• 从经纪商处购买印制好的通信地址清单或电子邮件地址清单。就单次邮寄而言，一份清单的成本通常为每 1 000 个姓名和地址花费 50 ～ 100 美元或更多。印制好的清单通常是以通信地址标签的形式提供。清单可以是粗略的，也可以按性别、地址等进行细分。购买清单时，直复营销企业应审查其时效性。

• 从出售通信地址清单的公司网站上下载清单，如 infoUSA 公司（www.infousa.com），该公司拥有 1 亿个美国家庭住址的数据。通过下载，零售商可以多次使用清单，但需要选择姓名和打印标签。

• 向特定地区的所有居民盲目发送邮件。这种方法的成本较高（除非通过电子邮件发送），并且响应率可能非常低。

• 在报纸、杂志、网站或其他媒介上投放广告，邀请顾客通过邮件、电话、传真或计算机订购。

• 与曾在该企业购买过商品或索取过信息的顾客联系。这种方法很有效，但需要花时间创建数据库。企业要想发展壮大，就不能仅仅依靠过去的顾客。

选择媒体

直复营销企业可以利用以下几种媒体：

• 印刷和 / 或在线商品目录。
• 直接邮寄的广告和宣传册。
• 每月的信用卡账单或其他账单中的插页（“账单填充物广告”）。
• 优惠券、宣传册或商品目录上的单独展示（如超市收银台上的杂志订阅卡）。
• 大众媒体（报纸、杂志、广播、电视）上的广告或节目。
• 网站上的横幅广告或热链接。
• 视频信息亭。

直复营销企业在选择媒体时应考虑成本、配送、前置期等因素。

展示信息

在直复营销战略的这一步骤中，企业通过激发消费者的兴趣、树立（或保持）适当的形象、指出令人信服的购买理由、提供关于商品或服务的数据（如价格和规格）等方式准备并展示其信息。信息还需要包括订购须知（包括付款方式）、如何指定所选商品、运费、企业地址、电话号码和网址等。

直复营销企业对信息以及用来展示信息的媒体的规划方式应与传统零售商规划商店的方式相同。后者通常利用店面、照明、地毯、店内布局及商品陈列来塑造形象。在直复营销中，影响企业形象的因素包括标题、信息内容、颜色运用、纸张质量、邮件的个性化程度、分配给每个商品的空间、退货政策和产品质保等。

接触顾客

对于每次营销活动，直复营销企业都需要决定是联系数据库中的所有顾客，还是针对特定的细分市场（分别使用不同的信息和/或媒体）。企业可以将潜在顾客分为四类：常客（持续购买的顾客）；非常客（不经常购买的顾客）；新接触者（企业从未接触过的人）；非响应者（曾经接触过，但从未购买过的人）。

常客和非常客最容易对企业将要提供的产品做出响应，由于企业了解他们的购买历史，也可以更有效地针对这些顾客。例如，以前购买过服装的顾客就是专项目录的首要目标顾客。新接触者可能对企业知之甚少，因此发送给他们的信息必须生动有趣，能准确地描述企业，并能提出有意义的购买理由。对于寻求增长的企业来说，这一群体非常重要。

曾与企业反复接触却从未购买过的非响应者不大可能进行购买。除非企业能够展示截然不同的信息，否则，不断与这一群体联系也是徒劳。Publishers Clearinghouse 等企业向数百万从未在它们那里购买过商品的消费者发送邮件，这对它们来说没问题，因为它们销售的是廉价的冲动购买型商品，只需很低的响应率就能成功。

顾客响应

顾客会以三种方式之一响应直复营销企业：（1）通过邮件、电话、传真、计算机或智能手机购买；（2）要求提供更多信息，如商品目录；（3）忽略信息。通常所接触的顾客中实际购买的不超过 2% ～ 3%。对于使用专项目录、邮购俱乐部（如图书邮购）和侧重于回头客的企业来说，该比例会高一些。

履行订单

企业需要一个订单履行系统。通过邮件或传真接收订单的情况下，企业必须分拣这些订单，确定是否附有货款，查看是否有存货，不能按时发货时需要向顾客发送通知，协调发货以及补充库存等。通过电话接收订单的情况下，必须有经过培训的销售人员随时等待接听顾客的电话。销售人员负责回答问题，提出建议，录入订单，申明付款方式，查看是否有存货，协调发货以及补充库存。通过计算机或智能手机接收订单的情况下，企业必须采用特定的流程来迅速并有效地处理信用卡交易、签发收据，并将订单转至仓库。在上述各种情况下，企业都需要在数据库中保存顾客姓名、地址和购买数据，以备将来参考。

订单也可以通过“代发货”（drop shipping）的方式履行，即制造商和批发商承担商品包装、发货和储存职能。当零售商比供应商拥有更强大的渠道控制力，或消费者想购买需求低的利基商品时，就会发生“代发货”。虽然消费者可能不知道商品是代发货的（因为发票是零售商出具的），他们仍然期望获得与零售商直接发货一样及时准确的服务。

在销售旺季，额外的仓库、配送、订单处理和销售的人员都会协助常规的订单履行人员。获得消费者高度评价的直复营销企业通常能及时履行订单，拥有知识丰富、彬彬有礼的员工，保证商品质量，还提供自由退货政策。

测量结果和维护数据库

直复营销战略的最后一步是分析结果和维护数据库。直复营销通常会生成明确的结果。

- 整体响应率：在收到或浏览特定的宣传册、商品目录或网站后，实际购买的消费者的数量和比例。

● 平均购买金额：可根据顾客所在地区、性别等进行分析。

● 按产品类别统计的销售额：与宣传册、商品目录等分配给每类产品的空间相关的销售收入。

● 清单经纪商的价值：不同邮件清单所创造的收入。

在测量了结果以后，直复营销企业需要审核其数据库，确保新的购物者已被添加，注明了现有顾客的地址变更，所有的购买及消费者信息都是最新的并且可以在细分目录中获取，非响应者已从数据库中删除（如有必要）。这一步骤可以为直复营销企业提供反馈，用来策划每一次新的宣传活动。

直复营销企业面临的关键问题

在制定和执行战略的过程中，直复营销企业需要牢记几个问题。许多消费者对直复营销的某些方面持有负面看法。尽管如此，在大多数情况下，领先的直复营销企业都得到了消费者的高度评价。导致消费者不满意的因素包括：

● 发货问题：顾客的不满主要涉及延迟发货或不发货，欺骗性的诉求，破碎或损坏的商品，收到错发的商品，以及信息不充分等。

● 杂乱无用的邮件或垃圾邮件：大多数美国家庭报告，他们的确会打开直投邮件，但他们希望能少收到一些。企业既担心垃圾邮件问题，又担心难以凸显特色的问题。

● 隐私顾虑：许多消费者都担心清单经纪商及零售商会出售他们的姓名和其他信息。消费者认为这种行为属于侵犯个人隐私，决定购买并不等于允许零售商二次使用他们的个人信息。为了解决这个问题，直复营销协会的成员承诺：只要顾客提出要求，它们就会在传播清单时删去其姓名。[11]

多渠道和全渠道零售商需要在其店铺零售战略与直复营销战略之间保持一致的形象，它们还必须认识到这两种战略的异同。对一些企业来说，邮资和纸张成本使邮寄商品目录、宣传册及其他促销材料的成本上升。大量的直复营销企业正转向更多地利用报纸、杂志、有线电视和网络。

直复营销企业必须密切关注法律环境。它们必须意识到，将来可能会有更多的州要求居民为州外的直复营销购买支付销售税，届时，企业将不得不向受影响的州汇付税款。因此，一些零售商可能会对这类新法律提出异议。

直　销

直销（direct selling）既包括在消费者家中（和办公室等其他非商店地点）进行的个人接触，也包括零售商主动拨打电话提出订购请求。化妆品、珠宝、维生素、家居用品和服务（如地毯清洗）、真空吸尘器、杂志和报纸等商品有时都是以这种方式销售的。在美国，该行业的年销售额达 350 亿美元，从业人员超过 1 820 万人（其中 90% 以上为兼职）。其他国家和地区的年直销收入达 1 850 亿美元，从业人员超过 1 亿人。[12] 表 6－2 显示了美国直销行业的概况。

表 6-2　美国直销行业概况

主要产品组（占销售额的百分比）	
家庭护理产品 / 家庭耐用品	16.3
保健品（减肥产品、维生素等）	33.5
个人护理用品	17.1
服务（旅游、房地产）及其他	21.9
服装和配饰	8.8
休闲 / 教育用品（图书、百科全书、玩具 / 游戏产品等）	2.4
销售策略（用来产生销售额的方法，占销售额的百分比）	
个人 / 一对一销售	71.0
团体计划 / 集团销售	20.4
其他	8.6
销售人员的人口统计特征（占所有直销人员的百分比）	
女性 / 男性	77.4/22.6

资料来源：Based on "U. S. Direct Selling in 2015: An Overview," http://www.dsa.org/docs/default-source/ research/dsa_2015factsheetfinal.pdf?sfvrsn=8; www.dsa.org/research/industry-statistics. Reprinted by permission of the Direct Selling Association.

直销战略强调便利购物和个人接触，并且可以进行详细的产品演示。与店内购物相比，消费者在自己家里时通常更放松，也更专注，接触不到竞争品牌。对一些消费者（如老年消费者和有小孩的消费者）来说，由于出行不便，去商店购物比较困难。对零售商来说，直销的间接成本较低，因为不需要商店和固定装置。

尽管直销有优势，但它在美国的增长很缓慢，原因在于：

- 对购物者来说，在线交易更加方便，并且有更多卖家的产品可供选择。
- 越来越多的女性已就业，她们可能对到家直销不感兴趣或没有条件以这种方式购物。
- 由于其他领域的就业机会增加，并且人们更渴望全职工作，对直销工作感兴趣的人越来越少。
- 直销企业的市场覆盖率受其销售队伍规模的限制。
- 直销的销售效率较低，因为平均交易额较小，并且大多数消费者还不接受这种销售形式——许多人不会给直销人员开门，也不愿接听直销人员的电话。
- 销售人员的流动性很高，他们通常是缺乏监管的兼职人员。
- 为了激励销售人员，企业通常需要向他们支付的薪酬占其所创收入的 25% ～ 50%，这意味着所售商品的价格等于或高于平均水平。
- 由于欺诈和强行推销时有发生，各种法律限制出台。例如，联邦贸易委员会的《电话营销销售法规》(https://www.consumer.ftc.gov/articles/0198-telemarketing-sales-rule）规定，直销人员必须申明自己的身份，并且打电话的目的只能是推销。
- 由于"挨家挨户推销"的形象不佳，该行业更喜欢"直销"这一用语。

许多公司都在积极应对这些问题。例如，雅芳公司更加重视工作场所推销，为销售人员提供免费培训，将最优秀的员工派往更好的地区作为奖励，追求更高的全球销售额，并在购物中心设立化妆品专柜。玫琳凯公司（Mary Kay）则雇用社区居民作为销售人员，采用一种聚会式的氛围，而不是挨家挨户去推销，但这种方法需要借助家庭、朋友和邻里间的人际网络。此外，所有的大型直销企业均创建了网站，以增加销售收入。

直销行业的领先者包括雅芳和玫琳凯（化妆品）、安利（Amway，家居用品）、特百惠（Tupperware，塑料容器）、嘉康利（Shaklee，保健品）、Fuller Brush（小型家用产品）和柯比（Kirby，真空吸尘器）。杰西潘尼等一些商店也采用直销方式。杰西潘尼公司的装修顾问会前往消费者家中推销整个一系列的家具，这些家具在公司的商店里是买不到的（http://goo.gl/MkpvjI）。

自动售货机

自动售货机（vending machine）是采用现金或银行卡支付的一种销售商品（如饮料）和服务（如电子街机游戏）的零售形式，它不需要销售人员，可以 24 小时连续销售。售货机可以放在任何方便消费者的地点，如商店内外、汽车旅馆的走廊里、火车站或街角处等。

虽然许多企业都尝试过使用自动售货机销售服装、杂志和其他日用品，但在美国 650 亿美元的自动售货机年销售额中，绝大部分仍然来自冷饮、糖果、零食和糕点。自动售货机销售额最高的地点包括加油站和办公室等公共场所，大学和小学，工厂，医院和疗养院。[13] 常见的自动售货机有街角和人行道上的报纸售货机、酒店和汽车旅馆里的各种售货机，以及餐馆和火车站里的糖果售货机，但它们在美国自动售货机销售额中所占的比例很小。爱玛客公司（Aramark Corporation）和 Canteen 公司是两家领先的自动售货机运营商。

售价高于 1.5 美元的商品销路不畅，因为需投入的硬币太多，一些自动售货机还不能找零。消费者通常不愿意购买未经展示或介绍的昂贵商品。但是，拥有并使用借记卡的消费者不断增加，这有助于解决自动售货机的付款问题。此外，视频信息亭式的自动售货机使人们能够看到产品展示并获得详细信息（然后就可以用信用卡或借记卡订购）。知名品牌和标准化的非食品类商品最适合通过自动售货机来提高销售额。

为了提高销售效率并改善顾客关系，自动售货机运营商不断创新。炸薯条等热门商品可以用自动售货机现炸现卖；通过应用电子装置控制现金处理，可以减少售货机故障；微处理器可以跟踪消费者偏好、追查故障并记录收款金额；一些售货机装有语音合成器，经程序设定可以说出“谢谢，欢迎再次光临”或“找您 25 美分零钱”等语句。

自动售货机运营商仍须解决的问题包括盗窃、破坏、缺货、高于平均水平的售价以及消费者“只在需要临时性便利商品时才使用自动售货机”的这种看法。

该行业面临的主要监管问题涉及香烟销售和公立学校里的饮料销售。在对香烟购买采取年龄限制之前，自动售货机的香烟销售额占自动售货机销售总额的 25%，但现在该比例仅为 1%。《2010 年健康、无饥饿儿童法案》（Healthy, Hunger-Free Kids Act of 2010）从 2014—2015 学年开始实施新规定，限制学校自动售货机出售的所有零食中的钠、糖的含量和卡路里。

电子零售：万维网的出现

我们正经历着激动人心的零售形式变化。在过去，零售仅仅意味着逛商店、通过印刷的商品目录购物、在家接受雅芳小姐的上门推销，或从自动售货机购买糖果。早在一代人之前，谁会想到会拥有自己的个人电脑，可以用来搜索商店（“网上冲浪”）、了解新产品、寻找便宜货、省去逛商店的劳顿以及抱怨顾客服务？而今，这些已被视为理所当然。本节从零售的角度来探讨万维网（它最初被称为全球信息网（World Wide Web））。记住，网上销售是直复营销的一种形式。

首先，定义两个容易混淆的术语：**互联网**（Internet）是计算机网络之间的全球电子超级高速公路，这些网络使用通用协议并通过远程通信线路和卫星互相连接。互联网是一种单一的协作式虚拟网络，由大学、政府和企业维护。**万维网**（World Wide Web，Web）是接入互联网获取信息的一种方式，它使人们能够方便地利用网址和网页。用户可以看到文字、彩色的图表、图片和视频信息，还能听到音频信息——这就将他们的计算机、智能手机和平板电脑变成了交互式多媒体中心。人们将鼠标指向屏幕上的适当位置并点击鼠标按钮或者通过触摸屏幕，就可以很容易地从一个站点移动到另一个站点。谷歌Chrome、微软Edge、谋智火狐（Mozilla Firefox）和苹果Safari等浏览器软件以及谷歌、必应（Bing）和Safari等搜索引擎都为“网上冲浪”提供了便利。

互联网和万维网传达着同样的主题：在线互动式零售。几乎所有的在线零售都是通过万维网完成的，因此本节着重讨论以下内容：万维网的作用、万维网零售的范畴、万维网用户的特征、计划是否建立网站时需要考虑的因素以及网络零售商的实例。访问我们的博客（www.bermanevansretail.com）获取电子零售方面的丰富信息。

万维网的作用

从零售商的角度来看，万维网发挥着以下一种或多种作用：

- 树立和提升零售商的形象。
- 创造销售额，作为在线零售商的主要收入来源，或作为店铺零售商的补充收入来源。
- 能接触到跨地域的消费者，包括国外消费者。
- 为消费者提供关于零售商所经营的商品、店址、商品使用信息、常见问题的答案及顾客忠诚计划等方面的信息。
- 推广新产品并充分说明和展示其特性。
- 以电子邮件、热链接和其他通信形式提供顾客服务。
- 通过让消费者点击他们选择的内容提高个性化程度。
- 以具有成本效益的方式开展零售业务。
- 获取顾客反馈和评论，并鼓励通过社交媒体进行对话。
- 通过社交媒体促进双向沟通。
- 向网络顾客推广特价商品并发送优惠券。
- 说明就业机会。
- 向潜在投资商、潜在加盟商及媒体提供信息。

零售商希望万维网发挥哪种作用取决于以下因素：（1）零售商的主要目的是与消费者进行互动式沟通、销售商品和服务，还是同时从事这两种活动；（2）零售商是想开展网络业务的传统店铺零售商，还是想从网络业务中获取大部分或全部销售额的新企业；（3）零售商计划用于网站开发和维护的资源水平。在全球范围内，共有数百万个网站和 65 万多家网络零售商。

万维网零售的范畴

万维网零售的潜力巨大。截至 2016 年中期，北美共有 3.14 亿万维网用户，欧洲有 6.04 亿，亚洲有 16 亿，拉丁美洲 / 加勒比地区有 3.44 亿，非洲有 3.3 亿，中东地区有 1.23 亿。[14] 90% 以上的美国万维网用户至少进行过一次在线购物；80% 以上的用户在过去六个月中至少进行过一次在线购物。十年前，美国购物者创造的在线销售额占全球在线销售额的 75%，而今，该比例为 25% 且仍在下滑，因为在线购物在世界各地都得到了发展。如今，中国在线购物者的消费额居全球之首。

杰出的互联网研究公司 Forrester 预测，到 2020 年，美国购物者的在线消费额将达 5 301 亿美元，相较于 2015 年的在线销售额增长了 57%。[15] 网络业务的高速增长不会成为店铺零售业的丧钟，相反，它将成为购物者的另一种选择，就像其他形式的直复营销一样。同时采用实体店和虚拟店的网络零售企业（全渠道和多渠道零售）的销售额增长速度明显高于单纯的实体店零售企业（单渠道零售）和虚拟店零售企业（单渠道零售），因为许多购物者寻求的都是“无缝的全渠道体验”，以实现在线订购，并在当地商店取货。

尽管面临着全球经济形势疲软的挑战，但全球在线零售收入于 2016 年稳步增长至 2.05 万亿美元，并有望于 2019 年达到 3.6 万亿美元。[16] 2015 年，美国在线零售收入为 3 406.1 亿美元[17]，其中移动零售收入为 890 亿美元。[18] 美国电子商务零售额占零售总额的百分比自 2006 年开始持续增长，且增长速度远远高于零售总额。[19] 2015 年初，移动零售在购物时间方面首次超过了计算机零售（分别为 59% 和 41%），但是，它在占在线消费额的比例方面仍然落后于计算机零售（分别为 15% 和 85%）。[20] 图 6－3 按商品类别列出了曾经进行过在线购买的全球消费者的百分比。

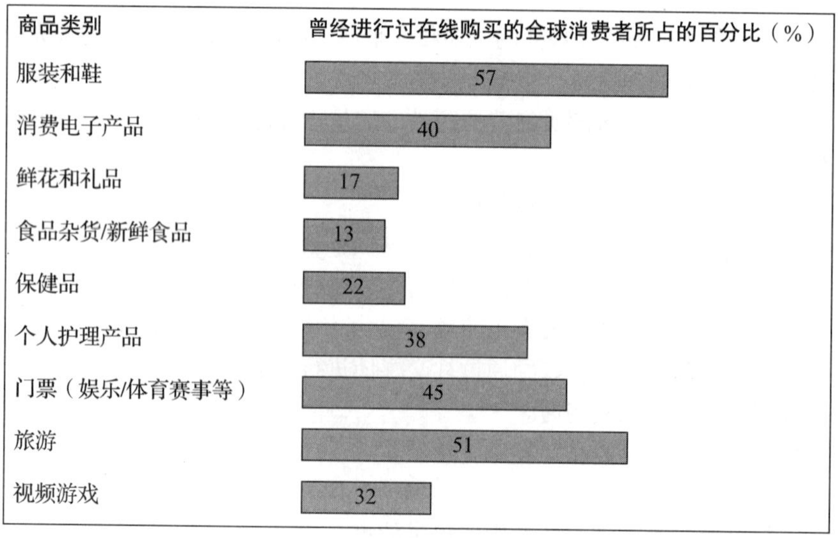

图 6－3　2016 年全球消费者的在线零售购买（特定商品类别）

资料来源：Chart developed by the authors based on data from *Nielsen Global Connected Commerce Survey*, Q4, 2015 and authors’ estimates.

尽管上述数据反映了网络零售的发展，但它在美国零售总额中所占的比例仅为 8% 左右！网络零售不会成为店铺零售的丧钟。

消费者每次购买时，可以根据他们的购物意图，在在线购物和商店购物这两种零售形式之间进行切换。“在线订购，到店取货”是一种非常有利可图的零售形式。零售商需要响应消费者不断变化的购物习惯。英国零售商约翰·路易斯百货商店（John Lewis）利用增强现实技术创建了一个“无尽的陈列室”，帮助店内顾客浏览数以千计的种类、规格、颜色和织物各不相同的产品（既可在店内购买，也可在线购买），并提供相关信息。这个“无尽的陈列室”使顾客能够做出更明智的决策并更迅速地购买。未来可能在店内陈列的商品会越来越少，但越来越多的“无尽的陈列室”可以用于创建令消费者惊叹不已的商品展示，它将以更有特色的方式陈列商品。[21]

万维网用户的特征

美国的万维网用户具有如图 6－4 所示的以下特征。

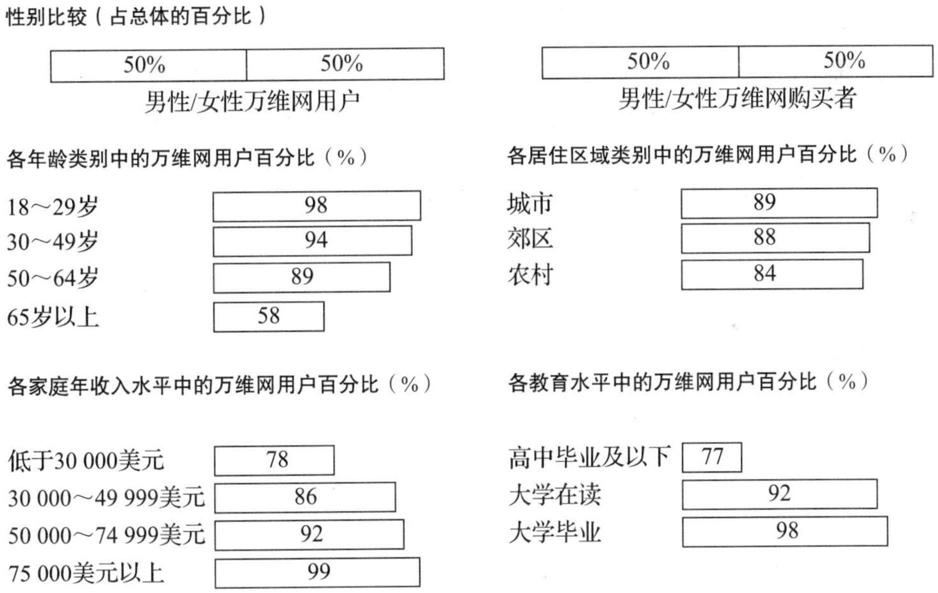

图 6－4　美国的万维网用户概况

资料来源：Charts developed by the authors based on data in “Demographics of Internet Users,” www.pewinternet.org (Accessed August 1, 2016), and authors’ estimates.

- 性别：万维网用户中的男性与女性比例相等，但是女性更有可能在线购物。
- 年龄：18 ～ 29 岁的人最有可能使用万维网，65 岁以上的人可能性最小。
- 居住区域：郊区和城市居民比农村居民更有可能使用万维网。
- 收入：将近 4/5 的年收入低于 30 000 美元的家庭使用万维网；相比之下，99% 的年收入 75 000 美元以上的家庭使用万维网。
- 教育：大学在读生比非大学在读生（尤其是那些只有高中学位或更低教育水平的人）更有可能使用万维网。

以下是影响在线购物者持续光顾的几个重要因素。（1）网站设计 / 互动：所有的网站因素（包括导航、信息搜索、产品和价格、产品可获得性、订购过程及配送跟踪，但不包括顾客服务）都会影响顾客寻求的信息和体验价值。（2）可信度：顾客希望收到符合零售商网站上的文字及视觉描述的商品，并且是以正确的价格（发票金额正确等）、在承诺的时间内、完好无损地配送到手的正确商品。（3）服务：顾客对服务的期望包括在交易过程中和交易之后零售商能够对顾客的咨询、退货请求及投诉迅速做出富有洞察力和支持性的回应。（4）隐私 / 安全：购物者需要确定在交易过程中和交易之后个人信息受到了保护以及信用卡支付的安全性得到了保障。[22]

要想吸引网络用户更频繁地上网购物，零售商要做到以下各项：保护购物者的隐私，使购物者认为零售商值得信赖，网站易于使用，有强大的退款保障体系，允许购物者去商店退货，不会直到购买过程结束时才让购物者知道运费，交易安全，允许购物者与销售代表对话，下载速度快，以及提供智能手机和平板电脑的购物应用程序。

计划是否建立网站时需要考虑的因素

万维网为零售商提供了许多优势。通常网站的运营成本比商店更低。潜在市场巨大而分散且相对来说更容易接触。由于其多媒体功能，网站可以激动人心。人们可以随时访问网站，也可以随心所欲地支配上网时长。人们可以有针对性地搜索信息，例如，访问玩具零售商网站的顾客可以点击标有“益智玩具——3 ～ 6 岁”的图标。零售商还可以建立顾客数据库并获取顾客反馈。

万维网也给零售商带来了一些弊端。例如，如果消费者不知道公司网址，就很难找到它。出于多种原因，一些消费者还不愿意上网购物。网站数量过多导致了混乱。网上冲浪容易使人厌倦，因此网站必须定期更新以确保重复访问。网站具有的多媒体功能越多，网络连接不畅的人浏览速度就越慢。一些企业已经招架不住顾客通过电子邮件发送的大量服务请求及问题。协调店铺交易和网络交易可能比较困难。关于网站上应该描述哪些信息，几乎没有标准或规则。消费者期待获得免费的在线服务，不愿为此付费。

全面综合的网络销售网站与基本的“告知”（而非“销售”）网站之间存在巨大差异。“告知”网站强调零售商信息及其商店地址，却很少关注如何促进交易。“销售”网站不仅涵盖了“告知”网站的特征，还采取一种动态的、以交易为导向的方法。许多零售商的做法都是简单地将现有战略搬上在线渠道，相反，它们应该遵循图 6－5 所示的九个阶段。

此外，为了帮助零售商在这个充满挑战的环境中获得利润增长，科尔尼咨询公司（A. T. Kearney）还提供了“实现卓越在线销售的 10 个步骤”。这些步骤展示了如何制定和实施战略，以在全渠道环境中突出在线零售的优势并克服其劣势。科尔尼的客户在使用这种方法时，其收入增长率比行业平均水平高出 40% ～ 50%。[23]

- 制订商品计划：（1）确定全渠道战略；（2）针对目标顾客确定商品品类；（3）优化定价策略。
- 展示各类商品：（4）创建互动式和响应式的产品展示；（5）定制在线用户体验；（6）推广在线渠道。
- 为顾客提供价值：（7）加强订单履行；（8）改善售后服务。
- 发展组织：（9）采用大数据方法分析业务；（10）塑造组织形象。

1. 确保存在对你开展的在线零售业务感兴趣的顾客群体。哪些人将会在线购物？为什么？他们在在线购物过程中有什么需求？

2. 启动战略之初有两个选择：（1）成为同时采用“实体店”和“虚拟店”的零售商；（2）从仅采用“虚拟店”的在线零售商开始。注：第一个选择可拥有顾客追随和名称识别——至少在其实体店顾客中是这样。

3. 选择一个独特且易于记忆的网址（URL）。因为许多网址已被占用，这也许比较困难，所以需要创造性。

4. 利用DIY软件自己设计网站（或请专家设计），并准备想在网站上呈现的内容。网站设计必须能够吸引人们花时间浏览并进行购买。简化网站导航并突出你的竞争优势。使用分辨率高的照片。使用醒目的“关于我们”“产品”“购买”“加入购物车”“发货”等按钮。定期更新内容。

5. 确保购物便利且安全。提供多种支付选择，其中PayPal是对小型零售商来说最简单的方式（它可以处理一些知名的信用卡和借记卡）。获取并展示安全套接字层（secure sockets layer，SSL）证书，以减轻消费者对隐私的担忧。说明取消订单、退货和发货方面的政策。发送电子邮件以确认订单，并允许顾客跟踪订单。

6. 后勤部门随时准备好储存、运输和退货等工作。安排发货顺序。监控订单履行和库存。如果同时开展实体店与在线销售，需要对二者进行协调。

7. 尽可能推广网站——在线上和线下。确保网站在关键字、标题等方面已通过谷歌、必应等搜索引擎优化。使用选择加入式电子邮件与顾客保持联系。

8. 在线业务运营良好之后，应更多地参与社交媒体，因为这会带来许多机会，还可以持续不断地提供顾客反馈。

9. 测量网站绩效并根据需要调整战略。如果购物车遗弃（即购物者在支付之前放弃购买）的比例很高，必须找到原因并纠正。

图 6－5　制定和实施在线零售战略的阶段

资料来源：Figure developed by the authors based on tips at “Six Things to Consider If You Are New to ECommerce,” www.networksolutions.com (Accessed August 1, 2016); “10 Factors to Consider When Selling on the Web,” www.powerhomebiz.com (accessed on August 1, 2016); Diane Buzzeo, “ Retail Online Integration: Four Steps Every Online Retailer Can Take Right Now to Drive Sales,” www.retailonlineintegration .com (accessed June 20, 2011); and The SnapRetail BlogOnline: Marketing Strategy, Tactics, and Tips for Small Businesses, http://www.snapretail.com/ blog (Accessed August 1, 2016).

网络零售商还应仔细考虑基于上述列表的一些建议，它们是由几位行业专家编写的：

- 开发（或利用）一个知名的、值得信赖的零售商名称。
- 针对网络购物者确定产品品类，并不断加以更新。
- 在保证下载速度的前提下，提供图片和丰富的产品信息。
- 尽可能减少购物者在获取信息和订购产品时所需的点击次数。
- 在企业网站上提供最好的搜索引擎。
- 充分利用关于顾客及其关系的信息。
- 整合线上与线下业务，并寻找合作机会。
- 在征得顾客同意的情况下，保存顾客数据以方便其将来购物。
- 提前说明运费和配送方式。
- 不要宣传缺货的商品；如果商品无法在几天内发货，应立即告知购物者。

- 提供在线订单跟踪。
- 为购物者提供安全的订单登录系统。
- 突出说明公司的退货和隐私政策。

参见图 6－6 所示的核查清单。

- 企业网络零售战略的目标是什么？什么时候企业网站有望盈利？
- 开发和维护网站需要投入多少预算？
- 谁负责开发和维护网站，零售商自身还是外部专业机构？
- 零售商应创建自己的独立网站还是成为“虚拟商业街”的一部分？
- 网站应具有哪些特点？应提供什么水平的顾客服务？
- 网站应提供哪些信息？
- 网站上销售的商品和服务品类与企业的商店销售的品类有什么差异？
- 网站是否会提供在别处无法获得的利益？
- 对消费者来说，商品是否物有所值？
- 用户从网站下载文本和图片以及点击切换不同页面的速度有多快？
- 网站内容的更新频率如何？
- 哪些员工负责处理网络咨询和交易？
- 网络咨询和交易的完成时间有多快？
- 企业如何协调在商店进行与在网络进行的交易及顾客互动？
- 在购物高峰时段和季节，如何避免网站崩溃和浏览速度变慢等问题？
- 如何处理在线订单？
- 购物者输入订单及完成订货过程的难易程度如何？
- 可接受哪些在线支付方式？
- 哪些搜索引擎（如雅虎）会列出零售商的网站？
- 如何宣传网站，在网上宣传还是由企业宣传？
- 如何存储和整理网络数据？如何整合企业所有的信息系统？
- 如何测量网站是否成功？
- 企业如何确定哪些网络购物者是新顾客，哪些是会光顾企业商店的顾客？
- 企业如何确保安全（加密）交易？
- 如何处理消费者对隐私的担忧？
- 如何处理退货和顾客抱怨？

图 6－6　零售商制定网络战略决策时的核查清单

企业不能只是建立网站，坐等消费者蜂拥而至，然后期待他们兴高采烈地再次访问。在许多情况下：（1）人们难以准确地找到想要的东西。（2）如果顾客购买的是具有体验属性的产品，数字界面的一个局限性是无法提供空间、触觉和嗅觉线索。一些大型零售商以 3D 图像和视频的形式（利用 AR 技术）提供虚拟的在线体验，但是这些技术尚处于早期开发阶段，其易用性有待提高。（3）可能缺乏顾客服务。（4）网站与商店运营之间可能存在摩擦和障碍。“顾客在 CompanyA.com 网站购买一件商品之后，可能会惊讶地发现这件商品不能在该公司的实体商店退换货。”（5）隐私政策可能不是以消费者为导向。许多在线零售商都在积极采用广告重定向技术，只要顾客从网站订购，点击电子邮件快讯，填写调查问卷，或者只是浏览网站，其电子邮箱就会被塞满垃圾邮件。[24]

支持在线零售的移动应用程序

零售业是移动技术的早期采用者，许多零售商显然已经将移动应用程序作为其战略、运营和顾客沟通的核心。美国在线零售商和旅游公司近 30% 的交易都是通过移动应用程序完成的。[25] 精明的零售商承认，它们的移动应用战略不仅仅是将网站特点和功能搬至移动平台；1/5 的移动应用程序曾被试用过一次，但再也不会被打开。

任何零售移动应用程序都应具备以下基本要素：（1）高效的顾客登录——提供明确的理由请求顾客注册，为了个性化顾客体验只需收集少量信息，并确保对这些信息进行保护。（2）账户管理系统——允许顾客查看和管理其账户，以及快速地查看奖励信息，还应提供连至移动网站的链接以便顾客获取更复杂的信息。（3）通知——能够吸引顾客并提高其忠诚度，可以发送包含个性化数据、优惠或奖励的 140 个字符的消息，以提醒顾客点击应用程序并与零售商取得联系。（4）浏览产品服务——允许顾客在线浏览产品和查看库存。全渠道零售商应启用地理定位功能，以便用户选择到店提货时可以自动默认为本地商店的现有库存。（5）原生的购物车和支付系统——允许顾客从移动应用程序购买并完成交易而无须跳转到网站，因为这可能会增加延迟和放弃购买情况。（6）商店定位器——提供有关当地商店地址（连接至智能手机上的地图应用程序）、电话号码和营业时间等具体的信息。[26]

网络零售实例

按收入计算，亚马逊网站（www.amazon.com）是所有零售商中最大的零售商之一，它也是世界上最大的纯粹网络零售商，其 2015 年的销售收入超过 1 070 亿美元，每年有数以千万计的顾客从该网站购买商品。[27] 亚马逊网站有三条业务线：主营业务（Business Prime）、市场（Marketplace）和亚马逊网络服务（Amazon Web Services，AWS）。它们的顾客群体不一样：AWS 服务于企业顾客，Marketplace 服务于第三方零售商，Prime 服务于忠诚的零售顾客。

从 1995 年仅作为在线书商起步，亚马逊网站的核心业务已经发生了巨大变化。亚马逊 Prime 是基于订阅的业务，它是一种“实体与数字混合型”服务，不仅在全球 35 个城市提供超过 3 000 万种商品的免费 2 天送达服务，还提供音乐、照片存储、Kindle 用户的借阅图书馆以及流媒体电影和电视节目。例如，Prime Video 提供独家原创艾美奖获奖节目。亚马逊将 Prime Video 描述为“ Prime 飞轮的推动力”。观看亚马逊 Prime Video 的顾客更有可能从免费试看转变为付费会员，也更有可能每年续订。2015 年亚马逊发起了 Prime Day 活动，在活动期间，Prime 会员可以按折扣价购买特定产品，这也是提高 Prime 获取和维系顾客的一种有效方法。

通过亚马逊 Marketplace，超过 70 000 家第三方卖家在亚马逊网站上销售其产品（收取挂牌费），增加了为亚马逊顾客提供的商品品类，并利用亚马逊的物流能力进行商品配送。亚马逊网站还推出了尖端的热门产品，如 Kindle（电子书阅读器）、Firestick 和 Fire-TV（来自亚马逊、网飞、YouTube 等网站的流媒体视频和音乐）、Dash（从亚马逊一键式订购产品）以及 Echo（一种支持语音的无线扬声器，用作家庭自动集线器）。[28]

与亚马逊网站截然不同的是 Seamless 网站（www.seamless.com）的专业业务。Seamless 为各种规模的企业提供了一种有序的、成本低廉的方式，从 12 000 多家餐馆的 80 多类菜肴中订购食品，既可以要求配送也可以自取。它为整个流程提供了多种互动工具——在订购的同时出具发票、监控餐饮费用以及出具客户可以用于税务目的的费用单据。Seamless 是美国最大的在线和移动食品订购公司，其会员数量超过 100 万。通过提供互动式菜单、评级和评论以及推荐新餐厅，Seamless 可以帮助个体员工和企业管理人员快速、轻松地订餐。办公室管理人员可以根据每位员工或每个部门的费用账户额度，在电脑上或使用多个平台上的移动应用程序设定订餐规则。Seamless 为纽约、华盛顿特区、波士顿、芝加哥、旧金山、洛杉矶、费城、伦敦和其他一些美国城市提供服务。[29]

CarMax（www.carmax.com）是一家领先的同时采用“实体店”和“虚拟店”的零售商，它销售新车和二手车，还回购二手车。该公司有 150 家零售分店。在公司网站上，顾客可以找到他们想买的具有特殊功能的汽车，查到这些汽车的确切价格（CarMax 采用一口价策略），找到最近的经销商位置，还可以安排预约以查看顾客想卖给 CarMax 的二手车的价值。[30]

Dollar Tree（www.dollartree.com）是另一家采取独特在线零售战略的同时采用“实体店”和“虚拟店”的零售商。它是为数不多的几个可以购买定价为 1 美元（Dollar Tree 的所有商品都是这个价格）商品的网站之一。在 Dollar Tree 的网站上，顾客可以获取关于其“价值寻求者俱乐部”（Value Seekers Club）的信息，打开广告和商品目录，浏览公司博客以及进行购物等。由于其低价策略，顾客可以在线订购并到店取货，这样做不会产生运费，但是，如果顾客想将商品配送到手，他们就必须支付运费。

其他有趣的网络零售实例包括 eBay（www.ebay.com）、Priceline.com（www.priceline.com）和 uBid.com（www.ubid.com），它们都提供在线拍卖，甚至非营利机构 Goodwill 也有一个销售捐赠品的拍卖网站（www.shopgoodwill.com）。

其他非传统零售形式

有其他两种非传统的零售形式值得讨论：视频信息亭和机场零售。这两种形式已存在数年，现在更受欢迎。它们满足了零售商使用新技术（视频信息亭）以及将商店设在人流量大的场所（机场）的渴望。

视频信息亭

视频信息亭（video kiosk）是独立式、互动式的电子计算机终端，它在视频屏幕上展示产品及其相关信息，通常使用触摸屏来让消费者做出选择。零售商店的信息亭可以帮助顾客找到商店中的商品，以提高顾客服务水平。它们也可以帮助顾客下订单，以及用于完成交易（通常利用信用卡）、交叉销售产品、售票和安排发货等。信息亭可与零售商的计算机网络或万维网连接。全世界现有超过 250 万个视频信息亭，其中超过 100 万个已接入互联网。在美国，视频信息亭的年销售额达 200 亿美元。据估计，每年由信息亭催生的全球零售额达 1 万亿美元——通过提供产品和保修信息、展示产品品类、显示缺货的产品以及按价格排列产品等。在北美，自助信息亭的交易量正以 7% 以上的速度增长，占全球信息亭销售额的绝大部分，其次是环太平洋地区、欧洲和世界其他地区。[31]

视频信息亭是如何工作的呢？它们是独立的计算机式终端，自助购物者可以通过这些终端获取信息并完成交易。视频信息亭可用在机场办理自助值机、在商店展示产品、取票、提供 DVD 出租、接收和发送订餐单等。信息亭系统使用的硬件可以包括许多外围设备，如触摸屏、打印机、条形码和二维码扫描仪等。消费者可以使用屏幕键盘、读卡器或条形码扫描仪来输入数据。热敏打印机是最常见的输出设备。互动式信息亭可能会装有一个定制的硬化外壳，也可能只是一台改变了用途的标准个人电脑（如 IBM 的多媒体自助服务亭）。几乎所有的视频信息亭都是互动式的。[32]

视频信息亭几乎可以放置在任何地点（从商店通道、大学宿舍门厅到酒店大堂等），几乎不需要员工，它是一种既具有娱乐性又便利的购物方式。许多购物中心和商店都在以前未被充分利用的区域安装了视频信息亭，以更有效地利用营业空间创造更多利润。这些视频信息亭可以销售任何商品，从礼品券、音乐会门票到机票等。例如，史泰博公司推出了一些全渠道商店，在那里为小企业顾客设立了“无尽的通道”信息亭和咨询区，这种方式也就是该公司所谓的“零售业的未来”。史泰博公司表示，这些商店能够充分利用其房地产和数字化方面的实力。设在马萨诸塞州诺伍德和特拉华州多佛的试点商店还充当着新商品和新服务的测试实验室。此举是史泰博公司将其商店规模缩减 15% 的举措之一。[33]

对零售商来说，每台视频信息亭的平均硬件成本为数千美元，外加持续的内容开发和信息亭维护成本。每台信息亭的硬件价格从低于 500 美元到 10 000 美元再到 15 000 美元或更高不等，这取决于它的功能——功能越多，价格就越高。[34]

机场零售

过去，主要的机场零售店是快餐店、小礼品店和报刊亭，如今，机场已成为零售业热衷的场所。几乎每个大型机场及许多中型机场都设有设施完备的购物区。大多数小型机场也至少设有一家快餐店以及出售报纸、糖果等商品的自动售货机。

机场的零售潜力巨大。全世界共有 1 200 多个商业机场，每年接待近 50 亿人次的旅客，其中北美旅客占全球客流量的 1/3。美国现有 400 多个主要的商业机场，每天接待数百万名旅客，雇用了近 200 万名员工（他们经常在机场购买一些个人用品）。总的来说，全球机场零售业每年创造的销售额达 450 亿美元，其中许多机场的年销售额至少为 5 000 万美元。[35] 全球机场免税店的零售额预计将于 2019 年达到 740 亿美元。销量最大的商品类别是个人护理产品和饮料。[36]

在大多数大型机场，与航空公司有关的销售额占其收入的 40%，其余 60% 的收入源于其他途径（主要是机场零售额）。大多数机场枢纽已接近满负荷飞行，它们唯一的增长途径就是提高零售收入。例如，中东地区和新加坡的机场被设计为奢侈品零售及家庭体验的胜地；纽约肯尼迪机场的“方舟”航站楼提供豪华的宠物服务。[37] 机场商店的目标顾客是青少年、女性和便宜货购物者；零售商通常需要为机场购物区多支付 10% 的租金。国内的休闲旅客通过安检之后平均要在机场等候一个多小时，与那些在机场等候时间更短的人相比，他们更有可能购买食品饮料和其他商品。2013—2019 年机场零售额预计将增长 73%。[38]

机场零售具有以下特点：

- 拥有大量的潜在购物者。每年一个大型机场的平均旅客流量为 2 000 万或更多人次，一个普通的区域购物中心每年只能吸引 500 万～ 600 万人次光顾。
- 航空旅客在机场内不能出去，只好逛逛商店以打发可能长达数小时的候机时间，并且他们往往属于中上收入阶层。
- 机场内每平方英尺零售空间产生的销售额远远高于区域购物中心。机场零售店每平方英尺的租金也高 20% ～ 30%。

- 与传统商店相比，机场商店的面积更小，经营的商品更少，价格也更高。
- 在机场商店，补货和维持货架上的商品数量可能很困难，因为空间有限，并且商品实际上相当于直接从配送区域被买走。
- 旅客来不及在别处购买的礼品和此前忘记购买的旅行用品的销售额相当可观。在机场商店销售服装袋和旅行闹钟的博克斯通公司将这类商品称为“我忘了”（I forgot）商品。
- 机场全天都有旅客，因此机场商店的营业时间可以较长。
- 国际旅客通常对免税店购物很感兴趣。
- 机场的安检措施比以前严格得多，这对一些购物行为产生了抑制作用。

关键术语

单渠道零售（single-channel retailing）
多渠道零售（multichannel retailing）
全渠道零售（omnichannel retailing）
无店铺零售（nonstore retailing）
直复营销（direct marketing）
数据库零售（database retailing）
专项目录（specialog）
专题广告片（infomercial）
直销（direct selling）
自动售货机（vending machine）
互联网（Internet）
万维网（World Wide Web，Web）
视频信息亭（video kiosk）

讨论题

1. 比较全渠道零售与多渠道零售，你认为二者各有哪些优势？
2. 你认为无店铺零售将比有店铺零售增长更快吗？解释你的答案。
3. 你将如何提高直复营销企业的响应率，收到公司直复营销电子邮件的消费者的响应率从不足 1% 提高到 3%？
4. 解释针对直复营销企业的“30 天法则”。
5. 在规划直复营销战略时，界定业务阶段需要制定的两个主要决策是什么？
6. 沃尔格林药店（www.walgreens.com）应如何处理消费者对隐私的担忧？
7. 说明直销与直复营销的差异，二者各有哪些优势和劣势？
8. 选择一种在自动售货机上销量不大的商品，并为扩大自动售货机销量制订一个简要计划。
9. 从消费者的角度看，网络零售有哪些优点和缺点？
10. 从零售商的角度看，创建网站有哪些优点和缺点？
11. 零售商必须采取哪些措施以改善其在线商店的顾客服务？
12. 你认为视频信息亭在未来将发挥什么作用？为什么？

附　录

全渠道零售[①]

正如本章开篇所述，如果一家零售企业仅通过网络或商店一种业态向消费者销售产品，那么它是单渠道零售。采用多渠道零售时，企业拥有商店和网络等多个独立的渠道。在传统的多渠道零售环境中，消费者可能无法在线查看商店的库存；在不同的渠道需要支付不同的价格；对于网络订单，无法安排到商店取货，也无法将在线订购的商品退至当地商店。采用多渠道零售时，网站与商店的顾客数据库是独立的。

相比之下，全渠道零售能够在所有不同的渠道提供一致、不间断和无缝的顾客体验。在全渠道零售环境中，消费者可以使用移动设备、个人电脑、平板电脑及商店购物活动的不同组合，因此他们的购物之旅会大相径庭。例如，消费者可以通过网络或社交媒体发现产品，通过网络或店内观察获取产品信息，也可以通过移动设备购买商品后到商店取货或将其退至商店（如果不满意）。本篇附录着重讨论全渠道零售，许多企业正在将店铺零售与无店铺零售相结合，并采用多种商店业态。

制定并维护完善的全渠道战略并不容易，企业至少需要建立一套能够有效连接多种渠道的基础设施。如果接受消费者在线购买之后到零售店换货，那么零售商就需要一个信息系统来核实消费者的购买情况、支付价格、支付方式和交易日期等。该零售商还需要为所有的顾客购买渠道建立一套商品配送机制。

2015 年 12 月，一项针对北美零售商的研究揭示，企业在采用全渠道战略方面取得了进展。当被问及“在线购买，店内取货”策略的有效性时，只有 18% 的受访者表示该策略是可行并有效的，24% 表示可行但需要改进。类似地，16% 的受访者表示可以接受跨渠道退货，46% 表示这项服务可行但需要改进。[1]

每年的在线零售额达数十亿美元的家得宝公司一直在开展全渠道零售。在一次电话会议上，当谈及家得宝移动应用程序的店内产品定位功能时，首席执行官克雷格·米尼尔（Craig Menear）对投资者和分析师表示：“我们不仅在线上提供了更多春季产品，还利

① The material in this appendix is updated and adapted by the authors from Barry Berman and Shawn Thelen, “A Guide to Developing and Managing a Well-Integrated Multichannel Retail Strategy,” *International Journal of Retail & Distribution Management*, 32(3), 2004, pp. 147-156. Used by permission of Barry Berman and Shawn Thelen.

用数字媒体渠道突出当地商店内的商品品类。”[2]

以下是全渠道零售商要解决的一些战略性和操作性问题：

● 存在哪些全渠道交叉销售机会？企业可以将其网址印在名片、商店发票和购物袋上。当消费者在企业网站上输入邮政编码时，它可以列出最近的商店地址。

● 如何针对各个渠道调整产品品类 / 多样性策略？不同渠道之间应该存在多少商品重叠？

● 配送中心处理直接运至商店和直接运至消费者的商品的配送效率如何？

● 不同渠道之间是否应采用统一价格（除了运输和处理以及清仓抛售）？

● 如何为所有渠道设计并维护一致的形象？

● 每个渠道的作用是什么？一些消费者更喜欢上网搜索价格和产品信息，然后在商店购买，因为他们希望亲眼看到产品、试用产品并立即拥有产品，只有店内交易才能满足这一点。

● 将企业资产用于全渠道战略的最佳机会是什么？许多目录零售商的物流系统都可以轻松地适用于网络销售。

● 与现有供应商的关系是否会阻碍企业拓展新渠道？

全渠道零售战略的优势

采用全渠道战略的零售商具有多个优势，如可以基于不同渠道的独特优势选择特定渠道，有机会充分利用资产，以及有机会通过吸引全渠道购物者来提高销售额和利润等。

基于不同渠道的独特优势选择渠道

采用全渠道战略的零售商可以利用最适当的渠道来销售特定商品或服务，或接触不同的目标市场。由于每种渠道都有独特的优势，全渠道零售商拥有满足顾客购物需求的最佳机会。

商店购物使顾客能够看到、摸到、闻到（如蜡烛或香水）及试用商品，可以立即提货并带回家，不产生配送和处理费用。商品目录的视觉冲击力很强，可以展示高质量的图片并且便于携带（购物者可将其携带至任何地方）。网络可以提供高质量的视频和音频信息，互动性强，具有个性化的顾客界面和几乎无限的空间，允许顾客查看库存量和订单状态，甚至在某些情况下还能提供免税购物。移动营销设备总是开启，总是联网，并且顾客总是随身携带，它们很容易实现个性化，并可以生成对位置敏感的优惠信息。[3]

店内信息亭不但有助于没有接入网络的购物者，还可以减少零售商店的库存（降低每家商店滞销商品的库存），通过提供信息促进自助服务，以及提供高质量的视频和音频信息。

为了规划适当的渠道组合及发挥每个渠道的作用，零售商必须认识到不同渠道之间如何相互补充。百思买（www.bestbuy.com）、开市客（www.costco.com）、史泰博（www.staples.com）、家得宝（www.homedepot.com）和沃尔玛（www.walmart.com）等零售商都在网上提供更多的商品选择，鼓励消费者在线购物。

充分利用资产

全渠道零售为企业提供了充分利用有形资产和无形资产的良机。店铺零售商可以利用其过剩的仓储能力服务于商品目录或网络销售，从而充分利用其有形资产；还可以在没有开设商店的地区，通过网络销售充分利用其品牌知名度（一种无形资产）。对于通过网络或移动设备订购的商品，店铺零售商还可以安排从位置较近的商店发货而无须从集中配送中心发货。

通过吸引全渠道购物者提高销售额和利润

与单渠道消费者相比，全渠道消费者通常支出更多，并且对零售商的终身价值更高。例如，梅西百货发现，其全渠道顾客的价值是那些将购物体验局限于单一渠道的顾客的 8 倍。类似地，塔吉特发现，其全渠道顾客的价值最高，因为他们的购物支出比单渠道顾客多 3 倍。[4]

开发整合良好的全渠道战略

整合良好的全渠道战略需要所有渠道之间紧密联系。该战略应使顾客能够轻易地在网上或商品目录上查看商品，再转至零售商店购买并取货。如果没有适当地建立这些联系，企业就可能损失销售额。所有渠道上每个商品的描述及展示都应具有许多共性。例如，店内员工应该能够核实网络或商品目录购买情况并安排退换货。

卓越的全渠道战略之间存在如下共同特征：开展跨渠道的整合促销活动；确保不同渠道间的产品一致性；创建在不同渠道间共享顾客、定价及库存数据的整合信息系统；为通过网络或商品目录购买的商品提供店内取货流程；与合适的合作伙伴一起寻找全渠道机会。

开展跨渠道的整合促销活动

交叉促销使消费者能够最有效地利用每种促销活动。下面列出一些交叉促销策略：

- 将企业网址印在购物袋、商品目录和报纸广告上。
- 提供店内信息亭，以便顾客可以订购缺货商品。
- 在网站和商品目录上提供商店地址、电话号码、营业时间及购物须知。
- 使顾客能够使用商品目录上的订购编号进行在线购物。
- 通过直投邮件、网络及移动设备分发商店优惠券，在店内和网站上提供商品目录。
- 鼓励店内购物者使用智能手机扫描条形码获取更多产品信息。
- 针对单渠道顾客采用其他渠道的促销手段。
- 向商店购物者的移动设备发送关于特定商品和服务的有针对性的信息（在选择加入的基础上）。
- 充分利用社交媒体。

确保不同渠道间的产品一致性

不同渠道间的产品重叠过少可能会导致形象不一致，但产品重叠过多又可能会失去销售机会。全渠道零售商经常通过网络提供非常专业化的商品，这些商品若在商店销售则是无利可图的。这既可以最大限度地利用商店空间，又可以满足利基市场的特殊需求。

创建在不同渠道间有效共享数据的信息系统

为了最有效地管理全渠道系统，零售商需要一个可在不同渠道间共享顾客、定价及库存数据的信息系统。

- 顾客在 Crate & Barrel 公司网站上创建一个新账户后，当他们光顾该连锁店的任何一家分店时，商店的扫描仪都可以无缝同步他们的在线账户信息。这便于顾客在商店里将新商品收藏到其注册账户中。顾客还可以使用店内计算机修改产品选择。[5]
- 瑞贝卡·明可弗（Rebecca Minkoff）是一家专门经营轻奢包袋、配饰、鞋类和服装的连锁店，它利用应用程序创建用户档案，将顾客在线查看的商品与顾客在商店试用和购买的商品联系起来。[6]
- 梅西百货最近整合了其线上与线下营销举措，创建一个跨渠道的库存系统，该系统可以显示销售数据、现有库存和订单数据等信息。[7]

为通过网络或商品目录购买的商品提供店内取货流程

为了提供店内取提货服务，零售商需要整合其库存数据库，还要拥有一套可以分拣商品并发货给顾客的物流基础设施。越来越多的购物者在线订购数码相机、电脑和家用电器等高价商品，然后在附近的商店取货。消费者喜欢这种购物方式，因为可以免付运费，无须在偌大的商店里东奔西走，还省去了搜寻可能缺货的商品的时间。

店内取货通常可以使顾客在购买当天就拿到商品。许多顾客喜欢店内取货的另一个原因是一旦对商品不满意，更容易退货。

与合适的合作伙伴一起寻找全渠道机会

零售商必须清楚，在几乎所有情况下，全渠道战略所需的资源和能力都比单渠道战略要多得多。一些零售商可能认为它们不具备这些能力和资源，但另一些零售商则在寻找拥有互补资源的战略合作伙伴。

特殊挑战

全渠道战略并不适用于所有零售商，因为并非所有零售商都拥有寻找全渠道机会所需的财务和管理资源。许多零售商（尤其是中小型企业）面临的一项重大挑战是如何将其各不相同的零售管理系统整合为一个以顾客为中心的系统。2015 年对零售业首席执行官的一项研究发现，75% 的受访者没有重组业务以便为顾客提供无缝的购物体验。[8]

当今的许多零售业佼佼者都是从单渠道（通常是实体店）开始创业的，然后增加电话销售、网络销售和移动销售，因此，它们通常为每种渠道设计独立的信息系统。这样一来，所有渠道的信息系统各不相同，都各自拥有一套关于顾客、产品、销售及库存的数据。要想转而采用全渠道战略，这些零售商必须整合其所有的信息系统。通过这种方式，它们才能确定在一个拟定的零售店址的商圈内是否存在大型网站或商品目录销售的顾客群体。

全渠道零售商需要在不同渠道间保持一致的产品品牌识别。图形设计人员需要创建特定的设计准则和模板，以便跨渠道共享字体、颜色和关键设计元素。更复杂的是，由于网站和智能手机的分辨率低于印刷品，产品在目录与电脑屏幕上的显示效果往往不同，颜色差异也缘于此，这一点尤其会影响服装或家具的购买。

最后一个潜在困难是零售商对配送中心的管理问题。配送中心需要高效的流程来处理直接发货给商店的大额订单以及发货给成千上万顾客的小额订单。用于处理商店零售的大额订单的系统与将个别商品运至顾客家中的系统完全不同。

第Ⅱ篇　小案例

案例 1

强势零售商是否会主导市场①

在美国，强势零售商是指销售额等于或比行业领先者的销售额高出 10% 的零售商。

百货商店

经历了产品经营范围较窄的零售业态的崛起，以及折扣店、其他低价零售商直至电子商务的挑战，百货商店幸存了下来。萨克斯第五大道精品百货店和罗德泰勒百货的母公司哈德逊湾公司的首席执行官杰拉德·斯托奇（Gerald Storch）表示："越来越多的消费者不再将商店看作实体设施而是看作品牌。百货商店的机会在于大规模定制，这样才能借鉴移动设备上的销售经验。"

药店

美国的医疗保健问题一直在推动着药店行业的发展。CVS 正在采取几方面行动：通过收购 Omnicare 公司（该公司向养老院、辅助生活机构等销售处方药）扩大了其药品的目标市场；公布了对其收购的 Navarro Discount Pharmacy 连锁店的改造方案；以"CVS pharmacy y mas"的品牌，南佛罗里达的 CVS 分店配有双语员工并经营 1 500 多种"可信赖的西班牙裔产品"；它还以约 19 亿美元的价格收购了塔吉特的药店业务。

日常服装

快时尚零售商在服装零售商中的排名不断上升。NPD 集团的首席行业分析师马歇尔·科恩（Marshal Cohen）表示："当今的时尚中有一种潜在的叛逆感。时尚行业经历了近些年来最引人注目的转变之一，这毫无疑问是受到了千禧世代消费者的影响。"

家装用品和五金制品

这些零售商不得不应对一些关于地板的问题。首先，据说是硬木强化地板释放的甲醛超过了加利福尼亚州的标准。不久之后，一项对乙烯基地砖的研究发现，从大型家装经销商那里购买的样品中有 58% 含有邻苯二甲酸酯，其中有几种邻苯二甲酸酯自 2009 年以来一直被禁止用于儿童产品。家得宝公司在多个方面都取得了成功，包括在线销售。

珠宝和配饰

自称为全球最大钻石珠宝零售商的 Signet 公司收购了 Zale 公司。Signet 公司现在经营着众多品牌的商店和信息亭，包括 Kay，Jared 和 Sterling 分部的一些区域性品牌，以及 Zale 分部的 Zale，Peoples 和 Piercing Pagoda 等品牌。其中 Zale 的同店销售额增长速度快于公司

---

① Based on material from David P. Schulz, "Power Players 2015," *STORES Magazine*, July 2015. Reprinted by permission. Copyright STORES magazine.

的整体增长，并且 Signet 预计这种情况将持续下去。

大众商品

亚马逊已经加入了大众商品强势零售商的行列，销售数字下载、消费电子产品、厕纸、图书和食品杂货等各种商品。它与消费者的面对面互动非常有限，这一点有悖于亚马逊在全美各地庞大的实体店网络，但它的订单履行中心网络拉近了与顾客之间的距离。亚马逊的大众市场策略包括向更多的细分市场推广当日送达服务。

超市

虽然合并和收购已成为一种生存之道，但食品杂货店仍是零售业中最分散的部分。艾伯森公司接管了西夫韦公司遗留的商店网络，这些商店覆盖了北美的大部分地区；克罗格公司将 Harris Teeter 的商店纳入旗下也已一年有余。此外，A&P 公司及其附属品牌于 2015 年被迫破产之后，该公司最终决定将所有商店出售给几家大型连锁店。

女装

该行业的重磅新闻是 2015 年 8 月达成的一项交易——Ascena 零售集团以 20 亿美元收购安・泰勒（Ann Taylor）和洛芙特（Loft）两大品牌的母公司 Ann Inc.。此次并购之后，Ascena 成为一家经营多样化品牌的零售商，其旗下品牌包括莱恩・布赖恩特、Dress Barn、Maurices 和 Justice 等。

问题

1. 一家独立零售商如何与强势零售商竞争？
2. 该案例中所描述的每个零售类别的最大机会是什么？
3. 该案例中所描述的每个零售类别的最大威胁是什么？
4. Signet 公司的零售珠宝连锁店组合（包括 Zale，Kay，Jared 等品牌）的利弊是什么？

案例 2

顶级零售商的全渠道战略[①]

零售业不再是实体店与电子商务的较量，全渠道战略才是成功之道。消费者可以采用各种各样的购物方式，零售商必须随机应变。凯度零售咨询公司（Kantar Retail）的一位副总裁安妮・兹波斯基（Anne Zybowski）表示："新（技术）工具改变了消费者的购物方式。"作为回应，零售商正在重新思考企业运营，从基础设施和库存系统到配送和营销。根据凯度在《商店》杂志上发布的年度"百强零售商"报告，零售业的发展体现了老牌企业的生存技能。位居榜首的零售业巨头（如沃尔玛、克罗格、开市客、家得宝、塔吉特、沃尔格林和 CVS）通过满足消费者不断变化的需求（包括在线购物和数字互动）一直保持着主导地位。

亚马逊仍在继续发展，尽管电子商务还未能撼动实体店的地位，但"店址、店址、还是店址"这句古老的口号已经不像以前那么有分量了。相反，这两个渠道正在逐渐融合：商店运营商在数字化方面取得了巨大成功，在线零售商（包括亚马逊）正通过陈列室、快闪店及其他与购物者面对面沟通的方式进行扩张。

兹波斯基表示："全渠道战略仍然令人渴望。今天的全渠道购物者知道他们想要什么。他们希望零售商随时随地提供他们想要的任何东西。说到价值，他们想鱼与熊掌兼得——

---

① Based on material from David P. Schulz, " The Future Is Now, " *STORES Magazine*, July 2015, pp. 54-56,58. Reprinted by permission. Copyright 2016. STORES Magazine.

他们不希望为了方便而多花钱。”挑战在于满足消费者不断变化的期望。兹波斯基补充道：“零售商必须学会如何从根本上转变它们的经营模式，也就是说，将出于效率和规模最大化目的而建立的模式转变为更灵活、更有效的模式。”

嘉思明咨询公司（Kurt Salmon Associates）的汤姆·科尔（Tom Cole）表示，移动零售是全渠道战略向无缝的消费者体验推进的关键，尽管移动交易额仍然较低。零售商需要以现有系统为基础构建全渠道战略。Alert Technologies 公司的玛吉·莱尼（Marge Laney）表示：“全渠道零售应时而生，不论零售商是否参与。不管何时何地，每当消费者有需求时，如果你都能满足，那就太棒了。如果你做不到，那就会败给那些能做到的企业。纯粹的线上零售商缺乏店内购物能够提供的高顾客参与度，纯粹的线下零售商无法提供消费者用来制定购物行程的舒适体验。”

L2 情报组总监克劳德·德乔卡斯（Claude de Jocas）表示：“数字化是在线零售与实体店零售之间的纽带。在亚马逊时代，商店被视为一种累赘，但它们已经卷土重来，成为零售战略的关键。”

诺德斯特龙公司在其全渠道战略的各个方面都处于领先地位。该零售商拥有近 100 万人的顾客群体，他们可以通过 Instagram 购物；其订单履行中心网络在不断扩大；该公司还在其商品目录应用程序上推出了“扫描并购物”功能，将印刷目录的读者链接至电子商务和移动商务网站。发言人小丹·埃文斯（Dan Evans，Jr.）说道：“我们希望‘扫描并购物’功能为顾客创造一种无缝的购物体验，因为他们不但喜欢浏览我们的商品目录，也喜欢享受能够让购物体验变得更加个性化的科技带来的诸多利益。”

诺德斯特龙还通过数字商城 Wanelo 与青少年购物者建立了联系。2015 年春季，该公司进行了“点击并提货”服务的测试，其中包括路边提货，这补充了该公司自 2008 年以来采取的更为传统的“在线订购，到店取货”计划。第三项服务——TextStyle 于 2015 年 5 月下旬推出，它涉及诺德斯特龙的全线商店，这项服务允许顾客通过短信从私人形象顾问或销售人员那里进行购买。

问题

1. 你是否同意以下观点：“零售业不再是实体店与电子商务的较量，全渠道战略才是成功之道。”解释你的答案。

2. 多年来，沃尔玛是如何发展以应对不断变化的消费者需求、新技术和新竞争对手的？

3. 全渠道战略成功的关键因素有哪些？

4. 其他零售商能从诺德斯特龙目前的全渠道战略中学到什么？

RETAIL MANAGEMENT

第Ⅲ篇

确定目标顾客与收集信息

第Ⅲ篇首先介绍多个重要概念，以便零售商更好地识别和了解消费者并制定适当的目标市场规划。然后介绍信息收集方法，这些方法可用于识别和了解消费者以及制定和实施零售战略。

第7章讨论影响零售购物者的诸多因素，如人口统计特征、生活方式、需求和欲望、购物态度和行为、影响购物的零售商行为以及环境因素等。本章将在目标营销框架内探讨这些因素，因为零售商必须认识到顾客及潜在顾客选择它们的理由并据此采取行动。

第8章探讨零售业的信息收集和处理。本章首先考察零售分销渠道中的信息流，并审视在信息不足的条件下制定零售战略可能造成的困难。然后深入研究零售信息系统、其组成部分及其最新进展，其中以数据仓库和数据挖掘为重点。本章的最后一部分将介绍营销调研过程。

第7章

识别和了解消费者

学习目标

- 讨论正确识别、了解和吸引顾客对零售商的重要性。
- 列举和描述消费者的人口统计特征、生活方式以及需求和欲望，并解释如何将这些因素应用于零售业。
- 考察消费者的购物态度和购物行为，包括消费者决策过程及其阶段。
- 根据目标市场规划考察零售商的行为。
- 指出影响消费者购物的一些环境因素。

为了制定和实施正确的战略与战术，零售商的重要任务是识别顾客特征并理解他们的行为模式。随着数字技术对在线和店内消费者购买决策的影响越来越大，零售商有机会在每次互动时收集和分析关于顾客意见、偏好及选择的大量数据。零售商可以利用这些海量数据获得可行性洞见，制定更明智的决策，并在正确的时间、正确的地点采取正确的行动。

从零售商和顾客的角度来看，在线食品购买的增长速度有多快？这是否意味着在线食品杂货行业的迅速发展？答案是：视情况而定。Brick Meets Click 公司于 2016 年中期发布的一项新研究表明，消费者正迅速地将在线食品杂货购买变成日常生活的一部分。1/5 的消费者现在是在线食品杂货服务的活跃用户，平均而言，这些活跃用户每周的食品杂货支出中有 16% 是在线进行的。该公司还报告，21% 的被调查购物者在前一个月在线购买过食品杂货，高于 2013 年的 11%。

该行业的竞争对手包括亚马逊生鲜、生鲜直达、Net Grocer 和 Peapod 等在线零售商。虽然这些零售商采用的方法各异，但它们都为购物者提供了个性化的网站选择商品，这有助于购物者每周进行重复订购，它们还承诺在 1 ～ 2 小时内将商品送达。

嘉思明咨询公司的一位零售策略师史蒂文·平德（Steven Pinder）对在线食品杂货零售业的未来增长持怀疑态度。平德承认该行业已在城市市场站稳了脚跟，但他认为其采用率正在放缓。他表示："最重要的问题是，没有人知道如何解决在线食品杂货零售业的一些主要障碍。购物者仍然不能查验水果，换货不便，货架上的现货也有问题。"[1]

资料来源：Photobank gallery/Shutterstock. Reprinted by permission.

概　述

零售战略的成败取决于企业如何识别和了解顾客，以及如何制定战略组合吸引顾客。零售商需要识别消费者的特征、需求和态度；了解人们如何做出购买决策；然后制定适当的目标市场规划。零售商还需要研究那些影响购买决策的环境因素。请考虑以下情况。

今天的消费者比以往任何时候都更有权力。关于何时、何地、以何种方式进行购物，他们有诸多选择。因此，消费者现在对与他们进行交易的零售商抱有更高的期望。在竞争如此激烈的环境中，零售商必须更好地了解和服务顾客。

本章从零售业的角度探讨图 7－1 中列出的各种因素（人口统计特征、生活方式、需求和欲望、购物态度和行为、影响购物的零售商行为以及环境因素等）对购物者的影响。本章还考察数字 / 移动技术进步的影响。通过研究这些因素，零售商可以制定最佳的目标市场规划，并在其整体战略背景下加以实施。

请注意：本章所使用的名词——"消费者""顾客"和"购物者"是可以互换的。

消费者的人口统计特征和生活方式

人口统计特征（demographics）是客观、可量化、易识别和可测量的人口数据。**生活**

方式（lifestyles）是个体消费者及其家庭成员（家庭）生活和花费时间与金钱的方式。欢迎访问我们的博客（www.bermanevansretail.com）浏览有关这方面的帖子。

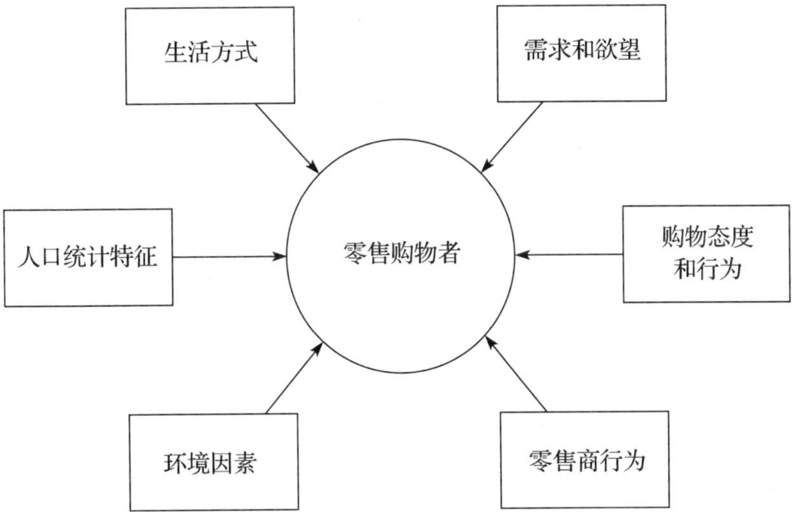

图 7－1　影响零售购物者的因素

消费者的人口统计特征

无论是消费者群体还是消费者个人，均可通过以下人口统计变量来加以识别：性别、年龄、人口增长率、预期寿命、文化水平、语言、家庭规模、婚姻和家庭状况、收入、零售额、迁移率、居住地、职业、教育背景以及民族 / 种族背景等。这些因素影响消费者的零售购物行为和零售商的行为。

零售商应对自己目标市场的总体趋势及人口统计特征有一些了解。地区性数据很有用，因为大多数零售商都是地方性和地区性的。

掌握以下数据有助于了解美国的人口统计特征。

- 据美国联邦储备局（Federal Reserve）统计，美国家庭的年均收入为 5.4 万美元。收入最高的 1/5 家庭年收入为 10 万美元以上；收入最低的 1/5 家庭年收入不到 2 万美元。[2] 如果收入水平高，人们就拥有**可支配收入**（discretionary income），即在纳税和购买生活必需品后剩余的金钱。
- 每年约有 12% 的美国人搬家，其中 2/3 是在同一个县内搬迁。
- 美国女性比男性大约多 650 万人，57% 的成年女性有工作。[3]
- 美国的大多数就业人员从事服务业。此外，现在专业人员和白领工人越来越多，蓝领工人和农业人员越来越少。
- 约 32% 的 25 岁以上美国成年人至少拥有四年制大学学位。[4]
- 美国人口由众多民族和种族群体组成。非洲裔美国人、西班牙裔美国人和亚裔美国人占美国人口的 1/3，这一数字仍在稳步上升。每个群体都代表了一个巨大的潜在目标市场，他们每年的总购买力超过 3.4 万亿美元。[5]

虽然以上数据提供了美国人口统计特征概况，但因地区而异。即使在同一个州或城市里，某些区域的人口也可能更多（或更少），其居民可能更富裕（或更贫穷）、年龄更大（或更小）、受教育水平更高（或更低）。因为大多数零售商都是当地的，或者仅在一个地区的部分区域内经营，所以它们必须汇总那些生活在其商圈内和最有可能在那里购物的人的数据。零售商可以根据以下人口统计特征的某种组合来研究其目标市场（零售商寻求的顾客群体）的特征，并据此制定相应的零售战略。

- 市场规模：潜在目标市场中有多少人口？
- 性别：潜在目标市场中男性居多、女性居多，还是男女比例相等？
- 年龄：零售商想要吸引的主要是哪些年龄组？
- 家庭规模：潜在顾客的平均家庭规模有多大？
- 婚姻和家庭状况：潜在消费者是单身还是已婚？家里是否有子女？
- 收入：潜在目标市场是低收入、中等收入还是高收入群体？是否拥有用于购买奢侈品的可支配收入？
- 零售额：就零售商经营的商品 / 服务类别而言，当地的销售额预期是多少？
- 出生率：当地的人口出生率对零售商经营的商品 / 服务类别有多重要？
- 迁移率：潜在目标市场每年迁入和迁出该商圈的百分比是多少？
- 居住地：能吸引到潜在顾客的商圈有多大？
- 就业状况：潜在目标市场是否包括职业女性？
- 职业：当地居民在哪些行业从事哪些工作？他们是专业人员、办公室职员，还是其他什么身份？
- 教育背景：潜在顾客是否受过大学教育？
- 民族 / 种族背景：潜在目标市场是否包括某个独特的种族或族裔群体？

消费者的生活方式

消费者的生活方式基于社会和心理因素，并受到人口统计特征的影响。正如研究人口统计特征一样，零售商首先要对消费者生活方式的概念有一些了解，才能确定自己目标市场的生活方式属性。

以下社会因素有助于识别和了解消费者的生活方式。

- **文化**（culture）是一群人共有的独特传统，它可以传承信仰、规范和习俗。美国文化强调个性、成功、教育和物质享受；由于居民来自许多不同国家，美国文化中还存在着多个亚文化群体，如非洲裔、亚裔和西班牙裔美国人。
- **社会阶层**（social class）是基于收入、职业、受教育程度等因素对人们进行的非正式层级划分。同一社会阶层的人往往具有相似的价值观。
- **参照群体**（reference groups）影响人们的想法和行为，可以分为以下几类：渴望群体是人们不属于其中但渴望加入的群体；成员群体是人们属于其中的群体；疏离群体是人们属于其中但希望未曾加入的群体。面对面参照群体（如家庭）对成员的影响最大。参照群体内通常存在意见领袖，他们的意见会得到尊重。
- **家庭生命周期**（family life cycle）描述了传统家庭从单身到有子女再到孤独退休者的演变过程。在不同阶段，家庭的态度、需求、购买行为和收入都有变化。除了传统家庭，零售商还应该留意那些没结过婚的成年人、离了婚的成年人、单亲家庭及没有子女的夫妇。**居住单位生命周期**（household life cycle）是将家庭和非家庭住户合并统计的生命阶段。
- 时间利用是指人们如何分配参与各种活动的时间。广义的活动类别包括工作、交通、用餐、休闲、娱乐、育儿、睡眠和（零售商期望的）购物等。如今，双收入家庭的数量持续增加，许多人从事多份工作以维持不断提高的生活水平。这对零售商造成了影响，因为消费者的可支配时间减少，导致他们分配在购物上的时间更少了。

以下心理因素有助于识别和了解消费者的生活方式。

● **个性**（personality）是个体特质的总和，它可以使一个人与众不同。个体特质包括自信程度、创新性、自主性、社交能力、情绪稳定性和果断性等。

● **阶层意识**（class consciousness）是人们对社会地位的渴望和追求程度。它有助于确定参照群体和声望购买的重要性。具有阶层意识的人往往重视商品、服务和零售商的档次。

● **态度 / 观点**（attitudes/opinions）是人们对于不同主题所具有的积极、中立或消极情感。态度也是消费者对特定零售商及其活动的感觉，如消费者是否觉得一家零售商有吸引力、独特和定价公道。

● **感知风险**（perceived risk）是消费者认为从特定零售商处购买特定商品或服务时存在的风险水平，不论这个观念是否正确。感知风险分为六种类型：功能风险（这种商品或服务好用吗？）、人身风险（这种商品或服务会伤害我吗？）、财务风险（我买得起吗？）、社会风险（同一个社交圈子里的人对我在这里购物会有什么看法？）、心理风险（我做得对吗？）和时间风险（我需要花费多少购物时间？）。感知风险在以下情况下会很高：零售商或其品牌是陌生的；消费者预算紧张或缺乏经验；消费者可选择的商品很多；商品是复杂的或在社交圈子里很常见（见图 7－2）。零售商可以通过提供信息来降低消费者的感知风险。

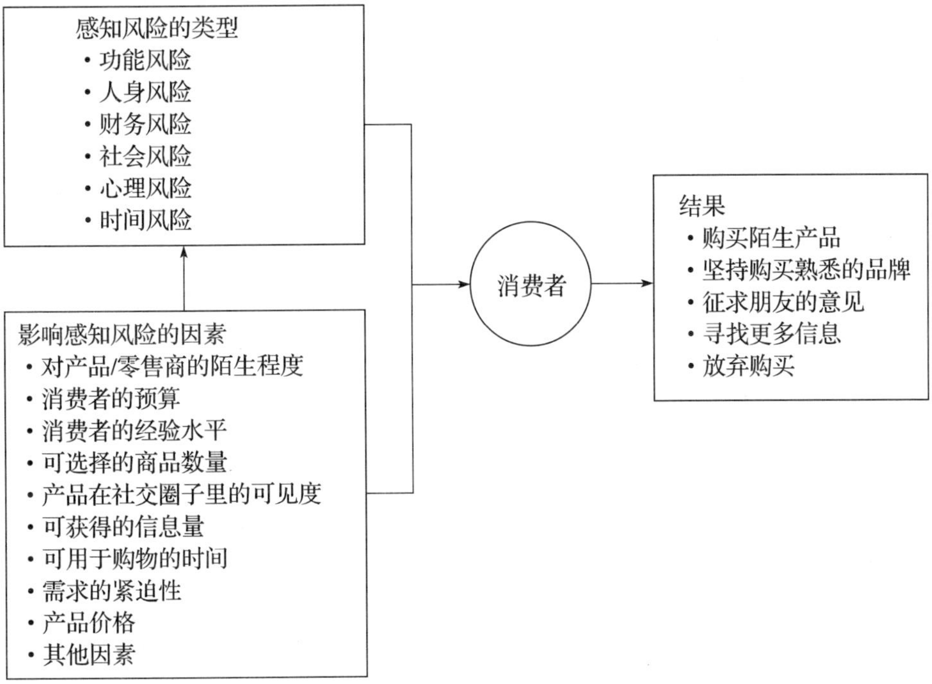

图 7－2　感知风险对消费者的影响

● 购买的重要性会影响消费者在制定决策和确定可选范围时所花费的时间。如果消费者认为购买很重要，其感知风险就会更高，零售商必须据此采取相应的行动。

零售商可以通过回答以下问题来了解其目标市场的生活方式概况并据此制定战略。

- 文化：哪些价值观、规范和习俗对潜在目标市场非常重要？
- 社会阶层：潜在消费者属于下等、中等还是上等阶层？他们的社会阶层是否易变？
- 参照群体：人们会向谁征求购买建议？这是否会因商品或服务类型而异？企业如何确定谁是意见领袖？
- 家庭（或居住单位）生命周期：大多数潜在顾客处于生命周期的哪个阶段？
- 时间利用：人们如何分配时间？他们如何看待购物时间？
- 个性：潜在顾客是否具有易识别的个性特质？
- 阶层意识：潜在顾客是否具有阶层意识？这对其购买行为有何影响？
- 态度：在特定的战略要素方面，潜在目标市场对零售商及其产品的看法如何？
- 感知风险：潜在顾客是否感觉与零售商接触存在风险？哪些商品或服务的感知风险最高？
- 购买的重要性：零售商提供的商品 / 服务对潜在顾客有多重要？

消费者人口统计特征和生活方式对零售业的影响

零售商需要从几个不同角度研究人口统计特征和生活方式因素。以下是一些示例，但它们并没有覆盖整个零售领域。

性别角色

许多职业女性每周花在工作和家务上的时间长达 60 ～ 70 小时，因此她们的生活方式发生了改变。与没有在外工作的女性相比，职业女性往往更自信且更有个性，更注重便利性，更有兴趣与配偶或其他亲密之人分担家务，知识更渊博且要求更高，对休闲活动和旅游更感兴趣，更关注自我提升和教育，更在意外表，更不在乎零售商之间的微小价格差异，并且对休闲式购物不那么感兴趣。

由于职业女性的人数不断增加，男性的生活方式也在改变。现在，越来越多的男性负责照顾子女、购买食品、洗衣服、洗碗、烹饪、吸尘和打扫浴室。在美国，食品杂货和大众商品的男性购物者人数正在稳步增加，尤其是在千禧世代中。[6] 由于移动电子商务的普及以及男性千禧世代对智能手机和购物应用程序的精通，这一代人的传统性别角色发生了变化。今后，男性和女性的角色还会发生更多变化。丈夫与妻子将更多地分摊权利和义务。零售商需要了解这种趋势。

精明和自信的消费者

如今，许多购物者见多识广，更加了解品味、风格以及商品和服务的变化趋势，也更加精明。当消费者非常自信并更重视现有选择时，就会接受标新立异的行为。自信的购物者会做出更多尝试。例如，今天，一种被普遍视为“廉价”的商品，对一些购物者而言可能意味着一个“明智”的选择。宜家提供低价格的家具款式，部分原因是消费者能够自行组装他们购买的家具。与其他时装零售商不同，飒拉（Zara）的店内库存很少，并经常更新其时装款式，这种策略促使飒拉的顾客经常光顾其商店并立即购买，因为他们担心商品很快会销售一空，下次再来就买不到了。[7]

时间匮乏

由于职业女性人数增加，自我实现的渴望愈加强烈，上下班通勤时间变长，以及一些人需要第二份工作，许多消费者都感到时间紧迫。零售商可以利用多种策略应对时间紧迫的消费者，如提供预先包装好的商品，为在线订购的商品提供店内取货窗口，为在线订购的食品提供送货到家服务，为家用电器提供送货上门并安装服务（一次上门完成），以及延长营业时间（每周 7 天每天 24 小时营业）。

混合生活方式

过去，零售商往往根据人口统计特征和生活方式对购物者进行分类。现在，人们普遍认识到购物行为更加难以预测且更加个性化。对大多数零售商而言，基于购物者特征的传统细分策略的预测能力较低。购物特征越来越取决于购物情境，因此出现了“混合生活方式”这一术语。

越来越多的混合型消费者既会利用可支配收入购买高参与度的高价奢侈品，也会根据预算购买低参与度的低价必需品。[8] 在这种消费两极分化的市场中，中等价位的零售商正在不断失去市场份额。当消费者在同一产品类别中同时购买奢侈品和预算产品时，零售商面临的情况将变得更为复杂。为什么购买了豪华汽车的消费者会去开市客更换轮胎？为什么在星巴克花几美元购买了咖啡的消费者却觉得 1.49 美元的快餐汉堡包价格太高？商店品牌的快速增加表明，许多零售商采取的应对策略是进行品牌组合管理，即同时提供多重价值主张，如非注册品牌、普通品牌和高端品牌。

消费者特征

大量研究旨在以一种对零售商有帮助的方式来描述消费者特征。以下是三个例子。

- Boston Proper 是一家在线目录零售商，吸引的顾客群体是那些没有得到很好服务的人。该零售商的目标市场是 35 ～ 60 岁的女性消费者，主营波希米亚风格的时装，也经营高档、休闲和运动服装。2011 年被 Chico’s 收购时，Boston Proper 只是一家通过在线和目录销售的零售商。在 Chico’s 的领导下，该公司于 2013 年开设了其第一家商店，现在它在佛罗里达州、佐治亚州、北卡罗来纳州和得克萨斯州拥有 13 家分店。Chico’s 计划在全美开设数百家 Boston Proper 分店。[9]
- 大约 1/6 的美国居民自称为西班牙裔或拉丁裔，这一比例从 2010 年到 2015 年上升了 2.5%，2005—2010 年该群体规模为 5 100 万人。到 2060 年，西班牙裔女性有望占美国女性总人口的 30%。该群体特别重要，因为根据 NPD 集团的研究结果，它占女性时尚鞋类市场总规模的近 1/5。零售商可以用来吸引该市场的一种策略是在品牌推广中使用西班牙裔名人。例如，荣登《福布斯》（*Forbes*）女富豪排行榜的电视明星索菲娅·弗加拉（Sofia Vergara）帮助凯马特推出了一条产品线。类似地，拉美裔歌星塔莉娅（Thalia）也参与了梅西百货的品牌推广活动。[10]
- 克拉瑞塔斯市场研究公司（Claritas）的“根据邮编制定潜在市场等级指数”（PRIZM）细分系统（由尼尔森公司（Nielsen Company）所有）将美国家庭分为不同的生活方式类别。以下是四个最富有的群体：（1）上等阶层——美国最富有的群体，由 50 岁以上的富裕空巢夫妇构成；（2）权贵网络——第二富有的群体，多为居住在郊区的富人，该群体乐于接受新科技；（3）风云人物——双收入夫妇，受教育程度高，年龄通常在 45 ～ 64 岁之间，该群体的许多成员都是商务专业人士；（4）青年数字精英——这群人精通科技，居住在时尚的城市社区，喜欢时髦的餐厅和精品服装店。[11]

消费者的需求和欲望

在研究目标市场特征时，零售商应该确定关键消费者的需求和欲望。对零售商而言，需求是人们的基本购物需要，它与目前的人口统计特征和生活方式相一致。欲望是可自主决定的购物目标，它会影响人们的态度和行为。一个人可能需要一辆新车用于上下班，想找一家在周六也提供维修保养服务的经销商。一个人可能想要一辆保时捷，当车辆维修保养时能享用到免费的租借车，但是只要拥有一辆能在周末进行维修保养且符合预算的丰田车，这个人也就满足了。

旨在满足消费者需求和欲望的零售战略会迎合消费者的**动机**（motives），即他们行为的起因。以下是零售商需要解决的一些问题：

- 顾客需要走多远才能到达零售商？便利性有多重要？
- 顾客希望的营业时间如何？需要晚上和周末营业吗？
- 顾客希望得到什么水平的顾客服务？
- 顾客希望的商品 / 服务品类的范围有多大？
- 顾客希望得到什么质量水平的商品 / 服务？
- 价格有多重要？
- 零售商需要采取哪些行动降低顾客的感知风险？
- 不同的细分市场是否有特殊需求？如果有，这些特殊需求是什么？

为了解决最后一个问题，零售商需要关注三个特定细分市场：在家购物者、在线 / 移动购物者和去外地购物者。

1. 在家购物者。在家购物者并不总是被动的受众。购物通常是自主决定且非必要的。订购便利和免于出行对他们来说非常重要。在家购物者通常也是活跃的商店购物者，他们富有、受过良好教育、充满自信、年轻并乐于冒险。他们喜欢在商店购物，但对当地的购物条件评价不高。通过商品目录购物的人对购物时间的要求更加灵活。在有年幼子女的家庭中，兼职或没有工作的女性比全职女性更有可能在家购物。在家购物者也许无法进行比较购物，也许无法亲自触摸、感受、试用或检验产品，关注服务（如退货），也许没有销售人员为他们解答问题。

2. 在线 / 移动购物者。在线购物者通常受过良好教育且收入高于平均水平（如第 6 章所述）。正如前文所述，在线购物不仅包含在线购买。例如，购物者可以在玩具反斗城的网站上寻找商品、查看价格和订购商品，还可以选择送货到家或到店取货。玩具反斗城拥有两个强大的电子商务网站：www.Toysrus.com 和 www.Babiesrus.com。这两个网站为顾客提供大量的玩具和婴儿用品，对 19 美元以上的商品提供免费配送服务，还为在线订购提供到店取货。除了网站，玩具反斗城还经营着 1 600 多家自营商店，在 39 个国家和地区拥有 250 家特许加盟店。[12]

3. 去外地购物者。**去外地购物**（outshopping）是指一个人离开家乡去外地购物，这一现象对当地及周边地区的零售商非常重要。前者想要尽可能减少购物者的这种行为，后者想要使之尽可能增加。去外地购物者通常比较年轻，是大家庭的成员，且新搬入所居住的社区。其收入水平和受教育程度因人而异。他们的生活方式与那些光顾当地商店的人有所不同。他们喜欢美食，喜欢旅游，非常活跃，喜欢光顾不同的商店，也喜欢阅读外地的报纸。他们看不上当地商店，却看好外地商店，这对郊区购物中心而言是重要的信息。不论是住在大社区还是小社区，去外地购物者都有相同的基本原因：交通便利、宽松的信用购买条件、商店多样化、产品品类丰富、价格较低、有大型连锁店、有娱乐设施、顾客服务水平高、产品质量好等。

购物态度和行为

本节探讨人们的购物态度、购物地点以及他们制定购买决策的方式。

购物态度

前人已经对人们的购物态度和动机进行了大量研究。购物态度在很大程度上影响人们在零售环境中的行为方式。零售商必须努力扭转人们持有的一些负面知觉。本节着重介绍一些研究成果。

购物乐趣

大体来说，现在人们不像以前那么喜欢购物了，但是仍有一些消费者喜欢购物，将其视为一种愉快的体验。在购物过程中寻求放松和/或乐趣的消费者可能会更喜欢价格较高的商品和服务，如全国性品牌和人气高的百货商店。关于在实体店购物情况下的购物乐趣、购物时长与商店规模之间关系的研究结果并不明确，但感知购物乐趣对网站访问时长和购买转换具有显著的正向影响。

那么，如何才能激发愉快的购物体验呢？为了提高钱包份额和顾客忠诚度，零售商必须应对这项挑战。通过评估商店的易达性和店内氛围（包括音乐、照明、商店设计、橱窗陈列、视觉商品经营和人员等），可以激发顾客的购物乐趣。购物乐趣的驱动因素因性别而异：男性寻求的是快速、高效的购物过程，女性通常更喜欢轻松的氛围。在网络零售环境中，使用3D虚拟模特、特写图片、放大功能和混合搭配功能等可以提高在线购物体验。[13]

对购物时间的态度

时间压力和紧急购买情况是影响零售购物乐趣和结果的重要情境因素。人口统计特征的改变（包括双收入家庭比例提高，以及由于工资停滞不涨而从事多份工作的人数增加）使消费者承受着长期的时间压力。研究显示，购物者在选择商品时通常以任务为导向，承受着时间压力，并且可能会依赖商品单价等经济线索。[14]此外，无论是在线购物还是在商店购物，零售商的产品品类数量和复杂性都能造成感知时间压力。零售商经常增加其产品品类以紧跟不断变化的顾客趋势，并面临着在品类“越多越好”还是“越少越好”之间的挑战性权衡。因此，零售商不应仅在商店氛围（如音乐、颜色、照明、气味和视觉商品经营等）方面增加投资，还应关注店址、停车设施和销售人员协助的效率，这些因素都可以缓解购物者的长期时间压力。[15]

谨慎乐观与贫富差距效应

不同收入水平的群体之间存在贫富差距。高收入消费者更有可能持有股票，当他们的投资获利时，他们会花更多的钱购买奢侈品。低收入消费者持有股票的可能性较小，并且工资增长乏力意味着他们的财务状况在过去几年中没有任何改善。对他们来说，对经济衰退的记忆挥之不去，这导致他们养成了更加谨慎的消费习惯，并倾向于通过减少贷款和能源消耗来节省额外的现金。这些消费者为了确保他们的金钱发挥最大的价值，往往会购买比较便宜的产品，更多去折扣店购物，有时，他们会延期或放弃利用可支配收入购买高价商品。这导致了零售的两极分化现象，即采用高端和低端战略零售商的经营状况好于采用中间战略的零售商。[16]

人们在购物过程中决定购买或不购买的原因

对零售商来说，确定购物者为什么不购买就离开是至关重要的。在线商店的一些消费者会将商品放在虚拟购物车里，后来却放弃了购买，这可能会导致高需求的快时尚产品的销售额下降。[17] 关于购物者行为的研究指出，无论是在实体店还是在线商店购物，消费者的购物目标决定其购物行为。购物目标因消费者及其购物情境而异，如产品购买的复杂性以及制定购买决策所需的时间。在一些购物情境下，消费者可能会进行目标导向的搜索以浏览和收集信息；在另一些情境下，他们会对商品进行比较并完成购买；在其他一些购物情境下，他们可能只是享受体验式浏览或只逛不买。消费者的购物目标也可能随购物环境而变化，如产品陈列或演示、味道或音乐等感官刺激[18]、价格、促销、与销售人员的互动以及店内其他购物者的行为等。

不同细分市场的购物态度

前人对消费者细分进行了大量的学术及商业研究。研究者对消费者进行细分的依据包括消费者特征（地理人口统计特征和心理统计特征）、购买数量 / 品种 / 频率、促销敏感性、搜索行为、购物价值、多渠道购买行为以及购后行为等。[19] 最近的一项研究考察了“明智”的购物活动，并识别出了三个明智的食品杂货购物者分类：参与型、自发型和冷漠型。

参与型购物者往往是婴儿潮世代，他们首先考虑的是如何节省时间和精力，对他们具有吸引力的通常是那些能够提供丰富的产品品类，以及通过特价、优惠券或批量定价等方式提供省钱机会的零售商。这类购物者会花更多时间计划想要光顾的商店，但在产品和品牌选择方面进行的信息搜索少之又少，因此具有享乐价值的店内购买活动（样品试用、店内咖啡馆等）是必不可少的。自发型购物者也主要是婴儿潮世代，他们进行购买前计划和信息搜索的可能性最低，但他们比冷漠型购物者更关心如何节省时间和精力。大部分的冷漠型购物者是 X 世代，他们不太可能具有时间意识，更有可能对市场知之甚少。该群体坚信他们是明智的购物者。他们比其他两个细分群体更有可能在购买前进行信息搜索，他们对价格非常敏感，可是对店内促销刺激通常没有计划或响应。

对自有品牌的态度

与制造商品牌相比，许多消费者认为自有（零售商）品牌一样好或更好。在美国和加拿大，自有品牌销售额占总销售收入的 1/6 以上。虽然该比例低于西欧地区（自有品牌的销售额占 30% 以上），但大部分的美国和加拿大消费者对自有品牌商品持有积极的看法：75% 的美国消费者和 73% 的加拿大消费者认为自有品牌商品完全可以替代全国性品牌；74% 的美国消费者和 66% 的加拿大消费者表示自有品牌商品物有所值；67% 的美国消费者和 61% 的加拿大消费者认为自有品牌商品的质量不逊于全国性品牌。[20]

人们的购物地点

消费者的光顾率因零售商类型而存在巨大差异，因此，企业必须识别出消费者最有可能去的购物场所，并据此进行战略规划。

许多消费者会采取**交叉购物**（cross-shopping），即在一年中通过多种零售业态购买同一产品类别，或者在一次购物之行中光顾多家零售店。第一种情况发生的原因是：这些消费者喜欢在一年中通过不同业态购物的那种感觉；他们的购物目标因情境而异（他们可能在购买日常服装时图便宜，在购买周末穿着的服装时图时尚）；哪里提供特价，他们就去哪里购物；他们有自己喜欢的某种零售业态，但其他家庭成员喜欢另一种。在一次购物之行中光顾多家零售店的原因是，消费者想要节省出行和购物时间。为了吸引人们光顾自己的商店，零售商竞相推出了可在竞争对手店内被激活的地理定位促销活动，因此消费者在店内购物期间越来越多地使用手机零售应用程序，这引发了更多的交叉购物。根据美国全国零售联合会的一项调查，智能手机用户利用移动零售应用程序进行最多的活动是搜索产品和比较价格（38%的智能手机用户）。位列第二的活动是查看店址、营业时间和购物须知等信息（28%的智能手机用户）。[21]

以下是一些交叉购物的例子。

- 超市的一些顾客也经常在便利店、全线折扣店、药店和食品专业店购买超市经营的商品。
- 百货商店的一些顾客也经常在工厂直销店和全线折扣店购买百货商店经营的商品。
- 大部分网络购物者也会从目录零售商、大众零售商、服装连锁店和/或百货商店那里购买商品。
- 消费者购买服装、家居用品、鞋、体育用品、个人护理用品以及为车辆加油时，交叉购物发生的频率非常高。

消费者决策过程

除了识别目标市场特征，零售商还应该了解人们如何制定决策。这要求它们必须熟知**消费者行为**（consumer behavior），即人们决定是否购买、购买什么、何时购买、在何处购买、如何购买、从谁那里购买以及商品和服务的购买频率。消费者行为受个人背景和特征的影响。

决策过程必须从两个不同的角度来加以理解：（1）消费者正在考虑购买什么商品或服务；（2）消费者打算去哪里购买（如果决定要购买）。消费者可以单独或同时做出这两个决策。如果是同时做出，消费者会在整个决策过程中依赖于零售商的支持（信息、产品品类、知识丰富的销售人员等）。如果决策是单独做出的（购买什么以及在哪里购买），消费者会在光顾一家零售店以前收集信息和建议，并将这家零售店仅视为购买地点之一（也就是说可能会轻易地更换零售店）。

在决定是否购买特定商品时（购买什么），消费者会考虑其功能、耐用性、独特性、价值和使用便利性等因素。在选择光顾哪家零售店购买商品时（在何处购买），消费者会考虑店址、商品品类、信用购买条件、销售帮助、营业时间和顾客服务等因素。因此，制造商与零售商面临着不同的挑战：制造商希望人们购买其品牌产品（购买什么），不论从哪家零售店购买（在何处购买）；零售商则希望人们在它的商店或非店铺销售点购买该产品（在何处购买），不论购买哪个制造商的品牌（购买什么）。

消费者决策过程（consumer decision process）由两部分组成：过程本身以及影响该过程的因素。该过程分为六个步骤：刺激、问题认知、信息搜索、备选方案的评估、购买及购后行为。消费者的人口统计特征和生活方式会影响该过程。完整的决策过程如图 7-3 所示。

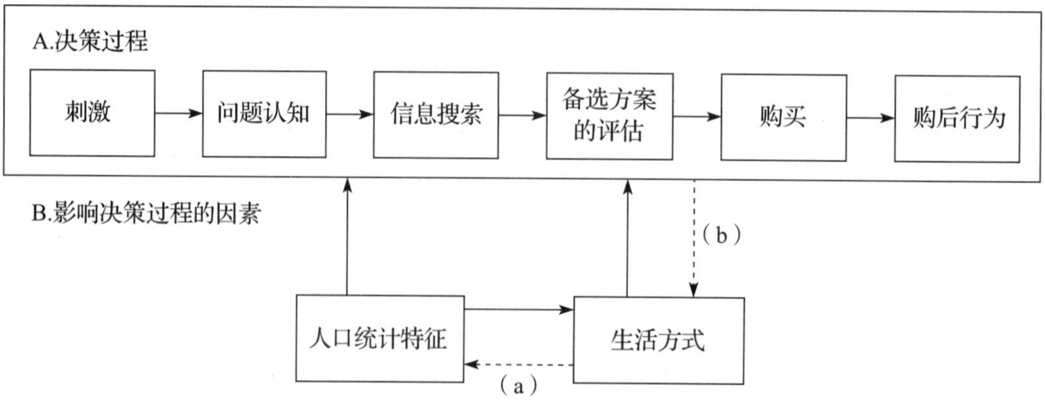

图 7-3 消费者决策过程

说明：实线箭头连接了决策过程的所有要素，并显示了人口统计特征和生活方式对该过程的影响。虚线箭头表示反馈：(a) 显示了生活方式对特定人口统计特征（如家庭规模、居住地点和婚姻状况等）的影响；(b) 显示了购买对生活方式特定要素（如社会阶层、参照群体和社会表现等）的影响。

最佳零售商在这一过程的所有阶段都会帮助购物者：刺激（在线广告）、问题认知（经营新商品）、信息搜索（销售点陈列和出色的销售人员）、备选方案的评估（产品之间的显著差异）、购买（接受信用卡支付）及购后行为（延长保修期和退款退货）。零售商在消费者决策过程中发挥的作用越大，消费者的忠诚度就会越高。

人们每次购买商品或服务时，都要经历一个决策过程。在一些情况下，决策过程的六个步骤都会被用到；在另一些情况下，只有几个步骤会被用到。例如，曾经在当地商店心满意足地购买过行李箱的消费者，再次购买时可能就不需要像从未购买过的人那样使用那么多的决策步骤了。

在图 7-3 所示的决策过程中，最终结果是购买。但是，潜在顾客有可能在任何一个环节决定放弃购买，从而终止决策过程。商品或服务可能是不需要的、令人不满意或过于昂贵。在讨论消费者使用决策过程的方式之前先解释整个过程。

刺激：**刺激**（stimulus）是激发或唤起人们采取行动的线索（社交性的或商业性的）或驱动力（生理的）。当一个人与朋友、同事或其他人交谈时，就会收到社交性线索。社交性线索的特殊属性在于它的来源是人际的、非商业性的。商业性线索是由零售商或其他一些卖家发出的信息。广告、推销辞令和店内陈列都是商业性刺激。由于这类线索是由卖家控制的，消费者对这类线索的重视程度可能不如社交性线索。第三类刺激是生理驱动力。当一个人的一个或多个生理感官受到影响时，这种驱动力就会产生。饥饿、口渴、寒冷、酷热、疼痛或恐惧都能形成生理驱动力。潜在消费者可能会接触任何一种或所有这三种刺激。如果被唤起（或被激发），消费者就会进入决策过程的下一个步骤。如果没有被充分唤起，消费者就会忽略该刺激，并终止针对特定商品或服务的决策过程。

问题认知：在**问题认知**（problem awareness）阶段，消费者不仅被社交性、商业性

和 / 或生理刺激唤醒，还认识到正在考虑购买的商品或服务可以解决某种短缺问题或满足未实现的欲望。弄清楚消费者从刺激阶段进入问题认知阶段的动机也许很难。在同一零售店购物或者购买同一种商品或服务的人很多，但他们的理由也许大相径庭；他们可能不知道自己的动机，也可能不愿告诉零售商他们在那里购物或购买特定商品的真正原因。

当人们发现需要再次购买一种商品或服务时就是认识到了短缺。商品可能会磨损得无法修复，或者消费者可能会用光牛奶等商品。如果商品（如汽车）需要维修，服务可能就是必要的。当人们注意到一种从未购买过的商品或服务，或者一家从未光顾过的零售店时，就是认识到了未实现的欲望。一件商品（如隐形眼镜）可能会以一种前所未有的方式改善消费者的生活方式或自我形象，或者可能具备新的功能（如声控笔记本电脑）。人们针对未实现的欲望采取行动时会犹豫不决，因为难以看清风险和利益。当认识到一种短缺或未实现的欲望时，仅当这个问题值得解决时，人们才会采取行动，否则，决策过程就会终止。

信息搜索：如果认识到的问题值得进一步考虑，人们就会搜索信息。**信息搜索**（information search）包括两部分：（1）确定可以解决当前问题的备选方案（以及在哪里能买到它们）；（2）确定各备选方案的特征。

首先，消费者需要制定一份可以解决短缺问题或未实现欲望的商品或服务的清单。这个清单不需要非常正式，它可能是消费者正在考虑的一组备选方案。购买经验丰富的消费者通常会通过记忆搜索来确定令人满意的商品或服务以及零售商。缺乏购买经验的消费者通常会通过外部搜索来制定备选方案及零售商的清单。这种搜索可能涉及商业来源（如销售人员）、非商业来源（如杂志《消费者报告》（*Consumer Reports*））及社会来源（如朋友）。然后，消费者会收集关于各个备选方案特征的信息。经验丰富的购物者会从记忆中搜索各个备选方案的属性（利与弊）。缺乏经验或面对许多不确定因素的消费者会从外部搜索信息。

信息搜索的使用程度在一定程度上取决于消费者在购买特定商品或服务时所感知到的风险。风险大小因个人和情境而异。在一些情况下，它无关紧要；在另一些情况下，它却非常重要。零售商的作用是提供足够的信息，使购物者能够轻松地制定决策，降低感知风险。购买点广告、产品陈列和知识丰富的销售人员都可以为消费者提供所需信息。

消费者完成信息搜索后，必须确定当前的短缺或未实现欲望能否通过备选方案来满足。如果其中一个或多个备选方案令人满意，消费者就会进入决策过程的下一步。如果没有发现令人满意的商品或服务，消费者就会终止这个过程。

备选方案的评估：接下来，消费者将在备选方案中进行挑选。如果某个备选方案在所有属性上都优于其他方案，选择起来就比较容易。与价格高且质量一般的商品相比，质量好且价格低的商品显然是一种更好的选择。然而，选择并非总是这么简单，消费者需要在做出决策之前进行**备选方案的评估**（evaluation of alternatives）。如果两种或多种备选方案看起来都很有吸引力，消费者就需要设定评估标准及其权重，然后据此对备选方案进行排序，并做出最终选择。

决策标准是那些得到消费者重视的商品或服务属性，如价格、质量、适合度和耐用性等。消费者为这些属性制定标准，并根据每个备选方案满足这些标准的程度进行评估。消费者还需要设定每个标准的权重，这些属性的权重通常因人而异。一个消费者可能认为价格最重要，另一个消费者则更重视质量和耐用性。

现在，消费者就可以按照从最喜欢到最不喜欢的顺序对备选方案进行排序并选择其中之一。有时，消费者很难对属性进行评估，因为它们是技术性的、无形的、不熟悉的或标注不清的。一旦出现这种情况，消费者通常会根据价格、品牌名称或商店名称来判断质量，并据此标准做出选择。消费者将备选方案进行排序之后，就会选择最令人满意的那个。如果没有符合条件的备选方案，消费者就会做出放弃购买的决策。

购买行为：做出最佳选择后，消费者将实施**购买行为**（purchase act），即为了获得商品或服务的所有权或使用权而付款或做出付款承诺。在这个步骤，消费者仍要做出重要的决策。对零售商来说，消费者的购买行为可能是决策过程中最关键的一步。消费者主要考虑三个因素（见图 7－4）：

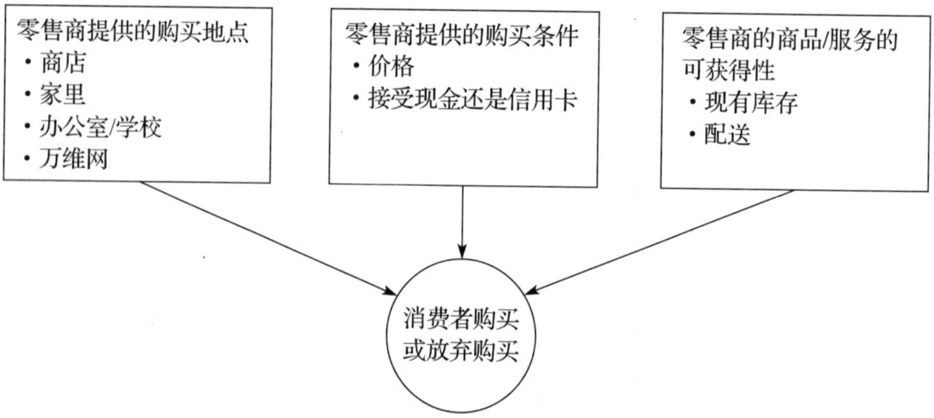

图 7－4 购买行为中的关键因素

1. 购买地点：它既可能是一家商店，也可能是一个非商店地点。在商店购买的商品比通过无店铺零售购买的商品要多得多，尽管后者正在迅速增长。对购买地点的评估方式与对商品或服务的评估方式相同：列出备选方案，确定它们的属性，将它们进行排序，然后选择最称心的地点。选择店铺零售商的标准包括店址、商店布局、顾客服务、销售帮助、商店形象和价格等。选择无店铺零售商的标准包括形象、顾客服务、价格、营业时间、互动性和便利性等。消费者将在综合来看最符合标准（由消费者制定）的零售商那里购物。

2. 购买条件：包括价格和支付方式。价格是消费者为了获得商品或服务的所有权或使用权而必须支付的货币金额。支付方式是指支付价格的方式（现金购买、短期信用购买、长期信用购买）。

3. 可获得性：它与现有库存和配送有关。现有库存是指一个购买地点所持有的某种商品的数量。配送是指从订购商品到收到商品之间的时间间隔，以及将商品运输到使用地点的难易程度。

如果消费者对购买行为的这三个因素都感到满意，就会购买该商品或服务。如果对购买地点、购买条件或可获得性存在不满，消费者即使对商品本身满意，也可能不会购买。

购后行为：购买商品或服务后，消费者可能会实施**购后行为**（post-purchase behavior）。购后行为包括两类：进一步购买或重新评估。有时，购买一件商品会引起更多的购买，决策制定会一直持续到最后一次购买。例如，消费者购买汽车之后会购买保险；在购物者购买了主要商品或服务之后，采用跨界商品经营的零售商可以刺激购物者进一步购买其他产品。

消费者也可以对一次购买进行重新评估：商品性能是否符合承诺？实际属性是否满足消费者的期望？零售商的行为是否符合预期？通常，如果对一次购买感到满意，消费者就会产生满足感，当商品或服务损耗殆尽时会再次购买，也会在朋友面前给出对该商品或服务的积极评价。如果不满意，消费者可能会不愉快，更换品牌或商店，在朋友面前给出对该商品或服务不利的评价，也可能会在网络上发布负面的帖子。后一种情况（不满意）也许起因于**认知失调**（cognitive dissonance），即怀疑自己是否做出了正确决策。消费者可能后悔进行了这次购买，或者希望当初做出的是另一种选择。为了克服消费者的认知失调或不满意，零售商必须认识到，消费者决策过程不会随着购买而结束。对顾客的售后关怀（通过电话、服务回访或电子邮件）与完成销售一样重要。当商品颇为昂贵或重要时，售后关怀具有更重要的意义，因为消费者确实希望自己的选择是正确的。此外，可供选择的备选方案越多，决策后产生怀疑的可能性越大，售后关怀也就越重要。百货商店率先推出了退款保证举措，顾客在出现认知失调时可将商品退掉。

实事求是的销售演示和广告活动也能降低消费者购买后的不满意度，因为消费者的期望不会超过现实。如果零售商使消费者产生了过高的期望，消费者更容易不愉快，因为商品性能达不到承诺的水平。诚实的销售演示加上良好的售后顾客关怀，有助于减少或消除消费者的认知失调和不满。

消费者的决策类型

消费者每次购买一种商品或服务或光顾一家零售店时，都会使用某种形式的决策过程。通常这个过程是潜意识的，人们根本意识不到。此外，该过程受消费者特征的影响。经验丰富的年长消费者在制定一些决策时不会像年轻人一样花费那么多时间。受过良好教育的消费者会在决策前查询许多信息（越来越多地利用网络）。高收入消费者制定决策所花费的时间更短，因为一旦不满意，他们有能力再次购买。在有子女的家庭中，每个成员都可以参与决策，这会延长决策过程。具有阶层意识的购物者可能对社会信息来源（包括社交媒体）感兴趣。具有低自尊或高感知风险的消费者可能会详细使用决策过程的所有步骤。承受时间压力的消费者则会略过一些步骤以节省时间。

决策过程也因情境而异。购买新房子通常意味着全面经历决策过程的每个步骤，因为不论消费者的背景如何，其感知风险都很高。在购买快餐时，消费者经常会略过一些步骤，因为不论其背景如何，其感知风险都很低。决策过程分为三种类型：扩展型决策、有限型决策和常规型决策。

扩展型决策（extended decision making）是指消费者充分地利用决策过程。消费者在购买前会花大量时间收集信息以及对备选方案（包括购买什么和在何处购买）进行排序，但产生认知失调的可能性很大。这类决策通常用于购买人们缺乏购买经验的昂贵且复杂的商品，因此各类感知风险都很高。需要采用扩展型决策的商品包括房屋、第一辆车和人寿保险等。在决策过程的任何一个步骤，消费者都有可能终止该过程；对于昂贵且复杂的商品，这种情况经常发生。消费者特征（如年龄、受教育程度和收入等）对扩展型决策的影响最大。

房地产经纪商和汽车经销商等零售商的顾客往往会采用扩展型决策，这些零售商非常重视人员销售和印刷材料等宣传方式，以提供尽可能多的信息。低调的信息传播方式可能是最佳的，这样购物者就不会感觉到有压力。零售商还可以提供各种融资方案，通过这种方式，消费者的感知风险会降至最低。

采用**有限型决策**（limited decision making）时，消费者会使用购买决策过程的所有步骤，但不会在每个步骤上花费大量时间。由于消费者通常在选择品牌和零售商方面具备一些经验，制定这类决策所需的时间比扩展型决策要少。这类决策通常用于购买那些消费者曾经购买过，但不是定期购买的商品。消费者的感知风险水平适中，并且愿意为购物花费一些时间。消费者可能会根据自己的欲望和标准优先评估那些已知的备选方案，不过对一些人来说，信息搜索仍然至关重要。需要采用有限型决策的商品包括第二辆车、服装、礼物和度假产品等。消费者特征会影响这类决策，但其影响程度随着感知风险的降低和经验的增加而减弱。收入、购买的重要性及购买动机也发挥着重要作用。

对于那些想要改变人们的购物行为以及经营人们曾经购买过的商品和服务的百货商店、专业店及无店铺零售商来说，这种决策至关重要。购物环境和商品品类非常重要。销售人员应随时准备回答消费者的问题，并帮助消费者区分不同品牌或型号。

常规型决策（routine decision making）是指消费者出于习惯而购买，并略过购买决策过程中的一些步骤。消费者不愿意在购物上花费时间，并且通常会从同一零售商那里重复购买同一品牌产品。这类决策通常用于购买那些消费者定期购买的商品。由于消费者具备经验，其感知风险非常低。这类决策的关键步骤是问题认知。当消费者意识到需要某种商品或服务时，通常会自动进行重复购买。信息搜索、备选方案的评估及购后行为不大可能发生。只要消费者感到满意，这些步骤就不会被采用。需要采用常规型决策的商品包括食品杂货、报纸和理发等。消费者特征对这类决策的影响很小。问题认知几乎不可避免地会引发购买行为。

这类决策对超市、干洗店和快餐店等零售商最为重要。对它们来说，以下战略要素非常关键：有利的店址、较长的营业时间、清晰的产品陈列以及最重要的——产品可获得性。广告应以提醒为导向。零售商的主要任务是快速并准确地完成交易。

冲动购买和顾客忠诚

冲动购买和顾客忠诚值得特别关注。**冲动购买**（impulse purchases）是指消费者购买那些在他们光顾商店、阅读邮购目录、观看电视购物节目和浏览网站等之前并没有购买计划的产品。消费者的决策至少在一定程度上会受到零售商的影响。冲动购买分为三种类型：

- 完全计划外：在与零售商接触前，消费者并没有购买某种商品或服务的意图。
- 部分计划外：在与零售商接触前，消费者已决定购买某种商品或服务，但没有选定品牌或型号。
- 计划外的替代品：消费者有意购买某个特定品牌的商品或服务，但在与零售商接触后转换了品牌。

在后两种冲动购买中，一些决策是在消费者与零售商互动之前制定的。在这种情况下，购物者可能采用扩展型决策、有限型决策或常规型决策。完全计划外的冲动购买通常涉及常规型或有限型决策，消费者在购物上几乎不花费时间，关键步骤是问题认知。

用于销售冲动购买商品的有店铺零售商的传统战略是将杂志、礼品卡、电池和糖果摆放在收银机附近。但是，这种战略不像过去那么成功了，因为越来越多的消费者开始在网上购物，或者消费者会制定一份不包括这些商品的购物清单，根据这个清单订购送货上门的商品。[22]

在研究冲动购买时，以下是零售商应该考虑的一些消费者态度和行为模式：

- 消费者的购物时间影响店内浏览。
- 一些人比另一些人更有可能进行冲动购买。
- 消费者冲动购买的主要原因是利用低价 / 便宜货的机会。冲动购买不应再被视为轻率的行为，它日益代表着一种精明的机会主义。
- 冲动购买受商店布局的影响。Old Navy 对其许多商店进行了重新布局，这样购物者就可以更轻松地在店内穿行并接触更多产品。
- 冲动购买取决于消费者是否相信折扣是真实的。
- 冲动购买并不局限于在商店内进行，可以增加网络冲动购买的战略有多种，如创建吸引人的、信息丰富的网站，简化购物过程（如亚马逊的一键购买），提供免费配送，以及根据过去的购买情况、居住地等确定目标购物者。[23]

顾客忠诚（customer loyalty）是指顾客会定期光顾其了解、喜欢和信任的特定零售商(有店铺或无店铺)。这会简化消费者的决策过程，因为他们不必花时间去了解和选择零售商。忠诚顾客往往具有时间意识（例如，通常只在当地购物）；不经常去外地购物；每次购物的消费额较高。在汽车维修店这样的服务行业中，顾客满意通常会引发顾客忠诚；价格对决策的影响较小。有效地应用这个零售概念可以增加获取和维系顾客的机会。这意味着零售商必须以顾客为导向、协调运营、注重价值。关系零售也会有帮助！

顾客对零售商的忠诚可以分为五个等级：虚假忠诚、惯性忠诚、隐性忠诚、高度忠诚和互惠忠诚。在虚假忠诚情况下，只有零售商提供特价销售或促销时，顾客才会从该零售商处购买。在惯性忠诚情况下，顾客忠诚于某个零售商的主要原因是，店铺零售商的店址便利，或网络零售商可以提供方便的订购和配送方式。隐性忠诚的顾客对零售商是忠诚的，但他们是轻度购物者。高度忠诚的顾客是重度购物者，并且会在亲朋好友中积极地为零售商做宣传。最忠诚的购物者是互惠忠诚的顾客，通过成为零售商的宣传者、进行重度购买、成为会员以及参与奖励计划等方式，他们与零售商保持着密切的关系。[24]

令人遗憾的是，许多零售商采用的是千篇一律的忠诚计划，通常利用金钱奖励刺激顾客重复购买。但是，对于那些对私人服务或便利性要求更高的消费者来说，降价通常不会改变其长期购买行为。一些购物者因限时降价从某个零售商处购买之后，往往会回到他们通常购物的零售商那里。维持顾客忠诚的一种更好的策略是，根据购物者的特定需求提供具有针对性的奖励。具有针对性的奖励包括商品和服务升级、在线商店的免费配送、通过手机应用程序发送的信息以及更有效地提高顾客的参与度和忠诚度。[25]

零售商的行为

正如第 3 章所述，在大众营销中，超市或药店等零售商向广大消费者销售商品和服务而不是将营销努力集中在任何一类消费者身上。在集中营销中，零售商针对某个特定消费者群体（如年轻的职业女性）的需求定制战略，而不会试图满足该细分市场以外的消费者。在差异化营销中，零售商针对两个或更多存在差异的消费者群体（如男士和男孩）分别采用不同的战略组合，如经营多种类型的分店（如分别经营男士服装店与男孩服装店），或在一家商店（如百货商店）内根据细分市场设立不同的商品部门。在确定目标市场战略时，零售商应考虑其商品 / 服务的类别和经营目标、竞争对手的行为、各细分市场的规模、对特定企业而言每个可选目标市场的效率、所需资源和其他因素。

在确定目标市场战略后，零售商需要选择它想要吸引的目标市场，识别该目标市场的特征、需求和态度，努力去了解目标顾客如何制定购买决策，并采取适当的行动。图 7－5 展示了制定目标市场战略的过程。

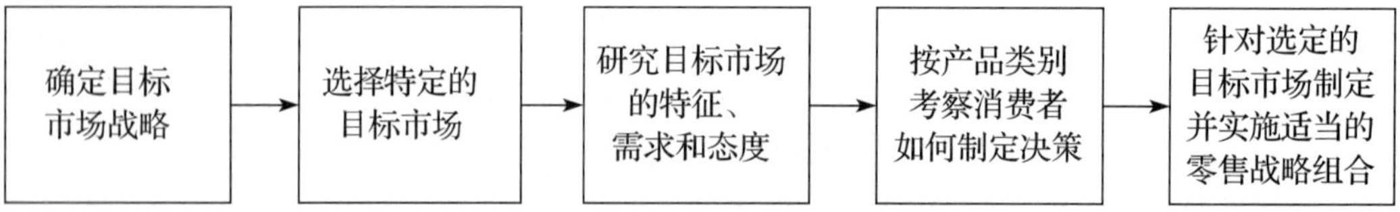

图 7－5　制定目标市场战略

接下来介绍几个零售商针对目标市场采取行动的例子。

采用大众营销战略的零售商

沃尔格林连锁药店和科尔士百货公司采用的都是大众营销战略。下面对二者展开讨论。

沃尔格林博兹联合公司是一家全球公司，在 11 个国家拥有超过 13 100 家药店（沃尔格林（Walgreens）、杜安雷德（Duane Reade）、博兹（Boots）和联合医药（Alliance Healthcare）等品牌）。该公司吸引了广泛的顾客。3/4 的美国人口居住在距离一家沃尔格林或杜安雷德药店 5 英里范围内。为了吸引广泛的顾客群体，沃尔格林博兹联合公司开设了许多便利店，除了药品和保健产品，还提供种类繁多的消费品，同时也提供在线购买。该零售商网站的月均访问量高达 6 800 万次。[26]

科尔士是一家广受欢迎的日用品零售商，也采用大众营销战略。其关键的战略要素包括销售中等价位的自有品牌商品、独家品牌和全国性品牌服装以及女士、男士和儿童鞋类及配饰。所有科尔士商店的商品组合都是一致的（因满足地区偏好而产生的一些差异除外）。[27]

采用集中营销战略的零售商

接下来讨论 Dollar Tree 和 Claire’s Stores，这两家公司采用的都是集中营销战略。

Dollar Tree 在收购了 Family Tree 之后，成为美国首屈一指的折扣杂货店零售商，在美国的 48 个州和加拿大的 5 个省拥有约 13 000 家门店。Dollar Tree 商店的目标顾客群体是居住在郊区的中低收入阶层。这些商店的商品售价均为 1 美元。为了提高客流量，该公司还不断地在商店中添设冰柜和冰箱。其 Family Dollar 分店则向城市和农村地区的低收入顾客销售日用品。这些商店通过提供物有所值的日常用品及便利的购物体验，以一种“邻里折扣店”的形象服务于顾客。[28]

Claire's Stores 公司以 Claire's 和 Icing 的品牌名称经营着近 3 000 家商店。其中，Claire's 商店专门经营适合年轻女性、青少年和儿童的时尚珠宝和配饰（包括耳环、项链、手镯、戒指和其他身体部位佩戴的珠宝）。Icing 商店则销售女士时尚配饰和发饰（包括珠宝、化妆品和手表）。[29]

采用差异化营销战略的零售商

最后讨论 Foot Locker 和盖璞，这两家公司采用的都是差异化营销战略。

除了主流的 Foot Locker 商店，其母公司 Foot Locker 还专门针对女士和儿童经营着一些连锁店，其中，Lady Foot Locker 提供运动鞋和品牌服装以及专为跑步、散步、塑身和健身设计的休闲服装。Kids Foot Locker 则经营“众多品牌的适合青少年运动健儿的运动鞋类、服装及配饰，其商店专门采用了一种能够吸引父母和孩子的氛围”。[30]

盖璞公司也采用差异化营销战略，其旗下品牌包括盖璞（“提供简洁的、经典的服装和配饰以帮助顾客展现自己的个人风格”，包括盖璞成人、盖璞幼儿、盖璞婴儿、盖璞孕妇、盖璞塑身和盖璞运动等系列）、Banana Republic（工艺精致且用料奢华的服装、鞋类、手袋和时尚配饰）、Old Navy（价格低于盖璞的时装和配饰，但款式更时尚）、Athleta（女士运动和健身服装）和 Intermix（来自新兴和成熟设计师的款式）。[31]

影响消费者的环境因素

影响消费者购物态度和行为的环境因素包括：

- 经济状况。
- 消费者对未来的信心。
- 居住国家（工业化国家与发展中国家）。
- 消费者居住地区或城市的生活费用。
- 通货膨胀率（价格上涨的速度）。
- 购物地点的基础设施，如交通拥堵状况、犯罪率及停车便利性等。
- 零售商之间的价格战。
- 新零售业态的出现。
- 新技术的出现。
- 越来越多的人在家办公的趋势。
- 政府和社区关于营业时间、新建筑工程、消费者权益保护等方面的法规。
- 社会价值观和规范的演变。
- 零售商网站或移动应用程序上的数字化程度及购物便利性。

虽然这些因素不一定会对任何特定的购物者产生影响，但它们确实会影响零售商的整体目标市场。

零售商在针对顾客规划零售战略时，必须考虑顾客的生活水平（包括家庭规模），购买保健、娱乐及社会服务产品后剩余的可支配收入，以及消费者对未来财务状况的信心。失业、工资低、拥挤的居住条件及生理缺陷都有可能降低生活水平，社会福利的增加和工资上涨则会提高生活水平。生活水平因国家而异，零售商有时会通过分析人均收入或其他一些指标进行跨国比较。

关键术语

人口统计特征（demographics）
生活方式（lifestyles）
可支配收入（discretionary income）
文化（culture）
社会阶层（social class）
参照群体（reference groups）
家庭生命周期（family life cycle）
居住单位生命周期（household life cycle）
个性（personality）
阶层意识（class consciousness）
态度 / 观点（attitudes/opinions）
感知风险（perceived risk）
动机（motives）
去外地购物（outshopping）
交叉购物（cross-shopping）
消费者行为（consumer behavior）
消费者决策过程（consumer decision process）
刺激（stimulus）
问题认知（problem awareness）
信息搜索（information search）
备选方案的评估（evaluation of alternatives）
购买行为（purchase act）
购后行为（post-purchase behavior）
认知失调（cognitive dissonance）
扩展型决策（extended decision making）
有限型决策（limited decision making）
常规型决策（routine decision making）
冲动购买（impulse purchases）
顾客忠诚（customer loyalty）

讨论题

1. 评论以下陈述："面对不确定的经济前景，竞争激烈的零售业迫于消费者的压力，不得不展开业务竞争。在这种环境中，只有那些适应性最强并真正倾听顾客需求的零售商才能获得生机。"
2. 解释销售昂贵自行车的零售商应如何降低六类感知风险。
3. 对零售商来说，为什么理解消费者需求与欲望之间的差异很重要？
4. 为什么一些消费者热衷于去外地购物？如何才能鼓励他们在离家更近的地方购物？
5. 交叉购物对零售商有利还是有弊？解释你的答案。
6. 描述购买下列商品或服务时的消费者决策过程：智能手机、草坪护理服务和日常佩戴的手表。你的回答中应包括"购买什么"和"在何处购买"。在每个例子中，决策过程中的哪个步骤对零售商最重要？解释你的答案。
7. 三种类型的冲动购买之间有何区别？请各举一例。
8. 比较超市采用的大众营销战略与保健食品店采用的集中营销战略，它们成功的关键分别是什么？
9. 光顾附近的 Modell's 商店或浏览其网站（www.modells.com），然后描述该公司的目标市场战略。
10. 对零售商来说，为什么了解生活水平的复杂性很有价值？

R E T A I L　M A N A G E M E N T

第8章

零售业的信息收集和处理

学习目标

» 讨论信息在零售分销渠道中的流动方式。
» 说明为什么零售商应避免在信息不足的条件下制定零售战略。
» 研究零售信息系统、其组成部分及其最新进展。
» 介绍营销调研过程。

优秀的零售商都认识到，它们应在收集并分析关键信息后再制定决策，而不应仅凭直觉做出决策。越来越多的事实证明，反馈可以在决策过程中持续发挥至关重要的作用，甚至在获取竞争情报方面也是如此。

虽然许多零售商在顾客满意方面只是做做表面文章，但也有一些零售商付出了真正的服务努力。“口惠而实不至的零售商”会公开表示顾客服务很重要，却不授权给员工；它们认为只要没有遭到顾客抱怨，就说明顾客服务进展顺利；或者它们会出于成本考虑而拒绝投资于服务保障计划。相反，真正的服务是以顾客满意为基础获得高水平的长期顾客忠诚。

区分这两者的一种方法是，看看零售商会为顾客付出多少努力。它能否做到《波士顿环球报》(*Boston Globe*) 的记者和其他员工最近为读者所做的那种程度？在多次遭到订阅者抱怨“普遍的投递问题”后，《波士顿环球报》的管理层在编辑部内呼吁志愿者投递星期日的报纸，此举得到了热烈的响应。营销和广告部门的编辑、记者、网络策划专员和其他一些员工纷纷前往报社的三个配送中心，将星期日报纸堆满自己的汽车，然后在城市的各个角落分发出去。一位记者表示：“令人难以置信的是，这么多人都宁愿放弃睡眠，因为我们非常关心我们的读者。”

零售员工以超越顾客期望的方式取悦顾客的故事屡见不鲜。有一次，诺德斯特龙百货商店的一位裁缝帮助一个伴娘改制了一件并非在诺德斯特龙购买的礼服，只为了让她穿起来合身。在另一个例子中，丽思卡尔顿酒店（Ritz Carlton）的一名服务员专程驾车赶往机场，将一位客人落在酒店房间里的贵重物品送过去。你经常光顾的零售商在收到顾客反馈后会为了使顾客满意付出多少努力呢？[1]

资料来源：Kheng Guan Toh/Shutterstock. Reprinted by permission.

概　述

当零售商制定新战略或调整现有战略时，收集和处理信息是至关重要的，因为这可以降低错误决策的概率。为了制定最佳规划，零售商可以研究现有及潜在顾客的特征和购买行为、可选的店铺和非店铺地址、商店的管理和运营、经营的产品、价格、商店形象及促销等。

在很大程度上，调研活动取决于风险水平。虽然百货商店开设新分店的风险很大，但该零售商关于是否经营一条新的毛衣产品线的决策风险就小得多。对于前者，公司可能需要投入数千美元的调研费用和数月的研究时间；对于后者，有限的调研就足够了。

信息收集和处理工作应持续进行，这样才能获得足够的数据以进行规划和分析。思考以下例子：越来越多的零售商开始收集店内地理围栏数据和移动信标数据，然后将这些数据与来自更传统来源的信息结合起来。利用地理围栏技术，零售商可以跟踪已经离店的顾客。移动信标技术 iBeacon 则可以帮助零售商跟踪店内顾客。

零售商还在研究通过网站、电子邮件互动和销售点数据跟踪顾客行为，这样它们就可以将线上和线下的顾客行为信息整合起来，以获取顾客洞见并在多种渠道中提供个性化的购物体验。[2]

本章首先考察零售分销渠道中的信息流并说明调研不足的后果，然后介绍零售信息系统、数据库管理和数据仓库，最后详细讨论营销调研过程。

零售分销渠道中的信息流

在高效的零售分销渠道中，信息可以自由且高效地在以下三者之间流动：供应商（制造商和 / 或批发商）、零售商和消费者。这有助于各方更好地预测和实现彼此的绩效期望。图 8 - 1 显示了零售分销渠道中的信息流，接下来分析各方的信息需求。

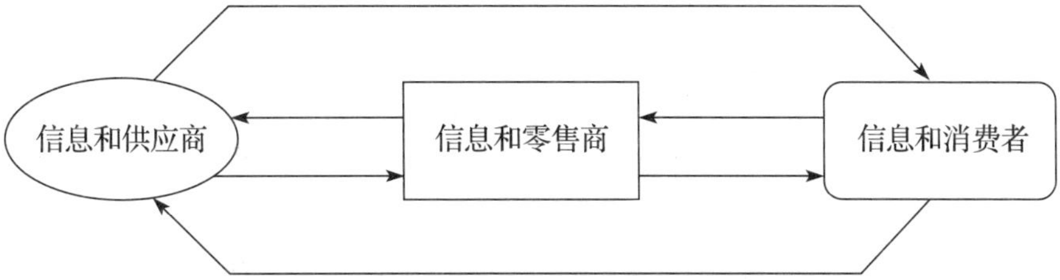

图 8 - 1 信息在零售分销渠道中的流动方式

供应商需要了解多种信息。从零售商处，供应商需要得到商品类别销售额的估计值、库存周转率、关于竞争对手的反馈、顾客退货水平等信息。从消费者处，供应商需要了解消费者对特定款式和型号的态度、品牌忠诚度、以高价购买优质商品的意愿等。

零售商也需要了解多种信息。从供应商处，零售商需要得到新型号或型号变更方面的提前通知、有关复杂产品的培训材料、销售额预测、涨价的理由等信息。从消费者处，零售商需要了解人们从该零售商处购物的原因、他们喜欢与不喜欢该零售商的哪些方面、人们还去哪些零售商处购物等。

消费者同样需要了解多种信息。从供应商处，消费者需要得到安装和操作指南、保修范围、去哪里投诉等信息。从零售商处，消费者需要了解不同备选产品之间的差异、特定商品摆放在商店的什么位置、可接受的付款方式，以及特价商品售罄时，承诺补货后可继续以特价购买的政策等。

零售商通常在为价值传递链中的其他成员收集数据方面发挥着至关重要的作用，因为它们与购物者有最直接的联系。零售商可以通过以下方式协助其他渠道成员：

- 允许在它们的营业场所收集数据。许多调研公司喜欢在购物中心开展调查，因为那里的购物者群体庞大且范围广泛。
- 收集供应商所需的特定数据，如购物者对产品陈列的反应。
- 传递关于购买特定品牌和型号的消费者特征的信息。由于许多信用交易都涉及零售商信用卡，这些零售商可以将消费者的购买行为与其年龄、收入、职业等因素联系起来。

为了实现最佳信息流，协调与合作（尤其是供应商与零售商之间）必不可少，但这并非总是那么容易。供应链系统、过程及基础设施的管理，以及从传统的店铺经营到全渠道零售的转型，都是既复杂又困难的。供应链的各职能部门之间缺乏可见度，零散、不完整、不充分的数据，以及依赖于手工流程的现有系统和基础设施等，都不太适合全渠道零售。这导致现有零售商与新零售商进行有效竞争的能力有限，因为那些后起之秀采用的是专门为全渠道零售而设计的系统。[3]

幸运的是，许多零售商正在努力提高它们的信息共享工作力度。沃尔玛在零售业的许多方面都处于领先地位。数千家供应商可以通过其密码保护的在线“零售链”（Retail Link）系统访问沃尔玛的数据库，这套系统每周可处理数十万次信息查询。“零售链”系统旨在促进库存计划与产品配送之间的更多协作，这正是沃尔玛信息共享工作的关键。[4]

避免在信息不足的条件下制定零售战略

迫于时间和成本压力以及调研技巧的匮乏，零售商可能会依赖于非系统的或不完善的信息收集方式，其结果也许是毁灭性的。例如：

- 凭借直觉：一家电影院不论何时一律收取 10 美元的票价。经理认为，所有观众观看的都是同一部电影，那么周一日场与周六夜场的票价就应该相同。然而，如果她查看一下电影院信息系统中的数据就会发现，周一的上座率要低得多。因为人们更喜欢周六的夜场，所以他们愿意在周六花 10 美元去看一场电影。在工作日，电影院需要采取一些吸引顾客的策略，降低票价就是其中一种方法。
- 墨守成规：由于上一年的销售疲软，一家玩具店在为节日期间订货时颇为保守。结果，该商店在销售旺季前两周就已将商品全部售空，并且无法在节日前及时收到补货。商店所有者认为，上一年的销售不佳情况还会再度发生。其实，只要进行一项消费者调查就能揭示出消费者的一种乐观心态以及更强烈的送礼愿望。
- 效仿竞争对手的成功战略：一家当地的书店决定降低畅销书的价格，以跟随亚马逊网站的价格。结果，这家书店严重亏损，以至于不得不倒闭，因为它的成本太高，根本无法与亚马逊相比。该企业忽视了自身的竞争优势（人员服务、顾客至上的氛围以及长期的社区关系）。
- 仅凭少数人的观点制定决策：一家家族礼品店决定召开一次家庭会议，以确定下一年要经营的产品品类。每个家庭成员都发表了意见，然后他们制定了一份整体采购清单。有时，他们选择的产品符合经营目标；另一些时候，这些产品会大量积压。通过参加贸易展销会以及阅读行业出版物，该家族企业本可以更好地制定决策。
- 想当然地认为成功企业可以轻易扩张：一家网络零售商在小家电和便携电视方面经营得很好。它在顾客中拥有良好的声誉，并希望借此增加其他产品线。不料，新增的定制家具产品线的销售惨淡。如果该企业事先进行调研就会发现，人们会通过网络购买标准化的品牌商品，但不愿意用这种方式购买定制家具。
- 没有很好地解读消费者知觉：一家花店将开了两天的鲜花价格从每打 17 美元降至 5 美元，理由是它们的花期更短，但这些花卖不出去。该花商以为，搜寻便宜货的消费者会愿意购买这些鲜花作为礼物送人或者用于插花。但是，由于缺乏调研，他未能意识到人们认为不新鲜的花的质量差。极低的价格实际上会使顾客望而却步！

从这些例子中能得出什么结论呢？那就是，信息不足会导致企业制定和实施糟糕的战略。通过采用精心设计的零售信息系统，以及进行有效的营销调研，这些情况是可以避免的。

零售信息系统

数据收集和分析不应被视为单一零售问题的一次性解决方案，应是持续的整合过程的一部分。**零售信息系统**（retail information system，RIS）可以预测零售管理人员的信息需求，持续地收集、整理和存储相关数据，并将信息流引向适当的决策制定者。

接下来讨论以下几个主题：建立和采用零售信息系统、数据库管理，以及利用通用产品代码（UPC）和电子数据交换（EDI）收集信息。

建立和采用零售信息系统

图 8－2 显示了一个通用的零售信息系统。零售商首先确定其经营理念和目标，这些理念和目标受环境因素（如竞争对手和经济状况）的影响。经营理念和目标可以提供战略规划的指导方针。一些战略是常规性的，几乎不需要重新评估；另一些则是非常规性的，每次都需要进行评估。

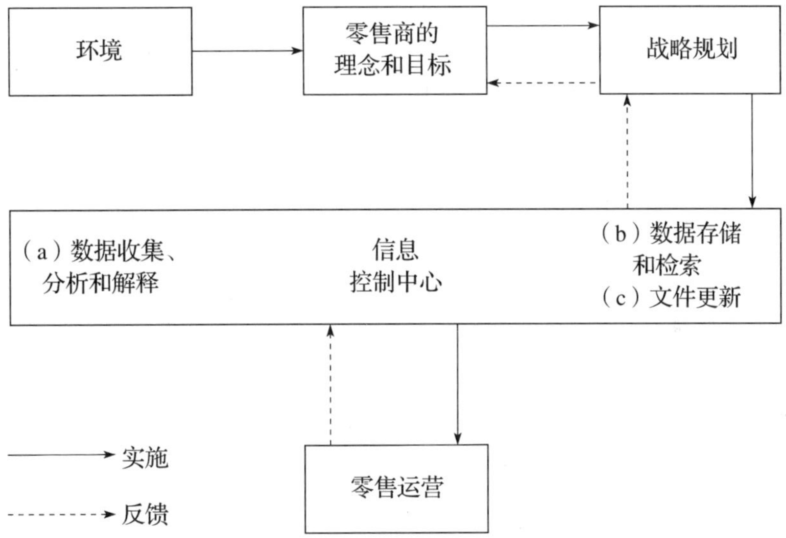

图 8－2　零售信息系统

制定战略之后，零售商必须收集、分析和解释数据。如果有现成的数据，可以从文件中检索这些数据。获得新数据时，需要更新文件。所有这些工作都由信息控制中心完成。根据控制中心提供的数据，零售商就可以实施决策了。

决策绩效会被反馈到信息控制中心，并与预先设定的标准相比较。从文件中检索数据，或进一步收集数据，及时进行常规调整。将常规报告和异常报告（用于解释与预期绩效的偏差）呈交给适当的管理人员。管理人员的反应可能会影响企业的经营理念或目标（如改变过去的形象，或牺牲短期利润购买新的计算机系统）。

所有类型的数据都应保存在控制中心，以备将来和下一步使用。控制中心的工作应该结合企业的短期和长期规划及运营。信息收集切忌随意性和盲目性，应进行系统性收集。

良好的零售信息系统具有以下优点：有序地收集信息，并以企业目标为导向；定期收集和存储数据，以预测机会和规避危机；协调各战略要素；加快制定新战略的速度；可以获得定量的结果，用于成本 / 效益分析；可以将信息发送给适当的人员。建立零售信息系统可能需要在前期投入大量的时间和人力成本，也可能会涉及一些复杂的决策。

建立零售信息系统时，零售商需要制定以下决策：

● 零售信息系统的作用应具有多大的主动性？它应该主动搜索和发送相关数据，还是在出现问题时被动地响应管理人员的要求？最佳的零售信息系统更具主动性，因为它们能够预测事件的发生。

● 零售信息系统应由企业内部管理还是外包？尽管许多零售商都自己管理零售信息系统，但一些零售商利用外部专业机构。只要零售信息系统以零售商的信息需求为导向，不论哪种方式都有效。一些企业拥有自己的零售信息系统，同时也利用外部公司来完成特定的任务（如进行调查或管理网络）。

● 零售信息系统的成本应有多高？零售商通常会将其销售额的 0.5% ～ 2.5% 花费在零售信息系统上。这落后于大多数将商品和服务出售给零售商的供应商。[5]

● 零售信息系统应在多大程度上受技术驱动？虽然零售商可以通过行业协会、市场调查等方式收集数据，但现在越来越多的企业依靠技术来推动信息处理。随着低成本的个人电脑和平板电脑、低成本的网络、云计算以及低价软件的出现，技术变得易于使用。即使是一家邻里熟食店也可以按产品生成销售数据，对滞销产品采用特价优惠。

● 多少数据才足够？零售信息系统旨在为零售商定期提供足够的信息，从而做出适当的战略选择，而不是以超载信息使零售管理人员难以应对。这意味着需要在信息过少与信息超载之间进行平衡。为了避免信息超载，零售商应该仔细编辑数据以消除冗余。

● 应如何在整个企业范围内传播数据？零售商需要决定各种报告的接收者都是谁、数据传送的频率以及对数据库的访问权限。当企业拥有多个部门或在多个地区开展经营时，必须对信息的获取和传播进行协调。

● 应如何存储数据以备将来使用？相关数据的存储方式应便于信息检索，还应考虑到充分进行纵向（分期进行的）分析的需要。

大型零售商往往委派首席信息官（CIO）管理零售信息系统。它们的信息系统部门通常负责制订正式的书面年度计划。几乎所有企业都利用计算机进行信息系统分析，还有许多企业利用网络执行零售信息系统的某些职能。零售信息系统的应用有望继续增长。由于零售商收入及零售业态的不同，它们的零售信息系统之间存在许多差异。

35 年前，大多数计算机化的零售信息系统仅仅用于减少出纳错误和改善库存控制。今天，计算机已成为零售信息系统的基础，并广泛用于调查、订购、商店间的商品调配等诸多任务。不论是大型零售商还是小型零售商都需要进行这些活动。与大型零售商一样，大多数中小型零售商也拥有计算机化的财务管理系统，能够对销售额进行电子化分析，同时还采用计算机化的库存管理系统。以下是关于零售商如何利用最新技术实现信息系统计算机化的一些示例。

Retail Pro 公司向零售商销售 Retail Pro 管理信息软件。该软件已被世界各地的商店采用。它不仅得到了大型零售商的欢迎，对小型零售商和专业店也颇具吸引力，它可根据用户和商店数量而灵活制定价格，对硬件类型没有限制，与其合作伙伴 Cayan 公司的销售点系统一起提供支付欺诈保护，可实现顾客个性化，还可以为全渠道零售战略提供业务优化技术。[6]

微策略软件公司（MicroStrategy）的客户通常是大型零售商，包括约 2/3 的全球 500

强零售商。该公司为客户提供商品优化、损失防范和顾客洞见分析，用于顾客参与的移动技术、销售培训、产品信息以及商店运营和安全方面的解决方案。[7]

数据库管理

数据库管理（database management）是零售商收集、整合、应用和存储特定主题领域的相关信息的过程。它是零售信息系统的关键要素，可用于顾客数据库、供应商数据库和产品类别数据库等。企业可以编制和存储顾客特征和购买行为方面的数据，按供应商计算销售额以及按产品类别存储销售记录。每种活动都涉及一个单独的数据库。大多数拥有数据库的零售商都将其用于频繁购物者计划、顾客分析、促销评估、库存计划、商圈分析、与制造商合作进行的联合促销、媒体计划和顾客沟通等方面。

数据库管理应该按照以下五个步骤进行：

1. 规划特定的数据库及其构成并确定信息需求。
2. 获取必要的信息。
3. 以易用和易检索的格式保存信息。
4. 定期更新数据库，反映人口统计特征的变化趋势和近期购买情况等。
5. 分析数据库，确定企业的优势和劣势。

信息可以来自企业内部和外部。企业可以通过保存并整理详细的经营记录来建立内部数据库。这类数据库可通过以下方式生成：按顾客——包括购买频率、所购商品、平均购买金额、人口统计特征和付款方式等数据；按供应商——包括零售商每期的总采购额、每期的总销售额、最畅销的商品、零售商的利润率、配送时间和服务质量等数据；按产品类别——包括每个产品类别每期的总销售额、每种单品每期的总销售额、零售商的利润率和折扣商品的占比等数据。

由于零售商需要针对顾客需求及其多渠道体验制定战略，从大数据中提取和整合高质量的、基于特定背景的信息就显得至关重要。必能宝公司（Pitney Bowes）是一家领先的顾客信息管理系统提供商。这家公司利用它的专门技术，以及从众多客户和行业收集的数据，促进了跨渠道及跨境商务的发展。必能宝公司的“单一顾客视图”（Single Customer View）服务可以为企业员工提供一个全面整合的 360 度顾客视图。它通过以下方式来完成：将企业分散的顾客互动数据转换为集成数据库；在顾客资料中添加地理人口统计信息，以揭示及时的、可行的顾客洞见，从而帮助企业创造难忘的顾客体验；动态跟踪顾客终身价值；提高顾客获取的效率；在某些情况下，还要确保遵守国别和国际法规。[8]

为了有效地管理零售数据库，零售商必须考虑以下重要因素：

- 企业建立数据库的目标是什么？
- 谁负责数据库管理？
- 需要收集和生成何种类型的信息？信息将采用何种格式（图片文件、数据文件等）？计划将数据存储在哪里？
- 是否对每个数据库计划进行了分析以确定其能否成功？
- 是否设定了一种机制来标记预示着潜在问题或机遇的数据？
- 顾客对不同商品的购买或从企业不同部门进行的购买之间是否相互关联？
- 如何传播数据？
- 是否制定了明确的隐私政策并传达给了数据库中的人？对于那些不希望被纳入数据

库的人，是否制定了选择退出条款？

- 每次发生顾客互动时，是否对数据库进行了更新？
- 是否请求了顾客、员工和供应商等更新其个人数据？
- 是否定期检查了数据库以删除冗余文件？
- 数据应保存多长时间？是否应永久保存？是否会得到更新？[9]

下面讨论数据库管理的两个方面：数据仓库是存储和传递信息的一种机制；数据挖掘和微观营销都是利用信息的方式。图 8－3 展示了数据仓库与数据挖掘和微观营销之间的相互影响。

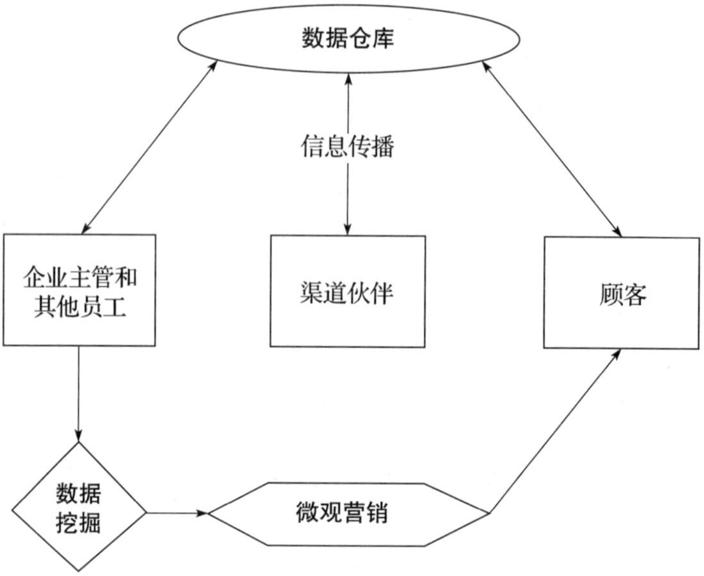

图 8－3　零售数据库管理的作用

说明：数据仓库是集中收集、整理和存储信息的地方。数据仓库中的信息会被传递给零售人员、渠道伙伴（如提醒它们什么商品热销、什么商品销路不畅）和顾客（如告诉他们订单状态）。在数据挖掘中，零售主管和其他员工（有时包括渠道伙伴）按顾客类型、产品类别等分析信息，以确定是否有机会开展具有针对性的营销活动。在微观营销中，零售商采用差异化营销战略，为特定的顾客细分市场（甚至是个别顾客）制定专门的零售战略组合。

数据仓库

数据仓库（data warehousing）是数据库管理的推进，即将企业所有的数据库备份后保存在同一个地方，员工在任何地点都可以访问。数据仓库是对用于支持管理决策的数据进行的综合汇编。

数据仓库的基本属性包括：主题导向性——数据仓库是围绕着被称为“主题”（如销售）的高级业务分组来管理的。整合性——数据仓库中的数据必须具有整合性和一致性。如果两个不同的源系统所存储的数据存在冲突，则需要在转换源数据并将其加载到数据仓库的过程中处理这些差异。时变性——用以区分数据仓库的一个关键特征是数据的时效性。运营系统需要的是实时数据，数据仓库应用程序通常处理的是长期的历史数据。零售商还可以使用它们来获取较长时期内的大量详细信息。非易失性——数据仓库中的数据是只读的，并会得到定期更新或完全刷新。[10]

数据仓库由以下部分组成：（1）实际存储数据的数据仓库；（2）复制原始数据库并

将其传输到数据仓库的软件；（3）处理查询的互动软件；（4）数据仓库中保存的数据类别的目录。

数据仓库具有以下优点：主管和其他员工可以在任何地点迅速和方便地同时访问数据；当新数据生成时，数据仓库可以在整个企业范围内提供更多访问权限；通过将所有数据整合并存储在同一位置，可以降低数据的不一致性；由于所有信息都存储在同一位置，可以更好地对数据进行分析和操控。

建立计算机化数据仓库的成本曾经非常高（20 世纪 90 年代平均为 220 万美元），因此仅适用于大型零售商。但是现在，随着 Web 2.0 和云技术的飞速发展，即使是刚起步的企业（尤其是纯粹的在线零售商）也可以利用"数据仓库服务"（DWaas）。该服务采用一种基于云的外包模式，由谷歌（BigQuery）、微软（Azure）和亚马逊网络服务（AWS）等数据仓库服务提供商配置和管理数据仓库所需的硬件、软件平台和资源。小企业用户通过应用程序界面（API）将自己的数据和查询上传到网络上，并根据托管服务的使用情况支付费用。[11] 用户不需要投入前期成本建立数据仓库，不需要数据仓库的管理人员，也不需要软件或硬件来更新数据仓库，还可以轻松快速地扩展对数据仓库的使用及其存储容量。甲骨文公司（Oracle）、NCR 旗下的天睿公司（Teradata）和 IBM 都提供企业级数据仓库，DWaas 也向大中型企业提供该项服务。Cabel's、哈德逊湾公司和 7–11 是众多使用数据仓库的零售商中的几个例子。[12]

Dollar Tree 的 Family Dollar（www.familydollar.com）折扣店是致力于长期增长的零售商之一。通过使用由 Retail Solutions（RSi, www.retailsolutions.com）开发的不断更新的零售数据仓库架构，Family Dollar 与其供应商制订了一个高效的协作式商业情报计划。经过对数据的清理、验证和标准化，通过 Family Dollar 及其供应商的统一门户，利用"零售管理解决方案"(Retail Management Solution)，可以提供实时的商店库存数据以及商店、单品和产品类别的销售数据。Family Dollar 可以基于商店集聚、价格点和产品组合进行绩效分析，并找出销售额下降的原因。其供应商则可以对销售额预测和产品分配进行细微调整，并找出分销方面的缺口（如虚假库存）。这些微观层面的信息有助于供应商进一步了解消费者需求。Family Dollar 通过加强与其供应商的协作，不仅降低了库存成本，还为消费者提供了高水平的服务。[13]

数据挖掘和微观营销

数据挖掘（data mining）是指通过对信息的深度分析，获取有关顾客、产品类别和供应商等的具体洞见。其目标是了解是否有机会通过具有针对性的营销活动来提高零售商的绩效。数据挖掘的一种应用是**微观营销**（micromarketing），即零售商采用差异化营销战略，并针对特定的顾客细分市场采用专门的零售战略组合，有时甚至会针对个别购物者进行细微调整。

数据挖掘依靠特殊的软件对数据仓库进行筛查，以揭示不同因素之间的模式和关系。这种软件可以快速地搜索并整理大量数据。这正是许多企业（如超市）投资于数据挖掘的原因。随着亚马逊、谷歌等资金雄厚的在线零售商纷纷进入市场，食品杂货类钱包份额的竞争愈演愈烈。根据商业分析软件和服务提供商 SAS 的说法，与其他零售形式相比，食品杂货店在利用预测分析方面具有明显的优势，因为消费者通常会频繁光顾这类商店。频繁购物者的会员卡数据可以帮助食品杂货商跟踪购物者在一定时期内的购买情况，并了解购物者不断变化的购买行为。通过对单个家庭的多位购物者进行行为分析和价值细分，再加上人口统计特征数据，零售商可以更全面了解该家庭的需求和购物习惯，通过极具针对性的促销活动提供个性化的购物体验来增加食品杂货的购买量，还可以提高利润率和顾客满意度。[14]

利用 UPC 和 EDI 收集信息

为了更有效地应用信息系统，许多零售商现在都使用通用产品代码和电子数据交换。

通用产品代码（universal product code，UPC）是由标注在产品（或其标签）上的一系列粗细不等的竖直线条构成的一种产品识别编码。商品上的通用产品代码既包括数字也包括线条。条形码可以在收银台通过扫描仪读取。收银员不必手工输入交易信息，当然必要时他们也可以这样做。通用产品代码是人工无法读取的，因此零售商或供应商必须在产品上粘贴一张小票或标签，标注规格和颜色等信息（如果产品本身或其包装上没有这些信息）。通用产品代码不包括价格信息，小票或标签上还必须标明价格。

利用通用产品代码技术，零售商可以在销售商品时立刻记录商品型号、规格和颜色等信息，并将这些信息发送至计算机，以监控销售数量和库存水平等。其目的是生成更有用的销售数据、改善库存管理、加快交易速度、提高运营效率、减少错误以及协调信息。

通用产品代码技术自 40 多年前问世以来得到了长足发展，现在它已成为公认的零售业标准，每天的扫描次数多达数十亿次。通用产品代码使所有的零售商店都能够识别产品并获取其信息，更有效地控制库存，更快速准确地为顾客结账，并轻松地收集库存数据以制定准确和及时的营销报告。超过 20 万家美国的制造商和零售商加入了美国 GS1 组织（其前身为美国统一代码委员会（Uniform Code Council））。该组织率先制定并推广了行业间的产品识别和沟通标准。[15]

当顾客为了获取产品信息扫描常规的通用产品代码标签时，它可能会出现错误，这是移动商务的一个缺点。为了满足移动零售业务的顾客需求，制造商和品牌所有者开始采用美国 GS1 组织的移动扫描（Mobile Scan）系统。该系统可以在产品包装上印压上一种不可见的数字水印（DW 编码），当使用智能手机应用程序进行扫描时，它可以链接到一个经过移动优化的网址，顾客可以在那里获取由品牌提供的产品背景信息。零售商的受益之处在于可以加快结账速度，提高供应链效率，还可以通过为顾客提供更多商品的通道位置信息和库存信息来增强店内体验。无论在世界上任何地方，消费者都可以使用支持互联网的智能手机扫描通用产品代码或包装上的 DW 编码，以获取透明化的产品信息，也就是说他们可以在网页上获取品牌授权的实时产品信息、价格信息、特别优惠信息、产品使用说明的视频、丰富的媒体信息以及额外的购物帮助等。[16]

利用**电子数据交换**（electronic data interchange，EDI）及互联网电子数据交换（Internet electronic data interchange，I-EDI），零售商与供应商可以通过计算机定期交换有关特定商品的库存水平、配送时间和销售数量等信息。因此，双方都可以提高决策能力，改善库存控制，更迅速地响应顾客需求。通用产品代码扫描通常是与产品相关的电子数据交换的基础。在美国企业的带动下，世界各地数十万家企业都采用了某种形式的电子数据交换系统。利用电子数据交换，零售商可以将纸质文件（如采购订单、发票、库存报告、发货通知、路线请求和路线指示等）替换为电子文档，这些电子文档可以从一个计算机系统立即发送到另一个计算机系统。

与其他一些行业不同，零售业的供应链非常复杂，还必须能够灵活、快速地应对需求水平的波动，需求水平可能会因库存单位（stock-keeping unit，SKU）而异，库存单位的数量也许每年都会增长。零售供应链无法承受偶尔的订单延迟或缺货，这会导致销售额下降，顾客投向竞争对手的风险也会提高。供应商管理库存（vendor-managed inventory，VMI）系统是电子数据交换的一种应用，它可以缩短补货周期，通过简化直接配送到商店的流程以及降低配送和人工成本，确保在订单履行周期的每个阶段以电子方式准确及时地传递信息。这可以确保顾客总是能够在他们想要的时候得到商品（例如，在需求高涨的促销活动或假日期间），在需求下降时，它可以减少供应过剩的现象。通过降低查询次数，保持库存商品与顾客需求的一致性以及减少人工投入，供应商管理库存系统有助于零售商巩固与顾客及供应商的关系。[17]

现在，许多零售商要求潜在供应商必须拥有电子数据交换解决方案（既可以是它们自己的，也可以由第三方提供），才有可能选择其作为供应商。许多中小型供应商和零售商会选择基于云技术的第三方电子数据交换解决方案，以更加灵活和快速地整合信息，加快选择供应商的进程，降低运营成本，取消手动订购，更好地进行订单管理。[18] 第 15 章将进一步讨论电子数据交换，还会介绍协作计划、预测和补货。

营销调研过程

零售业营销调研（marketing research in retailing）是指收集和分析与零售商面临的具体问题有关的信息。对那些高瞻远瞩的企业来说，营销调研只是零售信息系统的一个组成部分，但对另一些企业来说，营销调研可能是唯一的数据收集和处理方式。

营销调研过程（marketing research process）包括一系列活动：界定研究问题、审查二手数据、生成一手数据（如需要）、分析数据、提出建议及实施结果。它不是一项单一的活动而是一个系统性的过程。图 8－4 展示了营销调研过程，各项活动依次进行。只有在确定了研究问题之后才能开始审查二手数据。图中“生成一手数据”阶段周围的虚线表示仅当二手数据无法提供可行性信息时才需要生成一手数据。下面介绍营销调研过程的各个阶段。

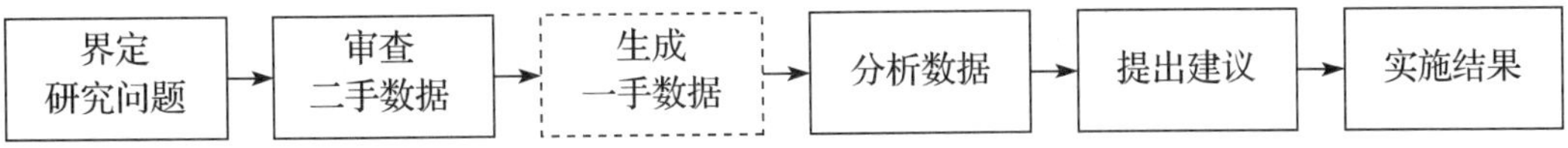

图 8－4　零售业的营销调研过程

界定问题（issue (problem) definition）是指对所要研究的问题予以清晰的阐述。零售商需要获取哪些信息来制定决策？如果对研究问题缺乏清晰的认识，就可能会收集到一堆无关、混乱的数据。下面的例子说明了一家鞋店是如何界定问题的。第一个问题是比较三个店址，这是一个颇为结构化的问题；第二个问题则是更加开放式的。（1）在三个潜在新店址中，我们应该选择哪一个？（2）我们如何才能提高男鞋的销售额？

二手数据（secondary data）是指那些并非为了解决当前研究问题而收集的数据。二手数据可以是内部的（如企业记录），也可以是外部的（如政府报告和行业出版物）。**一手数据**（primary data）是指为解决具体的研究问题而收集的数据。这类数据可通过调查、观察、实验和模拟等方法生成。

《便利店新闻》（*Convenience Store News*）开展了一项关于人们在一天中的什么时候最常光顾便利店的研究。其 2016 年的“通道现实”消费者调查研究了 1 501 名上个月至少购物一次的消费者。读到此处你就会明白，表 8－1 中的数据在本质上是二手数据。[19]

表 8－1　二手数据示例

你通常在一天中的什么时候去便利店购物？		按性别	
	合计	男性	女性
上午 6：00～8：59	33.5%	36.6%	29.2%
上午 9：00～10：59	27.0%	26.5%	27.9%
上午 11：00～下午 1：59	32.8%	31.0%	35.4%
下午 2：00～3：59	33.8%	31.1%	37.5%
下午 4：00～晚上 6：59	50.1%	48.6%	52.2%
晚上 7：00～10：00	34.8%	34.5%	35.1%
晚上 10：00 以后	13.3%	13.0%	13.8%
不知道	4.3%	4.1%	4.5%

说明：允许多选。

资料来源：“Bring Your ‘A’ Game,” *Convenience Store News*, February 2016，p. 26. Reprinted with permission. Convenience Store News (c) 2016 (www.csnews.com).

有时营销调研依靠二手数据，有时一手数据至关重要。有些情况下，二者都需要收集。零售商必须牢记以下几点：（1）不同数据收集方法（及其成本）之间的差别很大；（2）仅应收集与研究问题相关的数据；（3）通常只有在二手数据不足时才需要收集一手数据（如图 8－4 中的虚线框部分）。下一节将进一步介绍二手数据和一手数据。

为了解决上述的鞋店问题，该企业可以收集以下二手数据和一手数据（见表 8－2）：

表 8－2

界定问题	解决问题所需的信息
1. 应该选择哪个店址？	1. 通过政府报告、行业出版物及业主的观察，针对三个潜在店址分别收集有关交通便利性、客流量、消费者特征、租金、商店规模及竞争状况的数据
2. 如何提高男鞋的销售额？	2. 收集过去五年内商店各商品类别的销售额记录，并在附近的购物中心开展消费者调查

完成数据收集后，该企业需要进行数据分析，以评估这些信息，并将其与研究问题关联起来。此外，还需要清晰地列出备选方案。例如（见表 8-3）：

表 8－3

界定问题	备选方案
1. 应该选择哪个店址？	1. 按照各个标准（交通便利性、客流量、消费者特征、租金、商店规模及竞争状况）对所有的店址进行排序
2. 如何提高男鞋的销售额？	2. 对有助于销售额增长的备选战略进行分析和排序

现在，可以列举出各个方案的优缺点（见表 8－4），然后针对企业的最佳战略提出建议。在所有备选方案中，哪个是最佳战略呢？表 8－4 还显示了为解决上述鞋店问题而提出的有关建议。

表 8－4　基于调研的建议

问题	备选方案	备选方案的优缺点	建议
1. 应该选择哪个店址？	店址 A	在交通便利性、客流量和消费者特征方面最佳；租金最高；商店空间最小；竞争激烈	店址 A：优点远多于缺点
	店址 B	在交通便利性、客流量和消费者特征方面最差；租金最低；商店空间最大；无竞争	
	店址 C	所有指标都居中	
2. 如何提高男鞋的销售额？	增加商品品类	可以吸引和满足更多顾客；成本高；库存水平高；许多商品的周转率下降	降低价格并增加广告：新增顾客可以弥补成本的上升和利润率的下降；二者结合可以最大限度地扩展业务
	减少产品线并采取专业化经营	可以吸引和满足特定的消费者；排除了许多细分市场；成本和库存都会降低	
	略微降低价格并做广告	销量提高；单位商品的价格和利润降低；增加客流量和新顾客；成本高	

最后，非常重要的一点是实施所建议的战略。如果调研旨在取代凭直觉进行零售战略决策，那么决策者就必须遵循从调研中得到的建议，即使这些建议与自己的想法相悖。

接下来深入探讨二手数据和一手数据。

二手数据

优点和缺点

二手数据具有以下优点：

- 收集数据的成本低。企业记录、行业出版物和政府报告等数据来源的成本都很低。不需要使用问卷、访谈人员及表格。
- 收集数据的速度快。企业记录、图书馆资源及网站都可以立即访问。许多企业还在其零售信息系统中存有各种相关报告。
- 二手数据有多个来源且视角各异。
- 二手数据来源可能拥有零售商从其他途径无法获得的信息。例如，政府出版物通常拥有私人企业无法获取的统计资料。
- 如果二手数据是从《先进食品杂货商》（*Progressive Grocer*）杂志、尼尔森公司、《商店》杂志或政府报告这样的来源获取的，可信度通常很高。

• 零售商可能对研究问题只有一个粗略的想法，二手数据有助于零售商更具体地界定问题。此外，在收集一手数据之前，可以从二手数据来源收集关于特定问题的背景信息。

二手数据也存在一些缺点：

• 现成的数据可能不符合当前研究的目的，因为它们是出于其他原因而收集的。从二手数据来源可能无法获得邻里统计数据。

• 二手数据可能不完整。例如，一个汽车修理站的所有者可能需要按车龄、型号和驾驶里程分类的车辆数据，以便预先备好零部件，但车辆管理局只能提供按型号分类的数据，却无法提供按驾驶里程分类的数据。

• 信息可能已经过时。每 2 ～ 5 年收集一次的统计数据可能现在已经无效了。例如，《美国零售业普查》（*U.S. Census of Retail Trade*）每五年出版一次。此外，在完成普查和发布信息之间往往存在时滞。

• 二手数据的准确性必须经过仔细审核。零售商需要确定二手数据的汇编方法是否无偏。如有可能，零售商还应审查原始调研的目的、数据收集工具及分析方法。

• 一些二手数据来源的数据收集方法不当，应避免采用这些数据。如果不同来源的数据之间存在冲突，应使用准确性最高的来源。

• 在零售业中，许多二手数据调研项目不会得到重新检验，二手数据的使用者只能寄希望于从一次带有局限性的研究中得到的结果能够适用于本企业。

无论二手数据能否解决研究问题，其低成本和易获得性决定了在研究二手数据之前先不要收集一手数据。只有当二手数据无法提供可行性信息时才应收集一手数据。下面列举零售商可以使用的各种二手数据来源。

来源

二手数据的来源和类型多种多样，主要分为内部来源和外部来源。

内部二手数据（internal secondary data）是指可在企业内部获得的数据，有时来自零售信息系统的数据库。在收集外部二手数据或一手数据之前，零售商应首先查看企业内部的可用信息。

每年年初大多数零售商都会进行预测并制定未来 12 个月的预算，这有助于制订该年度的支出计划。企业在制定新预算时，先期预算及其在实现预算目标方面的绩效是良好的二手数据来源。

零售商经常使用销售额和利润表来评估绩效。许多企业都有来自电子收银机的销售数据，可以按商店、部门及商品对这些数据进行研究。通过与先期数据进行比较，企业可以了解销售额的增减情况。但过分依赖销售额数据有可能产生误导。企业应将销售额与利润数据结合在一起进行研究，这样才能反映出运营管理中的优势与劣势，并加以改进。

零售商可以利用顾客账单报告了解库存动态、不同员工完成的销售额及销售数量。对于信用购买顾客，可以根据购买地点、还款时间和所购商品的类别来分析销售额。采购发票可以提供零售商的采购历史记录，有助于零售商根据预算目标评估绩效。

库存记录显示了企业全年所经营的商品及其周转情况。了解从供应商处订购与收到订货之间的时间，以及为了防止在一年中的不同时间出现断货而持有的额外库存，有助于零售商制订计划。

如果企业进行了一手数据调研，一定要保存调研结果报告以备将来使用（最好保存在零售信息系统内）。首次使用时，报告里的是一手数据。再次使用该报告时，这些数据就变成了二手数据，因为该报告不再用于其最初的调研目的。

绩效方面的书面报告也是一种内部二手数据来源。这些报告可由高级管理人员、采购员、销售人员等编写和归档。通过正式的报告流程，零售管理的各个阶段都能得到改进。

外部二手数据（external secondary data）是从企业外部来源获得的数据。如果内部信息不足以制定关于研究问题的决策，零售商就需要查找外部数据。外部来源包括政府来源和非政府来源。

为了充分利用外部二手数据，零售商需要查询一些适当的在线数据库。这些数据库提供各种书面材料，通常可以在特定的时间段内按主题或标题检索。以下是一些对零售业非常重要的数据库，通常可通过互联网访问（若想在线访问，你必须使用你所在公司、大学或当地图书馆的网络连接，这些网站是受密码保护的）：

- Academic Search Premier/EBSCOhost
- Business Source Premier/EBSCOhost
- Dow Jones Factiva
- Gale's Business & Company Resource Center
- Ingenta Connect
- LexisNexis Academic Universe
- Mergent Online
- Plunkett Research Online
- Standard & Poor's NetAdvantage

政府公布的资料非常多。以下是一些对零售业很有价值的出版物，可在商业图书馆、其他大型图书馆或通过网络获取：

- 《年度零售业调查》(*Annual Retail Trade Survey*)
- 《消费者支出调查》(*Consumer Expenditure Survey*)(每季度)
- 《美国零售业普查》(*U.S. Census of Retail Trade*)(每逢 2 和 7 结尾的年度)
- 《美国服务业普查》(*U.S. Census of Service Industries*)(每逢 2 和 7 结尾的年度)
- 《零售业及食品服务业的月销售额》(*Monthly Retail Trade and Food Services Sales*)
- 《美国当前商业状况调查》(*U.S. Survey of Current Business*)
- 其他（出生、死亡和车辆登记记录等，可通过联邦、州及地方机构获取）

联邦贸易委员会等政府机构也提供关于特许经营、单位定价、欺骗性广告及信用政策等主题的在线小册子。小企业管理局则为小型零售商提供在线文献和管理建议。这些小册子免费分发或以象征性的价格出售。

非政府二手数据的来源很多，通常收集在参考指南中。主要的非政府来源包括期刊、书籍、专著和其他不定期出版物、渠道成员、商业调研机构。

期刊可在大多数图书馆或通过个人订阅获取。越来越多的期刊现在还能在线获取，一些网站免费提供，一些则收费。一些期刊的内容非常广泛（如《财富》），涉及各种商业主题；另一些期刊的范围较窄（如《连锁店时代》(*Chain Store Age*)），主要涉及零售业的主题。

许多公司都出版了关于零售业的书籍、专著和其他不定期出版物。培生高等教育（Pearson Higher Education, www.pearsonhighered.com）等公司出版了大量的教材及面向从业者的书籍。美国市场营销协会（American Marketing Association, www.ama.org）提供大量信息以增进读者的商业知识。商业促进局（Better Business Bureau，www.bbb.org）致力于改善企业在公众中的形象，并加强行业自律。国际特许经营协会（International Franchise Association，www.franchise.org）和美国零售联合会（www.nrf.com）对行业实践及发展趋势进行了描述，并作为代言人倡导成员企业的利益最大化。如需获取其他组织的信息，可查询由 Gale 公司出版的《美国社团大全》(*Encyclopedia of Associations*)。

零售商还可以从广告代理商、特许权授予人、制造商和批发商等渠道成员处获取信息。当这些企业为了自己的目的进行调研，并将部分或全部调研结果提供给零售商时，零售商就获得了外部二手数据。渠道成员这样做是为了提高销售额并加强与零售商的关系，因此通常不收取信息费。

最后一种外部来源是商业调研机构，它们长期开展调研工作，向客户提供收费的调研结果。如果零售商是订阅者，并且不要求调研机构进行专门的研究，那么这种来源就属于二手数据来源。Information Resources Inc.、尼尔森公司和 Standard Rate & Data Service 等都提供订阅服务，与专门为了某个零售商使用而收集数据相比，零售商的订阅费用要低得多。

我们的博客（www.bermanevansretail.com）提供了许多关于在线免费外部二手数据来源（政府和非政府来源）的帖子。

一手数据

优点和缺点

如果耗尽了现有的二手数据仍然解决不了研究问题，零售商就需要收集一手数据（为了解决当前的具体问题而收集）。如果二手数据充分，就不必收集一手数据了。一手数据具有以下优点：

- 它们是为了满足零售商的特定目的而收集的。
- 信息是最新的。
- 测量单位和数据类别是针对研究问题而设计的。
- 企业既可以自行收集数据，也可以雇用外部机构。数据来源可知且可控，并可以针对特定研究采用适当的调研方法。
- 不存在不同来源的冲突数据。
- 当二手数据无法解决问题时，一手数据是唯一的选择。

一手数据也存在一些缺点：

- 收集一手数据的成本通常高于二手数据。
- 信息收集往往更耗时。
- 一些类型的信息是个别企业无法获取的。
- 如果仅收集一手数据，视角可能受限。
- 如果对研究问题阐述不清，可能会收集到一些无关信息。

总之，在决定是否收集一手数据时，零售商需要权衡许多因素，尤其是数据的针对性、及时性和可靠性与收集数据所需的高成本、长时间和有限的资料来源。下面讨论零售商可以采用的各种一手数据来源。

来源

第一项决策是决定由谁来收集数据。零售商既可以自行收集数据（内部），也可以雇用调研公司（外部）。内部数据收集通常更快且成本更低，外部数据收集通常更客观且更正式。第二，确定抽样方法。为了获取准确的信息，零售商不必收集所有商店、所有商品及所有顾客的数据，只需要研究它们的样本即可。这样做可以节省时间和费用。使用**概率（随机）样本**（probability (random) sample）时，各商店、商品或顾客被选为研究对象的概率相等或已知。使用**非概率样本**（nonprobability sample）时，调研人员根据其判断或便利性来选择一些商店、商品或顾客作为研究对象。概率样本更准确，但也更昂贵和复杂。第三，零售商需要在四种数据收集方法中做出选择：调查法、观察法、实验法和模拟法。这些方法都能够生成用于制定战略的数据。

调查法 **调查法**（survey）是指通过与受访者沟通来系统地收集信息。调查法可以用于许多零售环境。例如，Sunglass Hut 商店以一种低调的互动方式调查其顾客，并鼓励他们通过一种名为 Social Sun 的互动设备分享自己的体验。Food Lion 公司通过店内调查了解顾客的满意度以及他们对不同问题的态度。

语义差异法（semantic differential）这种调查方式可采用隐蔽式或非隐蔽式，请受访者根据几个标准对一个或多个零售商进行评分，其中每个标准都使用一对反义词（如，不友好 - 友好）。通过针对每个标准计算所有受访者的平均评分，就可以得出零售商的整体形象。

观察法 **观察法**（observation）是指观察并记录当前行为或过去行为结果的调研方法。由于不需要向人们提问，观察法不需要被观察者的合作，调查偏差也得以最小化。观察法可用于实地调查。它的主要缺点是得不到态度方面的信息。

零售商可以利用观察法确定销售演示的质量（由调研人员装扮成顾客），监控相关商品的购买情况，确定每周各天以及每天各时段的商店活动，计算客流量和车流量（以测量新店址的潜力），以及确定采用公共交通方式抵达商店的顾客比例。

神秘购物者（mystery shoppers）是指被零售商或其市场调研合作伙伴雇用来装扮成顾客的人，这些人通过光顾商店、打电话或网站上的互动，观察服务或产品的情况。神秘购物者可用于评估运营情况、顾客服务体验、服务达标情况、产品可获得性、价格、服务请求、销售演示以及商店环境和商品陈列的维护情况等。一些企业常常将神秘购物摄录下来，以解决服务行业中复杂和具有挑战性的问题。[20]

观察可以是隐蔽式或非隐蔽式的、结构化或非结构化的、直接或间接的、人工或机械的。在隐蔽式观察中，购物者或企业员工不知道自己正在被观察，因为这种方式采用的是双向镜或隐藏式摄像机；在非隐蔽式观察中，参与者知道自己正在被观察，如部门经理观察收银员的行为。结构化观察要求观察者关注被观察者的特定行为；非结构化观察则要求观察者关注被观察者的所有行为。在直接观察中，观察者观察人们的当前行为；在间接观察中，观察者查看人们过去行为的证据，如消费者放在储藏室里的食品。人工观察是由人员进行的，可采用隐蔽式，但观察者可能会掺杂个人偏见或忽视一些行为；机械观察（如使用摄像机对店内购物进行摄录）则消除了观察者偏见，也不会遗漏任何行为。

实验法　实验法（experiment）是指在一些条件得到控制的情形下操纵一个或多个零售战略组合要素的调研方法。受操纵的要素可以是价格、货架陈列和营业时间等。如果零售商想了解价格变化对销售额的影响，只需改变该商品的价格，同时保持其他战略要素（店址、销量等）不变，就可以测量出价格变化的真实影响。

实验法可以采用调查法或观察法来记录数据。采用调查法时，可以询问关于实验的一些问题：你购买品牌 Z 是因为新的货架陈列方式吗？你会因为特价销售而购买更多冰激凌吗？采用观察法时，可在实验过程中观察行为：当品牌 Z 采用新的陈列方式时，其销售额提高了 20%；在特价销售期间，冰激凌的销售额上涨了 25%。

如果调查和观察是在受控的情形下进行的，它们就带有了实验的性质。如果调查询问的是宽泛的态度问题或观察的是非结构化的行为，它们就不具有实验性质。采用实验法有时会很困难，因为诸多不可控因素（如天气、竞争和经济状况等）都有可能影响实验结果。得到良好控制的实验能够生成更准确的数据。

实验法的主要优点是能够揭示因果关系（如价格越低导致销售额越高），并且实验的设计和实施过程具有系统性。其主要的缺点是成本高、实验环境具有人为性，并且存在许多不可控因素。

模拟法　模拟法（simulation）是一种实验法，利用计算机程序操控零售战略组合要素，并不是在真实环境中对这些要素进行检验。零售企业目前采用的模拟法分为两种：数学模型模拟法和虚拟现实模拟法。

采用数学模型模拟法时，零售商需要构建一个模拟预期可控和不可控零售环境的模型，然后利用计算机操纵价格或营业时间等因素（而不是由市场决定），以确定这些因素对整体零售战略及特定要素的影响。数学模型模拟法不需要消费者的合作，可以通过一种可控、快速、低成本和无风险的方式对所有因素进行分析。随着可靠的软件越来越多，这种方法越来越受欢迎，但是它的使用仍然具有一定的难度。

采用虚拟现实模拟法时，零售商需要设计或购买互动软件，让参与者以尽可能逼真的方式模拟实际行为。这种方法可以创造一种"虚拟购物环境"。例如，Facebook 的 Oculus Rift 虚拟现实头戴式显示器现在可以以更低的成本呈现虚拟购物环境；还可以利用眼动跟踪技术增强其眼镜的功能，使其成为一种高效的购物者研究工具。SMI 公司利用脑电波（用来测试脑电活动）对虚拟购物过程进行研究，让参与者在虚拟环境中模拟真实的消费者行为并使用眼动跟踪技术对参与者进行监测，以评估店内活动对购买决策的影响，以及消费者在决定购买前受到商品陈列和包装设计的影响。参与者与虚拟现实头戴式显示器中显示的标牌和产品进行虚拟互动，就像真实的体验一样，其研究结果可用于设计现实中的商店活动。模拟空间可以轻松地对店内活动和货架位置的不同条件进行比较（A/B 测试）。[21]

关键术语

零售信息系统（retail information system，RIS）
数据库管理（database management）
数据仓库（data warehousing）
数据挖掘（data mining）
微观营销（micromarketing）
通用产品代码（universal product code，UPC）
电子数据交换（electronic data interchange，EDI）
零售业营销调研（marketing research in retailing）

营销调研过程（marketing research process）
界定问题（issue (problem) definition）
二手数据（secondary data）
一手数据（primary data）
内部二手数据（internal secondary data）
外部二手数据（external secondary data）
概率（随机）样本（probability (random) sample）
非概率样本（nonprobability sample）
调查法（survey）
语义差异法（semantic differential）
观察法（observation）
神秘购物者（mystery shoppers）
实验法（experiment）
模拟法（simulation）

讨论题

1. 结合图 8－1 讨论你所在大学附近的面包店的信息流。
2. 你如何驳斥以下评论："传统上，零售商和供应商不喜欢彼此共享供应链信息。"
3. 零售商是否可以拥有过多的信息？解释你的答案。
4. 小型零售商应如何设计零售信息系统？
5. 解释数据仓库、数据挖掘和微观营销之间的关系。F.Y.E. 网站（For Your Entertainment, www.fye.com）应如何应用这些概念？
6. 连锁药店采用电子数据交换技术时会面临哪些机会和潜在问题？
7. 阐述二手数据的主要优点和缺点。
8. 作为健身俱乐部的所有者，你会使用何种二手数据了解这个行业以及消费者在健身方面的消费趋势？
9. 阐述以下各种一手数据收集方法的优点：调查法、观察法、实验法和模拟法。
10. 为一家当地家具店开发一份包含 10 个题项的语义差异量表，以评估其商店形象。应该调查哪些人？为什么？
11. 零售商为什么要使用神秘购物者而不是其他形式的观察法？在什么情况下你不建议使用他们？为什么？
12. 你认为为什么虚拟购物作为零售商的一种调研工具尚未得到快速发展？

第Ⅲ篇 小案例

案例1

便利经济时代已经来临[①]

领先的全渠道商务解决方案提供商Unata的首席执行官克里斯·布赖森（Chris Bryson）表示，在最近的零售领域变革中，也许没有什么比"便利经济"的扩散具有更深远的影响了，因为在便利经济时代，消费者只需点击一个按钮就可以处理一切。布赖森表示："2015年，优步（Uber）从一家规模较小、默默无闻的公司发展成为各行业变革的一种推动力。我们正处在这样一个时刻，新企业通常会将'与优步合作'作为创意。"

布赖森表示，便利经济带来了零售业的巨大转变，如星巴克等大型零售商纷纷开始采用"预订移动应用程序"，其结果是"零售业开始广泛采用这种快速的顾客交易方式，消费者对日常快速且便捷服务的需求提高"，随之而来的是各行各业的消费者期望都发生了巨大变化。

布赖森还指出，各行业的零售商"都开始迎头追赶，学习如何将实时的按需交易纳入其零售战略"。布赖森于2011年创立了Unata公司，该公司的食品杂货客户包括Longo's，Grocery Gateway，Lowes Foods，Lunds and Byerlys和Raley's等公司。当被请求介绍一些目前引起他注意的、最重要的便利经济的例子时，布赖森列出了以下比较突出的例子。

● 优选（UberX）/优食（UberEATS）应用程序："消费者无须打电话订车或订餐，拿出钱包付款，或者花很长时间等车或等餐。他们可以在应用程序的地图上随时看到司机的动态和到达时间，还可以通过点击按钮与司机沟通。"

● 星巴克："'预订应用程序'的使用简单、便捷，并可以节省顾客的时间，这在早高峰时段尤为重要。它每天都在增强这种类型的顾客体验。"

● Ritual："这个应用程序是多伦多的一家公司开发的并在美国流行起来，消费者可以利用它预订所在地点附近许多餐馆的午餐。该应用程序会通知消费者离开当前地点的准确时间，这样当他们到达餐馆时，食品刚好做完以备取货，以保证食品的温度和新鲜程度。Ritual的使用非常简单，可以提供简洁的用户体验，顾客只需点击几下鼠标就可以订购食品，并且每天可节省5～10分钟的等候时间。"

● 亚马逊的Echo和Dash产品以及Prime服务："利用Echo和Dash，消费者无须写下购物清单、使用电脑甚至打电话订购或拿出钱包付款。利用Dash，他们只需点击一个按钮就可以订购；利用Echo时，甚至连点击都不需要。这可能是最简单的消费者在线购物方

---

① Based on material in Jim Dudlicek, " Fridge's Dare (The Convenience Economy Comes of Age) ," *Progressive Grocer*, February 2016, p. 28. Reprinted by permission.

式。通过亚马逊的 Prime 服务，消费者用不着等多长时间就可以收到他们订购的商品。”

布赖森表示，虽然目前还不清楚未来的购物者会认为哪种方式是最便利的食品杂货购物方式，“但迄今为止，我们通过便利经济了解到，某种方式所需的点击次数越少，就会有越多的人采用这种方式，这正是我们关注亚马逊 Echo 的原因。我们已经看到了优步改变零售领域的速度有多快，我们预计未来几年它将以我们目前还不知道的方式继续快速地推动零售业的变革。零售商需要重视对现有零售系统的设置，这样才可以轻松地加以修改、调整和替换，并过渡到新的系统。”

问题

1. 什么是便利经济？请举例说明。
2. 便利经济对零售商有利还是有弊？为什么？
3. 餐馆如何才能高效地利用 Ritual 应用程序？
4. 举出一个你最喜欢的近几年变得更为便利的零售商的例子。解释你的答案。

案例 2

通过大数据了解购物者[①]

接受挑战去了解购物者购买的动机以及他们的购买方式可以在多方面获得回报。TNS 全球公司的执行副总裁约翰·埃森吉安（John Essegian）解释道：“生活方式方面的紧张状态会影响每个购物者细分市场的购物行为，这些紧张状态往往会延伸至商店之外，如时间压力、财务压力和信息超载等。通过了解并解决这些重要的生活方式紧张状态，零售商可以提高每个细分市场的市场份额。”

TNS Shopper Universe 是一个大型的联合数据库，它为食品杂货店、超级购物中心、仓储俱乐部、便利店、一元店、药店、天然 / 有机食品店、宠物用品店和家庭装修用品店等零售商提供竞争方面的信息。它可以提供购物者对市场的知觉、企业用于确定目标市场的购物者细分以及基于情境的需求细分，并详细说明了购物过程中对购物者最具激励作用的因素是什么。该数据库有助于零售商和制造商全面了解广泛的市场环境以及购物者制定决策的关键驱动力。

埃森吉安表示：“购物者的功能需求通常可以得到很好的满足。然而，零售商仍有机会从情感上吸引购物者，如帮助他们简化生活、利用现代科技以及创造更具体验感的购物过程等。”TNS 公司识别出了九种基于情境的需求状态。在根据消费者需求定义的购物过程中，有一半以上是体验驱动型的，其余的往往是以任务为导向。

体验驱动型需求

体验驱动型需求分为以下几种：（1）寻求智能家庭的乐趣——这些消费者希望购物变得有趣、轻松和富有成效（这样他们就可以满足家庭的需求）。他们期望通过技术辅助、便利且愉快的店内体验以及物有所值的商品来获得享受。（2）寻求最好的商品——在这种购物过程中，消费者需要的是一些顶级品牌，通常是非主流品牌，如新鲜、健康和天然的产品等。（3）寻求有意义的体验——由于零售商的价值观、优秀的员工以及有趣而独特的产品，这种购物过程振奋人心。（4）美食探险之旅——购物者希望这种购物过程不仅是为了囤积食物，他们想要进行冒险和探索。零售商可以借此机会尝试提供一些新的和不同的产

① Based on material in Jim Dudlick, “Harnessing Big Data: Navigating the Shopper Universe,” *Progressive Grocer 2016 Category Management Handbook*. Reprinted by permission.

品，如具有异国情调的、有机的、健康的特色美食等。

任务驱动型需求

任务驱动型需求分为以下几种：(1) 每周的食品杂货购买需求——这些购物者想在同一家商店里购买到家庭一周所需的所有食品，因此商店需要备有各种各样的包装食品和新鲜食品。为了维持预算，这些购物者会寻求优惠券和优质的商店品牌。(2) 寻求无忧价值——这种购物过程应该简单高效，可以提供优惠和刺激，同时应能满足所有的品牌需求，从高档品牌到优质的商店品牌。(3) 对个人护理用品等商品的需求——这些购物者寻找的是提供各种各样个人护理用品和家居用品并且在白天或晚上的任何时间都可以去购物的商店。他们还希望商店提供各种零食和饮料。(4) 寻求全方位价值——这些购物者希望商店的商品品类丰富、价格低廉，可以提供每日低价、大量的特价销售以及家庭经济装商品。营业时间要方便，还要能得到孩子们的喜欢。(5) 买完就走——这种购物过程是为了满足购物者想快速并轻松地购买零食和饮料，或在经常路过的商店里购买临时需要的商品等即时需求。

食品杂货店、大众商品店和仓储俱乐部等大多数日用品零售商都有动机同时去满足任务驱动型和体验驱动型需求。专业店往往更倾向于提供体验型购物。虽然每个细分市场至少在一定程度上都会参与，但参与度越高的购物者往往拥有更多的体验型需求。

问题

1. TNS Shopper Universe 是什么？为什么它对零售商来说是一种宝贵的工具？
2. 描述拥有体验驱动型需求的消费者细分市场。
3. 描述拥有任务驱动型需求的消费者细分市场。
4. 在该案例所提到的顾客细分市场中，哪一个对便利店最为重要？解释你的答案。

R E T A I L   M A N A G E M E N T

第Ⅳ篇

商店选址

零售商进行形势分析、确定目标、识别消费者的特征和需求并收集充足的市场信息后，就可以制定和实施整体战略。第Ⅳ篇到第Ⅶ篇探讨零售战略的要素：商店选址、企业管理、商品管理和定价以及顾客沟通。第Ⅳ篇着重讨论商店选址。

第 9 章除了分析店址对零售商的重要性，还提出了选址计划的四步骤方法。本章着重讲解第一步，即商圈分析。本章将讨论以下几个主题：地理信息系统的应用、商圈的规模和形状、如何确定现有商店和新商店的商圈以及评估商圈时应考虑的主要因素。此外，本章还介绍了几个重要的数据来源。

第 10 章讨论选址计划的后三个步骤：选择最理想的店址类型、选择一个大体区域以及在该区域内确定具体地点。本章首先比较孤立商店、无规划商业区和规划式购物中心等几种店址类型，然后提出并详细讨论各类店址的评价标准。

第9章

商圈分析

学习目标

- 分析店址对零售商的重要性并介绍商店选址的过程。
- 讨论商圈的概念及其相关内容。
- 说明如何描绘现有商店和新商店的商圈。
- 探讨商圈分析的主要因素：人口特征、经济基础特征以及竞争状况与市场饱和度。

零售商会根据诸多因素选择商店地址，包括不同商圈的属性、与本企业其他商店及与竞争对手商店的距离以及人口特征等。同样，消费者也会根据各种因素选择他们喜欢购物的地点，包括商圈的整体吸引力、到商店的距离、零售商和品牌的可选择性及停车便利性等。

传统零售商与目标零售商的商圈分析方法存在很大差异。传统零售商进行商圈分析时考虑的关键问题是商圈规模、竞争对手的店址、与其他零售商的密切关系以及消费者的出行时间等。与毗邻商圈在销售税方面的差异、通行费和交通拥堵状况也会对传统商店的商圈选择产生重大影响。常用的商圈分析方法（涉及两个城市的人口规模、出行时间和销售空间等）可能并不适用于目标零售商。

像宜家或 CarMax 这样的目标零售商往往拥有巨大的商圈，因为它们的选择更多、商店规模较大、价值主张鲜明以及提供的商品独特。目标零售商可以产生自己的客流量，并不那么依赖于其他零售商的影响力。此外，许多购物者仅在目标零售商的商店购物而不会选择传统零售商。因此，目标零售商的顾客通常不会转向邻近的零售商，它们的商店可以在租金便宜的地点蓬勃发展。

尽管如此，一些将店面租给目标零售商的业主往往会担心该零售商很难以如此大的规模在这个地点取得成功。有几家目标零售商已经倒闭（如 Sports Authority 和 Borders）或经营不善了（如百思买、史泰博和玩具反斗城）。其中有些商店遭受到了来自网络零售商的竞争，因为这些网络零售商能够以更低的价格提供多种多样的商品；有些遭受到了来自沃尔玛等折扣零售商的价格竞争；还有一些遭受到了来自数字图书的竞争，因为顾客能够方便地下载这些数字图书，不必再从传统书商处购买。

资料来源：Naki Kouyioumtzis/Pearson Education Ltd. Reprinted by permission.

概　述

因为 90% 以上的零售收入都是在商店内实现的（包括在线订购并到店取货），所以店址选择成为零售业最重要的战略决策之一。以德国折扣食品连锁店奥乐齐公司（ALDI）的详细规划为例，该公司在美国 32 个州拥有 1 500 家门店及超过 3 000 万名顾客。奥乐齐在美国的扩张计划包括在购物中心内开设超市。除了选址于购物中心，20 000 平方英尺的店面也是奥乐齐所特有的。该公司与开发商密切合作，以充分展示其商店特色，并试图在重建后能够保存原房产的历史风貌。与欧洲不同，购物中心内的超市在美国并不常见。选址于购物中心拥有诸多优势，如可以利用购物中心的常规客流量及专属员工，并有机会使奥乐齐接触到一个全新的顾客群体。[1]

本章和下一章阐述适当店址的重要性，以及零售商在选择店址和决定是自建、租赁还是购买店面时应遵循的步骤。访问我们的博客（www.bermanevansretail.com）浏览有关商店选址的帖子。

店址对零售商的重要性

选址决策非常复杂，因为店址的成本有可能很高，一旦选定店址就很难更改，此外，店址的属性对零售商的战略也存在巨大的影响。最古老的零售业口号之一就是“店址、店址，还是店址”，换言之，店址是影响企业成败的主要因素。

即使一家零售商的战略组合平庸无奇，有利的店址也可能足以助其取得成功。例如，一家医院内的礼品店的商品品类不多，价格偏高，也不进行广告宣传，但其生意仍有可能很兴隆。相反，如果选址不当，再优秀的零售商也难以成功。例如，如果街对面就有一家类别杀手商店，那么夫妻店可能就很难盈利。虽然这家小店能够提供个性化的服务，但在商品选择和价格上，它无法与类别杀手商店匹敌。如果换个店址，这家夫妻店也许就能成功。

店址选择需要制定多方面的决策，因为需要考虑很多因素，包括人口规模及特征、竞争状况、交通便利性、停车便利性、附近商店的特点、物业费、协议期限和法律限制等。

商店选址通常需要大量的投资和长期的成本投入。即使零售商可以通过租赁（而不是购买土地自己兴建）将投资降到最低，也会产生巨额成本。除了支付租金，企业还须在照明、固定装置、店面等方面投入资金。

对于不太理想的零售店址，租赁期通常不足 5 年。如果店址位于繁华的购物中心或商业区，租赁期往往为 5 ～ 10 年，甚至更长。超市的租赁期长达 15 年或 20 年，这不足为奇，位于市中心主干道上的百货商店和大型专业店的租赁期通常超过 20 年。

由于店址难以更改、投资大、租赁期长，商店选址是灵活性最小的零售战略要素。企业无法轻易地搬迁至其他地点，也无法轻易地改变零售业态。此外，在租赁期内，零售商通常不得将店址转租给其他企业；如果零售商违反了租赁协议，则须承担由此给业主带来的经济损失。相比之下，广告、价格、顾客服务和商品品类等都可以随着环境（消费者、竞争和经济状况）的变化而进行调整。

即使是购买土地自建商店的零售商也很难更改店址。它必须找到一个可以接受的买主，这可能需要几个月甚至更长时间，它可能还需要协助买主融资。若在经济低迷时期出售，它还可能蒙受经济损失。

搬迁至新店址的企业会面临三个潜在问题：（1）可能会流失一些忠诚顾客和员工；搬迁距离越远，损失越大；（2）新店址的各方面特征可能与老店址不一样；（3）商店的大多数固定装置和翻修设施都无法迁移，如果它们没有被充分折旧，就会造成残值损失。

商店店址会影响企业的长期和短期规划。从长期来看，店址选择会影响企业的整体战略。零售商的店址必须与其使命、目标及目标市场在长期内保持一致。零售商还必须定期考察和监测该店址的状况，包括人口变化趋势、顾客往返商店的距离以及竞争对手的市场进入与退出情况等，并相应地做出调整。

从短期来看，店址会影响战略组合的特定要素。如果零售商选址于办公楼林立的市中心，那么周末的客流量可能就会很小。这样的零售商不适合销售大型家用电器等商品（此类商品通常由成年家庭成员共同购买）。它可以选择周末不营业，同时不经营这类商品；也可以选择周末营业，但需要通过大力促销或降价等手段吸引顾客前来购买。如果该零售商选择了前者，其实就是在调整战略组合以适应店址的属性；如果它选择了后者，就必须额外投入一些资源以改变消费者的购物习惯。总的来说，与调整战略组合以适应店址的零售商相比，努力克服店址劣势的零售商面临的风险更大。

在选择店址时，零售商应遵循以下四个步骤：

1. 评估备选地理区域（商圈）的居民特征和现有零售商的特征。

2. 决定是在该商圈内开设孤立商店，还是在无规划商业区或规划式购物中心内开设新店。

3. 选择孤立商店、无规划商业区或规划式购物中心的大体位置。

4. 分析选定零售店址类型中的一些备选店址。

每个商店的选址过程都要经过这四个步骤。本章主要讨论步骤 1，第 10 章将探讨步骤 2、3 和 4。

商圈分析

选择零售店址的第一步是描述并评估备选商圈，然后做出最佳选择。**商圈**（trading area）是指包含经营特定商品或服务的零售商或零售商群体的现有顾客和潜在顾客的地理区域。商圈的大小通常反映了零售商可以通过销售和 / 或配送商品而获利的区域范围。[2] 一旦选定了商圈，零售商应定期考察。

零售商通过对商圈的全面分析可以获得以下有利之处。

- 可以深入了解消费者的人口统计特征和社会经济特征。对新商店来说，商圈分析有助于零售商挖掘市场机会并制定成功的零售战略。对现有商店来说，商圈分析可用于确定当前战略是否仍然符合消费者需求。

- 有助于确定促销活动的重点，零售商可以对拟定或现有店址的媒体覆盖模式进行规划。如果 95% 的顾客居住在距离商店 3 英里的范围内，那么在一家受众覆盖全市的报纸上做广告就是没有效率的。

- 连锁店零售商可以了解拟定新店址能否吸引新顾客，会不会蚕食现有商店的生意。假设一家连锁超市在密西西比州杰克逊设有一家分店，其商圈半径为 2 英里，该企业考虑在距离杰克逊分店 3 英里处再增设一家新的分店。图 9－1 显示了这两家分店各自的商圈及预期重叠情况。阴影部分代表**商圈重叠**（trading-area overlap），在此区域内，两家分店服务于相同的顾客群体。该连锁店必须考察开设新店后总销售额的净增长（开设新店后现有商店的总销售额 + 新店的总销售额 – 开设新店前现有商店的总销售额）。

- 连锁店零售商可以预测，如果自己不在附近开设分店，竞争对手是否会这么做。这正是 TJX 公司在全美 100 多个市场中在相距不到 1.5 英里处同时开设 T. J. Maxx 和马歇尔两家低价服装连锁店的原因。

- 有助于连锁店零售商计算在特定区域内应开设的最佳商店数量。零售商在特定区域内应该开设多少家分店才能最好地服务于顾客（既不会导致成本过高，又不会造成过多重叠）？当 CVS 公司进入亚特兰大市场时，它在一天之内开设了 9 家新药店。这使该公司既能够服务于全市居民，各店间的距离又不至于太近。加拿大轮胎公司（Canadian Tire

Corporation）的一项主要竞争优势在于 4/5 的加拿大居民居住在距离该公司的某家分店 15 分钟车程的范围内。

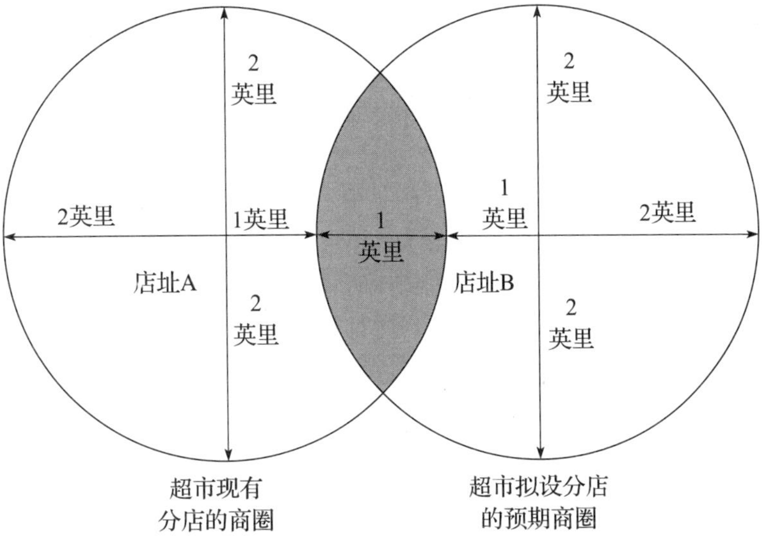

图 9-1　一家超市的现有分店与拟设分店的商圈

- 有助于零售商发现地理位置上的劣势。假设一家郊区购物中心经过商圈分析后发现城南的大多数居民不会来这里购物，一项更全面的研究显示，主要原因是人们害怕开车经过一个危险的铁路交叉口。根据这项调研，该购物中心可以施加政治压力，以改善这个交叉口的安全措施。
- 有助于零售商考虑互联网的影响。店铺零售商必须比以往更仔细地考察商圈，以了解其顾客的购物行为如何因网络而发生变化。
- 有助于零售商考察许多其他因素。在商圈分析过程中，零售商可以了解竞争状况、金融制度、交通便利性、劳动力可获得性、供应商的位置和法律限制等情况。

利用地理信息系统进行商圈描述和分析

如今，越来越多的零售商开始采用**地理信息系统**（geographic information system，GIS）软件，将数字化测图与关键位置数据结合起来，以绘图的形式描述人口统计特征、消费者购买行为的数据以及各个现有商店位置、拟定新店位置和竞争对手位置等商圈特征。商业性地理信息系统软件可以帮助企业快速研究不同地点的吸引力，并利用计算机生成的地图进行分析。以前零售商经常在纸质地图上放置不同颜色的图钉，标注各个现有商店位置、拟定新店位置和竞争对手位置，同时还需要收集和分析数据。[3]

大多数地理信息系统软件程序都是根据十年一度的人口普查数据和美国人口普查局的国家数字地图（即众所周知的“拓扑集成式地理编码与参考系统”（topologically integrated geographic encoding and referencing，TIGER））开发出来的。[4] TIGER 系统包括美国所有的街道和公路。TIGER 文件可以通过其网络平台 TIGERweb 在线免费访问，也可以作为通用电子地图文件下载。TIGERweb 上的“网络地图服务”地图可用于反映美国任何地区的人口普查街区、铁路、公路、水路等物理属性，但这些地图不显示零售商或其他商业实体的位置。许多版本的 TIGER 数据都可以下载，并且可以根据详细程度进行调整。[5]

地理信息系统软件的应用方式很多。例如，连锁店零售商可以利用地理信息系统软件得知哪些分店的商圈内的家庭年均收入超过 5 万美元；预测拟建新分店的潜在销售额及其对现有分店销售额的潜在影响；了解其最佳店址的顾客的人口统计特征；建立计算机模型以找到具有最佳属性的潜在店址；甚至还可以确定其地理位置的优势和劣势。

以下三个案例说明了零售商是如何受益于地理信息系统软件的。

- 星巴克使用 Esri 公司的地理信息系统软件，在员工电脑、浏览器或移动设备上生成并使用店址数据、地图及模型。该软件的一项新功能是可以生成星巴克的店址分布“热图”。它可以对地理信息系统地图上的点进行小规模分组，以分析局部区域模式，也可以进行大规模分组，以考察整个大都市区内的模式。这些“热图”还可以描绘星巴克的店址密度。Esri 公司的软件为星巴克提供了人口统计特征、人口密度、车流量、公共交通状况和附近商店的类型等数据。星巴克利用这些数据来制定开设新店的决策以及为新店定制菜单选项。[6]

- 沃尔格林公司从 2000 年就开始使用地理信息系统技术。它的新系统称为 WalMap，该系统可以提供互动式地图，用以根据人口统计特征变化趋势、竞争对手的位置及销售额趋势等数据确定最佳的新店址。该软件可在 iPad 上使用，包含具体的位置数据，沃尔格林的商店经理和房地产团队都可以使用这些信息。通过利用移动设备，商店经理无须再为了获取重要信息而打印地图了。[7]

- GfK GeoMarketing 公司通过提供地理信息系统软件服务，帮助那些希望进行海外扩张的国际零售商。该公司的软件有助于零售商寻找商店的最佳位置，识别区域目标群体，并确定产品需求。RegioGraph 软件还可以帮助零售商将数据呈现在数字地图上并加以分析。[8]

商圈的规模和形状

每个商圈都由三个部分组成：**主要商圈**（primary trading area），覆盖一家商店顾客的 50% ～ 80%，是最靠近该商店的区域，拥有最高的顾客密度和人均销售额，通常与其他商店的商圈没有重叠；**次要商圈**（secondary trading area），覆盖了一家商店另外 15% ～ 25% 的顾客，位于主要商圈之外，顾客分布更分散；**边缘商圈**（fringe trading area），包含所有剩余的顾客，他们的分布最为分散。例如，一家商店主要商圈的半径可能为 4 英里，次要商圈为 5 英里，边缘商圈为 10 英里。边缘商圈通常会包括一些从外地远道而来光顾商店的购物者。

图 9－2 显示了商圈的各个组成部分。在现实中，商圈通常不会呈现为圆形，其具体形状因实际情况而异。商圈的规模和形状受许多因素的影响，如商店类型、商店规模、竞争对手的位置、顾客的居住模式、出行时间和交通障碍（如过桥费等）以及媒体的可利用程度等。下面讨论这些因素。

两家商店即使位于同一商业区或购物中心内，也有可能会拥有不同的商圈。例如，在同一购物中心内，形象独特的服装连锁店能够吸引 20 英里以内的顾客，形象一般的鞋店只能吸引 5 英里以内的顾客。如果一家商店的商品更丰富，促销更广泛，拥有更强有力的形象，它就有可能成为**目标商店**（destination store），比缺乏独特诉求的竞争对手拥有更大的商圈。为了成为目标零售商，唐恩都乐公司一直使用“美国不能没有唐恩”

（America Runs on Dunkin）这一宣传语。**寄生型商店**（parasite store）是指没有自己的客流量，也没有自己真正商圈的零售店。这类商店依赖于那些因其他原因被吸引到该地点的顾客。例如，酒店大厅里的书报亭和购物中心内的小吃店均属于寄生型商店。人们可能会顺便光顾这些商店，但他们不是专门来这些商店购物的。

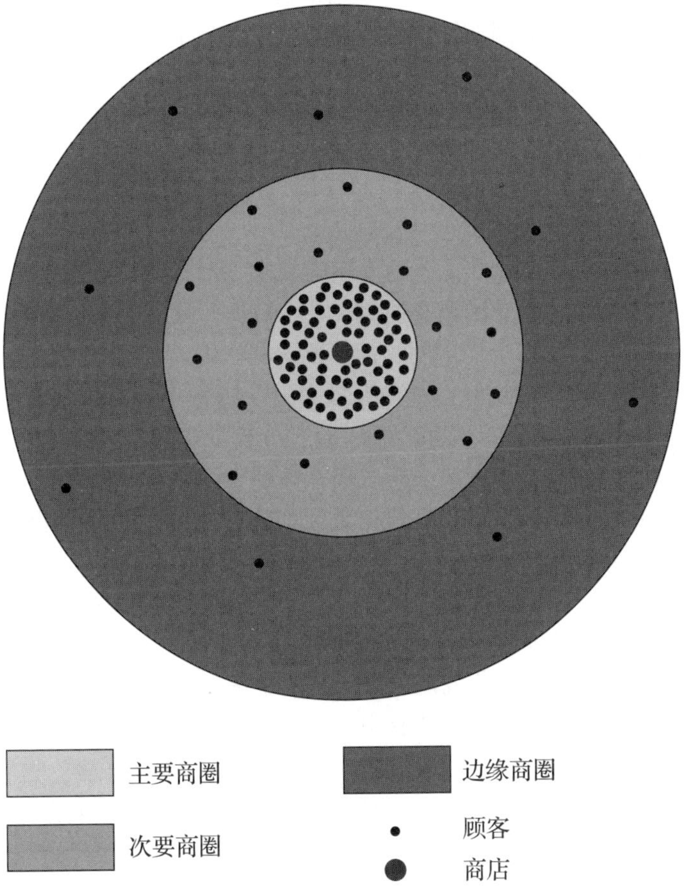

图 9－2　商圈的组成部分

商店或购物中心的商圈范围受自身规模的影响。商店或购物中心的规模越大，其商圈通常也越大，因为规模通常反映了商品和服务的多样性。然而，商圈不会随着商店或购物中心的规模成比例地扩大。一般来说，超市的商圈比便利店的要大。顾客光顾超市是因为超市的商品更多，他们光顾便利店主要是为了满足一些临时需求。在区域购物中心内，百货商店的商圈最大，服装店次之，礼品店的商圈则相对较小。

当潜在购物者位于两家相互竞争的商店之间时，通常每家商店的商圈都会缩小。随着两家商店之间的距离扩大（目标市场没有太多重叠），每家商店的商圈通常也会扩大。但是，如果两家商店距离非常近，每家商店的商圈不一定会缩小。如果由于商品和服务的多样性，该地点吸引了更多的消费者，那么这种商店组合实际上可能会扩大每家商店的商圈。然而，每家商店的市场渗透率（即在商圈内的销售额占比）可能会因竞争而降低。此外，新商店的进入可能会改变现有商店的商圈形状，或导致其出现空白。

在许多城市社区内，人们都集中居住在商业中心附近的住宅里。由于人口密度大，零售商应该在距离消费者非常近的地点开设商店，但是，由于几个购物区彼此毗邻，它们的商圈通常都很小，尤其是对人口最密集的城市而言。在郊区，由于大多数人分散地居住在独立住宅里，零售商为了实现满意的销量，必须吸引距离更远的购物者。

从人口的地理分布来看，出行或驾车时间对商圈的影响可能并不明显。交通障碍（如过桥费、路况不好、铁路轨道、单行道等）通常会缩小商圈规模，并造成不规则的商圈形状。经济障碍（如两个城镇之间的销售税差异）也会影响商圈的规模和形状。

在一个可以利用报纸或其他当地媒体的社区内，零售商能够负担得起做广告和扩大商圈的费用。如果没有可利用的当地媒体，零售商就需要在利用全国性或区域性媒体做广告的成本与扩大商圈的可能性之间做出权衡。

描绘现有商店的商圈

现有商店（或商业区或购物中心）的商圈的规模、形状和特点通常可以精确地描绘出来。商店记录（二手数据）或专项调查研究（一手数据）可用于测量商圈。此外，许多企业还提供针对个别零售商的需求而定制的计算机绘图软件。

商店记录可以显示顾客地址。对于使用信用卡的顾客，可以从零售商的结算部门获得这些数据；对于使用现金的顾客，可以通过分析配送单、现金销售传票（cash sales slips）、商店竞赛活动（抽奖）和支票来获取顾客地址。无论在哪种情况下，这项任务的成本都较低且完成速度快，因为这些数据最初是为其他目的而收集的，随时可以利用。

许多大型零售商都拥有计算机化的信用卡系统，它们可以从以下方面描绘主要、次要和边缘商圈：

- 不同地理区域的顾客光顾特定商店的频率。
- 特定地理区域的顾客在一家商店的平均购买金额。
- 特定地理区域的顾客的信用卡持有率。

虽然信用卡顾客的数据易于获取，但如果不同时研究现金顾客，这种分析可能是无意义的。不同地区的购物者使用信用卡的情况可能有所不同，尤其是当不同地区的消费者特征存在差异时。若同时研究现金顾客和信用卡顾客，企业就可以避免这个问题。

零售商还可以通过收集一手数据确定商圈的规模。例如，记录停放在商店附近的车牌号，通过联系州机动车管理局了解车主的大概住址，然后标注在地图上。通常为了保护个人隐私，机动车管理局仅提供车主的邮编和居住街道信息。在进行车牌分析时，零售商也不应忽略步行或以其他方式抵达商店的顾客（如乘坐公共交通工具或搭乘他人车辆的顾客）。要想收集这些顾客的数据，零售商通常必须使用问卷（调查法）。

如果零售商希望获取特定地区消费者的更多人口统计特征和生活方式信息，可以购买这些数据。“根据邮编制定的潜在市场等级指数”（PRIZM）细分系统（现由尼尔森公司所有）根据生活方式将美国的社区分为 66 种类型，如“高级白领”“高级蓝领”“郊区中产阶层”等。该系统最初只能按邮编查询，现在它还可以根据人口普查街区、居住街区、电话号码和邮政线路等查询。下载在线 PRIZM 报告只需几百美元；如果报告是专门为特定零售商定制的，则售价要高一些。

无论采取哪种方式对商圈进行描绘，都有可能存在时间偏差。在工作日光顾市中心商业区的顾客（他们在那里工作）可能不同于周末的顾客（他们远道而来购物）。特殊事件也会吸引远距离的顾客，但仅限于特定时段。因此，零售商必须经过全面且持续的调研才能准确地描绘商店的商圈。

对商圈进行描绘之后，零售商应在地图上标注人口的位置和密度，既可以采用人工方式，也可以采用地理信息系统软件。采用人工方式需要使用一张商店所在地区的纸质地图，并在地图上使用不同颜色的圆点或图钉表示人口位置、密度和收入等因素。然后标注出顾客的位置和密度；主要商圈、次要商圈和边缘商圈则用邮政编码表示。零售商可以针对以邮编划分的地区利用专门的促销活动吸引顾客。地理信息系统软件则将顾客的关键数据（如购买频率和购买金额等）与其他数据（如人口普查数据）结合起来，并通过计算机生成数字化地图来描绘主要商圈、次要商圈和边缘商圈。

描绘新商店的商圈

在现有商圈内开设的新商店也可以使用上述方法。本节讨论的则是购物及客流模式尚未明确的商圈。这类商圈通常需要从市场机遇的角度进行评价而不能基于当前的惠顾及客流（包括行人和车辆）模式，因此需要采用其他工具。

描绘新商店的商圈可以采用趋势分析（即根据过去预测未来），考察政府来源或其他来源的用于预测人口位置、车辆注册、新房产开发、公共交通、公路和地区划分等情况的数据。也可以通过消费者调查收集以下数据：消费者前往不同零售店址所能接受的出行时间和距离、新商店吸引消费者的因素、最有可能光顾新商店的消费者的地址等。这两种方法都可以用来描绘备选新商店的商圈。

有三种计算机化商圈分析模型可以用来评估新商店的店址。

1. **类比模型**（analog model）是最简单、最受欢迎的商圈分析工具。它根据现有区域中类似商店的销售额、潜在店址的竞争状况、新商店在该地点的预期市场份额，以及该地点主要商圈的规模和密度，来估计新商店的潜在销售额。

2. **回归模型**（regression model）使用一系列数学方程式说明每个位置的商店的潜在销售额与若干自变量之间的关联。这些自变量包括人口规模、平均收入、家庭数量、附近的竞争对手、交通障碍及客流模式等。

3. **引力模型**（gravity model）的基本前提是人们会光顾比竞争对手的商店更近且更具吸引力的商店。消费者与竞争对手的距离、消费者与特定店址的距离、商店形象等因素都可以纳入该模型。

计算机化商圈分析模型可为零售商提供以下有利之处：（1）这些模型的操作方式具有客观性和系统性；（2）可用于分配每个位置属性的权重；（3）可用于在大量店址中进行筛选；（4）可以通过比较预测情况与实际结果来评估管理绩效。

接下来介绍描绘新商圈的几种具体方法。[9]

莱利法则

零售引力的莱利法则（Reilly's law of retail gravitation）是商圈描绘的传统方法[10]，即在两个城市或社区之间确立一个无差异点，以确定各自的商圈。**无差异点**（point of indifference）是指两个城市（社区）之间的地理分界点，在该点上，消费者在哪个商圈购物都没有区别。根据莱利法则，较大的城市或社区会吸引更多消费者，因为那里的商店更多，商品品类也更丰富，即使出行时间长消费者也觉得很值。莱利法则基于以下假设：两个竞争区域的交通同样便利，两个区域的零售商也具有同等的经营效率。其他因素（如人口密度）保持不变或忽略不计。

莱利法则的数学表达式如下[11]：

$$D_{ab}=\frac{d}{1+\sqrt{P_b/P_a}}$$

式中，D_{ab} 为城市（社区）A 的商圈界限，沿着通往城市（社区）B 的道路以英里计；

d 为城市（社区）A 与城市（社区）B 之间主干道的距离，以英里计；

p_a 为城市（社区）A 的人口；

p_b 为城市（社区）B 的人口。

人口 9 万的城市 A 能够吸引到消费者的距离将是人口 1 万的城市 B 的 3 倍。如果两个城市相距 20 英里，则较大城市的无差异点位于 15 英里处，较小城市的无差异点位于 5 英里处：

$$D_{ab}=\frac{20}{1+\sqrt{10\,000/90\,000}}=15\ （英里）$$

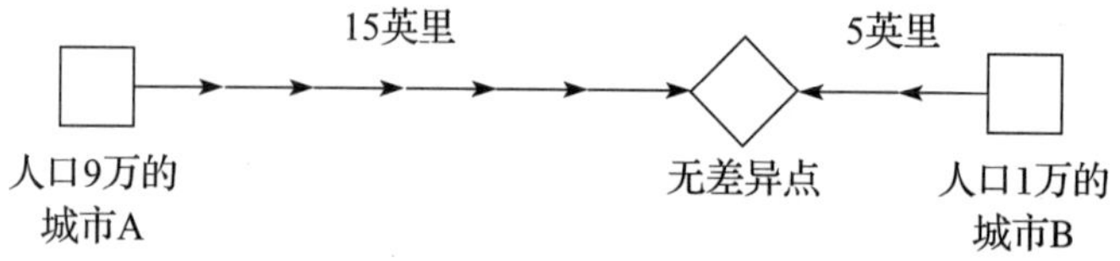

莱利法则因计算简便，对商圈分析具有重要贡献。无法获取其他数据或其他数据的收集成本过高时，该法尤其适用。尽管如此，莱利法则仍存在三个局限性：（1）距离的测量只依据主干道，有些人出行时会选择横穿主干道的距离更短的街道。（2）出行时间不一定能反映出行距离。许多人更关心时间而不是距离。（3）实际距离可能与感知距离不符。即使两家商店的位置相近，消费者对服务差、通道拥挤的商店的感知距离也很可能会远于氛围宜人的商店。

赫夫法则

购物者吸引力的赫夫法则（Huff's law of shopper attraction）根据不同购物地点经营的商品多样性（针对消费者所需的商品）、购物者从住所到备选购物地点的出行时间，以及该购物类型对出行时间的敏感性对商圈进行描述。商品多样性是根据零售商预期购物区内所有商店分配给一个商品类别的总销售面积来测算的。购物类型涉及出行目的（如补充存货还是购买新货）和所寻求的商品/服务种类（如服装还是食品杂货）。[12]

赫夫法则的数学表达式如下：

$$P_{ij}=\frac{\dfrac{S_j}{(T_{ij})^{\lambda}}}{\displaystyle\sum_{j}^{n}\frac{S_j}{(T_{ij})^{\lambda}}}$$

式中，P_{ij} 为消费者从住所 i 前往购物地点 j 的可能性；

S_j 为特定商品类别有望在购物地点 j 被分配到的总销售面积，以平方英尺计；

T_{ij} 为消费者从住所 i 到购物地点 j 的出行时间；

λ 为用于估计出行时间对不同购物类型的影响的参数；

n 为不同购物地点的数量。

请注意，λ 必须通过调研或使用计算机程序加以确定。

假设一个租赁商品部经营者正在考察三个潜在店址。在这三个地点，每个区域内的所有零售商分配给男士古龙香水的总销售面积分别为 200、300 和 500 平方英尺。潜在顾客从住所抵达这三个地点所花费的时间分别为 7、10 和 15 分钟。该经营者估计出行时间的影响的参数为 2。因此，顾客光顾店址 1 购物的可能性为 43.9%，店址 2 为 32.2%，店址 3 为 23.9%。

$$P_{i1} = \frac{200/7^2}{200/7^2 + 300/10^2 + 500/15^2} = 43.9\%$$

$$P_{i2} = \frac{300/10^2}{200/7^2 + 300/10^2 + 500/15^2} = 32.2\%$$

$$P_{i3} = \frac{500/15^2}{200/7^2 + 300/10^2 + 500/15^2} = 23.9\%$$

如果有 200 名男士古龙香水的购物者居住在距离第一个店址 7 分钟路程的地方，那么他们当中约有 88 人会光顾店址 1 购物。

应用赫夫法则时应考虑以下几点：

- 为了确定店址 1 的商圈，应针对住所距离该店址 10 分钟、15 分钟、20 分钟等车程的购物者进行类似的计算。然后针对每个距离，将会光顾这里购物的消费者数量进行加总。这样，店址 1 的商店就可以估计一个商品类别的市场总规模和商圈规模并确定其主要商圈、次要商圈和边缘商圈。
- 如果在一个地点开设了经营某个商品类别的新的零售设施，那么不论出行时间长短，前来购物的消费者的百分比都会提高。
- 消费者前往某个店址购物的可能性取决于出行时间的影响。如果商品很重要（如正装手表），那么消费者对出行时间的敏感性会降低。例如，当 λ 取值为 1 时，相应计算结果为：顾客光顾店址 1 购物的可能性为 31.1%，店址 2 为 32.6%，店址 3 为 36.3%（基于上述古龙香水例子中的总销售面积数据）。由于店址 3 的商品更丰富，它将是最受欢迎的正装手表购买地点。
- 所有的变量都很难量化。为了便于绘图，应将出行时间转换为以英里计的距离。此外，出行时间还取决于所采用的交通方式。
- 消费者在不同的购物行程中购买的商品不尽相同，因此商圈也因行程而异。

如今，赫夫模型已被广泛应用于 Esri 公司的 ArcGIS 商业分析软件等地理信息系统软件。

有关商圈的其他研究

多年来，许多学者都致力于研究不同环境中的商圈规模。他们引入了各种附加因素和高级统计技术，以解释消费者对购物地点的选择。下面举例说明。

高奇（Gautschi）对赫夫模型进行了补充，引入了购物中心描述符和交通状况两个变量。韦斯布罗德（Weisbrod）、帕斯尔斯（Parcells）和克恩（Kern）根据预期人口变化、商店特征和交通网络等研究了购物中心的吸引力。贝尔（Bell）、何（Ho）和唐（Tang）设计了一个包含商店选择的固定因素和可变因素的模型。罗杰斯（Rogers）考察了人工决策与计算机模型在店址选择过程中的作用。拉加戈帕（Rajagopal）研究了购物吸引力、购物路线以及建立以顾客为中心的战略。多尔加（Dolega）、帕夫利斯（Pavlis）和辛格尔顿（Singleton）将单一商店或购物中心的零售吸引力模型扩展至全国性的零售中心网络。[13]

商圈的特征

在确定了备选商圈的规模和形状之后，零售商需要研究这些商圈的特征。零售商特别感兴趣的通常是居民的特征以及他们与企业所确定的目标市场的相符程度。汽车修理加盟商可以通过查看车辆注册数量来比较多个地区的市场机会；助听器零售商可能需要评估 60 岁以上人口的百分比；书店零售商可能会关注居民的教育水平。

大多数零售商都需要研究的商圈因素包括人口规模和特征、劳动力可获得性、与供应来源的接近程度、促销措施、经济基础、竞争状况、店址可获得性及法规条例等。其中，**经济基础**（economic base）是指一个地区的工业和商业结构，即居民赖以生存的企业和产业。一个地区的主导产业（或企业）非常重要，因为其绩效的急剧下滑可能会对该地区的大部分居民产生不利影响。在经济基础多元化的地区，居民就业于多种不相关的行业，因此该地区比依赖单一主要产业的地区更加安全。表 9 - 1 总结了评估零售商圈时应考虑的主要因素。

表 9 - 1　评估零售商圈时应考虑的主要因素

人口规模和特征	
总规模及密度	可支配收入总额
年龄分布	人均可支配收入
平均受教育水平	职业分布
拥有住房的居民的百分比	变化趋势
劳动力可获得性	
管理人员	
管理培训生	
文秘人员	
与供应来源的接近程度	
配送成本	制造商和批发商的数量
及时性	产品线的可获得性和可靠性
促销措施	
媒体的可利用性和利用频率	
成本	
损耗	
经济基础	
主导产业	免受经济和季节波动影响的程度
多元化程度	信贷和金融设施的可利用性
增长预测	

续表

竞争状况	
现有竞争对手的数量和规模	短期和长期展望
对竞争对手的优势和劣势的评估	市场饱和度
店址可获得性	
潜在店址的数量和类型	区域划分限制
交通便利性	成本
自建与租赁的机会	
法规条例	
税收	最低工资
许可	区域划分
运营	

描述一个地区所需的大部分数据都可以从以下渠道获得：美国人口普查局、《美国社区调查》(*American Community Survey*)、《编辑和出版商市场指南》(*Editor & Publisher Market Guide*)、《标准费率和数据服务》(*Standard Rate & Data Service*)、区域规划委员会、公共事业机构、商会、地方政府办公室、购物中心所有者及租赁代理商等。此外，地理信息系统软件也能显示一个地区的潜在购买力、竞争对手的位置及公路出入口等数据。该软件还有可能包括人口统计特征和生活方式信息。

虽然表 9－1 所示的这些因素并非在所有的选址决策中都同等重要，但还是应该对每一个因素加以考虑。其中，最重要的因素应该作为"淘汰"因素：如果某个店址没有达到重要指标的最低标准，应立即淘汰，不再予以考虑。

以下例子描述了两家零售商所期望的商圈属性。

- Duluth Trading 公司（www.duluthtrading.com）是威斯康星州的一家全渠道零售商，专门经营各类具有创新性和功能性的男女工作服。该公司从一家小型邮购零售商发展成了全国性零售商，目前拥有 9 家商店及 2 家直销店，并且正在向其他州扩张。Duluth Trading 公司根据商圈分析、顾客细分和专门的零售模型分析了数十个市场，以确定其中最具潜力的市场。Duluth 商店的要求包括：10 000 ～ 15 000 平方英尺的营业空间；附近有主要的州际公路和高速公路出入口；最好靠近其他男装商店；有充足和方便的停车位。此外，为了支持其"在 Duluth 购物是一种体验而不仅仅是一种购买"的定位，该公司还寻求"特别的、充满个性的地点和空间，包括那些适合翻修的市中心历史遗址"。[14]
- 得克萨斯州的 Container Store（www.containerstore.com）销售高端的储藏和整理用品。该公司指出，一个糟糕的店址需要花费 5 ～ 15 年才能扭转劣势，并会导致近 5 家经营状况良好的商店流失商机。该公司利用预测分析及尖端的位置情报数据来确定最佳的商店位置。这些位置情报数据收集自与 Container Store 的顾客及业务范围（如在某个地理区域内饮用葡萄酒或向慈善机构捐赠的居民数量）相关的多种来源。此外，为了评估潜在店址，该公司还会利用以下信息：基于人口普查的地理信息系统数据（如收入、社区人口统计特征等）；消费者的信用卡交易信息（如某个地区每年在不同商品类别上的支出金额）；来自 LinkedIn（某个地区居民的职业和技能）和 Facebook（对该地区内各商家的看法）的社交媒体信息；来自电信公司的移动信标数据，以了解消费者光顾社区内商店的时间和频率；交通拥堵状况信息（顾客可能遭遇到的拥堵时间）。如果没有符合要求的店址，该零售商可能会决定放弃投资于实体店，转而开发在线战略。[15]

图 9－3 展示了收集数据来分析商圈这一过程中的几个阶段，这些数据不仅包括居民特征，也包括竞争对手的特征。通过研究这些因素，零售商可以了解是否适合在某个地区开展新业务。接下来探讨商圈选择的主要因素：人口特征、经济基础特征，以及竞争状况和市场饱和度。

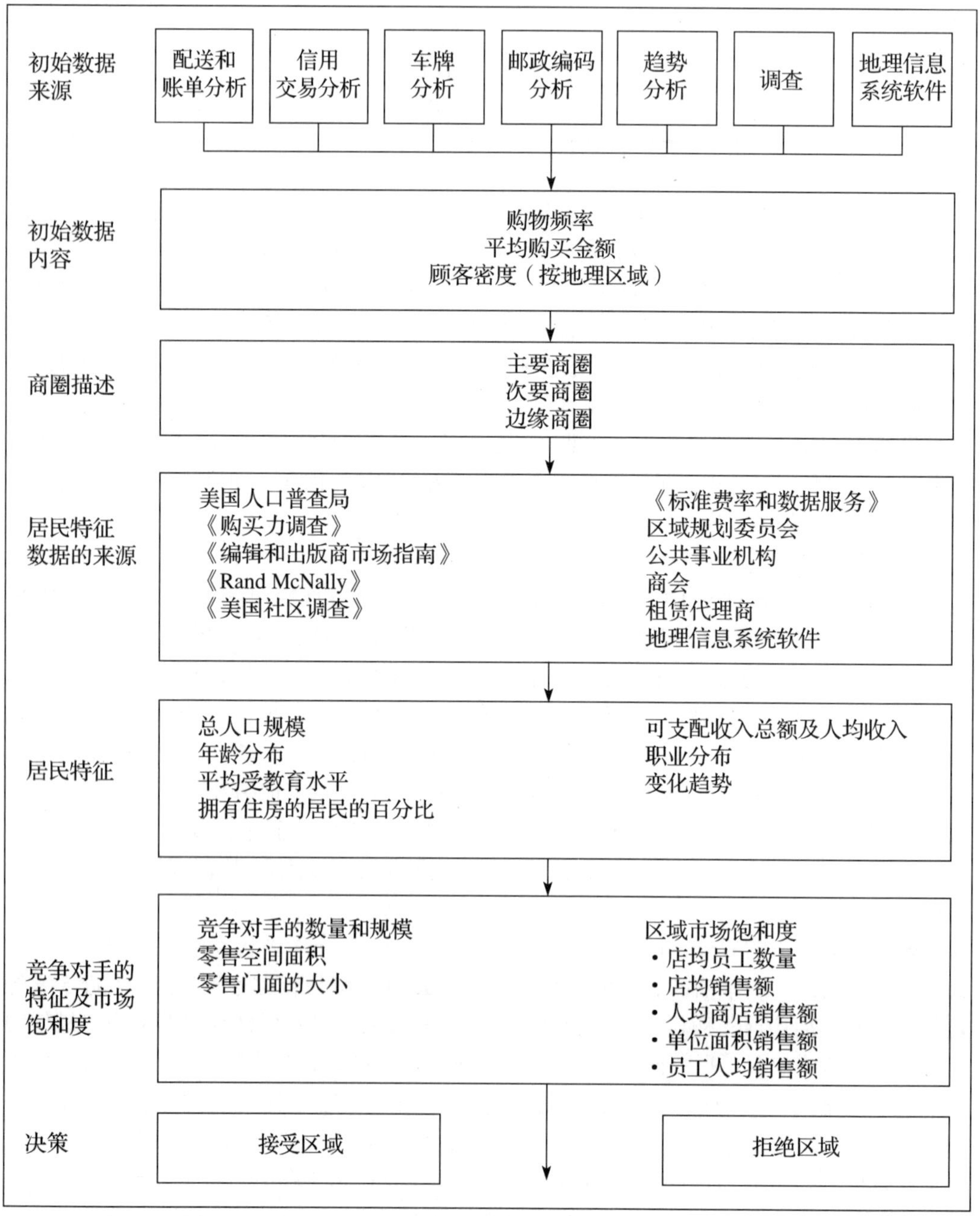

图 9－3　分析零售商圈

人口特征

通过二手数据来源可以获得有关人口特征的信息，包括人口规模、家庭数量、收入分布、受教育水平和年龄分布等。由于《人口普查》及其他公共来源的信息非常有价值，下面对其进行简要介绍。

《人口普查》

《人口普查》（*Census of Population*）提供了所有美国城市及其周边地区的各种人口统计数据，并按照地理区域进行了整理，以街区为最小单位，再延伸到人口普查区、市、县、州和地区等。由于隐私问题，街区和人口普查区的数据要少于较大的地理单位。人口普查数据的主要优点是能够提供较小地理单位的人口信息。一旦零售企业确定了商圈范围，就可以研究该区域内各个地理单位的人口数据并进行汇总分析。此外，分类数据有助于零售商进行市场细分，这类数据包括种族和民族数据、小型区域的收入数据和通勤方式等。人口普查数据有多种格式，包括在线数据。

美国人口普查局的 TIGER 计算机化数据库包含了美国各地区极其详细的分类信息。该数据库载有对各地理区域的数字化描述，包括区域边界和代码、经纬度坐标及地址范围等。TIGER 数据必须与人口数据等配套使用，因此地理信息系统软件是必不可少的。正如本章前文所述，许多私人企业以 TIGER 为基础开发了多种位置分析程序。这些企业通常还提供有关人口的当前数据和预测数据。

其他公共信息来源

除了《人口普查》，为了获取最新的人口信息，零售商还可以利用许多其他有用、易得的公共信息来源，尤其是针对市或县的人口信息。这些来源通常每年都会更新数据，可以提供一些无法从《人口普查》获得的数据，如各地区的年度总零售额、特定产品类别的年度总零售额及人口预测数据等。这些信息来源的最大不足是它们所使用的地理区域往往比一家商店的商圈大得多，无法轻易细分。

与书店或汽车经销商相比，快餐加盟商的选址决策通常需要的数据较少。快餐加盟商通常会选择有许多人在其商店周围三四英里内居住或工作的社区。书店和汽车经销商却不能仅根据人口密度选址，它们必须考虑一系列更为复杂的人口因素。

经济基础特征

经济基础特征反映了一个地区的商业和工业基础结构以及居民的收入来源。追求稳定经营的零售企业通常偏爱经济基础多元化（即拥有众多互不相关的产业）的地区，而不是以单一产业作为经济基础的地区。后者更容易受到罢工、需求下滑及经济周期波动的影响。

评估商圈的经济基础时，零售商应该考察各行业从业人员的百分比、交通状况、金融机构、经济波动的影响及个别行业（企业）的发展前景等因素。这些数据的获取来源包括 Easy Analytic Software 公司、《编辑和出版商市场指南》、区域规划委员会、行业发展组织及商会等。

竞争状况与市场饱和度

一个商圈也许可以满足目标市场所需的居民特征，经济基础也很雄厚，但如果竞争过于激烈，对新商店来说仍然是不利的地点。相反，如果竞争较少，即使是人口规模小、经济基础薄弱的地点也不失为良好的选择。

考察竞争状况时应分析以下因素：现有商店的数量、现有商店的规模及分布、新店开张率、各商店的优势和劣势、短期和长期发展趋势以及市场饱和度。

在过去 30 年中，许多美国零售商纷纷向海外市场扩张，因为那里的竞争不那么激烈。正是由于这个原因，沃尔玛进入了阿根廷、巴西、中国、墨西哥和尼日利亚等 28 个国家；家得宝进入了加拿大、关岛、墨西哥和维尔京群岛；芭斯罗缤冰激凌公司在澳大利亚、希腊、印度尼西亚、马来西亚、俄罗斯和泰国开设了分店。然而，在未来，由于不断增设新店，这些市场也可能会过度饱和。此外，尽管与东南部和西南部相比，美国东北部地区的人口一直在下降，并且通常被视为商店饱和的地区，但其较高的人口密度（每平方英里的人口数量）对零售商来说仍然至关重要。根据《2010 年人口普查》，新泽西州每平方英里的人口数为 1 196 人，马萨诸塞州为 840 人，佛罗里达州为 351 人，路易斯安那州为 105 人，亚利桑那州为 57 人，犹他州为 34 人。

商店不足商圈（understored trading area）是指销售特定商品或服务的商店过少而无法满足其人口需求的地理区域。**商店过多商圈**（overstored trading area）是指销售特定商品或服务的商店过多的地理区域，其中一些零售商将无法获得足够的利润。**商店饱和商圈**（saturated trading area）是指拥有适当数量的零售设施，既能满足该地区人口对特定商品或服务的需求，又能使零售商盈利的地理区域。

美国大多数地区的商店都已过多，但一些商店不足的地区仍然蕴藏着大量的市场机会。对于某些商品类别（如家具），在房地产市场衰退期间，许多地区的销售额可能会暴跌，一些商店也会关门大吉，此后经济复苏、利率下降、就业状况改善及房价回升都有可能刺激对家具的需求。如今，在一些商店不足的地区，新的家具商店正以前所未有的速度纷纷开张，其原因在于 8 300 万的千禧世代正处于支出高峰年龄段，7 600 万的婴儿潮世代也需要新家具以适应家庭规模的缩减和生活方式的改变。[16]

测量商圈饱和度

任何商圈都只能容纳特定数量的商店，或为每个商品 / 服务类别提供特定的销售面积，以下这些比率有助于测量零售商店的饱和度：

- 店均居民人数。
- 店均销售额。
- 各类零售店的平均销售额。
- 人均或单位家庭的商店销售额。
- 单位销售面积（每平方英尺）的销售额。
- 零售员工的人均销售额。

零售商可以根据目标或与其他商圈进行比较来衡量某个商圈的市场饱和度。例如，汽车配件连锁店通过计算居民人数与汽车配件商店数量的比率，可能发现当前商圈已经饱和。根据这一计算结果，企业所有者可能会决定向邻近区域扩张，而不是在现有商圈内增设新店。

计算这些饱和度比率所需的数据来源包括零售商的经营绩效记录、市和州的记录、电话簿、市场调查、经济普查数据、《编辑和出版商市场指南》、《县商业模式》（*County*

Business Patterns）及行业出版物等。各市场区域的各商品类别的销售额、人口规模及家庭数量等数据可通过其他来源获取。

考察特定商品或服务的商圈饱和度时，必须谨慎解释各项比率。不同区域间的比率差异不一定总能反映饱和度的真实差别。例如，城市与郊区的人均汽车销售额往往差异较大，这是因为郊区居民对汽车的需求更大。因此，应基于最适当的人均销售额数据，根据不同的标准来评估各区域的市场饱和度。

根据单位营业面积的销售额计算饱和度时，新开业或处于成长期的零售商必须将拟设新店纳入考虑之中。如果计算时忽略了新店，商圈饱和度结果将会失真。如果在小型社区内增设新店，单位营业面积的销售额往往会大幅度下降。此外，零售商还应考虑增设新店是会扩大该商圈内此商品或服务类别的总消费市场，还是会在不影响总市场规模的情况下提高本企业在商圈内的市场份额。

下面通过三个例子说明零售商如何将商圈饱和度纳入决策过程中。

- Urban Outfitters（www.urbn.com）是一家全渠道生活方式专业店，其经营的品牌包括 Urban Outfitters（平均商店面积为 9 000 平方英尺）、Free People（平均商店面积为 1 800 平方英尺），以及 Anthropologie，Terrain & BHLDN（平均商店面积为 7 000 平方英尺），同时也经营电子商务网站、移动应用程序和商品目录销售业务。该公司在国内和国际市场上与众多线上和线下商店展开了激烈的竞争，包括那些销售其 Free People 产品的批发商，以及连锁时装专业店和百货商店等。在时装方面可支配支出的下降、美国零售空间的过度饱和（其人均零售空间比英国、法国和日本高 5 倍）[17]，以及越来越多的在线比较购物，都可能迫使该公司采用降价策略（以营造一种促销环境），这会对其利润率产生负面影响。
- 零售药店行业的竞争非常激烈。处方药销售额占该行业销售收入的一半以上，但由于保险业务以及联邦医疗保险制度和联邦医疗补助计划，其利润率却较低。来德爱公司（Rite Aid）是美国第三大连锁药店（门店多达 4 560 家），其竞争对手包括其他零售连锁药店、独立药店、超市、大众零售店、折扣店、保健产品店、一元店及邮购药店等。此外，药店行业的整合、超市和大众零售商（如沃尔玛）对非注册品牌药物的大幅打折，以及为推动处方药销售而增加的促销激励措施等，进一步加剧了竞争压力。为了提高整体盈利能力和市场份额，来德爱公司收购了医药收益管理机构（pharmacy benefit manager，PBM）Envision Rx 以获取处方资料，进而确定利润更高的“前端”（如非处方）商品和服务（如照片打印）及店内小型诊所的顾客来源。来德爱公司正在重塑其房地产投资组合，除了对门店进行改造和重新选址，还在商店不足的商圈增设了新店。[18]
- 《营销指南》（*Marketing Guidebook*, www.marketingguidebook.com）为食品零售商提供了大量数据，包括人口规模、家庭数量、食品店总销售额以及按零售商类型（如超市与会员俱乐部）划分的食品店的数量等，这些数据可用于测量美国城市和社区的市场饱和度水平。

关键术语

商圈（trading area）
商圈重叠（trading-area overlap）
地理信息系统（geographic information system，GIS）
主要商圈（primary trading area）
次要商圈（secondary trading area）
边缘商圈（fringe trading area）
目标商店（destination store）

寄生型商店（parasite store）
类比模型（analog model）
回归模型（regression model）
引力模型（gravity model）
零售引力的莱利法则（Reilly’s law of retail gravitation）
无差异点（point of indifference）
购物者吸引力的赫夫法则（Huff’s law of shopper attraction）
经济基础（economic base）
《人口普查》(*Census of Population*)
商店不足商圈（understored trading area）
商店过多商圈（overstored trading area）
商店饱和商圈（saturated trading area）

讨论题

1. 评论以下说法：“店址不佳可能是一种不利因素，即使是优秀的零售商也无法克服。”这种说法永远正确吗？请举例说明。
2. 如果一家零售店的新租约期限为 10 年，这是否意味着 5 年之后该零售店才需要研究其商圈特征？解释你的答案。
3. 什么是商圈重叠？连锁零售商的各家分店之间存在一些商圈重叠是否有任何有利之处？为什么？
4. 说明消费电子产品连锁店利用地理信息系统软件进行商圈分析的三种方式。
5. 大学校园附近的教材及教辅书店应如何确定其主要商圈、次要商圈和边缘商圈？它为何要获取这些信息？
6. 寄生型商店如何扩大其商圈规模？
7. 解释莱利法则，它有什么利弊？
8. 运用赫夫法则计算顾客光临以下购物区的可能性：销售面积（平方英尺）——地点 1 为 15 000，地点 2 为 20 000，地点 3 为 25 000；出行时间——地点 1 为 15 分钟，地点 2 为 21 分钟，地点 3 为 25 分钟；出行时间对购物类型的影响参数为 2。解释你的答案。
9. 利用《人口普查》数据描绘商圈时主要有哪些利弊？
10. 访问《美国社区调查》的网站（www.census.gov/acs/www），查阅关于你的大学所在地区的最新数据。你能得出哪些与零售有关的结论？
11. 如果一个零售地区已被确定为“商店不足”，这对该地区的现有零售商和潜在零售商分别意味着什么？
12. 网络零售商应如何确定其产品类别的市场饱和度？该零售商应如何减轻所面对的市场饱和度的影响？

第10章

店址选择

学习目标

- 全面考察可供零售商选择的店址类型：孤立商店、无规划商业区和规划式购物中心。
- 说明在选择商店大体位置时所需做的决策。
- 描述百分百店址的概念。
- 讨论商店大体位置及具体地点的几项评价标准。
- 比较几种不同的占用条件。

近年来，购物中心遭遇到了来自多方面的激烈竞争，包括孤立的或商业街内的大型箱型商店、工厂直销购物区及在线零售商（包括那些拥有传统零售店铺的在线零售商）。越来越多的购物中心经营者开始利用社交媒体来吸引并维系顾客。

乔治亚理工学院（Georgia Institute of Technology）的研究显示，全美大约 1/3 的购物中心已名存实亡，只有 1/3 真正在健康地运营。[1] 大量商店的不断关闭威胁着现有购物中心的活力。近几年宣布并实施商店关闭的零售商包括梅西百货、西尔斯、塔吉特、杰西潘尼及欧迪办公（Office Depot）等。

许多关闭的商店都位于购物中心内，这些零售商都是其中的主力承租方，并凭借其营业面积和经营能力将顾客吸引至该购物中心。分析师指出了商店关闭的几个原因：商店过多、网络（尤其是亚马逊）的盛行、不同商店业态加剧了购物者的争夺，以及小型商店业态（基于较少的产品选择）的吸引力提高。

当一家能够吸引客流量的大型商店关闭时，一个重要的问题是对其余零售承租方的影响。除了主力商店空置所导致的形象问题，还要考虑其对商店客流量的影响。如果关闭的商店位于购物中心的关键位置，问题尤为严重。通常能够吸引客流量的商店会被安排在购物中心的两端，以增加客流量。紧邻空置商店的店铺可能受影响最大。

出租空置的商店也充满着挑战。与先前的承租方相比，新的承租方可能会要求大幅度减租；许多百货商店的规模巨大且参差不齐，其他商店业态难以适应该位置。

资料来源：Kavalenkava Volha/Shutterstock. Reprinted by permission.

概　述

零售商在考察了备选商圈（步骤 1）之后，必须确定最理想的店址类型（步骤 2），选择大体位置（步骤 3），以及评价备选的具体店址（步骤 4）。本章探讨步骤 2、3 和 4。

对于任何零售商来说，以适当的价格选定适当的店址是成功的关键。除了精心计划并保守地预算空间需求，零售商还需要在选址过程中考虑以下五个步骤。[2]

1. 了解在该地点购物的顾客细分群体的特征。这对于店址选择至关重要。星巴克和塔吉特等零售商充分利用了包含大量数据点的特定位置和购物者资料。零售企业可以针对可见度、出入便利性、人口规模、家庭收入及交通状况等因素，使用评分系统评价备选零售店址的“质量”，并利用预测分析预测低、中和高质量零售店址的销售绩效。[3] 企业可将最低可接受分数作为基线，并根据对所预测商店的绩效的边际贡献来评估其他位置。零售商需要考虑到二手数据和模型假设的局限性，因为它们可能不适用于其特定业务。最重要的是，零售商必须实地考察商店地址。[4]

2. 寻找销售潜力最大的位置。店址的租金应反映在那里能够产生的销售收入。零售商可以使用需付租金与商店绩效增长的边际分析来剔除那些不值得投资的高租金店址。

3. 了解零售店址租赁市场的当前状况，以确定业主收取的租金是否公平（合理）。一种慎重的做法是，将多个符合要求的位置作为备选方案进行评估。这不仅有助于对首选店址的磋商，一旦对首选店址的磋商失败，这也有助于减轻不确定性和挫败感。

4. 研究购物中心或购物区内的其他承租方，以确定能否与其共存，以及它们是否可以吸引可能会光顾新入驻零售商的顾客。客流量和车流量可以表明是否对新入驻零售商有利。虽然主力商店决定着该地点的基本顾客特征，但那些规模较小的承租方也同等重要。

5. 考虑长期投入。租约的有效期通常至少为 5 年，有时甚至更长。

店址类型

店址可分为三种类型：孤立商店、无规划商业区和规划式购物中心。它们在竞争对手的构成、停车设施、与非零售机构（如办公楼）的密切关系等方面各具特点。选址过程的步骤 2 旨在确定采用哪种类型的店址。

孤立商店

孤立商店（isolated store）是位于高速公路或街道旁的独立式零售店。没有毗邻的零售商与这类商店共享客流量。这类零售店址具有很多优势：

- 附近没有竞争对手。
- 租金相对较低。
- 具有灵活性，不存在限制经营的群体规则，有可能获得较大的营业空间。
- 有利于提供一站式购物或便利购物。
- 道路和交通可见度较高。
- 设施可以根据商店的具体要求加以调整。
- 停车便利。
- 有可能降低成本，从而降低商品价格。

这类零售店址也存在一些弊端：

- 难以吸引新顾客。
- 许多消费者不会连续多次远道来光顾一家商店。
- 大多数人喜欢多样化的购物方式。
- 广告费用可能较高。
- 室外照明、安保、场地维护和垃圾清理等费用无法分摊。
- 由于受到其他零售商及社区规划法的限制，可能无法入驻理想的位置。
- 通常需要新建商店而不是租用店址。
- 通常无规划商业区和规划式购物中心更受消费者欢迎，它们创造了大部分的零售额。

由于吸引目标市场具有难度，最适合在孤立位置开设商店的通常是大型零售商（如沃尔玛超级购物中心、开市客会员俱乐部等），以及以提供便利购物为主的零售商（如 7-11）。小型专业店也许无法在这类店址吸引到大量顾客，因为它们的商品不够丰富，也不具备商品或价格上的明显优势，所以人们不愿意专程前去购物。

多年前，由于打折销售遭到主力零售商的抵制，许多购物中心都禁止折扣商入驻。这迫使折扣商寻找孤立店址或创建自己的购物中心，它们最终获得了成功。如今，各类零售商遍布商业区和购物中心，同时也在孤立店址开店。运用店址组合战略的零售商包括麦当劳、塔吉特、西尔斯、星巴克、玩具反斗城、沃尔玛和 7–11 等。许多加油站和便利店等零售商仍然主要选择孤立店址经营。

无规划商业区

无规划商业区（unplanned business district）是指两家以上商店坐落在一起（或邻近）形成的零售区域，区域内的商店分布或组合并未经过预先的长期规划。商店的选址是基于对它们最有利的因素而非取决于商业区。例如，一个区域内可能有四家鞋店，却没有药店。无规划商业区分为四种类型：中心商业区、次级商业区、邻里商业区和商业街。下面分别进行介绍。

中心商业区

中心商业区（central business district，CBD）是一个城市的零售业中心，与“闹市区”同义，那里的办公楼和商店最为密集，车流量和人流量也非常高。中心商业区的核心区通常不超过 1 平方英里，周围设有文化和娱乐设施。这里吸引着来自整个市区的购物者，包括各个种族和阶层的人。中心商业区内设有至少一家大型百货商店以及众多专业店和便利店。这些商店的布局没有既定的模式，而是取决于时间顺序（先来先开）、零售业的发展趋势和机遇。

中心商业区能够吸引大量购物者在于以下优势：

- 商品 / 服务的品类多样化。
- 公共交通便利。
- 区域内的商店类型及其定位策略多样化。
- 商品价格差别大。
- 顾客服务多样化。
- 行人流量非常高。
- 靠近商业和公共设施。

此外，连锁店的总部通常也设在中心商业区。

中心商业区存在以下缺陷：

- 停车位紧张，交通与运输拥堵。
- 郊区顾客的往返时间长。
- 与郊区相比，一些中心城区日渐衰落，商店陈旧过时。
- 对一些潜在消费者来说，中心城区的形象较差。
- 最受欢迎的位置租金和税收非常高。
- 一些受欢迎的闹市区商店已迁往郊区购物中心。
- 提供的商品类别不完整（如一个区域内可能有四家鞋店却没有药店）。

与规划式购物中心相比，中心商业区在零售总额中所占的份额近年来有所下降，但它仍然是零售业的主要力量。除上述缺陷，中心商业区的业务量下滑主要是由于人口郊区化。20 世纪上半叶，大多数城市工人居住在工作地点附近，但是许多人逐渐搬至郊区——他们通常会去郊区的规划式购物中心购物。

尽管如此，大量中心商业区仍然经营良好，还有许多正在奋力重整旗鼓。它们采用的策略包括店面和设备现代化、组建零售商协会、人行道现代化、添置更明亮的照明设备、兴建垂直购物中心（由好几层商店构成）、改进交通网络、禁止车辆通行（有时效果不佳）、引进苹果商店（Apple Store）之类的热门零售商以及将商业与居住环境进行整合，形成所谓的多功能设施。在千禧世代和婴儿潮世代中，居住于城区的做法重新流行起来，他们创造的零售需求超过了白天的流动人口。充满活力的城市多功能购物区、公共交通的便利性，以及各种娱乐区吸引着不同的生活方式群体，并成为城市的一种比较优势。[5]

能够充分说明中心商业区复兴价值的一个案例来自费城，经过长期的不懈努力，那里的市中心比郊区购物中心更具竞争力。费城中心商业区的一些复兴举措如下：投入15亿美元用于街道景观、建筑物立面和公共区域的修缮，以建设550万平方英尺的可租赁空间。此外，通过将空置的办公楼、厂房和空地改建为公寓或独户住房，有望于2019年前增加约27 000套居住单元，这将带来社区的变革、人口的增长及零售业的复兴。空巢老人和千禧世代占费城市中心人口的40%，他们均就职或居住在市区内，此外，家庭平均收入也在不断提高。高端家具制造商Thos. Moser、Vince、Under Armor、露露柠檬（Lululemon）、诺德斯特龙折扣店及布鲁明戴尔直销店等零售商的涌入进一步将该中心商业区扩展到了周边社区及附属地带。沃比帕克（Warby Parker）、Bonobos及阿仕利塔（Athleta）等诸多成功的电子商务网站也开始在这里开设实体商店。[6]

波士顿的法尼尔厅（Faneuil Hall）是中心商业区长期复兴的另一个典型实例。该地点曾经称作昆西市场（Quincy Market），当开发商詹姆斯·劳斯（James Rouse）接手时，那里只有三个已经废弃了将近10年的具有150年历史、横跨一个街区的食品仓库。劳斯利用景观美化、人造喷泉、横幅标语、露天庭院、街头表演和生动多彩的图画，使“美国第一个露天市场”法尼尔厅呈现出一种欢乐氛围。现在的法尼尔厅集购物、餐饮和娱乐于一体。今天，法尼尔厅内聚集着100多家商店、13家全天候服务的餐馆及35个食品售货亭，还定期提供多种娱乐活动，每年吸引着超过1 800万的购物者和游客。[7]

其他大型中心商业区复兴项目包括安纳波利斯镇中心（马里兰州）、布兰森小镇（密苏里州）、达拉斯市中心区、巴尔的摩港湾、皮博迪广场（孟菲斯市）、先锋广场（俄勒冈州波特兰市）、中央车站（纽约市）、塔城中心（克利夫兰市）和联合车站（华盛顿特区）。

次级商业区

次级商业区（secondary business district，SBD）是城市或县镇中的无规划购物区，通常位于两条主要街道的交汇处。一座城市（特别是大城市）通常有多个次级商业区，它至少拥有一家小型百货商店（可能是传统百货商店或全线折扣店的分店）和 / 或一些大型专业店，外加许多小型商店。随着城市的地理范围不断扩张，这类商业区日益重要。

在次级商业区出售的商品和服务的类别与中心商业区相似，但是次级商业区的商店规模较小，商品分类的宽度和深度都较低，商圈也较小（消费者不愿意长途跋涉），销售的大多是便利商品。

次级商业区的主要优势包括：商品选择较多、交通便利、不像中心商业区那么拥挤、人员服务更多、比中心商业区距离住宅区更近。次级商业区的主要劣势包括：商品类别不完整、有时租金和税收较高（但达不到中心商业区的水平）、交通和运输拥堵、设施老化、停车困难、连锁店比中心商业区要少。不过，这些缺陷对次级商业区的影响通常没有对中心商业区那么严重，因为对次级商业区来说，停车、出行时间和交通拥堵等问题相对更少。

邻里商业区

邻里商业区（neighborhood business district，NBD）是一种无规划购物区，可满足单一居民区的便利购物和服务需求。邻里商业区设有一些小型商店，如干洗店、文具店、理发店和 / 或美容店、酒类商店及餐馆。龙头零售商往往是一家超市或大型药店。这类商业区通常位于居民区的主要街道旁。

邻里商业区的位置优越、营业时间长、停车方便，环境也不像中心商业区或次级商业区那样喧闹。但是，这类商业区提供的商品和服务品类有限。此外，由于竞争没有中心商业区或次级商业区那么激烈，价格往往更高。

商业街

商业街（string）是由一组零售商店组成的无规划购物区，通常经营类似或互补的产品线，位于街道或高速公路旁。购物区域很少延伸到与该商业街垂直的街道上。商业街上起初可能只有一家孤立商店，因其经营成功，竞争对手随之进入。在商业街开店的零售商通常是汽车经销商、古董店和服装店。

商业街具有许多与孤立商店相同的优势（如租金低、灵活性高、交通和停车便利、营业成本低等），同时也存在一些缺陷（如商品类别有限、许多消费者的出行时间长、广告成本高、受区域规划法的限制、需要自建等）。与孤立商店不同的是，商业街的商店面临着竞争。这虽然有助于商业街吸引更多顾客，并在各家商店之间分摊一些公共费用，但同时也削弱了每家商店对价格的控制能力及顾客忠诚度。不过，如果一家商店设在商业街，而非孤立店址，其客流量的增加可能会超过转向竞争对手的顾客流失，这就解释了为什么四家加油站会同时开在相对的街角上。

规划式购物中心

规划式购物中心（planned shopping center）由某地点的一组统一建筑的商业设施组成，其所有权集中或采用集中管理，作为一个整体进行设计与经营，均衡地租赁给各类零售商，且设有停车场。规划式购物中心的位置、规模及商店组合与其商圈有关。通过**均衡租赁**（balanced tenancy），规划式购物中心内的商店在所供产品的质量和类别上相互补充，商店的类型和数量也可以全面满足周边居民的需求。为了确保均衡租赁，规划式购物中心的管理层通常会限定各类零售商在总营业空间中所占的比例，限制每家商店所销售的产品线，并规定哪类企业可以获得无限期租约。在运营良好的购物中心内，所有商店都遵循着协调合作式的长期零售战略。

规划式购物中心具有以下优势：

- 鉴于长期规划，商品和服务的品类齐全。
- 郊区人口规模巨大。
- 可以满足人们对一站式家庭购物的兴趣。
- 各商店可以协作规划并分摊公共费用。
- 树立各具特色但又相互统一的购物中心形象。

- 使各商店的客流量最大化。
- 靠近高速公路且停车方便。
- 对一些消费者的吸引力胜过市区购物。
- 租金和税收通常低于中心商业区（封闭式区域购物中心除外）。
- 失窃率通常低于中心商业区。
- 两种形式的购物中心均深受欢迎：开放式（购物区允许车辆通行）和封闭式（购物区禁止车辆通行，且所有商店均有中央温控设备）。
- 折扣购物中心及其他新型购物中心不断涌现。

规划式购物中心也存在一些局限性：

- 业主的强制性规定降低了各零售商的经营灵活性，如营业时间上的规定。
- 租金通常高于孤立商店。
- 各商店销售的商品 / 服务受限。
- 购物中心内竞争激烈。
- 需要支付一些对个别零售商价值不大，甚至毫无价值的款项，如零售商协会的会员费等。
- 许多地区的购物中心过多（“美国购物中心泛滥”）。
- 消费者对购物这项活动日渐厌烦，失去兴趣。
- 一些历史较长的购物中心的设施老化。
- 受到大型主力商店的主导。

全美约有 115 000 家购物中心（包括便利中心、能量中心、生活方式购物中心、主题中心以及机场零售中心），其中 1 000 家是封闭式的。购物中心的年收入超过 2.4 万亿美元，几乎占美国零售总额（包括汽车和汽油销售额）的 50%。在购物中心就业的人数约为 1 250 万。18 岁以上的美国人中有 85% 每月至少光顾一次某种类型的购物中心。诺德斯特龙、梅西百货、Foot Locker、盖璞、丝芙兰和贺曼（Hallmark）等许多连锁企业都纷纷在购物中心开设了分店。一些大型零售商还参与了购物中心的开发建设。例如，西尔斯公司参与过数十家购物中心的建设；美国大众超级市场公司经营着多家包含数百家小型承租方的购物中心。每年都有大量各种类型和规模的购物中心落成，在现有购物中心的基础上增加了零售空间。[8]

为了维持长期发展，购物中心正在采取以下举措：

- 许多老旧的购物中心翻修、扩建或重新定位。一些重现生机的购物中心包括费城的樱桃山购物中心（Cherry Hill Mall）、查塔努加的汉密尔顿广场购物中心（Hamilton Place Mall）、肯塔基州帕度卡的肯塔基橡树购物中心（Kentucky Oaks Mall）、阿肯色州小石城的麦凯恩购物中心（McCain Mall）、康涅狄格州特伦布尔的韦斯特菲尔德特伦布尔购物中心（Westfield Trumbull Shopping Center），以及加拿大多伦多的约克戴尔购物中心（Yorkdale Shopping Centre Mall）。欢迎访问我们的博客（www.bermanevansretail.com）获取关于购物中心的信息。
- 某些衍生类型的购物中心激发了消费者的兴趣和热情。本章稍后讨论其中的三种类型：巨型购物中心、生活方式购物中心和能量中心。
- 购物中心正在应对不断变化的消费者生活方式，包括提高停车便利性，增设坡道以便于婴儿车和轮椅出入，招募有特色的零售商，如苹果商店、Apricot Lane、BCBG Max

Azria、橘滋（Juicy Couture）、麦丝玛拉（MaxMara）、迈克尔·科尔斯（Michael Kors）、Rue 21 和 Zumiez 等。此外，购物中心里还增添了更多信息亭和商店目录。

● 许多购物中心扩充了零售商类型，以吸引那些需要一站式购物的消费者。越来越多的购物中心开始吸纳银行、股票经纪商、牙医诊所、其他诊所、美容院、电视维修店和汽车租赁公司等。一些购物中心还招募了“临时承租方”，这些零售商租用走廊或过道处的空间，使用售货摊或移动售货车销售。承租方受益于低廉的租金和短期租约，购物中心的获利之处在于可以提高消费者的购物兴奋感和多样性，因为消费者往往会在意想不到的地方发现新卖家。

● 露天式购物中心日益受到欢迎，因为其建设费用较低，这也意味着零售商的租金和公摊费用较低。许多消费者喜欢户外购物体验。密歇根州克林顿镇的帕特里奇·格里克购物中心（Mall of Partridge Greek）就是一个深受欢迎的露天式区域购物中心。那里的主力零售商有诺德斯特龙、Carson’s 以及一家拥有 14 个影厅的电影院，此外，那里还有约 90 家商店和餐馆。它有什么特殊的吸引力呢？“帕特里奇·格里克购物中心具备密歇根州购物中心所特有的一些设施，包括足球场、免费无线网络、喷泉、电视厅和一个 30 英尺的壁炉等。”[9] 那里还举办各种免费活动，如音乐会、“健康星期三”和徒步俱乐部等，这既促进了社区参与，也为零售商提供了与购物者互动的机会。

● 越来越多的购物中心开发商开始致力于建立自己的品牌忠诚度。其中，西蒙公司（Simon）和韦斯特菲尔德公司（Westfield）均已花费了数百万美元宣传自己的品牌以提升自身形象。西蒙购物中心的名字在其所有的购物中心都异常醒目。目前，西蒙公司（www.simon.com）在北美、欧洲和亚洲经营着 230 个购物中心。[10]

● 一些购物中心利用频繁购物者计划来维系顾客并追踪其购物行为。西蒙公司的会员不但可以获得 VIP 停车位及购物中心专场活动的邀请，当他们在西蒙购物中心的月消费额超过 1 000 美元时，还可以获得返现。[11]

规划式购物中心分为三种类型：区域购物中心、社区购物中心和邻里购物中心。表 10－1 列出了它们的主要特征，下面将逐一进行介绍。

表 10－1　区域、社区和邻里三类美国规划式购物中心的典型特征

购物中心属性	购物中心类型		
	区域购物中心	社区购物中心	邻里购物中心
总面积（英亩）	40 ～ 100+	10 ～ 40	3 ～ 5
租赁给零售商的总面积（平方英尺）	400 001 ～ 2 000 000+	100 001 ～ 400 000	30 000 ～ 100 000
主要承租方	一家、两家或更多大型百货商店	传统或折扣百货商店的分店、杂货店和/或类别杀手商店	超市或药店
商店数量	40 ～ 125+	15 ～ 40	5 ～ 20
提供的商品和服务	为顾客提供的商品品类最多，侧重于需要仔细挑选的商品，以及可以提升购物体验的服务（如食品卖场）	为顾客提供的商品品类适中，侧重于体验购物与便利购物相结合的商品和服务	为顾客提供的商品品类最少，侧重于便利购物的商品和服务

续表

购物中心属性	购物中心类型		
	区域购物中心	社区购物中心	邻里购物中心
为购物中心提供支持所需的在商圈内居住 / 工作的最低人数	100 000+	20 000 ～ 100 000	3 000 ～ 50 000
驱车前往商圈用时	至多 30 分钟	至多 20 分钟	低于 15 分钟
位置	市中心以外，在干线公路或高速公路旁	靠近一个或多个人口聚居区	在某个居民区的主要街道旁
布局	购物中心中主力商店通常位于主要进出口处	带状或 L 状	带状
占三类购物中心总数的百分比（%）	3	22	75
占三类购物中心总销售面积的百分比（%）	20	36	44

注：表格中的百分比数据仅针对这三种特定类型的规划式购物中心。

资料来源：Authors'estimates, based on material compiled and adapted from International Council of Shopping Centers, "U. S. Shopping Center Classification and Definitions," June 2016, http://www.icsc.org .

区域购物中心

区域购物中心（regional shopping center）是对地域广阔的市场具有吸引力的大型规划式购物设施，至少拥有一两家大型百货商店（每家的营业面积至少为 10 万平方英尺）和 40 ～ 125 家甚至更多的小型零售商。区域购物中心以购物为导向，商品分类宽且深，同时还提供旨在增加消费者惠顾的各种服务。这类购物中心的市场规模在 10 万人以上，他们的住所或工作地点距离该购物中心至多 30 分钟车程。平均而言，消费者的出行时间不足 20 分钟。区域购物中心的一个重要发展趋势是将类别杀手作为主要承租方，以取代关闭了的百货商店。在 General Growth Properties 购物中心的 83 个空置的百货商店位置上已经入驻了 79 家类别杀手承租方，如 H&M、迪克体育用品商店和韦格曼食品超市（Wegman's Food Markets）等。[12]

大力规划区域购物中心的目的是使郊区也能呈现市中心的购物多样性。一些区域购物中心已成为整个郊区的社会、文化和就业中心。它们可以用作城镇广场、聚会地点、音乐厅和在室内轻快散步的场所。尽管人们对购物的总体兴趣有所下降，但是在光顾购物中心时，消费者通常平均会花费一个小时甚至更多时间。

第一家室外区域购物中心于 1950 年在西雅图创建，当时的主力商店是服装零售商 Bon Marche 的一家分店，后来是市中心首屈一指的一家百货商店。南溪谷购物中心（Southdale Center）（位于明尼阿波利斯郊外）建于 1956 年，其主力商店依次为塔吉特和戴顿・哈德逊公司（Dayton Hudson），该购物中心是首家全封闭式、集中控温的购物中心。今天，全美约有 1 250 家不同类型的区域购物中心，这类购物中心也在世界各地（虽然小型商店在各地仍处于主导地位）纷纷出现，从澳大利亚、巴西、印度到马来西亚。

巨型购物中心（megamall）是区域购物中心的类型之一。它是一种巨大的规划式购物中心，拥有至少80万平方英尺的零售空间、多家主力商店、数百家专业店、美食广场、娱乐设施以及半径达25英里的商圈。巨型购物中心旨在提高消费者的购物兴趣并扩大商圈。美国现有625家巨型购物中心。[13]其中最大的是位于明尼苏达州布鲁明顿市的美国商城（Mall of America, www.mallofamerica.com）。该购物中心有三家主力商店（梅西百货、诺德斯特龙和西尔斯）、520家专业店、一家拥有14个影厅的电影院、一家健身俱乐部、50家餐厅、一家Nickelodeon Universe室内游乐园、一家水族馆及12 550个停车位，其零售空间为420万平方英尺。美国商城设有适合各种消费水平的商店，每年可吸引3 500万～4 000万顾客（其中40%为游客）。位于中国北京的金源燕莎（Jinyuan Yansha）购物中心（绰号为"中国大商城"）是世界上最大的巨型购物中心，其规模是美国商城的1.5倍，设有1 000多家商店，零售空间达600万平方英尺。

社区购物中心

社区购物中心（community shopping center）是由一家百货商店（传统型或折扣型）的分店和/或一家类别杀手商店，再加上几家小型商店（类似于邻里购物中心的那些小型商店）组成的中等规模的规划式购物设施。它提供以购物和便利为导向的商品和服务，品类数量适中，其消费者来自一个或多个邻近的人口聚居区。它可以为那些居住或工作地点距离该中心10～20分钟车程的约2万～10万人提供服务。美国约有10 000家社区购物中心。

社区购物中心比邻里购物中心拥有更完善的长期规划。社区购物中心通常采用均衡租赁，也更有可能进行合作促销。商店构成和购物中心形象可与预定目标保持高度一致。

两个值得关注的衍生类型社区购物中心（未包括在表10-1中）是能量中心和生活方式购物中心。**能量中心**（power center）这类购物地点设有6家左右的类别杀手商店和一些小型商店，或者几家专营同一产品类别中的互补性商品的商店。能量中心通常占地20万～60万平方英尺，位于主要高速公路旁或街道交叉口。它力求与众不同以吸引购物者，并与区域购物中心展开竞争。美国大约有2 250个能量中心。[14]例如，位于加利福尼亚州科尔马的280大都会中心（280 Metro Center）。该能量中心的承租方包括马歇尔百货、诺德斯特龙折扣店、Old Navy、David's Bridal和Pier 1 Imports等类别杀手零售商。

生活方式购物中心（lifestyle center）是面积通常为15万～50万平方英尺的露天购物中心，汇聚着各种高端、知名的专业店以及餐饮和娱乐设施。其经营范围主要是服装、家居用品、图书、音像制品及餐厅。生活方式购物中心里深受欢迎的商店包括安·泰勒（Ann Taylor）、Banana Republic、Bath & Body Works、盖璞、Pottery Barn、塔尔伯茨（Talbots）、维多利亚的秘密以及威廉姆斯-索诺玛。生活方式购物中心的典范包括科罗拉多州利特尔顿的Aspen Grove、伊利诺伊州的Deer Park Town Center、俄亥俄州辛辛那提的Rookwood Commons，以及佛罗里达州椰树林的CocoWalk。目前，美国约有460家生活方式购物中心。[15]

邻里购物中心

邻里购物中心（neighborhood shopping center）是一种规划式购物中心，其中最大的商店是一家超市或药店。那里的其他零售商通常包括面包房、洗衣店、干洗店、文具店、理发店或美容店、五金店、餐厅、酒类商店及加油站。这类购物中心主要向居住或工作在附近的人提供便利商品和服务。它可以为居住在15分钟（通常少于10分钟）车程内的

3 000 ～ 50 000 人提供服务。

邻里购物中心通常呈带状布局，初建时经过精心规划，并且承租方的类型均衡。随着时间的推移，邻里购物中心的规划有可能被削弱，新入驻者受到的限制可能更少。因此，一家酒类商店可能会取代一家理发店，于是中心里就没有理发店了。中心维持均衡的能力取决于它对潜在承租方的吸引力（以商店空置率表示）。从数量而非销售空间或销售额来看，邻里购物中心占全美区域、社区及其他购物中心的 75%。

选择商店的大体位置

在选址规划步骤 2 的最后，零售商必须从孤立商店、无规划商业区和规划式购物中心这三种店址类型中选择一种。该决策取决于企业战略以及对每种店址的利弊的慎重评估。

接下来的步骤 3 中，零售商需要为其商店选择一个大体位置。此时需要做出两项决策。第一，必须在孤立商店、无规划商业区和规划式购物中心三者中选择一种。如果零售商想要开设孤立商店，就需要决定是开在高速公路旁还是街道旁。如果选择无规划商业区，则需要决定是开在中心商业区、次级商业区、邻里商业区还是商业街。如果选择规划式购物中心，则需要决定是开在区域购物中心、社区购物中心还是邻里购物中心，或者开在衍生形式的购物中心，如巨型购物中心或能量中心。以下是两家零售商的选址偏好。

- 由 CNL-KKR 私有的乐器经销商 Guitar Center 在 44 个州经营着 260 多家 Guitar Center 商店，在 19 个州经营着 120 家 Music & Arts 商店。在所有的 Guitar Center 商店中，62% 属于一类商店，33% 属于二类，5% 属于三类。该零售商选择商店类型的根据是所在市场的规模。一类商店的面积为 13 000 ～ 30 000 平方英尺，主要服务于大都市的人口聚居区。二类商店的面积为 8 000 ～ 14 000 平方英尺，服务于一类商店不提供服务的大都市地区。三类商店的面积约为 5 000 平方英尺，服务于更小的消费者群体。[16]
- 苹果商店通常位于高级购物中心和城市购物区内客流最密集的位置，分布在包括美国在内的十几个国家。苹果公司拥有并经营着约 400 家自己的商店，通过提供高质量的购物体验不断吸引着新顾客。苹果商店的设计旨在简化和加强苹果产品及相关产品的展示和营销。为了满足不同市场的需求，商店规模千差万别。[17]

第二，零售商必须选择商店的大体位置。对孤立商店而言，这意味着选择一条特定的高速公路或街道。对选在无规划商业区或规划式购物中心的商店而言，则意味着选择一个特定的商业区（如洛杉矶的市中心区）或购物中心（如得克萨斯州沃思堡市的 La Gran Plaza）。

在步骤 3 中，零售商需要缩小前两个步骤中的决策范围，然后选择一个大体的商店位置。在步骤 4 中，零售商则需要评价各个备选的具体店址，包括在特定街区（或购物中心）的位置、在街道的哪一边以及租赁条款等。在评价和选择大体位置及具体地点时要考虑的因素将在下一节中一起讨论，因为这两个步骤中采用的许多战略决策都具有相似性。

对大体位置及具体地点的评价

评价大体位置及其中具体地点时，需要进行充分的分析。在任何区域内，特定商店的最佳位置称为**百分百店址**（one-hundred percent location）。由于不同零售商需要不同类型的店址，某家企业的百分百店址对其他企业可能并不是最有利的。因此，一家高档女装店要寻求的店址不同于一家便利店。该服装店需要的是大量的客流、靠近大型百货商店，并与其他专业店相邻；便利店则宁愿选在停车位充足且车流密集的区域，它不需要靠近其他商店。

图 10－1 列出了商店大体位置及具体地点的评价清单。零售商应根据这些标准逐一评价备选的大体位置（及具体地点），并对每个备选方案评定总分。两家企业对同一店址的评分可能存在差异。该图应与第 9 章提到的商圈数据结合使用而不是取代它们。

客流	行人数量 行人类型	______ ______
车流	车辆数 车辆类型 交通拥堵程度	______ ______ ______
停车设施	停车位的数量和质量 到商店的距离 员工停车位的可获得性	______ ______ ______
交通状况	公共交通的可利用性 通往主要高速公路的便利性 配送便利性	______ ______ ______
商店构成	商店的数量和规模 商店之间的关联性 零售均衡	______ ______ ______
具体地点	可见度 在区域内的方位 营业场地的规模和形状 建筑物的规模和形状 场地和建筑物的状况和已使用年限	______ ______ ______ ______ ______
占用条件	自有或租赁条款 运营和维护费用 税金 区域规划限制 自愿条例	______ ______ ______ ______ ______
总分	大体位置 具体地点	______ ______

图 10－1　大体位置及具体地点的评价清单

说明：逐一对这些标准进行从 1 到 10 分的评分，1 表示最好，10 表示最差。

客流

评估商店大体位置及具体地点的价值时，最重要的指标是过往行人的数量和类型。

如果其他条件相同，客流量最高的地点往往是最佳店址。

并不是每个路过该地的人都会成为商店的顾客，因此许多零售商使用选择性的计数方法，如仅计算那些携带购物袋的人，客流总量中有可能包括许多非购物者。例如，对于一家家电零售商来说，将所有在上班途中经过市中心的人都算作潜在顾客是不合适的，因为市中心的大多数行人可能并不是来此购物的。

适当的客流量计算应包括以下四个要素：

- 按年龄和性别分别计算（年龄非常小的儿童不应计入）。
- 按时段分别计算（这有助于研究客流高峰、低谷以及不同时段内行人性别上的变化）。
- 行人访谈（以了解潜在购物者的比例）。
- 购物之行的现场分析（以确定顾客实际光顾的商店）。

车流

对于那些想吸引驱车来此的顾客的零售商来说，车流量的数量和特征至关重要。便利店、区域购物中心内的商店和洗车店就属于依赖高车流量的零售商。在客流量有限的郊区，车流量研究尤其重要。

与客流量分析一样，车流量的计算也需要加以调整。一些零售商只统计回家方向的车流，一些将高速公路另一边过往的车辆排除在外，还有一些则忽略不计外州车辆。有关车流的数据可从州公路局、县工程队或区域规划委员会获取。

除了计算车流量，零售商还应研究交通拥堵（由交通拥挤、受阻绕行及路况不佳等造成）的程度和时间。人们往往会避开交通拥堵地段而前往车程最短、行车难度最低的地方购物。

停车设施

许多美国零售店都在附近设有街边停车场。在许多商业区，停车设施可由个别商店、几家商店或地方政府提供。在规划式购物中心，停车设施由所有商店共享。停车位的数量和质量、停车场到商店的距离，以及员工停车位的可获得性都是需要进行评价的因素。

零售商是否需要停车设施取决于商店的商圈、商店类型、驱车购物者的比例、是否存在其他停车设施、停车位的周转速度（取决于购物时长）、购物者的流量以及非购物者对停车场的占用情况等。对于每 1 000 平方英尺的营业面积，购物中心通常需要 4 ～ 5 个停车位，超市需要 10 ～ 15 个，家具店则只需 3 ～ 4 个。

免费停车有时会产生问题。通勤者和附近企业的员工可能会在此停车，这就减少了购物者可利用的车位数量。通过验证购物者的停车存根并要求非购物者支付停车费可以缓解这种问题。如果新商店的入驻及现有商店的扩张导致某个地点的销售空间增加，则可能会出现另一个问题，即现有停车设施不足。采用双层或多层停车场不但可以节省占地，还可以缩短从停车处到商店的距离。这一点对于区域购物中心尤为重要，因为那里的顾客可能不愿意从停车位步行几百英尺到购物中心。

交通状况

评价商店大体位置及具体地点时还必须考察公共交通的可利用性、通往主要高速公路的便利性及配送便利性等因素。例如，在闹市区，对那些没有私家车、上下班需要通勤，或者不愿去交通拥堵地区购物的人来说，商店是否靠近公共交通设施是很重要的。对于车辆进出不便的任何区域，都必须保证公共汽车、出租车、地铁、火车及其他公交设施的可利用性。

依赖车流量的商店位置应根据其与交通干道的接近程度来评价。行车时间是许多人选择购物地点时的重要考虑因素。此外，在公路上自西向东行驶的人通常不愿意掉头向西去公路另一侧的商店购物。

此外，零售商还应研究交通网络以确定是否可以用卡车送货。一些交通干道非常适合小汽车通行，但禁止大型卡车通行，或者根本不能承受卡车的重量。

商店构成

商店的数量和规模应与所选的店址类型相一致。选择孤立店址的零售商希望附近没有其他商店；选择邻里商业区的零售商希望该区域内有 10 ～ 15 家小型商店；选择区域购物中心的零售商则希望该区域内有大量商店，包括一些大型百货商店（从而产生大量的客流）。

如果某一特定位置的各家商店相互补充、融合和合作，那么它们彼此依存、互惠互利，就会产生**关联性**（affinity）。关联性越强，客流量越大，每家商店的销售额就会比这些商店彼此无关时更高。具有相似性或互补性的商店通常会选择邻近的店址，这种做法有两个根据：（1）顾客喜欢在相似的商店之间比较价格和款式、选择商品和服务；（2）顾客喜欢一站式购物，即在同一次购物之行中从不同商店购物。关联性既可以存在于相互竞争的商店之间，也可以存在于相互补充的商店之间。与主要提供便利商品的购物区相比，更多的人会前往有更多商品选择的购物区，因此所有商店的销售额都会得到提高。

衡量商店相容性的一个指标是各商店顾客互换的程度。以下这些商店高度相容，它们的顾客具有高度的互换性：

- 超市、杂货店、面包房、水果蔬菜店、肉店。
- 百货商店、服装店、针织品商店、内衣店、鞋店、珠宝店。

此外，零售商还需要考虑**零售均衡**（retail balance），即一个商业区或购物中心内的商店组合。适当的零售均衡需要满足以下条件：（1）经营各类商品或服务的商店数量与该区域的市场潜力相符；（2）能够提供各种各样的商品和服务，以促进一站式购物；（3）任何商品类别里都有足够的品种；（4）各种商店类型的组合适当（均衡租赁）。

具体地点

零售商店具体地点的选择取决于可见度、在区域内的方位、营业场地的规模和形状、建筑物的规模和形状，以及场地和建筑物的状况和已使用年限等。

可见度是指该店址能被来往行人和车辆看到的程度。位于小巷或购物中心尽头的店址不如位于主要公路或购物中心入口处的店址那么明显。较高的可见度会提高商店的知晓度。

在区域内的方位是指该店址在商业区或购物中心内的相对位置。拐角的位置可能是很理想的，因为它位于两条街道的交叉处，具有“街角效应”。街角位置的租金通常更高，因为路过此处的行人和车辆更多（来自两条街道的客流和车流），橱窗陈列面积更大，还可以通过多个入口缓解客流拥挤。在高客流量的零售位置，街角效应是最显著的。这就是一些 Pier 1 商店和星巴克店等零售商寻求街角位置的原因。

文具店等便利导向型商店关心的是商店位于街道的哪一边，相对于其他便利店的位置，是否靠近停车场，到公共汽车站是否方便，以及与居民区之间的距离等。家具店等购物导向型零售商更感兴趣的是，是否可以占据街角位置以增加橱窗陈列面积，是否靠近出售墙纸及相关商品的零售商，消费者前往取货台的便利性，以及送货到商店的难易程度等。

零售商购买或租用现有建筑物时应注意其规模和形状，还应考察营业场地和建筑物的状况和已使用年限。百货商店肯定比精品店需要更大的营业空间。此外，百货商店可能更倾向于选择方形的场地，精品店可能更喜欢长方形的场地。任何一处店址都应根据总空间需求加以评价，其中包括停车场、人行道、销售空间、非销售空间等。

由于许多理想的位置均已饱和，也无法在其他位置获得营业场地，一些零售商转而寻求非传统店址，将其作为现有商店的补充。例如，星期五餐厅（T. G. I. Friday's)、史泰博和巴利（Bally）都在机场开设了商店。赛百味在许多沃尔玛超市里开设了分店，此外，为了提供更多的商品选择并分摊费用，赛百味及其他一些快餐零售商开始共享设施。

占用条件

对于每个备选店址，零售商必须评价其各项**占用条件**（terms of occupancy），包括自有或租赁、租赁类型、运营和维护费用、税金、区域规划限制和自愿条例等。

自有或租赁

资金充裕的零售商既可以自置房产，也可以租赁。自有房产在小型商店、小型社区或成本低廉的位置更为常见。自有房产具有一些优势：不存在租约到期时业主不再续约或者索要翻倍租金的风险；每月支付的抵押贷款金额固定不变；经营灵活，零售商可以进行跨界商品经营，也可以拆除墙壁等；房产有可能升值，如果零售商决定卖掉商店，将会获得经济收益。自有房产的劣势包括初始成本高，必须进行长期投入，无法轻易改变店址。家得宝公司 90% 的商店都是自有房产。[18]

如果零售商选择了自有房产，就需要决定是建造新店，还是购买现有建筑物。这时零售商应考虑购买价格与维护费用、区域规划限制、现有设施的已使用年限和目前状况、现有设施对商店运营的适应性，以及建造新店所需的时间等因素。为了鼓励小城镇（人口为 5 000 ～ 50 000 人）的建筑修复工作，美国国会颁布了国家历史保护信托基金（National Trust for Historic Preservation）的“美国主街计划”（Main Street America Program, www.mainstreet.org)。如今，州、市及地区等各级主街计划在 2 000 多个城镇得到了广泛实施，这些城镇均受益于规划支持、税收抵免和低息贷款等。

位于中心商业区和区域购物中心的绝大多数商店都是租赁的（家得宝有时是例外)，这主要是由于自有房产的投入过高。百货商店往往会签订租期为 20 ～ 30 年的可续期租约，超市通常签订 15 ～ 20 年的可续期租约，专业店则通常签订 5 ～ 10 年的租约，且有权延长租期。在特定情况下，以零售商需要支付费用为前提，有些租约允许零售商在租约到期前终止协议。

租赁房产可以将初始投资降至最低，减少风险，占据黄金地段的店址（不能再租给其他零售商)，立即获得使用权和客流量，并减少长期投入。许多零售商认为，它们可以通过租赁房产开设更多商店，或在经营上投入更多资金。租赁房产的企业必须接受这种方式的一些缺陷，如对经营灵活性的限制、对转租和出售店面的限制、可能无法续约、租金上涨以及无法获利于房产增值等。

一些大型零售商通过售后回租（sale-leaseback）的方式将新建商店出售给房地产投资商，再由后者将其长期回租给零售商。零售商可以利用售后回租建造符合其特殊要求的商店，在租赁房产时发挥议价能力，还可以减少资本支出。

租赁类型

房产业主并不仅仅依赖于固定租金的租约，部分原因是它们担心利率及相关的营业成本上升，因此，租赁条款可能非常复杂。[19]

最简单、最直接的租赁方式是**直接租赁**（straight lease），即零售商在租赁期内按月支付固定的金额。每平方英尺的年租金通常为 1 ～ 75 美元不等，具体金额取决于地点的理想程度及商店的客流量。在一些地点租金可能非常高。例如，在纽约的第五大道，每平方英尺的年均租金高达 3 500 美元！这是世界上最高的零售租金。[20]

在**百分比租赁**（percentage lease）方式下，租金与零售商的销售额或利润相关，这不同于收取固定租金的直接租赁。百分比租赁可保护房产业主免受通货膨胀的影响，并受益于商店的成功经营；承租方则可将租金视为可变成本，经营不善时租金较低，经营良好时租金较高。租金占销售额或利润的百分比因商业区或购物中心的类型及商店的类型而异。

百分比租赁还有一些衍生形式。一种是规定租金的最低限额，因为销售额过低应由零售商承担部分责任；无论销售额或利润是多少，房产业主都能得到最低租金（如同直接租赁）。一种是规定租金的最高限额，经营非常成功的零售商支付的租金也不应超过最高限额。卓越的商品经营、促销和定价应为零售商带来回报。还有一种衍生形式是滑动比例，即租金占销售额的比例随销售额的增长而变化。若是下滑比例，当销售额上升时，零售商按更低的比例支付租金，这对零售商来说是一种激励。

累进租赁（graduated lease）是指在特定时期内逐渐提高租金。例如，租约中前十年的月租金可能是 4 800 美元，后十年的月租金可能提高至 5 600 美元。零售商和房产业主均预先知道租金的这种变化，它基于预期的销售额和成本增长。采用累进租赁时，不需要像百分比租赁那样审核销售额或利润。这种租赁方式通常用于小型零售商。

维护增加求偿租赁（maintenance-increase-recoupment lease）规定，如果房产业主的税金、取暖费、保险费或其他费用的增加超过了特定限度，则允许提高租金。该规定通常是对直接租赁协议的补充。

净租赁（net lease）要求取暖费、电费、保险费及内部修理费等维护费用均由承租的零售商支付。采用净租赁时，房产业主无须管理房产设施，由零售商负责商店的维护。这种方式通常是对直接租赁或百分比租赁的补充。

其他考虑因素

对自有和租赁进行评估后，零售商还必须考虑运营和维护费用。即使抵押贷款或租金很低，设施的已使用年限和现有状况也可能导致零售商每月支付很高的费用。此外，还应计算大规模翻修所需的费用。

零售商还应权衡不同备选店址在销售税（由顾客支付）及营业税（由零售商支付）上的差异。营业税应细分为不动产税和所得税。销售税最高的州是加利福尼亚州（7.5%），其次是印第安纳州、密西西比州、新泽西州、罗得岛州和田纳西州（7%）；阿拉斯加州、特拉华州、蒙大拿州、新罕布什尔州和俄勒冈州则没有销售税。

对于允许开设的商店种类、商店规模、建筑物高度、经营的商品类别以及其他必须加以制约的因素（或另一备选店址），可能会存在区域规划限制。例如，许多社区认为，它们当地的零售经济只能吸纳有限的新商店，才不会导致一些现有企业倒闭。因此，它们颁布了区域规划限制或商店规模上限，防止零售商店超出特定规模。这有助于当地社区维持小型步行商业区的活力，保证商业零售空间的可承受能力，并促进当地零售商的发展。商店规模上限可以防止交通拥堵和公共基础设施过载。在这些限制下，所有零售商（包括沃尔玛等连锁零售企业）只能在社区内建造适当规模的商店。在那些采取了商店规模上限的城市，通常会开设大型商店的零售商有时会选择放弃开店，有时会设计较小的商店。商店规模上限还可以确保零售空间对当地企业的承受能力。[21]

在规划式购物中心普遍存在一些自愿条例，可能包括商业团体会员资格、统一的营业时间和共享的安保人员等。区域购物中心的许多租约中都规定了一些条款，用于保护主力承租方免受来自折扣商的过度竞争。这些条款可能还涉及对产品线的限制、对公共服务的收费等。主力承租方之所以受到保护，是因为开发商需要与主力承租方签订长期租约来为购物中心提供资金。联邦贸易委员会不鼓励“独家销售”，即只有一家零售商可以经营某种特定的商品，也不鼓励“半径条款”，即一家承租方同意不会在特定范围内开设其他商店。

由于许多区域内的零售设施过剩，一些零售商转而处于有利地位，可就占用条件与业主讨价还价。这一点因城市及商店位置而异。

总分

选择店址的最后一项任务是计算总分：

1. 根据图 10－1 所示的标准计算每个备选大体位置的总分。
2. 比较所有备选位置的总分，并从中选出最佳位置。
3. 采用同样的方法评价所选大体位置中所有备选的具体地点。

汇编和比较综合评价往往很困难，因为一个店址可能在某些属性上具有优势，却在另一些属性上存在劣势。例如，大体位置可能是一个不错的购物中心，但在购物中心内的具体地点可能不理想；或者，某一区域可能具备良好的发展潜力，但建造商店需要耗时两年。图 10－1 中的因素应根据重要性加以权衡。计算总分时还应考虑一些淘汰因素，即由于存在这些因素，必须排除某个店址。可能的淘汰因素包括租期过短、晚上或周末几乎没有客流、承租方与业主的关系欠佳等。

关键术语

孤立商店（isolated store）
无规划商业区（unplanned business district）
中心商业区（central business district，CBD）
次级商业区（secondary business district，SBD）
邻里商业区（neighborhood business district，NBD）
商业街（string）
规划式购物中心（planned shopping center）
均衡租赁（balanced tenancy）
区域购物中心（regional shopping center）
巨型购物中心（megamall）
社区购物中心（community shopping center）

能量中心（power center）
生活方式购物中心（lifestyle center）
邻里购物中心（neighborhood shopping center）
百分百店址（one-hundred percent location）
关联性（affinity）
零售均衡（retail balance）
占用条件（terms of occupancy）
直接租赁（straight lease）
百分比租赁（percentage lease）
累进租赁（graduated lease）
维护增加求偿租赁（maintenance-increase-recoupment lease）
净租赁（net lease）

讨论题

1. 一家连锁便利店决定同时在孤立位置、无规划商业区和规划式购物中心开设分店。请对该策略进行评价。
2. 从零售商的角度比较无规划商业区与规划式购物中心两类位置的优势。
3. 分析中心商业区、次级商业区、邻里商业区和商业街之间的差异。
4. 制订一个简单的计划，以复兴你们校园附近的邻里商业区。
5. 什么是能量中心？什么是生活方式购物中心？分别描述两者的利弊。
6. 对你们校园附近的某个区域购物中心进行评价。
7. 解释为什么一家中等价位的服装连锁店的百分百店址可能不是当地一家高档服装店的百分百店址。
8. 小型零售商在选择大体位置及具体店址时应采用哪些标准？大型零售商呢？
9. 使用图 10－1 所示的评价清单会遇到什么困难？有什么有利之处？
10. 快餐店、修表店和箱包店的停车设施需求有什么不同？
11. 在什么情况下，零售商更希望购买或租赁现有设施而不是新建一家商店？
12. 对于潜在承租方来说，净租赁有哪些利弊？对于房产业主呢？

第Ⅳ篇　小案例

案例

越小越快就越好吗？[①]

随着食品杂货行业的多元化，谁将被抢走一杯羹呢？全食超市于2016年中期开设了第一家“365”新型店；克罗格公司的第一家Main & Vine门店在2016年2月落成；阿霍德集团（Ahold）旗下的Fresh Formats公司于2015年秋季开始推出bfresh商店；于2014年首次开店的Fresh Thyme Farmer's Market有望在2019年开设60家分店。这些业态模式的营业面积都比较小，主要经营新鲜食品（特别是各种各样的农产品）、有机食品和手工特产，其价格点以商品价值为基础。

谷歌快递（Google Express）于2016年推出，在旧金山和洛杉矶的一些社区提供水果、蔬菜、肉类等商品的当日送达服务；全食超市投资了食品杂货配送平台Instacart；克罗格公司开展了“在线订购，到店取货”业务；亚马逊的Prime Pantry和AmazonFresh计划正在蚕食食品零售业的市场；越来越多的订阅服务商（如Blue Apron，Plated和HelloFresh）也试图通过提供盒装餐食解决方案来分一杯羹。

随着众多竞争对手不断抢占市场，传统超市是否真的陷入了危机？超市行业专家一致认为答案是否定的，但他们提出了一个警示。凯度零售咨询公司（Kantar Retail）的零售洞察高级副总裁约翰·兰德（John Rand）表示：“如果你将传统超市定义为克罗格公司这样的企业，那么它们看起来经营良好。如果你将其定义为其他一些连锁企业，那么它们的经营状况看起来就没有那么好了。美国的一些顶级超市都是超级地方性企业，如美国大众超级市场公司、H-E-B和韦格曼食品超市。这些企业的增长速度快于平均水平，它们也经营得非常好。”

嘉思明咨询公司的零售战略师史蒂文·平德（Steven Pinder）表示：“消费者正在转换和改变在各种购物平台上的消费习惯，但是在食品杂货店的消费习惯并没有变化得那么快或那么多。在食品杂货店业态中，消费者对科技和全渠道购物行为的接受程度并没有像在其他业态中那样迅速提高。”

然而，并非所有人都对占地4.5万平方英尺的超市的命运持乐观态度，因为超市通常经营的是各种包装和罐装食品、冷冻食品及家庭必需品。食品行业分析师菲尔·伦珀特（Phil Lempert）表示：“传统超市已经过时了，因为它无法满足当今购物者对一些新型产品的需求。”伦珀特认为有两种类型的食品商店会吸引到大量顾客：一种是专门经营新鲜食品的

---

① Based on material in Susan Reda, “ Supermarket Showdown, ” *STORES Magazine*, April 2016, pp. 24-27. Reprinted by permission. Copyright 2016. STORES Magazine.

小型商店；另一种是将食品杂货店与餐馆相结合的“grocerant”。“在店内提供堂食的经营者也在增加。像 Hy-Vee 或韦格曼这样的超市声称，‘我们提供各种与食物相关的商品和服务——你可以现在坐下来吃顿饭，然后带一些新鲜的东西回家做明天的晚餐。’”

在瞬息万变的市场中，一些传统企业正在将市场份额拱手让给规模更小、经营更灵活的进入者；另一些企业（如沃尔玛和克罗格这两家销售额最大的超市）则拒绝让其他公司分一杯羹。尽管沃尔玛已经关闭了其 1.2 万平方英尺的“沃尔玛速递”（Walmart Express）食品及商品试点商店，但它仍致力于发展以食品为主的 4 万平方英尺的邻里超市业态模式。除了 Main & Vine 项目，克罗格公司还经营着 Turkey Hill Markets 和 Mariano’s 超市。

专家表示，零售商需要选择一个利基市场。兰德将超市分为三类：高档超市、主流超市和超值超市。2015—2020 年高档超市预计将拉动约 19% 的食品杂货销售额；主流超市将占到近 33%；超值超市的份额将会最大，近 48%。

问题

1. 小型商店与大型商店的商圈分析有什么不同？解释你的答案。
2. 像 AmazonFresh 这样的食品配送服务商应如何确定商圈？其商圈规模会大于还是小于传统超市的商圈？为什么？
3. 将店址设在多功能购物中心的利弊是什么？
4. 哪类零售店址最适合小型商店？为什么？

第Ⅴ篇

管理零售企业

第Ⅴ篇讨论零售企业管理的各个要素。首先介绍建立零售组织的步骤，以及零售业中特殊的人力资源管理环境，然后分别从财务和经营两个方面探讨运营管理。

第 11 章介绍零售商如何利用其组织结构来分配任务、政策、资源、权力、责任和奖励，以满足目标市场、员工和管理层的需要。此外，本章还介绍如何应用人力资源管理使组织结构正常运作。人力资源管理包括对人员的招聘、甄选、培训、酬报和监督。

第 12 章着重阐述在制定零售战略时如何从财务方面进行运营管理。本章讨论以下几方面内容：利润规划、资产管理（包括战略利润模型、其他重要的财务比率以及零售业财务管理的发展趋势）、预算和资源配置。

第 13 章从经营方面介绍运营管理。本章讨论以下具体内容：经营蓝图；商店业态、规模及空间分配；人力资源的利用；商店维护、能源管理及翻修；库存管理；商店安保；保险；信用管理；计算机化；危机管理。

第11章

零售组织和人力资源管理

学习目标

- 研究建立零售组织的步骤。
- 探讨零售业采用的各种组织结构。
- 考察零售业特殊的人力资源环境。
- 介绍零售业人力资源管理过程的原则和实践。

卓越的零售业人力资源管理要求企业不仅雇用和培训优秀的员工，还必须保持员工的积极性。由于零售业的员工流动性很高，这并非易事。据估计，工资为每小时 10 美元的零售业员工的替换成本平均超过 3 300 美元。[1] 由于一些零售商每年的员工流动率很有可能超过 70%，与此相关的成本会是一笔非常大的支出。

零售商可以采用以下策略来降低低工资员工的流动率：

- 内部晋升：这不仅是对长期员工的奖励，也为短期员工树立了晋升到管理职位的员工榜样。
- 宽容体谅：如有正当理由（如疾病、家庭危机等），允许员工偶尔迟到或缺勤。
- 强调职位与企业目标的密切关系：向员工展示短时间排队、干净的设施以及专门负责顾客服务的员工的价值。
- 通过岗位轮换将厌烦情绪降至最低：仓库人员可以在繁忙时段协助收银，或者帮助年老体弱的顾客拿包裹。
- 投资于培训：确保培训者有礼貌地指导和纠正新员工。

资料来源：S.john/Shutterstock. Reprinted by permission.

概　述

管理零售企业包括三个步骤：建立组织结构、招聘和管理员工以及运营管理（包括财务方面和非财务方面）。本章探讨前两个步骤，第 12 章和第 13 章探讨运营管理。

建立零售组织

通过建立**零售组织**（retail organization），企业可以安排和分配任务（职能）、政策、资源、权力、责任和奖励等，以有效地满足其目标市场、员工和管理层的需要。图 11－1 列出了企业在计划和评估组织结构时应考虑的各方面需要。

无论员工和管理层的需要是否得到满足，如果企业的组织结构不能满足目标市场的需要，它就无法生存。企业虽然可以通过集中采购降低成本，但如果它忽视了顾客偏好的地区差异，那么将会丢失市场份额。虽然许多零售企业都执行相似的任务（如采购、定价、商品陈列、商品包装等），但是企业可以采用不同的方法来执行这些职能。本章接下来讲解图 11－2 所示的零售组织的组建过程。

确定要执行的任务

为了有效地开展零售业务，零售商必须一一列出需要在分销渠道中执行的任务，然后将其体现到所选择的战略组合中：

目标市场的需要

是否有足够的员工来提供适当的顾客服务?
员工是否具备丰富的知识和礼貌的态度?
店内设施是否得到了精心维护?
分店顾客的特定需求是否得到了满足?
不断变化的需求是否及时得到了满足?

员工的需要

职位是否充满挑战和满足感?
是否制订了有序的内部晋升计划?
员工能否参与决策制定?
沟通渠道是否透明通畅?
权责关系是否明确?
是否每名员工都受到了公平对待?
良好的表现是否得到了奖励?

管理层的需要

能否相对容易地获得并维系称职的员工?
是否明确规定了人事制度?
每名员工是否只向一个主管汇报?
是否每位管理人员都能正确监督所有向其汇报的员工?
运营部门是否得到了足够的人员支持（如营销调研）?
组织层级是否适当?
各项组织计划是否得到了精心整合?
员工是否受到了激励?
缺勤率是否较低?
是否制定了有序的员工替换制度?
能否灵活适应顾客或环境的变化?

图 11－1　计划和评估零售组织时必须考虑的特定因素

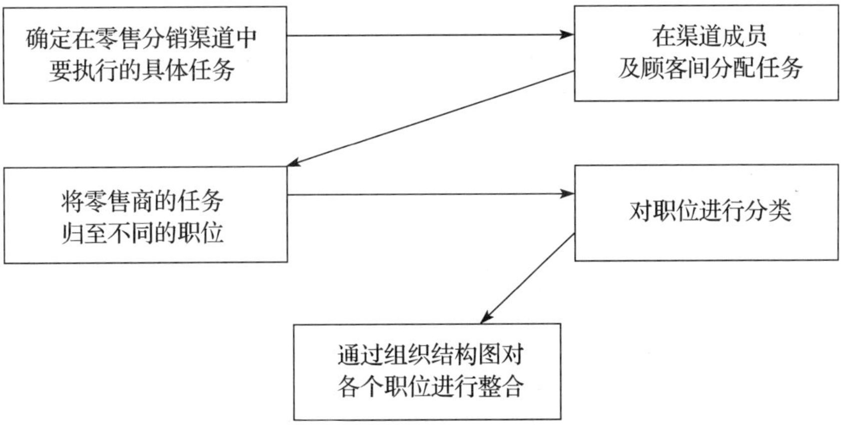

图 11－2　零售企业的组建过程

- 代表零售商采购商品。
- 向零售商运输商品。
- 收货和验货。
- 定价和粘贴标签。
- 存货的储存和控制。
- 准备商品陈列和橱窗陈列。
- 设施维护（如保持店面整洁）。
- 顾客调研和信息交换。
- 顾客联系（如网站和人员销售）。
- 创造便利的购物条件（如便利的店址和快速结账）。
- 顾客跟进和投诉处理。
- 人事管理。
- 商品的维修和改制。
- 为顾客出具账单及处理信用业务。
- 处理收据和财务记录。
- 礼品包装。
- 向顾客配送（如多渠道或全渠道零售）。
- 将未售出或损坏的商品退给供应商。
- 销售额预测和预算编制。
- 协调。

在渠道成员及顾客间分配任务

虽然上述任务通常是在分销渠道中执行的，但不必全部由零售商完成。一些任务可由制造商、批发商、专业机构或消费者执行。图 11－3 列出了各方可以执行的活动类型。以下是执行分配任务职能（以及有关的消费信用）时需要考虑的一些因素。

执行者	任务
零售商	可以执行分销渠道中从商品采购到协调的全部或部分任务
制造商或批发商	可以执行少数或多数职能，如运输、粘贴标签、存货储存、陈列及调研等
专业机构	可以承担特定任务的机构：采购办事处、配送公司、仓库、营销调研公司、广告代理商、会计师事务所、信用机构、计算机服务公司等
消费者	可以负责配送、信用购买（或现金购买）、销售努力（自助式）、产品改制（自助式）等

图 11－3　分销渠道中的任务分配

● 一项任务应由最胜任的一方执行，并且仅在目标市场需要时才应该执行。

● 对一些零售商来说，宽松的信用政策可能会带来超越竞争对手的显著优势。对另一些零售商来说，只收现金的政策可能会降低费用，从而降低价格。

● 信用托收方式可能需要依赖专业法律人员及详细的数字化记录，往往只有大中型零售商才能负担得起。小型零售商可能会依靠银行信用卡。

● 将一项任务委托给他方执行时，零售商就会失去一定的控制力。例如，催收欠款的信用托收机构可能会引起顾客的反感。

● 零售企业的组织结构会影响任务的分配。例如，特许加盟商可以联合起来创建自己的自有品牌，独立零售商很难做到这一点。

● 是否对任务进行分配取决于能否通过分担或转移任务而节约成本。如果一家外部信用机构拥有专业人员，可以持续获取财务数据，使用专门的计算机软件，支付的租金较低（由于位置偏僻）等，那么信用职能更适合由该机构执行。许多零售商本身无法节约这些成本。

将任务归至职位

零售商确定了要执行的任务之后，就要将任务归至不同的职位。这些职位必须得到明确的界定。以下是一些例子（见表 11–1）：

表 11－1 将任务归至职位举例

任务	职位
商品陈列、顾客联系、礼品包装、顾客跟进	销售人员
录入交易数据、处理现金及信用购买、礼品包装	收银员
收货、验货、粘贴标签、存货的储存和控制、向供应商退货	库存人员
橱窗装饰、店内陈列布置、可移动陈列的使用	陈列人员
为顾客出具账单、处理信用业务、顾客调研	信用业务人员
商品的维修和改制、投诉处理、顾客调研	客服人员
清洁店面、更换旧设备	保洁人员
人事管理、销售额预测、预算编制、定价、协调任务	管理人员

将任务归至职位时应考虑专业化分工，即每名员工只负责有限的职能（而不是执行多项不同的任务）。专业化分工具有以下优势：任务界定明确，员工的专业知识更丰富，可以减少培训，可以雇用受教育水平较低和经验较少的人员等。但过度的专业化分工也可能产生问题：员工士气低落（存在厌烦情绪），员工意识不到自己职位的重要性，需要雇用更多员工等。专业化分工意味着将明确的责任分派给个人，因此一个职位涉及多项同类任务。

将任务归至职位之后就可以编制职位描述了。职位描述概括了各个职位的名称、目标、义务和责任，可以用作雇用、监督和评价员工的工具。图 11－4 展示了一份商店经理的职位描述。

职位名称：Pombo's 百货商店第 34 街分店经理

该职位的上级：高级副总裁

该职位的下级：第 34 街分店的所有员工

职位目标：妥善经营第 34 街分店并为之配备人员

义务和责任：

- 销售额预测和预算编制
- 人员招聘、甄选、培训、激励和评价
- 商品陈列、库存管理和商品再订购
- 在分店间调配商品
- 处理商店收据和与银行的往来、开关店门
- 核查顾客投诉
- 核查计算机数据表格
- 每半年对整体运营情况进行一次核查，并向高级管理层提交报告

需参加的委员会和会议：

- 每月参加由高级副总裁主持的会议
- 监督部门经理的每周例会

图 11-4　商店经理的职位描述

对职位进行分类

职位大致可以按照职能、产品、地理区域或采用组合分类方法进行划分。按职能分类是指根据任务（如销售促进、采购、网站设计和商店运营等）划分职位，各个职位都需要运用专业知识。按产品分类是指根据产品或服务划分职位。例如，百货商店可以针对服装、家具、家用电器等产品雇用不同的人员。这种分类方法认为不同产品对有关人员的要求存在差异。

按地理区域分类对在不同地区开展经营的连锁企业很有用。员工要适应当地情况，并接受分店经理的监督。一些企业（尤其是大型企业）会采用组合分类方法。例如，连锁企业的分店可以雇用自己的销售人员，但每个产品线的采购员则由总部雇用，可见，按职能、按产品和按地理区域的分类方法被结合起来了。

制定组织结构图

零售组织结构必须以一种整合、协调的方式加以设计。组织内的规划负责人需要明确说明组织结构图中每个职位或角色的责任、决策权力和控制范围（由同一位管理人员直接控制的下属的人数）以及各职位间的横向关系。关键是要保证员工个人目标与组织目标的一致性，还要向员工传播组织结构将如何实现战略目标并创造持续的经济价值。管理人员及其直接下属必须一起制定共同目标，界定每个人的责任和期望，并了解如何对其进行评价。制定共同目标并为了实现这些目标而分担责任将会提高员工的积极性和感知权力，并为组织目标的实现提供一个共同方向。

职权层级（hierarchy of authority）通过描述员工之间的汇报关系（从最低层到最高层）来说明企业内部各个职位之间的互动关系，并加以协调和控制。如果一家企业内有许多

员工向同一位管理人员汇报，那么该企业就属于扁平式组织。这种组织的优点是沟通良好，问题处理速度更快，员工对工作的认同感也更高。其主要问题是向同一位管理人员汇报的人数往往过多。高耸式组织有多层管理级别，可以实现密切的监督，向每位管理人员汇报的员工人数也更少。其问题包括沟通渠道长，员工感觉组织缺乏人情味（由于难以接触到高层管理人员），制度僵化。

综合考虑这些因素后，零售商就可以设计**组织结构图**（organization chart）了，即显示组织内部层级关系的图表。表 11－2 列出了在制定组织结构图时需要考虑的原则。图 11－5 显示了几个基本组织结构图的例子。

表 11－2　零售企业的组织原则

- 组织应该关心员工。其具体做法包括岗位轮换、内部晋升、参与式管理、肯定和赞誉、工作丰富化等
- 员工离职、迟到和缺勤应得到关注，因为这些情况可能暗示着人事问题
- 从最高职位到最低职位各个层级的职权范围应该清晰，以便员工明确他们向谁汇报和谁向他们汇报（命令链）
- 一个下属只能向一位直接主管汇报（命令统一原则），这可以避免员工接到相互冲突的命令
- 一位管理人员可以直接监督的员工人数是有限的（控制范围）
- 对特定目标负责的人需要得到权力以实现该目标
- 虽然主管可以下放权力，但他仍要对下属负责
- 组织的层级越多，沟通的时间就越长，协调的难度也越大
- 除了正式的组织结构，一个组织也可以具有非正式结构，在这样的企业内，非正式关系所起的作用可能会超过正式的关系和流程

职能组织结构图

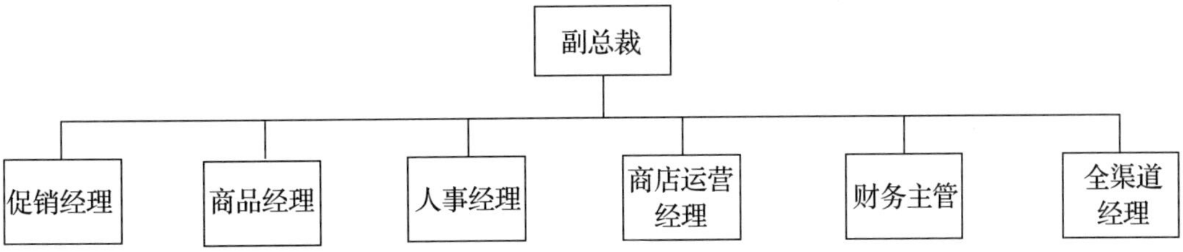

产品组织结构图

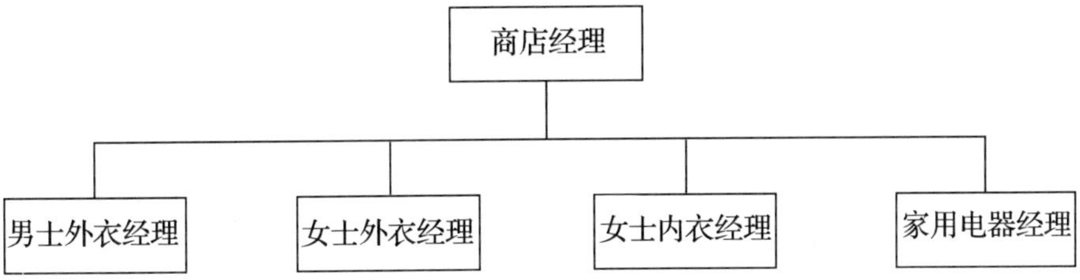

地理区域组织结构图

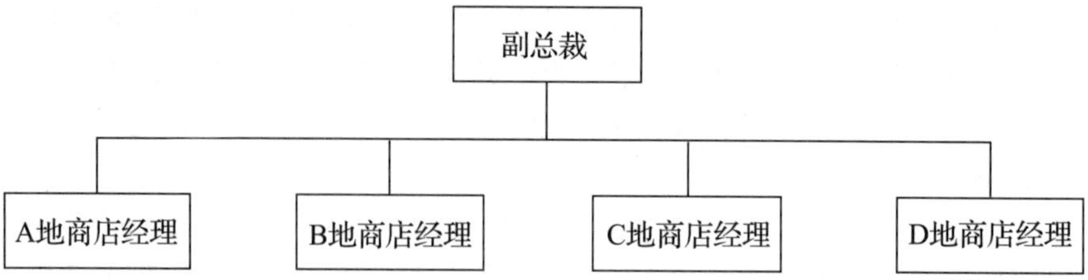

组合组织结构图

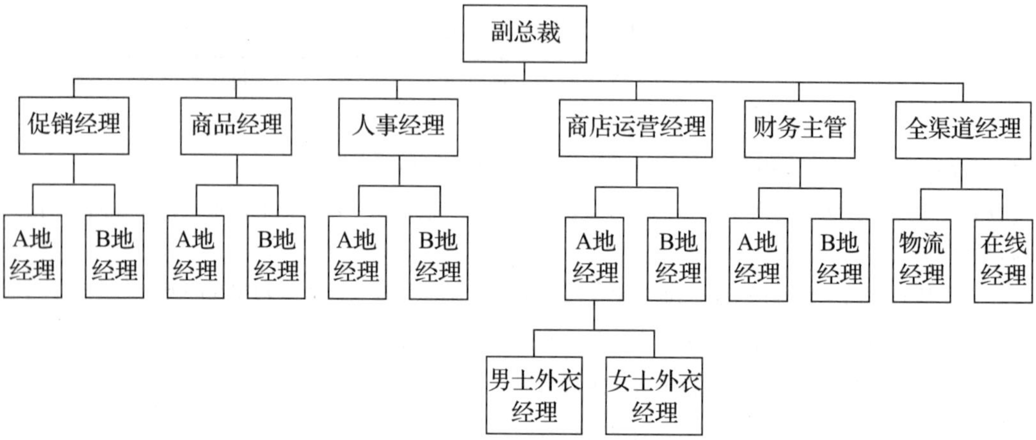

图 11－5　不同的零售组织结构

零售业的组织结构

独立零售商的组织结构比较简单。由于只经营一家商店，其所有者 / 经理通常可以监督所有员工，员工在遇到问题时也可以随时与所有者 / 经理取得联系。相比之下，连锁企业必须确定如何委派任务，如何协调多个分店之间的业务，并为所有员工制定统一的政策。接下来以独立零售商、百货商店、连锁零售商和多元化零售商的组织结构为例进行讨论。

小型独立零售商采用的组织结构

一些小型独立零售商采用简单的组织结构，只有两三个人事层级（所有者 / 经理与员工），并且所有者 / 经理亲自管理企业和员工。这类企业的员工较少，专业化程度低，也不设立分店。但这并不意味着它们必须减少所从事的活动，相反，相对于较少的员工数量，它们需要执行许多任务，因此，每名员工都必须将工作时间分配给多项任务。

图 11－6 显示了两家小型企业的组织结构。图 A 的服装精品店是按照职能组织的。采购人员负责商品和服务的采购与销售，规划商品分类，布置陈列，筹备广告。运营人员负责商店的维护和运营。图 B 的家具店是按照产品组织的，每个产品类别中的人员负

责特定的活动。所有产品都可以得到适当的重视，员工的专业技能也可以得到发展。这一点非常重要，因为采购和销售各类家具所需的技能是不同的。

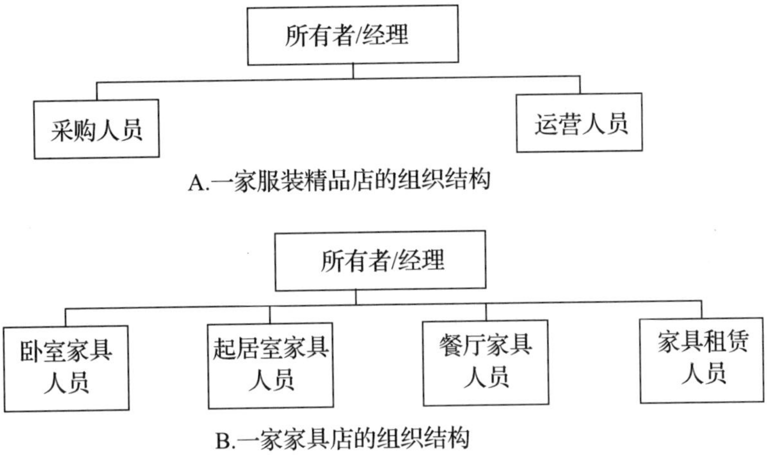

图 11－6　小型独立零售商的组织结构

百货商店采用的组织结构

许多百货商店仍在使用一种根据梅热结构改编的组织结构。**梅热结构**（Mazur plan）将所有零售活动分为四个职能领域[2]，就 21 世纪的观点而言，它们是商店管理、传播、商品经营和财务会计。图 11－7 显示了由本书作者设计的现代版梅热结构。

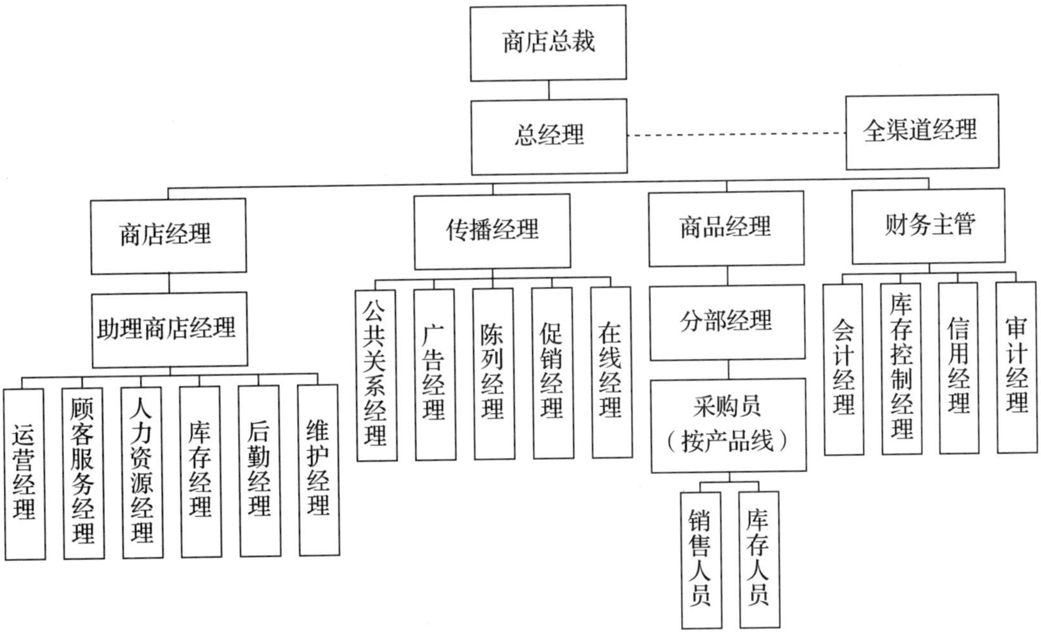

图 11－7　百货商店的现代版梅热组织结构

资料来源：Chart developed by the authors.

1. 商店管理：商店运营、顾客服务、人力资源管理、库存管理、后勤工作及商店维护。

2. 传播：公共关系、广告、橱窗和店内陈列、促销及在线活动。

3. 商品经营：采购、销售、库存计划和预测，以及根据零售商提供的商品和服务组合进行产品定位（与形象有关）。

4. 财务会计（由财务主管监督）：会计、库存控制、信用管理及审计。

这些职能领域是按照直属关系（直接权力和责任）和共事关系（咨询和支持）组织起来的。因此，在图 11－7 中，全渠道经理直接向总经理汇报，同时又是总经理的共事者；财务主管和传播经理经常为商品经理提供服务，但在他们各自的职能部门中，人员是按照直属关系组织的。

商品部门负责采购和销售，由商品经理主管。商品经理通常被视为最重要的部门主管，负责监督采购员、为每个商品分部制定财务目标、协调商品计划（以在各分部间树立一致的形象）以及解释经济数据的影响。一些百货商店还会设置商品分部经理，以减少向单一商品经理汇报的采购员数量。

在基本的梅热结构中，采购员对本部门的支出和利润目标负有全责。采购员具有以下责任：制定初步预算、研究趋势、与供应商讨价还价、计划销售人员的数量、向销售人员传达所购商品的信息。将采购和销售活动归至同一职位（采购员）可能会导致一个问题：由于采购员不是总能在销售现场，这可能会使培训、人员调度和员工监督等工作受到影响。

随着分店的增多，梅热结构产生了三种衍生形式：总店控制型商店组织，由总部主管监督和经营分店；独立型商店组织，由各分店负责采购；**平等型商店组织**（equal store organization），集中采购，但各分店都是具有平等经营地位的销售单位。最后一种组织结构最为流行。

在总店控制型商店组织中，总部掌握大部分权力。商品计划和采购、广告、财务控制、营业时间等任务都实行集中管理，使各分店的活动标准化。分店经理有权雇用和监督员工，但分店的日常运营必须遵守公司政策。如果分店数量较少且顾客的购买偏好与总店类似，那么这种组织结构十分有效。随着分店增多，采购员、广告经理等人员可能会由于工作量过大而无暇顾及分店。此外，由于总店人员不在分店工作，顾客偏好方面的差异有可能遭到忽视。

独立型商店组织将商品经理设置在分店中，这些分店拥有商品经营和商店运营的自主权。在这种组织中，顾客需求可以很快得到重视，但可能会存在任务重复。此外，协调也可能是一个问题。在分店之间调配商品更为复杂且费用高昂。如果分店规模大、地理位置分散且各地顾客偏好差异较大，那么这种组织结构最为有效。

在平等型商店组织中，集中化和分散化的优势都得到了体现。采购职能（包括预测、计划、采购、定价、将商品配送至分店、促销）实行集中管理。销售职能（包括商品陈列、销售、顾客服务、商店运营）则由各分店管理。所有商店（包括总部）都受到同样的对待。采购员也无须管理那么多人员。不过，数据收集至关重要，因为采购员与顾客的接触更少了。

连锁零售商采用的组织结构

许多连锁零售商往往采用某种平等型商店组织结构（见图 11－8）。

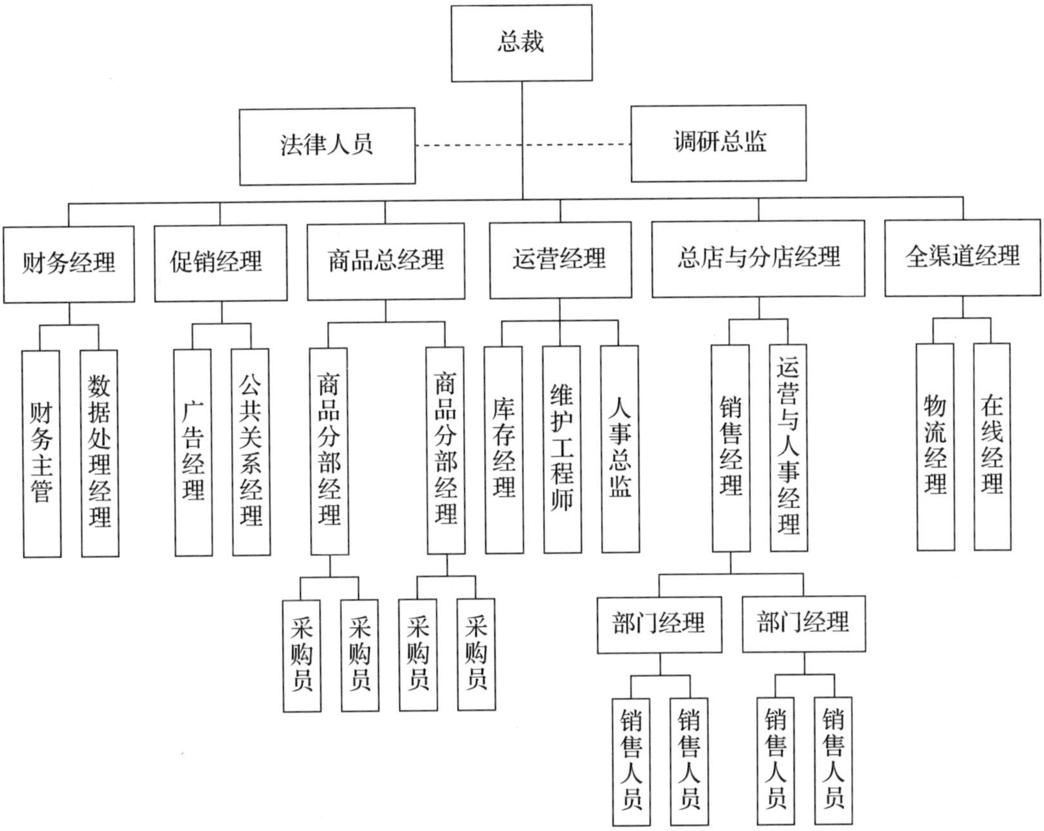

图 11－8 许多连锁店采用的平等型商店组织结构

虽然连锁企业的组织结构各不相同，但它们通常都具有以下共同特征：

• 设有许多职能部门，如商品管理、配送、全渠道、运营、房地产、人事、信息系统和促销等部门。

• 总体权力集中化。各分店经理负责销售。

• 运营活动标准化（固定装置、商店布局、建筑设计、商品系列、信用政策和商店服务）。

• 完善的控制系统使管理层能够及时获取信息。

• 一定程度的分散化使分店能够更好地适应当地情况，并增加了分店经理的责任。虽然大型连锁企业对分店经营的多数商品都实行标准化管理，但分店经理通常仍然可以针对当地市场对战略组合进行细微调整，这是赋予分店经理的权力。

多元化零售商采用的组织结构

多元化零售商（diversified retailer）是在集中所有权下开展多线经营的企业。与连锁企业相似，多元化零售商也经营着多个分店；但与典型的连锁企业不同的是，这些分店从事不同类型的零售业务。以下是两个例子。

• 克罗格公司（www.kroger.com）经营着超市、仓储商店、超级购物中心、便利店和珠宝店，此外，它还拥有一个制造集团。该公司的各个零售业态都拥有多家连锁商店（见图 11－9）。

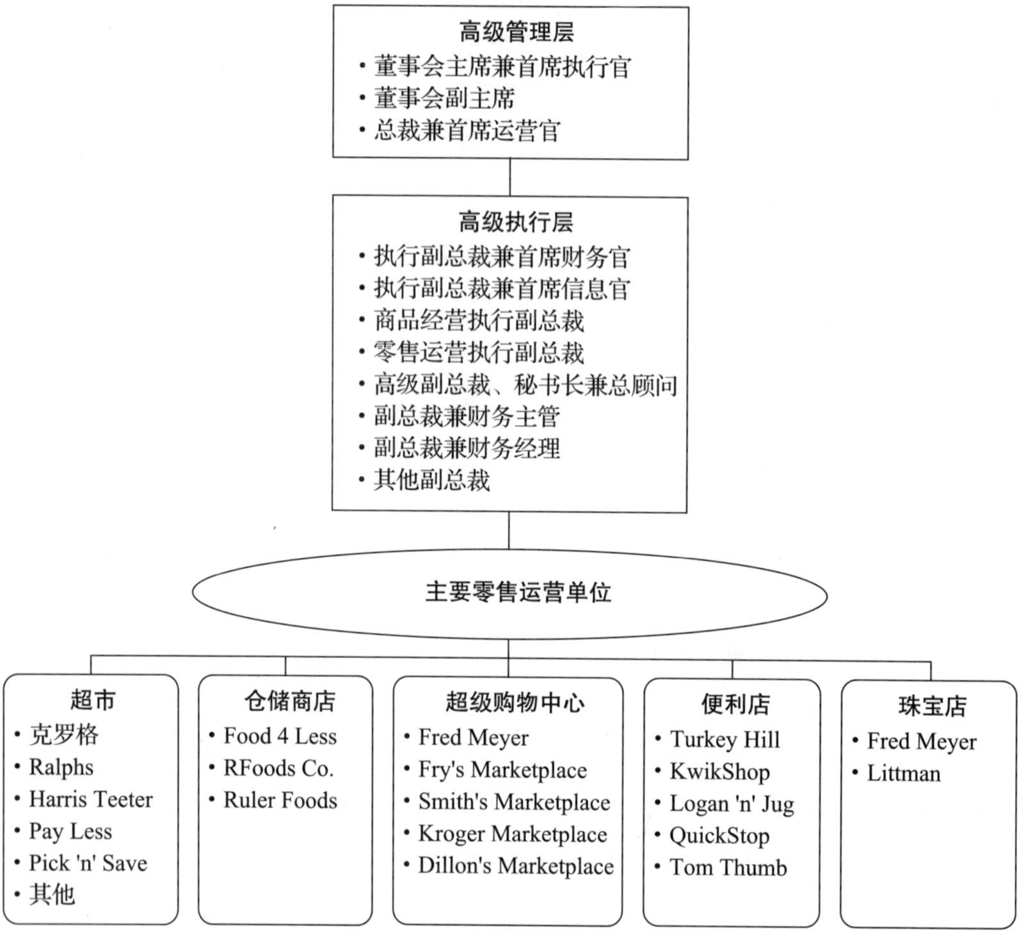

图 11－9　克罗格公司的组织结构（特定的连锁商店和职位）

注：大多数克罗格超市都属于以经营食品为主的综合商店。

资料来源：Chart developed by the authors based on material in the *Kroger Co. 2015 Annual Report*, and the *2015 Kroger 2015 Fact Book.*

● 日本的永旺株式会社（Aeon Co., www.aeon.info/en）经营着超级商店、超市、折扣商店、家居用品中心、专业店、便利店、金融服务商店及餐馆等。除了日本本土，它还在许多其他国家设有营业机构，此外，它还是一家购物中心的开发商。

由于战略组合多种多样，多元化零售商在确定组织结构时需要进行一些复杂的思考。各单位之间需要协调控制，运营流程和目标也必须得到明确的传达。例如：（1）必须协调各单位之间的竞争；（2）必须在各单位之间合理分配资源；（3）必须避免可能出现的形象和广告方面的冲突；（4）管理技能必须适应不同的业务。

零售业的人力资源管理

人力资源管理（human resource management）是指根据零售商的组织结构和战略组合

进行人员的招聘、甄选、培训、酬报和监督。人事制度取决于业务范围、员工人数和店址等因素。制定和实施零售战略需要优秀的人员，并且劳动力成本可能占到营业费用的 50% 以上，因此人力资源管理的价值显而易见。

美国零售业雇用了约 2 500 万名员工，在维系现有员工的同时，还需要不断吸引新员工。例如，多达 200 万快餐业员工的年龄在 16 ～ 20 岁之间，他们往往频繁地换工作。通常零售商需要降低员工离职率，一旦短期内有大量员工离职，企业就可能面临灾难性的后果。零售业兼职员工的离职率平均约为 66%，拥有医疗保险等福利的全职员工的离职率则低至 27%。[3]

以下是塔吉特、Zappos 和韦格曼食品超市的人事策略。

- 塔吉特致力于员工发展与维系。该公司充分鼓励员工创新、协作，高效且智慧地为顾客提供最佳购物体验。它对员工进行授权和培训，并为他们提供职业发展机会，这些有助于企业保持竞争力。商店团队负责人会指导每个新入职员工，无论是小时工还是全职员工。该公司还鼓励校园应聘者参加明尼阿波利斯的暑期实习项目，在那里他们将接受领导技能及职能领域（规划、软件培训等）的培训，以成功地成为塔吉特商店 / 配送中心、公司或技术领导团队的成员。该公司福利包括健康保险、养老金、401（K）计划、学费报销、人寿保险、带薪休假和年终奖。[4]
- Zappos 是一家经营鞋、服装及配饰的在线零售商（自 2009 年开始由亚马逊公司所有），该公司表示，其目标是成为在线服务行业的领军者。该公司员工自称为“Zappos 人”（Zapponians），并声称他们“活着就是为了创造奇迹”（Live to Deliver WOW），支持公司的第一核心价值。其员工福利包括休假和病假、退休计划、人寿和伤残保险、医疗和牙科保险、产假和陪产假、学费报销、Zappos 商品折扣（40%）和免费送货等。为了帮助员工保持健康，Zappos 为员工提供了健身中心、瑜伽馆、体重管理计划和各种健身项目。为了帮助员工实现工作与生活的平衡，Zappos 还为员工支付干洗、洗车和更换机油的费用，甚至为员工提供图书馆、生活顾问、健康检查和午睡室！公司的各种聚会、趣味活动以及提供的健康饮食帮助员工建立了团队和家庭精神。[5]
- 韦格曼食品超市是 1998 年以来唯一连年荣登《福布斯》“100 家最适合工作的公司”榜单的零售商。[6] 它提供兼职员工的健康保险、远程办公、工作分担及压缩工作周、学费报销、带薪休假和大量培训。其全职员工的离职率很低。通过横向学习、交叉培训、实习和管理培训等，韦格曼提供了多种获得职业成功的途径。韦格曼不仅关注员工福利，还授权员工协助顾客和公司制定决策。[7]

零售业特殊的人力资源环境

零售业的人力资源环境具有以下特征：缺乏经验的员工多、工作时间长、员工与顾客接触频繁、员工队伍多样化、兼职员工多、顾客需求变化不定。这些因素往往使员工的雇用、安置和监督过程复杂化。

零售业需要大量的劳动力，这通常意味着雇用到的员工可能工作经验很少，甚至毫无经验。有时，零售业的职位可能是一名员工第一份“真正的工作”。零售业之所以吸引人，是因为人们可以在家附近找到工作，并且零售职位（如收银员、库管员及一些销售人员）对教育、培训和技能的要求都较低。此外，一些职位的工资较低，这也导致只能雇用到经验不足的员工。因此，零售业的员工离职率很高，也经常出现员工表现不佳、迟到和缺勤的情况。

零售业的工作时间较长，有时周末也要上班，这使某些潜在员工望而却步。由于越来越多的消费者希望在晚上和周末购物，许多零售商现在都延长了营业时间。因此，一些零售商必须雇用至少两班全职员工。

零售业员工与顾客的接触非常频繁，因此，零售商在甄选和培训员工时必须格外关注他们的举止和外表。遗憾的是，一些小型零售商却没有充分认识到员工仪表（如仪容整洁和着装得体）的重要性。

通常零售业的员工队伍非常多样化，在年龄、工作经验、性别、种族等方面差异很大，这意味着企业必须对员工加以培训和监督，让他们学会从对方的角度出发，考虑对方的需要，从而更好地进行互动。家得宝公司的一项招聘策略是，与一些全国性的非营利组织、政府机构和教育组织建立合作关系，深入接触其服务的社区，吸引大量具有不同背景的合格候选人。与其合作的组织包括美国退休人员协会（American Association of Retired Persons，AARP）、美国全国有色人种协进会（National Association for the Advancement of Colored People，NAACP）、美国全国城市联盟（National Urban League）、美国全国西班牙裔工商管理硕士学会（National Society of Hispanic MBAs）、美国全国黑人工商管理硕士学会（National Black MBA Association Inc.）以及几个美国军事团体。此外，家得宝通过辅助资源小组为新兵提供资源，帮助他们取得成功，还利用“军事技能再利用”等在线工具帮助退伍军人找到适当的职位和工作，以利用他们在军队中获得的技能。[8]

由于营业时间长，零售商通常会雇用兼职员工。在许多超市，兼职员工超过半数，这可能会产生问题。一些兼职员工比全职员工懈怠，更有可能迟到、缺勤或辞职。因此，兼职员工必须受到密切监督。与其他企业一样，零售企业也雇用了大量千禧世代。虽然千禧世代通常精通技术，但该群体的工作价值观往往与年长的员工不同。最近的一项盖洛普民意调查（Gallup Poll）发现，千禧世代是劳动力中参与度最低的群体。[9] 以下这些方法可以更好地激励千禧世代[10]：

- 通过支持志愿服务，展示企业对社会及有声望的慈善机构的责任感。
- 培训管理人员与千禧世代进行频繁和公开的沟通。
- 鼓励千禧世代积极参与解决重要问题。
- 为千禧世代提供导师。
- 以灵活的工作时间满足千禧世代的需求。

每一天、每一段时期或每个季节的顾客需求变化都有可能造成用人规划方面的困难。许多美国购物者主要在星期六或星期日去超市购物，那么从星期一到星期五超市应该安排多少员工上班？星期六和星期日又该如何安排？一天内的不同时段（上午、下午、晚上）、不同季节以及各种假期的顾客需求差异也会影响用人规划。在商店特别繁忙的时段，甚至连管理人员和文职人员也要去销售现场帮忙。

通常零售商需要考虑以下几点：

- 招聘和甄选流程必须能够有效吸引足够多的应聘者。
- 一些培训必须是短期的，因为许多员工都缺乏工作经验并且是临时工。
- 必须让员工感觉到薪酬是公平的。
- 必须为那些将零售视为职业的员工提供晋升机会。
- 必须规定并检查员工的仪表和工作习惯。

- 必须指导不同背景的员工和睦地在一起工作。
- 士气低落的问题可能起因于离职率高和兼职员工多。
- 全职员工与兼职员工可能会产生冲突，尤其是在一些全职员工被顶替时。

虽然女性和少数群体有机会获得零售业职位，但这方面仍有一些改进的空间。

零售业中的女性

零售业中女性的职业发展取得了很大进步。根据“2020 年董事会中的女性”（2020 Women on Boards）调查，至少 40% 高管人员为女性的美国上市公司包括 Ann Inc.、雅芳、Chico’s、Children’s Place、雅诗兰黛（Estee Lauder）、家庭购物网、梅西百货、Ulta 和威廉姆斯 - 索诺玛。[11]《2013 年 Catalyst 普查：按北美行业分类系统（NAICS）划分的〈财富〉500 强企业中的女性董事会成员》（2013 Catalyst Census: Fortune 500 Women’s Representation by NAICS Indvtry）报告指出，在 18 个行业中，零售业中女性高管的比例最高。

女性在零售业中的职业选择比以前更多，以下例子可以说明这一点。玫琳凯·阿什（Mary Kay Ash，玫琳凯化妆品公司）、黛比·菲尔兹（Debbi Fields，菲尔兹太太曲奇（Mrs. Fields’Cookies））和莉莲·弗农（Lillian Vernon，直复营销商）都建立了自己的零售帝国。截至 2016 年，21 家《财富》500 强企业的首席执行官以及许多美国零售商的董事会主席均为女性，如 Enterprise、家庭购物网、罗斯百货、山姆会员店和维多利亚的秘密等。[12]

尽管最近取得了进展，但女性在零售企业高管中的占比仍然很小。以下举措有助于增加女性高管的人数：

- 有意义的培训计划。
- 晋升机会。
- 远程办公和灵活的工作时间——员工可以调整其工作时间。
- 两名以上员工共同分担工作，这样每个人的工作量都少于全职员工。
- 公司内育儿室。

零售业中的少数群体与多样性

《财富》杂志于 2016 年进行的“100 家最适合工作的公司”研究列出了一些顶级公司的少数群体统计资料。少数群体比例较高的零售商包括宜家（52%）、诺德斯特龙（50%）、全食超市（43%）、CarMax（41%）、纽格特超市（Nugget Market, 40%）、金泰迪工作室（35%）、Container Store（30%）、韦格曼食品超市（21%）和 REI（17%）。[13]

正如对待女性员工一样，零售商在少数群体雇用方面也采取了许多举措，但仍有许多工作要做。以下是几个致力于此的零售商的例子。

- CarMax 坚信企业需要拥有一支多样化的员工队伍，这不仅仅因为它想成为优秀的企业公民。CarMax 深知，员工多样性有助于增强其本已强大的竞争优势。借助这种多样性，CarMax 对市场有了更加全面的了解，吸引到更多顾客。该公司始终努力以尊重和公平的态度对待每一位求职者、员工、顾客和供应商，不论其性别、种族、性取向和年龄等各种因素。[14]
- 沃尔玛致力于在各个方面广泛接受多样性，从员工到供应商。通过“供应商多样性计划”[15]，沃尔玛与 3 000 多家由少数群体、女性、退伍军人及残障人士所有并经营的供应商建立了合作关系。在 2016 财务年度，沃尔玛从女性和少数群体所有的企业的采购金额高达 147 亿美元。

● 沃尔格林致力于在多方面工作中广泛接受多样性。例如，该公司与至少 8% 的经过认证的少数群体企业和 2% 的经过认证的其他多元化企业有合作关系，它还鼓励主要供应商使用多样化的供应商。[16]

以下方法有助于零售商更好地满足少数群体员工的需要：

● 高管层需要制定明确的政策来声明员工多样性的价值。
● 实施积极的招聘计划，吸引少数群体应聘者。
● 提供有意义的培训计划。
● 提供晋升机会。
● 对不顾及他人的工作行为零容忍。

零售业的人力资源管理过程

人力资源管理过程（human resource management process）包括以下相互关联的活动：招聘、甄选、培训、酬报和监督。其目的是获得、发展和维系员工。在进行人力资源管理的过程中，零售商应充分考虑员工多样性、劳工法和员工隐私等问题。

多样性涉及两个前提：（1）必须公平、公开地雇用和提拔员工，不论其性别、种族背景及其他相关因素；（2）在多样化的社会中，工作场所应体现这种多样性。

零售商必须遵守劳工法的一些规定：

● 不得雇用未成年人。
● 不得向员工支付“账外”（“私下的”）报酬。
● 不得要求员工参与非法活动（如诱售）。
● 在雇用和提拔员工时不得歧视。
● 不得违反员工安全规定。
● 不得违反《美国残疾人法案》。
● 不得与违反劳工法的供应商进行交易。

零售商还要注意不得侵犯员工的隐私权。企业只可收集并保存一些必要的员工数据，不得随意散播这些信息。

下面讨论关于零售业中的销售和中层管理工作的各项人力资源管理活动。要想获得更多洞见，可以访问我们的博客（www.bermanevansretail.com）。

招聘零售人员

招聘（recruitment）是零售商为了获得一批求职者而进行的活动。表 11－3 显示了几种主要招聘来源及特征。除了这些来源，网络在招聘中也起到了越来越大的作用。许多零售商都在其网站上设置了职业或职位板块。欢迎访问塔吉特的网站（www.target.com），滚动至主页底部，点击“更多”，然后点击“职业”。

表 11－3　招聘来源及其特征

来源	特征
企业外部	
教育机构	a. 高中、商学院、社区学院、大学、研究生院 b. 有利于职位培训；确保最低教育要求得到满足；与指导教师建立了长期联系时该来源特别有用

续表

来源	特征
其他渠道成员、竞争对手	a. 批发商、制造商、广告代理商及竞争对手的员工和主管 b. 可以降低培训力度；可以通过前任企业评价员工表现；必须向员工说明企业政策；如果现有员工感觉遭到忽视而难以升职，士气就会受到一定的打击
广告	a. 报纸、商业出版物、专业期刊、网站 b. 能够吸引大量应聘者；应聘者的平均素质可能不高；人均费用低；筛选的责任更大；可以在广告中说明职位要求，以减少不可录用的应聘者数量
职业介绍机构	a. 私人组织、专业组织、政府机构、猎头公司 b. 必须谨慎选择；必须确定谁支付费用；有利于对应聘者进行筛选；可以利用人事方面的专家
毛遂自荐者	a. 上门求职者、以写信的形式求职者 b. 素质参差不齐；必须谨慎筛选；应保留其资料，以备添补将来的职位空缺
企业内部	
现有和前任员工	a. 提拔或调动现有全职员工、兼职员工；重新雇用被解雇的员工 b. 熟悉企业的政策和人员；有利于提高士气；内部主管的评价真实可靠
员工推荐	a. 朋友、熟人、亲戚 b. 推荐价值取决于现有员工的诚信和判断力

对于初级销售职位的招聘，零售商往往通过教育机构、广告、上门求职者（或以写信的形式求职者）、网站（包括社交媒体）及员工推荐。对于中层管理职位，零售商则通过职业介绍机构、竞争对手、广告及员工推荐。通常零售商招聘的目的是获得一批潜在员工，然后在甄选过程中缩减人数。一些企业只接收那些满足最低要求的申请者，以节省时间和费用。

甄选零售人员

接下来，企业将潜在员工的特质与特定的职位要求相比对，从而甄选新员工。在这一过程中可利用的工具包括职位分析及职位描述、申请表、面试、测试（可选）、推荐人和体检（可选），这些工具应结合在一起使用。

职位分析（job analysis）是指收集与每个职位的职能和要求有关的信息，涉及义务、责任、能力、兴趣、受教育水平、经验及体力等方面。职位分析可用于甄选人员、制定绩效标准和分配薪酬。例如，部门经理通常担任所在部门的主要销售人员，监督其他销售人员，承担一些管理责任，向商店经理汇报工作，有资格获得奖金，年薪为 25 000 ～ 45 000 美元甚至更多。

完成职位分析之后，应编写书面的职位描述。**传统型职位描述**（traditional job description）包括职位名称、上下级关系（上级和下级）及具体的职责和任务。图 11－4 是一份商店经理的职位描述。不过，单独使用传统型职位描述的做法遭到了批评。这种做法可能会限制一个职位的职能范围、权力和责任；阻碍个人发展；将任务局限于职位描述所列出的范围；没有描述如何与其他职位进行协调。作为传统型职位描述的补充，**目标导向型职位描述**（goal-oriented job description）列举职位的基本职责、各职位与总目标的关系、各职位间的依存关系及信息流（见图 11－10）。

所需素质能力	要求在零售环境中
分析能力：解决问题的能力；强大的数值计算能力，能够为了计划、管理和控制进行事实和数据方面的分析	零售主管必须是解决问题的能手。对过去绩效和当前情况的认识和理解构成了行动和计划的基础
创造力：能够提出和识别有创意的想法和解决方案；能够认识到变化的必要性并对变化做出反应	零售主管必须善于出主意。成功的采购源于敏感、明智的决策，商品经营则需要富有想象力的创新技术
决断力：能够快速做出决策和判断，采取行动，并坚持完成	零售主管必须是行动派。在这个瞬息万变的环境中，无论面对的是新的时尚趋势还是顾客需求，都必须迅速且自信地制定决策
灵活性：能够适应不断变化的形势需要；能够适应不同的人群、地点和事物；愿意为了完成任务做任何必要的事情	零售主管必须具有灵活性。零售业随时会出现新情况。当趋势、生活方式和态度发生变化时，必须迅速改变计划，同时还不能忽视那些正在进行的活动
主动性：能够主动采取行动，而不是等待被告知该做什么；能够坚定地采取行动	零售主管必须是实干家。销售量、趋势和采购机会都意味着持续的行动。必须抓住行动机会
领导能力：能够激励他人相信和尊重你的判断；能够授权、指导和说服他人	零售主管必须善于管理。开展业务意味着要依靠他人来完成工作。一个人不能包办一切
组织能力：能够为自己和／或他人确定优先事项和行动方针；善于计划和跟进，以取得成果	零售主管必须是多面手。各种问题、职能和计划时刻都在变化。为了达到目标，必须确定优先事项，必须将工作委派给他人
冒险精神：愿意在透彻分析和慎重判断的基础上承担适当风险，并对结果负责	零售主管必须勇敢。零售业的成功往往来自承担适当的风险，有勇气在其他人之前尝试新事物
承受压力的能力：能够在压力下持之以恒；能够从容应对变化和挑战	零售主管必须具备适应能力。如上所述，零售业发展迅速且充满挑战

图 11－10　管理培训生的目标导向型职位描述

申请表（application blank）通常是筛选应聘者时使用的第一个工具，它提供受教育水平、工作经验、健康状况、前一份工作的离职原因、社会活动、爱好及推荐人等方面的资料。申请表通常很简短，几乎不需要解释，可以作为面试提问的基础。**加权申请表**（weighted application blank）对那些与工作成功密切相关的因素赋予更高的权重。采用这种申请表的零售商需要分析现有和前任员工的绩效，并确定一系列与工作成功（通过任期延长、绩效提高等指标进行衡量）密切相关的标准（受教育水平、工作经验等）。计算出所有应聘者的加权总分之后（根据他们提供的资料），就可以规定一个最低总分作为是否雇用的分界点。有效的申请表有助于零售商降低员工离职率和甄选优秀员工。

申请表应与职位描述结合起来使用。符合最低职位要求的应聘者将进入下一道程序，不符合的人会被回绝。这样，申请表便提供了一种快速、低成本的筛选方法。

面试的目的是获取那些只有通过面对面提问和观察才能收集到的信息。通过面试，雇主可以确定应聘者的表达能力，观察其外表，提出一些与申请表有关的问题，并获知其职业目标。雇主必须事先做出一些与面试有关的决策，包括面试的正式程度、面试的次数和时长、面试地点、面试人员及面试结构，这些决策通常取决于面试人员的能力和职位要求。

小型企业往往根据面试表现雇用应聘者。大型企业则可能采用多个阶段：在面试阶段表现出色的应聘者可能会被要求参加心理测试（衡量个性、智力、兴趣及领导能力等）和 / 或能力测试（衡量知识水平）。[17]

这些测试必须由合格的人员来实施。通常不宜采用标准化测试，除非可以证明它能够有效地预测工作绩效。能力测试涉及特定的技能或信息（如进行销售展示的能力），比心理测试更容易解释，还可以显示出知识与能力之间的直接关系。在实施测试时，企业不得违反联邦、州或地方法律。联邦《雇员测谎保护法案》(Employee Polygraph Protection Act) 禁止企业在招聘过程中使用测谎仪（药店除外）。

为了节约时间并提高招聘工作的效率，一些零售商（既包括大型零售商，又包括小型零售商）会使用计算机化的申请表和测试。Advance Auto Parts、宝贝反斗城、百思买、CVS、Family Tree、劳氏和 PetSmart 等零售商都在商店内设置了信息亭，供人们求职、填写申请表以及回答问题。这不仅加快了招聘工作的进程，还能吸引更多应聘者。

许多零售商会从应聘者那里得到推荐人信息，可以在面试前或面试后进行核实。联系推荐人的目的是了解他们是否热情地推荐应聘者，核实应聘者是否诚实，并询问应聘者的离职原因。邮件和电话核实都是低成本、快捷、简单的方法。

一些企业还要对应聘者进行体检，因为许多零售职位都会涉及体力任务，工作时间长且工作压力大。身体健康的应聘者才能得到工作。同样，在这一过程中，企业必须遵守联邦、州和地方法律。

甄选过程的各个步骤相互补充，共同为零售商提供全面信息以筛选人员。通常零售商应使用职位描述、申请表、面试和推荐人核实。是否采用后续面试、心理测试、能力测试及体检则取决于零售商和职位。低成本工具（如申请表）通常用于初选阶段，成本较高、较有深度的工具（如面试）只能在减少应聘者数量之后使用。在甄选过程中，零售商必须贯彻机会平等和非歧视性原则。

培训零售人员

每位新员工都应接受**职前培训**（pre-training），即零售商向员工讲授企业历史、文化和政策，并进行工作时间、薪酬、命令链和工作职责等方面的职前指导。**入职培训**（onboarding）过程是指使新员工融入组织及其文化，使他们更好地理解对新工作的期望。零售商应该将新员工介绍给同事，鼓励他们与各种各样的同事建立友好关系，为他们提供工具、资源和知识，帮助他们取得成功并提高工作效率。精心设计的入职培训过程可能会持续一整年，从新员工入职直到他们不断提升改进。入职培训应该针对特定的职责和工作地点加以调整，并能够受到员工的欢迎。[18]

培训计划（training programs）用于教育新员工（和现有员工）如何最好地完成工作或如何提升自己。培训既可以是为期一天的会议（如关于操作收银机、人员销售技巧等的培训），也可以是为期两年的计划（如针对管理培训生开设的关于零售商及其运营方面知识的培训）。

● Container Store 为所有新员工提供内容广泛的正式培训，包括对其“员工至上文化”（Employee First Culture）的宣传、系统培训以及关于如何执行多项任务的课程。每位入职不到一年的全职员工都要接受约 260 小时的培训。其“新商店培训师”（New Store Trainer）计划分为三个阶段：开业前培训（开业前 3 周）、开业后支持（开业的那一周及其后的一周）和开业后培训（开业后支持之后的几周）。该培训可以确保员工获得足够的知识和授权，提供该零售商在业内知名的顾客服务。[19]

● 百思买公司利用在线“学习厅”（www.bestbuylearninglounge.com）为新老员工提供培训，使员工及时了解企业佳绩，并帮助员工更容易地相互沟通。受密码保护的门户网站是由百思买的零售培训与发展小组维护的，该小组的口号是“成长、成就、成功”。

培训应该是一项持续的活动。新设备、法律的变化、新产品线、员工升职、员工士气低落以及员工离职等都会使培训和再培训成为必不可少的活动。梅西百货制订了一项名为“Clienteling”的培训计划，旨在指导销售人员如何与特定的回头客建立更友好的长期关系。当公司引进新产品时，其核心供应商会将新产品的特性和优点介绍给梅西百货的销售人员。[20]

与培训有关的决策涉及以下几个方面（见图 11-11）。这些决策可以分为三类：确定培训需求、设计适当的培训方法以及评价培训效果。

- 应何时进行培训？（在录用时还是在开始工作之后？）
- 应培训多长时间？
- 对新员工应采用哪些培训计划？对现有员工呢？
- 谁来执行这些培训计划？（主管、同事、培训部门还是外部专业培训机构？）
- 应在何处进行培训？（在工作现场还是在培训室？）
- 应教授哪些材料（内容）？如何教授？
- 是否需要使用视听设备？如果需要，如何使用？
- 培训计划的素材是否需要计算机化？如果需要，如何进行？
- 应如何评价培训效果？

图 11-11 特定的培训决策清单

通过测量员工已有技能与企业希望员工达到的技能水平（针对每个职位）之间的差距，可以确定短期培训需求。短期培训的目的是使员工随时准备好接受可能发生的岗位轮换、晋升及企业的变化。长期培训计划则可以帮助企业确定未来需求，并据此进行适当的员工培训。

零售商可以采用的培训方法有很多：讲座、演示、视频、程序化教学、会议、敏感性训练、案例研究、角色扮演、行为模拟及能力教学。一些方法可以实现计算机化，正如越来越多的企业所做的那样。表 11-4 列出了各种培训方法的特点。零售商通常会采用两种以上的培训方法以减少员工的厌烦情绪，并涵盖更多培训内容。

表 11-4 零售培训方法及特点

方法	特点
讲座	内容真实、讲授连续；可以请业内的专业培训人员或专家讲授；受训者无法积极参与
演示	有利于演示如何使用设备或进行销售展示；体现了培训的实用性；受训者可以积极参与

续表

方法	特点
视频	非常直观，有利于演示；可多次使用；受训者无法积极参与
程序化教学	以结构化的方式介绍信息；要求受训者做出反应；可以提供效果反馈；可以根据受训者的情况调整进度；初始投资高
会议	适用于管理培训；会议负责人必须鼓励受训者参与；可以加强培训
敏感性训练	大量的互动；有利于主管了解员工
案例研究	提出现实或假设的问题，包括各种情况、相关信息和疑问；在实践中学习；面临各种各样的问题
角色扮演	受训者被置于现实情境中进行角色扮演
行为模拟	受训者模仿视频或角色扮演课程中的范例行为
能力教学	受训者以自定进度的方式完成一系列任务或练习

许多公司都提供用于培训的计算机软件。例如，TiER1 Performance Solutions 公司开发了大量培训模块，用于对零售业员工进行销售点系统、人员调度、顾客服务、管理、商店运营、商品管理等方面的培训。该公司的客户包括 CDW、克罗格、梅西百货、麦当劳、Petco 和温蒂汉堡等零售商。

为了使培训取得成功，零售商需要创造一种有利的环境，以下是一些基本原则：

- 如果培训方法适当，所有人都能学有所成，应该使受训者获得成就感。
- 一个人在受到激励时学习效果会更好，单靠智力是不够的。
- 学习应以目标为导向。
- 当受训者积极参与而不是被动倾听时，他会学到更多。
- 培训者必须提供指导，并根据受训者及情境的不同加以调整。
- 学习应采取一系列步骤而不是一次性完成。
- 学习应在一段合理的时间内展开，不能赶时间。
- 应该鼓励受训者做作业或以其他方式进行练习。
- 应结合使用不同的学习方法。
- 应设定学习效果的评价标准并对表现优秀者给予肯定。

培训计划的效果必须得到定期评价。可以将受训员工的绩效与未经培训的员工进行比较，也可以在那些职位相同但接受的培训类型不同的员工之间进行比较。对培训计划的评价应以既定的培训目标为根据。此外，应在不同的时间段内多次测量培训效果（如立即、30 天后和 6 个月后分别进行测量），并妥善保存相关记录。

酬报零售人员

薪酬（compensation）包括对员工的直接货币支付（如工资、佣金、奖金等）和间接支付（如带薪休假、健康和人寿保险、退休计划等），对零售商及其员工均应公平。为了更好地激励员工，一些企业还制订了利润分享计划。小型零售商通常向员工支付工资、佣金和 / 或奖金，但福利很少。大型零售商则通常支付工资、佣金和 / 或奖金，并提供多种附加福利。

自 2009 年 7 月起，联邦政府规定每小时最低工资为 7.25 美元，但有 45 个州执行自己的法律，其中 29 个州的最低工资高于联邦标准，2 个州低于联邦标准。2016 年最低工资水平最高的是华盛顿特区（11.50 美元），接下来依次是加利福尼亚州和马萨诸塞州（10.00 美元）、阿拉斯加州（9.75 美元），及康涅狄格州、罗得岛州和佛蒙特州（9.60 美元）。一些州和城市的最低工资高达每小时 15.00 美元。对那些雇用初级兼职员工的零售商来说，最低工资的影响最大。全职的、有职业前景的员工通常可以按照诱人的市场价格获得酬报。在经济繁荣时期，为了吸引兼职员工，零售商往往需要支付高于最低标准的工资。

在一些企业，特定职位的薪酬水平是通过集体谈判确定的。据美国劳工统计局报告，约有 82.5 万名零售业员工加入了工会，但入会情况差异很大。加入工会的食品杂货店的销售额占美国超市销售总额的一半以上，独立超市通常不加入工会。

实行单纯工资制时，员工每小时、每周、每月或每年的薪酬金额是固定的。这种工资制度的优点是便于零售商控制、员工收入有保障以及费用可知。其缺点是零售商缺乏灵活性、对工作效率的刺激有限以及会产生固定成本。对店员和收银员的酬报通常采用这种方式。实行单纯佣金制时，员工收入取决于工作效率（如销售量）。这种制度的优点是零售商具有灵活性、员工的薪酬直接与工作效率挂钩、不产生固定成本、员工会得到激励。其缺点是零售商对任务的执行缺乏控制、员工收入可能较低、成本不稳定、对员工收入缺乏限制。与直销人员一样，对汽车、房地产、家具、珠宝等贵重商品的销售人员的酬报通常采用这种方式。

为了将工资制与佣金制的特点结合起来，一些零售商向员工支付薪水加佣金。鞋类销售人员、大型家用电器销售人员以及一些管理人员的薪酬通常采用这种方式。有时，业绩突出的员工还能获得奖金，作为对工资和 / 或佣金的补充。在运动鞋和服饰零售商 Finish Line 的商店，各个区域、地区及商店的经理除了获得固定工资，还可以根据销售额、工资总额及目标的完成情况得到奖金。在特定情况下，高层管理人员的收入可以采用自助式薪酬制，即可以从工资、奖金、附加福利、人寿保险、股权和退休福利金中自行选择薪酬组合。

目前零售商面临的一个棘手问题涉及员工薪酬的福利部分，尤其是与养老金和医疗保险相关的部分。由于价格竞争的激化、兼职员工的雇用及医疗费用的猛增，零售商要想在员工需求与企业财务需求之间保持平衡，的确面临着艰巨的挑战。

监督零售员工

监督（supervision）是提供一种工作环境以鼓励员工取得成就的方式。监督的目的是管理员工、取得佳绩、保持士气、激励员工、控制成本、加强沟通及解决问题。监督可以通过人员接触、会议及报告来实施。

每家企业都希望不断地激励员工，使他们充分发挥自己的能力，以帮助零售商实现目标。**工作动机**（job motivation）是人们达到工作目标的内驱力。它既可能是积极的，也可能是消极的。以下问题可以用来预测员工基于动机产生的行为：

- 你是否喜欢现在的工作？它是否给你带来了成就感？
- 与我们一起工作，你是否感到自豪？

- 你的工作任务是否会影响你的整体工作态度？如何影响？
- 工作环境是否会影响你的整体工作态度？如何影响？
- 老板对待你的方式是否会影响你的工作态度？
- 你是否了解企业战略？
- 你认为你的工作与企业战略目标之间是否存在联系？[21]

员工激励应该从两个角度实施：哪些因素导致员工对现有职位满意或不满意？哪种监督方式可以实现零售商和员工的双赢？

每名员工都会从期望底线（“不满意因素”）和期望目标（“满意因素”）两方面来看待工作满意度。这两方面因素必须同时得到满足，员工才能受到激励。期望底线主要与工作环境有关，包括安全的工作场所、对职位相同的人的平等对待、企业政策的灵活性（如迟到 10 分钟不扣工资）、性情温和的老板、着装自由、公平的薪酬制度、基本福利（如假期和医疗保险）、顺畅的沟通及工作保障。如果期望底线得不到满足，员工就会不满意；如果得到了满足，员工也会认为是理所当然，这对激励员工提高效率几乎无济于事。

期望目标更多是与工作本身有关，而不是与工作环境有关。这方面因素取决于员工是否喜欢自己的工作，能否因绩效良好而得到认可，是否有成就感，是否被赋予了决策权，是否受到信任，是否有明确的职业发展道路，绩效突出时能否得到额外薪酬，能否得到学习和发展的机会。这些因素对工作满意度的影响非常大，因此可以激励员工提高工作效率。尽管如此，如果期望底线得不到满足，即使工作本身很有价值，员工可能还是会因不满意而离职。

监督零售员工有三种基本方式：

- 管理层认为员工必须得到密切监督和控制，并且只有经济刺激才能真正地激励员工。管理层还认为普通员工缺乏工作动机，不喜欢承担责任，更喜欢被领导。这是对激励的传统看法，适用于较低级别的零售职位。
- 管理层认为员工可以自我管理并得到授权，应从社会和心理两个角度激励员工，监督可以采用分权式和参与式。管理层还认为每名员工都有工作动机、承担责任的能力以及实现企业目标的意愿。至关重要的监督任务是创造一种工作环境，使员工可以通过实现企业目标来实现他们自己的目标。这是对激励较为现代的看法，适用于各个级别的零售人员。
- 管理层采用自我管理式监督，还倡导员工更多地参与有关工作的界定及总体决策的制定。企业与其员工相互忠诚，双方均为长远利益而积极协作。这也是对激励较为现代的看法，适用于各个级别的零售人员。

激励员工的方式必须基于以下目标：提高工作满意度、降低离职率、降低缺勤率及提高工作效率。关于员工激励的组织行为研究提出，在指挥权、自主权、尊重员工的自我决定需要和经济刺激之间进行权衡，可以提高员工的内在工作动机和绩效。以下是一些建议：（1）授权员工解决问题；（2）征求员工的意见；（3）定期与员工沟通其工作情况；（4）委派任务；（5）鼓励员工提出新想法；（6）允许员工从错误中吸取教训而不要过于苛刻；（7）向员工说明晋升所需的条件；（8）对良好表现给予公开的认可；（9）就企业目标以及如何实现这些目标征求员工的意见。[22]

关键术语

零售组织（retail organization）
职权层级（hierarchy of authority）
组织结构图（organization chart）
梅热结构（Mazur plan）
平等型商店组织（equal store organization）
多元化零售商（diversified retailer）
人力资源管理（human resource management）
人力资源管理过程（human resource management process）
招聘（recruitment）
职位分析（job analysis）
传统型职位描述（traditional job description）
目标导向型职位描述（goal-oriented job description）
申请表（application blank）
加权申请表（weighted application blank）
职前培训（pre-training）
入职培训（onboarding）
培训计划（training programs）
薪酬（compensation）
监督（supervision）
工作动机（job motivation）

讨 论 题

1. 列举大型连锁健身中心在建立组织结构时至少应制定的五个目标。
2. 在建立零售组织时，为什么员工需求非常重要？
3. 小型零售商与大型零售商建立零售组织的步骤是否相同？解释你的答案。
4. 阐述小型独立零售商、连锁零售商和多元化零售商在组织结构上的异同。
5. 零售商应如何吸引并维系更多的女性员工及少数群体员工？
6. 小型零售商与大型零售商在以下方面的做法有何区别？
（1）多元化
（2）招聘
（3）甄选
（4）培训
（5）薪酬
（6）监督
7. 为什么职位描述和申请表在员工甄选过程中至关重要？
8. 在对潜在员工进行面试和测试时可能会遇到哪些问题？
9. 为现有基层员工和中层管理人员分别制订一份在职培训计划，不必过于严苛。
10. 描述零售业薪酬计划（包括直接薪酬和间接薪酬）的目标。
11. 初级员工与中层管理人员的工作期望底线是否相同？他们的期望目标呢？解释你的答案。
12. Old Navy 应如何监督和激励其千禧世代员工？对于婴儿潮世代员工呢？

第12章

运营管理：财务方面

学习目标

- 定义运营管理。
- 讨论利润规划。
- 介绍资产管理，包括战略利润模型、其他重要的财务比率以及零售业财务管理的发展趋势。
- 研究零售预算。
- 探讨资源配置。

零售商一直在寻找通过有效运营来改善财务绩效的方法。面对竞争激烈的零售环境、消费者对更高服务水平的期望以及价格的降低，零售运营的财务预算在削减成本和提高运营效率方面发挥着关键作用。

制定预算的两种方法是增量预算和零基预算。采用增量预算时，零售商使用先前的预算作为基线，并根据通货膨胀、竞争及其他因素对先前的预算进行调整。采用零基预算时，零售商需要对每一项支出进行确认。例如，商店翻修的预算需要根据一系列问题进行严格审查。财务经理会考虑所用的材料、是否需要关闭店面进行翻修、地毯是否可以再铺一年等问题。

零基预算的倡导者认为，与增量预算相比，零基预算具有几个主要优势。增量预算的一个基本前提是初始预算是审慎制定的。但是，情况可能并非如此。零基预算采用的则是控制成本、关注成本的理念。零基预算可能会带来创新的解决方案而不是沿用老办法。零基预算是一种非常有效的方法，可以使不同的职能领域（如运营、采购和财务）协同工作，有助于从跨职能的角度更好地理解业务。尽管如此，由于增量预算易于使用且耗时较少，许多零售商仍在采用增量预算。

资料来源：suravid/Shutterstock. Reprinted by permission.

概　述

在制定了组织结构和人力资源计划之后，零售商将专注于**运营管理**（operations management），即高效地实施企业的政策和任务，使企业顾客、员工和管理层（如果是上市公司，还包括股东）感到满意。运营管理对销售额和利润都有很大影响。库存量大、营业时间长、固定装置昂贵、顾客服务广泛以及广告传播范围广都有可能提高收入。但成本如何呢？如果一家商店向夜班员工多支付 25% 的工资，那么一天 24 小时营业是否值得（也就是说，增加的销售额能否抵消成本并提高总利润）？

本章介绍运营管理的财务方面，重点讨论利润规划、资产管理、预算和资源配置。运营管理的经营方面将在第 13 章详细讨论。我们的博客（www.bermanevansretail.com）提供了很多关于财务运营的帖子。

利润规划

损益（利润）表（profit-and-loss (income) statement）是对零售商在特定时期内的收入和支出的总结，通常按月、季或年编制。企业可以利用损益表核查不同年度同期（如 2016 年 1 月 1 日至 12 月 31 日与 2015 年 1 月 1 日至 12 月 31 日）的总收入与总成本，以及特定项目的收入与成本，并对利润进行分析。通过编制损益表，企业可以监控目标的完成进度，更新对绩效的估计，并调整战略和战术。

对不同年度的损益情况进行比较时，由于季节性因素，必须进行同期比较（如将

2016 年第三季度与 2015 年第三季度进行比较），这一点至关重要。一些财务年度的周数可能不相等（某一年 53 周而另一年 51 周）。此外，在不同会计期间开设新店或扩大现有商店的零售商还应考虑设施增加产生的影响。年度绩效应该既能反映总收入的增长，又能反映同店销售额的增长。

损益表中包括以下主要科目：

- **净销售额**（net sales）：零售商在特定时期内扣除顾客退货、降价和折扣后所得的收入。
- **商品销售成本**（cost of goods sold）：零售商在特定时期内为获得所售商品而支付的金额，等于采购价格加运费再减去所有折扣（如数量折扣、现金折扣和促销折扣等）。
- **毛利润**（gross profit (margin)）：净销售额与商品销售成本之差，等于营业费用加净利润。
- **营业费用**（operating expenses）：经营零售企业所产生的费用。
- **税金**（taxes）：上缴给联邦政府、州政府和 / 或地方政府的那部分收入。
- **税后净利润**（net profit after taxes）：扣除所有成本及税金后得到的利润。

资产管理

每家零售商都需要管理资产和控制负债。本节介绍资产负债表、战略利润模型及其他财务比率。**资产负债表**（balance sheet）逐项列出零售商在特定时间的资产、负债和净资产，其基本原则是资产等于负债加净资产。

资产（assets）是零售商所拥有的具有货币价值的任何物品。流动资产包括留存现金（或银行存款）和可以随时变现的物品，如现有库存和应收账款（他方欠该企业的款项）。固定资产包括房地产、建筑物（商店、仓库等）、固定装置和设备（如收银机、卡车等），这些物品可使用很长时间。许多零售商的主要固定资产是房地产。在资产负债表上，流动资产是按成本入账的，固定资产则按成本减累计折旧入账。因此，账面记录可能无法反映这些资产的真实价值。许多零售业分析人员使用**隐蔽资产**（hidden assets）一词来描述折旧后的资产（如商店建筑和仓库等），它们在零售资产负债表上所反映出来的价值低于其实际价值。

负债（liabilities）是零售商在企业经营过程中承担的财务义务。流动负债包括应付工资、应缴税金、应付账款（零售商欠供应商的款项）和短期借款，这些款项必须于次年支付。固定负债包括抵押贷款和长期贷款，这些款项通常在几年内偿还。

零售商的**净资产**（net worth）等于资产减去负债。净资产也称作所有者权益，它代表扣除所有负债后的企业价值。

在运营管理过程中，零售商的目标是使资产发挥最佳的使用效果。衡量资产使用效果有三种基本方法：净利润率、资产周转率和财务杠杆。接下来分别进行讨论。

净利润率（net profit margin）是基于零售商的净利润和净销售额的绩效指标：

$$净利润率=\frac{净利润}{净销售额}$$

唐娜礼品店（Donna's Gift Shop）2016 财年的净利润率为 5.83%，这个百分比对一家礼品店来说是相当不错的。为了提高净利润率，零售商必须提高毛利润占销售额的百分比，或降低营业费用占销售额的百分比。[1] 零售商增加毛利润的方法包括机会性采购、独家销售某些产品、通过优质服务避免价格竞争、销售更多利润率高的商品等。减少营业费用的方法包括自助服务、降低劳动力成本、抵押贷款再融资、削减能源成本等。但是，企业必须注意不要过分降低顾客服务水平，以免导致销售额和利润下降。

资产周转率（asset turnover）是基于零售商的净销售额和总资产的绩效指标：

$$资产周转率 = \frac{净销售额}{总资产}$$

唐娜礼品店的资产周转率很低，仅为 1.014 3，这意味着每 1 美元总资产的平均销售额为 1.01 美元。为了提高资产周转率，企业必须在资产不变的情况下增加销售额，或在保持销售额不变的情况下减少资产。企业增加销售额的方法包括延长营业时间、接受在线订购、培训员工销售更多产品、经营知名品牌等。所有这些策略都不需要增加资产。在保持销售额不变的情况下减少资产的方法包括迁入更小的商店、简化固定装置（或让供应商来安装这些固定装置）、降低库存持有量、通过谈判让房产业主支付部分翻修费用等。

通过净利润率与资产周转率可以计算出**资产收益率**（return on assets，ROA）：

$$\begin{aligned} 资产收益率 &= 净利润率 \times 资产周转率 \\ &= \frac{净利润}{净销售额} \times \frac{净销售额}{总资产} \\ &= \frac{净利润}{总资产} \end{aligned}$$

唐娜礼品店的资产收益率为 5.9%（$0.058\,3 \times 1.014\,3 = 0.059$），低于礼品店的平均水平，这意味着其较高的净利润率不足以抵消其较低的资产周转率。

财务杠杆（financial leverage）是基于零售商总资产与净资产之间关系的绩效指标：

$$财务杠杆 = \frac{总资产}{净资产}$$

唐娜礼品店的财务杠杆比率为 1.931 4，这意味着其总资产将近于其净资产的两倍，其总负债与净资产几乎相等。这个比率略低于礼品店（它们通常比较保守）的平均水平。这家商店目前没有财务危险。

财务杠杆比率高的零售商负有大量债务。该比率为 1 表示没有负债，即总资产等于净资产。如果该比率过高，企业则可能会过度注重削减成本和增加短期销售额以支付利息；净利润率可能会降低；若企业无法偿还债务，可能会被迫破产。如果财务杠杆比率很低，零售商可能过于保守，这会使其翻修和扩大现有商店以及进入新市场的能力受到限制。如果所有者权益相对较高，则财务杠杆比率较低，这时可以通过增加短期和长期贷款和 / 或应付账款来冲抵部分所有者权益。所有者（如果是上市公司，则是股东）也可以从企业中撤出一些权益资金。

战略利润模型

净利润率、资产周转率和财务杠杆之间的关系可以通过**战略利润模型**（strategic profit

model）来表示。该模型可以反映一种称作**净资产收益率**（return on net worth，RONW）的绩效指标（见图 12－1）。战略利润模型可用于资产的规划和 / 或控制。利用该模型，零售商可以了解其净资产收益率低的主要原因是资产周转率低还是财务杠杆过低。企业可以通过提高净利润率、资产周转率或财务杠杆来提高其净资产收益率，因为净资产收益率等于这些指标的乘积，将其中任何一个指标翻倍都会使净资产收益率翻倍。

$$\text{净利润率} \times \text{资产周转率} \times \text{财务杠杆} = \text{净资产收益率}$$

$$\frac{\text{净利润}}{\text{净销售额}} \times \frac{\text{净销售额}}{\text{总资产}} \times \frac{\text{总资产}}{\text{净资产}} = \frac{\text{净利润}}{\text{净资产}}$$

图 12－1　战略利润模型

其他重要的财务比率

还有一些财务比率也可以衡量零售商是否成功地达到了绩效目标。除了上述比率，以下是其他几个重要的财务比率。

- 速动比率：等于现金加应收账款额再除以流动负债总额（一年内到期）。该比率大于 1 意味着企业的资金流动性较强，有能力偿还短期债务。
- 流动比率：等于流动资产总额（包括现金、应收账款、存货及可变现的债券）除以流动负债总额。该比率大于或等于 2 意味着企业的财务状况良好。
- 收账期：等于应收账款除以净销售额再乘以 365。如果大部分销售采用的是信用方式，收账期比正常期限（如提供 30 天信用期的商店的收账期通常为 40 天）长 1/3 以上则意味着账款回收缓慢。
- 应付账款与净销售额之比：等于应付账款除以年净销售额。该比率反映的是相对于交易量而言，零售商向供应商的付款情况。如果该比率高于行业平均水平，则表明零售商依赖供应商提供运营资金。
- 总毛利率：等于净销售额减去商品销售成本再除以净销售额。这个反映企业整体盈利能力的指标考虑到了降价、折扣及存货短缺等因素。[2]

对任何零售商来说，无论其规模大小，目标都是要使这些重要的财务比率达到最优。为了提高长期绩效并避免负面的财务结果，企业必须找出薄弱方面加以改进。表 12－1 列出了对各个绩效指标（包括资产周转率和净资产收益率）的改进方法。

表 12－1　零售商改进重要财务比率的特定方法

比率	绩效不佳的原因	提高绩效的建议
速动比率	速动比率过低说明相对于现金及应收账款而言，流动负债过多	通过外包配送和安装、租赁设备（而非购买）以及加快存货周转来降低流动负债
流动比率	流动比率过低说明相对于现金、应收账款、存货和可变现债券而言，流动负债过多	通过外包配送和安装以及租赁设备（而非购买）来降低流动负债
收账期	收账期过长说明回收缓慢的账款过多	提高商店信用顾客的支付要求，并鼓励非主要购物者使用借记卡、分期付款计划及银行信用卡

续表

比率	绩效不佳的原因	提高绩效的建议
应付账款与净销售额之比	应付账款与净销售额之比过高说明企业严重依赖供应商提供存货资金	通过减少周转率低的商品、按时支付应付账款以及采购更多的寄售商品来提高关键商品的存货周转率
总毛利率	总毛利率过低说明净销售额过低且商品销售成本过高	提高总毛利率的方法包括加强与供应商的谈判力度以降低商品销售成本，减少折扣的使用，避免价格竞争，以及侧重于经营利润率高的商品（如自有品牌商品）
资产周转率	资产周转率过低说明销售额占资产的百分比过低	通过延长营业时间、使用中央仓库、外包配送等服务以及租赁设备（而非购买）来提高资产周转率
净资产收益率	净资产收益率过低说明利润占净资产的百分比过低	提高毛利润（加强与供应商的谈判力度，销售更多利润率高的商品）并降低营业费用（取消消费者不重视的高成本服务）

零售业财务管理的发展趋势

一些与资产管理相关的趋势值得探讨：经济状况；资金来源（包括首次公开募股）；兼并、合并和资产分拆；破产和清算；可疑的会计和财务报告操作。

许多零售商都会受到经济强劲或疲软的影响。在经济强劲时期，较高的消费者需求可能会掩盖零售商的弱势。在经济疲软时期，销售停滞，现金流量可能会出现问题，需要大幅降价（导致利润率下降），消费者更不愿意购买高价商品，上市企业的股价也会受到不利影响。

由于 2008 年的房地产市场衰退及随后的经济复苏乏力，许多零售商为了增加收入大幅打折，以吸引顾客到商店和购物中心购物，但这种做法损害了零售商的盈利能力，这也导致购物者在每次购物时都希望获得折扣，否则他们根本就不会购买。尽管此后经济有所复苏，许多人仍然保持节俭，并继续通过低价零售商、在线零售商及折扣店购买低价商品。[3] 在线零售的破坏性冲击进一步削弱了零售商的盈利能力。为了保持竞争力，许多零售商都开始投资于供应链升级、数字营销、信息技术（包括店内和整个系统两方面技术）及物流管理，以实施全渠道战略。[4] 但是，折扣的使用、免费送货、价格跟随、广告费用增加、在线退货率高以及商店营业时间延长等因素，导致零售商仍然面临着压力。

对零售商来说，有三种重要的资金来源。第一，由于利率持续走低，许多企业都在寻求抵押贷款和租赁的再融资，这可以大幅减少它们每月的付款额。尽管金融市场受到了更加严格的限制，融资有时比较艰难，但零售商仍有一些机会可以利用。经济疲软导致许多零售商店空置而租赁市场仍未完全反弹。此外，在经济衰退前，零售业房地产的过度开发建设造成了更多的闲置空间。商业房地产价格自 2008 年以来一直在稳步上升，但现在已经开始趋于平稳，尽管供给比较紧张。[5]

第二，购物中心开发商经常通过零售房地产投资信托基金（REIT）来筹集建设资金。采用这种策略，投资商可以像购买股票一样购买 REIT 的股份。直到 2008 年经济衰退之前，投资商青睐 REIT 是因为房地产一向是一种很好的投资。然而，在接下来的经济低谷时期，许多 REIT 艰难挣扎且市值下跌。尽管如此，对 REIT 的长期预测还是不错的。大多数 REIT

拥有的购物中心都位于商业街或郊区，它们在经济衰退期间的状况要好于那些依赖于公寓或办公场所的购物中心，此外，当国内消费者支出增加时，它们通常可以获得更高的收益。特定区域内购物中心空间的有限供给、提高租金的能力，以及安全且相对较高的收益率（REIT 投资商通常可以获得 2% ～ 4% 的收益率），使 REIT 成为一种理想的投资工具。[6]

第三，在过去 30 年间，零售业普遍接受的一种资金来源是首次公开募股（IPO），即私人企业通过上市和发行股票来筹集资金。IPO 通常用于企业为扩张筹集资金。在 IPO 过程中，投资商对企业有什么期待呢？如果零售商具有持续较高的增长率或盈利能力（最好二者兼而有之），可以提供独特的商品或服务，市场进入壁垒较高，那么它们更有可能成功地获得投资。准备上市的零售商需要对两个方面进行权衡：一方面是公众对企业战略、行动及安全规定进行监督的风险；另一方面是采取 IPO 这一举措的收益。在考虑 IPO 时，零售商不仅需要关注当前的商业环境，还要评估上市后的长期盈利能力。尽管 2015 年的 IPO 市场低迷，但随着 Duluth Holdings，Etsy，Ollie's Bargain Outlet Holdings，Shopify 和 Xcel 等企业纷纷上市，零售业 IPO 的表现仍好于该市场的平均水平。[7]

兼并和收购是零售商增加资产的一种方式，无须新建设施或等待新店盈利。它也是弱势零售商获得财务支持的一种方式。例如，在最近几年中，迪克体育用品商店收购了 Gaylan's，加拿大多伦多道明银行（TD Bank）收购了美国商业银行公司（Commerce Bancorp），Dollar Tree 收购了 Family Dollar，Foot Locker 收购了 Foot Action。所有这些交易的驱动力都是被收购企业相对弱势。通常兼并和收购会导致一些商店倒闭（尤其是那些商圈重叠的商店）以及管理人员的裁减。

杠杆收购（LBO）是一种收购类型，即零售所有权的变更主要依靠银行、投资商及其他机构的贷款融资。LBO 对零售预算和现金流量产生了巨大影响。有时，由于 LBO 产生的债务很高，一些知名零售商不得不更加专注于偿还债务利息（而不是投资于企业），进行特价销售以获得足够的现金来支付营业成本和购买新商品，甚至出售商店来偿还债务。曾在 LBO 中受挫的两家大型零售商是玩具反斗城和 Barneys New York。

有时，零售商会通过合并业务来提高运营效率和利润。Winn-Dixie、艾迪堡、凯马特、梅西百货、Pier 1、迈克尔斯（Michaels）和西尔斯等许多零售商都关闭了绩效不佳的商店。有时候，零售商会进行资产分拆以获取更多资金，或出售那些无法达到期望的部门。许多零售商（如梅西百货、Life Time Fitness 等）和连锁餐厅（如达登、鲍勃·埃文斯（Bob Evans）等）都将其房地产分拆给 REIT 或外部投资商，再将其租回。[8] 零售商可能出于战略原因分拆一个部门。例如，eBay 分拆了其在线支付部门 PayPal，因为这两项业务所面临的技术进步、增长机会及挑战均已出现了分歧。作为两家独立的企业，它们现在都能在各自的市场上更有效地竞争。[9] 与零售房地产分拆不同，业务单位的分拆不会产生额外资金。[10] 例如，Hot Topic（一家颇受欢迎的全国性零售商，销售以音乐和流行文化为灵感的年轻女性服饰）分拆了 Torrid（销售大码的哥特、狂欢和朋克风格服装）。[11] 食品杂货零售商美国超价商店正在分拆其连锁折扣零售店 Save-A-Lot。[12]

为了免受债台高筑的拖累，也为了使企业继续存活，经营不善的零售商可以根据《联邦破产法》（Federal Bankruptcy Code，于 2005 年得到了强化）第 11 章寻求破产保护。2006 年 11 月，当时的经济形势非常强劲，由一家咨询公司跟踪调查的大型零售商中，只有 3.8% 面临着较高的破产或财务困境的可能性，但截至 2008 年 11 月，该数字上升到了 25.8%。[13] 如今，这一数字要低得多（接近经济衰退之前的水平），但在整个零售业中却在上升。[14]

在破产保护下，零售商可以再次转让票据、解除租约，并与债权人一起规划企业的未来。宣布破产会造成一些重大影响：供应中断（破产前 20 天采购的存货须以现金支付）；重要的高管人员流失，留下来的员工士气低落；重组或出售商店的时间不充裕；被裁撤的商店需要进行紧急的库存清理；需要支付破产保护的法律及财务咨询费。根据《联邦破产法》第 11 章，企业可以摆脱债权人，偿还债务，并在可能出现的短暂动荡中生存下来。自 2006 年以来申请破产的大型店铺零售商中，超过一半已被清算。[15]

自 2008 年以来，已有多家大型零售商宣布破产，其中一些最终倒闭了。这些零售商包括美国服饰（American Apparel，2015）、电路城（Circuit City，2008）、Linens ‘ n Things（2008）、A&P（2015）、Radio Shack（2015）、百视达（Blockbuster，2010）、Borders（2011）、Sbarro（2011 和 2014）、Friedman's（2008）、博克斯通（2014）和 Quiksilver（2015）。[16]

在美国服饰的破产流程中，其受保护的债权人可以用持有的债券换取重组后公司的股份。此外，该公司还从参与其破产流程的债券持有人那里获得了额外融资，从而保持了其制造业务的正常运转，并最终在美国开设了 130 家商店。这次重组使该公司原有股东的股份化为乌有。

以青少年作为目标消费者的一些零售商近年来举步维艰。例如，2014 年，Wet Seal，Bed Shops，Delia's 和 Body Central 宣布破产。许多青少年消费者已转向在 H&M、Zara 及其他快时尚零售商那里购物，因为这些零售商可以从亚洲供应商那里快速地采购到畅销的时尚商品。[17]

当零售商倒闭时，对所有相关者而言都是痛苦的，包括所有者 / 股东、员工、债权人、房地产业主（店址将空置）和顾客。

与其他商业部门一样，近几年一些零售商也因可疑的会计和财务操作而受到了严厉批评。有时，它们的操作甚至是违法的。例如，拥有 Kay，Zales，Jared 和 Signet 珠宝连锁店的斯特林珠宝公司（Sterling）受到了审查，因为它通过内部机构提供的延期信用服务计划获得了更多的销售收入，这可能会夸大其收入和利润，误导投资者。[18]

为了避免可疑或非法的做法，许多大型零售商都制定了正式政策。例如，家得宝公司出台了详细的《高级财务官伦理守则》，该守则适用于家得宝公司的首席执行官、首席财务官和其他高层管理人员。这些高层管理人员必须严格遵守以下做法：

- 诚实、正直、公平地处理所有的财务和会计事务。
- 不要将个人利益凌驾于公司利益之上；避免利益冲突。
- 对错误入账的数据进行报告。
- 确保所有活动均合法、正确、完整，且不要具有误导性。
- 积极倡导符合伦理的行为。
- 负责任地使用公司资源。[19]

预 算

预算（budgeting）是指零售商根据预期绩效编制特定时间内的支出计划。成本关系到能否满足目标市场、员工和管理层的目标。为了达到特定的顾客服务水平，劳动力成本应该是多少？为了激励销售人员，应该支付多少薪酬？为了实现预期的收入和利润目标，营业费用应该是多少？

零售商仔细编制预算具有以下有利之处：

- 支出与预期绩效显著相关，成本也可以随着目标的改变而得到调整，这有助于提高运营效率。
- 资源可以被分配到适当的部门、产品类别等。
- 用于不同部门、产品类别等的支出可以得到协调。
- 由于支出计划是以结构化、一体化的方式编制的，效率目标可以得到重视。
- 可以制定成本标准，如广告费占销售额的 5%。
- 企业可以为将来制订计划而不是被动地做出反应。
- 在预算周期内，支出情况可以得到监控。例如，如果企业计划支出 5 万美元采购新商品，在预算周期过半时就已经花费了 3.3 万美元，那么仅剩 1.7 万美元可支出。
- 企业可以对计划支出与实际支出进行对比分析。
- 可以将成本和绩效与行业平均水平进行比较。

零售商应了解预算过程需要投入大量工作，认识到预测可能不完全准确（由于意外需求、竞争对手的策略变化等因素），并根据需要调整计划。预算既不能过于保守（或僵化），也不能简单地将各类支出提高一定百分比就得出下一期的预算（例如，预计销售额会增长 3%，据此将各类支出都提高 3%）。预算过程如图 12－2 所示，接下来进行介绍。

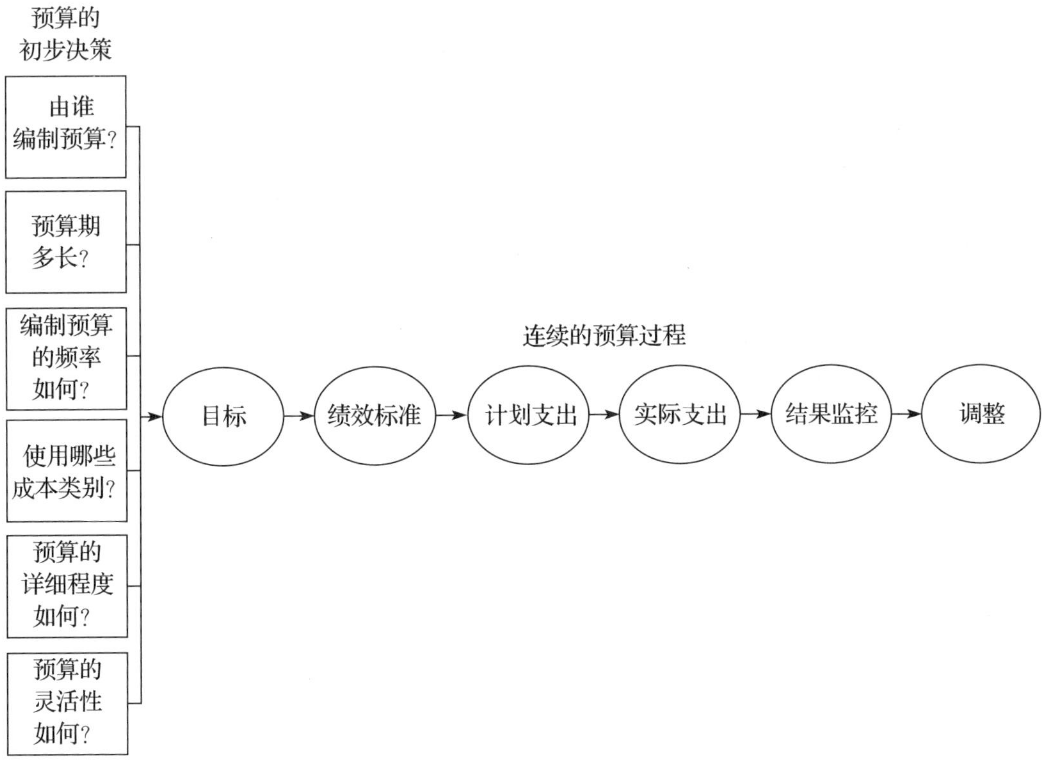

图 12－2　零售预算过程

预算的初步决策

在编制预算前，零售商需要作出六项初步决策。第一，确定预算负责人。采用自上而下式预算时，高层管理人员制定集中的财务决策并传达给下级管理人员。采用自下而上式预算时，低层管理人员提出本部门的预算要求，这些要求被组合起来以形成整个企业的预算。自下而上式预算可以兼顾多方要求，使低层管理人员更具责任感，有助于提高员工士气。许多企业将这两种方法结合起来使用。

第二，确定预算期。大多数企业都会编制年度、季度和月度预算。企业不仅需要制订年度支出计划，还要定期对成本和绩效进行审查，以应对季节性波动或其他波动。有时，预算期可能会长于一年或短于一个月。例如，当一家企业计划在五年内开设多家新店时，它需要确定五年内的建设成本。当一家超市订购易腐商品时，它则需要按周编制每种商品的预算。

第三，确定编制预算的频率。许多企业都会定期、持续地审查预算，但大多数企业都是一年编制一次预算。一些企业每年都要花费几个月的时间来编制预算，这样一来，所有参与者都有充足的时间收集数据，企业在确定最终预算前也可以多次调整预算草案。

第四，确定成本类别：

- 资本支出是对土地、建筑物、固定装置及设备的长期投资。营业支出是在企业经营过程中产生的短期费用。
- 固定成本（如商店的安保支出）在预算期内保持不变，无论零售商的绩效如何。可变成本（如销售佣金）取决于零售商的绩效，如果绩效良好，这类费用通常会上升。
- 直接成本由特定的部门、产品类别等承担，如各商品部销售人员的收入。间接成本则由多个部门、多个产品类别等分担，如集中管理下的收银员的收入。
- 自然账户支出是根据成本名称（如工资）填报的，而不是根据目的分配。职能账户支出是根据支出的目的或活动分类的，如收银员的工资。

第五，确定预算的详细程度。计划支出应该根据部门（如农产品）、产品类别（如新鲜水果）、产品子类别（如苹果）还是产品（如麦金托什苹果）分配？如果零售商想要编制非常详细的预算，就必须充分考虑到每一项支出子类别。

第六，确定预算的灵活性。预算必须足够精确，才能对计划支出起到指导作用，并将成本与目标挂钩。然而，如果预算过于僵化，零售商就无法适应不断变化的市场状况，无法抓住新的机会，也无法调整糟糕的战略（如果需要额外的支出来改善情况）。预算的灵活性通常以量化的方式表示，例如，如果需求超过预期，允许采购员在特定的范围内增加季度预算。

连续的预算过程

在做出预算的初步决策后，零售商就可以按照图 12－2 所示的连续过程编制预算。

- 根据顾客、员工和管理层的需要制定目标。
- 确定绩效标准，包括顾客服务水平、激励员工所需的薪酬水平，以及符合管理层要求的销售额和利润水平。通常预算与销售额的预测值有关。销售额的预测值可用于预测下一个预算期的收入。预测值通常按部门或产品类别进行分配。
- 根据绩效目标确定计划支出。采用**零基预算**（zero-based budgeting）时，企业重新编制每一期的新预算，并列出实现当期目标所需的支出。每次制定预算时，都要对所有的成本进行调整。采用**增量预算**（incremental budgeting）时，企业以当前和过去的预算为基础，通过增加或减少得出下一个预算期的支出。大多数企业都采用增量预算，因为这种方法简单易用、耗时较少且风险较低。

- 产生实际支出。零售商支付租金和员工工资、采购商品、投放广告等。
- 对结果进行监控。（1）将每个成本类别的实际支出与计划支出进行比较，并找出产生偏差的原因；（2）确定是否达到了绩效标准，并对偏差进行解释。
- 调整预算。对预算的调整程度取决于企业目标的实现程度。分配给一些成本类别的支出可能会被削减，分配给另一些成本类别的支出则可能会增加。

企业必须密切监控**现金流量**（cash flow），因为它反映了特定时期内获得收入的金额和时间与支出费用的金额和时间之间的联系。现金流量管理的目标通常是确保在支出费用之前先获得收入[20]，否则，企业可能就需要短期借款，或者库存和其他费用可能会阻碍利润的增长。对于季节性商品的零售商来说，这也许无法避免。低估成本和高估收入都会影响现金流量，这是新企业失败的主要原因。

资源配置

零售商在分配财务资源时，应考虑各类成本的多少及运营效率，因为这些因素对资产管理和预算都有重要意义。

各类成本的多少

如前所述，零售支出可以分为两类。**资本支出**（capital expenditures）是对固定资产的长期投资。**营业支出**（operating expenditures）是在企业经营过程中产生的短期销售和管理费用。了解各类资本支出和营业支出的多少至关重要。

兴建独立商店的零售商的平均资本支出（用于基本建筑外壳；取暖、通风和空调；内部照明；地板；陈列固定装置；天花板；内部和外部标牌；屋顶材料）大约如下：大型商店（包括百货商店）565 万美元；超市 500 万美元；家居用品中心 270 万美元；便利店 68.5 万美元。可见，连锁家居用品中心每兴建一家新店（平均营业面积为 4.4 万平方英尺）必须准备好投资 270 万美元，这还不包括土地和商品成本；如果要兴建更大的商店，那么总支出就会更高。[21]

除了新建商店，改建费用也可能很高。改建商店的原因包括竞争压力、兼并和收购、消费趋势变化、《美国残疾人法案》的要求、环保问题及其他因素。

为了减少投资，一些零售商坚持要求房地产开发商帮助支付建筑、翻修和固定装置的费用。这些承租方的要求表明，一些区域已过度饱和，可用的零售空间增加（由于一些零售商的破产清算和兼并），以及开发商对能够吸引客流的承租方（如类别杀手）更感兴趣。

营业支出通常表示为销售额的百分比，约为 20%（超市）～ 40%（一些专业店）。要想获得成功，企业的营业支出必须与竞争对手相当。开市客之所以比许多竞争对手更有优势，是因为其销售、一般费用和管理费用占销售额的百分比（SGA）更低：开市客为 10%，沃尔玛为 20%，塔吉特为 20%，科尔士为 23%，Dillard's 为 25%，梅西百货为 30%。[22]

在进行资源配置时，零售商还要考虑**机会成本**（opportunity costs），即零售商投资于某一机会而放弃另一机会时可能会损失的收益。如果一家连锁店决定以 350 万美元的总成本翻修 15 家现有商店，它就无法开设需要 350 万美元投资的新店。财务资源是有限的，因此企业经常会面临“非此即彼”的决策。

运营效率

由于销售收入不稳定、经济状况时好时坏、劳动力成本增加、竞争加剧等因素，许多零售商都非常重视其**运营效率**（productivity），即实施零售战略的效率。可以反映运营效率的指标包括成本占销售额的百分比、收银员完成一笔交易所需的时间、利润率、每平方英尺营业面积的销售额、存货周转率等。关键问题是：如何在控制成本的同时实现销售额和利润目标。

不同的零售战略组合对于店址、固定装置、人员等要素有不同的资源需求，因此运营效率的衡量必须基于每种战略组合类型（如百货商店与全线折扣店）的标准。衡量销售额的增长还应考虑季节可比性，并使用同店数据，因为数据会受到季节性和 / 或商店面积的影响。

提高运营效率有两种方法：（1）企业可以通过升级培训计划、增加广告投放等方式来提高员工绩效和每平方英尺营业面积的销售额等；（2）企业可以通过自动化、让供应商完成特定任务等方式来降低成本。例如，零售商可以在非销售高峰时段雇用少量的全职员工，而在高峰时段辅以兼职员工。

零售商绝不能仅从削减成本的角度衡量运营效率，因为这样做有损顾客忠诚。全渠道零售商面临的一个更复杂的两难困境是如何处理退至商店的在线购买商品。在商店内处理在线购买的成本更高，为了控制这种成本，一些零售商不允许顾客将在线购买的商品退至商店，但这种政策引起了许多顾客的不满，因此大多数企业都改变了政策。

以下是不同零售商用来提高运营效率的策略的两个示例。

- 许多企业都利用计算机软件来改进货架空间的分配，以提高单位营业面积的使用效率。Winn-Dixie 和 ShopKo 连锁超市等零售商就在使用 SAS 公司的零售空间管理软件。
- 百货商店零售商梅西公司（也是布鲁明戴尔和 BlueMercury 百货商店的所有者）依靠成本效率以及更扁平、更灵活的组织结构来寻求增长，在其核心的全渠道业务领域重新夺回了市场份额。其措施包括减少现有商店数量，将资源重新投入在线业务和销售潜力更高的商店。采取这些措施后，梅西百货的员工、后勤人员及高级管理人员（自愿离职）将减少 2%，因此劳动力成本降低。通过改善信用购买和顾客服务设施，并减少会议和差旅预算，梅西百货将进一步降低成本。[23]

零售商在提高运营效率的同时不能疏远顾客，也不能降低购物体验，这一点至关重要。通过降低成本来提高销售效率是很常见的，但零售商提高绩效的真正挑战是提高利润率。

关键术语

运营管理（operations management）
损益（利润）表（profit-and-loss (income) statement）
净销售额（net sales）

商品销售成本（cost of goods sold）
毛利润（gross profit (margin)）
营业费用（operating expenses）
税金（taxes）
税后净利润（net profit after taxes）
资产负债表（balance sheet）
资产（assets）
隐蔽资产（hidden assets）
负债（liabilities）
净资产（net worth）
净利润率（net profit margin）
资产周转率（asset turnover）
资产收益率（return on assets，ROA）
财务杠杆（financial leverage）
战略利润模型（strategic profit model）
净资产收益率（return on net worth，RONW）
预算（budgeting）
零基预算（zero-based budgeting）
增量预算（incremental budgeting）
现金流量（cash flow）
资本支出（capital expenditures）
营业支出（operating expenditures）
机会成本（opportunity costs）
运营效率（productivity）

讨论题

1. 描述零售商的资产、负债和净资产之间的关系。如何使用资产负债表对这些科目进行核查？
2. 一家零售商的净销售额为 100 万美元，净利润为 18.5 万美元，总资产为 60 万美元，净资产为 22.5 万美元。
   （1）计算净利润率、资产周转率和资产收益率。
   （2）计算财务杠杆和净资产收益率。
   （3）评价该零售商的财务绩效。
3. 便利店应如何提高资产周转率？
4. 过低的财务杠杆比率是好还是坏？为什么？
5. 首次公开募股与杠杆收购有什么区别？
6. 就向股东和其他相关者披露所有相关信息（“透明度”）方面，向零售商提出五项建议，以改进其会计和财务报告的操作方法。
7. 什么是零基预算？为什么大多数零售商采用增量预算，即使它存在局限性？
8. 季节性商品零售商为了在未来销售必须提前采购商品时，应如何改善其现金流量？
9. 资本支出与营业支出有什么区别？为什么这种区别对零售商非常重要？
10. 零售商在评估机会成本时应考虑哪些因素？
11. 以下零售商应如何提高运营效率？
    （1）健身中心
    （2）在线书店
    （3）折扣服装店

第13章

运营管理：经营方面

学习目标

- 描述运营管理在快速发展的全渠道零售中作为竞争优势来源的重要作用。
- 考察零售企业经营的一些具体方面：经营蓝图；商店形式、规模和空间分配；人员利用；商店维护、能源管理和翻修；库存管理；商店安保；保险；信用管理；计算机化；外包；危机管理。

网络、移动设备和社交媒体等数字技术几乎影响了零售业的各个方面。2015 年全球零售业销售额约为 22.5 万亿美元，每 1 美元中就有 36 美分是通过数字互动方式实现的。[1] 今天，所有的数字零售购买中有 12% 是通过移动设备进行的。最为重要的是以下几点：以技术为媒介的零售业快速发展；技术变革呈现出颠覆性和不可逆的势态；纯粹在线零售商在一些产品类别中具有优势；全渠道顾客对使用任何设备随时随地支付、购买和退换任何商品的期望日益增长。这些因素为零售管理人员带来了更多机遇和风险，也为零售商店的运营带来了重要启示，这正是本章要着重讨论的。

你如何评价刷脸支付？利用一种称作“万事达卡身份验证”的新系统，信用卡提供商可以使用面部识别和指纹扫描技术来提高在线购物的安全性。该系统被称为“自拍支付”，它使用购物者的面部或指纹图像（代替密码）来帮助防范欺诈者。自拍支付的用户必须先自拍一张初始照片，然后这张照片会被转换成 0 和 1 的字符串。用户在进行自拍支付时必须眨眼，以证明并不是在使用旧照片来避开系统验证。自拍支付的倡导者认为，虽然已泄露的密码有可能被修改，但对于大多数人来说，改变面部或指纹要困难得多（即使实际上不是完全不可能）。[2]

资料来源：Nomad_Soul/Shutterstock. Reprinted by permission.

概　述

运营管理是指高效地实施企业的政策和任务，使企业顾客、员工和管理层（如果是上市公司，还包括股东）感到满意。第 12 章研究了运营管理的财务方面，本章则讨论运营管理的经营方面。

为了获得长期成功，企业需要对经营方面进行良好的管理。例如，对于改变商店形式或引进新的防盗设备这类决策，企业必须仔细考虑，因为这些行动对企业绩效有极大的影响。在经营企业的过程中，零售业高管必须制定许多经营决策，如：

- 应采用何种经营方针？
- 商店的最佳形式和规模应如何？货架空间、货架位置和店内每种商品的销售额之间有何关系？企业的在线商店对其实体店的规模、商品品类及退货政策有何影响？
- 如何实现商店人员与顾客流量的最佳匹配？零售商应如何优化员工数量以提高运营效率？零售商应采取哪些政策来利用或抵制陈列室现象？自助服务和移动支付对销售收入有何影响？
- 使用不同的建筑材料对商店维护有何影响？如何更好地控制能源成本？翻修设施的频率应如何？
- 如何最有效地管理存货？在线销售、在线订购到店取货，以及移动销售和退货对存货决策有何影响？如何实现满足顾客需求与提供的选择过多之间的最佳平衡？
- 如何确保购物者和员工的人身安全？
- 需要投保哪些险别（如火险、洪水险、关键员工的人寿险、营业中断险等）？
- 如何最有效地管理信用交易？移动支付技术对购买行为有何影响？

- 计算机系统如何提高营业效率？零售商应如何利用移动技术提高顾客体验和店内购买转化率？
- 是否应将某些方面的经营活动外包（在国内和 / 或国外）？
- 在这样一个全渠道、联系紧密的世界里，应制订何种危机管理计划？

经营零售企业

本章将探讨零售企业经营的以下具体方面：经营蓝图；商店形式、规模和空间分配；人员利用；商店维护、能源管理和翻修；库存管理；商店安保；保险；信用管理；计算机化；外包；危机管理。

经营蓝图

经营蓝图（operations blueprints）系统地列出需要履行的各项经营职能、其特征和用时。在制定蓝图时，零售商需要详细说明从商店开门到关门的各项经营职能以及这些职能的负责人。[3] 例如，谁负责商店开门？什么时间开门？有哪些具体步骤（如关闭警报器、打开电源、启动计算机等）？这些任务的执行绝不能依靠某人偶尔为之。

大型或多元化零售商可能会制定多个蓝图，并为不同的经营领域分别制定蓝图，如商店维护、库存管理、信用管理和商店陈列等。当零售商改变其商店形式或经营流程时（如更加依赖自助服务），也必须调整其经营蓝图。

制定经营蓝图的有利之处在于：可以使各项活动标准化；可以找出经营不善或容易失败之处；可以列出一份能够评估经营完整性的计划；可以显示人员需求；有助于发现提高经营效率的方法。

商店形式、规模和空间分配

商店形式决策包括店址规划（如选择在规划式购物中心而不是无规划商业区）、建筑材料的选择（如预制材料）、商店规模、商店设计和商店布局。一些领先的零售商使用不同的商店形式，旨在为特定的消费者和细分市场提供有针对性的商品品类，优化商店空间的盈利能力，并创造更好的顾客购物场所。采用多种商店形式的服饰零售商 Inditex 的旗下有 Massimo Dutti 商店（为富有的消费者提供个性化服务）、巴适卡（Bershka）品牌（针对年轻人市场，其商店类似于一个社交聚会场所），以及其核心品牌 Zara（针对 20 ～ 35 岁年龄群体的中端市场，提供“便宜且时尚”的商品）。塔吉特和沃尔玛等企业除了拥有大型零售设施，还开设了一些小型商店（如沃尔玛便利店），这些商店的营业费用（用于租金、库存和照明等）更低且店址更靠近市区。

对于连锁零售商来说，一项关键的商店形式决策是是否使用**原型商店**（prototype stores），即众多分店采用相对统一的建筑、布局和经营标准。原型商店易于集中化管理控制，可以降低建设成本，实现标准化经营，便于分店间的员工调配，可以批量采购固定装置及其他材料，并树立一致的连锁店形象。但是，过分依赖原型商店也可能导致经营僵化，无法适应或充分利用当地消费者的需求以及缺乏创造性。麦当劳、Pep Boys、星巴克及大多数连锁超市采用的都是原型商店。

采用原型商店的同时，一些连锁企业在其所有分店都采用了**合理化零售**（rationalized retailing）计划，将高度集中的管理控制与业务流程每个步骤的严格运作结合起来。严格控制和标准化经营使连锁经营易于实施和管理，企业还可以在短时间内增设大量分店。唐恩都乐、Old Navy、玩具反斗城及许多大型连锁超市都采用了合理化零售。它们经营的许多分店在规模、布局和商品经营上都是相似的。此外，合理化零售也使消费者能够轻松地找到商品，并在光顾新店时感觉自如。

许多零售商采用一种或同时采用两种不同的商店规模以展现独特性，并应对一些大都市市场的高昂租金。家得宝、巴诺、史泰博、百思买和迪克体育用品等零售商都开设了类别杀手商店，试图以丰富的商品品类打压小型商店。食品仓储商店和大型折扣店通常位于次级商业区，那里的租金低廉，它们也很有信心能在那里吸引到顾客。Cub Foods（一家连锁仓储商店）和沃尔玛都采用了这种方法。同时，一些零售商认为，大型商店无法高效地服务于饱和（或小型）市场；由于租金高昂，它们开设了小型商店或缩小了现有商店的规模。

制定正确的商店和货架空间管理策略是提高客流量、零售收入和盈利能力的关键。零售商必须要了解线上和线下渠道的消费者需求、偏好及购买行为，从而更有针对性地提供商品品类，并优化它们的空间和商品品类。零售商可以提高设施利用率的方法是，确定适当的空间大小、适当的品牌数量和每个产品类别的摆放位置，以最有效地满足零售商和顾客的需求。有时，零售商会放弃经营某些产品线，因为相对于销售额、利润率和 / 或周转率来说，这些产品线所占的空间太大。今天，许多百货商店更加侧重于经营服装和化妆品而不是电子产品、家用电器和家居用品（如地毯和窗帘等）。

由于跨渠道购物的增长，零售商有机会利用其网站作为"无尽的通道"来提供更多商品，无须扩大实体店的营业空间，同时还可以降低营业成本。这有助于以全价销售一些长尾商品（如特殊尺码、上一季的流行色等）而无须占用商店的货架空间。为了确保跨渠道协作，盖璞公司在多家商店开展了"店内订购"的测试，即如果顾客愿意过几天再拿到商品，他们就可以在店内在线下单订购免费送货的商品，这为额外购买和交叉销售提供了机会。在 Bonobos（一家男装零售商）商店，顾客购买商品时无须将商品带走，商品将在几天后送至他们手中。

采用**自上而下式空间管理法**（top-down space management approach）时，零售商从总可用商店空间（如果是连锁企业，则指各分店和整个企业的空间）开始，将空间分配给各个产品类别，然后设计产品布局。相反，**自下而上式空间管理法**（bottom-up space management approach）从单个产品开始规划，然后上升到产品类别、整个商店，直至整个企业层面。

一些零售商提高商店空间利用率的措施还有垂直陈列，这种方法占用的空间更小，商品可以悬挂在墙上和 / 或天花板上。曾经空闲的位置可以摆放小型销售点陈列柜和自动售货机，有时，还可以将产品放在商店门口陈列。敞开商店大门、在墙壁上安装镜子、采用拱形天花板等方法都可以使狭小的店面看起来更宽敞。零售商可以将 75% 以上的总商店空间用于销售，剩余部分用于存货、洗手间等。跨界经营的商品（高利润、高周转率）在商店和网站上都占据比以往更大的空间。通过延长营业时间，零售商也可以更有效地利用空间。

人员利用

据美国劳工统计局报告，数百万美国人就职于零售业，担任销售人员、文员、客服代表、收银员等。从企业经营的角度看，有效地利用零售人员是至关重要的。

1. 劳动力成本高。对大多数零售商来说，劳动力成本是可控的、无关商品的成本中最大的一个成本类别，其中员工工资和福利占营业成本的将近一半。即将出台关于提高最低工资的立法将进一步提高劳动力成本。

2. 较高的员工离职率会导致招聘、培训和管理费用增加。

3. 表现不佳的员工可能销售技巧差、待客不周、算错交易金额或犯其他错误。

4. 技术带来的经营效率提高已经超过了劳动力，但是一些零售商仍然属于劳动密集型企业。

5. 人员安排经常受到意外需求的影响。虽然零售商知道它们应在销售旺季增加员工，并在淡季减少员工，但如果天气变化，竞争对手开展特卖活动，或供应商加大促销力度，那么员工人数仍有可能过多或过少。

6. 如果企业拥有加入工会的员工，其经营灵活性就会较低，因为劳工合同上通常会规定工作环境、薪酬、工作任务、加班费、绩效指标、解聘流程、资历权利及晋升标准等事项。

因为在线和移动购物在销售收入中所占的比例越来越大，购物者对商店的期望发生了变化，所以店内销售人员的作用也变得不同了。零售商为越来越多的店内销售人员配备了平板电脑和智能手机，并赋予他们访问顾客账户的权限，这样他们就可以更新顾客偏好的数据，也可以对未来购买做出预期，以加强交叉销售。一些销售人员并没有抵制店内陈列室现象，而是使用零售商的移动应用程序来帮助顾客寻找产品、查看产品评论以及比较价格，通过零售商的内部网站帮助顾客订购缺货或特殊规格的产品，并使用平板电脑上的移动刷卡机来处理付款。当销售人员采用这些做法时，购物者就无须排队结账了。此外，客服人员也将越来越多地介入、回应并解决顾客在博客、社交媒体及顾客评论网站上提出的问题。

实现人员利用率最大化的策略有以下几种。

- 招聘流程：在雇用员工之前谨慎地筛选潜在员工，从而降低员工离职率，并提高员工绩效。
- 工作量预测：预先确定每个时段所需的员工数量和类型。例如，一家药店在工作日的 14：00 ～ 17：00 可能仅需要一名药剂师、一名收银员和一名库管员，在 17：00 ～ 19：30 则需增加一名药剂师和一名收银员（以接待下班后购物的顾客）。在进行工作量预测时，必须在劳动力成本与可能的销售额损失（因顾客等待时间过长）之间进行权衡。工作量预测的关键是既要有效率（成本导向），又要有效用（服务导向）。许多零售商利用计算机软件进行员工排班。Invision（www.invisionwfm.com）等公司都开发了软件来帮助零售商进行工作量预测。
- 职位标准化和轮职培训：**职位标准化**（job standardization）可以使不同部门中职位相似员工（如服装部门与糖果部门的收银员）的工作任务保持统一。**轮职培训**（cross-training）可以使员工掌握多个职位（如收银员、库管员和礼品包装人员）所需的技能。通过职位标准化和轮职培训，企业可以提高人员利用的灵活性，减少员工的厌烦情绪，并降低随时所需的员工人数。如果一个部门生意不好，可以将一名收银员派到另一个繁忙的部门；销售人员也可以处理交易、布置商品陈列以及顾客投诉等。随着消费者越来越多地借助于移动设备，店内员工需要接受移动技术应用方面的培训，以加强顾客体验，并提高购买转化率和购买金额。

● 良好的沟通：当员工非常清楚自己的职责，并充分了解企业政策和最新消息时，他们的工作效率最高。

● 员工绩效标准：每名员工都要有明确的目标并对其负责。例如，对收银员的评价标准是交易速度和错误率，对采购员的评价标准是部门收入和降价，对高级管理人员的评价标准则是企业销售额和利润目标的实现程度。当员工有具体的工作目标时，他们的工作效率更高。

● 薪酬：因良好绩效而给予的财务报酬、职位晋升和认可都有助于激励员工。例如，如果销售相关商品可以获得奖金，那么销售人员就有动力进行交叉销售（如向购买西装的顾客推销领带和衬衫）。此外，随着越来越多的消费者进行跨渠道购物以及店内浏览并在线订购，采用单纯佣金制或双重薪酬制（较低的基本工资加上销售佣金）的零售商可能需要改进其薪酬政策，以奖励那些说服店内购物者从零售商的网站购买商品的员工。例如，家得宝商店的销售人员就有动力帮助顾客学习如何使用家得宝的移动应用程序，因为只要是在其商店的邮政编码范围内通过移动应用实现的销售，都会计入该商店的销售收入。

● 自助服务：自助服务可以降低劳动力成本，但是交叉销售（即鼓励顾客购买他们可能没有考虑过的互补商品）的机会更少，一些购物者可能会感觉服务不周到。自助服务需要企业投资于更好的商品陈列、知名品牌、丰富的商品品类以及能够说明规格和特性的清晰的商品标签。

● 长期雇用：通常与那些在企业里兼职或曾经短期工作过的员工相比，就职时间较长的全职员工更有效率。全职员工通常具备更丰富的专业知识，更渴望看到企业成功，所需的监督较少，更受顾客欢迎，更值得晋升，也更容易适应工作环境的变化。这些员工的卓越效率通常比他们较高的薪酬重要得多。

商店维护、能源管理和翻修

商店维护（store maintenance）包括管理商店有形设施的所有活动。这些设施包括外部设施（如停车场、出入口、室外标牌和陈列橱窗、人行道等商店周围的公用区域等）和内部设施（如橱窗、墙壁、地板、温度控制和能源利用设备、照明、陈列和标牌、固定装置、天花板等）(见图 13－1)。

- 零售商应对外部设施的维护承担哪些责任？例如，租约规定停车场的积雪清除是由零售商负责，还是由房地产业主负责？
- 商店维护工作应由零售商的员工执行，还是由外部专业机构执行？该决策是否因设施类型（如空调与地板）或服务类型（如维护与修理）而不同？
- 哪些维修属于紧急维修？非紧急维修应在多长时间内完成？
- 各类设施的维护频率（如每天进行一次地板吸尘与每周清洗一次外部橱窗）应如何？特殊维护工作（如给停车场重新画线）的执行频率应如何？
- 商店维护应如何随季节以及一天中的不同时间（如商店开门时与关门时）而变化？
- 现有设施应使用多久才需要购置新设施？应遵循什么时间安排？
- 应该为商店维护的各方面工作制定哪些绩效标准？这些标准是否在成本与所需的维护水平之间做出了充分的权衡？

图 13－1　特定商店维护决策的清单

商店维护的质量会影响消费者对零售商的知觉、设施的使用寿命及营业成本。消费者不喜欢维护不佳的商店。这意味着零售商需要及时更换烧坏的灯具，并定期重新粉刷墙面。全面、持续的维护可能会延长现有设施的使用寿命，直到需要投资购置新设施。例如，在家居用品中心，取暖、通风和空调设备的平均使用寿命为 15 年，陈列固定装置为 12 年，内部标牌为 7 年。商店维护的成本很高。[4] 通常，家居用品中心每年仅在地板维护上就要支出约 1.5 万美元。

零售企业每年在能源上花费近 200 亿美元，但是它们有可能通过有效的能源管理计划节省 30 亿美元。在美国，一个 5 万平方英尺的零售建筑物每年用于能源的支出通常约为 9 万美元。商店的年均耗电量为 14.3 千瓦小时，相当于每平方英尺的成本为 1.47 美元。能源成本每削减 10% 可以使利润率提高 1.2% ～ 1.6%。对普通超市来说，能源成本每削减 10% 将使净利润率增长 16%。据美国环保局（U.S. Environmental Protection Agency）估计，节省 1 美元的能源成本相当于增加 59 美元的销售额。[5]

由于能源成本在近 50 年来不断上升，能源管理已成为零售经营中的一个重要方面。对一些有特殊能源需求的企业（如食品店）来说，能源管理尤为重要。为了更有效地管理能源，许多零售商都采用了短期管理行为与战略性长期决策相结合的方法。

短期管理行为包括：

- 关掉设备：每节省一千瓦电量可以直接提高盈利能力。
- 使用温控设备：在非销售时段调整室内温度。
- 升级室内照明设备：将荧光灯替换为 LED 灯或 CFL 灯（其能源消耗仅相当于老式荧光灯的 20% ～ 25%）。
- 停车场：在停车场使用低功率的照明设备，但这样做可能导致安保问题。
- 定期更换取暖、通风和空调设备的过滤器：陈旧的过滤器会使设备超负荷运转，并消耗更多能源。
- 使用感应灯：仅在室内有人时才点亮照明设备。
- 在屋顶上使用反光涂料：这可以使建筑物保持凉爽。
- 清洁和保养冰箱：这有助于机器更有效地运转。

战略性长期决策包括：

- 改变建筑物的结构：包括使用节能窗以及用玻璃代替墙壁以获得自然光（这也会降低冷却成本）等。
- 空调 / 取暖设备：用新型节能设备替换旧系统。例如，在店内特定区域（如冰柜位置）安装可控制湿度的特殊空调系统，以尽量减少湿气凝结。
- 安装计算机控制系统以监测并协调温度和照明水平：一些连锁店的计算机控制系统允许指定人员在一个办公室调整多个商店的温控、照明、取暖和空调设备。
- 隔热：在建造和翻修商店时，通过更好的隔热手段可以更有效地控制冷热空气。
- 按需控制的通风设备：这种系统可以感应二氧化碳的浓度，检测店内人数，并相应地调整通风以节约能源。
- 使用建筑物管理系统（BMB）：该系统可以自动控制和监测建筑物的服务性能，并进行相应的调整。
- 能源审计：需要与能源专家合作，评估当前的能源使用情况并实施节能计划。
- 安装太阳能电池板：这是获取能源的另一种形式。

• 购置经“能源之星”（Energy Star）认证的电器：这类电器包括节能冰箱、节能空调、节能自动售货机、节能电热食品柜等。

下面这个例子显示了一些零售商对能源管理的重视程度：对 LVMH 集团（路易威登（Louis Vuitton）、芬迪（Fendi）、克里斯汀・迪奥（Christian Dior）、唐娜・卡伦（Donna Karan）、马克・雅各布斯（Marc Jacobs）、宝格丽（Bulgari）、丝芙兰等许多品牌的母公司，其零售空间将近 1 100 万平方英尺）来说，照明是销售氛围中的一个重要元素，即使很少有人注意到这一点。该公司 70% 的能源消耗用于商店而不是工厂或运输部门。最佳定向照明具有强大的视觉效应，可以突出奢侈品的美感。LVMH 的照明需求非常复杂，因此该公司研究了许多显色性最佳以及对葡萄酒口感破坏最小的产品，然后与 20 家 LED 照明设备供应商签署了协议。LVMH 集团在测量了自动扶梯、空调、照明及其他用途的能耗之后发现，计算机和数字显示屏消耗的能源几乎与该公司使用 LED 灯泡所节省的能源一样多。[6]

除了商店的日常维护和能源管理，零售商还需要制定有关商店翻修的决策：需要多长时间进行一次翻修？哪些区域需要更频繁地翻修？每次翻修的范围有多大？零售商在翻修期间是否会照常营业？需要为将来的翻修留出多少资金？翻修会带来更高的收入、更低的营业成本，还是两者兼而有之？

库存管理

零售商应用库存管理以维持适量的商品品类并确保经营效率。购物者面临的渠道界限日益模糊，他们需要各种跨渠道服务，如在线订购到店取货、产品个性化、丰富的商品品类和库存，以及跨渠道免费退货等。大多数在线零售商都优化了配送中心的位置和数量，提供 3 天免费送达服务；许多全国性零售商则可以利用其商店网络提供当日提货服务，只要它们能够通过现代化的库存和物流管理实现跨渠道的商品调配，防止缺货。这样一来，商品可能距离顾客更近，与配送中心将单件商品直接发送给顾客相比，从商店发货更具成本效益，因为配送中心习惯于处理商店的大订单。库存管理在商品经营中的作用将在第 15 章详细讨论。以下是零售商需要考虑的一些库存管理问题：

• 如何协调处理来自不同供应商的商品？交叉入库适用于什么情况？

• 是否应该采用直接发货模式（制造商或批发商根据零售商店或网站上的订单直接向消费者发货）？

• 销售现场的存货量应该是多少？仓库或库房的存货量又应该是多少？

• 将存货从商店的非销售区转移到销售区的频率应如何？

• 在非营业时间可以执行哪些库存管理职能？

• 如何在更快的供应商配送与更高的运输成本之间进行权衡？

• 在商品储存或布置陈列方面有望从供应商处得到什么支持？

• 可以接受什么程度的店内商品破损？

• 哪些商品需要配送服务？什么时间配送？由谁配送？

商店安保

商店安保涉及两个基本问题：人身安全和商品安全。本章讨论人身安全问题。商品安全问题将在第 15 章讨论。许多购物者和商店员工都感觉零售购物地点不如以前安全，这就是 ADT 等公司为零售商（包括小型零售商）提供安保支持的原因（www.adt.com/business）。

以下是零售商为了解决人身安全问题而采取的一些做法。

- 身穿制服的保安随处可见，他们不仅可以使顾客和员工感到安全有保障，还对那些伺机而动的小偷和抢劫者起到了一种警告作用。在一些购物区域内还能见到骑着马或驾驶赛格威个人交通工具（Segway Personal Transporter）巡逻的保安。一位安保专家指出："保安的标准做法就是在销售现场巡逻，让人们看到他们在那里，并将观察到的异常行为报告主管或警察。"[7]
- 便衣人员用于补充身穿制服的保安。
- 在停车场使用更明亮的照明设备，并提高保安巡逻的频率，这些保安通常会成群结队地巡逻。
- 利用电视摄像机及其他设备监视购物者和员工经常活动的区域。[8] 7-11 商店就设有店内有线电视和警报监控系统，并配有音频功能。
- 一些购物区域对青少年实行宵禁，但这是一种有争议的策略。
- 严禁进入商店的仓储设施（如库房）。
- 提高去银行存款（通常由武装警卫执行）的频率。

保险

零售商购买的保险种类包括：工伤补偿险；产品责任险；火险、意外事故险、财产险（承保建筑物、固定装置和存货的损失）；营业场所事故的责任险；营业中断险（承保火灾、洪水等造成的收入损失）；失窃险（由于员工偷窃现金或货物（库存损耗））。许多企业还为全职员工提供健康保险，但不同零售商采用的保险费分担办法有所不同。《平价医疗法案》（Affordable Care Act）要求拥有 50 名以上员工的雇主为每周工作 30 小时以上的员工提供或协助购买健康保险。一些企业仍然为符合条件的兼职员工提供保险，但沃尔玛和塔吉特等其他企业则已经停止提供某些险种。

保险决策会对零售商产生巨大的影响：（1）近年来保险费急剧上涨。（2）一些保险公司缩小了承保范围，它们现在要求更高的免赔额，或者提供的险种不再覆盖经营的所有方面（如药剂师的职业责任险）。（3）如今为零售商提供服务的保险公司比十年前要少，这限制了零售商对保险公司的选择。（4）由于政府法规，针对环境风险（如油罐泄漏）的保险现在更加重要。

为了防止遭受财务损失，许多零售商都制订了成本高昂的计划，减少员工和顾客因环境不安全提出保险索赔的风险，并降低保险费。这些计划包括：铺设防滑地毯、地板和橡胶入口地垫；经常检查和擦拭潮湿的地板；经常检查电梯和自动扶梯；定期进行消防演习；设置更多防火设施；为危险商品开辟单独的储存区域；在员工培训中讨论安全问题；保留维护工作的记录。

信用管理

零售商必须制定信用管理方面的经营决策，例如：

- 接受哪种支付方式？零售商可能只接受现金、现金和个人支票、现金和信用卡、现金和借记卡、移动支付，或同时接受所有这些方式。

● 信用计划由谁管理？企业可以使用自己的信用系统和 / 或接受主要的信用卡（如维萨卡（Visa）、万事达卡（MasterCard）、美国运通卡（American Express）和发现卡（Discover）），也可以与 PayPal，Apple Pay 和 Google Checkout 合作开展商店和在线支付业务。信用管理的一项重要革新是一些免费移动支付应用程序和 Square 等便携式读卡器的应用，销售人员或消费者可以将这种读卡器插入 iPod，iTouch，iPhone 或 iPad 来完成支付，这样就不用在收银台排队结账了。[9] 还有一种方式是利用指纹识别（Touch ID）功能，即在特定的 iPhone 和 iPad 上使用指纹代替信用卡。

● 顾客需要符合哪些条件才有资格进行支票或信用购买？对于支票购买来说，带有照片的身份证可能就足够了。如果要开立新的信用账户，顾客必须满足年龄、职业、收入等条件；对现有顾客应根据其未结余额和信用额度进行评估。Transunion，Equifax 和 Experian 等公司可以提供信用报告。这些公司利用 FICO 评分系统来分析消费者的信用风险。

● 应采用哪些信用条款？有自己信用计划的零售商必须确定开始计息的时间、利率和每月最低还款额。

● 如何处理延期付款或不付款的问题？一些有自己信用计划的零售商依靠外部收账机构跟进逾期账款。

零售商必须在信用方式能够产生的额外收入与处理信用支付的成本（包括审查成本、交易成本和收账成本以及坏账）之间进行权衡。如果零售商自行完成所有的信用职能，它就要承担这些成本；如果采用外部机构（如维萨），零售商则需要向信用组织支付费用。

美国有 1.85 亿信用卡持有者。使用信用卡和借记卡支付的零售总额超过 2 万亿美元。根据 CardWeb.com 提供的数据，美国人均持有 3 张银行信用卡、4 张零售信用卡和 1 张借记卡。根据美国银行家协会（American Bankers Association）和德夫咨询公司（Dove Consulting）进行的一项调查，现在信用卡或借记卡支付占零售购买总额的 53%，1999 年这一百分比仅为 43%。

零售商为维萨卡、万事达卡、发现卡和美国运通卡支付的费用通常占销售额的 1.5%～5%，具体取决于信用卡的使用量和提供商。[10] 此外，零售商可能还要承担交易成本和月费。如果零售商使用自己的信用系统，就需要承担所有的处理费用，但也可以对未结余额收取利息。沃尔玛和西尔斯试图通过鼓励消费者使用借记卡来降低交易成本，因为对零售商来说借记卡的成本更低。根据《尼尔森报告》（Nilson Report），现在借记卡交易占所有卡类零售交易的 29%，1999 年这一百分比仅为 17%。[11]

零售商需要跟踪调查不同世代和收入水平的消费者对各种支付方式（现金、借记卡、信用卡、支票和移动支付等）的偏好。美国联邦储备委员会（Federal Reserve）在《消费者支付选择日志》（*Diary of Consumer Payment Choice*）上发表的一项研究发现，占消费者交易活动比例最大的是现金交易（40%），其次是借记卡交易（29%）和信用卡交易（17%）。[12] 纸质支票已成为一种过时的付款方式。年轻消费者和老年人更喜欢使用现金或借记卡。

如上所述，现在许多零售商（各种类型）非常重视**借记卡系统**（debit-card system），即购买金额可以通过计算机终端立即从消费者的银行账户中扣除，并转入零售商的账户。这样一来，零售商不仅可以避免顾客不付款的风险，还可以降低交易成本（与信用卡交易相比）。此外，预付礼品卡（一种借记卡类型）也很受欢迎。传统信用卡采用的是按月结算方式；使用借记卡时，货币账户转账是在购买时进行的。由于一些消费者喜欢传统信用卡延期付款的有利之处，借记卡交易仍然面临着一些阻力。

随着支付方式的发展，零售商必须解决一些新的经营问题。

● 零售商可以提供更多的支付方式选择。例如，在线零售商可以提供许多支付方式选择。[13] 对于实体店零售商来说，收银员的培训更加复杂，因为支付方式非常多，如现金、第三方和零售商的信用卡和借记卡、个人支票、礼品卡等。移动支付系统进一步提高了支付方式的复杂性。

● 维萨和万事达已就一宗诉讼案件达成和解，要求零售商同时接受信用卡和借记卡，并向零售商收取更高的借记卡交易费。

● 与可以获得书面授权的店铺零售商相比，无店铺零售商在信用卡欺诈问题上受到的法律保护较少。根据法律规定，美国的店铺零售商必须在 2015 年 10 月 1 日前更新其销售点终端，以接受芯片式信用卡和借记卡，否则将承担卡片伪造以及销售点数据丢失和被盗的责任。[14]

● 网上信用卡交易必须立即将不同的销售税率和币种（针对全球销售）问题纳入考虑。

技术和计算机化

面向顾客的技术

大型和小型零售商都可以使用**计算机结账**（computerized checkout），以有效地处理交易和监控库存。这些产品代码扫描系统和计算机化的收款机能够迅速记录并显示销售额，出具详细的收据，并保留库存数据。这种计算机结账系统可以缩短交易时间，减少员工培训和结账错误，还可以免去在商品上粘贴价签的烦琐程序，从而降低了成本。此外，零售商还可以更好地控制库存，减少商品损坏，以及改进订购流程。它们可以获得每件商品的相关数据，并将其用来确定商店布局和商品计划、货架空间及库存补充。

计算机结账方面的最新技术发展包括：无线扫描仪——使员工无须抬起重物即可对其进行扫描；射频识别标签（FEID）——当靠近接收器时，它可以发出射频代码（比产品代码的处理速度更快，更适合恶劣气候）；语音识别——可以根据店员的语音命令处理订单；便携式读卡器。

使用计算机结账系统的零售商面临着两个潜在问题。首先，只有当所有供应商都在商品上粘贴产品编码标签时，产品编码系统才最有效，否则，零售商就要承担粘贴标签的成本。其次，由于产品编码无法人工读取，一些州的法律要求在每个商品上粘贴价格标签，这会减少仅在货架上粘贴标签所节省的劳动力成本。

许多零售商已升级到使用**电子销售点系统**（electronic point-of-sale system）。该系统可以执行计算机结账的所有任务，还可以核查支票和信用交易、提供即时的销售报告、监控和调整价格、在商店内部和商店之间发送信息、评价员工和盈利能力以及存储数据。销售点系统通常与零售信息系统结合使用。销售点终端既可以单独使用，也可以与店内或总部的计算机集成在一起。正如第 2 章所述，零售商感兴趣的另一种扫描方式是**自助扫描**（self-scanning），即消费者自己在收银台扫描所购商品（可以使用零售商提供的便携式条形码扫描仪（例如，用于礼品登记），或在智能手机上使用零售商的移动应用程序），然后用信用卡或借记卡进行支付，并将商品打包。自助扫描的潜在问题是存在消费者盗窃的可能性，他们有可能将贵重商品留在购物车里，仅扫描低价商品，也有可能在扫描商品时用手遮挡条形码。商店员工需要对消费者的这类行为及其他可疑行为保持警惕。[15]

零售商现在越来越多地使用电信技术，通过低成本、安全的店内传输来协助经营。例如，许多零售商利用信标技术和应用程序在购物中心内有针对性地向顾客的手机推送带有地理标签的限时通知和促销信息，鼓励他们进店购买。许多商店都提供免费 Wi-Fi，这样顾客就可以扫描条形码结账，当顾客寻找的商品缺货时，可以查看附近商店或零售商网站上的库存情况。通过塔吉特的 Cartwheel 应用程序，顾客可以找到距离最近的销售人员，并向其发送消息寻求帮助。

供应链管理技术

根据零售商的市场规模和地理位置，全渠道订单履行可能是一项艰巨的任务，尤其是当顾客（而不是零售商）有权在零售商提供的选择中决定在何处以及如何接收他们所购买的商品时。有时，线性的、采用托盘运输的供应链（通常用于来自商店的大订单）不应该再局限于仅由配送中心使用。商店的销售人员和收银员也需要授权通过需求驱动型供应链发送单线、多类别、直接送达消费者的订单，以实现商店货架与商店库房、配送中心和供应商网络之间的协作。采用亚马逊的 DRS 技术，顾客只需点击 Dash 标签，就可以从不同的制造商或专门的零售合作伙伴那里订购商品。[16]

劳氏等领先的以商店为中心的全渠道零售商已经认识到了需求驱动型供应链的重要性，这种供应链可以提高产品可获得性和库存周转率，还可以缩短现金周转时间并降低服务成本。[17] 重点在于以跨渠道的方式满足个体消费者的需求，以及与供应商合作以具有成本效益的方式满足这种需求。

库存控制和订单跟踪的云（亦称 SaaS）服务提高了供应链的可见度，使中小型零售商可以实时监控订单履行过程。例如，ADC 公司的 InterScale 电子秤管理软件是一种完全集成的软件应用程序，用来管理超市和便利店的农产品和新鲜食品。该应用程序可以确定所售商品的真实成本，并实时提供每小时的需求预测和生产计划，从而减少了浪费。它可以准确地预测烘焙和熟食制品、热食品、海鲜、农产品、乳制品、肉类、冷冻食品、花卉等商品的需求。[18]

家得宝、沃尔玛和杰西潘尼等零售商都使用视频会议，在商店员工与中央总部之间建立联系，并与供应商进行互动。视频会议可以通过卫星技术或计算机（需要安装特殊的硬件和软件）实现。音频 / 视频沟通方式可以用来培训员工、传播消息、激发员工士气等。拥有 SpectraLink 产品线的宝利通公司（Polycom）是销售轻型手机的企业之一，商店员工可以使用这种手机在店内任何地方互相通话。宝利通的客户包括巴诺、巨人食品、宜家、凯马特、尼曼 · 马库斯、来德爱和玩具反斗城等零售商。

外包

越来越多的零售商开始将一些以前由自己执行的经营任务外包出去。采用**外包**（outsourcing）时，零售商向外部机构付费，让其承担一项或多项经营职能。外包的目的是降低投入在特定任务上的成本和员工时间。例如，Limited Brands 公司利用外部企业监督其能源使用和设施维护。Crate & Barrel 公司将其电子邮件程序的管理外包出去。苹果商店、Payless 鞋店和 Sports Chalet 外包了信息技术服务。凯马特利用物流企业合并小批量的运单并处理退货问题，它还外包了电子数据交换业务。家得宝外包了大部分卡车运输业务。零售商还会将网站设计、产品配送、外币交易处理及完税工作等任务外包给专业化服务提供商。

外包可以提高企业的经营能力，并使企业能够快速响应顾客需求。为了防止利润率下降和商品大众化问题，一些绩效良好的零售商利用外包提高经营效率并降低成本。外包的业务范围非常广泛，可以从信息技术基础设施直到业务流程应用程序。许多企业都将外包视为一种阶段性过程，以基础设施为起点，以第三方管理业务流程为终点。外包商可以为企业带来行业经验及专业知识。规模经济可以降低单位成本并实现资源共享。不可预测的资本成本也可以被可变的营业成本取代。[19]

危机管理

尽管计划周密，但零售商有时仍会面临危机，需要尽可能妥善地处理。消费者对危机的反应取决于“控制点”，即他们认为造成危机的原因是否处于零售商的控制范围内。

零售商控制范围之外的因素造成的危机包括：暴风雨破坏了商店的电力系统，消费者对商品或服务的需求意外地高涨或下滑，商店失窃，所有者或关键员工突然生病，供应商突然提价，以及洪水或地震等自然灾害。这些危机可以通过良好的营销传播加以解决。但是，被视为零售商控制范围内的危机则可能导致零售商遭受法律和经济处罚，失去消费者的信任，以及企业形象受损。这类危机包括：店内失火或水管破裂（维护不佳），由于罢工员工的围堵导致进入商店受阻（员工关系不佳），零售商的停车场里发生车祸，店内数据泄露危及顾客的信用数据等。

许多危机都是可以预测的，但是无论零售商如何努力，都可能会产生一些不利影响，以下原则至关重要：

1. 尽可能对不同类型的危机情况制订应急计划。零售商要购买保险，安装备用发电机，以及制订管理层继任计划等。如果发生商店失火或停车场车祸等事故，企业就可以按照清单采取措施。

2. 必须建立并更新用于决策制定和外部沟通的明确命令链。

3. 一旦发生危机，应立即将重要信息传达给相关各方，如消防队或警察局、员工、顾客和媒体等。

4. 相关各方之间的合作（而不是冲突）至关重要。

5. 应对措施应尽可能迅速，优柔寡断可能会使情况恶化。

6. 企业需要评估对购买适当保险的需求。

无论是对大型还是小型零售商来说，危机管理都是一项关键任务。应对多种潜在事件的全面应急计划可以减轻危机导致的声誉和财务风险。[20]

欢迎访问我们的博客（www.bermanevansretail.com）浏览有关危机管理的帖子。

关键术语

经营蓝图（operations blueprints）
原型商店（prototype stores）
合理化零售（rationalized retailing）
自上而下式空间管理法（top-down space management approach）
自下而上式空间管理法（bottom-up space management approach）
职位标准化（job standardization）

轮职培训（cross-training）
商店维护（store maintenance）
借记卡系统（debit-card system）
计算机结账（computerized checkout）
电子销售点系统（electronic point-of-sale system）
自助扫描（self-scanning）
外包（outsourcing）

讨论题

1. 为你学校的书店制定一份简要的经营蓝图。
2. 原型商店有何利弊？何种企业最适合采用这种商店？
3. 全渠道零售商在员工的职位标准化和轮职培训方面面临着哪些挑战？
4. 评论以下说法："商店维护的质量会影响消费者对零售商的知觉、设施的使用寿命及营业成本。"
5. 采访两家当地零售商，询问它们实现能源效率最大化的方法。描述你的发现。
6. 假设你拥有一家体育用品商店并提供个性化服务。你正在计划对配饰部门进行一次全面翻修。你需要制定哪些经营决策？
7. 考虑以下情况：媒体大量报道了一个区域购物中心最近发生的汽车盗窃案。为该购物中心内的零售商制订一份包含五个步骤的计划，使顾客确信在其商店购物是安全的。这将如何影响该零售商的渠道迁移策略？
8. 由于涉及风险，一家加油站不接受支票支付，但接受维萨卡和万事达卡。评价该策略。
9. 如果零售商利用计算机系统自动执行过多经营任务（如员工工作时间安排或存货再订购），这将导致哪些潜在问题？
10. 你会使用哪些经营指标来评估超市的移动结账系统是否成功？
11. 哪些经营职能永远都不应该外包？解释你的答案。
12. 简述下列事件发生时零售商可采用的应急计划：
    （1）购物者不小心启动了防盗警报器。
    （2）水管破裂导致商店发水。
    （3）企业网站不小心将顾客的个人信息泄露给了邮件列表公司。
    （4）一个关键供应商破产了。

RETAIL MANAGEMENT

第VI篇

商品管理和定价

第Ⅵ篇介绍零售战略组合中的商品管理和定价。商品管理包括商品的采购、处理和财务管理。定价决策涉及商品的财务管理，并影响它们与其他零售要素之间的相互作用。

第14章介绍如何制订商品计划。本章首先讨论商品经营理念；然后考察采购组织及采购流程，以及在制订商品计划过程中需要考虑的主要问题；最后介绍商品类别管理和商品管理软件。

第15章着重讨论商品计划的实施。本章研究商品采购和处理过程的各个阶段：收集信息、选择商品来源并与其互动、评估、谈判、完成采购、接收和储存商品、再订购以及再评估。本章还探讨物流和库存管理及其对商品经营的影响。

第16章主要介绍了商品的财务管理中的数量控制系统。

第17章研究定价。本章考察影响价格决策的外部因素：消费者、政府、供应商及竞争对手。然后介绍制定价格策略的框架：目标、主要政策、基本策略、实施及调整。

第14章

制订商品计划

学习目标

- 阐述合理的商品经营理念的重要性。
- 研究各种采购组织模式及其采用的流程。
- 概述在制订商品计划时需要考虑的因素：预测、创新性、商品分类、品牌、时机和商品分配。
- 讨论类别管理和商品管理软件。

第14章的基础是商品计划和决策必须反映目标市场的需求、零售商的预期市场定位等。互联网作为一种被积极采用的商品经营工具，可以帮助零售商成为更好的商品经营者，并以一种动态的方式与顾客接触。

亚马逊的Dash按钮便于消费者再订购经常购买的消耗品，如洗涤剂和厕纸。消费者可以将这个无线设备放在洗衣机或厨房橱柜附近，只需简单地按一下Dash按钮就可以进行再订购。

对消费者、亚马逊和制造商来说，这一策略有许多有利之处。消费者可以很容易地再订购商品，无须从当地商店购买并带回家。由于Dash按钮仅提供给亚马逊的Prime会员，它可以刺激消费者成为Prime会员。零售企业为每个按钮向亚马逊支付15美元，外加15%的佣金（高于亚马逊的传统加价率）。由于购物简单且配送便利，消费品制造商也可以提高销售额。尽管存在这些优势，但一项研究发现，许多购买了Dash按钮的消费者每两个月才使用一次该按钮。[1]

资料来源：Professional photography/Shutterstock. Reprinted by permission.

概　述

零售商经营的产品品类必须适当，且产品的销售方式必须符合其整体战略。**商品经营**（merchandising）是指零售商为了实现其经营目标而从事的采购特定商品和/或服务，并在特定的时间和地点以特定价格销售特定数量等各种活动。商品经营决策会对企业绩效产生巨大的影响。以下是来自两个不同角度的观察结果。

- 独立零售商的最大竞争优势是它能够关注并适应消费者的需求，提供卓越的专业知识和高水平的顾客服务。相比之下，大型零售商更善于降低成本，为购物者提供更低的价格（有时是极低的价格）。鉴于规模，独立零售商的经营灵活性很高，具有更好的洞察力，可以提供高质量的特色产品，能够吸引那些重视质量、服务以及轻松、友好的体验而不仅仅是低价的目标顾客。这可以使小型零售商免于价格竞争，并提高初始加价率，从而弥补低销量的不足。[2]
- 百货商店通常会根据其商圈内的人口统计特征，以品类繁多的产品吸引消费者，并通过服装提高客流量。但是，百货商店如今正面临着严峻的挑战，因为服装支出占可支配支出的比例有所下降，许多消费者已转向电子商务和低价零售商。连锁百货商店采取了一系列重组措施，如增加电商业务、推出自己的低价品牌和小型商店，将商店重新定位为提供体验服务的购物场所（使用社交媒体和病毒营销工具来建立更忠诚的顾客群体）等。吸引其他购物者的专卖店和小型独立商店（如Hot Topic和Torrid）正在迅速发展，由于逐渐取代了购物中心的传统关键承租方，它们越来越受到购物中心业主的关注。[3]

本章讨论商品经营的计划方面，第15章将考察商品经营的实施方面，第16章将介绍商品经营的财务方面，第17章则研究零售定价问题。欢迎访问我们的博客（www.bermanevansretail.com），浏览有关商品经营战略和策略的大量帖子。

商品经营理念

商品经营理念（merchandising philosophy）是零售商制定所有商品经营决策的指导原则。它涉及各项产品决策，如经营哪些产品线、货架空间的分配、产品品种、存货周转率以及定价等。零售商品经营理念既可以基于产品（使用库存单位增值数据寻找利润最高的产品），又可以基于消费者（针对最有利可图的顾客定制商品品类和商品计划）。采用以产品为中心的商品经营理念时，零售商可以根据商店规模、销量以及每个产品类别的销售情况，分析库存单位级别的销售绩效和盈利能力指标，以找到利润最高的产品并进行投资。采用以消费者为中心的商品经营理念时，零售商可以根据对忠诚度数据、社交网络信号、购物模式及其他潜在大数据来源的分析，了解顾客的意见、偏好及购买途径，以确定产品品类。

精明的零售商使用顾客细分数据来识别更有利可图且具有更高终身价值的细分市场，并投资于那些能够与目标市场需求、零售商的组织机构类型、市场定位、特定的价值链、供应商能力、成本、竞争对手、产品趋势等因素最相适合的产品品类。商品计划必须从收入、毛利润和存货周转的百分比和金额方面，制定每个产品类别的预期目标。[4]

会员俱乐部巨头开市客凭借其独特的商品经营理念得到了蓬勃发展。该企业经营品类繁多的全国性及自有品牌商品，并对特定商品为会员提供非常低的价格。开市客的经营方法可以加速存货周转，从而提高销售收入。此外，通过库房或仓库进行的批量采购和高效配送（这简化了经济型、自助式仓库中的商品处理）刺激了开市客的利润增长，尽管开市客的毛利率显著低于大多数其他传统批发商、大型商场、超市和超级购物中心。开市客的每个仓库平均持有约 3 700 个活跃的库存单位，显著少于其他零售商。它经营的商品仅限于每个产品线中比较畅销的型号、规格和颜色，并仅以箱装、纸盒装和多组式包装的方式销售消耗品。[5]

在形成商品经营理念时，必须明确商品经营人员的责任范围。这些人员是否需要参与全部商品经营职能，即同时负责商品和服务的采购与销售（包括选购、定价、陈列和与顾客交易）？还是一些人专门履行采购职能而由其他人负责陈列、人员销售等？许多企业将商品经营视为成功的基石，并由采购员（或商品经理）同时承担采购和销售任务。另一些零售商认为采购员是技能娴熟的采购专家，不应参与销售职能，因此将销售职能委派给其他销售专家。全线折扣店的商店经理通常对产品陈列拥有巨大的影响力，但对是否需要储存或推广特定品牌几乎没有影响。

采用商品经营理念时，采购员的专长可以用于销售且权责明确。采购员负责确保商品得到适当的陈列且成本降低（专家人数更少）。此外，由于参与销售，采购员与消费者的接触更加密切。在采购与销售职能分离的情况下，每项任务都需要运用专门的技能，店员因获得了更多授权而士气高涨，销售不会被视为次要任务，销售人员与顾客之间的互动更充分，采购人员与销售人员分别受到监督。每家企业都必须考虑哪种模式最适合自己。

为了充分利用机会，现在越来越多的零售商采用微观商品经营和交叉商品经营策略。采用**微观商品经营**（micromerchandising），零售商根据不同市场的顾客差异及其他差异调整货架空间分配。例如，多米尼克超市（Dominick's）分别为儿童麦片和成人麦片分配不同的货架空间，以反映不同商店的需求模式；沃尔玛在各个商店为各产品线分配不同的货架空间，以反映人口统计特征、气候和购物行为方面的差异。由于经营过程中可以生成数据，微观商品经营如今变得更加可行。例如，Tilly's 是一家总部设在加利福尼亚州的专卖店，经营西海岸风格的服饰。该企业不仅利用来自商店、网站浏览和交易方面的顾客数据，还利用移动应用程序、商品目录和第三方数据来充分实施其微观商品经营策略。这有助于该零售商跟踪、识别和处理顾客需求的变化趋势。此外，该企业还为旗下每家商店编制了单独的商店资料，以凸显品牌绩效、性别和顾客兴趣方面的差异。根据这些商店资料，Tilly's 可以对相关的第三方和专有品牌、款式、颜色、尺码及价格点做出选择，然后每周多次将产品运至商店，动态地调整其商品分配策略，充分利用商店之间的差异。[6]

采用**交叉商品经营**（cross-merchandising），零售商经营互补的商品和服务，鼓励购物者增加购买。这就是服装店也经营配饰和汽车经销商提供延长保修期的原因。与跨界商品经营一样，如果使用过度，交叉商品经营可能会无效。然而，这种策略具有巨大的潜力。例如，许多药店都利用交叉商品经营，使消费者在流感季节更容易购买互补商品，增加了药店的收入。将止咳药水、纸巾和相关药物等商品一起摆放在通道位置，不仅可以帮助消费者很容易地找到这些商品，还可以刺激店内（冲动）购买。类似地，如果酒类商店将饼干、奶酪和 / 或玻璃器皿与烈酒摆放在一起，那么进店购买烈酒的顾客也更有可能购买这些商品。[7] 交叉商品经营利用的是顾客对一站式购物的偏好以及冲动购买的倾向，可以提高零售商的总收入。这种策略还可以减少季节性和竞争对收入的影响。

采购组织的模式和流程

要正确地制订商品经营计划，必须首先明确采购组织及其流程：谁负责决策？他们承担哪些任务？他们是否拥有足够的授权？商品经营如何适应企业的整体运营战略？图 14－1 显示了可供选择的各种采购组织的属性。

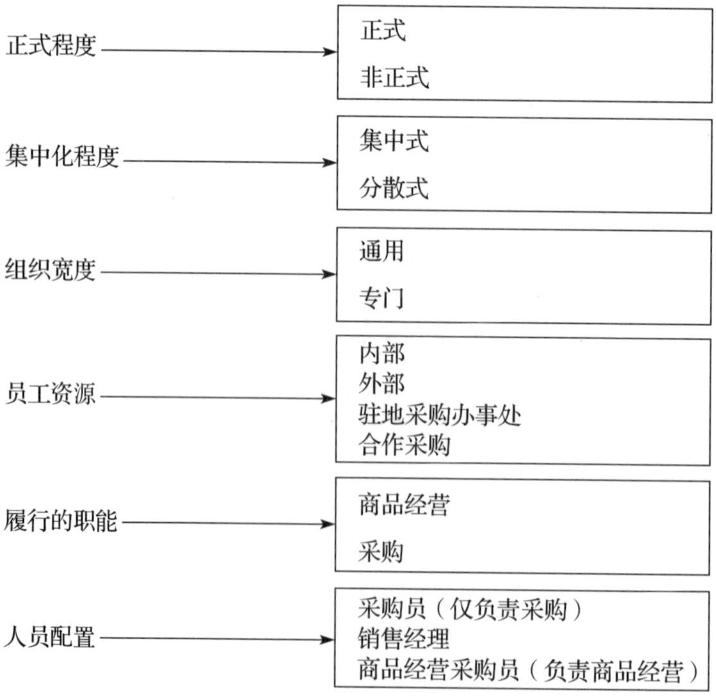

图 14－1　采购组织的属性和职能

正式程度

采用正式的采购组织时，商品经营（采购）是一项单独的零售任务，需要为其设立独立的部门。与商品采购和销售有关的职能皆由该部门控制。正式的采购组织通常由大型企业采用，并设有专职人员。采用非正式的采购组织时，商品经营（采购）并不是一项单独的任务。同一组员工既负责商品经营（采购），又承担其他零售任务，权责通常并不分明。非正式的采购组织通常由小型零售商采用。

正式组织的优势在于责任明确且设有全职、专业的商品经营人员；其劣势在于设立独立部门的成本较高。非正式组织的优势在于成本低且灵活性高；其劣势在于责任不明确，对商品计划不够重视。这两种组织结构都大量存在。对企业来说，是否设立正式的采购部门并不重要，重要的是必须认识到商品经营（采购）的作用，并确保各项责任、活动和业务关系得到确定和实施。

集中化程度

连锁零售商必须选择是采用集中式采购组织还是分散式采购组织。在集中式采购组织中，所有的采购决策都来自同一办公室。例如，一家连锁企业可能设有 8 家分店，但所有的商品决策都由总店制定。在分散式采购组织中，采购决策具有地方性或区域性差异。例如，一家设有 40 家分店的连锁企业可能允许每家分店选择自己经营的商品，或者按照地理区域划分分部（如每个地区四个分部），地区性决策由各区域内的总店制定。

集中式采购的优点是工作整合、控制严格、形象统一、与高层管理人员接触密切、可以获得人员支持及批量折扣。其缺点是缺乏灵活性、时间延迟、地方分店士气低落以及过度的统一性。分散式采购的优点是对地方环境的适应性强，订单处理速度快，分部的自主权有助于提高士气。其缺点是计划缺乏连贯性、形象不一致、控制有限、人员支持少以及得不到批量折扣。

许多连锁企业将这两种模式结合起来，在采用集中式采购组织的同时，也赋予分店经理一定的自主权。例如，总部位于马德里的 Inditex 集团是 Zara、Pull & Bear、麦西姆・杜特（Massimo Dutti）、巴适卡、斯特拉迪瓦里斯（Stradivarius）、Oysho、Zara 家居（Zara Home）及 Uterqüe 等连锁零售店的全球母公司，在 88 个国家拥有 7 000 多家分店，并在 29 个国家开设了在线商店。该企业对所有分店采用集中式的设计、采购和物流中心，同时利用 11 个团队在设计、制造和零售的各个阶段控制供应链，以保持生产方面的灵活性，从而适应当地市场需求和顾客偏好。[8]

组织宽度

在通用型采购组织中，一名或几名员工为企业采购所有商品。但是，对于一家小型五金店来说，其所有者可能会为自己的商店采购商品。采用专门的采购组织时，每个采购员仅负责一个产品类别。例如，百货商店通常设有分别负责女童、少女和妇女服装的采购员。

通用型采购组织更适合小型或经营的产品品类较少的零售商。专门型采购组织则更适合大型或经营的产品品类较多的零售商。采用专门型采购组织时，采购员的专业知识可以得到丰富，责任也可以得到明确界定，但是其成本较高，且需要更多人员。

员工资源

零售商可以选择内部或外部采购组织。内部采购组织的人员是零售商自己的员工，采购决策由这些正式员工制定。采用外部采购组织时，零售商通常需要支付费用雇用外部的公司或人员。大多数零售商采用二者之一，也有一些零售商将二者结合使用。

内部采购组织通常由大型零售商和非常小的零售商采用。大型零售商这样做是为了加强对商品决策的控制，并使企业更具特色。它们也有财力聘用专家。对于非常小的零售企业来说，其所有者或管理者通常履行所有的商品经营职能，以节省资金并深入市场。

例如，低价服装连锁店罗斯百货（www.rossstores.com）经营着罗斯百货商店（在 33 个州设有 1 210 家分店）和 dd's Discounts（在 15 个州设有 152 家分店），采用的是内部采购组织。这些商店的大多数商品是通过机会性采购获得的，即来自制造商因订单被取消而产生的旺季期间的超额产量（"削价出售"）和季末的超额产量（"清仓甩卖"）。罗斯百货在美国最大的服装市场纽约和洛杉矶这两个战略要地设立了采购办事处。其采购员每天都置身于市场，寻找机会，与供应商和制造商进行采购谈判，并加强与供应商的关系，这是该企业低价采购策略成功的关键因素。罗斯百货为罗斯百货商店和 dd's Discounts 分别设立了采购组织，这两个组织一共雇用了 700 名商品经营人员、商品经理、采购员和助理采购员，他们平均具备 8 年在其他百货商店或低价零售企业的工作经验。[9]

外部采购组织通常由中小型零售商或远离供应源的零售商采用。对于这些零售商来说，雇用外部采购员要比利用本企业员工更有效率。外部采购组织可以获得供应商的批量采购优惠，通常服务于相互无竞争的零售商，提供调查研究，还可能赞助企业的自有品牌。外部采购组织可能会向使用其服务的零售商收费，或者向供应商收取佣金。如果零售商发现其外部采购组织也为直接竞争对手提供服务，或者发现自己采购商品更有效率，可能就会设立自己的内部采购组织。

Doneger 集团成立于 1946 年，是领先的外部采购企业之一，拥有数百家零售商客户。Doneger 通过其价格点采购（Price Point Buying，PPB）部门，在竞争激烈、瞬息万变、价值驱动的零售行业中，寻求机会性采购并促进了其零售客户与供应商之间的业务关系。该企业是零售业全球趋势情报、创意设计服务、重点和季节性销售方向、零售业务专家分析、趋势预测及全面市场信息的主要来源。[10]

驻地采购办事处（resident buying office）是零售商想要密切关注市场趋势，但是仅靠其总部的采购人员无法做到时所采用的内部或外部采购组织。这类办事处通常设在重要的商品中心，可以提供有价值的数据和人脉。在全球范围内，有几家专业公司经营着驻地采购办事处。例如，总部位于意大利米兰的 VIB 集团为国际零售商设有一个大型驻地采购办事处。VIB 的时尚咨询采购办事处作为其国际客户的当地代表，为客户提供广泛的服务，包括市场分析、产品组合审查、协助客户公司的采购人员根据当地市场偏好和复杂性制定正确的决策，以及发展与供应商的关系。VIB 还负责满足客户的供应需求，包括价格和合同谈判、出口单证的制作、如何遵守进口国法律以及代表它们采购商品等方面。[11] 除了大型驻地采购办事处，还有许多小型外部驻地采购办事处也可为零售商提供协助。

今天，为了与大型连锁企业竞争，独立零售商和小型连锁企业越来越多地进行合作采购。**合作采购**（cooperative buying）是指多家零售商联合起来从供应商那里进行大量采购，以获得批量折扣。这在消费电子产品、食品、五金和药店零售商中最为普遍。例如，采购集团 BrandSource 的成员商店约有 4 500 家，其年度采购总额高达 140 亿美元。[12] 除了大型家用电器，BrandSource 的成员零售商还销售消费电子产品、床上用品、家居用品及地板。该合作式集团还帮助其成员制订并实施促销计划，也提供批发和零售融资。

另一个合作采购的例子是药业网络联合会（Federation of Pharmacy Networks，FPN），它由全美 22 个成员采购团体组成，代表了 15 000 多家独立药店所有者。其他消费电子产品采购集团（在电子产品领域）包括美格集团美国分公司（Mega Group USA）、全国营销集团（Nationwide Marketing Group）及 NATM 采购公司等。

履行的职能

店内员工在商品经营方面的责任和职能必须得到明确分配。采用以商品经营为导向的理念时，商品人员同时负责所有的采购与销售职能，包括商品分类、广告、定价、销售点陈列、员工利用和人员销售方法。采用以采购为导向的理念时，商品人员只负责商品采购、广告和定价，店内人员则负责商品分类、陈列、员工利用和销售展示。需要履行的职能必须反映零售商的正式程度、集中化程度和员工资源。

人员配置

最后一个组织决策涉及人员配置。哪些职位需要配置人员？这些人员需要具备什么资格？以商品经营为导向的企业最关心如何雇用到优秀的采购员；以采购为导向的企业关心如何雇用到优秀的销售经理。许多大型企业会雇用大学毕业生，对其进行培训，然后将其晋升为采购员或销售经理。

采购员（buyer）负责选购零售商经营的商品，并为该商品制定营销策略。其具体职责如下：制定和控制一个产品类别（通常为连锁企业的所有分店）的销售额和利润计划；计划适当的商品品类、款式、规格及数量；与供应商谈判，并对其进行评估；通常还要负责店内陈列。采购员必须熟悉市场并在需要时可以深入市场，能够与供应商讨价还价，并善于制订详细计划。**销售经理**（sales manager）负责监督特定零售部门的现场销售和经营活动。销售经理必须是一个优秀的组织者、管理者和激励者。商品经营采购员则必须具备以上各项特征。大多数零售商认为，优秀的商品经营采购员的关键素质是具有与顾客建立良好关系并合理预测未来需求的能力。此外，在某种程度上，商品经营采购员还会参与本章及下一章所述的许多其他任务。

制订商品计划

制订商品计划时需要考虑几个因素，下面进行详细讨论（见图 14－2）。

预测

预测（forecasts）是对特定时期内的预期零售销售额的预测。预测是制订商品计划的基础，包括企业总体预测、产品类别预测、逐个商品预测及逐个商店预测（如果是连锁企业）。例如，位于缅因州弗里波特的莱昂·比恩是一家服装和户外产品私有零售商。该企业经营超过 14 万种不同尺码、颜色和质地的产品（一些自 1928 年以来从未改变过，另一些则每年都要重新设计），并追求卓越的顾客服务和配送速度方面的声誉，这既是一个重要目标，也是一项艰巨任务。每年，莱昂·比恩都要面临库存和需求预测方面的战略挑战，即为其全球多个渠道确定应在次年购进的适当产品。这些渠道包括目录（在美国各州和 170 个国家有 50 个不同的版本）、零售商店（在美国有 28 家商店及 10 家分店，在日本有 23 家商店及分店）、网站（在 200 个国家）、户外探险计划（涉及超过 15 万美国顾客）及企业销售。莱昂·比恩利用 JDA 软件公司的供求优化解决方案“JDA Demand”来了解市场趋势并为产品设计、分类计划、物流及企业规划制定可扩展的整合性多年方案。[13]

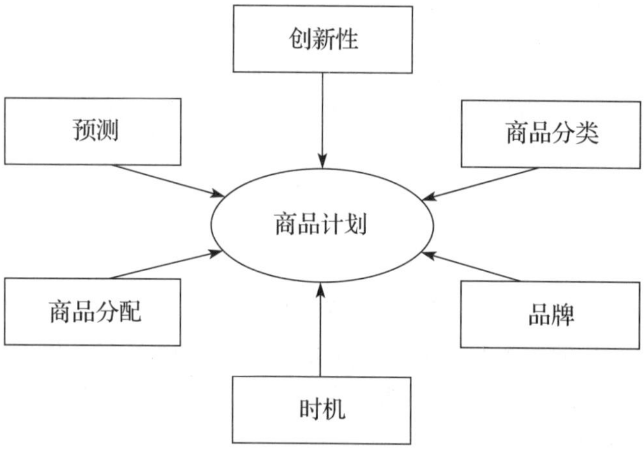

图 14－2　制订商品计划时需要考虑的因素

本节从一般计划的角度研究预测。第 16 章将探讨预测的财务方面。在准备预测时，零售商必须首先区分不同类型的商品。**主营商品**（staple merchandise）是零售商经营的常规产品。超市的主营商品包括牛奶、面包、罐装汤和面巾纸等。百货商店的主营商品包括日常手表、牛仔裤、玻璃器皿和家居用品等。这些商品的销售额相对稳定（有时具有季节性），不会随时间发生很大变化，因此零售商可以比较准确地预测这些商品的销售额。**基本库存清单**（basic stock list）详细列明零售商所经营的每种主营商品的库存水平、颜色、品牌、款式类别、规格和包装等信息。

分类商品（assortment merchandise）包括服装、家具和汽车等产品，零售商必须有繁多的品种，以便为顾客提供适当的选择。由于需求波动、款式变化以及规格和颜色的数量难以确定，这类商品的销售额比主营商品更难预测。决策应从两方面着手：（1）拟定产品线、款式、设计和颜色；（2）采用**标准库存量计划**（model stock plan）确定特定商品的库存量，如针对特定款式的套头毛衣，确定各种尺码的绿色、红色和蓝色商品的数量。通过标准库存量计划，零售商可以订购大量规格和颜色畅销的商品，同时订购少量不太畅销的规格和颜色的商品作为补充。

时尚商品（fashion merchandise）是指由于消费者品味和生活方式的改变而可能会呈现出周期性销售波动的商品。这类商品的销售额很难预测，因为流行款式可能每年都变化，流行色也经常变来变去。**季节性商品**（seasonal merchandise）是指热销季节为非连续时间段的商品。例如，滑雪装备等商品和空调维修等服务在每年的特定季节才会热销。由于季节性商品的销售额峰值通常都出现在每年的相同时段，其销售额的预测比较简单。

爆热商品（fad merchandise）是指可在短时间内产生高销售额的商品。通常玩具和游戏都属于爆热商品。例如，每当《星球大战》(*Star Wars*）系列电影上映时，其周边玩具就会热卖。很难预测这类商品是否会实现特定的销售额目标以及它们会流行多长时间。有时，爆热商品会变成流行商品——销售会长期持续，但销售额仅为早期销售额的很小一部分。棋盘游戏“猜谜大挑战”(Trivial Pursuit）就属于这类商品。

在对畅销商品进行预测时，许多零售商使用**永不过时清单**（never-out list）来确定商品的采购量，目的是采购充足的商品，以免缺货。随着商品受欢迎程度的变化，一些商品会被加入清单或从清单中删除。例如，在詹姆斯·帕特森（James Patterson）的新小说发售前，书店会大批量订购，以确保库存满足预期需求。当它从畅销书排行榜上消失后，书店便只保持较小的库存量。将基本库存清单、标准库存量计划和永不过时清单结合使用是一种良好的策略，当然，这些清单之间可能会有重叠。

创新性

商品计划的创新性取决于许多因素（见表 14－1）。创新型零售商既拥有巨大的机会（因率先进入市场而具有独特性），也面临着巨大的风险（可能因误解顾客需求而积压大量库存)。通过评估表 14－1 中的各个因素并制订新商品和服务的详细经营计划，企业可以充分利用机会并降低风险。一些服装零售商非常重视创新性，博克斯通和 7－11 等企业即是如此。

表 14－1 计划商品创新性时应考虑的因素

因素	与计划的相关性
目标市场	评估目标市场是保守的还是创新的
商品 / 服务的增长潜力	根据初期销售额增长的速度、每段时期的最高销售额潜力以及销售周期的长短来评估每种新商品 / 服务
时尚趋势	了解时尚趋势，如果适当的话
零售商形象	经营可以提升企业形象的商品 / 服务，创新性水平应与企业形象保持一致
竞争	在选择新商品 / 服务时引领或跟随竞争
顾客细分	通过将商品分为成熟产品和新产品来细分顾客
对消费者的响应	根据目标市场的要求提供新产品
投资额	考虑每种新商品 / 服务的所有可能投资：产品成本、新的固定装置及额外的人员（或对现有人员的进一步培训）
盈利能力	评估每种新商品 / 服务的潜在利润
风险	应意识到零售商形象可能遭受的损害、投资成本及机会成本
限制性决策	限制加盟商和连锁分店采购某些商品
处于衰退期的商品 / 服务	如果销售额和 / 或利润过低，则放弃过时的商品 / 服务

● 博克斯通公司经营多种独家的、功能性的、与众不同的消费产品，如按摩椅、旅行电子产品和血压仪等，其销售渠道包括目录、网站、电子邮件营销，以及开设在购物中心、生活方式购物中心和机场内的 200 家零售商店。通过鼓励顾客试用产品并购买，博克斯通为顾客提供了有趣的互动式购物体验以及发现新颖商品的机会。

● 便利店是一种富有创新性的零售业态，7–11 就是一个很好的例证。该企业于 1927 年作为美国南方制冰公司（Southland Ice Company）起家，主要销售牛奶、鸡蛋和面包。今天，7–11 根据各分店的顾客偏好几乎每周都会推出新商品和服务。其商店规模从 2 400 ～ 3 000 平方英尺不等，提供约 2 500 种不同的商品和服务，包括食品服务（如每日现制三明治）、咖啡及其广受欢迎的重量杯（Big Gulp）软饮料，品类繁多的水果、沙拉和烘焙食品，葡萄酒，以及自动汇款机、自动取款机、电话卡和彩票（如可提供）等服务。7–11 在全美约有 7 800 家分店，每周 7 天每天 24 小时营业。[14]

零售商需要评估所经营的每种新商品或服务的增长潜力：一种新产品能以多快的速度产生可观的销售额？在一个季度或一年内有望实现的最高销售（金额和数量）是多少？产品将持续销售多长时间？评估增长潜力的一个工具是**产品生命周期**（product life cycle），它可以显示商品或服务在其生命过程中的预期状况。传统的产品生命周期分为四个阶段：导入期、成长期、成熟期和衰退期，如图 14－3 所示。

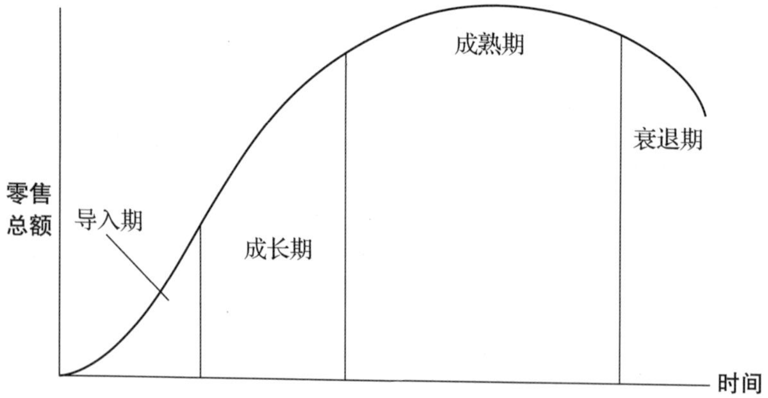

图 14－3　传统的产品生命周期

在导入期，零售商可以期盼的目标市场十分有限。可供应的商品或服务可能只有一种基本款型。制造商（供应商）可能仅限于在高档商店销售。然而，新的便利商品（如食品和家居用品）通常采用密集型分销方式。最初采用选择性分销的商品往往价格较高，但采用密集型分销的商品往往价格较低，以鼓励消费者更快地接受商品。早期的促销文案必须是解释性的，为购物者提供产品信息。在这个阶段，供应商可能很少。

随着创新型消费者购买新产品并推荐给朋友，产品销售额迅速增长，产品随之进入成长期。目标市场包含了创新精神高于平均水平的中等收入消费者。商品品类更加丰富，经营同一产品的零售商数量也更多。价格折扣并未得到广泛使用，但竞争对手开始提供多种水平的价格和顾客服务。促销更具说服力，旨在使购物者充分了解可获得的商品和服务。供应商的数量也增加了。

在成熟期，销售额达到最高水平，能够吸引到的目标市场规模最大，购物者也可以从品类繁多的产品中进行选择。各种类型的零售商（从折扣店到高档商店）以不同方式经营同一商品或服务。知名零售商更加重视品牌和顾客服务，其他零售商则积极展开价格竞争。价格经常在广告中被提及。竞争非常激烈。

随着市场的萎缩（由于产品过时、新的替代品出现以及消费者对产品感到厌倦）和利润率的下降，产品进入衰退期。目标市场可能是那些收入最低的消费者和落伍者。一些零售商减少了产品品类，一些则放弃了该商品或服务。仍在经营这些商品的零售商会减少促销活动，并主要针对价格进行促销。供应商的数量减少。

许多零售商非常关注增加新产品，但忽略了是否应放弃现有产品的决策。由于资源和货架空间有限，在增加新产品的同时必须放弃一些现有产品。零售商不能仅凭直觉决定放弃哪些产品，应遵循一些结构化的准则：

- 根据销售额、价格和利润的下滑程度以及替代品的出现情况，选择要放弃的商品。
- 收集并分析这些商品的详细财务数据和其他数据。
- 考虑一些不放弃战略，如削减成本、改变促销活动、调整价格、与其他零售商合作等。
- 在制定了放弃决策后，不要忽视时机、零部件与维修、库存处理及延期需求等问题。

有时，一种似乎已经过时的商品或服务有可能重新获得青睐。创新型零售商能够发现这方面的潜力，并据此进行商品销售。例如，直销商在大力推广个别音乐家的“精选”唱片时，也会推广多位音乐家的合辑。

服装零售商必须熟悉时尚趋势。垂直趋势是指一种时尚首先针对高端消费者推出并被其接受，然后其基本款型发生变化，最终出售给普通大众。这类时尚会经历三个阶段：（1）独特——原创设计，由设计师商店经营、定制，由高端购物者购买；（2）仿效——原创设计的改动，由高档商店经营、改制，由中产阶层购买；（3）经济型仿效——简单的模仿、由折扣店经营、大规模生产、大众营销。

水平趋势是指一种新时尚在导入期就可以在保持基本款型不变的同时得到人们的广泛接受。任何社会阶层中都有创新型消费者，他们是意见领袖。新时尚必须首先被这些人接受，然后他们会说服同一社会阶层的其他成员（他们更加保守）购买该商品。新商品的销售额增长是在同一阶层内实现的而不是从一个阶层到另一个阶层。图 14－4 提供了一份用于预测时尚接受程度的清单。

- 这种时尚是否可以满足消费者的某种需求？
- 这种时尚是否符合新兴的消费者生活方式？
- 这种时尚针对的是大众市场还是某个细分市场？
- 这种时尚是不是全新的？
- 这种时尚商品的设计师和经营该商品的零售商是否拥有良好的声誉？
- 是否有多个设计师在推广这种时尚商品的某种款型？
- 这种时尚商品的价格范围是否适合目标市场？
- 是否需要进行适当的广告宣传？
- 这种时尚是否会随时间变化？
- 消费者是否会认为这种时尚是一种长期趋势？

图 14－4　用于预测时尚接受程度的清单

商品分类

商品分类（assortment）是零售商所经营的商品选择，它既包括宽泛的产品类别，也包括各个产品类别中的品种。

企业需要首先选择商品质量。它是应该向高收入顾客销售高质量、高价格的商品，向中等收入顾客销售质量中等、价格适中的商品，还是向低收入顾客销售低质量、低价格的商品？或者它应该通过提供各种各样的商品（如同时经营中档和高档商品）来吸引多个细分市场？企业还需要决定是否销售促销品（如低价清仓商品或用于增加客流量的特价商品）。选择商品质量时必须考虑几个因素（见表 14－2）。

表 14－2　计划商品质量时应考虑的因素

因素	与计划的相关性
目标市场	商品质量应符合目标市场的期望
竞争	销售类似质量（跟随竞争）或不同质量（吸引不同的目标市场）的商品
零售商形象	商品质量与顾客对零售商的知觉直接相关
店址	考虑店址对零售商形象和竞争对手数量的影响，因为这些因素都与质量相关
存货周转率	应注意高质量、高价格商品的存货周转率通常低于低质量、低价格的商品
盈利能力	应认识到高质量商品的单位利润通常高于低质量商品；较高的存货周转率有可能导致后者的总利润更高
制造商品牌还是自有品牌	应了解许多消费者都认为制造商品牌的质量高于自有品牌
提供的顾客服务	应了解高质量商品通常需要人员销售、改制、配送等服务，低质量商品也许不需要
人员	为高质量商品雇用熟练的、知识丰富的人员，对低质量商品可采用自助服务
商品 / 服务的感知利益	分析消费者，低质量商品可以吸引那些需要功能性产品利益的顾客，高质量商品则可以吸引那些需要延伸利益（如地位、服务等）的顾客
限制性决策	面对现实： a. 加盟店或连锁店经理对商品的控制通常很有限，甚至没有 b. 从少数大型批发商处采购商品的独立零售商通常会受限于这些批发商提供的商品质量

Dollar Tree 是北美最大的单一价格点（1 美元）零售商，其整体视觉商品经营策略促进了一种“寻宝”式购物，即消费者可以在位置便利、设计精美的商店里选购高价值、低价格的商品。Dollar Tree 提供均衡的商品选择，包括日常消耗品（如糖果和食品、保健和美容用品）、基本消耗品（如纸制品和家用日化产品）、杂货（如玩具、文具、礼品、派对用品、贺卡、纺织品）、季节性商品（如情人节、复活节、万圣节和圣诞节用品）以及清仓和促销商品，单价均为 1 美元！其中消耗品和杂货各占全部商品的 45%。消耗品可以促进频繁的再次惠顾，还可以增加客流量和销售额。[15]

在决定了商品质量之后，零售商需要确定其商品分类的宽度和深度。**分类宽度**（width of assortment）指零售商经营的不同商品 / 服务类别（产品线）的数量。**分类深度**（depth of assortment）指零售商经营的某个商品 / 服务类别（产品线）中的品种多样性。正如第 5 章所述，商品分类可以宽而深（百货商店），也可以窄而浅（箱型商店）。图 14－5 显示了每种基本策略的优势与劣势。

优势	劣势
宽而深（许多商品 / 服务类别，且各类别中的品种繁多）	
市场庞大	
商品选择全面	库存投资高
客流量大	形象一般
顾客忠诚	许多商品的周转率低
一站式购物	有一些过时商品
没有失望的顾客	
宽而浅（许多商品 / 服务类别，且各类别中的品种有限）	
市场庞大	产品线内的品种少
客流量大	有一些失望的顾客
重视便利品顾客	形象不佳
成本低于“宽而深”策略	许多商品的周转率低
一站式购物	顾客忠诚度较低
窄而深（少量商品 / 服务类别，且各类别中的品种繁多）	
形象专业	
各类别中的商品选择多	过于重视某个类别
人员专业	非一站式购物
顾客忠诚	更容易受到趋势 / 周期的影响
没有失望的顾客	需要付出更大努力以扩大商圈规模
成本低于“宽而深”战略	几乎不存在跨界商品经营
窄而浅（少量商品 / 服务类别，且各类别中的品种有限）	
	宽度和深度都很低
针对便利品顾客	非一站式购物
成本最低	有一些失望的顾客
商品周转率高	形象不佳
	顾客忠诚度有限
	商圈规模小
	几乎不存在跨界商品经营

图 14－5　零售商品分类策略

各种分类策略之间的差异很大。网络零售商 Discount Art（www.discountart.com）表示，其目标顾客是那些“需要优质的艺术材料，又能接受高价格的艺术家”。即使是商品分类较窄的小型零售商也需要提供充分的商品选择以吸引购物者。肯德基（KFC）在全世界的数千家分店都以销售鸡肉及相关食品为主，它不销售比萨或许多其他的热门快餐食品。梅西百货经营数千种日用品，亚马逊网站作为一家在线百货商店也销售数百万种商品。在制定商品分类策略时，零售商可能会面临两难选择。确定适当的商品分类，经常对其进行调整，使其符合当地市场及在线顾客的偏好，并满足季节性的市场需求，这对于最大限度地提高投资回报率和增加销售额至关重要。[16]

零售商在计划商品分类时应考虑几个因素：如果增加品种，总销售额是否会上升？

总利润呢？每个商品类别需要多少销售空间？可用的销售空间有多少？经营 10 种猫粮所能实现的销售额或利润不一定高于经营 4 种猫粮。零售商必须认识到增加品种导致的投资成本。由于销售空间有限，应该将销售空间分配给那些能产生最高客流量和销售额的商品和服务。此外，零售商还需要考虑存货周转率。

零售商还应区分跨界商品经营、互补商品和服务，以及替代商品和服务。采用跨界商品经营时，零售商增加无关的商品，以提高收入和利润率（例如，一家花店也经营雨伞）。经营互补商品和服务时，零售商通过交叉商品经营，既销售基本商品，也销售相关商品（如立体声音响和 CD）。虽然跨界商品经营和交叉商品经营都有助于提高总销售额，但经营过多替代商品和服务（如各种竞争品牌的牙膏）则可能会使销售额从一个品牌转移到另一个品牌，却对总销售额几乎没有影响。

零售商考虑采用更宽更深的商品分类时，以下因素也非常关键：（1）风险、商品投资、商品损坏和商品过时等情况都有可能急剧增加；（2）相对于产品品类而言，员工数量可能过少；（3）跨界商品经营的正面和负面影响都可能发生；（4）库存控制可能比较困难，总周转率可能下降。

如果一家实力强大的供应商坚持要求零售商销售其整个产品线，否则就不向这家零售商供货，那么该零售商对是否经营产品线内的全部产品就没有选择。但是，许多大型零售商以及隶属于合作采购集团的小型零售商正在与供应商抗衡，它们将自有品牌商品摆放在制造商品牌商品的旁边。

品牌

作为商品分类计划的一部分，零售商需要选择制造商品牌、自有品牌和非注册品牌的适当组合，品牌的激增使这一挑战变得更加复杂。**制造商（全国性）品牌**（manufacturer (national) brands）由制造商生产和控制。这些品牌通常知名度高，享受制造商的广告支持，有些已预售给消费者，对零售商的营销投资要求不高，并且消费者通常认为其质量最好。

制造商品牌在许多产品类别的销售中占主导地位。著名的制造商品牌包括苹果、可口可乐、吉列（Gillette）、李维斯、微软（Microsoft）、耐克、露华浓和三星等。主要依赖于制造商品牌的零售商是小型企业、网络企业、折扣店以及其他想要通过知名品牌获得信誉或采用低价策略（这样消费者就可以比较不同零售商对同一品牌商品的定价）的企业。虽然制造商品牌面临着来自自有品牌的激烈竞争，但它们仍然是品牌中的主导类型，占全球零售总额的 80% 以上。[17]

自有（经销商或商店）品牌（private (dealer or store) brands）包括由批发商或零售商命名的名牌。这些品牌对零售商更有利可图，更便于控制，不会被竞争对手销售，对消费者而言更便宜，并能提高顾客对零售商（而非制造商）的忠诚度。对于大多数自有品牌，零售商必须自己组织供应商，安排分销和仓储，赞助广告，设计陈列，并承担未售出商品的损失。以下是零售商对自有品牌的兴趣与日俱增的原因：

- 自有品牌的销售额约占美国零售收入的 17%，其销售量占包装消费品的 20%。[18] 在欧洲，食品杂货店的自有品牌销售额占零售商店收入的百分比从意大利的 17% 到瑞士的 53% 不等。[19]
- 自有品牌的价格通常比制造商品牌低 20% ～ 30%。这既有利于消费者，也有利于零售商（其成本更低，且分享收入的相关者更少）。虽然自有品牌的价格更低，但其毛利润高于制造商品牌。

- 在 Gap、Old Navy、Limited、优衣库、麦当劳、奥乐齐和 Trader Joe's 等许多零售店，自有品牌占其大部分或全部收入。
- 在几乎所有的大型零售店，自有品牌与制造商品牌的重要性旗鼓相当。亚马逊网站在销售数百万种制造商品牌商品的同时，也制订了销售自有品牌的坚果、茶、调味料、咖啡、婴儿食品和维生素等商品的计划。亚马逊计划为其自有品牌产品使用 Happy Belly，Wickedly Prime，Presto! 和 Mama Bear 等品牌名称，并仅限亚马逊 Prime 级顾客购买，他们每年需要为该服务支付 99 美元。[20]

过去，自有品牌商品只是打折的中端商品。如今，世界各地的购物者更加重视产品价值，并越来越多地通过阅读产品上的成分标签来判断其质量。零售商认识到对购物者来说价格并不是唯一造成差异的因素，因此投资开发了更多具有竞争力的自有品牌商品。多种档次的自有品牌商品以高价格、标准价格和超值价格提供给不同的购物者。在一些产品类别中，价格较高的高端自有品牌产品因其差异化特性而成为价格最高且最具创新性的产品。[21]

例如，连锁超市 Harris Teeter 提供一个高端自有品牌 H. T. Traders，该品牌专属于这家连锁企业。Harris Teeter 将全球食品和口味趋势应用于其高端自有品牌产品，如橄榄油和醇香精品咖啡，提供卓越的质量，并迎合那些在日常食品采购中追求质量、新颖性和冒险性的消费者。[22]

在决定对自有品牌的重视程度时必须谨慎。如前文所述，许多消费者忠诚于制造商品牌，如果这些品牌缺货或品种过少，他们会去其他地方购物。

非注册品牌（generic brands）以产品的通用名称作为品牌（如罐装豌豆），它们是一些零售商经营的经济型自有品牌商品的一种形式。这些商品通常放在次要货架位置，几乎得不到促销支持，质量有时较其他品牌差，存货品类有限，包装简单。非注册品牌由零售商控制，定价也低于其他品牌。在超市中，非注册品牌占不足 1% 的销售额。在处方药行业，制造商品牌与非注册品牌的质量相似，因此非注册品牌可以贡献 60% 的销售额。

制造商与零售商对货架空间和利润的争夺导致了**品牌战**（battle of brands），即制造商品牌、自有品牌和非注册品牌为了争夺更多的货架空间和控制权而相互竞争。品牌战在成熟的产品类别（如大型杂货店或办公用品连锁店的纸制品）中最为明显。[23]

时机

对于新产品，零售商需要决定其首次采购、陈列和销售的时间。对于现有产品，企业则需要计划一年内的商品流。零售商应考虑销售额的预测及其他因素：销售旺季、订购和配送时间、常规还是特殊订单、存货周转率、折扣以及存货管理程序的效率。

一些商品（如冬季外套）和服务（如清雪）存在销售旺季。这些商品在销售旺季需要大量储存，在淡季则需要较少储存。一些人喜欢在淡季购物，因此零售商即使在淡季也不应该完全撤掉这些商品。

在订购和配送时间方面，零售商需要花多长时间处理一份订购请求？订单发送给供应商后，需要多长时间才能收到商品？将这两段时间加总，零售商就可以充分了解补货的前置期。如果零售商需要 7 天处理订单，供应商需要 14 天配送商品，那么零售商至少应在原有库存售罄之前 21 天就发出新的订单。

常规订单涉及主营商品和其他定期销售的商品。这类货物按每周、每月等频率接收，因此，计划和问题都很少。特殊订单涉及不定期销售的商品，如定制的家具。这类订单需要更多计划以及零售商与供应商之间的密切合作，其具体的配送日期通常需要特殊安排。

存货周转率（商品销售的速度）对订货频率的影响非常大。牛奶和面包等便利商品（这类商品也极易变质）的存货周转率很高，需要经常补货。冰箱和电视机等选购品的存货周转率较低，不必经常补货。

在决定商品采购的时间和频率时，零售商应考虑是否可以获得数量折扣。大批量采购可能会降低单位成本。高效的存货管理程序（如电子数据交换和快速响应计划程序）也可以减少成本和订购时间，同时提高商品经营效率。

商品分配

商品计划的最后一部分涉及商品分配。单店零售商需要决定将多少商品放置在销售现场，将多少存放在库房，以及是否使用仓库。连锁店还需要在各分店之间分配商品。第 15 章将进一步探讨商品分配。

一些零售商将仓库作为配送中心。产品从供应商处运到这些仓库，经过分配运往各分店。另一些零售商（包括许多连锁超市）则不那么依赖仓库，它们至少有一部分商品直接从供应商处运到分店。

对于连锁企业来说，无论其采用集中式还是分散式商品经营，制订清晰的逐店分配计划都是至关重要的。即使连锁企业各分店的产品线都是标准化的，各个分店的商品品类也必须能够反映顾客群体的规模和多样性、店铺规模和位置、气候以及其他因素的差异。

类别管理

正如第 2 章所述，**类别管理**（category management）是一些企业（包括超市、药店、五金店及日用品零售商）提高运营效率的一种商品经营技巧。这种管理方法侧重于产品类别的绩效而不是个别品牌的绩效。它将产品组分给不同的战略业务单位，以更好地满足消费者需求，并实现销售额和利润目标。零售经理需要制定商品经营决策，最大限度地提高他们负责的总资产收益率。

零售商通过识别同一类别中不同产品之间的内在关联来实施类别管理。它们侧重于提高整个产品类别的绩效而不是个别品牌的绩效。产品类别的一些例子包括奶酪、服装、洗涤剂、护肤品、小动物食品和运动服等。采用类别管理时，传统的针对品牌（供应商）的采购员被类别经理取代，类别经理负责综合管理某个类别中所有品牌的采购、定价和销售。这些类别经理常常与制造商共同制订并实施类别计划，提高双方的绩效，并促进更密切的协作及信息共享。有时，类别管理负责人可能是该类别的主要供应商的代表，例如，奶酪由卡夫食品集团（Kraft Food Group）的代表主管，洗衣液由宝洁（P&G）的代表主管，护肤品由欧莱雅的代表主管，等等。供应商应该提出行动建议（如推出新产品或开展新的促销活动），并根据供应商提高该类别销售总额（不仅仅是其自己的品牌）和购物者满意度的能力而得到评价。[24]

A. C. 尼尔森调研公司表示，良好的类别管理包括以下步骤：

1. 根据目标市场的需求确定产品类别。
2. 根据以下问题确定该类别的作用：该类别对消费者有多重要？该类别对零售商有多重要？该类别对零售商的竞争对手有多重要？该类别的市场前景如何？
3. 对该类别进行评估以找到改进的机会。
4. 设定绩效目标，并使用类别计分卡测量进展。
5. 制定营销策略，描绘如何发挥该类别的作用并实现绩效目标的总体蓝图。
6. 选择该类别的商品品种、定价、促销和商品经营的策略以及供应链策略。
7. 实施类别计划。
8. 定期核查绩效并根据需要进行调整。[25]

类别管理的一个基本前提是，零售商必须授权特定人员负责每个产品类别的财务绩效。与微观商品经营类似，类别管理要调整每个分店或地区所经营的商品类别，以最好地满足顾客需求。在决定每个产品类别应占据的货架空间时，可以使用多个重要的绩效指标。通过定期研究企业数据以及查看行业出版物中的类别统计资料，可以进行比较：

- 每直线英尺（Linear foot）货架空间的销售额：年销售额除以该产品类别占据的总英尺数。
- 每英尺货架空间的毛利润：年毛利润除以该产品类别占据的总英尺数。
- 库存投资毛利率：年毛利润除以平均库存成本。
- 存货周转率：特定时期（通常为一年）内，持有的平均存货被售出的次数。
- 供应天数：商品在货架上供应的天数。
- 直接产品盈利能力（DPP）：商品的毛利润减去其直接零售成本（仓库和商店支持、房地产占用、库存及直接劳动力成本，但不包括一般管理费用）。

类别管理的一些协作方面运作良好，其他方面则不然，原因在于制造商与零售商在分销渠道中的作用不同。[26]

制造商对零售商的看法

√成功应用类别管理

- 零售商是平等的合作伙伴。
- 零售商可以从制造商处获得信息，因此它们能够合作制订出最佳计划。
- 零售商思想开明且乐于改变。
- 给予制造商适当的交货前置期以及及时的目标和建议的零售商可以获得制造商的最佳合作。

× 未成功应用类别管理

- 零售商的高级经理、类别经理和运营经理之间的目标差异阻碍了类别管理的进程。
- 零售商采用一种“固定模板”。但是，仅凭一个模板无法解释为什么购物者会选择某种特定的商品或类别。
- 零售商期望制造商在收集和分析数据方面做得更多或承担更多成本。

零售商对制造商的看法

√成功应用类别管理

- 制造商收集关于消费者购买行为的信息，并向零售商提出建议。
- 能够制订明确的计划并对计划加以支持的制造商更受青睐。
- 制造商帮助零售商了解如何从顾客流量中获取更多收益，以及如何建立顾客忠诚，并提高商品的销量和资产收益率。

× 未成功应用类别管理

- 制造商提出的建议总是有利于它们自己的品牌。
- 制造商只是将整个模板交给零售商。
- 制造商对共享数据或建议未能保密。

图 14－6 显示了零售商如何使用类别管理来更好地经营某个类别中的制造商品牌和自有品牌商品。纵轴表示直接产品盈利能力。横轴按照销售量（存货周转率的一项指标）对品牌进行了分类。在一个产品类别中，新的制造商品牌可能盈利能力很高但销量不大，流行的制造商品牌的盈利能力和销量都很高。目标是将新的制造商品牌移至右上象限。在一个产品类别中，如果新的自有品牌可以模仿流行的自有品牌，它就有可能获得较高的盈利能力。目标是通过将新的自有品牌移至右中象限来提高其基于销量的盈利能力。如果新的制造商品牌和自有品牌都获得了成功，同时现有品牌依然受到欢迎，那么整个类别的销售量和利润都会上升。

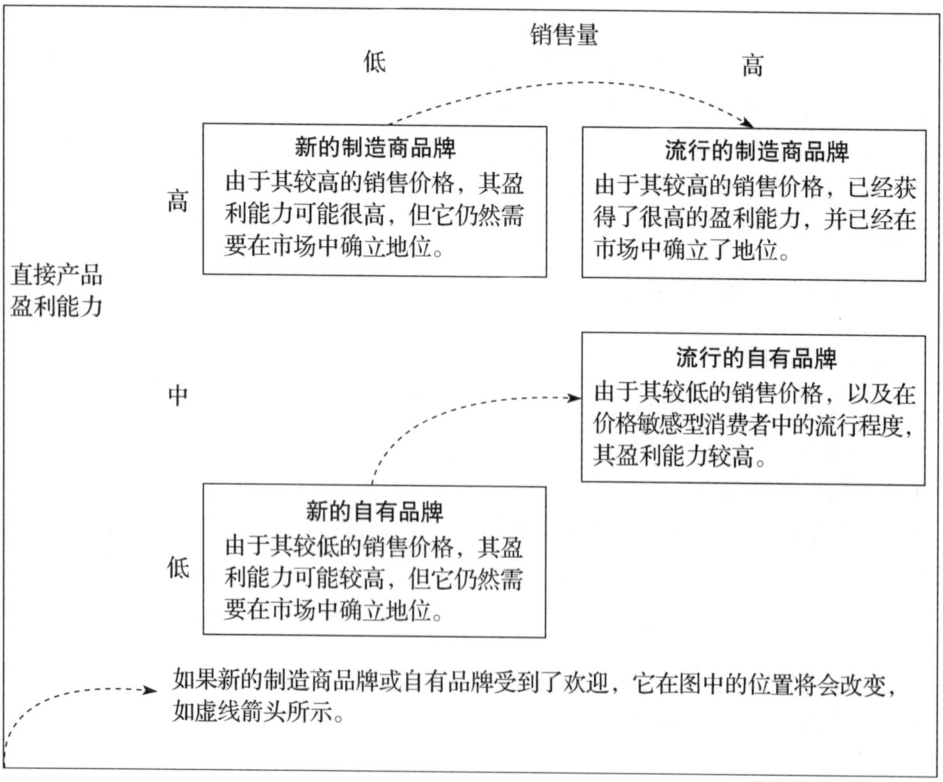

图 14－6　应用类别管理

商品管理软件

商品计划领域最显著的进步之一是大量的计算机软件可以为零售商提供有力的支持，使零售商能够系统地进行预测，尝试各种商品分类计划，以及为类别管理协调数据等。在当今这个时代，许多零售商经营的商品多达数千种，商品管理软件已经成为企业日常经营必不可少的一部分。

一些商品管理软件由供应商和行业协会免费提供，作为价值传递链和关系零售的一部分。也有一些软件由营销公司出售，价格通常不超过 1 500 美元（虽然一些软件的售价高达 25 000 美元以上）。

关键术语

商品经营（merchandising）
商品经营理念（merchandising philosophy）
微观商品经营（micromerchandising）
交叉商品经营（cross-merchandising）
驻地采购办事处（resident buying office）
合作采购（cooperative buying）
采购员（buyer）
销售经理（sales manager）
预测（forecasts）
主营商品（staple merchandise）
基本库存清单（basic stock list）
分类商品（assortment merchandise）
标准库存量计划（model stock plan）
时尚商品（fashion merchandise）
季节性商品（seasonal merchandise）
爆热商品（fad merchandise）
永不过时清单（never-out list）
产品生命周期（product life cycle）
商品分类（assortment）
分类宽度（width of assortment）
分类深度（depth of assortment）
制造商（全国性）品牌（manufacturer (national) brands）
自有（经销商或商店）品牌（private (dealer or store) brands）
非注册品牌（generic brands）
品牌战（battle of brands）
类别管理（category management）

讨论题

1. 描述并评价你最喜欢的在线零售商的商品经营理念。
2. 商品经营职能与采购职能之间的区别是什么？
3. 微观商品经营是一种好方法吗？为什么？
4. 集中式采购组织有何利弊？
5. 采访一位当地店主，查明他如何制定商品决策。评价该方法。
6. 便利店应该如何使用基本库存清单、标准库存量计划和永不过时清单？
7. 在什么情况下零售商可以经营多种质量的商品而不会损害其形象？什么时候应该经营质量水平比较单一的商品？
8. 大型家电维修服务商应该如何应用产品生命周期的概念？
9. 零售商在决定对自有品牌而非制造商品牌的重视程度时，需要权衡哪些方面？
10. 制定一份包含五个因素的清单供连锁零售商核查，以确定如何在其分店之间分配商品。
11. 类别管理的基本前提是什么？你认为为什么超市走在了应用类别管理的前沿？
12. 你认为过分依赖商品管理软件有何风险？风险是否大于收益？解释你的答案。

第15章

实施商品计划

学习目标

- 介绍实施商品计划的步骤：收集信息、选择商品来源并与其互动、评估商品、采购谈判、完成采购、接收和储存商品、再订购以及再评估。
- 考察物流和库存管理在商品计划实施过程中的重要作用。

在实施商品计划时，许多零售管理人员都采用一个准则：组织、优化、同步。美鹰傲飞（American Eagle Outfitters，AEO）在宾夕法尼亚州黑泽尔顿新设的配送中心专门负责以最高效率处理电子商务和实体商店的订单履行。在该中心建立之前，美鹰傲飞有两个独立的配送中心，但都没有针对公司电子商务销售额的增长而进行优化。其中，位于堪萨斯州的配送中心提供直送消费者的订单履行以及店内补货服务（处理所有的美鹰傲飞和 Aerie 品牌的女士产品）；匹兹堡附近的另一个配送中心专门服务于实体商店（处理所有的男士产品以及男女鞋类和配饰）。

由于订单的大小不同，直送消费者的订单履行与店内补货在物流能力方面存在巨大差异。美鹰傲飞的运营总监克里斯蒂娜·米勒（Christine Miller）表示："大多数配送中心无法经济地向最终消费者配送小批量的订单。我们需要一个能够更有效地同时提供两方面服务的设施。我们还需要提高直送到店业务的能力。"[1]

资料来源：Bilan 3D/Shutterstock.Reprinted by permission.

概　述

本章以第 14 章为基础，介绍商品计划的实施，包括物流和库存管理。实施商品计划有时很简单，有时却需要大量艰苦的工作。零售商面临的一个巨大挑战是如何在缺货（OOS）与存货过多之间达到适当的平衡。

缺货导致美国零售商的销售额损失超过 6 340 亿美元。存货过多造成的收入损失高达 4 720 亿美元，因为必须降价处理过剩的库存，所以损害了利润率。对全渠道零售商来说，随着在线销售、在线退货，以及"在线订购、店内取货"销售的不断增加，库存管理变得更为复杂。供应商在包装规格的灵活性方面缺乏协作会进一步限制零售商。零售商可以利用顾客数据和先进的供应链解决方案来做出正确的预测，同时还应考虑天气、季节性和供应商的限制等外部因素的影响。[2]

实施商品计划

商品计划的实施包括 8 个连续的步骤（见图 15－1），接下来进行讨论。

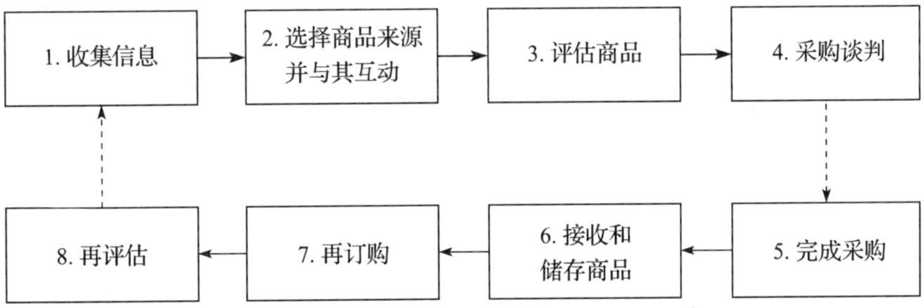

图 15－1　实施商品计划的过程

收集信息

制定了整体商品计划后，在采购或再次采购商品之前，零售商需要收集关于目标市场需求及潜在供应商的更多信息。在收集有关市场的数据时，零售商可以利用多个数据来源，其中最有价值的来源是消费者。通过定期研究目标市场的人口统计特征、生活方式、产品偏好和潜在购物计划，零售商可以直接了解消费者需求。忠诚计划和社交媒体评论在跟踪调查消费者的购买活动和兴趣方面特别有用。

当直接的消费者数据不充足时，可以利用其他信息来源。供应商（制造商和批发商）通常自己进行销售额预测和营销调研（如测试营销），它们也了解零售商将需要多少外部促销支持。与零售商达成交易时，供应商可能会利用一些图表来展示预测结果和促销支持方案。然而，零售商必须牢记：自己才是直接接触目标市场并了解其需求的一方。

零售销售和陈列人员经常与消费者互动，将他们的观察结果反馈给管理人员。**需求登记簿（需求登记卡）**（want book（want slip））系统是用来记录消费者对零售商不经营的商品或缺货商品的需求的一种正式方法。该系统对零售商的采购员非常有帮助。除了顾客，销售人员可能会为商品决策提供最有用的信息。

竞争对手是另一个信息来源。风险规避型零售商可能不会经营某种商品，除非竞争对手先这样做，并且可能会雇用“比较购物者”研究竞争对手的产品和价格。最复杂的比较购物涉及对 mySimon.com 等网络购物机器人（网络机器人）的使用，从而以电子方式跟踪调查竞争对手的产品和价格。例如，Rakuten.com 经常核查其价格，以确保其不高于竞争对手。此外，行业出版物会报告零售业的各方面趋势，也是收集竞争对手数据的另一种方法。

此外，政府来源可以提供失业率、通货膨胀率和产品安全数据；独立新闻来源进行消费者调查并撰写调查报告；零售商还可以购买商业数据。

为了解特定供应商及其商品的属性，零售商可以采取以下做法：

• 与供应商接触，获取规格明细表，阅读行业出版物，以及寻找参考资料。

• 参加有众多参展商（制造商）的行业展会。纽约每年举办数百个行业展会。在巴黎，每半年举办一次的国际成衣展吸引着 700 多个服装品牌的代表和 50 000 名参会者。拉斯维加斯的全美五金制品展会每年都有 2 800 多家参展商和 30 000 名参会者。北卡罗来纳州的高点家具市场（High Point Furniture Market）每半年举办一次展会，吸引了来自美国 50 个州和 110 个国家的 2 000 多家制造商和 75 000 名参会者。

• 搜索网络。GoExhibit（www.goexhibit.com）是一个新型应用程序。行业展会协调员可以利用这个网络应用程序在网站上创建展会的 3D 虚拟现实环境。与现实环境中的展会类似，协调员可以在网站上添加和设计展位，修改展厅布局，以及管理展厅功能。此外，协调员还可以查看和分析参会者之间关于展会的聊天内容，以及参会者的人数和动线，这对于传统的行业展会是很难做到的。参会者可以浏览展位以获取产品信息，并与参展商和其他参会者在线聊天。还有一些技术使参展商可以随时随地按需点播网络研讨会。[3]

无论获取了什么信息，零售商都需要确保这些信息足以用来制定正确的决策。对于常规决策（涉及主营产品），有限的信息可能就足够了。但是，新兴时尚商品的销售额波动很大，需要大量数据进行预测。

选择商品来源并与其互动

第二步是选择商品来源并与其互动。商品来源主要有以下三种：

• 企业自有：大型零售商通常拥有自己的制造和 / 或批发设施。企业自有的供应商会提供所需的全部或部分商品。

• 外部常用供应商：这类供应商并非零售商所有而是定期使用的。零售商凭借经验了解其商品质量及可靠性。

• 外部新供应商：这类供应商并非零售商所有，零售商过去也没有从其购买过商品。零售商可能并不熟悉其商品质量及可靠性。

零售商可以依赖其中一类供应商，也可以组合使用（大型零售商通常同时使用三种类型的供应商）。在选择供应商时，零售商应考虑图 15 - 2 所示清单中的各项标准。

- 可靠性——供应商是否会始终如一地履行所有书面承诺？
- 价格 - 质量——哪家供应商能以最低价格提供最优质的商品？
- 订单处理时间——多久能发货？
- 独家经营权——供应商是否会提供独家经营权或定制产品？
- 提供的服务——如果需要，供应商是否会提供运输、储存等服务？
- 信息——供应商是否会提供重要数据？
- 伦理——供应商是否会履行所有口头承诺，并且不会采取不公正的商业或劳工做法？
- 质保——供应商是否对其产品提供质保？
- 信用——能否从供应商那里进行信用购买？条件是什么？
- 长期关系——供应商是否会长期供货？
- 再订购——供应商能否及时提供再订购的商品？
- 加价——加价（毛利润）是否足够？
- 创新性——供应商的产品线是创新的还是保守的？
- 地方性广告——供应商是否在当地媒体上做广告？
- 投资——用于供应商的总投资成本是多少？
- 风险——与供应商打交道的风险有多大？

图 15 - 2 选择供应商时应考虑的因素清单

Big Lots 公司为其全国连锁清仓商店采购商品的过程可以反映选择供应商的复杂程度。其商业模式的一个重要竞争优势是，以比传统零售商支付的价格低得多的价格，直接从制造商、供应商处，有时也会从破产、清算和保险索赔中机会性采购优质的品牌商品。该企业从供应商处大量采购特定产品类别的清仓商品，并根据供应商的指示控制分销。此外，一些部门还采购直接进口以及其他国内来源的商品。该企业 24% 的商品是直接从海外供应商处采购的，其中 20% 来自中国供应商。[4]

零售商与供应商之间通常可以进行良好的互动，但有时它们也会发生冲突。如前文所述，建立关系弥足珍贵。然而，零售商与供应商之间仍然存在分歧。一方面，许多零售商开始经营更多的自有品牌商品，因为古驰等供应商在同一购物中心开设自己的商店令它们感到不安。如今，古驰的大部分销售额来自公司自有商店和特许加盟店。另一方面，令许多供应商感到不安的是，它们认为零售商过度使用了**扣款**（chargebacks），即零售商根据自己的判断，针对延迟发货、商品损坏和商品过期等违约行为，扣减支付给制造商的货款。一些供应商甚至因此将零售商告上法庭。Attain Consulting Group 将扣款分为三类[5]：

● 有意扣款是制造商主动提供给零售商的，目的是增加制造商的收入。例如，折扣、返利、广告和降价补贴等都可以为零售商提供额外的刺激来推广产品。

● 擅自扣款是制造商不可预见的。例如，零售商因商品短缺、顾客退货以及对协议价格存在异议而采取的扣款。一些零售商在应用扣款方面非常激进。

● 可控扣款可以通过制造商更好的表现加以避免。这类扣款的原因是供应商没有完全满足零售商在订单履行、运输路线、包装标签、运输单据及电子商务方面的要求。例如，零售商可能会要求所有货物的包装标签上必须带有特定的条形码或建议零售价格。

选择商品来源必须被视为一种双向活动。随着电子商务的发展，许多制造商直接向顾客在线销售产品。大多数制造商会考虑零售商或经销商的商业利益，并在其直接电商网站上维持高价格，以使零售商保持竞争力。但是，一些制造商不会这样做，它们的网站价格可能等于甚至低于提供给零售商的批发价格。零售商需要支付物流费用、仓储费用、租金和员工工资，因此可能会丧失竞争力。[6]通过提供增强服务和附加产品，许多零售商有能力与不断进入市场的制造商旗舰店抗衡。

评估商品

无论选择何种商品来源，零售商都必须采用一套程序来评估所考虑的商品。有三种可采用的方法：检验、抽查和描述。具体选择哪种方法取决于商品的成本、属性和采购规律。

检验是指在采购前和收货后检查每一件商品。珠宝和艺术品都是昂贵且相当独特的商品，因此零售商会仔细检验所有商品。

抽查用于易碎、易腐或昂贵商品的大批量定期采购。由于检验所有商品的效率很低，可以通过抽查来了解商品的质量和状况。在准备大批量采购照明设备等时，零售商不会逐一检验所有商品，它会抽取其中一定数量的商品作为样本，如果样本令人满意，零售商就会采购所有商品。如果样本令零售商不满，它可能拒收整批货物（或提出打折）。此外，零售商也可能在收到商品后进行抽查。

描述用于标准化、不易碎且不易变质商品的采购。零售商既不会逐一检验商品也不会进行抽查，而是根据口头、书面或图片描述进行大量订购。文具店可以从商品目录或网站上订购回形针、便笺簿和打印纸等。在收货之后，只是清点一下商品数量。

采购谈判

接下来，零售商需要就采购条款进行谈判。新订单或特殊订单通常需要经过谈判才能达成合同，为此零售商和供应商会仔细讨论采购的各方面问题。常规订单或再订购订单通常涉及的是定式合同，因为条款都是标准的或已经确定，订单也可以按照常规方式处理。

对于低价零售商和折扣商来说，大部分的采购合同都需要经过谈判达成。这些企业通常采用**机会性采购**（opportunistic buying），即通过谈判以低价采购那些未达到预期销量的商品、季末商品、消费者退给制造商或其他零售商的商品，以及清仓甩卖的商品。TJX 公司与那些在销售旺季来临之前订购商品的普通零售商有所不同，其采购组织在 11 个国家拥有 15 个采购办事处及 1 000 多名员工，根据市场情况实施机会性采购策略。这使 TJX 能够更好地洞察时尚和市场趋势以及定价，产品类别的增加或减少也可以更加灵活，因为 TJX 的采购时间更接近商品的销售时间，从而减少了降价的需要。该公司持续性地从许多来源采购商品，以便以低于百货商店和专业店同类商品的常规价格的价格，提供符合消费者期望且迅速变化的设计师品牌产品和其他优质品牌产品的组合。[7]

无论是通过谈判达成合同还是采用定式合同，都需要规定一些采购条款，包括交货日期、采购数量、价格和付款方式、折扣、配送方式、所有权转移时间以及特殊条款。

交货日期和采购数量必须规定清楚。如果任何一项条款没有得到履行，零售商都有权取消订单。采购价格、付款方式和允许的折扣也必须明确规定。零售商每件商品的采购成本是多少（包括处理费用）？允许采用哪些付款方式（现金和信用）？可以获得多少折扣？零售商获得采购价格折扣的原因通常是提前付款（“2/10/net 30”表示，如果在 10 天内付清全额货款即可获得 2% 的折扣；全额付款期限为 30 天）、支持活动（如布置陈列）及大批量采购。合同中还需要规定配送方式（卡车运输、火车运输等）和承担运费方。例如，在 FOB 工厂价（Free On Board factory）条件下，供应商将商品交给承运人，但由零售商支付运费。最后，所有权转移时间（即货物所有权何时从供应商转至零售商）也应在合同中写明。

双方都有可能在合同中添加特殊条款。有时，这些条款对双方都有利（如关于双方提供的广告支持的约定）。另一些时候，这些条款由更强大的一方添加。供应商与大型零售商之间的一个主要分歧是后者越来越多地使用**上架费**（slotting allowances），即零售商因在商店中为供应商提供货架空间而向供应商收取的费用，这项费用的高低取决于店内上架产品的数量以及产品在货架或某个位置上的凸显程度。20 世纪 90 年代，美国参议院和联邦贸易委员会（FTC）对上架费进行了调查，因为该费用减少了可为顾客提供的产品品类且不利于竞争，这对新的或小型制造商来说是一个不利因素。上架费谈判及随后签订的合同具有专用性质，这导致联邦贸易委员会很难禁止上架费，因为缺乏实证依据。[8]

与许多其他零售商不同，行业领先者沃尔玛不收取任何上架费。由于这一政策，该企业通常可以最先从供应商处获得新产品。

完成采购

许多大中型零售商使用计算机来完成并处理订单（基于电子数据交换（EDI）和快速响应（QR）库存计划），并将每次采购情况录入计算机数据库。小型零售商则通常手工填写并处理订单，采购金额也以手工方式记入库存。随着计算机化订购软件的发展，即使是小型零售商也能够采用电子订购方式，尤其是当它们从使用 EDI 和 QR 系统的大型批发商那里采购时。

多店零售商必须决定最终采购决策是由中央管理层、区域管理层，还是当地管理人员制定。每种方法都各有利弊。

关于所有权转移的问题，有几种备选方式。在每种情况下，零售商的权责都不同。

- 零售商在达成采购合同时立即获得所有权。
- 零售商在商品装上运输工具后获得所有权。
- 零售商在接收商品后获得所有权。

- 直到支付周期结束后，当供应商取得货款时，零售商才会获得所有权。
- 零售商以寄售方式接受商品，但不拥有所有权。供应商在商品售出后才取得货款。

如果供应商处于弱势地位，希望说服零售商经营其商品，那么零售商可能会采用寄售采购或代销采购方式。在**寄售采购**（consignment purchase）中，零售商没有风险，因为它不拥有所有权；商品售出前，供应商拥有所有权。一些超市正在尝试使用电子交易方式（基于扫描的交易）。由于采购过程的无纸化操作，这种方式节省了各方的时间和成本。在**代销采购**（memorandum purchase）中，零售商的风险也很低，但是零售商在商品配送时便获得其所有权，并对商品的损坏负有责任。在这两种方式中，零售商都是在商品售出后才支付货款，并可退回未售出的商品。

接收和储存商品

现在，零售商可以接收和处理商品了。这一阶段的工作涉及接收和储存商品、验货和支付货款、粘贴价格标签和库存标签、布置陈列、确定销售现场的商品品类、完成交易、安排配送或提货、处理退货和损坏的商品、监控盗窃行为以及控制商品。其中，良好的配送管理非常关键。

商品可能从供应商处运至仓库（以供储存和分配），也可能直接运至零售商的商店。沃尔格林连锁药店拥有完全自动化的仓库，可储存数千种产品，并提高了将产品配送到商店的速度。亚马逊网站使用自营的美国和国际订单履行中心和仓库，也使用在联合采购模式下运营的订单履行中心。

可以大力促进零售商商品跟踪和处理过程的一项重要的新兴技术是**射频识别**（radio frequency identification，RFID）系统，即使用射频识别标签或转发器对数据进行存储和远程检索。在射频识别系统中，信息由使用无线电波的阅读器通过射频识别标签发送。在最常用的无源系统中，射频识别阅读器为标签提供了与阅读器通信的能量。在有源系统中，射频识别标签中的电池可以增强其有效地理范围，并支持无源标签不具备的一些其他功能，如感知环境中的温度变化。来自射频识别标签的数据通过通信接口传输到主机上，这一过程类似于通过条形码标签将数据发送到计算机系统以进行解释、存储和处理。

与条形码系统相比，射频识别系统的有效范围更大且速度更快。射频识别标签可以被数英尺之外的扫描器读取。此外，与条形码标签不同的是，射频识别标签不需要放在扫描器前扫描。射频识别标签分为两种：无源标签和有源标签。无源标签载有已写入数据的无源芯片。这类标签必须靠近手持或固定位置的阅读器才能被读取。采用无源射频识别标签时，可以从不同的制造商处购买标签和阅读器。有源标签搭载内置电池，可以在几百英尺的范围内被读取，并可放置在一个中心位置。这类标签和设备是专有的，必须从同一制造商处购买。

一项研究发现，78% 的零售商至少收到了一些带有射频识别标签的商品（大部分是服装和鞋类）。平均而言，40% 的服装和日用品制造商生产的商品都有射频识别标签。[9] 供应商承担大部分的有关工作和成本。射频识别系统的成本包括计算机设备、网络配置、备份系统、软件、电缆和安装。幸运的是，基本的无源射频识别标签的价格已降至 10 美分，有源标签的价格也已降至 15 ～ 20 美元。[10]

梅西百货发现，其仓库的库存数据准确率高达 95% 以上，但其商店大不相同。由于失窃以及收银程序（当顾客购买三种不同颜色的衬衫时，收银员可以将同一件衬衫扫描三次）方面的错误等因素，在假日期间，商店的库存数据准确率仅为 60% ～ 70%。梅西百货于 2011 年开始使用射频识别技术，最初是为了维护占销售额 30% 的一部分产品（牛仔服、男士基本款服装和女士内衣等）的库存信息。由于射频识别技术在这些商品上获得了成功，现在梅西百货使用射频识别标签来履行全渠道订单。在采用射频识别技术之前，库存数量是不可靠的，尤其是当库存显示只剩一件商品时。[11]

目前，射频识别技术的应用仍然有限。预测射频识别技术的应用范围或何时能被大多数零售商及其供应商接受还为时过早。供应商承担大部分的有关工作和成本。目前，中小型供应商采用射频识别系统的成本为 10 万～ 30 万美元，大型供应商的成本则高达数百万美元。零售商（如梅西百货、露露柠檬和 Athletica）和供应商（如李维・斯特劳斯公司（Levi Strauss and Co.））都可以受益于射频识别系统的应用。

在货源地为每件商品粘贴射频识别标签可将库存准确率提高 80%，可以提高库存可见性和可用性，改善损失预防，还有助于全渠道零售商实现整个供应链中的商品识别。服装零售业采用射频识别标签通常可将缺货情况减少 50%，节省 80% 的库存管理时间。供应商在货源地为每件商品粘贴射频识别标签还可以减少退款的发生，在不打开纸箱的情况下有效地核查每件商品，并减少库存核查和包装时间。[12]

收到订购的商品后，零售商必须检查其数量和状况，还必须核查发票的准确性并按规定支付货款，千万不能对这一步骤掉以轻心。

此时，零售商将价格和库存信息标记在商品上。标记可以通过多种方式进行。小型企业可能会以手工方式粘贴价签并填写库存记录。一些零售商使用计算机生成的价签，并通过预先打印在包装上的产品通用代码数据来保存库存记录。一些零售商从外部供应商处购买已载入计算机以及人工可读取价格和库存数据的标签。还有一些零售商希望供应商在货源地粘贴标签。标签上的信息越多，库存系统越有效。便携式设备可以打印产品通用代码标签并将其连接至商店的计算机系统。

商店陈列和销售现场的商品数量及品类取决于零售商和产品的类型。超市通常采用货架陈列，并将大部分存货放置在销售现场。传统百货商店采用各种内部陈列，不会将大部分存货放置在销售现场。陈列和销售现场商品管理将在第 18 章进行讨论。

直到顾客从零售商处购买并收到商品，商品的处理过程才结束。这意味着订单的承接、信用或现金交易、包装以及配送或提货等活动均已完成。自动化技术的应用提高了零售商在这些方面的效率。

处理退货和损坏商品的程序也是必不可少的。零售商必须确定应由哪一方负责处理顾客退货（供应商或零售商），以及在什么情况下可以为损坏商品进行退款或换货（如质保期限的长短）。

正如本章稍后所述，越来越多的零售商正在采取积极的措施来监控和减少库存损失。由于商品失窃的成本高昂，这是一个重大的问题。

商品控制涉及对所经营的每个产品类别和每种商品的销售额、利润、存货周转率、存货短缺、季节性及成本进行估计。实现控制的方法通常是准备计算机化的库存数据并进行实物盘存。实物盘存必须根据损坏商品、失窃情况和顾客退货等因素进行调整。第 16 章将讨论这个问题。

商品的接收和处理将在本章稍后部分进一步讨论。

再订购

零售商再订购需要多次采购的商品时，以下四个因素至关重要：订购和配送时间、存货周转率、财务支出、库存与订购成本。

零售商处理订单和供应商完成订单及配送分别需要多长时间？配送时间有时可能很长，零售商即使在库存充足时也必须再次订购。有些商品也可以隔夜送达。

零售商售空全部库存需要多长时间？如果商品畅销，零售商可以有两种选择：（1）订购额外的商品并延长再订购周期；（2）维持少量库存并频繁订购。如果商品销售缓慢，零售商则可以减少初始库存并延长再订购周期。

不同采购方案下的财务支出如何？大批量订单可享受数量折扣，但可能需要支出大量现金。小批量订单的商品单价较高，但因持有的库存较少，其总成本较低。

零售商需要在库存持有量与订购成本之间做出权衡。持有大量库存可以提高顾客满意度，获得数量折扣，降低单位商品的运费，并易于处理，但它也意味着投资额更高，商品过时和损坏的可能性更大，储存成本、保险费和机会成本也更高。多次订购并维持少量库存意味着投资额低，机会成本低，储存成本低，商品过时的可能性也低，但是可能会有顾客因商品缺货而感到失望，单位成本可能上升，延迟履行订单可能会造成不利影响，可能需要分批装运，可能产生服务费用，库存处理也可能更为复杂。零售商总是设法持有充足的库存以满足顾客需要，同时避免库存过剩。快速响应库存计划通过零售商与供应商之间的密切合作可以降低库存和订购成本。

定期再评估

商品计划需要定期再评估，为此管理层需要审核采购组织，采购组织需要评估计划的实施效果。整个流程以及对个别商品和服务的处理过程都应得到监控。在这一阶段中得出的结论将为以后的工作提供一部分信息。

物 流

物流（logistics）是指以最及时、最有效和最具成本效益的方式，计划、实施和协调商品从制造商（批发商）到零售商再到顾客的实体转移的整个过程。物流将订单处理和履行、运输、仓储、顾客服务及库存管理视为价值传递链中相互依赖的职能。如果物流系统能够高效运作，企业就可以减少缺货现象、降低库存持有量，并改善顾客服务。

物流可能也是一项艰巨的挑战。例如，超价商店公司是美国最大的食品杂货批发商，作为零售商，它还拥有 Cub Foods，Farm Fresh，Save-A-Lot 和 Fresh Market 等连锁店。超价商店公司是 2 000 多家单店和独立食品杂货商及美国军方的主要食品杂货供应商。其多层物流系统包括由 18 个配送中心和超过 1 100 万平方英尺的设施组成的网络，可以提供准确的订单履行和强大的服务，还可以满足紧张的配送时间安排。其配送中心为多个食品杂货类别提供支持，如肉类、熟食、烘焙食品、杂货、冷冻食品、乳制品、家居和美容护理用品、日用品及药品等。顾客服务专员昼夜不停地为顾客配送提供支持。丹佛的配送中心每月处理的顾客接触超过 10 万人次。[13]

本节讨论以下物流概念：绩效目标、供应链管理、订单处理和履行、运输和仓储以及顾客交易和顾客服务。库存管理将在本章最后一节讨论。

绩效目标

零售商的主要物流目标包括：

- 在实现企业其他绩效目标的前提下，将发生的成本与特定的物流活动联系起来，从而尽可能经济地完成所有活动。
- 尽可能轻松、准确和令人满意地订购和收货。
- 尽量缩短从订购到收货之间的时间。
- 协调不同供应商的商品运输。
- 持有足够的库存以满足顾客需求，但避免库存过多，否则可能需要大幅降价。
- 将商品高效地放置在销售现场。
- 以令顾客满意的方式高效地处理顾客订单。
- 与供应链的其他成员协作并定期沟通。
- 有效处理退货并尽量减少产品损坏。
- 监控物流绩效。
- 制定用于系统崩溃时的备用计划。

Innovel Solutions 曾经称作西尔斯物流服务公司（Sears Logistics Services，SLS），是西尔斯和凯马特几乎所有物流活动的唯一接触点。它负责将服装和其他产品从制造商处运至商店，并管理其他运输和仓储服务。西尔斯物流网络中的 106 个配送中心在全美范围内提供家用电器、电子产品、家具及家装用品的配送到家服务，这是该零售商的主要利润来源。其拥有 1 100 辆卡车的配送服务网络也为开市客等一些竞争对手提供相同的服务。[14]

供应链管理

供应链（supply chain）是价值传递链的物流方面，包括零售物流过程中的所有参与方：制造商、批发商、第三方专业机构（运输公司、订单履行机构等）和零售商。欢迎访问我们的博客（www.bermanevansretail.com），浏览关于供应链管理的帖子。

许多零售商和供应商正在试图建立更密切的物流关系。大型零售商采用的一种技术是**协作计划、预测和补货**（collaborative planning, forecasting, and replenishment，CPFR），这是在交易伙伴网络中采用的一种全面的供应链管理方法。自发性产业间商务标准协会（Voluntary Interindustry Commerce Standards Association）表示，数百家领先的制造商、服务提供商和零售商（包括百思买、科尔士、梅西百货、杰西潘尼、QVC、史泰博、塔吉特、沃尔格林和沃尔玛等）已经加入了 CPFR 计划。

但是，实施 CPFR 的零售商必须考虑与实施总成本相关的一些挑战，并确定自己是否处于竞争劣势。调整企业目标并进行内部改革可能充满挑战。协作关系意味着，如果对一方有利的做法不能为其合作伙伴带来任何利益，那么必须停止或调整这些做法。例如，在“渠道填充”或“交易超载”做法中，零售商被说服定期进行超出需要的补货订购，以帮助供应商。信任问题是实施 CPFR 的主要障碍，许多零售商和供应商也许不愿意共享信息，原因是这会削弱它们的谈判能力。[15]

全渠道零售商往往依赖第三方物流（3PL），有时称为外包。第三方物流公司与各种规模的零售企业密切合作，提供仓库管理、商品运输、报告和预测、退货物流管理等供应链管理流程，不需要零售商投入长期或固定的资本成本、租金或人员。例如，许多零售商（包括在线企业）的销售具有周期性或不稳定，销售额增长速度快，或自身的物流基础设施薄弱，因此它们都将联合包裹服务公司（UPS）的供应链解决方案部门作为自己的物流专业机构。这种做法有助于这些零售商专注于其零售战略、保持竞争力并维持利润率。物流专业机构可以优化配送和运输网络，并提高全球供应链的效率。[16]

网络在供应商与零售商之间的沟通中发挥着越来越大的作用。许多制造商和零售商都建立了专门用来与渠道合作伙伴互动的专用网站。为了确保数据交换的机密性，这些网站应用了密码和安全加密技术。塔吉特公司经过数年的开发和测试，建立了一个非常先进的网站，称为“伙伴在线”(Partners Online)。供应商可以在该网站上获取销售额数据和库存报告、应付账款金额、发票以及自己的绩效报告。该网站还提供业务手册和简报。

订单处理和履行

为了优化订单的处理和履行，许多零售商采用了**快速响应库存计划**（quick response (QR) inventory planning），即通过提高订购频率和降低订购数量来减少所持有的库存。快速响应系统要求零售商与供应商建立良好的合作关系，协调商品运输，密切监控库存水平以防缺货，并通过电子数据交换（通过网络或直接的计算机连接）等方式与供应商定期沟通。

对零售商来说，快速响应系统可以通过快速补充存货来降低库存成本，最小化商品储存空间，并使企业能够更好地根据市场情况进行订购。对制造商来说，快速响应系统可以通过为供应商提供实际销售额数据（过去这些数据很难获得）来提高存货周转率，并更好地协调供求关系。此外，有效的快速响应系统降低了零售商转换供应商的可能性。快速响应系统的最活跃用户包括百货商店、全线折扣店、服装店、家居用品中心、超市和药店。采用快速响应系统的企业包括 Dillard's、巨人食品、家得宝、Limited Brands、梅西百货、杰西潘尼、西尔斯、塔吉特和沃尔玛。

与待上架商品、较低的最小订货数量、布局适当的店内固定装置以及电子数据交换结合使用时，快速响应系统的效果最佳。**待上架商品**（floor-ready merchandise）是指商店收到之后不需要员工做任何准备就可以直接陈列销售的商品。这些商品通常已预先贴好通用产品代码标签，按照零售商的指示标注了款式、规格、类型、颜色和价格（零售商价格或建议零售价格，或二者兼有）等必要信息，并已置于挂架或货架上。例如，诺德斯特龙公司要求，所有在销售现场挂在衣架上陈列的商品都要在运输之前就挂在衣架上，并包装好以防起皱。诺德斯特龙对其全线商店与折扣商店的待上架商品的要求有所不同。供应商还必须能够通过电子数据交换接收或发送采购订单。诺德斯特龙对不符合要求的商品收取补偿费用，从而几乎不需要经过处理就可以将商品迅速移至销售现场。[17]

快速响应还意味着供应商需要重新考虑它们可接受的最小订货数量。床单和毛巾制造商要求的特定尺寸或颜色的最小订货数量曾经是 12 件，但现在的最小订货数量已降至 2 件。男士衬衫的最小订货数量也从 6 件降到了 2 件。较低的订货数量导致一些零售商必须重新布置店内各部门的固定装置。以前，固定装置通常是根据零售商的全部库存来布置的。如今，零售商必须用较少的库存来营造视觉效果。

电子数据交换（如第 8 章所述）通过零售商与供应商之间的无纸化、计算机互联的方式，使零售商能够高效地实施快速响应库存计划。研究表明，快速响应和电子数据交换在行业内的广泛应用可以使零售价格平均下降 10%。精益供应链管理使用网络工具来实现产品转移的实时协作式同步，交换重要的市场信息，利用物流配送能力更快地响应消费者需求，并提高供应链合作伙伴的盈利能力。严格识别并消除浪费（所有不会增加价值的非必要活动）以不断改进流程是精益供应链管理的一项重要功能。开市客和沃尔玛等大型零售商及其供应商都采用精益供应链管理来降低成本，从而降低了顾客的购买价格。[18]

食品零售业的许多企业都在使用**高效消费者响应**（efficient consumer response system, ECR）计划，通过这种方式，超市可以将快速响应库存计划、电子数据交换和物流计划进行整合。高效消费者响应计划致力于建立快速响应的消费者驱动型系统，系统中的制造商、经纪商和分销商通过更好地传输数据、自动化管理流程和统一补货周期，共同努力实现消费者价值最大化和供应链成本最小化。尽管高效消费者响应系统已使超市削减了数百亿美元的配送成本，但它实施起来并不容易。许多超市不愿意为了没有特殊优惠的常规订单履行而放弃它们与供应商就短期采购条款进行谈判的能力。[19]

零售商还在解决订单处理和履行的另外两方面问题：（1）供应商发货后立即以电子方式发送提单时，采用快速响应和电子数据交换的零售商能够提前收到装运通知，这使零售商有更多时间高效地接收和分配商品；（2）由于越来越多的零售商从多个供应商、多个货源地甚至从海外采购，它们必须更好地协调订单的处理和履行。家得宝等零售商增设了进口物流团队来协调海外的预测、订购、寻源采购和物流工作。超价商店公司也在设法应对从全球许多不同国家采购商品的复杂性。

运输和仓储

零售商需要制定多项运输决策：

- 商品运往零售商的频率如何？
- 如何处理小批量订单？
- 使用哪方作为承运人（制造商、零售商，还是第三方专业机构）？
- 使用哪种运输方式？是否需要多种运输方式（如制造商用卡车将商品运至零售商的仓库，零售商再用卡车运至各个商店）？
- 对易腐商品和昂贵商品应有哪些特殊考虑？
- 需要多久安排一次特殊运输（如紧急订单）？
- 如何与供应商磋商运输条款？
- 零售商应为顾客提供哪些配送方案？对于无店铺零售商，尤其是那些通过网络销售的零售商来说，这是一个至关重要的决策。

影响运输效率的因素包括物流基础设施的质量（包括冷藏卡车、机场、水路码头和高速公路的可利用性）、交通拥堵状况、停靠设施等。在美国境外经营的零售商必须应对许多外国的物流问题，因为这些国家可能严重缺乏运输网络和现代技术。

一些零售商主要以仓库作为中央或区域配送中心。产品从供应商处运至这些仓库，然后分配并运至各个商店。Claire's Stores 设有多个中央采购和商店运营办事处，并在伊利诺伊州的霍夫曼庄园设立了其北美配送中心。该配送中心占地超过 37 万平方英尺。玩具反斗城公司为其美国商店和国际商店分别设立了区域配送中心，其中大多数是自有的，也有一些是租赁的。

另一些零售商（包括许多连锁超市）不太依赖中央或区域仓库。通过**直接配送到商店**（direct store delivery，DSD），这些零售商至少有部分商品从供应商处直接配送到各个商店。这种方式对那些采用电子数据交换系统的零售商最为有效。该方法可将那些周转率高、批量大的易腐产品从制造商处直接运往商店。最适合直接配送到商店的商品（如饮料、面包和零食）的货架期通常为 60 天以内，适合仓储的商品的平均货架期至少为 1 年。平均来说，超市销售额的 1/4 来自直接配送到商店的商品。制造商或供应商承担按需配送、库存管理和商品促销的费用和责任；直接配送到商店的卡车作为“移动仓库”，可以降低零售商的营业成本。[20]

中央仓储的优点是运输和储存效率高、商品处理机械化、安全性高、商品标记效率高、退货便捷以及可以协调商品流。其主要缺点是过度的集中化控制，需要对易腐商品进行特殊处理，对小型零售商而言成本过高，还可能出现订单延迟。由于增加了一个步骤，中央仓储可能还会削弱快速响应系统的能力。

直接配送到商店使零售商有机会扩展业务、提高存货周转率、改善现金流、提高销量和利润率。供应商可以通过店内预测、货架感应装置、按需补货、促销和合作基金等方式提供增值服务。直接配送到商店模式有助于减少珠宝等高值商品所面临的安全问题以及产品失窃的风险。但是，直接配送到商店的卡车无法用于需要以托盘陈列的产品，也不适合配送到小型便利店。严格控制配送时间和顾客服务以确保不会缺货，这需要非常精确的时间安排，这意味着直接配送到商店系统中的所有渠道成员必须实时互动、交换信息，并需要使用各种应用程序——涉及产品的可获得性、时间安排、销售数据及刺激需求的活动等诸多方面。确定配送到多个零售分店的最佳路线可能会很复杂。零售商需要考虑许多变量，如运输方式、限速、距离和时间计算等。[21]

顾客交易和顾客服务

零售商必须计划出库物流（以及入库物流）：通过将商品交给顾客来完成交易。这个过程可能很简单，如一位购物者将商品从陈列区拿到收银台，或者将车开到装货区。这个过程也可能很复杂，如完成一笔网络交易也许需要由多个供应商发货给顾客。例如，购物者从 Rakuten.com 购买了计算机、平板电脑和冰箱，商品可能需要分别运输。这就是联合包裹（UPS）和联邦快递（Federal Express）等物流公司提供越来越多的送货到家服务的原因，它们可以很容易地满足各种运输要求，但零售商通常不能。

即使是基本的配送也可能会出现问题。例如，一家当地药店的高中生配送员有一天没去上班；一家比萨店从下午 2 点到 5 点没有接到订单，但从下午 5 点到 7 点接到了 25 个配送订单。

店铺零售商与无店铺零售商之间存在相当大的差异。大多数零售商店都了解，顾客希望直接带走商品，或在商品备妥后前来提货（如新车）。但是，所有的直复营销商（包括网络零售商）都需要确保产品配送到购物者家里或附近的一个方便地点。

顾客服务期望受物流效率的影响。这就是为什么亚马逊网站强调卓越的物流服务，并为其直接顾客（Prime 顾客与常规顾客）提供不同水平的订单履行服务，以实现使所有顾客都感到满意这一目标。在美国，“亚马逊物流”服务为那些在亚马逊网站上销售产品的独立商家提供仓储、包装和运输服务。2015 年，亚马逊开设了 4 家大学校园实体书店，并开始运营 43 个美国城市配送设施（Prime Now 中心和生鲜配送站），以在 60 分钟之内实现点击送货上门。国际订单履行是通过第三方物流公司的配送网络及数字化配送进行外包或合作进行的。亚马逊甚至还拥有法国的包装配送服务设施 Colis Prive，以便为欧洲顾客提供服务。亚马逊提出的“全球供应链计划”将建立一个全球配送网络，控制从中国和印度的工厂到美国和欧洲顾客之间的商品流。[22]

库存管理

当订购、运输、处理、储存、陈列和销售成本都得到控制时，作为物流工作的一部分，零售商可以运用**库存管理**（inventory management）来获得并保持适当的商品分类。首先，零售商根据销售额预测或实际顾客行为进行订购。订购时需要对商品的数量和品种做出要求。订货数量和频率取决于数量折扣和库存成本。其次，供应商履行订单并将商品配送到仓库或直接配送到商店。最后，零售商接收商品，处理商品以供销售（将商品从包装中取出，粘贴价签，然后放置在销售现场），并完成与顾客的交易。一些交易只有在商品送达顾客手中时才算完成。当零售商再次订购时，这一循环重新开始。本节讨论库存管理的以下方面：零售商的任务、库存水平、商品安全、逆向物流和库存分析。

零售商的任务

由于库存管理包罗万象，为了提高成本效益，一些零售商现在期望供应商能够执行更多任务或发出待上架商品，或者它们至少将部分库存管理活动外包，而不是像 20 世纪 90 年代那样接受适合仓储的商品。从今往后，越来越多的制造商将转向直面消费者的制造业，即生产者与消费者之间的联系将更加直接。[23] 下面是一些例子。

- 沃尔玛等零售商通过关键供应商参与其库存管理计划。这种做法在该行业被称为**供应商管理库存**（vendor-managed inventory，VMI）。宝洁公司甚至在沃尔玛总部派驻了自己的员工，管理其产品的库存补货。[24]
- 塔吉特公司引领了另一种趋势，即店铺零售商为其在线业务，尤其是移动业务（随着这些业务的发展）亲自履行顾客订单，或者与 Instacart 等按需物流公司合作，为顾客提供一系列灵活的服务。这些服务包括常规在线配送、在线 1 ～ 2 小时配送、商店发货、路边提货，以及塔吉特为重复购买者提供的订阅服务。通过塔吉特的 Cartwheel 和 Curbside 移动应用程序完成的订单占塔吉特数字订单的 40%，它们不仅可以提供促销折扣，还可以提供店内顾客助理服务，创造个性化的店内体验，或作为提供免下车服务的订购门户。[25]
- 全国零售商品服务协会（National Association for Retail Merchandising Services, www.narms.com）表示，每年有超过 30 亿美元的零售商品服务（从再订购到陈列设计）是由专业公司提供的。例如，New Concepts in Marketing 公司为其宝贝反斗城、凯马特、美国大众超级市场和山姆会员店等客户提供订购与库存控制、促销和陈列布置等服务。

一项具有争议的库存管理活动是谁负责为商品粘贴标签：是制造商还是零售商？采用源标签时，防盗标签是在商品制造阶段贴到商品上的而不是在商店内贴上的。虽然双方都承认这种做法的有利之处（既可以降低成本，又可以确保商品立即上架），但是关于谁承担标签成本的问题，双方仍然存在分歧。

库存水平

持有适当水平的库存是一项艰难的平衡工作。

1. 零售商渴望具有吸引力，不希望因缺货而丧失任何一次销售机会，但是它们也不希望因商品积压而大幅度降价销售。

2. 对于那些销售爆热商品，经营没有跟踪记录可寻的新商品，以及采用需求预测往往不准确的新经营模式的零售商来说，情况更为复杂。因此，库存水平计划必须基于商品类型：主营商品、分类商品、时尚商品、爆热商品和畅销商品。

3. 顾客需求永远无法得到完全准确的预测，即使是对主营商品而言。天气、特价销售等因素即使对销量最稳定的商品也存在影响。

4. 货架空间分配应基于当前收入，这意味着必须定期核查和调整分配方案。

快速响应系统和电子数据交换技术的优点之一是零售商可以持有更少的库存，因为它们收到新商品的频率提高了。但是，当商品非常畅销或供应链断裂时，仍有可能出现缺货情况。美国食品营销协会（Food Marketing Institute）的一项研究发现，即使是比其他零售商经营更多主营商品的超市，也因缺货损失了 3% 的销售额。

商品安全

每年数百亿美元的美国零售额损失起因于员工盗窃、顾客入店行窃、供应商欺诈、有组织犯罪和管理差错造成的**库存损耗**（inventory shrinkage）。据《2015 年美国零售安全调查》，顾客入店行窃占总损耗的 38%，员工盗窃占 34.5%，管理和文书工作差错占 16.5%，供应商欺诈或差错占 6.8%，不明损失占 4.2%。[26]

美国零售店的总损耗约占销售额的 1.4%。这意味着年销售额 50 万美元的小型商店每年可能会因损耗损失至少 7 000 美元，年销售额 2 000 万美元的大型商店每年可能会因损耗损失至少 28 万美元。因此，所有零售商都需要采取某种形式的商品安保措施。防盗设备包括智能标签（可利用射频识别技术追踪被盗商品）、出口传感器（可在窃贼离开商店时发出巨响）和源标签（缝在衣服上的标签）。

为了减少商品失窃，零售商应考虑三个关键问题：（1）设计和建造商店时就应有防盗措施，商店入口、试衣间和配送区域的布置至关重要；（2）应制定一系列安全措施，如员工背景调查、店内保安、电子安全设备和商品标签等；（3）零售商需要向员工、顾客和供应商传达防盗措施的重要性以及企业为了减少损失将会采取的行动（如解雇涉嫌盗窃的员工和起诉入店行窃者等）。

以下这些措施可以减少商品失窃的损失：

● 越来越多的企业开始使用产品标签、保安人员、视频摄像机、销售点计算机、员工监视器和防盗报警器。店面保护也流行起来。

● 许多日用品零售商和一些超市使用**电子式商品监视器**（electronic article surveillance），这种贴在商品上的特殊标签可以被商店出口处的电子安全设备感应到。如果店员没有取下标签，或者扫描设备没有扫过标签，报警器就会响起。零售商还可以使用非电子式标签。这些标签紧贴在商品上，必须用特殊的拆卸工具才能取下，否则商品将无法使用。如果着色标签没有被正确取下，它会永久性地在商品上留下污渍。

- 许多零售商对每位新员工都进行详细的背景调查。一些零售商则使用防损软件监察可疑的员工行为。
- 许多零售商制订了员工培训计划，并为减少商品损失提供激励措施。另一些零售商则使用关于道德行为的书面政策，并要求所有员工（包括高级管理人员）签署。塔吉特公司设立了一个库存短缺研究所（Stock Shortage Institute），对存在问题的商店经理进行培训。尼曼·马库斯公司向员工放映对正在服刑的入店行窃者的采访录像，强调该问题的严重性。
- 越来越多的零售商倾向于解雇涉嫌盗窃的员工和起诉入店行窃者。法院也在实施更严厉的惩罚措施，在一些地区，警察会授权商店保安逮捕疑犯。全美 40 多个州都制定了民事赔偿法，入店行窃者必须为所盗商品支付罚款，否则将面临逮捕和刑事审判。在大多数州，如果不退还商品或商品已损坏，罚款金额会更高。入店行窃者还要承担诉讼费用。
- 零售商还会雇用一些神秘购物者来监视入店行窃行为而不仅仅是为了研究这种行为。

制订商品安全计划时，零售商必须评估该计划对企业形象、员工士气、购物者舒适度及供应商关系的影响。如果零售商对试衣间的使用做出严格规定（如限制带入试衣间的服装数量），或者将非常昂贵的外套用锁链固定，可能会导致一些购物者放弃购买这些商品或者去另一家商店购买。

逆向物流

逆向物流（reverse logistics）包括通过供应渠道从顾客和 / 或零售商返回的所有商品流。它通常是因购物者改变主意（亦称购物者反悔）、商品受损或有瑕疵，或零售商库存过多而导致的退货。据美国全国零售联合会估计，仅仅是顾客退货就占全美零售总额的 8%，其中包括 160 亿美元的欺诈性退货。有时，零售商可能会将供应商不接受退货的滞销商品出售给清仓公司（价格仅为初始成本的很小一部分），这些公司再以较大折扣将商品售出。为了避免渠道冲突，应预先规定逆向物流的条件。美国企业每年花费在退货处理、运输和加工上的成本高达 500 亿美元。[27]

零售商需要针对逆向物流制定以下决策：

- 在什么条件下（允许的时间、商品状况等）零售商和制造商会接受顾客退货？
- 顾客退款政策如何？打开包装后退货是否要收费？
- 哪方负责将退货商品运至制造商？
- 顾客需要提供哪些文件来证明购买时间和所支付的价格？
- 如何处理顾客维修（立即换货、第三方维修，还是由制造商负责维修并发出商品）？
- 应赋予员工多大的权力处理顾客退货？

库存分析

零售商必须定期分析库存状况，以评估库存管理的成效。计算机软件的最新发展使这种分析更加准确和及时。根据对零售商的调查，它们认为以下有关库存的指标最为重要：毛利润额、存货周转率、毛利润率、存货投资毛利率、存货周数以及平均存货水平。

关键术语

需求登记簿（需求登记卡）（want book (want slip)）
扣款（chargebacks）
机会性采购（opportunistic buying）
上架费（slotting allowances）
寄售采购（consignment purchase）
代销采购（memorandum purchase）
射频识别（radio frequency identification，RFID）
物流（logistics）
供应链（supply chain）
协作计划、预测和补货（collaborative planning, forecasting, and replenishment，CPFR）
快速响应库存计划（quick response (QR) inventory planning）
待上架商品（floor-ready merchandise）
高效消费者响应（efficient consumer response，ECR）
直接配送到商店（direct store delivery，DSD）
库存管理（inventory management）
供应商管理库存（vendor-managed inventory, VMI）
库存损耗（inventory shrinkage）
电子式商品监视器（electronic article surveillance）
逆向物流（reverse logistics）

讨论题

1. 百货商店在其产品组合中增加新的珠宝品牌之前需要收集哪些信息？
2. 零售商过分依赖需求登记簿有何利弊？
3. 针对你经常光顾的冰激凌店，指出以下商品来源的利弊。对于一家全球连锁鞋店，你的答案将有何不同？
   （1）企业自有货源
   （2）外部常用供应商
   （3）外部新供应商
4. 制定一份清单，供零售商用来与供应商磋商机会性采购条款。
5. 在什么情况下零售商应该收取上架费？这种策略会产生什么负面影响？
6. 一家小型书店实施商品计划更困难，还是开市客实施商品计划更困难？解释你的答案。
7. 物流与库存管理有何不同？各举一个例子说明。
8. 快速响应库存计划有什么优点？你认为它存在哪些风险？
9. 为什么一些零售商认为必须让制造商将商品运至配送中心，另一些零售商却倾向于直接配送到商店？
10. 一家邻里比萨店应该如何应对顾客对白天送货上门的各种需求？
11. 什么是供应商管理库存？制造商和零售商如何从中受益？
12. 制定一份包含 7 项内容的清单，供零售商用于逆向物流。

第16章

商品的财务管理

学习目标

» 考察库存数量控制的各种方法。

无法预料的降价和销售价格的下调会对利润产生破坏性的影响。如果不采取降价销售，而是等到销售旺季以全价出售商品，可能会导致商品不新鲜，因而需要在销售旺季后期以更大幅度的降价来销售商品。以下是一些尽可能减少降价的策略：

- 仔细监控整个销售季节的销售情况，以确定滞销商品。铭记这一准则："越早降价，代价越低。"
- 采用直接发货方式，即由供应商直接向顾客配送商品，这可以使零售商在不产生库存和仓储费用的情况下增加销售额。
- 优先选择具有快速配送能力的供应商。按照这个标准，国内供应商可能比海外供应商更具优势。
- 与主要供应商磋商降价补贴。
- 监控各渠道和各地点的销售情况。跨渠道重新分配可以避免降价。
- 迅速应对意料之外的销售额下滑，如大衣的销售恰逢天气转暖时。

资料来源：pedrosek/Shutterstock. Reprinted by permission.

概　述

通过**商品的财务管理**（financial merchandise management），零售商可以确定需要采购哪些产品（商品和服务）、采购时间和采购数量。**金额控制**（dollar control）是指零售商计划和监控在特定时期内对商品的财务投资。**数量控制**（unit control）是指零售商监控在特定时期内所经营的商品数量。零售商需要在制定商品分类决策之前确定投资金额。

完善的商品财务计划具有以下有利之处：

- 限定了特定时期内各部门和/或各商店的库存价值和数量。存货可以得到平衡，因此减少了降价销售的需要。
- 规定了采购员在特定时期内可以采购的商品数量（在投资方面），这为采购员提供了目标。
- 零售商可以根据计划收入与实际收入研究存货投资，从而提高存货投资毛利率。
- 通过评估月初和月末的存货水平，可以在一定程度上确定零售商的空间需求。
- 有助于评价采购员的绩效。可以使用多项指标来评价。
- 可以确定库存损耗，并发现簿记错误和失窃情况。
- 可以识别出滞销商品，从而加大销售力度或进行降价销售。
- 可以在库存过多与缺货之间保持适当的平衡。

多产品、多品牌和多渠道零售商的库存管理极为复杂。库存管理不善会造成商店货架上或仓库中未售出商品浪费营运资金。选择适当的库存管理软件非常重要，必须注意行业类型、企业规模以及对软件类型的偏好：本地系统、软件即服务（SaaS）系统和/或云托管系统。[1]

数量控制系统

数量控制系统涉及商品的件数而不是金额。它通常可以提供以下信息：

- 哪些商品畅销以及哪些商品滞销。
- 商品价格、颜色、款式、规格等方面的机会和问题。
- 现有库存商品的数量（如果采用账面盘存），可以减少库存过多或过少现象。
- 可以显示存货期，以识别需要降价或促销的商品。
- 再订购商品的最佳时间。
- 在出现问题时与其他货源（供应商）打交道的经历。
- 每家分店每种商品的库存水平和销售额（这可以改善分店之间的调货，并使销售人员了解哪家分店有所需商品。此外，每家分店都可以减少库存，从而降低成本）。

实物盘存系统

实物盘存数量控制系统与实物盘存金额控制系统相似，但金额控制系统关注的是库存的财务价值，数量控制系统关注的是各类商品的件数。进行数量控制时，零售商可以通过目测或实际清点来监控库存水平。

采用目测方法时，每件商品的背面或库存卡上都有编号。最小库存数量被清晰地注明，当库存商品数量达到最低水平时，销售人员就会进行再订购。只有商品按编号顺序陈列并出售时，这种方法才会得到准确的结果。该方法广泛用于各种折扣店和五金店的家居用品和五金制品的陈列。虽然目测方法简单易用且成本低廉，但它无法提供每种商品的销售率数据。此外，最小库存数量可能是随意设定的而不是经过深入分析得出的。

另一种实物盘存方法是实际清点，即定期清点库存商品的件数。这种方法按商品件数记录特定时期内的现有库存、采购量、销量及库存损耗。虽然存货清点方法需要更多的文书工作，但它使企业能够获得特定时期内的销售数据以及截至每次清点时的存销比率。实物盘存系统不像账面盘存系统那样复杂，更适用于销量可预测的低值商品。

永续盘存系统

永续盘存数量控制系统通过根据销售、退货、与其他部门或商店之间的调货、收货以及其他业务往来而不断调整的记账科目，连续记录零售商处理的商品总件数。所有在期初库存基础上增加或减少的数量都会记录下来。永续盘存可以通过手工方式进行，也可以使用可由计算机处理的商品标签，还可以使用光电扫描仪等销售点设备。

销售点系统如今被广泛使用，甚至许多小型零售商也在使用，它可以将商品标签上的数据直接传送到店内计算机，立即进行数据处理。与手工系统相比，计算机系统速度更快、更加准确、质量更高。手工系统需要员工通过销售小票、商品收据、调货请求等凭证来收集数据，然后对数据进行编码和制表。商品标签系统依托预先印制的标签，这些标签通常载有按部门、商品类别、供应商、款型、收货日期、颜色及原材料等进行分类的数据。当商品售出时，副本标签会被取下并送至一个制表部门进行计算机分析。由于预先印制的标签可以成批处理，它们适用于向服务机构订阅服务的小型零售商以及连锁企业的分店（数据处理由总店进行）。

当前的销售点系统易于联网，配有备用电池，并与标准的个人电脑和软件兼容。许多销售点系统都使用光电扫描仪（其阅读器或其他设备可以扫描商品上的感光条）将商品上的数据传输至计算机。如前文所述，通用产品代码是商品上的数据编码的主要形式。下面介绍如何解读条形码：

1. 编号系统包含两位数字（也可能是三位数字），用于标识在该地理区域内分配给制造商代码的国家或地区。在一般的通用产品代码中，首位数字为 0，但不显示在标签上。

2. 制造商代码是该国家或地区的编码机构分配给特定制造商的一系列独特编码。一个特定企业的所有产品都使用相同的制造商代码，通常为五位数字。

3. 产品代码由每个制造商确定。制造商可以为自己的不同产品分配任何五位数字的产品代码。

4. 校验码是一个附加数字，有助于验证特定条形码是否已被正确扫描，它是条形码中余下的数字。[2]

许多零售商将永续盘存系统与实物盘存系统结合使用，即采用永续盘存系统管理那些占销售额比例较大的商品，同时采用实物盘存系统管理其他商品，从而适当地将注意力放在最重要的商品上。

实践中的数量控制系统

进行实物盘存非常耗费时间和劳动力，还有一点也很重要，那就是库存过多或过少，成本都很高。咨询公司 First Insight 发现，美国零售商每年因库存过多导致的损失约为 2 800 亿美元[3]，因库存不足导致的成本估计每年超过 500 亿美元。

零售商需要确定过剩的未售出库存的真实成本，这意味着不仅要考虑发票成本和运输费用，还要考虑资本支出（投入未售出库存的资金）、库存持有成本（保险费以及仓库或销售区域的空间占用成本）、处理费用、失窃率、产品因未能快速售出而过时，以及销售额损失的机会成本。这些与库存有关的成本加起来会对利润产生很大的影响。与缺货相比，库存过多问题甚至更为严重，因为除了成本因素，可能还需要降价销售以清理库存。对一些产品类别来说，降价销售可能会吞噬全价商品的销售额。[4] 如果将所有额外成本都考虑在内，总成本可能会比剩余库存的成本高出 25% ～ 30%。[5]

关键术语

商品的财务管理（financial merchandise management）

金额控制（dollar control）

数量控制（unit control）

第17章

零售定价

学习目标

- 介绍定价在零售战略中的作用，阐明定价决策必须以整合的、具有适应性的方式制定。
- 考察消费者、政府、制造商、批发商和其他供应商、当前和潜在竞争对手对定价决策的影响。
- 介绍制定零售价格策略的框架：目标、主要政策、基本策略、实施及调整。

零售定价可以采用多种方法。一些零售商采用大幅度的折扣并仅提供必要的服务（如开市客），一些零售商提供每日低价（如沃尔玛），一些零售商提供中等水平的价格并采用特价销售（如梅西百货），还有一些零售商则很少提供折扣（如苹果商店）。一种新兴的零售定价方法是“限时优惠”，即在线企业（通常由社交媒体推动）为那些愿意在规定的短时间内购买商品的消费者提供优惠。

由于网络的出现，价格信息获取能力的天平已经从零售商倒向了消费者。消费者可以利用 True Car（www.truecar.com）等网站获取新车的价格信息，利用 Travelocity（www.travelocity.com）获取机票和酒店的价格信息，利用 Trivago（www.trivago.com）获取酒店的价格信息，利用 mySimon.com（www.mysimon.com）获取多种商品的价格信息。因此，消费者光顾商店时已经了解了当地零售商和在线企业的价格范围。如果忘记了提前准备这些数据，他们通常可以使用零售商的 Wi-Fi 在智能手机上轻易地获取价格信息。

以下零售策略可以用来应对消费者的降价要求：使销售人员更容易核实低价商品；获取特定商店特有的型号；主营自有品牌产品；销售那些通常不会打折的品牌；对折扣商可能不提供的服务收取额外费用，如配送和安装。

资料来源：convisum/123RF. Reprinted by permission.

概　述

商品和服务的定价必须既能使零售商盈利，又能使顾客满意。定价策略必须符合零售商的总体形象（定位）、销售额、利润及库存投资毛利率等目标。

零售商有三种可选择的定价方式。

1. 折扣导向型定价。利用低价作为主要竞争优势。低价的形象、较少的服务以及较低的单位商品利润率意味着目标市场是价格导向型顾客、营业成本较低以及库存周转率较高。低价零售商和全线折扣店就属于这一类别。

2. 市场导向型定价。零售商以平均水平的价格向中产阶层购物者提供可靠的服务和良好的购物氛围。商品的利润率适中或较高，库存商品的质量也在平均水平以上。这类企业可能很难拓宽其价格范围，也可能会受到折扣店或声望商店的打压。传统百货商店和许多药店都属于这一类别。

3. 高端导向型定价。零售商以其知名形象作为主要竞争优势。规模较小的目标市场、较高的费用以及较低的库存周转率意味着顾客忠诚、商品和服务具有特色以及单位商品的利润率较高。高档百货商店和专业店就属于这一类别。

成功零售的关键在于：无论采用何种价格导向，都要向消费者提供物有所值的产品。无论顾客是购买了一令 4 美元的便宜纸张，还是购买了一令 40 美元的带压花的个性化纸张，他们都希望物有所值。消费者不一定仅仅寻求最低价格，他们通常感兴趣的是最高价值——卓越的购物体验。

对当今的各类零售商来说，影响定价的另一个因素是购物者上网比较价格的便利性。以前，消费者只能通过挨家逛商店来比较价格，这一过程非常耗时，导致许多人不愿意逛街。现在，只需点击几下鼠标，购物者就可以在几分钟内在线获取多家零售商的价格信息，连家门都不用出。PriceGrabber.com，NexTag，Shopping.com 和 mySimon.com 等网站使比较购物变得非常简单。RedLaser，ShopSavvy，BuyVia 和 Purchx 等价格比较移动应用程序既可以帮助购物者省钱，又可以用来预测价格、降价的可能性及产品发布时间。大多数应用程序需要消费者拍摄产品条形码的照片或键入产品编码，以便在不同的零售商店和网站上进行价格比较。[1]

价格与其他零售组合要素的相互作用可以通过 BE 玩具城（BE's Toy City）的例子来说明。这是一家假想的折扣店，其主要策略包括：

- 目标市场为价格敏感型、通常购买低价玩具（9 ～ 12 美元）的家庭。
- 商品的质量水平不高（主要销售季末清仓商品和制造商超额生产的商品）。
- 店址选在一个特价商品购物中心并采用自助服务。
- 从供应商处以大幅折扣价格进行大批量采购，确保丰富的商品品类。
- 树立高效且多样化的形象。

本章从两个主要方面介绍零售定价：影响价格策略的外部因素和制定价格策略的步骤。我们的博客（www.bermanevansretail.com）提供了许多关于制定价格策略的帖子。

影响零售价格策略的外部因素

如图 17－1 所示，许多因素都会影响零售定价策略。有时，这些因素的影响较小，但在另一些情况下，它们会严重限制企业的定价选择。

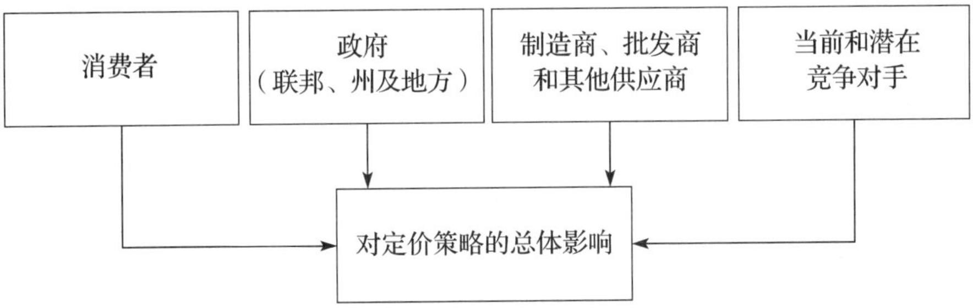

图 17－1　影响零售价格策略的因素

消费者与零售定价[2]

价格通常与消费者的购买行为及其知觉有关，因此零售商应该理解**需求价格弹性**（price elasticity of demand），即顾客需求量对价格变化的敏感程度。如果价格的较小变化导致购买数量的较大变化，需求则富有价格弹性。这种情况通常发生在购买迫切性较低或存在可接受的替代品时。如果价格的较大变化导致购买数量的较小变化，需求则缺乏价格弹性。这可能是因为购买迫切性较高或没有可接受的替代产品（如对品牌或零售商忠诚时）。当价格的变化被购买数量的变化直接抵消时，需求则具有单位弹性，即需求价格弹性等于 1。

需求价格弹性的计算方法是将需求量的变化除以价格的变化。由于购买量通常随价格上涨而下降，需求价格弹性往往是负数。

在零售业，价格弹性的计算比较困难。首先，正如一家电影院一样，个别事件或商品的需求可能难以预测。一家电影院在某一周可能会吸引到 1 000 位观众观看一部影片，在下一周可能只会吸引到 400 位观众观看另一部影片。其次，许多零售商经营的商品种类数以千计，无法计算每种商品的价格弹性，因此，通常根据平均加价率、竞争情况、惯例做法及行业数据来推算价格弹性。

由于购物导向的差异，不同细分市场对价格的敏感程度各不相同。在确定了潜在细分市场之后，零售商需要决定其中的目标市场。

- 经济型消费者：他们认为相互竞争的零售商是相似的，因此会货比三家以寻找最低价格。这类细分市场近年来急剧增长。
- 地位导向型消费者：他们认为相互竞争的零售商之间差异很大。他们更感兴趣的是高端零售商提供的知名品牌和优质的顾客服务而不是价格。
- 品类导向型消费者：他们寻求产品品类齐全的零售商以及公道的价格。
- 人情化消费者：他们在有熟人的商店购物，并与员工和企业保持着人际关系。这类购物者愿意支付略高于平均水平的价格。
- 便利导向型消费者：他们仅在必要时购物，希望附近的商店长时间营业，也有可能使用电视购物或网络购物。这类消费者愿意为便利支付更高的价格。

政府与零售定价

有三个级别的政府可能会影响美国零售商的定价决策：联邦政府、州政府和地方政府。联邦法律适用于州际贸易。仅在一个州境内经营的零售商可能不受某些联邦法律的限制。主要政府法规涉及横向价格固定、纵向价格固定、价格歧视、最低价格法、单位定价、取消商品价签以及价格广告。在海外经营的零售商还会受到第四级政府的管制，即国际管辖。

横向价格固定

横向价格固定（horizontal price fixing）是指制造商之间、批发商之间或零售商之间达成协议设定一致的价格。根据《谢尔曼反垄断法案》(Sherman Antitrust Act）和《联邦贸易委员会法案》(Federal Trade Commission Act）的规定，不论价格多么“合理”，此类协议都是违法的。此外，零售商之间就优惠券的使用、退款或其他价格导向型策略达成协议也是违法的。

尽管近年来采取的大规模法律行动很少，但对横向价格固定的惩罚很严厉。例如，在最近的一起关于横向价格固定的案件中，苹果公司及五家图书出版公司因串谋抬高电子书的销售价格而遭到了指控。法官裁定，串谋固定价格的行为本质上违反了《谢尔曼反垄断法案》第 1 款。这几家出版商迅速处理了此案，但苹果公司决定向最高法院上诉。2016 年 3 月，最高法院判定对苹果公司的上诉不予考虑，对苹果公司罚款 4.5 亿美元的诉讼裁决有效。[3]

纵向价格固定

纵向价格固定（vertical price fixing）是指制造商或批发商设法控制其商品和服务的零售价格。直到 2007 年，美国的零售商才不能被迫遵守制造商和批发商设定的最低零售价格。联邦法律禁止这种做法的目的在于鼓励零售商之间的价格竞争和降低销售价格。但是，由于 2007 年最高法院的一项裁决，情况发生了重大变化。最高法院的裁决指出，最低转售价格限制应根据个案情况进行判断。需要考虑的因素包括对竞争的影响、消费者利益和其他一些问题。

如果最低转售价格协议助长了渠道内某个层面（如零售层面）上的价格固定，这些协议则最有可能被认为具有反竞争性。零售层面协议的证据通常包括两个以上零售商经过相互沟通要求共同供应商设定最低转售价格，或惩罚那些降价销售的竞争零售商。此外，占主导地位的零售商不得利用最低转售价格来损害竞争对手。

今天，即使制造商和批发商可以在零售层面上强制执行最低价格，但大多数供应商还是选择不这样做，因为它们不想丢失与沃尔玛、塔吉特及开市客这类折扣商之间的业务。

制造商和批发商还可以通过以下方法合法地控制零售价格：（1）可以筛选零售商；（2）可以设定可行的建议零售价格；（3）可以在产品上预印价格（但零售商可能会拒绝使用）；（4）可以按消费者可接受的常规价格定价（如每份报纸 75 美分）；（5）可以采用寄售方式，即由供应商拥有所有权直到商品被售出，并承担那些通常与零售商相关的成本；（6）可以自设零售设施；（7）可以拒绝将产品出售给那些违反书面政策、发布打折广告的零售商；（8）有权宣布经销商定价政策，并可以拒绝将产品出售给违反政策者；（9）不得使用强制手段来禁止零售商发布降价广告。

价格歧视

《罗宾逊 – 帕特曼法案》（Robinson-Patman Act）禁止制造商和批发商在向个别零售商销售产品时采取价格或采购条款（如广告津贴）方面的歧视，如果这些零售商采购的是“质量相同”的产品，并且这种歧视会破坏竞争。该法案旨在阻止大型零售商利用自身实力获得折扣，合理的做法应是通过向供应商大量订购来节约成本。允许合理的价格歧视的例外情况包括：

- 产品存在实质性差异。
- 支付不同价格的零售商之间不存在竞争关系。
- 竞争未受到破坏。
- 价格差异源于供应商的成本差异。
- 市场条件发生变化（成本上升或下降，或者供应商的竞争对手调整了价格）。

只要供应商遵守上述法规，以公平的方式向相互竞争的零售商提供折扣，并提供充分的折扣分级，使小型零售商也有资格享受折扣，那么折扣就是合法的。但是，累积采购量（年度总订购量）折扣以及连锁企业的多店采购折扣的合法性仍然难以判定。

虽然《罗宾逊 – 帕特曼法案》对卖方的限制多于买方，但零售商仍受第 2 款（F）条的约束：“对于任何从事商业的人，在这种商业过程中有意诱导或接受本款所禁止的价格歧视均属违法。”因此，零售采购员必须设法获得供应商向其竞争对手收取的最低价格，但是不能因过分讨价还价导致折扣超出法律可接受的范围。该法案适用于商品采购，但不适用于服务或租赁业务。[4]

最低价格法

近一半的州都制定了**最低价格法**（minimum price law），禁止零售商以低于成本加上固定百分比（以弥补管理费用）的价格销售特定商品。除通用法律，一些州的法律还限定了特定产品的最低价格。例如，新泽西州和康涅狄格州的法律规定，酒类的零售价格不得低于批发成本（包括税金和运输费用）。

最低价格法可以保护小型零售商免受**掠夺性定价**（predatory pricing）的攻击。掠夺性定价是指大型零售商设法以极低的价格销售商品和服务来减少竞争，导致小型零售商倒闭。在一起案件中，阿肯色州的三家药店指控沃尔玛以低于成本的价格销售特定商品以减少竞争。沃尔玛承认它对一些商品的定价低于成本，但目的是应对竞争对手的价格，而不是为了损害竞争对手。阿肯色州最高法院最终判决沃尔玛并未采用掠夺性定价，因为这三家药店仍然盈利。

亏本商品（loss leaders）是零售定价低于成本以吸引更多客流量的特定商品。超市等零售商经常在广告中宣传亏本商品以吸引顾客光顾其商店或网站。当顾客光顾商店时，他们也会购买利润率较高的其他商品，从而提高了商店的整体销售额和利润。亏本商品可能无利可图，但是可以通过带动其他相关或不相关商品 / 服务的销售而得到弥补。实施亏本商品策略可能存在风险。价格敏感型顾客也许不会购买其他商品，因此一些亏本商品的销售以顾客达到最低购买量限制为条件。零售商普遍采用亏本商品策略可能会导致价格下跌，因此需要仔细考虑是否采用该策略进行市场渗透。[5]

单位定价

在一些州，包装产品的激增导致了**单位定价**（unit pricing）法规的出台，即要求一些零售商必须同时标明商品总价和每计量单位的价格。食品商店受单位定价法规的影响最大，因为食品杂货比非食品杂货受到的管制更多。[6]那些销售额较低的企业享有豁免权。单位定价便于消费者比较包装规格不同的产品的价格。例如，标价 1.35 美元的 5 盎司金枪鱼罐头也会配有注明每盎司 27 美分的标签；消费者还可以得知，售价 1 美元的 20 盎司瓶装苏打水（每盎司 5 美分）比售价 1.49 美元的 67.6 盎司（2 升）苏打水（每盎司 2.2 美分）更贵。

单位定价涉及的零售商成本包括需要计算单位价格、印制产品标签和货架标签、保存计算机记录等。影响这些成本的因素包括商品标价方式（由供应商还是零售商标价）、需要标明单位定价的商品的数量、价格变动的频率、销售量及连锁企业分店的数量。

即使不是出于法律要求，单位定价对零售商来说也是一种良好策略。在许多超市，单位定价系统通过减少标价错误、改善库存控制和加强空间管理弥补了自身的成本。

取消商品价签

计算机收银系统的飞速发展使许多企业（尤其是超市）推进了**取消商品价签**（item price removal）的做法，即仅仅将价格标注在货架或标牌上而不是每件商品上。零售商不愿意承担为每件商品标价的成本，希望使用扫描设备读取标签上预先印制的产品条码，并将价格数据输入收银机。它们的努力取得了成功。2011 年，密歇根州废除了关于商品价签的法律，这使马萨诸塞州成为美国唯一在全州范围内禁止某些形式的取消商品价签的做法的州。货架标价现在被广为接受。

为什么零售商反对商品价签法律呢？它们认为，有了电子或手工货架标签以及收银扫描仪，就没有必要在每件商品上标注价格了，否则，销售人员只能忙于拿着贴纸枪粘贴商品价签而无暇服务顾客，这样做还会增加员工费用。然而，消费者支持商标价签法律，因为价格标签有助于顾客购物并核实结账时支付的价格。此外，这些价格标签还有助于收银人员减少收款错误。[7]

价格广告

联邦贸易委员会制定了一些关于降价广告、涉及竞争对手价格的价格广告及诱售广告的准则。

零售商不得声称或暗示价格已从先前某一水平（如建议零售价格）有所降低，除非先前的价格是零售商在最近一段相当长的时间内实际销售商品或服务的常规价格。

当零售商宣称其价格低于竞争对手时，它必须确保用来比较的是在同一商圈内大量销售商品的企业。一种颇具争议但又合法的做法是价格跟随。在大多数情况下，零售商在“保证跟随任何竞争对手的最低价格”时会做出三个假设：（1）这种保证给购物者的印象是，企业会始终提供低价，否则就不会做出这一承诺；（2）大多数购物者在一家商店购买商品后，如果看到其他商家价格更低，他们就不会再光顾这家商店；（3）这种保证可能不针对大多数的深度折扣商和在线企业，因为它们并不是真正的竞争对手。

诱售广告（bait-and-switch advertising）是一种非法做法，即零售商通过发布价格极低的商品和服务的广告来吸引顾客。顾客一旦与零售商接触（通过光顾商店、拨打免费电话或访问公司网站），就会被告知感兴趣的商品 / 服务缺货或质量低劣。然后，销售人员（或网络脚本）会竭力说服顾客购买价格更高的替代品。实际上，零售商的本意并不是销售广告中的商品。联邦贸易委员会在判断一项促销宣传是否使用了诱售广告时，会考虑以广告价格完成的交易次数，特价商品是否包含销售佣金，以及总销售额与广告成本的比率。

制造商、批发商和其他供应商与零售定价

在设定最终价格时，制造商（和其他供应商）与零售商之间可能会发生冲突，各方都想掌握一定的控制权。制造商通常希望树立特定的形象，并使所有零售商（即使是效率很低的零售商）都能获利。大多数零售商却希望根据自身的形象和目标等因素设定价格。供应商可以通过独家分销、拒绝向削价的零售商供货或者自设零售设施等方法实现对价格的最佳控制。零售商则可以通过成为供应商的重要客户、威胁要停止销售供应商的商品、经营自有品牌或者销售灰市商品（稍后介绍）等方法获得最佳控制。

许多制造商通过以下方法设定对零售商的供货价格：先估计最终零售价格，再减去零售商和批发商所需的利润。在男装行业，零售利润率通常是最终价格的 50%。因此，一件零售价格为 50 美元的男士衬衫会以不超过 25 美元的供货价格出售给零售商。如果还涉及批发商，那么制造商的批发价格必须远远低于 25 美元。

零售商有时会经营制造商的品牌并对这些品牌设定高价，以增加竞争品牌（如自有品牌）的销售。这种做法称为“品牌对比销售”，它往往会遭到制造商的反对，因为其产品销量可能会下滑。一些零售商还销售**灰市商品**（gray-market goods），即在海外市场采购的名牌商品或从其他零售商处转售来的商品。制造商也不喜欢灰市商品，因为这些商品往往由未经授权的经销商低价出售。制造商可能会以侵犯版权和商标为由起诉灰市商品的经销商。

当供应商不知名或产品新上市时，零售商可以寻求价格保证。例如，为了向零售商出售收音机，一家新供应商可能需要对 30 美元的建议零售价格做出保证，如果零售商无法以 30 美元的价格将收音机售出，制造商则支付退款。也就是说，如果零售商只能以 25

美元的价格售出收音机，制造商则退款 5 美元。另一种价格保证是，供应商向零售商保证不会有竞争对手以更低的价格买到该商品，如果发生这种情况，零售商就会得到退款。零售商与其供应商之间的实力对比决定了供应商是否会提供此类价格保证。

零售商还拥有其他方面的供应商：员工、固定装置制造商、房地产业主及外部机构（如广告代理商）。它们都会影响零售定价，因为对零售商而言，它们都涉及成本。

竞争与零售定价

当购物者有大量零售商可选择时，零售商应采用市场定价。在这种情况下，由于消费者可以很容易地货比三家，零售商之间的价格往往相似，对价格的控制力也较弱。超市、快餐店和加油站可能会采用市场定价，因为它们所在的行业竞争激烈。顾客对特定零售商的需求可能很弱，一旦价格大幅上涨，一些顾客就会转向竞争对手。

采用特色定价时，企业设法通过独特的零售组合来吸引消费者。如果消费者重视商店形象、商品品类及服务等要素，并愿意向具有特色的零售商支付高于平均水平的价格，零售商就可以采用这种定价方法。高档百货商店、时装店和高档餐厅就属于这类零售商，它们都可以提供独特的商品和服务，并有力地控制自己的价格。

大多数价格导向型策略都可以被快速仿效。因此，如果领先企业获得了成功，其竞争对手的反应是可以预见的。这意味着零售商应该从短期和长期两个角度来考虑价格策略。如果竞争过于激烈，就会爆发价格战，即各企业纷纷将价格降至常规水平以下，有时甚至低于成本，以抢夺竞争对手的顾客。价格战有时很难结束，会导致一些零售商的利润降低、经营亏损，甚至破产。对网络零售商来说尤其如此。

制定零售价格策略

如图 17－2 所示，制定零售价格策略包括五个步骤：目标、政策、策略、实施及调整。在第二个步骤中，零售商必须将定价政策与整体零售战略组合整合在一起。由于需求不断变化，零售商经营的商品繁多，以及上述外部因素的影响，零售定价过程非常复杂。

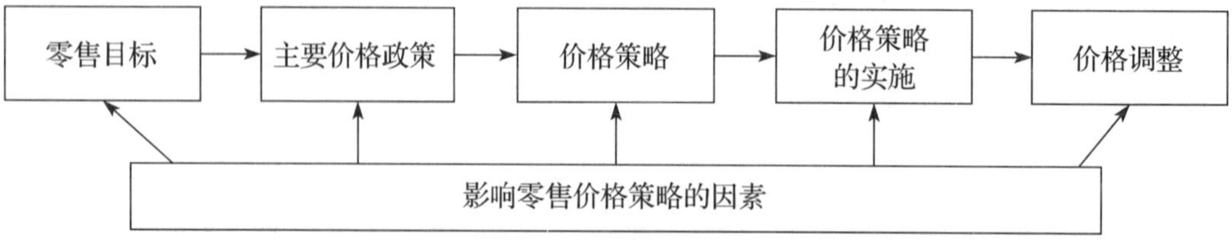

图 17－2　制定零售价格策略的框架

零售目标与定价

零售商的定价策略必须能够反映其总体目标，并与销售额和利润联系起来。零售商还需要制定具体的定价目标，以避免以下潜在问题：因价格分档过多而使人困惑，花费过多时间与顾客讨价还价，经常打折以刺激客流量，利润率过低，以及过于重视价格。

总体目标与定价

销售目标可以用收入和 / 或销量表示。**市场渗透定价**（market penetration pricing）属于一种进攻型定价策略，即零售商通过设定低价薄利多销来获得高额收入。虽然单位商品的利润较低，但只要完成预期销量，利润总额就会很高。如果顾客对价格非常敏感，低价格可以阻碍现有和潜在竞争，且零售成本不会随销量大幅上升，那么这种定价方法就是适当的。

采用**市场撇脂定价**（market skimming pricing）策略时，企业设定高价以吸引那些更加关注服务、商品品类及声望而非价格的顾客。这种策略通常不会使销量最大化，但会获得很高的单位利润。如果目标细分市场对价格不敏感，新竞争对手进入市场的可能性较低，且增加销量会大幅提高零售成本，那么这种定价方法就是适当的。

采用市场撇脂定价策略的零售商可能还有另外两个利润目标：库存投资毛利率和早期现金回收率。如果零售商希望利润占其库存投资的特定百分比（如占库存投资的 20%），则可以将库存投资毛利率作为目标。如果零售商缺少资金、希望扩大规模或对未来没有把握，则可以使用早期现金回收率作为目标。

具体定价目标

图 17－3 列出了销售额和利润以外的具体定价目标。每家零售商都应该根据自身情况确定各项目标的相对重要性，并相应地制订计划。一些目标可能无法同时实现，如“鼓励购物者不要对价格过于敏感”与倡导“我们的价格不会高于竞争对手”的理念。

- 保持适当的形象。
- 鼓励购物者不要对价格过于敏感。
- 使各方都感到公平（包括供应商、员工和顾客）。
- 在定价时保持一致。
- 在销售缓慢期增加客流量。
- 清仓处理过季商品。
- 在不会引发价格战的前提下跟随竞争对手的价格。
- 倡导“我们的价格不会高于竞争对手”的理念。
- 使消费者将本企业视为市场上的价格领导者。
- 提供充分的顾客服务。
- 尽量减少政府在价格广告和反垄断问题上采取行动的机会。
- 阻止潜在竞争对手进入市场。
- 创造并维护顾客利益。
- 鼓励重复购买。

图 17－3 零售商可以选择的具体定价目标

主要价格政策

通过主要价格政策，零售商可以制订基于短期和长期视角（平衡当前与未来目标）并具有一致形象（对连锁企业和特许经营企业至关重要）的整合价格计划。零售商需要将价格政策与目标市场、零售商形象以及零售战略组合要素联系起来。以下是企业可以选择的一些价格政策：

- 价格低于竞争对手；价格高于竞争对手（出于声望目的）；价格与竞争对手保持一致。
- 所有商品根据需求分别定价；所有商品的定价之间相互关联，以保持形象并确保适当的利润。

- 成为价格领导者；让竞争对手充当价格领导者并首先定价；制定价格时不考虑竞争对手。
- 在一年或一个季度内保持价格不变；随成本变化调整价格。

价格策略

采用**需求导向定价**（demand-oriented pricing）时，零售商根据消费者需求制定价格。零售商可以确定目标市场所能接受的价格范围。该范围的最高点称为需求上限，即消费者愿意为商品或服务支付的最高价格。采用**成本导向定价**（cost-oriented pricing）时，零售商设定一个价格下限，即企业为了达到特定的利润目标所能接受的最低价格。零售商通常先计算出商品成本和营业成本，再加上利润。采用**竞争导向定价**（competition-oriented pricing）时，零售商按照竞争对手的价格制定自己的价格。零售商会研究并采用关键竞争对手的价格水平。

通常零售商在制定价格策略时应将这三种方法结合起来，不应该单独使用。

需求导向定价

零售商可以采用需求导向定价来估计顾客在不同价位上的购买数量。这种方法研究的是顾客兴趣及定价的心理暗示作用。心理定价包括两个方面：价格 – 质量联想和声望定价。

价格 – 质量联想（price-quality association）这一概念提出，许多消费者认为高价格意味着高质量，低价格意味着低质量。这种联想在以下情况下尤为重要：除了价格，难以根据其他因素判断竞争企业或竞争产品的质量；消费者缺乏判断质量的经验或信心（如对于新零售商）；购物者发现零售商或产品之间存在较大的质量差异；品牌名称对产品选择不重要。虽然许多研究已经证明了价格与质量的关系，但也有研究表明，当涉及零售氛围、顾客服务及流行品牌等其他质量线索时，这些线索在消费者对零售商或产品整体质量的判断中可能会发挥比价格更重要的作用。

声望定价（prestige pricing）基于价格 – 质量联想，假设消费者不会购买他们认为定价过低的商品和服务。其前提是，消费者可能会认为价格过低意味着质量很差且有损身份。一些人在选择零售商时倾向于那些采用声望定价的零售商而不会光顾那些定价过低的商店。萨克斯第五大道精品百货店和尼曼・马库斯百货商店通常不经营低端商品，因为它们的顾客可能会认为这类商品质量低劣。声望定价并不适用于所有购物者。一些消费者可能比较节俭，总是购买便宜货，对他们来说，价格 – 质量联想和声望定价可能都不适用。

成本导向定价

成本导向定价的形式之一加成定价是应用最广泛的定价方法。采用**加成定价**（markup pricing）时，零售商将单位商品成本、零售营业费用和预期利润加总来设定价格。零售价格与商品成本之间的差异就是**加价**（markup）。如果零售商以 200 美元采购桌子，并以 300 美元售出，多出的 100 美元就包含了营业成本和利润，加价幅度占零售价格的 33.3%，占成本的 50%。加价幅度取决于产品的传统加价幅度、供应商的建议零售价格、库存周转率、竞争状况、租金和其他管理费用、产品服务水平以及销售努力。

加价率的计算可以基于零售价格或商品成本，但通常都是使用零售价格来计算的。原因在于：（1）零售费用、降价及利润通常都以其占销售额的百分比来表示，因此，将加价表示为占销售额的百分比这种方法更有意义；（2）制造商向零售商提供的供货价格和折扣也表示为占建议零售价格的特定百分比；（3）零售价格数据比成本数据更易获取；（4）基于零售价格计算出的利润率往往更低。这有利于零售商与政府、员工及顾客进行沟通。

加价率（markup percentage）的计算公式如下，两个公式的区别在于分母不同：

$$\text{加价率（按零售价计）}=\frac{\text{零售价格}-\text{商品成本}}{\text{零售价格}}$$

$$\text{加价率（按成本计）}=\frac{\text{零售价格}-\text{商品成本}}{\text{零售成本}}$$

零售商通常不可能将所有库存商品都以其初始价格售出，因此需要分别计算初始加价、维持性加价以及毛利润。**初始加价**（initial markup）是以商品的初始零售价格为基础，再减去商品成本。**维持性加价**（maintained markup）是以特定时期内已售商品的实际价格为基础，再减去商品成本。维持性加价与实际售价有关，因此难以预测。初始加价与维持性加价的区别在于：后者反映了针对降价、额外加价、损耗及折扣等所作的调整。

初始加价率取决于计划的零售营业费用、利润、零售扣减额和净销售额。

$$\text{初始加价率（按零售价计）}=\frac{\text{计划零售营业费用}+\text{计划利润}+\text{计划零售扣减额}}{\text{计划净销售额}+\text{计划零售扣减额}}$$

如果计划零售扣减额为零，则初始加价率等于计划零售营业费用加计划利润，再除以计划净销售额。

维持性加价率的计算公式为：

$$\text{维持性加价率（按零售价计）}=\frac{\text{实际零售营业费用}+\text{实际利润}}{\text{实际净销售额}}$$

或

$$\text{维持性加价率（按零售价计）}=\frac{\text{平均售价}-\text{商品成本}}{\text{平均售价}}$$

毛利润（gross margin）是净销售额与商品销售总成本（根据现金折扣和额外费用进行了调整）之间的差额：

$$\text{毛利润（金额）}=\text{净销售额}-\text{商品销售总成本}$$

虽然零售商必须制定整个企业范围内的一个总体加价目标，但不同商品类别或不同商品的加价之间可能会存在差异，有时差异很大。例如，在许多全线折扣店，维持性加价占销售额的百分比从消费电子产品的不足 20% 到珠宝和手表的 30% ～ 40% 不等。

采用**可变加价政策**（variable markup policy）时，零售商有意地根据商品类别调整加价率。其原因如下：

- 可变加价政策考虑到了不同商品 / 服务类别的巨大成本差异。一些商品需要改制或安装。即使在同一产品线中，高价商品的年终降价幅度通常大于低价商品，因此高价商品的初始加价应该更高。
- 可变加价政策考虑到了产品库存投资的差异。例如，零售商往往定期从批发商处订购大型家电，但对于高档珠宝等独特商品，则必须持有充裕的库存，因此大型家电的加价通常低于高档珠宝。
- 可变加价政策考虑到了销售努力和销售技术的差异。例如，销售多功能食品加工设备可能需要付出大量的努力，销售标准烤面包机则省力得多。

● 可变加价政策有助于零售商利用特定产品的较大折扣的广告来吸引更多客流量。这会涉及特价商品定价（本章稍后讨论）。

直接产品盈利能力法（direct product profitability，DPP）是一种计划可变加价的方法，即零售商通过计算调整后的单位毛利润，并分摊仓储、运输、处理和销售等直接产品成本，计算出每个商品类别或每种商品的盈利能力，然后就可以制定每个商品类别或每种商品的适当加价幅度。一些超市和折扣店等零售商采用的就是直接产品盈利能力法，但是该方法的问题在于分摊成本的过程非常复杂。

成本导向（加成）定价在零售商中很受欢迎。这种价格策略简单易用，零售商可以对一个产品类别采用标准加价，这要比估计不同价位上的需求容易得多。零售商还可以根据需求调整价格或进行顾客市场细分。加成定价具有一定公平性，零售商获得的利润比较合理。当不同零售商的加价相近时，价格竞争就会减少。此外，如果能够考虑到竞争状况、季节性因素以及一些产品的销售难度，加成定价将是非常有效的。

竞争导向定价

零售商可以使用竞争对手的价格作为指导。除非竞争对手改变价格，否则企业不会因需求或成本的变化而调整价格。一旦竞争对手改变了价格，即使需求和成本没有变化，企业也可能调整价格。

如表 17－1 所示，竞争导向型零售商的定价可以低于、等于或高于市场价格。如果企业拥有便利的店址、卓越的服务、齐全的商品品类、良好的形象以及独家品牌，其定价就可以高于竞争对手。如果零售商的店址偏僻、依赖自助服务、缺乏创新性、产品不具有独特性，那么高于市场价格的定价就是不适当的。

表 17－1　竞争导向定价的备选方案

零售组合变量	备选价格策略		
	定价低于市价	定价等于市价	定价高于市价
店址	位置偏僻、交通不便、租金低	靠近竞争对手、没有位置上的优势	几乎没有强大的竞争对手、位置便利
顾客服务	自助服务、几乎没有销售人员支持、商品陈列有限	销售人员提供适当的协助	高水平的人员销售和配送等服务
商品品类	侧重于热销商品	品类数量适中或很多	品类数量很少或很多
环境	廉价的固定装置和货架	环境适中	赏心悦目的店内装饰
创新性	跟随者、保守	侧重于热销商品	极具创新性
特殊服务	不提供	不提供或额外收费	包含在价格中
经营的产品线	一些知名品牌、自有品牌、清仓商品	特定的知名品牌、自有品牌	独家知名品牌和自有品牌

采用竞争导向定价不需要计算需求曲线或价格弹性。市场均价对消费者和零售商都具有公平性。此外，按市场价格定价不会破坏竞争，通常不会遭到报复。

价格策略的整合

为了适当地整合需求导向定价、成本导向定价和竞争导向定价这三种方法，零售商需要解决以下问题：

- 如果降低价格，收入是否会大幅提高？（需求导向）
- 是否应根据顾客磋商、季节性等因素对同一产品制定不同的价格？（需求导向）
- 特定的价格水平是否可以实现传统的加价？（成本导向）
- 对那些具有特殊采购、销售或配送成本的商品需要制定什么价格水平？（成本导向）
- 竞争对手的价格水平如何？（竞争导向）
- 是否可以因良好的形象而制定高于市场价格的价格？（竞争导向）

信用卡和借记卡的新用途

根据一家领先的研究和咨询公司的数据，采用预付费的信用卡和借记卡（pre-paid credit and debit cards）方式完成的销售额从 2007 年的 120 亿美元增长到 2015 年的逾 2 350 亿美元，占零售商全部支付卡销售额的 4%。[8] 这一高增长率可以用两方面的发展来解释：礼品卡（gift ard）市场规模的扩大，以及没有传统银行账户的消费者数量的增加。

家得宝（www.homedepot.com）、盖璞（www.gap.com）和耐克（www.nike.com）等公司都提供闭环（企业专用）礼品卡。维萨（www.visa.com）、万事达（www.mastercard.com）、发现（www.discovercard.com）和美国运通（www.americanexpress.com）等机构都提供可用于任何商家的开环礼品卡。

预付费卡和礼品卡的增长促进了便利店开展金融业务。例如，Stripes 公司（www.stripesstores.com）主要在新墨西哥州、俄克拉何马州和得克萨斯州经营着约 700 家便利店。该公司与金融服务公司 nFinanSe（www.nfinanse.com）合作提供预付费信用卡。只需每月支付 2.95 美元的费用，Stripes 的顾客就可以加入该公司的信用卡计划。付费用户有权进行不限次数的购买交易，免费直接存入工资，并享受全天候的顾客支持。这种信用卡对 Stripes 公司特别有吸引力，因为该公司所处市场中的大多数消费者都没有传统的银行账户。Stripes 目前是太阳石油公司（Sunoco）的母公司——能源传输伙伴公司（Energy Transfer Partners）的子公司之一。[9]

价格策略的实施

除了上述主要概念，实施价格策略还涉及一系列独立又相互关联的具体决策。图 17－4 列出了其中一些特定决策。本节详细介绍这些具体的定价策略。

- 价格稳定性有多重要？价格应维持多长时间？
- 每日低价是否可取？
- 如果成本和 / 或顾客需求发生变化，是否应该调整价格？
- 是否应向在相同条件下购买商品的所有顾客收取相同的价格？
- 是否允许顾客讨价还价？
- 是否应该采用奇数定价？
- 是否应该采用特价商品定价来吸引客流量？如果采用，特价商品的价格应该高于、等于还是低于成本？
- 是否应该为消费者提供数量折扣？
- 是否应该采用系列定价以确定一个价格范围及该范围内的各个价格点？
- 是否应该对不同的产品部门或产品线采用不同的定价？

图 17－4　一些具体定价决策的清单

习惯定价与可变定价

采用**习惯定价**（customary pricing）时，零售商对商品和服务的定价在较长时期内维持不变。采用这种定价策略的商品包括报纸、糖果、街机游戏、自动售货机商品及餐厅菜单上的食物等。对于这些商品，零售商希望采用固定价格，让消费者将其视为理所当然。

习惯定价的一种形式是**每日低价**（everyday low pricing，EDLP），即零售商设法在整个销售季节持续低价销售商品和服务。采用这种定价策略时，零售商的初始定价就很低；除了规格不全的商品和季末清仓商品，很少或根本不使用特价广告。这种方法有助于零售商降低广告及产品重新定价的成本，也可以提高消费者对其价格的信任程度。当零售商采用每日低价策略时，供应商无须为了鼓励零售商进行降价促销而提供特殊的交易补贴。沃尔玛、麦当劳和宜家都属于成功采用每日低价策略的零售商。

在许多情况下，零售商无法或不应该采用习惯定价。如果成本上升，企业就无法维持不变的价格。如果顾客需求发生变化，企业就不应该维持不变的价格。采用**可变定价**（variable pricing）时，零售商根据成本或消费者需求的波动来调整价格。可变定价策略可能会提供一些特价销售的机会，因此会给顾客带来惊喜。

成本波动可能与季节或趋势有关。由于许多食品和花卉产品都具有季节性，超市和花店的价格在一年中会有所变化。当季节性商品稀缺时，零售商的成本就会上升。如果成本持续上升（如豪华轿车）或下降（如计算机），零售商就必须不断调整价格（这不同于暂时的季节性调整）。

需求波动可能与地点或时间有关。销售座位（如音乐厅）或房间（如酒店）的零售商就会面临因地点产生的需求波动。不同位置的价格可能不同，例如，靠近舞台的票价更高。如果消费者需求因小时、天或季节而不同，就会导致因时间产生的需求波动。例如，周六对电影院的需求比周三大。在需求较小的时期，价格应该降低。

收益管理定价（yield management pricing）是一种计算机化的、基于需求的、可变的定价方法，零售商（通常为服务企业）用来确定特定时期内可以产生最大总收入的价格组合。该方法广泛应用于航空业和酒店业。航空公司的一项关键决策是，每趟航班应该出售多少张头等舱、全价经济舱机票和折扣机票。通过这种方法，航空公司在高峰期销售的折扣机票数量要少于非高峰期。航空公司希望达到两个目标：每趟航班尽量满员，尽可能多地销售全价机票。（如果有人愿意支付 599 美元，航空公司绝不会以 199 美元出售机票！）但是，收益管理定价对小型企业来说可能过于复杂，要使用特殊的软件。

零售商还可以将习惯定价与可变定价结合使用。电影院可以在每周三晚上收费 5 美元，但在每周六收费 9 美元。书店也可以将已上架三个月的畅销书价格降低 20%。

一价政策与弹性定价

采用**一价政策**（one-price policy）时，零售商向在相似条件下购买同一种商品的所有顾客收取相同价格。该政策可与习惯定价或可变定价结合使用。与可变定价结合使用时，对音乐厅特定区域的座位感兴趣的所有顾客将支付相同的价格。这种定价方法易于管理，不需要熟练的销售人员，能够提高顾客的购物速度，允许采用自助服务，可以减轻消费者的压力，并与企业的价格目标紧密关联。大多数美国零售商都采用一价政策，通常不允许讨价还价。

弹性定价（flexible pricing）则允许消费者讨价还价，善于讨价还价的消费者能获得更低的价格。珠宝店和汽车经销商等零售商通常采用弹性定价。它们会贴出“建议零售价格”，但善于讨价还价的购物者往往可以以更低的价格购买。购物者需要具备先验知识才能还价成功。弹性定价可以促使消费者延长购物时间，给人的印象是企业以折扣为导向，并且可以从不喜欢讨价还价的购物者身上获得高额利润。这种策略需要较高的初始价格和优秀的销售人员。[10]

弹性定价的一种特殊形式是**权变定价**（contingency pricing），即服务零售商只有在完成服务之后才能获得报酬，并且报酬取决于顾客对服务的满意程度。在房地产等一些行业中，消费者青睐权变定价，因为这可以确保他们得到适当的服务。但是，这种定价方法给零售商带来了一些风险，因为所付出的大量时间和努力有可能得不到回报。例如，一位房地产经纪人可能将一所房子介绍了 25 次却未能成功售出，也就得不到任何报酬。

奇数定价

采用**奇数定价**（odd pricing）时，零售商将价格设定在略低于偶数价格的水平上，如 0.49 美元、4.98 美元和 199 美元。这种定价方法假设人们认为这些价格代表着折扣，或者低于消费者的价格上限。奇数定价是心理定价的一种形式。[11] 例如，房地产经纪人希望价格上限低于 35 万美元的消费者会被售价为 34.95 万美元的房屋吸引。

10.00 美元以下的奇数价格通常比临近的最高偶数价格低 1 美分或 2 美分（如 0.29 美元、0.99 美元和 2.98 美元）。10.00 ～ 50.00 美元的奇数价格通常比临近的最高偶数价格低 5 美分（如 19.95 美元、49.95 美元）。对于价格更高的商品，则以整数金额定价（如 399 美元、4 995 美元）。

特价商品定价

采用**特价商品定价**（leader pricing）时，零售商以低于正常利润率的价格对其商品 / 服务品类中的特定商品进行广告宣传和销售，目的是增加客流量，从而在销售这些特价商品的同时销售常规定价的商品和服务。该策略与诱售广告不同，采用诱售广告时，特价商品不会被售出。

特价通常用于消费者频繁购买、全国性品牌、周转率高的商品和服务，因为顾客很容易发现这些商品的价格降低了。超市、家居用品中心、折扣店、药店和快餐店都属于经常采用特价来吸引购物者的零售商。特价商品定价有两种形式：亏本商品和低于常规价格（但高于成本）的特价。亏本商品在一些州受最低价格法的管制。

批量定价

采用**批量定价**（multiple-unit pricing）时，零售商对大批量购买商品或购买捆绑商品的顾客提供折扣。与商品单价为 0.39 美元相比，将两件商品定价为 0.75 美元时，零售商的销量往往更大。采用批量定价有三个原因：（1）企业可以使购物者增加对一种商品的总购买量（但是，如果消费者大量购买商品的目的只是囤货而不是增加消费，那么企业的总销售量就不会上升）；（2）该方法有助于销售滞销商品及季末商品；（3）捆绑定价可能会增加相关商品的销量。

采用**捆绑定价**（bundled pricing）时，零售商将几个商品组合起来以一个基本价格出售。例如，一个定价为 259 美元的数码相机套装可能包括一部相机、几块电池、一个长焦镜头、一个相机套和一个三脚架。与非捆绑定价相比，这种定价方法可以提高总销售额，并为消费者提供折扣。但是，这种方法无法响应不同顾客的不同需求和偏好。此外，许多零售商还提供混合捆绑商品，以单一价格出售互补的产品和服务的组合。例如，家装用品商店可能会以单一价格提供地砖、地砖安装和拆除原有铺地材料的服务。作为另一种选择，许多零售商采用**非捆绑定价**（unbundled pricing），即零售商对所售的每种商品或服务分别定价。例如，电视租赁公司可能会对电视租赁、送货上门和包月服务分别收费。这种方法可以将价格与成本紧密地联系起来，并为消费者提供更多选择。非捆绑定价可能更难管理，还可能导致相关商品的销量下降。[12]

系列定价

零售商通常不会将其所有商品的价格定得各不相同，而是会采用**系列定价**（price lining），即零售商在限定的范围内以不同价格点销售商品，每个价格点代表不同的质量水平。零售商首先确定每个产品类别的价格上限和下限，然后在这个范围内设定有限数量的价格点。例如，百货商店通常会根据其总体价格政策将商品分为"好""较好""最好"几个类别，分别设定价格点。

系列定价对消费者和零售商都有利。如果一盒手帕的价格范围是 6 ～ 25 美元，价格点分别为 6 美元、15 美元和 25 美元，消费者就会知道产品存在质量差异。但是，如果零售商将价格定为 6 美元、7 美元、8 美元、9 美元、10 美元、11 美元、12 美元、13 美元、14 美元、15 美元、16 美元、17 美元、18 美元、19 美元、20 美元、21 美元、22 美元、23 美元、24 美元和 25 美元，消费者就会对产品质量差异感到困惑。对零售商来说，系列定价有助于商品计划。零售采购人员可以寻找那些产品价格适当的供应商，更好地与其进行谈判。他们也可以忽略那些与系列定价范围不符的产品，从而减少库存投资。此外，当所经营的商品款型数量受到限制时，库存周转率就会提高。

系列定价也存在一些问题：（1）系列定价可能会因价格点的选择不当导致价格差距过大。例如，想购买毕业礼物的父母可能会认为 30 美元的公文包太便宜，200 美元的又太贵。（2）通货膨胀可能会导致价格点和价格范围难以维持。（3）降价可能会打破系列定价的平衡，除非系列中的所有商品都按比例降价。（4）对于互补的产品类别（如上衣、裙子和鞋），其系列定价必须要协调。

价格调整

零售商可以通过价格调整将价格作为一种调节机制。由于竞争、季节性、需求模式、商品成本及失窃等因素，零售商有时需要进行降价或额外加价。

降价（markdown）是指降低商品的初始零售价格，以应对其他零售商的降价，处理库存积压，甩卖过期商品，减少残余的零散品类，以及增加客流量。**额外加价**（additional markup）是指因需求意外增加或成本上升而提高商品的初始零售价格。在今天竞争激烈的市场中，降价的使用频率比额外加价高得多。

在此还要提出第三种价格调整方法，即员工折扣，它会影响降价和额外加价的计算。虽然员工折扣并不是一种调节机制，但它可以影响员工士气。一些企业对所有商品都提供员工折扣，并在向公众销售特价商品之前允许员工先购买。

计算降价和额外加价

降价和额外加价可以用金额或百分比来表示。

降价率（markdown percentage）是降价总额占净销售额（按金额计）的百分比。虽然用这个公式很容易计算降价率，但零售商无法了解降价商品以及以初始价格销售的商品各占多少百分比。

$$降价率=\frac{降价总额}{净销售额（按金额计）}$$

零售商可以采用的一个辅助指标是**零售价格降价率**（off-retail markdown percentage），即每种商品或商品类别的降价幅度占初始零售价格的百分比。

$$零售价格降价率=\frac{初始价格-新价格}{初始价格}$$

假设燃气烧烤架在夏季初的销售价格是 400 美元，在夏季末降至 280 美元，零售价格降价率则为 30%（(400–280)/400）。如果以初始价格售出 100 个烧烤架，降价售出 20 个，则降价商品的百分比为 17%，降价总额为 2 400 美元。

额外加价率（additional markup percentage）是额外加价总额占净销售额的百分比。**零售价格额外加价率**（addition to retail percentage）是额外加价幅度占初始价格的百分比。

$$额外加价率=\frac{额外加价总额}{净销售额（按金额计）}$$

$$零售价格额外加价率=\frac{新价格-初始价格}{初始价格}$$

零售商必须认识到，要使降价时的毛利润总额达到价格较高时的水平，需要有更多顾客购买降价商品。零售商对价格调整的判断受到两个因素影响：不同销量下的营业成本和顾客需求的价格弹性。降价或额外加价的真实影响可以通过以下公式计算：

$$\begin{matrix}价格调整后要达到\\相同毛利润总额所需\\销售的商品数量\end{matrix}=\frac{初始加价（\%）}{初始加价（\%）+/-价格变化（\%）}\times\begin{matrix}预期以初始\\价格销售的\\商品数量\end{matrix}$$

假设一台兄弟牌（Brother）打印机的成本为 50 美元，初始零售价格为 100 美元（加价率为 50%）。零售商预期下一年将售出 500 台，毛利润总额将为 50 000 美元（100 × 500）。如果价格降至 85 美元或升至 110 美元，零售商为了获得 50 000 美元的毛利润总额，需要售出多少台？答案如下：

$$\begin{matrix}所需销量\\（售价\ 85\ 美元）\end{matrix}=\frac{50\%}{50\%-15\%}\times 500=1.43\times 500=714（台）$$

$$\begin{matrix}所需销量\\（售价\ 110\ 美元）\end{matrix}=\frac{50\%}{50\%+10\%}\times 500=0.83\times 500=417（台）$$

降价控制

通过降价控制，零售商可以评估降价的次数、降价销售的比例以及降价的原因。降价控制旨在调整后期的采购计划以反映降价。评估降价原因的一种比较好的方法是让零售采购人员记录每次降价的原因，并定期研究这些原因。采购人员记录下来的原因可能是“季末降价”“为了跟随竞争对手的价格”或“款式过时”等。

通过降价控制，零售商可以监控自己的政策，如商品的陈列方式。零售商还可以通过精心计划避免一些降价，如投放更多广告、加强员工培训、提高分店间的商品运输效率以及退货给供应商等。

需要对降价加以控制并不意味着所有降价都可以或者应该被最小化或取消。事实上，降价率过低可能说明零售商的采购人员在采购商品时没有承担足够的风险。

降价时机

零售商对最佳降价时机的看法不一，但是早期降价政策具有诸多有利之处：在一个销售季节中，早期降价的幅度可以低于晚期降价；可以在需求仍然相当活跃时就对商品进行降价销售；可以为新商品留出销售空间；可以改善零售商的现金流。晚期降价政策的主要优势是，零售商可以抓住所有机会以初始价格销售商品。然而，晚期降价政策无法实现早期降价政策的上述优势。

零售商也可以采用交错降价政策，在整个销售季节交错地进行打折。一种预先计划的交错降价政策是自动降价计划，即降价的幅度和时机受商品的库存时长控制。

一年进行一次或两次的全店清仓是选择降价时机的另一种方法。全店清仓通常在圣诞节和母亲节等销售高峰期之后进行，目的是在实物盘存之前清理库存商品，并为下一个销售季节做好准备。全店清仓的优势在于以初始价格销售商品的时间更长。此外，频繁降价可能会摧毁消费者对常规价格的信心："为什么要现在买，何不等到下周降价时再买？"清仓销售可以将消费者寻觅低价的购物行为限制在一年一次或两次。

过去，许多零售商以高价推出商品，然后对许多商品采用高达 60% 的降价销售，以增加客流量并提高库存周转率。这导致顾客总是等待降价，并对初始价格持怀疑态度。今天，越来越多的零售商降低了初始价格，并减少了特价销售的次数和降价商品的数量。尽管如此，一些零售商面临的一个棘手问题是，消费者已经习惯于在打折时购买商品了。

降价管理的一个令人关注的软件是 Markdown Manager 软件，这是 eBay 为其网站上的卖家提供的一项服务（http://pages.ebay.com/help/sell/items_on_sale.html）。

关键术语

需求价格弹性（price elasticity of demand）
横向价格固定（horizontal price fixing）
纵向价格固定（vertical price fixing）
《罗宾逊－帕特曼法案》（Robinson-Patman Act）
最低价格法（minimum price law）
掠夺性定价（predatory pricing）
亏本商品（loss leaders）
单位定价（unit pricing）
取消商品价签（item price removal）
诱售广告（bait-and-switch advertising）
灰市商品（gray-market goods）
市场渗透定价（market penetration pricing）
市场撇脂定价（market skimming pricing）
需求导向定价（demand-oriented pricing）
成本导向定价（cost-oriented pricing）
竞争导向定价（competition-oriented pricing）
价格－质量联想（price-quality association）
声望定价（prestige pricing）
加成定价（markup pricing）
加价（markup）
加价率（markup percentage）
初始加价（initial markup）
维持性加价（maintained markup）
毛利润（gross margin）
可变加价政策（variable markup policy）
直接产品盈利能力法（direct product profitability，DPP）
习惯定价（customary pricing）
每日低价（everyday low pricing，EDLP）

可变定价（variable pricing）
收益管理定价（yield management pricing）
一价政策（one-price policy）
弹性定价（flexible pricing）
权变定价（contingency pricing）
奇数定价（odd pricing）
特价商品定价（leader pricing）
批量定价（multiple-unit pricing）
捆绑定价（bundled pricing）
非捆绑定价（unbundled pricing）
系列定价（price lining）
降价（markdown）
额外加价（additional markup）
降价率（markdown percentage）
零售价格降价率（off-retail markdown percentage）
额外加价率（additional markup percentage）
零售价格额外加价率（addition to retail percentage）

讨论题

1. 为什么理解价格弹性的概念对零售商至关重要，即使它们无法计算价格弹性？
2. 从小型零售商的角度评论以下各项的利弊：
  （1）横向价格固定
  （2）纵向价格固定
  （3）价格歧视
  （4）最低价格法
  （5）单位定价
3. 举例说明一项整合了需求、成本和竞争因素的价格策略。
4. 为什么加价通常表示为占零售价格的百分比而不是占成本的百分比？
5. 一家美容用品零售商希望所有商品的加价率（按零售价计）达到 35%。如果一种化妆放大镜的零售价格为 11 美元，那么零售商愿意支付的最高进货成本是多少？
6. 一家汽车经销商以 100 美元的单价采购仪表板上的 GPS 系统，并希望达到 35% 的加价率(按零售价计)，那么零售价格应是多少？
7. 一家礼品店的陶瓷雕像的零售价格为 25 美元，成本为 14 美元，那么按成本计和按零售价计的加价率分别是多少？
8. 一家企业的计划营业费用为 20 万美元，利润目标为 13 万美元，计划零售扣减额为 3.5 万美元，预期销售额为 70 万美元。计算其初始加价率。
9. 第 8 题中的零售商的年末实际营业费用为 16 万美元，实际利润为 12 万美元，实际销售额为 65 万美元，那么维持性加价率是多少？解释第 8 题与第 9 题的答案有什么不同。
10. 每日低价对零售商有哪些利弊？对制造商呢？
11. 你认为在哪些情况下捆绑定价是一种良好策略，在哪些情况下不是？为什么？
12. 一家零售商以 65 美元的价格采购商品。如果初始零售价格为 89 美元，预期销量为 1 000 件。
  （1）如果价格降至 79 美元，为了获得与价格为 89 美元时相同的毛利润总额，该零售商必须售出多少件商品？
  （2）如果价格升至 99 美元，为了获得与价格为 89 美元时相同的毛利润总额，该零售商必须售出多少件商品？

第Ⅶ篇

顾客沟通

第Ⅶ篇探讨零售商与顾客的沟通方式所涉及的要素。本篇首先研究零售形象的作用以及如何树立和维护零售形象，然后详细阐述促销策略的各个方面。

第18章讨论沟通对零售商的重要性。本章探讨形象在沟通中的重要性以及零售商形象的组成要素。形象的塑造在很大程度上取决于零售店的氛围，它包括零售店的所有实体特征，如商店的外观、内部环境、布局和陈列。这对店铺零售商和无店铺零售商都适用。此外，本章还介绍促使顾客花更多时间购物的方法以及社区关系的价值。

第19章着重讨论促销策略，具体是指零售商如何向目标市场告知、说服和提醒其战略组合。本章的第一部分介绍零售促销的四种基本类型：广告、公共关系、人员销售和销售促进。第二部分介绍促销策略的制定步骤：确定目标、编制预算、选择促销组合、实施促销组合以及审查和修订计划。

第18章

树立和维护零售形象

学习目标

- 说明顾客沟通的重要性，并考察零售形象的概念。
- 描述零售店形象与通过其外观、内部环境、布局和陈列营造的氛围之间的关系，并考察无店铺零售氛围的特殊情况。
- 讨论促使顾客花更多时间购物的方法。
- 分析社区关系对零售商形象的影响。

零售商必须采用强有力的沟通策略，在顾客心中适当地定位，并激发他们的购物行为。一旦顾客受到了吸引，零售商必须努力为他们营造适当的购物氛围。

顾客期望不断提高，尤其是在店内购物方面。如今，顾客对舒适的零售购物环境的期望已经远超几年前。根据《商店》杂志上一篇关于 TimeTrade 公司的“年度零售状况调查”（收集了 5 000 位消费者和 100 位高级零售主管的反馈）的报道，今天的按需型购物者希望获得独特的购物体验。

该研究表明，改善店内顾客体验的空间很大。只有 27% 的消费者认为知名零售商试图提供类似 VIP 的服务；在店内购物时，消费者最重视的是“快捷服务”（54%）、“个性化体验”（30%）和“明智建议”（30%）。缺乏快捷协助导致大部分消费者（85%）离开试衣间和商店，放弃了购买意愿。此外，59% 的受访者希望店员对其在线购物车内的商品有所了解，但是只有 24% 的零售店具备这种能力。[1]

资料来源：Oleksiy Mark/Scanrail1/Shutterstock. Reprinted by permission.

概　述

零售商需要采用卓越的沟通策略，在顾客心中适当地定位，并激发他们的购物行为。一旦顾客受到了吸引，零售商必须设法为他们创造愉悦的购物体验。为此，可以使用各种各样的实物和符号线索。零售商必须尽可能提升购物者的总体零售体验。

例如，研究者发现，购物者在零售商网站上的体验会影响他们对店内购物体验的期望。对零售商来说，重要的是通过以下方法维持商店之间的“数字均势”：确保商店库存充足；提供基于位置的、易于使用的店内技术，帮助顾客确定产品位置和了解产品；帮助顾客无缝地查看店内和在线库存，满足他们的购物目标。零售商需要利用实体店的有形优势，通过吸引人的产品陈列以及知识丰富且热情友好的店员的专业协助，创造互动的、卓越的社交体验，最大限度地提升购物者的总体零售体验。[2]

本章介绍如何树立和维护零售形象，并研究零售氛围、店面、店内布局和商品陈列。此外，本章还探讨促使顾客花更多时间购物的方法以及社区关系的作用。第 19 章着重讨论零售商可以使用的常见促销工具：广告、公共关系、人员销售和销售促进。

虽然本章的讨论似乎侧重于店铺零售商，但这些基本原理也适用于无店铺零售商。对邮购企业来说，商品目录的封面就是其店面，介绍产品类别和各种商品的内页就是其店内布局和陈列。对网络零售商来说，主页就是其店面，网站内的链接就是其店内布局和陈列。

零售形象的重要性

形象是指消费者或其他相关者对零售商的知觉，定位是指企业制定战略以展现一种有别于同类零售商和竞争对手的形象，并激发消费者的积极反应。为了获得成功，零售商必须传播一种独特的、清晰的、一致的形象。一旦在消费者心中树立了形象，零售商就处于比竞争对手更有利的地位。对于开展全球业务的零售商来说，由于消费者的背景不同，在全球范围内传播一致的形象具有一定的挑战性。

今天，社交媒体广泛应用于各方，包括顾客、公众、媒体、供应商、品牌及零售商本身，因此零售商必须透彻了解社交媒体，并积极实施适当的战略。不论规模或类别，没有任何企业能够免受社交媒体内容（有利或不利）对其形象的影响。**社交媒体**（social media）包括那些便于许多人通过互联网和移动设备互相沟通的网络技术工具。社交媒体使信息、音频、视频、照片、播客和其他多媒体沟通成为可能。第 19 章将进一步讨论社交媒体。

零售形象的组成要素

许多因素都会影响零售形象，它们共同构成了企业的整体形象（见图 18－1）。前面的章节已经研究了以下战略要素：目标市场、零售定位、顾客服务、店址、商品属性和定价。本章和第 19 章则重点讨论实体设施、购物体验、社区服务、广告、公共关系、人员销售和销售促进。

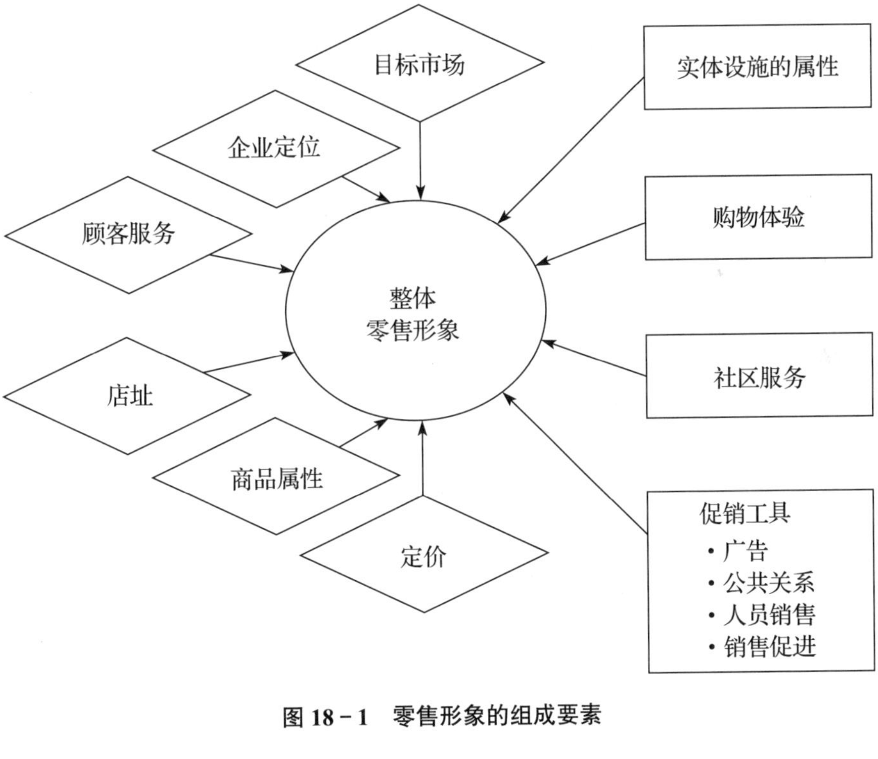

图 18－1 零售形象的组成要素

树立和维护零售形象

树立和维护零售形象是一个复杂的、多步骤的持续过程。它所涉及的问题远远超出了商店“氛围”，稍后将对氛围进行讨论。此外，许多人可用于购物的时间非常少，一些人对购物又不大感兴趣，因此越来越多的零售商发现，它们不得不通过取悦购物者来开展业务。下面是三个例子。

艾奥瓦州阿尔图纳的 Bass Pro 户外世界商店占地 14.5 万平方英尺，其娱乐功能包括射箭场、迷你射击场、水族馆以及一个 3 500 平方英尺的区域，该区域内出售各种主题工艺品、古董及图片，并提供狩猎、钓鱼、露营和户外娱乐等产品。该商店还设有一个 1.5 万平方英尺的保龄球区——“巴克叔叔的鱼缸和烧烤架”（Uncle Buck’s Fishbowl and Grill），内有 12 条 10 瓶球道，还提供鲨鱼、黄貂鱼和海龟畅游的水下景观，顾客可以一边打保龄球，一边观赏流光溢彩的“海底世界”。店内还有一个单独的高档“黑寡妇台球厅”（Black Widow Billiards Parlor），内设一个壁炉，屏幕显示着一只正在织网的黑寡妇蜘蛛。所有的 Bass Pro 商店都力争成为拥有博物馆、美术馆、古董店、水族馆、教育中心以及交流和娱乐中心的目标商店。这些商店通过开展动物标本和野生动物之旅、社区和童子军活动，以及关于安全体验户外探险的研讨会和讲习班来吸引当地社区和顾客。[3]

在俄亥俄州（费尔菲尔德和辛辛那提）设有商店的 Jungle Jim’s International Market 已经从一个简陋的路边摊发展到两家分店，每家分店的面积都超过 20 万平方英尺。这两家分店都是美食游乐园和旅游胜地，提供来自全球 75 个国家的超过 15 万种不同商品，每家分店都雇用了约 350 名员工。Jungle Jim’s 是美国最大的葡萄酒收藏机构之一，它有多个活海鲜缸、一所店内烹饪学校、巨大停车场内的单轨电车、封闭式野生动物保护区，以及一个可容纳 1 000 人的奥斯卡活动中心。商店里还散布着许多长颈鹿形状的电话线杆，以方便顾客与客服人员通话。每周约有 8 万名购物者光顾其商店，与店内的电子化卡通机器人互动，这些机器人会四处分发产品，或者一边唱歌一边讲述关于其所在区域内的食品的故事。[4]

诺德斯特龙的新店采用了开放式布局，取消了按部门、设计师或价格点的划分，从而使顾客能够无缝地浏览不同的商品类别。这些商店都经过布线，以提供充分的数字体验。店内顾客可以使用智能手机应用程序将服装送到试衣间而无须在货架上搜寻。诺德斯特龙正在测试带有虚拟试衣功能的智能试衣镜，这些镜子可以在无须实际试穿的条件下展示购物者的试衣效果。这些镜子还可以对配饰提出建议，如推荐一条搭配裙子的围巾。店内试衣间可以提供购物者试穿服装的视频并比较。与在线零售商类似，只要顾客选择添加该功能，这些镜子就可以收集有关购物者偏好以及他们如何制定决策的数据。[5]

基于零售商在 6 个方面（价格、店址、商店内部环境、产品质量、产品选择和服务）的领先地位，零售形象定位可以分为以下 6 种[6]：

- 价格领导者。这类零售商侧重于低价格，更有可能提供自助服务和功能性的商店环境。在这类零售店，消费者的店内购物体验与在线购物体验不相上下。沃尔玛和 CVS 就属于这类零售商。
- 店址领导者。这类零售商选址于便利的地点，它们在顾客最需要的地方提供商品和服务。通常它们不提供自由退货政策，也不提供创新产品或陈列，但这并不影响其顾客群体。Dollar General 和某家当地的食品杂货店就属于这类零售商。
- 氛围领导者。这类零售商提供出色的店内体验。通常它们经营的产品线并不丰富，商品价格也较高，这与它们的形象相符。蒂芙尼和阿贝克隆比 & 费奇（Abercrombie & Fitch）就属于这类零售商。
- 产品质量领导者。这类零售商提供独特的、高质量的商品以及吸引人的陈列。全食超市和贺曼金冠（Hallmark/Gold Grown）就属于这类零售商。

● 产品选择领导者。这类零售商提供各种各样物有所值的商品以及有趣的购物体验，但是它们的店内环境通常不像氛围领导者那样怡人。它们会定期推出新商品，并鼓励消费者花更多时间购物。它们在协调店内购物与在线购物体验方面做得很好。科尔士和 Bed Bath & Beyond 就属于这类零售商。

● 服务领导者。这类零售商的店址便利，并且为购物者提供良好的顾客服务。销售人员具备一定的产品专业知识，信息也很容易获取。它们的店内环境不是非常怡人，更适合购物者购买预先计划的商品。AutoZone 和劳氏就属于这类零售商。

连锁零售商、特许经营企业和跨国零售商的一个关键目标是，在所有分店以及网站上保持一致的形象。尽管经过精心计划，各个分店之间可能在许多因素上仍存在巨大差异，可能会影响形象。这些因素包括管理层和员工的表现、消费者特征、竞争对手、店址便利性、停车设施、安全性、找到商品的难易程度、不同国家顾客之间的语言和文化差异以及周边地区的环境质量等。有时，形象良好的零售商也会遭到负面宣传，它们必须对此加以遏制，以维护在公众中的理想形象。

氛　围

零售商的形象在很大程度上取决于氛围，即顾客光顾零售店时的心理感受。它是商店、商品目录、自动售货机或网站的特征。相对于零售商用来进行定位的各种沟通工具而言，零售形象是一个更加宽泛和包罗万象的概念。对店铺零售商来说，**氛围 / 气氛**（atmosphere/atmospherics）是指商店的实体特征，用于树立形象和吸引顾客。对无店铺零售商来说，氛围是指商品目录、自动售货机和网站等的实体特征。零售商的视觉效果、声音、气味等实体属性都会影响顾客知觉。

零售商的氛围通常会影响人们的购物乐趣、浏览商品的时长、与店员交谈的意愿、比原计划支出更多的倾向以及再次惠顾的可能性。许多人甚至在进入零售设施之前（基于店址、店面、出入便利性等因素）或刚刚进入之后（基于陈列、通道宽度、室内温度等因素），就会形成对零售商的印象，他们往往在查看商品和价格之前就会对商店做出判断。

当零售商采取积极的、整合的氛围营造方法（包括适当地陈列产品、刺激购物行为和改善实体环境）树立特定形象时，它就是在进行**视觉商品经营**（visual merchandising）。视觉商品经营涉及店内布局、固定装置的类型、陈列橱窗、通道宽度、商品的视觉布置、照明类型、店内指示牌、背景音乐的选择、墙壁上的涂料和图案、地面材料的类型、店内显示屏播放的视频等因素，这些因素都有助于使目标顾客花更多时间购物。视觉商品经营的目的是增加单位面积的销售额。[7] 杰出的零售商认识到，它们应该定期更新其视觉商品经营策略。

欢迎访问我们的博客（www.bermanevansretail），查看视觉商品经营方面的帖子。

基于店铺零售商的视角

商店氛围（气氛）包括以下关键要素：外观、内部环境、商店布局和店内陈列（见图 18－2）。

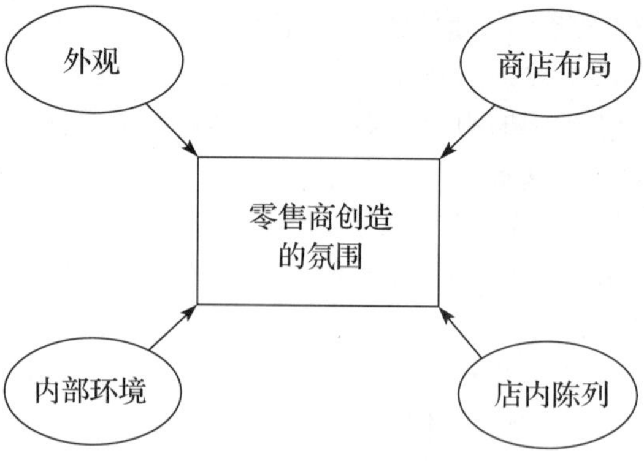

图 18－2　氛围的要素

外观

商店的外观对其形象有巨大影响，因此需要进行相应的规划。

店面（storefront）是指商店的整体外观，包括招牌、入口、橱窗、照明和建筑材料。利用店面，零售商可以展现保守的、时尚的、高档的、低价的或其他形象。当消费者路过一个不熟悉的商业区或购物中心时，他们通常会根据外观对一家商店做出判断。除了店面，商店门前的树木、喷泉和长椅也可以增强氛围。通过营造轻松的购物环境，可以提升消费者的购物欲望以及对商店的好感。规划基本店面时，零售商有多种方案可以选择，以下是其中几种。

- 模块化结构：几家商店连成一体构成的一块矩形或正方形场地。
- 预制结构：在工厂内建造但在商店所在地组装的框架结构。
- 原型商店：特许经营企业和连锁企业用来营造一致的氛围。
- 凹进式店面：店面比其他商店凹进一些，以吸引消费者。顾客必须多走几英尺才能看到该店面。
- 独特的建筑设计：如圆形或金字塔形结构。

招牌（marquee）是用于展示商店名称和 / 或标识的指示牌。它可以是喷涂或霓虹灯式的，印刷或手写的，单独或与标语（商标）及其他信息组合在一起的。招牌必须引人注意，就像每家 El Corte Ingles 百货商店门前的独特标识那样。招牌可以是花哨而俗气的，也可以是低调而雅致的，它会影响商店形象。世界上最著名的招牌就是麦当劳的金拱门。

商店入口的设计涉及三项主要决策。首先，确定入口的数量。许多小型商店只有 1 个入口。百货商店可能有 4 ～ 8 个或更多入口。希望同时吸引驾车者和行人的商店至少需要 2 个入口（一个供行人使用，另一个靠近停车场）。前入口和后入口的用途不同，应该分别加以设计。可能会限制入口数量的一个因素是潜在的失窃风险。

其次，选择入口的类型。店门可以选择旋转门、电动自开门、普通推拉门或温控门。其中，温控门是配有暖气或冷气帘幕的开放式入口，其温度设置与店内温度相同。入口处的地面可以铺水泥、瓷砖或地毯。照明可以是传统或荧光的，白色或彩色的，闪烁或不闪烁的。

最后，还需要考虑入口内的走道。宽敞的走道可以营造出与狭窄走道完全不同的氛围。虽然大型橱窗陈列可能具有吸引力，但是如果没有足够的空间舒服地进入商店，顾客也不会满意。

橱窗有两个主要用途：（1）识别商店；（2）吸引人们进入商店。通过展示代表性的商品，商店可以营造一种整体氛围。通过展示流行或应季的商品，商店可以展现时尚的形象。通过展示特价商品，商店可以吸引价格敏感型消费者。通过陈列与其产品无关的抢眼的商品，商店可以吸引行人的注意。通过展示公共服务信息（如特奥会的标志），商店可以表明其社区参与程度。

吸引人的橱窗需要精心设计，许多零售商都聘请外部专业机构。关于橱窗的决策涉及其数量、尺寸、形状、颜色、主题以及每年的更换频率。购物中心内的零售商可能不会在面对停车场的那一侧建筑上设置橱窗，因为那里有坚固的建筑外墙。这些零售商认为，成本高昂的外部橱窗无法吸引驾车顾客，因此它们仅投资于购物中心内的店面陈列。

外部建筑高度可以是隐蔽式或非隐蔽式的。隐蔽式建筑高度是指商店或购物中心的一部分位于地下。这种建筑对不喜欢大型建筑物的人来说没有那么使人望而生畏。非隐蔽式建筑高度是指整个商店或购物中心都能被行人看到。大型建筑无法营造亲切的形象，百货商店的形象也无法与小型建筑联系起来。

外观可见性较差的企业很少能够获得成功。这意味着店面或招牌必须对来往行人和 / 或驾车者清晰可见。位于公共汽车站后面的商店对驾车者和过街行人而言可见性很差。高速公路附近的许多零售商都利用巨幅广告牌来吸引快速驶过的驾车者的注意。

无论在哪种情况下，外观设计的目的都是使商店或购物中心看起来与众不同，吸引购物者的注意。独特的店面、精心设计的招牌、凹进的开放式入口、装饰性的橱窗，以及非同寻常的建筑高度和建筑规模等一系列商店特征都可以以独特性吸引消费者。尽管如此，独特性也存在缺点。例如，多层圆形购物中心（通常建在城市的方形街区里）的每一层都设有停车位，顾客的步行距离很短，但是与占地面积相同的矩形购物中心相比，圆形购物中心可以提供的楼层空间较小，每层的停车位可能会导致顾客很少去其他楼层购物，增加入口会提高失窃风险，许多人不喜欢绕圈驾驶，建筑成本也更高。

零售商在规划商店外观时，应该对附近商店和周边地区进行研究。附近商店的价格范围和服务水平等可以提供一些形象线索。周边地区的状况可以反映附近居民的人口统计特征和生活方式。一个地区的整体形象有可能对零售商的独特性存在不利影响，因为人们往往会对购物中心或商业区形成一种整体知觉。如果该地区的破坏行为和犯罪活动较多，商店附近的居民不是其目标顾客，且该地区日渐衰落，就会造成一种不利的氛围。

停车设施可以加强或削弱商店氛围。与稀少、昂贵和距离远的停车设施相比，充足、免费和邻近的停车设施可以创造更有利的形象。一些潜在顾客可能会因为需要四处寻找停车位而不光顾某家商店。还有一些顾客为了节省停车费而匆匆进出商店完成购物。一个相关的潜在问题是拥堵问题。停车场、人行道和 / 或入口的堵塞会削弱商店氛围。与那些感觉舒适的消费者相比，在拥挤的人群中感到压抑的消费者花在购物上的时间更少，心情也更差。

内部环境

顾客进入商店后，许多要素会影响他们对商店的知觉，零售商必须进行相应的规划。

- 在 Anthropologie 商店（其母公司为 Urban Outfitters），每个位置都有视觉陈列团队负责选择和放置各种要素，为那些渴望“酷炫之家”的顾客营造一种独特的氛围。从世界各地精心采购的古董家具和固定装置增强了厚重坚实的感觉，符合顾客对家具的要求，从而推动了店内和在线购买。[8]

● 苹果公司一直在重新设计一些商店，这些商店更像是一个城镇广场，树木丛生，有庭院、喷泉和免费 Wi-Fi，还有可容纳 200 人的户外座位，全天开放，还可以举办音乐会。这些商店将成为受千禧世代青睐的聚会目的地而不仅仅是一个购物场所。为了体现开放性并吸引顾客，店内每条通道都设计得比较宽敞，展示一种苹果产品或苹果生活方式的一个方面。店内还设有一处用于授课和展示的开放空间、一个植物园以及一些皮革长椅，顾客可以坐在那里等待客服人员（“天才”）维修产品。[9]

● 阿贝克隆比 & 费奇希望利用其品牌化的多感官店内体验吸引那些挑剔的青少年顾客群体，使他们在店内逗留更长时间并购买更多产品。一项研究表明，人们的嗅觉可以触发情感反应。该零售商根据这项研究推出了其男士香水系列“ Fierce”，将其喷洒在商店里，营造一种“酷、帅”的形象，以吸引男性和女性青少年，其目的是促使顾客基于对产品的感觉而不是价格进行购买。另一项研究表明，青少年能够较长时间地忍受喧闹的音乐，老年顾客则不喜欢这种音乐。该零售商根据这项研究在店内使用了喧闹的音乐，进一步增强了一种年轻的形象。研究证明，快节奏的音乐还可以导致感官超载，从而削弱自我控制并增加冲动购买。[10]

零售商常用的铺地材料包括地毯、各类瓷砖和木质地板。选择铺地材料时，商店氛围、易维护性及初始成本是重要的考虑因素。[11] 毛绒厚地毯营造出的氛围与水泥地面截然不同。零售店地面材料的一项最新发展是可以将图形（如公司标识）印在瓷砖上。该技术使零售商能够在瓷砖和成本更低的乙烯基瓷砖上进行设计。另一项发展是人造木地板，这种材料类似于天然木材，但耐用性更高。

鲜明的颜色可以营造出与浅色或白色墙壁不同的氛围。照明可以是直接或间接的、白色或彩色的、闪烁或不闪烁的。针对青少年的服装精品店可以使用鲜明的颜色和变幻闪烁的灯光，以营造独特的氛围；孕妇服装店则可以使用柔和的颜色和间接照明，以形成一种完全不同的氛围。有时，当颜色改变时，顾客最初可能会感到不适，直到他们习惯了新的设计。

气味和声音会影响顾客的情绪。餐馆可以利用香味提高人们的食欲。化妆品店可以利用香水的气味吸引购物者。宠物店可以利用动物的自然气味和声音吸引顾客。美容沙龙可以根据不同顾客播放轻音乐或摇滚乐。超市则可以利用慢节奏的音乐使人们放慢脚步。

店内固定装置的设计既要考虑实用性，又要考虑美感。管道、水管、房梁、门、储藏室、陈列架和桌子应被视为室内装饰的一部分。高档商店通常会对固定装置进行装饰，并将它们掩藏起来。折扣店则可能会将固定装置暴露出来，因为这可以呈现其所需的形象。

墙面材质可以增强或削弱氛围。知名商店经常使用凸花墙纸，百货商店更倾向于使用平面墙纸，折扣店则可能不会使用墙纸。时尚商店可能会在墙壁上安装枝形吊灯，折扣店则可能只使用荧光灯。

顾客的情绪会受到店内温度及温控方式的影响。冬天不够温暖或夏天没有空调，会缩短顾客的购物时间。此外，商店形象也会受到中央空调、分体空调、风扇或敞开窗户等温控方式的影响。

宽敞、不拥挤的过道营造出的氛围比狭窄、拥挤的过道更好。如果人们在走动或查看商品时没有受到推挤，他们就会延长购物时间，花的钱也会更多。虽然店内信息亭非常受欢迎，但是如果没有足够的信息亭来应对大量的购物者，有时就会导致零售空间过于拥挤或造成顾客排队。

试衣间可以是精心设计或简单的，也可以根本就不设置。高档商店通常设有铺着地毯的私人试衣间。中档商店设有铺着油毡的半私人试衣间。折扣店则仅设有小隔间或没有试衣间。对某些服装购买者来说，试衣间会影响他们对商店的选择。

多层商店必须配备垂直运输设施：电梯、自动扶梯和/或楼梯。大型商店可能三者兼有。传统上，高档商店会使用专人值守电梯，折扣店只有楼梯。如今，自动扶梯非常受欢迎，因为其噪音很小，还可以使顾客看到商店全景。高档商店会利用喷泉、灌木和树木装饰自动扶梯。楼梯对一些折扣店和小型商店仍然非常重要。

对零售商来说，店内照明设施、木质或金属房梁、门、洗手间、试衣间和垂直运输设施都有可能成为**死角**（dead areas)，即常规陈列难以利用的空间。有时，这些空间根本不具备盈利性或吸引力。但是，零售商已经学会了如何更好地利用这些死角。例如，在商店出口处设置镜子，在洗手间附近设置自动售货机，在试衣间内张贴广告。一种创造性的死角利用方法是自动扶梯，它可以使购物者看到商店的每一楼层，当冲动购买商品放置在自动扶梯的上下口时，其销售额就会增加。许多企业对自动扶梯进行了精心设计，顾客必须在每一楼层先下扶梯，经过吸引人的陈列通道，才能前往另一楼层。

彬彬有礼、衣冠整洁、知识丰富的员工有助于营造积极的氛围。举止不当、衣冠不整、知识匮乏的员工则会造成消极影响。采用自助服务的商店可以缩减员工数量，但会使人产生一种折扣店、非人性化的印象，无法树立高档商店的形象。一些购物中心和零售商使用将面部识别技术与社交媒体源相结合的机器人，当购物者路过时，这些机器人会叫着他们的名字打招呼。[12]

零售商销售的商品会影响其形象。优质商品与劣质商品产生的形象截然不同，顾客的情绪也会相应地受到影响。

价格水平会在消费者心中形成对零售形象的知觉，价格的显示方式是氛围的重要组成要素。高档商店很少或根本不显示价格而是使用单独的价格标签，并将收银台设在不显眼的地方，如柱子后面或员工房间里。折扣店则会突出显示价格，用大字体标明价格，并将收银台设在商店中央位置，还会安放指示牌。

采用先进技术的商店可以凭借其运营效率和速度给消费者留下深刻印象。采用缓慢、过时技术的商店则会使购物者产生不耐烦的情绪。与设施老旧的商店相比，采用现代化建筑（新店面和新招牌）和新设施（灯光、地面和墙面）的商店可以营造更有利的氛围。商店翻修可以改善其外观、升级设施并重新分配空间。通常经过翻修之后，商店的销售额和利润都会增加。

最后，但同样重要的是，商店必须制订保洁计划。无论商店外观和内部环境给人的印象多么深刻，不整洁的商店会造成不佳的形象。顾客会将商店的整洁性与其整体质量联系起来，对于销售食品或提供餐饮服务的商店来说，整洁性关系到其食品安全问题。又脏又乱的零售设施可能会成为顾客拒绝购买的一个原因。[13]

商店布局

零售商应按顺序规划和实施商店布局的细节。

楼层空间的分配 每家商店都需要根据销售、商品、员工和顾客等对其楼层空间进行分配，否则，零售商就无法确定可用于陈列、标牌、洗手间等方面的空间。

- 销售空间用于商品陈列、销售人员与顾客之间的互动、演示等。采用自助服务的零售商会将大部分空间用于销售。
- 商品空间用于存放非陈列商品。在传统的鞋店，商品空间在总零售空间中的占比很大。
- 员工空间用于员工换衣服、用餐、茶歇，以及洗手间。由于零售空间非常宝贵，员工空间通常会受到严格控制。但是，零售商应考虑到这对员工士气的影响。
- 顾客空间对顾客购物情绪的影响很大。顾客空间包括休息室、长凳和/或椅子、试衣间、洗手间、餐厅、育儿室、停车场及宽阔的通道。折扣店往往会缩减这类空间。

现在，越来越多的零售商利用规划图进行空间分配。**规划图**（planogram）是用来显示销售、商品、员工、顾客以及各个产品类别所占空间的视觉（图形）工具。它还可以显示零售商的店内布置。规划图既可以由手工绘制，也可以由计算机生成。

商店产品的分类 接下来，零售商需要将其商店产品分为产品组。许多零售商采用不同产品组的组合，并相应地规划其商店布局。商店必须采取特殊措施，以减少顾客入店行窃和员工偷窃行为。这意味着不要将容易被盗的商品放在角落或门边。以下四类产品组（及其组合）最为常用。

- **功能型产品组**（functional product groupings），是指根据共同的最终用途对商品进行分类和陈列。例如，男士服装店可以使用的产品组包括：衬衫、领带、袖扣和领带夹；鞋、鞋撑和鞋油；T 恤、短裤和袜子；西服；运动夹克和休闲裤。
- **购买动机型产品组**（purchase motivation product groupings），是指根据消费者购买产品的动机和愿意花在购物上的时间对商品进行分类和陈列。购物时间充裕的忠诚顾客会光顾商店较高的楼层；缺乏购物兴趣和时间的顾客仅仅会在一楼随便逛逛。百货商店的一楼往往销售冲动购买商品以及需要快速购买的商品。三楼则销售那些需要更多考虑才会购买的商品。
- **细分市场型产品组**（market segment product groupings），是指将对特定目标市场具有吸引力的各种商品放在一起。例如，女士服装店将产品分为少女装、淑女装和熟女装；音乐商店将 CD 分为摇滚乐、爵士乐、古典乐、R&B、乡村音乐等种类；美术商店将画作分为不同的价格组。
- **储存型产品组**（storability product groupings），用于需要特殊处理的产品。超市设有冷冻、冷藏和室温区；花店将一些鲜花存放在冷藏箱里，一些存放在室温下；面包店和水果店也是如此。

客流模式的确定 然后，零售商需要确定客流模式。采用**直线（网格式）客流动线**（straight (gridiron) traffic flow）时，零售商以矩形或网格模式陈列商品和设计通道。采用**曲线（自由式）客流动线**（curving (free-flowing) traffic flow）时，零售商以自由流动的模式陈列商品和设计通道。

食品店、折扣店、药店、五金店和文具店通常采用直线客流模式。这种模式具有以下优点：

- 可以营造一种高效的氛围。
- 可以将更多楼层空间用于商品陈列。

- 人们可以快速购物。
- 可以简化库存控制和安保工作。
- 便于自助服务，因此可以降低劳动力成本。

这种模式的缺点是氛围缺乏人情味、顾客浏览受限以及购物匆忙。

百货商店、服装店及其他以购物为导向的商店通常采用曲线客流模式。这种模式具有以下优点：

- 可以营造一种友好的氛围。
- 购物者不会感到匆忙，可以到处逛。
- 便于人们以任何方向或模式浏览商店。
- 可以增加冲动购买或非计划购买。

这种模式的缺点是顾客容易感到困惑、浪费楼层空间、库存控制困难、需要更多员工，以及可能导致顾客只逛不买。此外，商品陈列的成本更高。

空间需求的确定 接下来，零售商需要计算各产品类别所需的空间，销售空间与非销售空间都应考虑在内。有两种不同的方法可供采用：标准库存法和销售效率法。

采用**标准库存法**（model stock approach）时，零售商需要确定储存和陈列适当商品品类所需的楼层空间。服装店和鞋店就属于采用这种方法的零售商。采用**销售效率法**（sales-productivity ratio）时，零售商根据每平方英尺的销售额或利润分配楼层空间。盈利性高的产品类别会获得大块空间，盈利性低的类别获得的空间较小。食品店和书店就属于采用这种方法的零售商。

店内位置的规划 现在零售商需要规划各商品部门的位置。对多层商店来说，这意味着将商品部门分配至各楼层，并分别对各楼层进行布局。每个楼层应放置哪些产品？每个楼层又应如何布局？单层商店仅涉及第二个问题。以下是一些需要考虑的问题：

- 应在每个楼层放置哪些商品？
- 应在门边、垂直运输设施旁边等位置放置哪些产品组？
- 应将冲动购买商品及便利品放在哪里？
- 应如何放置相关的产品类别？
- 应将应季商品与过季商品放在哪里？
- 应将家具等占据较大空间的产品放在哪里？
- 商品陈列区域与库存区域应相距多远？
- 消费者入店后的客流模式如何？
- 如何避免商店拥挤？

各种产品的安排 商店布局规划的最后一步是对各种产品进行安排。盈利性最高的商品和品牌应放在最佳位置，可以根据包装尺寸、价格、颜色、品牌、所需人员服务的水平和 / 或顾客兴趣进行摆放。通道尽头、视线高度以及收银台附近的陈列位置最有可能提高商品的销量。产品位置的一贯性也很重要，改变商店布局可能会对购物者造成困扰，因而降低销售额。最不利的陈列位置通常是膝盖或脚踝高度的位置，因为消费者往往不愿意弯腰去查看商品。

大型零售商有时可以利用视频跟踪设备研究购物者的店内客流模式，但这对小型零售商而言并不可行。零售商店的员工可以观察跟踪购物者的店内行为。零售商也可以利用销售点系统跟踪顾客的购买模式，并尝试不同的商品摆放和陈列方式。[14]

零售商的目标通常与制造商不同。制造商希望自己产品的销售额最大化，并竭力争取获得视线高度、整个货架和通道尽头的位置，但零售商希望其商店的总销售额和利润最大化而不考虑品牌。采用自助服务的零售商还有特殊的考虑。除了使用网格式布局来尽量减少购物者的困惑，还必须清楚地标明通道、陈列和商品的位置。

以下是超市采用的一些策略：

● 大多数超市一进门的地方都是休闲区，摆放鲜花，设有咖啡店和面包店，其吸引人的陈列和香气可以改善顾客的情绪。

● 在货架的中间或“从大腿到视线高度”的区域通常摆放盈利性高的商品和品牌，顶部摆放专业品牌，底部则摆放商店自有品牌。

●“谷物理论”是指将谷物盒子放在较低的货架上，与儿童的视线齐平。

● 大多数商店都设有“超值通道”，路过“超级特价”商品的顾客会进行额外购买。

● 商店自有品牌放在制造商品牌的左侧时效果更好，因为消费者的阅读习惯是从左至右。

● 乳制品、水果和蔬菜通常放在商店的外围，在店内穿行的顾客常常会接触到一些非必需品，顺手放入购物车。

● 几乎所有的商店都会将体积较小的冲动购买商品放在收银台附近，等待付款的顾客往往会忍不住购买糖果、冷藏柜里的饮料及杂志。[15]

店内（购买点）陈列

仔细规划商店布局之后，零售商需要设计店内陈列。每个**购买点陈列**（point-of-purchase (POP) display）都可以向购物者提供信息、提升商店氛围，并发挥重要的促销作用。零售陈列具有以下有利之处：

● 陈列具有说服力。当商品陈列于收银台附近时，那些完成了食品杂货购买却尚未付款的顾客可能会受到吸引而进行非计划购买或冲动购买。商店无须使用销售人员或付出促销努力。

● 陈列有助于将新商品或促销商品放在适当的位置。每年仅超市就会推出近 3 万种新商品。制造商利用陈列和店内媒体，让零售商突出展示其新产品，以吸引消费者的注意，并向他们宣传产品的可获得性及属性。陈列有助于消费者直观地了解产品如何改善他们的体验，从而增加购买量。一些新产品不需要争夺货架空间，就可以在竞争产品中脱颖而出。[16]

● 陈列在信息传递和商品放置方面具有灵活性。陈列能够以多种语言向不同受众传递相同的信息，还可以在产品生命周期的各个阶段将商品放在商店的不同位置。新型塑料、半透明、互动式的陈列有助于顾客看到并感受到产品属性的差异。[17]

● 陈列可以提升整体购物体验。陈列可以帮助零售商店塑造形象，改善商店的客流状况，并有利于商品计划的实施。[18]

下面介绍几种陈列，大多数零售商将它们结合使用。

分类陈列（assortment display）是指零售商以开放或封闭的方式陈列品类繁多的商品。采用开放式分类陈列时，顾客可以感觉、观察和 / 或试用商品。贺卡、书籍、杂志和服装就属于开放式分类陈列商品。此外，许多食品店扩大了水果、蔬菜和糖果等商品的开放式分类陈列区域；一些百货商店也对化妆品和香水采用开放式陈列。采用封闭式分类陈列时，顾客可以观察商品，但不能触摸或试用。计算机软件、CD 和 DVD 都是预先包装的商品，不允许顾客在购买之前打开包装。珠宝通常放在封闭的玻璃柜里，必须由员工亲自打开。

主题陈列（theme-setting display）是指以突出主题的方式展示产品，以营造特定的氛围。零售商经常改变其陈列以反映不同的季节或特殊活动；一些零售商甚至准备了不同的员工服装以配合特定的场合。零售商可以将商店的全部或部分陈列以某个主题设计，如情人节等主题。每个特殊的主题都旨在吸引顾客注意，并提高购物乐趣。

整体陈列（ensemble display）用于展示完整的一系列相关产品（全套产品），而不是分类（如鞋部、袜子部、裤子部、衬衫部、运动夹克部等）展示商品。服装模特可能会穿着配套的鞋、袜子、裤子、衬衫和运动夹克，并且这些商品可以在同一个部门或相邻的部门买到。这种方式便于顾客购买并想象身穿全套产品的效果。

挂架陈列（rack display）的主要功能是整齐地悬挂或展示商品。服装店和家居用品店等零售商经常采用这种方式。这种陈列必须得到精心维护，因为商品可能会挤在一起，购物者将商品放回时也可能放错地方。最新技术使零售商能够使用滑动、分体、可伸缩、轻巧、美观的挂架陈列。**柜式陈列**（case display）用于展示超过挂架承受力的较重、较大的商品。书籍、DVD 套装、预先包装的商品和毛衣通常采用柜式陈列。

割箱陈列（cut case）是将商品留在原包装纸箱中的一种低成本陈列方式。超市和折扣店往往采用割箱陈列，但这种方式无法营造温馨的氛围。**抛售箱**（dump bin）是陈列甩卖服装、降价书籍等抛售商品的箱子，也无法营造令人舒适的氛围。抛售箱主要用于开放式分类陈列经粗略处理的商品。割箱陈列和抛售箱都可以降低陈列成本，并塑造低价的形象。

海报、标牌和卡片都可以用来装饰各类陈列，包括割箱陈列和抛售箱。这些工具可以提供店内商品的位置信息，并刺激顾客购物。动态陈列（一种悬挂式陈列，其部件可以随风摆动）也具有相同的作用，但更容易引起注意。电子陈列如今也被广泛采用，它具有互动性，可以根据不同商店进行定制，提供产品演示，回答顾客问题，并具有最新的多媒体功能。这种陈列比传统陈列更容易进行重新规划。

基于无店铺零售商的视角

许多关于氛围的原理既适用于店铺零售商，也适用于无店铺零售商，但是它们之间也存在一些差异。本节将从网络零售商这一直复营销商的角度来讨论无店铺零售商的店面、内部环境、商店布局、店内陈列和收银台。

店面

对网络零售商来说，网站主页就是其店面。因此，重要的是主页必须具有一些吸引人的特征：

- 醒目地显示企业名称并表明企业的定位。
- 引人注意（“虚拟店面”必须能吸引顾客进店）。
- 简化进店过程。
- 展示所经营的各产品线。
- 使用图片作为陈列橱窗，并使用图标作为入口。
- 要有独特的外观和感觉。
- 标明零售商的电子邮箱地址、邮寄地址和电话号码。

- 表明零售商参与了社交媒体。
- 在各种搜索引擎上都可以搜索到。

内部环境

与店铺零售商一样，网络零售商的内部环境也可以营造购物氛围。网站可以采用各种背景颜色，从普通的白色到时尚的黑色。一些零售商使用音频来激发购物者的兴趣。“固定装置”体现于网站外观有多简单或精致。“通道宽度”指的是网站呈现的拥挤程度以及文字和图片的大小。内部环境还包括以下要素：

- 网站的使用说明。
- 企业信息。
- 产品图标。
- 新闻条目。
- 购物车（如何下订单）。
- 产品搜索引擎。
- 实体店的地址（适用于多渠道和全渠道零售商）。
- 购物者登录入口（适用于那些采用忠诚计划并跟踪顾客动态的企业）。

商店布局

网络零售商的商店布局包括两个部分：每个网页的布局以及页面之间的链接。网络零售商会花费大量时间规划其商店的客流。在线顾客都希望提高购物效率，如果商店的布局不合理，顾客就会失去耐心。

一些在线企业采用网格式布局，一些则使用自由流动式的网页及链接。网络零售商的主页上通常会设有产品类别目录。购物者点击图标就可以进入自己感兴趣的产品类别（部门）的页面。为了使顾客能够在网站的任何页面购买任何商品，许多零售商都提供互动式的搜索引擎，顾客只需输入产品名称或类别就会自动链接到相关网页。与实体店一样，在线零售商也会将更多陈列空间分配给热门商品和品牌，并将它们放置在最好的位置。在一些需要向下滚动的页面上，畅销商品通常会出现在页面顶部，滞销商品则在底部。

陈列

网络零售商可以陈列所有品类的商品，也可以让购物者从特定的品类中进行选择。该决策会影响网站是否拥挤、商品选择的范围以及购物者可能感到困惑的程度。在线零售商经常采用情人节等特殊的主题陈列。对它们来说，采用整体陈列是很容易的，这也便于购物者通过互动的方式组合搭配出自己的全套商品。利用图片和照片，网站还可以展示特价商品的割箱陈列和抛售箱。

收银台

网站的收款过程可能非常复杂：（1）与实体店购物者相比，在线购物者更担心交易的安全性和个人隐私问题。（2）为了完成交易，在线购物者通常需要更加卖力。他们必须谨慎地输入产品型号和数量、收货地址、电子邮箱、配送偏好及信用卡账号。他们可能还需要留下电话号码和工作职务等信息，因为一些零售商希望建立自己的数据库。（3）如果在线购物者直到付款时才发现存在运费和处理费用，他们可能会对此感到惊讶。

为了简化问题，亚马逊网站开发了一种获得了专利的收款流程，这已成为它的一项主要竞争优势。亚马逊的“一键购物”（“1-Click”）使购物者能够安全地保存其收货地址、配送偏好及信用卡信息，他们在每次购物时只需点击一下就可以生成订单。

特殊考虑

在此探讨另外两个问题：如何创建适当的网站？与传统实体店相比，网络商店具有哪些优势和劣势？

新创立的网络零售商往往在网站设计或商店设计和布局方面缺乏经验。这些企业通常会雇用专业机构设计其网站。随着业务增长，它们可能会自己进行网站设计。以下是几家专门为小型零售商设计在线商店的公司：Easy Store Creator（www.easystorecreator.com）、Volusion（www.volusion.com/ecommerce-web-design）、Webfodder（www.webfodder.com）和 Wix（www.wix.com/ecommerce/website）。Wix 公司的网络商店设计和托管费用低至每月 17 美元（如果提前支付一年费用）。

与实体店相比，网络商店具有以下优势：

- 拥有大量的空间（内存）来展示商品品类、陈列和信息。
- 可以为顾客量身定制。
- 可以每天（甚至每小时）进行修改以反映需求变化、供应商的新产品以及竞争对手的行为。
- 便于购物者进行交叉购买和冲动购买。
- 购物者能够在几分钟内进出网络商店。
- 是企业运营的社交媒体网站的良好门户。

网络商店也存在一些劣势：

- 可能会令人困惑。购物者从进入网站到完成购买需要点击多少次？
- 无法像实体店一样展示产品的三维特征。
- 需要不断更新以反映缺货、新商品上架以及价格变化。
- 购物者更有可能什么都不买就离开商店，因为他们可以很容易地访问其他网店。
- 对网络连接不畅的购物者来说可能速度太慢。随着图片和视频的增加，这种情况更加严重。（注：随着宽带连接的广泛应用，这在今天已不是什么大问题。）

促使顾客花更多时间购物

零售人类学（retail anthropdogy）先驱帕克·昂德希尔（Paco Underhill）建议零售商要促使消费者在店内停留更长时间，因为购物时间（不包括排队等候的时间）与总支出直接相关。对在线零售商和店铺零售商进行的许多研究都支持这一见解，这些零售商试图通过体验活动和购物环境使消费者的购物之行时间更长。[19] 我们的博客（www.bermanevansretail.com）提供了许多这方面的帖子。

促使顾客花更多时间购物的策略包括体验式销售、解决方案式销售、增强的购物体验、零售商品牌联合及愿望清单计划。

体验式销售（experiential merchandising）试图通过有效地促进顾客参与，将被动的购物行为转变为互动性更强的活动。例如，英国的时尚零售商 TopShop 的店内顾客可以使用 Occulus Rift 头戴式显示器观赏伦敦时装秀，然后从 TopShop 的系列产品中进行选购。[20]

雅诗兰黛公司旗下的 Origins 商店鼓励顾客试用新产品、在店内自拍，并流连于舒适的座椅。威廉姆斯 – 索诺玛开办烹饪班，A. C. Moore 每周为顾客提供工艺课程。当地的美容商店可以聘请化妆师向店内顾客展示如何使用化妆品和新的美容产品。免费的食品试吃（Trader Joe's 商店）、现场音乐（Urban Outfitters 商店）和产品小样（Lush 商店）都能吸引顾客，激发他们的购买欲望。一些商店在店内各个区域喷洒清香剂。[21]

解决方案式销售（solutions selling）采取以顾客为中心的方法，提供的是“解决方案”而非“产品”。它比交叉商品经营更进了一步。每到假期，一些零售商就按价格（“低于 25 美元、低于 50 美元、低于 100 美元、100 美元以上”）而非产品类别将礼品组合在一起销售，这为那些有支出预算但不知该买什么的购物者提供了一种解决方案。许多超市都销售全熟套餐，顾客拿回家加热一下就可以享用，这就解决了“晚餐吃什么”的问题，而不需要消费者自己去挑选食材。

增强的购物体验是零售商尽一切可能减少顾客的烦恼，并使其购物之行变得愉快。考虑到消费者面临的所有零售选择，零售商必须尽其所能，以免购物者遭遇不愉快的体验。雀巢奈斯派索咖啡公司（Nestle Nespresso）的一些精品店让顾客可以体验到一种经过重新设计的、增强的、提供一对一人员服务的咖啡购物体验，这些店内都设有开放空间，还有奈斯派索咖啡专家分享专业知识、提供品尝，为顾客提供建议。这些专家使用移动技术，根据每位顾客的购买历史、场合及心情来推荐和制作咖啡饮品，帮助他们探索和提升咖啡体验。这些精品店也都采用了射频识别技术，顾客可以方便地购买奈斯派索咖啡杯套而无须与员工互动。同时，这些商店还为在线和移动订单提供了取货台。[22]

零售商还可以通过以下几种方式提供增强的购物体验：拓宽通道，顾客不会感到拥挤；添加长凳和椅子，主要购物者的陪伴者可以在那里休息；利用信息亭刺激冲动购买并回答顾客的问题；开辟儿童活动区域（如宜家的游乐室）；开设更多收银台。经数十年的实践证明，哪种购物辅助工具在增强购物体验方面最有效呢？这就是不起眼的购物车。

带有扫描仪的增强型购物车有助于零售商实现无损耗的移动自助结账功能，并为顾客提供了便利。顾客将商品放入购物车之前，可以使用手机上的零售商应用程序扫描每件商品。购物车上的扫描仪可以找到并显示商品名称及其价格，还可以将购物车链接至顾客的忠诚计划 / 移动应用程序账户。这些信息是通过蓝牙传输的，购物车与移动应用程序可以自动同步所有经过扫描的商品，如果顾客移除一件商品，购物车也会将其从已扫描商品清单中移除，并从总金额中减掉，手机上的应用程序也会相应地进行更新。购物车底部的压力感应器可以防止顾客未经扫描就将商品放入购物车，蜂鸣器会不断鸣叫，提醒顾客扫描这些商品。[23]

现在，越来越多的企业开始参与品牌联合，即两家或更多的知名零售商将商店设在一起（或使用同一网站），以分担成本、刺激消费者更频繁地光顾，并吸引那些偏好不同的消费者一起购物。以下是几个例子：赛百味将商店开在沃尔玛，星巴克进驻巴诺书店，唐恩都乐与芭斯罗缤冰激凌联合开店，许多小型零售商都通过亚马逊网站销售商品。共用同一店址的多品牌食品零售商非常吸引顾客，因为顾客可以在同一地点从不同的菜单上点餐而无须分别选择每家连锁店。百货商店里的咖啡店和餐馆可以增强整体购物体验，延长顾客的店内停留时间，因为他们无须离开商店就可以在购物过程中稍事休息，还可以提高非计划购买的可能性以及每平方英尺的销售额。[24]

越来越多的零售商正在采用的另一个策略就是愿望清单计划。这种方法扩展了存在已久的结婚礼物清单的概念，几乎可以用于任何产品或生活事件。网络零售商（以及多渠道 / 全渠道零售商）使用愿望清单的效果最为显著，顾客可以为自己想要从特定商店或购物中心购买的礼品制定一份购物清单。亚马逊网站的顾客将其愿望清单用作一种记忆辅助工具。一些顾客利用愿望清单将备选商品保存起来，这样他们就可以很容易地对商品进行评估和筛选，然后做出选择。另一些顾客则将其用作未来购物的“留待后用”清单。还有一些顾客创建愿望清单的目的是将其通过电子邮件发送给朋友和家人，或者在 Facebook 或 Twitter 上发布链接，给他们提供礼物建议。亚马逊网站会针对每位顾客的愿望清单数据为其未来的愿望清单提供个性化建议，同时还会分析所有顾客的汇总数据，应用于其商品决策的预测分析。[25]

社区关系

零售商与周边社区的互动方式对其形象和绩效都存在重大影响。零售商可以采取下列针对社区的活动来提升形象：

- 确保商店为残障购物者提供无障碍设施，并严格执行残障人士停车规则。
- 通过回收垃圾和清洁街道表现出对环境的关心。
- 支持慈善事业，并在企业网站上声明。
- 参与禁毒计划。
- 雇用当地居民。
- 为老年人等特殊群体开展特价活动。
- 赞助美国少年棒球联盟（Little League）等组织的青少年活动。
- 与社区规划团体合作。
- 为学校捐款和 / 或捐赠设备。
- 仔细检查身份证件是否符合最低购买年龄的要求。

每年，7–11 商店都会进行大量的慈善捐款和捐物，支持那些旨在解决文盲、阅读、犯罪和跨文化交流等问题的计划，它还为美国各地的食物赈济处捐献了数十万磅的食品。沃尔玛、凯马特和 Big Lots 等众多零售商参与了各种禁毒计划。巴诺书店、塔吉特等一些零售商参与了全国性的扫盲计划。巨人食品是向所在社区的学校捐赠资金和设备的连锁超市之一。

与零售战略规划的其他方面一样，任何规模和类型的零售商都可以开展社区关系活动。许多零售商都利用公益营销来实现自身形象及产品的差异化，并在竞争激烈的市场中赢得顾客忠诚。零售商可以选择其顾客可能会支持的非营利合作伙伴或慈善事业，如超市与食物赈济处、宠物商店与动物收容所等。有时，慈善组织会向零售商提供访问权限，零售商也可以向慈善机构捐赠一定比例的销售额或利润。

零售商的一些公益营销活动可能会遭到顾客的质疑。研究表明，个人提出的捐赠呼吁（例如，收银员在收款过程中请求购物者向慈善机构捐款）比集体呼吁（例如，使用商店的公告系统请求购物者购买步行马拉松或高尔夫郊游的入场券）更有可能遭到质疑。[26] 总部位于马萨诸塞州的乔丹家居（Jordan's Furniture）与一家非营利组织合作，在其商店举办一年一度的"领养选择"（Adoption Option）野餐活动，家庭可以在州立寄养中心见到这些孩子，并了解更多关于收养他们的信息，该公司还常年参与其他非营利组织的衣物和家具募捐活动。[27]

关键术语

社交媒体（social media）
氛围/气氛（atmosphere/atmospherics）
视觉商品经营（visual merchandising）
店面（storefront）
招牌（marquee）
死角（dead areas）
规划图（planogram）
功能型产品组（functional product groupings）
购买动机型产品组（purchase motivation product groupings）
细分市场型产品组（market segment product groupings）
储存型产品组（storability product groupings）
直线（网格式）客流动线（straight (gridiron) traffic flow）
曲线（自由式）客流动线（curving (free-flowing) traffic flow）
标准库存法（model stock approach）
销售效率法（sales-productivity ratio）
购买点陈列（point-of-purchase (POP) display）
分类陈列（assortment display）
主题陈列（theme-setting display）
整体陈列（ensemble display）
挂架陈列（rack display）
柜式陈列（case display）
割箱陈列（cut case）
抛售箱（dump bin）
体验式销售（experiential merchandising）
解决方案式销售（solutions selling）

讨论题

1. 为什么零售商有时很难将其形象传递给消费者？举一个形象模糊的餐馆的例子。
2. 销售新电脑的商店应如何树立一种价值导向型零售形象？销售二手电脑的商店又应如何树立这种形象？
3. 定义氛围的概念。它与视觉商品经营的概念有何区别？
4. 商店外观的哪些方面是零售商可以控制的？哪些是不可控制的？
5. 解释销售空间、商品空间、员工空间和顾客空间的含义。
6. 为附近的一家银行设计一份规划图。
7. 为一家在线男装零售商设计购买动机型产品组。
8. 哪些商店不应该采用曲线（自由式）布局？解释你的答案。
9. 访问PetsMart公司的网站（www.petsmart.com），对其店面、内部环境、商店布局、陈列和收银台进行评价。
10. 一家邻里涂料商店应如何进行解决方案式销售？
11. 你是否赞同高档零售商不提供店内购物车的决策？你会建议哪些可行的替代方案？解释你的答案。
12. 为一家连锁药店制订一份社区关系计划。

第19章

促销策略

学习目标

- 探讨零售促销的范畴。
- 研究零售促销的要素：广告、公共关系、人员销售和销售促进。
- 讨论零售促销策略的制定步骤：确定目标、编制预算、选择促销组合、实施促销组合，以及审查和修订计划。

零售商促销策略的要素包括广告、公共关系、人员销售和销售促进，这些是本章将要讨论的主题。

22squared 公司（www.22squared.com）的执行副总裁兼业务发展与合作总监克里斯·塔夫（Chris Tuff）表示，寻找下一个热门平台的营销人员应该考虑尝试 Imgur，Kik，Yik Yak 和 Venmo 等社交媒体应用程序。塔夫认为，在这些热门应用程序上创建的活动可以产生先发制人的宣传效果。

Imgur（http:imgur.com）允许用户上传任何类型的媒体文件并可以与 Reddit（https://www.reddit.com）等网站无缝共享。该应用程序还可以保存内容。Kik（www.kik.com）是一种信息传递应用程序，可以向朋友和群组发送文字消息和视频等内容。Yik Yak（www.yikyak.com）是一种匿名信息发布板，在大学校园里特别受欢迎。Venmo（http://venmo.com）是一种个人财务应用程序，允许用户通过互联网即时汇款。

美国大约 40% 的青少年使用 Kik，数百万消费者使用 Imgur。Yik Yak 用户遍布全美 2 000 多所大学校园。Venmo 在付款和分摊付款（如分摊出租车费）方面特别受欢迎。[1]

资料来源：Stuart Miles/Shutterstock. Reprinted by permission.

概　述

零售促销（retail promotion）是指零售商为了就该企业的任何方面告知、说服和/或提醒目标市场而进行的一切传播活动。本章第一部分详细研究零售促销的要素；第二部分重点讨论零售促销策略的制定步骤。

对全球第二大比萨公司——达美乐比萨（Domino’s Pizza）来说，促销策略对其品牌资产至关重要。该公司的零售促销方法在很大程度上取决于其零售定位战略及竞争激烈的市场环境。达美乐通过在各种媒体渠道投放大量广告来提升其品牌在消费者心中的地位，通过与可口可乐等知名品牌建立营销联盟来强化其品牌形象。达美乐在美国的特许加盟店和公司直营店每年在全国性、合作性和地方性广告上投资约 3 亿美元。达美乐的国内商店必须将其年零售总额的 6% 用于全国性的营销和广告活动。这些资金用于媒体购买、市场调研、现场宣传、公共关系、广告制作、人才费用以及其他品牌推广活动。除了开展全国性以及市场级别的广告活动，这些国内商店还需要在当地的营销活动上额外投入资金。[2]

零售促销组合的要素

零售促销的要素包括广告、公共关系、人员销售和销售促进。本节讨论各要素的目标、利弊和基本形式。良好的促销计划必须以整体战略为基础对这些要素加以整合。例如，电影院应注重广告和销售促进（如食品陈列），高档专业店则应强调人员销售。

零售商在促销上投入了大量资金。例如，百货商店通常将销售额的 4% ~ 5% 用于广告支出，将 8% ~ 10% 用于人员销售及各种支持服务。大多数连锁百货商店还大力投资于销售促进，并利用公共关系进行有利的宣传以及回复媒体的信息要求。我们的博客（www.bermanevansretail.com）提供了一些关于零售促销组合的帖子。

广告

广告（advertising）是指由特定赞助商付费，通过店外大众媒体进行的非个人宣传方式。该定义的四个方面需要加以澄清：

1. 付费形式：这一点将广告与公众宣传（公共关系的要素之一）区分开来，在公众宣传中，零售商无须为传递信息所占用的时间和空间付费。

2. 非个人宣传：广告中的标准信息是传递给整体受众的，不会因个别顾客而进行调整（涉及网络的情况除外）。

3. 店外大众媒体：这些媒体包括报纸、广播、电视、网络以及其他大众渠道，但不包括个人接触。店内宣传（如商品陈列）则被视为销售促进。

4. 特定赞助商：与公众宣传不同，广告中清楚地注明了赞助商的名字。

在美国的零售商中，亚马逊公司的年度广告费用是最高的，接近 40 亿美元，不过，这仅仅相当于其全美零售总额的 3.5%。亚马逊公司采用的零售促销策略包括有针对性的在线广告、电视广告、公共关系、联营计划（当参与者的顾客推荐带来产品销售时，参与者就会获得佣金）、与供应商的合作广告、价格促销（如对当前购买提供特定百分比的折扣），以及在达到最低当前购买金额的条件下为将来购买提供的折扣等。[3] 表 19－1 显示了不同类型零售商的广告费用占比。

表 19－1　美国特定类型零售商的广告费用占销售额的百分比

零售商类型	广告费用占销售额的百分比（%）[a]	广告费用占毛利润的百分比（%）[b]
游乐园	6.2	13.0
服装和配饰商店	3.5	9.3
汽车和家居用品商店	1.2	2.5
百货商店	4.2	12.7
药店和专业店	0.4	2.0
餐馆	2.5	9.5
家庭服装店	2.1	5.8
食品商店	2.3	6.6
食品杂货店	0.8	3.0
业余爱好、玩具和游戏商店	3.3	8.6
酒店和汽车旅馆	1.4	5.2
珠宝店	5.5	11.5
木材及其他建材零售店	1.4	4.0
杂项家具和固定装置商店	0.5	1.0

续表

零售商类型	广告费用占销售额的百分比（%）[a]	广告费用占毛利润的百分比（%）[b]
广播、电视及消费电子产品商店	1.8	7.8
房地产经纪商和管理商	4.7	14.1
鞋店	2.3	6.4
杂货店	0.9	3.3
视频租赁商店	9.4	11.1

a. 广告费用占销售额的百分比 = 广告费用 / 净销售额。

b. 广告费用占毛利润的百分比 = 广告费用 /（净销售额 – 商品销售成本）。

资料来源：Based on material in Schonfeld & Associates, “2015 Advertising-to-Sales Ratios and Budgets.” Reprinted by permission.

零售商与制造商的广告策略的差异

与制造商相比，零售商（全国性连锁店和在线企业除外）的目标市场通常在地理位置上更加集中，这意味着零售商可以更好地适应当地消费者的需求、习惯和偏好。但是，这些零售商无法像制造商那样轻易地利用全国性媒体。只有大型零售连锁企业和特许经营企业才在全国性电视节目上做广告。不过，直复营销（包括网络营销）是个例外，因为即使是小型企业，当采用直复营销时，其商圈在地理位置上也是分散的。

零售广告强调即时性。为个别商品进行促销和做广告的时间都很短。制造商通常更关注培养消费者对本企业品牌的有利态度。

许多零售商会在广告中强调价格，制造商通常强调产品的关键属性。此外，零售商经常在一则广告中展示多个不同的产品，制造商可能会尽量减少在一则广告中提及的产品数量。

零售商的媒体费率往往较低。由于这个原因，以及许多制造商和批发商对广泛分销的渴望，零售广告的成本有时会由制造商或批发商与零售商共同分担。两个以上零售商之间也可以分摊广告成本。这两种方法都属于**合作广告**（cooperative advertising）。

目标

零售商可以从下列目标中选择一个或多个，并据此进行广告宣传：

- 提高短期销售额。
- 增加客流量。
- 树立和 / 或提升零售形象。
- 向顾客提供有关商品、服务和 / 或企业属性的信息。
- 减轻销售人员的工作。
- 刺激对自有品牌的需求。

利弊

广告具有以下主要优点：

- 可以吸引大量受众。对于印刷媒体，读者之间的传阅可以起到补充发行量的作用。
- 每位观众、读者或听众的成本都很低。

● 有多种可供选择的媒体（包括社交媒体），零售商可以针对目标市场选择媒体。

● 零售商可以控制信息的内容、图形、时长和大小（或长度），可以将特定格式的标准化信息传递给整体受众。

● 印刷媒体上的信息可以得到目标市场的反复研究。

● 广告通常会被节目内容（如电视节目、新闻报道等）包围，这可以提高广告的可信度和被阅读的可能性。

● 广告使顾客能够在购物前就对零售商及其产品有所了解，因此零售商可以采用自助服务或减少服务。

广告也有以下主要缺点：

● 标准化信息缺乏灵活性（具有互动性的网络信息除外），这些信息无法针对个别顾客的需求。

● 有些媒体需要大量的投资，小型企业可能无法采用。

● 媒体的影响力可能会波及广泛的地理区域，这对零售商而言也许是一种浪费。例如，小型连锁超市可能会发现，只有 30% 的受众居住在其商圈内。

● 有些媒体在投放广告前需要较长的前置期，这会降低零售商宣传爆热商品或对某些时事主题做出反应的效果。

● 有些媒体的丢弃率较高。例如，宣传册有可能未经阅读就被丢弃了。

● 30 秒的电视广告片或篇幅很小的报纸广告无法提供大量详细信息。

广告的上述特征具有普适性。接下来讨论具体媒体的利弊。

媒体

零售商可以从表 19－2 中列出的各种媒体中进行选择，接下来对此详细讨论。

表 19－2　广告媒体比较表

媒体	市场覆盖面	适用对象
电视	电视台周边的特定市场区域	具有广泛吸引力的商品和服务零售商
日报	一个社区或整个大都市区；各地可能会有不同版本	所有大型零售商
周报	通常是一个社区，也可能是一个大都市区	有明确的当地市场的零售商
购物导报	一个社区内的大多数家庭，也可能覆盖一个大都市区	邻里零售商和服务企业
网络	覆盖面广泛，甚至是全球范围	各种类型的商品和服务零售商
电话簿	电话簿所服务的地理区域或职业领域	各种类型的商品和服务零售商
直接邮件	由零售商控制	新成立和发展中的企业；使用优惠券或特价销售的企业；邮购企业
广播	广播电台周边的特定市场区域	针对特定细分市场的零售商
交通工具	交通系统所服务的城市或大都市社区	交通路线附近的零售商，尤其是那些吸引通勤者的零售商
户外广告	整个大都市区或一个社区	娱乐和旅游零售商；知名企业
地方性杂志	整个大都市区；各地区可能会有不同版本	餐馆；娱乐企业；专业店；邮购企业

续表

媒体	市场覆盖面	适用对象
传单 / 宣传册	一个社区	餐馆；干洗店；服务站；其他邻里企业
社交媒体	覆盖面广泛，甚至是全球范围	各种类型的商品和服务零售商
移动应用广告	当地以及特定地理位置的区域	各种类型的商品和服务零售商

报纸（包括日报、周报和购物导报）是受许多零售商青睐的媒体。其优点在于市场覆盖面适当、前置期短、费用合理、灵活性高、有效时间长、可以使用图片以及与报纸内容具有关联性（广告通常靠近专栏或文章）。其缺点在于可能引起浪费（发行区域超出了必要范围）、零售商之间存在竞争、只有黑白色以及感官吸引力小于电视。为了保持主导地位，许多报纸都对图片进行了修改，一些报纸还可以刊登彩色广告。今天，免费分发的购物导报（“省钱报”）非常受欢迎，因为它们几乎没有新闻内容，并且可以分发给某个地理区域内的所有家庭。

由于全国性和地区性零售商的崛起，电视广告的重要性有所提高，但在零售促销支出方面，电视广告远远落后于报纸，并且面临着来自数字（网络）广告的激烈竞争。电视广告的优点包括信息效果强烈、市场覆盖面广泛、富有创造性以及与电视节目具有关联性（对赞助商而言）。其缺点包括费用起点高、观众得不到充分利用、内容必须简洁且需要不断重复以及非赞助商可利用的黄金时段有限。由于有线电视比传统电视台更具针对性，它对当地零售商非常有吸引力。

从广告的角度来看，在线零售商可以利用网络广告来提升知晓度并开展电子商务。店铺零售商则可以通过网络向顾客提供店址信息、描述所经营的产品、鼓励人们订阅商品目录等。零售商可以通过两种方式接触顾客：在搜索引擎和其他企业的网站上做广告；在自己的网站上与顾客沟通。网络广告一直在快速增长，并在可预见的未来继续保持这种态势。

在白页电话簿（印刷版或在线版）中，零售商可以免费地按字母顺序被列入所有电话用户（商业用户和非商业用户）的列表中。与黄页电话簿（印刷版或在线版）相比，白页的主要优点在于：消费者只知道某个企业的名称，但不会接触到其竞争对手。其主要缺点在于：它是按字母顺序排列的而不是像黄页那样按业务类型排列。例如，不熟悉维修服务的消费者通常会在黄页的“维修”目录下搜索零售商。在黄页中，企业需要付费才能被列入其所在类别的列表中（如果需要，还可以发布广告）。大多数零售商都会在黄页上做广告。黄页的优点包括它得到了购物者的广泛使用以及可使用的时间较长（一年以上）。其缺点包括零售商可能无法获得知晓度以及发布新广告的前置期较长。（注：越来越多的消费者转向使用在线电话簿而弃用了印刷电话簿。）

采用直接邮件时，零售商可以通过邮件（包括电子邮件）或私人配送公司向顾客寄送商品目录或广告。其优点包括目标受众明确、形式具有针对性、成本可控、反馈迅速以及可以附带搭售广告（包括随账单寄送的广告）。其缺点包括丢弃率高（“垃圾邮件”）、在某些消费者心中的形象不佳、回复率低以及邮寄名单过时（地址可能已经变更）。

广播仍然被许多零售商采用。其优点包括成本较低、对驾车者和乘客而言是一种有价值的媒介、能够使用市场细分、前置期较短以及覆盖面广泛。其缺点包括没有视觉效果、需要不断重复、内容必须简洁以及可能造成浪费。近年来，零售商对广播的使用有所增加。

交通工具广告通常用于拥有公共交通系统的地区。公共汽车、火车和出租车都可以用来展示广告。其优点包括对受众具有吸引力、市场覆盖面广泛、重复性很高以及可以按地理位置划分市场。其缺点包括广告拥挤杂乱、受众的注意力分散、在较小的区域内难以利用、受交通线路的限制以及容易被涂鸦遮盖。许多零售商还在自己的运输工具上做广告。

零售商有时使用户外（广告牌）广告，它们可以将海报和标牌展示在公共场所、建筑物和高速公路旁。户外广告的优点包括广告面积大、曝光频率高、成本较低以及可以为新顾客指引方向。其缺点包括广告拥挤杂乱、受众的注意力分散、可传递的信息有限以及会受到一些禁止户外广告的法规的限制。

杂志（印刷版和在线版）广告被零售商广泛采用的原因有三点：大型零售连锁店数量增加；区域性和地方性杂志的创建；无店铺零售商和全渠道零售商对杂志的使用。杂志广告具有以下优点：可以针对特定市场、富有创造性、与内容具有关联性、信息可使用的时间长以及色彩丰富。其缺点包括前置期较长、消费者阅读欲望不强、存在浪费以及读者数量不断减少。

单页（传单）或多页（宣传册）广告可以在停车场分发，也可以直接送到消费者家里。其优点包括目标受众明确、费用低、灵活性高以及速度快。其缺点包括丢弃率高、在某些消费者心中的形象不佳以及广告拥挤杂乱。传单适用于小型零售商，宣传册则适用于大型零售商。

社交媒体已经成为许多零售商网站的数字枢纽。对许多没有网站的小型零售商来说，Facebook 等社交媒体是它们开展网络业务的唯一数字平台。社交媒体广告具有以下优点：可以与顾客建立互动关系；通过分享图片（Instagram 和 Pinterest）、视频（YouTube）以及信息和促销活动（Facebook 和 Twitter），可以在销售过程中为顾客提供刺激和建议；可以提供顾客服务（Yelp）；可以根据消费者的社交媒体资料（Facebook 和 LinkedIn）确定新顾客。其缺点包括为了获得顾客“点赞”而竞争激烈、可能遭到负面评论、缺乏方法来衡量其对销售额的影响。

移动应用程序可由零售商或第三方零售中介（如网上订餐平台 OpenTable）开发，顾客可以从苹果手机、安卓手机或 Windows 手机上下载。移动应用广告具有以下优点：能够增加商店的客流量；可以提供个性化的地理定位信息以及限时促销活动（手机短信服务、Snapchat）；可以提升店内体验（家得宝、诺德斯特龙）；可以提供店外产品互动机会；可以通过智能手机完成订购、支付和购买而无须与零售销售人员互动。其缺点在于技术限制和隐私问题。

许多仅在智能手机上使用的创新应用程序（如第一个移动购物视频网络应用 MikMak）重新定义了冲动购买。MikMak 为其零售客户制作了许多 30 秒的视频（“微型广告片”），这些视频结合了幽默与音乐元素，可以在应用程序上执行一键订购和支付，并由卖家直接配送。[4] 零售商还在尝试将电子商务聊天机器人与一些社交媒体信息交换应用程序结合使用，如 WhatsApp，Facebook Messenger，Slack 和中国的微信（WeChat）。聊天机器人可以模拟人类对话，帮助顾客搜寻产品、提供备选产品建议，并提供应用程序内的订购和支付帮助来完成购买。[5]

类型

广告可以按内容和付费方式加以分类（见图 19－1）。先锋型广告以知晓度为目标，并据此提供信息（通常是关于新企业、新产品或新店址的信息）。竞争型广告以说服为目标。提示型广告针对的是忠诚顾客，重点宣传使零售商获得成功的那些属性。公益型广告旨在让公众记住零售商的名称，并不侧重于产品或服务的销售。公共服务信息就属于公益型广告。

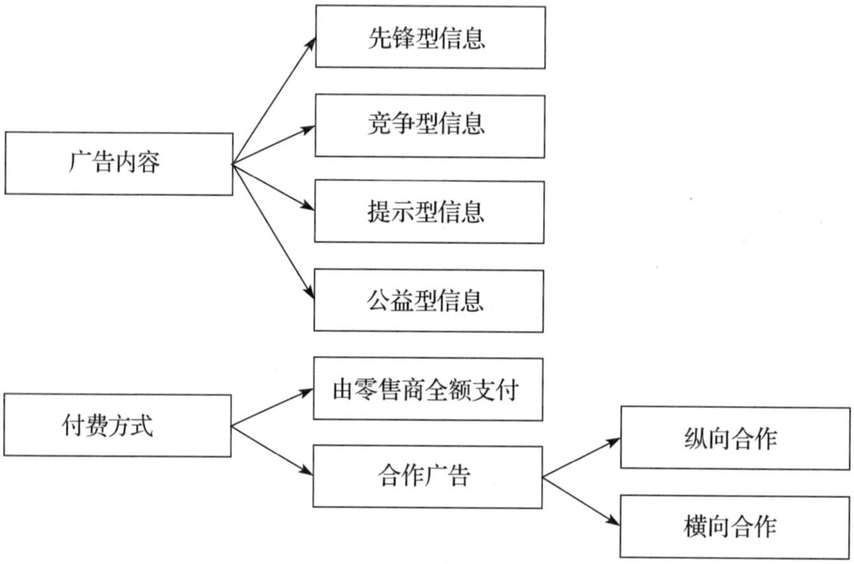

图 19－1　广告的类型

在投放广告时，零售商可以自己支付费用，也可以寻找合作伙伴。采用自己付费方式时，企业拥有全部控制权并承担全部成本。采用合作方式时，两家以上企业分摊成本并共同决策。[6] 在美国，每年用于合作广告的支出高达数十亿美元，其中大多数采用的是纵向协议。

采用**纵向合作广告协议**（vertical cooperative advertising agreement）时，制造商与零售商或批发商与零售商共同分担广告成本。各方的责任在协议中加以规定，并且零售商通常在广告投放后才会得到制造商或批发商的费用补偿。纵向合作广告受《罗宾逊－帕特曼法案》约束，制造商或批发商必须按比例与所有零售商达成类似的协议。对零售商来说，其优点是可以降低广告成本、获得广告制作方面的协助、市场覆盖面更广以及计划时间较短；其缺点是控制权降低、灵活性较差以及独特性受限。一些零售商担心的是加入协议的资格要求以及广告中对供应商名称的强调。因此，制造商和其他供应商正在提高灵活性，并对零售商的担忧给予更多体谅。

采用**横向合作广告协议**（horizontal cooperative advertising agreement）时，两个或更多零售商共同分担广告成本。横向协议通常用于小型非竞争性零售商（如独立的五金店）、同一购物中心内的零售商以及同一家企业的特许加盟商。其优点和缺点与纵向协议类似。它的另外两个有利之处在于：零售商与媒体打交道时拥有讨价还价的能力，多家零售商的合作也会产生协同效应。

零售商在规划合作广告策略时应考虑以下问题：

- 在商品和特殊要求方面，什么样的广告符合条件？
- 各方承担广告费用的比例是多少？
- 广告何时可以投放？采用哪种媒体？
- 对信息内容是否有特殊规定？
- 为了获得广告费用补偿需要提供哪些文件？
- 各方如何受益？
- 合作广告是否不利于零售商树立形象？

公共关系

公共关系（public relations）是指零售商为了在公众（消费者、投资者、政府、渠道成员、员工和普通大众）中树立良好形象而进行的一切传播活动。它可以针对公众或个人，可以采取付费或免费方式，可以由赞助商控制或不受赞助商控制。**公共宣传**（publicity）是指通过大众媒体传播信息的任何非个人形式的公关活动，媒体提供的时间和空间都是无偿的，也没有特定的商业赞助商。

广告与公共宣传的基本区别在于公共宣传是免费的。因此，公共宣传难以控制。一家商店开张的消息可能不会出现在媒体上，可能事后才出现，也可能不是以企业所期望的形式出现。但对购物者来说，公共宣传通常更可信、更有价值。广告与公共宣传（公共关系）应该相辅相成。因此，在某些情况下，零售商最好在投放广告前争取先获得正面的公共宣传。

公共关系对大型和小型零售商都有利。大型零售商通常会投入大量资金用于宣传活动，如梅西百货的感恩节游行。小型企业则可以在有限的预算内创造性地引起关注。例如，它们可以举办书籍作者签售活动，赞助学校的运动队，以及向慈善机构免费提供商品和服务等。

现在，社交媒体对零售商的公共关系活动及其获得的公共宣传具有重大影响。例如，互动性极高的博客网站（有些由零售商自己运营）目前在全球范围内的数量已高达 3 亿，这些网站可以迅速传播信息。作为影响者的博主可能代表着真正的顾客，因为他们能够接触到目标受众，他们讲述的故事和提出的观点也可以得到其关注者的信任。他们可能会激发顾客积极参与，影响其购买决策，帮助零售商提高库存投资毛利率，进而对零售商的其他营销活动起到补充作用。博客行业日益正规化，有时被称为“影响者营销”。最近的博主调查结果表明，随着零售商责任的增加和衡量指标的改进，博主行为正在发生变化。[7]

- 撰写博客曾经只是一种业余爱好，如今，它已经成为一些人的职业，成功的博主可以获得可观的收入。越来越多的博主选择在正常工作时间发帖而不是在业余时间或假日。尽管人数很少（占 16%），但一些博主为客户撰写的帖子比为自己撰写的还多。半数以上的博主会代表客户发布内容。博主的类型包括爱好者博主、专业博主、公司博主（代表他们就职的公司撰写博客）和企业家博主（代表自己的企业撰写博客）。
- 据 Alexa.com，Blogmetrics（www.blogmetrics.org）等几家博主影响力测量服务企业的文件证明，博主之间的竞争非常激烈。对排名在前的博主来说，即使很小一部分帖子得到浏览，也会对其总体访问量和关注者人数产生极大影响。

● 大多数活跃的博主至少每周都会发帖，有些为不止一个博客撰写帖子。与其他博主协作、为其撰稿以及回应其内容是互惠互利的，他们可以共享内容和关注者。例如，Pottery Barn 公司将其假日商品目录发送给几个具有强大影响力的博主，他们为不同的渠道创建了一系列图片和帖子。

● 传统上，近 60% 的博客帖子的字数为 500 ～ 1 000 字，但是较长的帖子（超过 1 000 字）通常能够更有效地引发对话，长篇内容越来越受欢迎。

● 每篇普通博客帖子的平均撰写时间超过 2.5 小时，其中 16% 的博主撰写每篇帖子的时间超过 4 小时，6% 的博主撰写每篇帖子的时间超过 6 小时。

目标

公共关系旨在实现以下目标中的一个或多个：

● 提高零售商及其战略组合的知晓度。

● 维持或改善企业形象。

● 彰显零售商对社区生活的贡献。

● 展示创新性。

● 以高度可信的方式传递有利于企业的信息。

● 降低总促销成本。

利弊

公共关系具有以下主要优点：

● 可以树立或提升形象。

● 信息来源更可靠（如关于一家餐馆的正面评论）。

● 信息所占用的时间和空间都是免费的。

● 可以接触到大量受众。

● 可能会产生附带效应（例如，如果一家零售商被认为是对社区有贡献的，那么其价值定位就更容易得到正面认知）。

● 与注明赞助商的广告相比，人们更关注独立（第三方）信息来源。

公共关系也有以下主要缺点：

● 一些零售商不愿意在形象宣传方面投入任何资金。

● 零售商很难控制通过特定媒体（尤其是社交媒体）发布的公共宣传信息的内容、发布时机、投放位置及覆盖面。

● 公共关系可能更适合短期规划而不是长期规划。

● 虽然公共宣传没有媒体费用，但它涉及公关人员、活动策划以及活动本身（如商店开张）的费用。

● 网络可以将一个当地的负面消息迅速传遍全球媒体。

类型

公共关系可以分为计划型与非计划型，以及形象提升型与形象贬低型。采用计划型公共关系时，零售商预先策划活动，设法获得媒体的报道，并预期一定的覆盖面。社区服务（如捐赠和特价销售活动）、节日游行（如梅西百货的感恩节游行）、热门新商品和服务的上市以及新店开张等都是零售商希望获得媒体报道的活动。此外，零售商知道其季度销售数据和年度报告的发布也会受到媒体关注。

非计划型公共关系是指媒体在没有事先通知企业的情况下对其进行报道。电视、报纸、杂志、网络等媒体可能会匿名光顾零售商的商店和网站，或者拨打客服电话，以评价其绩效和服务质量。火灾、罢工或其他具有新闻价值的事件都可能会得到报道。有关企业行为（如使用了雇用未成年劳动力的供应商）的调查报告也有可能被报道。

形象提升型公共关系是指媒体对零售商的卓越表现和社区贡献等进行正面报道。但是，媒体也有可能进行负面宣传。一则新闻可能会负面报道一家商店的开业，抨击企业的环保记录，或者直接给予批评。这正是为什么必须将公共关系视为促销组合的一个组成要素。

人员销售

人员销售（personal selling）是指以销售为目的与一位或多位潜在顾客进行的口头沟通。零售销售人员包括与购物者面对面（或通过电话）互动以说服购物者购买的任何人员。零售商采用人员销售的程度取决于其希望传递的形象、所售产品的类型、自助服务的水平、对维持长期顾客关系的重视程度以及顾客期望。零售人员可以在店内工作，拜访消费者的住所或工作场所，进行电话营销，或者与消费者实时在线聊天。

重视顾客服务的零售商必须培训出色的销售人员。原因何在？首先，零售商需要提高销售水平以加强其以顾客为中心的形象。与采用自助服务的折扣商不同，提供全面服务的零售商希望其销售人员能够频繁地与顾客互动并为他们提供建议。其次，许多零售商想要刺激交叉销售，即希望销售人员向顾客推荐相关商品。再次，销售人员可以建议前来退货的顾客尝试不同颜色、款式或质量的商品，从而“挽救销售”。最后，销售人员有助于培养顾客忠诚。图 19－2 列出了对销售人员的建议。

- 心态端正，礼貌待客。
- 对产品特性、备选产品建议、价格、企业政策等方面了如指掌。
- 了解如何利用员工授权，并在力所能及的情况下提供帮助。
- 经常问候顾客，并确保顾客与你沟通时感到自在。
- 询问顾客想要购买什么商品，并倾听其答案。
- 针对不同顾客及其需求调整你的销售方法。
- 在适当的时候，争取交叉销售相关商品。
- 不要强行销售。
- 在所有顾客互动中都要诚实守信。
- 不要与顾客争论或发脾气。
- 如果你同时与多位顾客互动，确保所有顾客都能得到你的公平关注。
- 仔细地为顾客包装商品。
- 保持部门的外观整洁，必要时进行清扫。
- 顾客退货时要保持和善，尽可能为顾客创造“无忧”的体验。

图 19－2　对零售销售人员的建议

目标

人员销售的目标：
- 说服顾客购买（因为顾客通常是看到广告后才进入商店的）。

- 刺激冲动购买商品或者销售与顾客想要购买的主要商品相关的商品。
- 完成与顾客的交易。
- 向企业决策者反馈信息。
- 提供适当水平的顾客服务。
- 维持和提升顾客满意度。
- 提高那些通过网络、邮件和电话等方式进行营销的商品的知晓度。

利弊

人员销售具有以下主要优点：

- 销售人员可以根据不同顾客的需求调整信息。
- 销售人员可以灵活地采用不同方式满足顾客需求。
- 与广告相比，顾客的时间投入更多。
- 与广告相比，受众浪费更少，大多数进入商店的人都是潜在顾客。
- 与广告相比，顾客对人员销售的响应更频繁。
- 可以提供即时反馈。

人员销售具有以下主要缺点：

- 在特定时间内只能应对数量有限的顾客。
- 与每位顾客的互动成本较高。
- 顾客最初进入商店或访问网站的诱因并不是人员销售。
- 自助服务受到了限制。
- 有些顾客可能认为销售人员没有帮助，并且咄咄逼人。

类型

大多数销售职位承担的是承接订单或获取订单的工作。**承接订单型销售人员**（order-taking salesperson）执行日常的文书和销售职能，如布置陈列、将存货放上货架、回答简单的问题、填写订单以及记录销售额等。这种类型的销售方式通常适用于那些提倡自助服务但也配备了一些现场销售人员的商店。**获取订单型销售人员**（order-getting salesperson）积极向顾客提供信息，说服其购买并达成交易。他们才是真正意义上的“销售”人员。他们通常销售的是价格较高或较为复杂的商品，如房地产、汽车和消费电子产品等。他们的销售技能比承接订单型销售人员更熟练，收入也更高。

有时，制造商可能会向销售其产品的零售销售人员提供**促销金 / 推广金**（promotional or push monies，PMs）。对销售人员来说，这是常规薪酬之外的额外报酬。许多零售商不喜欢制造商的这种做法，因为其销售人员可能不会再积极应对顾客的实际需求（如果顾客想购买的产品无法让销售人员获得促销金）。

职能

店铺零售商的销售人员需要承担图 19 – 3 所示的全部或大部分职责，接下来进行详细介绍。无店铺零售商的销售人员也需要负责增加顾客数量（通过前往居民区上门推销，或者给当地电话簿上的人打电话）。

当顾客进入商店或一个店内部门（或在家里取得联系）时，销售人员应该问候顾客。店内问候的方式通常是：“您好！需要帮忙吗？”“您好！请问您想买什么？”不论问候的方式如何，销售人员都会试图让顾客放松，与其建立融洽的关系。

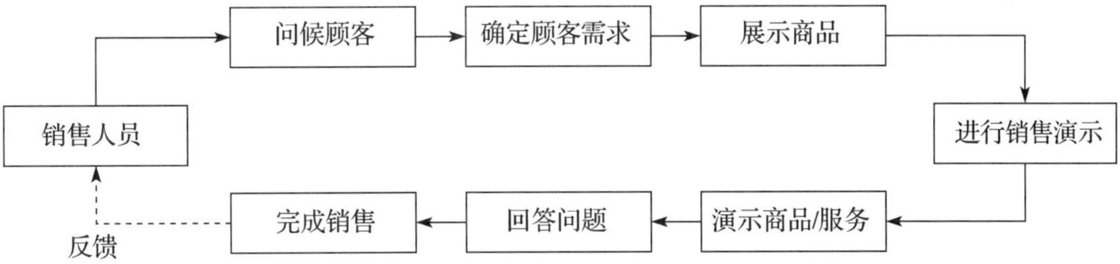

图 19－3 人员销售的主要职能

接下来，销售人员需要确定顾客的需求：购物者只是随便看看，还是有意购买特定的商品或服务？商品的使用目的是什么？购物者心中是否已有价格范围的预期？购物者还能提供哪些对销售人员有帮助的信息？

然后，销售人员可以展示商品。所选的产品要尽可能满足顾客的需求。销售人员还可以尝试说服顾客购买价格更高的商品（推荐一种更贵的商品），或者推荐替代品（如果零售商不经营顾客所需商品或缺货）。

现在，销售人员需要进行销售演示以刺激顾客购买。**千篇一律式销售演示**（canned sales presentation）是指向所有对某商品感兴趣的顾客背诵重复的销售说辞。当购物者几乎不需要协助以及销售人员流动率较高时，这种方法最有效。**需求－满意法**（need-satisfaction approach）基于每位顾客都有不同需求这一原则。销售演示应该针对不同顾客的需求。越来越多的零售商都在采用这种方法。

产品演示可以展示产品的效用并促进顾客参与。产品演示经常用于音响系统、汽车、健身俱乐部的项目和手表等商品。

顾客可能会产生疑问，销售人员必须认真解答。在回答了所有问题后，销售人员应努力说服顾客购买并完成销售。常用的结束语有："您要自己带走还是需要送货上门？""您付现金还是刷卡？""您想将这个礼物包装起来吗？"

要想出色地完成人员销售工作，销售人员必须充满热情、知识丰富、关注顾客，并具备良好的沟通技能。图 19－4 列举了导致零售交易失败的一些拙劣的人员销售行为以及避免这些问题的方法。[8]

× 对顾客了解不够。√应从顾客身上获取信息，这样才能有针对性地进行销售演示。
× 没有演示商品或服务。√展示商品或服务的用途，这样才能使顾客看到其利益。
× 未能在销售演示中投入感情。√鼓励销售人员真诚服务并关注顾客。
× 知识匮乏。√培训销售人员熟悉商品和服务的主要优缺点、了解竞争对手的产品，并能够回答顾客的问题。
× 与顾客争论。√处理顾客提出的异议时，避免与其争论，即使是顾客错了。
× 没有向顾客提出购买建议。√努力说服顾客购买相关商品（如服务合同、附属产品及安装服务）。
× 过早放弃。√如果一次尝试未能达成交易，那就再试一次。
× 缺乏灵活性。√针对顾客需求提供创造性的备选解决方案。
× 后续工作不足。√确保正确填写订单、准时配送以及让顾客满意。

图 19－4 零售交易失败的原因及其规避方法

销售促进

销售促进（sales promotion）是指广告、公共关系和人员销售以外的，可以刺激消费者购买和提高经销商效率的付费传播活动。促销活动的目的是在短期内增加销售额，有时它也可以作为一种长期策略，通过不断促销达到销售额目标。销售促进包括购买点陈列、竞赛、抽奖、优惠券、频繁购物者计划、奖品、样品、演示、推荐礼物，以及常规促销方式以外的其他限时销售努力。

促销策略的首要任务应该是通过在“黄金季节”期间以全价出售尽可能多的商品来实现利润最大化，然后以较低的价格出售剩余商品。零售商的促销日程安排通常基于其销售历史以及对当期销售的预测。零售商需要对各种促销工具的使用进行计划，通过在销售季节的不同阶段制造惊喜或紧迫感，或者提供令顾客满意的价格来提高收入。在销售季节的开始阶段，零售商可以采用一些主要促销方式来推动全价销售，如利用购买点陈列、说服顾客购买更贵的商品，以及开展宣传活动促进那些具有内在价值和独特属性的商品的销售。随着销售季节的进展，零售商需要对实际销售情况进行跟踪，将比计划更好与更坏的结果都考虑在内。然后，零售商就可以利用其他促销工具在保持利润率的同时刺激销售，如亏本商品、降价以及优惠活动（买裤子可以免费得到一件马球衫）等。[9]

News America Marketing 公司的 SmartSource 系列产品使零售商和品牌经理能够通过各种方式接触其顾客，如配送到家、店内媒体、产品试用以及数字和移动媒体。利用遍布 61 000 多家食品、药品、日用品及办公用品商店的店内媒体，零售商每月可以接触到 7 500 万个家庭。SmartSource 可以提供信息、优惠券、食谱、折扣以及各种形式的店内抽奖活动。它还提供样品，这些样品可以为那些对品牌或产品类别不敏感的顾客提供产品试用机会，促使那些“转换者”购买广告品牌而不是他们熟知的品牌，或者提醒忠诚顾客购买产品。该公司的移动解决方案包括 SmartSource Direct2Card，它被集成在零售商的移动应用程序中，消费者可以将优惠券下载到他们的会员卡中，在结账时出示会员卡，就可以自动打折。[10]

目标

销售促进包括以下目标：

- 增加短期销售量。
- 维持顾客忠诚。
- 突出商品的新颖性。
- 对其他促销工具进行补充。

利弊

销售促进具有以下主要优点：

- 通常能够引人注意。
- 可以采用独特的主题和工具。
- 消费者可以获得一些实惠，如优惠券或免费商品。
- 有助于吸引顾客和维持顾客忠诚。
- 可以增加冲动购买。
- 顾客可以享受到乐趣，尤其是在采用竞赛和演示等促销工具时。

销售促进具有以下主要缺点：

- 终止某些促销活动可能会引起顾客的负面反应。

- 老套的促销手段可能会损害零售商的形象。
- 得到强调的可能是一些不重要的卖点，而不是零售商的产品品类、价格、顾客服务等因素。
- 许多销售促进方法仅具有短期效果。
- 应该主要用作其他促销形式的补充。

类型

图 19－5 列出了销售促进的主要类型，下面分别进行阐述。购买点陈列包括旨在提高销售额的各种店内陈列。陈列可以提醒顾客、刺激冲动购买、便于自助服务，如果是制造商提供陈列，它还可以降低零售商的成本。以下数据说明了店内陈列的使用情况。

类型	描述
购买点陈列	零售商利用橱窗、地面和柜台陈列来提醒顾客和刺激冲动购买。有时，陈列由制造商提供
竞赛	顾客通过完成竞赛（游戏）争夺奖品，如填字游戏、背诵广告语或预测橄榄球赛胜负等。给出正确答案或完成游戏者就会赢得获奖机会
抽奖	与竞赛相似，但参与者只需填写申请表，获胜者是随机挑选的，不需要什么技能。直接邮购零售商经常使用这种方法
优惠券	零售商为使用广告优惠券的顾客提供特殊折扣。顾客从印刷媒体或购买点陈列处获得优惠券，在零售商那里兑换
频繁购物者计划	根据购买金额，顾客可以获得积分或折扣。累积积分就可以获得商品或服务
奖品	与频繁购物者计划相似，但零售商会立即赠予奖品，如玻璃制品、银器等。通常每次购买可以获得一套器皿中的一件
样品	为顾客提供免费试用的商品
演示	演示产品的功能，如清洁地面、搅拌食物等，也可以演示服务（如柔道指导）
推荐礼物	当现有顾客推荐了新顾客时，现有顾客就可以获得礼物
纸板火柴、钢笔、日历、购物袋等	向顾客赠送印有零售商名称的小礼品
特别活动	包括时装秀、书籍作者的签名会、艺术展及节日活动（如提供儿童游乐设施）等

图 19－5　销售促进的类型

● 据估计，美国的制造商和零售商每年在店内陈列上的支出总计超过 200 亿美元，其中约 2/3 的零售商陈列是由制造商提供的。

● 几乎所有的零售商都采用某种类型的购买点陈列。

● 餐馆、服装店、音像店、玩具店和体育用品商店的店内陈列使用率均高于平均水平。

● 零售商将销售促进预算的 1/6 花费在各种陈列上。

● 大多数美国超市的购物车上都有陈列广告。此外，数以千计的超市在其通道上方安置电子标牌，以推广其知名品牌。

竞赛与抽奖相似，它们的目的都是以大奖吸引顾客参与活动。竞赛需要顾客展示某些技能，抽奖只需要顾客参与即可，获胜者是随机抽选的。竞赛和抽奖的缺点包括成本高，需要持续使用这些工具才能使顾客继续光顾，顾客必须付出一定努力，非购物者也有可能参与进来。据估计，美国的制造商和零售商每年在竞赛和抽奖上的支出总计超过 20 亿美元。

在美国，每年分发的优惠券（正常销售价格的折扣）金额高达数千亿美元，其中食品杂货占了 2/3。消费者每年兑换约 40 亿美元的优惠券。通过处理优惠券兑换，零售商每年可以获利数亿美元。优惠券的提供方式包括周日报纸的独立插页和日报的页面、直接邮件、网站、智能手机、常规杂志以及周日新闻杂志等，它们也可以放在包装内或包装上，或通过店内的机器分发。[11]

优惠券有四个主要优点：（1）在许多情况下，由制造商支付优惠券的投放和兑换费用；（2）据调查，约 85% 的消费者每年至少兑换一次优惠券；（3）优惠券可以使消费者认为零售商提供了良好的价值；（4）通过统计优惠券的兑换量可以测量其使用效果。优惠券的缺点包括：有可能对零售商的形象造成负面影响；消费者仅在获得了优惠券后才来购物；兑换率较低；优惠券杂乱；可能会出现零售商和消费者的欺诈行为；处理成本较高。优惠券的分发数量极大，但其中被消费者兑换的不到 3%。

频繁购物者计划可以通过为持续光顾的顾客提供折扣或奖品来维系顾客关系。在大多数频繁购物者计划中，顾客可以积累积分（或其等价物），然后兑换成现金、折扣或奖品。遵循以下原则的频繁购物者计划最容易获得成功。

1. 定期收集顾客数据。这有助于零售商根据顾客的偏好及其购买历史为其定制奖励。当数据库中出现了许多“流失的顾客”时，最好的策略是立即提供奖励，鼓励这些流失的购物者再次光顾。据一项调查，商品折扣是最重要的刺激物。[12]

2. 忠诚计划的形式、奖励以及沟通方式必须得到精心设计，以与特定的顾客群体相关联。可以根据不同顾客的购买历史及浏览行为，通过移动应用程序提供定制的忠诚计划。

3. 顾客钱包里的会员卡可以不断提醒顾客特定零售商的忠诚计划所提供的权益。

4. 一个好的忠诚计划使顾客能够确切知道他们可以期待什么样的奖励，如何赢得这些奖励，以及他们获得奖励的进程，从而为顾客带来兴奋感。

5. 为了使忠诚计划达到较高的顾客参与度，奖励应该是容易获得并逐步递增的，以将更多的低价值顾客转变为高价值顾客。

6. 当更高的奖励水平为顾客提供了无形的、专有的服务和体验时，顾客将以获得了特殊的会员身份为荣。这将推动更多的重复购买，也可能对那些处于较低奖励级别的顾客起到促进作用。

7. 忠诚计划可以作为与顾客定期进行沟通的一部分。零售商可以在顾客每次购买之后向其发送后续信息，并与其频繁沟通以介绍新的奖励和特别优惠。[13]

频繁购物者计划对零售商具有以下有利之处：可以培养顾客忠诚（顾客只有在特定企业购物才能积累积分），增加顾客购买，并为零售商带来竞争优势。但是，一些消费者认为这些计划并不是真正免费的，因此他们宁愿光顾那些不提供忠诚计划的低价商店。这些购物者还认为，为了积累足够的积分以获得有意义的礼品，他们必须花费很长时间。此外，提供频繁购物者计划的零售商在与不提供此类计划的零售商进行价格竞争时，其利润率可能更低。

奖品与频繁购物者计划相似，但奖品是在顾客每次购买时赠予的。当成套的玻璃器皿、银器、盘子、餐垫等礼品每次只向购物者送出其中一件时，这种奖品最为有效。奖品有助于提高顾客忠诚度，但问题在于奖品的成本较高，结束活动存在困难，也有可能影响零售商的形象。

免费样品（如食物品尝）和演示（如烹饪课程）可以对人员销售起到补充作用。据估计，美国的商店每年在产品试用和演示上的支出超过 25 亿美元，其中大部分用于超市、会员俱乐部、专业店及百货商店。这种方式非常有效，它有助于顾客参与以及增加冲动购买。其问题在于有些顾客可能只看不买，其成本也较高。

推荐礼物可以用来鼓励现有顾客推荐新顾客。直销商（如图书和音乐俱乐部）经常采用这种方式。这种方式没有明显的缺点，它认识到了朋友关系在影响购买方面的价值。

零售商可以向顾客赠送纸板火柴、钢笔、日历和购物袋等小礼品。这种方式与奖品不同，它可以用于宣传零售商的名称。这些小礼品应作为促销的补充手段。其优点在于适合长期采用，不存在实质性的不利之处。

零售商可以利用一些特别活动来激发消费者的购买热情，如商店的开业盛典和时装秀等。当麦当劳的新店开张时，通常都会举办礼品赠送和儿童娱乐活动，麦当劳叔叔（由人装扮）也会出席。在策划特别活动时，零售商往往需要在潜在效果（提高消费者知晓度以及商店客流量）与活动成本之间进行权衡。

制定零售促销策略

图 19－6 显示了制定促销策略的系统方法，接下来进行详细阐述。我们的博客（www.bermanevansretail）提供了许多关于促销策略（包括口碑）的帖子。

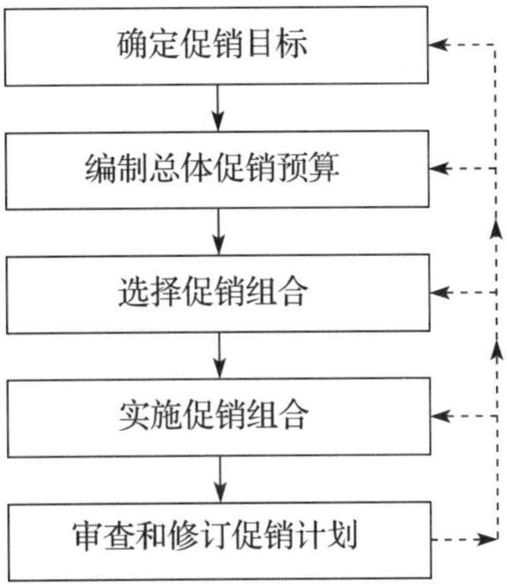

图 19－6　制定零售促销策略

确定促销目标

零售商的总体促销目标通常包括以下内容。企业在制定促销策略时，必须确定哪些目标最为重要：

- 增加销售额。
- 刺激冲动购买和提醒性购买。
- 增加客流量。
- 为销售人员寻找线索。
- 树立和加强零售商的形象。
- 向顾客提供有关商品和服务的信息。
- 宣传新店和网站。
- 利用制造商的支持。
- 增进顾客关系。
- 维持顾客忠诚。
- 鼓励消费者向亲朋好友传递有关零售商的正面信息。

至关重要的是，零售商必须尽可能阐明促销目标，从而为促销类型、媒体和信息的选择提供指导。增加销售额并不是一个具体的目标，但将销售额提高 10% 是定向的、定量的和可测量的目标。基于该目标，企业可以制订详尽的促销计划，并对结果进行评估。

或许对任何零售商来说，最为关键的长期促销目标都是获得正面的**口碑**（word of mouth，WOM），即消费者与其他人交谈时发生的口头传播，可以通过面对面、电话、电子邮件和社交媒体等方式进行。如果一位满意的顾客向朋友推荐了一家零售商，这就有可能建立起一条顾客链。如果零售商得到了大量的负面口碑（例如，“这家酒店做广告说一切费用都包括在价格内，但还是向我收取了 50 美元的高尔夫球费用！”），它就不可能成功。负面口碑会使企业失去大量生意。

无论是商品零售商还是服务零售商，都必须拥有正面口碑，以吸引新顾客和维系现有顾客。随着社交媒体的广泛应用，哪怕是一条负面帖子或推文都可以摧毁零售商多年精心打造的品牌。[14] 例如，许多已流失的网飞会员在重新订阅其服务时都可以听到或看到现有会员的口碑信息。如果网飞无法使现有会员感到满意，也就可能无法吸引到新会员，其维持和发展业务的能力也将受到负面影响。[15]

编制总体促销预算

编制零售促销预算主要有五种方法。零售商应该根据自己的要求和限制条件来权衡每种方法的利弊。现在，一些计算机软件也可以帮助企业编制预算。

采用**力所能及法**（all-you-can-afford method）时，零售商首先为战略组合中促销之外的各个要素分配资金，再将剩余资金作为促销预算。这是最消极的促销预算方法。其缺点如下：没有将促销看作重要的战略组合要素；没有将支出与目标联系起来；如果剩余资金很少或没有，促销预算就会过少或根本没有。这种方法主要由保守的小型零售商采用。

增量法（incremental method）是指根据先前的促销预算来分配资金，即在某一年的预算上加上或减去一定百分比以确定下一年的预算。如果今年的促销预算是 10 万美元，明年的促销预算就通过调整这个数值来计算。预算提高 10% 意味着明年的促销预算将为 11 万美元。这种方法对小型零售商非常有用。它可以提供一个参考点。预算的调整基于企业对过去业绩和未来趋势的感觉。这种方法也易于使用。其缺点在于预算很少与特定目标联系起来，往往依靠直觉。

采用**竞争对等法**（competitive parity method）时，零售商根据竞争对手的行动增加或减少促销预算。如果领先的竞争对手提高了预算，则该地区的其他零售商可能会紧随其后。大型和小型企业通常都可以采用这种方法，因为它使用了比较点、以市场为导向、比较谨慎。这种方法的缺点是，想当然地认为可以得到那些实际上难以获得的竞争对手数据，并且假设竞争对手都是相似的（在从业年限、规模、顾客群体、店址、商品、价格等方面）。最后一点特别关键，竞争对手的促销预算往往差异巨大。

采用**销售额百分比法**（percentage-of-sales method）时，零售商将其促销预算与收入联系起来。首先，零售商需要设定一个促销预算与销售额的比率，在随后的几年中，该比率将保持不变。例如，一家企业可以将促销成本设定为销售额的 10%。如果今年的销售额为 60 万美元，则促销预算为 6 万美元。如果明年的销售额预期为 72 万美元，则促销预算应为 7.2 万美元。这种方法以销售额为基础，可以调整，并将促销预算与销售额联系起来。但是，它没有将促销预算与目标联系起来（对一家成熟企业来说，销售额的增长可能不需要提高促销预算）；促销没有被用来推动销售；在销售低迷时期，促销预算会下降，而此时增加预算可能才会有帮助。这种方法在销售额较高时提供了过多的促销预算，在销售额较低时提供的促销资金过少。

采用**目标任务法**（objective-and-task method）时，零售商首先明确其促销目标，然后编制预算以实现这些目标。例如，零售商制定的目标可以是：经过一个月的促销活动，将自己在商圈内的知名度从 50% 提高到 70%。为了实现这一目标，该零售商需要确定所需完成的任务及其成本，见表 19－3。

表 19－3　所需完成的任务及其成本

目标	任务	成本
1. 获得职业女性的关注	连续 4 周在两个地区的周日报纸上刊登 8 个 1/4 页广告	20 000 美元
2. 获得驾车者的关注	在当地广播电台的黄金时段投放 20 次 30 秒的广播广告	12 000 美元
3. 获得步行者的关注	分发 5 000 个购物袋	15 000 美元
	总预算	47 000 美元

目标任务法是最佳的促销预算方法，因为目标明确、支出与目标相关联，还可以对促销效果进行评估。但是，制定目标及具体任务比较耗时和复杂，对小型零售商更是如此。

选择促销组合

编制预算后，零售商需要确定促销组合：将广告、公共关系、人员销售和销售促进整合起来。预算有限的企业可能会依靠店内陈列、网站、传单、有针对性的直接邮件和公共宣传来增加客流量，预算充裕的企业则更多地依靠报纸和电视广告。零售商通常会同时利用多种促销方式取长补短。例如，同时采用媒体广告和购买点陈列可能会比单独采用其中一种更加有效。

促销组合受零售商类型的影响。超市最常用的方法包括免费试用、频繁购物者计划、主题销售和优惠券等。与折扣店相比，高档商店更重视人员销售而不是广告和销售促进。表 19－4 列出了小型零售商的一些促销组合。

表 19-4 小型零售商的促销组合

零售商类型	喜欢的媒体	对人员销售的重视程度	特别考虑	促销机会
服装店	周报；直接邮件；广播；网络；外部标牌	高	可与制造商投放合作广告	为社区团体和慈善机构举办时装秀；社交媒体
汽车用品店	当地报纸；黄页；购买点陈列；网络；外部标牌	适中	可与制造商投放合作广告	直接邮件
书店	当地报纸；黄页；广播；网络；外部标牌	适中	可与出版商投放合作广告	作者签售活动；零售商的博客
投币式洗衣店	黄页；在当地发传单；当地直接邮件；外部标牌	无	无	报纸广告中的优惠券
礼品店	周报；黄页；直接邮件；网络；外部标牌	适中	无	特别活动；网络广告
美发美容店	黄页；专题评论；外部标牌	适中	口碑传播是关键	参与时装秀；免费美容咨询
保健食品店	当地报纸；购物者；购买点陈列；网络；外部标牌	适中	无	陈列橱窗
餐馆	报纸；广播；网络；黄页；娱乐指南；外部标牌	适中	口碑传播是关键	评论专栏中的文章；特别活动

面对零售商的促销努力，消费者的反应通常会经历一系列过程，这称为**效果层级**（hierarchy of effects），即消费者会经历知晓→了解→喜欢→偏好→确信→购买这一过程。每一步都需要不同的促销组合。广告和公共关系最适用于提高知晓度；人员销售和销售促进最适用于改变顾客态度和刺激购买欲望。对于昂贵、复杂的商品和服务来说尤其如此（见图 19-7）。

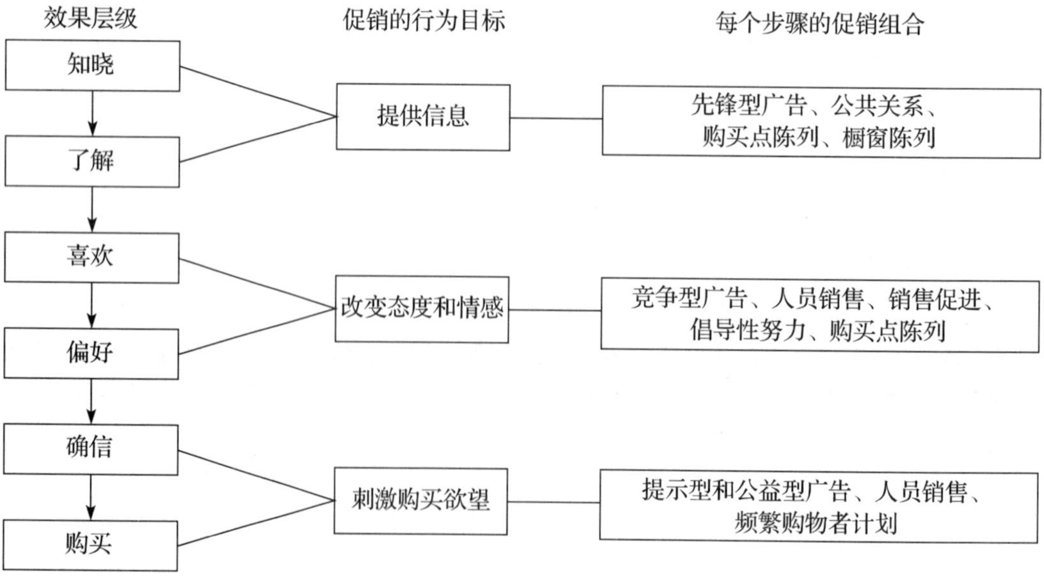

图 19-7 促销和效果层级

实施促销组合

促销组合的实施涉及选择具体的媒体（如是报纸 A 还是报纸 B）、选择时机、确定信息内容、组建销售队伍、选择具体的销售促进工具以及分工协作。[16]

媒体决策

具体媒体的选择基于其总成本、效率（接触到目标市场的成本）、前置期及内容。零售商的促销预算非常重要，因为大量使用一种费用高的媒体可能会破坏促销组合的均衡，企业也可能无法在费用高的媒体上反复发布信息。

媒体效率与接触到特定数量目标顾客的成本有关。媒体效率通常以接触到每千位读者、观众或听众的成本来表示：

$$\text{每千人成本}=\frac{\text{每条信息的成本}\times 1\,000}{\text{发行量}}$$

如果报纸的发行量为 40 万份，单页广告费为 1 万美元，那么每千人的单页广告成本为 25 美元。

这种计算方法用总发行量来衡量媒体效率。但是，零售商通常只能吸引有限的目标市场，因此应仅考虑与该目标市场相关的发行量。如果 70% 的读者是某特定企业的目标顾客（其余 30% 居住在其商圈之外），那么真正的每千人成本应为：

$$\text{每千人成本（目标市场）}=\frac{\text{每条信息的成本}\times 1\,000}{\text{发行量}\times\dfrac{\text{目标市场}}{\text{发行量}}}$$

$$=\frac{10\,000\times 1\,000}{40\,000\times 0.70}=35.71\text{（美元）}$$

不同媒体需要的前置期各不相同。报纸广告在临近发行时投放即可，在线广告有时几乎可以立即上线，杂志广告有时必须提前数月投放。此外，零售商还必须决定将广告放在哪类内容（如体育报道或个人护理专栏）的附近。

媒体决策并不简单。尽管零售商在电视和广播广告、搜索引擎上的横幅广告以及其他媒体广告上的支出高达数十亿美元，但许多网络零售商发现对它们最有价值的媒体实际上是电子邮件。电子邮件是一种快捷、成本低、有针对性的媒体。请看下面的例子。

在当今竞争激烈的市场环境中，网络零售商要想提高知晓度，必须投入大量的广告资金。网飞公司采用了全面的营销组合及各种公共关系计划，包括投放数字和电视广告，成立附属公司和寻找设备合作伙伴，以及通过 Facebook 和 Twitter 等社交媒体网站向潜在新会员宣传其服务。[17]

顾客访问网站后，零售商可以采用醒目的选择加入式营销来帮助维系顾客关系。选择加入式营销是指顾客允许零售商向其发送营销信息，从而提高了营销信息送达顾客的可能性。精明的营销人员会收集顾客的偏好信息，从而通过电子邮件广告向顾客发送有针对性的内容和促销优惠。通过这种方式，零售商与顾客之间的关系可以持续发展。[18]

选择促销组合的时机

到达率（reach）是指在特定时期内接触到零售商促销努力的人数。**频率**（frequency）是指在特定时期内每位顾客接触到零售商促销努力的平均次数。零售商可以广泛地或集中地发布广告。广泛的媒体覆盖通常意味着广告的到达率较高但频率较低。集中的媒体覆盖通常意味着频繁地在特定媒体上重复投放广告。重复非常重要，尤其是对那些希望树立良好形象或销售新商品或新服务的零售商而言。

零售商还需要决定如何应对销售旺季，以及应采用集中式还是分散式促销努力。在销售旺季，零售商通常需要使用所有的促销组合要素；在淡季，往往会减少促销努力。**集中式促销努力**（massed promotion effort）常被零售商（如玩具零售商）用于季节性促销活动。**分散式促销努力**（distributed promotion effort）则常被零售商（如快餐店）用于全年性促销活动。虽然超市不像其他零售商那样受季节性影响，但它们也会集中发布广告。例如，许多超市都选择在周三或周四发布周报广告，因为大部分消费者主要在周五、周六或周日出门购物。

销售队伍的规模可能会因时间（上午与晚上）、星期（工作日与周末）及月份（12 月与 1 月）而异。销售促进的时机也各不相同。商店开张和节假日往往是销售促进（和公共关系）的大好时机。

信息内容

无论是书面还是口头的，针对个人还是非个人的，信息内容都非常重要。广告的主题、措辞、标题、颜色的运用、尺寸、排版和投放位置必须经过精心选择。公共宣传信息必须是书面的。采用人员销售时，需要应用问候语、销售演示、产品演示及结束语。采用销售促进时，企业必须认真撰写信息，并选择适当的促销工具。

促销形式的特点在很大程度上影响着信息内容。购物袋上通常只有零售商的名称；广告牌（驾车时速在 55 英里以下时可以看见）的视觉效果很好，但只能包含有限的信息；销售人员也许能暂时吸引顾客的注意。许多购物中心会利用时尚杂志来传递一种关注社区的形象，向消费者介绍新店，以及宣传购物中心内各商店经营的商品和服务。展示多种产品的杂乱广告通常表明这是一家折扣店，精美的铅笔画和精选的产品展示则表明这是一家专业店。

一些零售商利用比较广告将自己的产品与竞争对手的产品进行对比。比较广告有助于将零售商的定位与竞争对手区别开来，提高企业的知晓度，最大限度地提高有限预算的效率，并提升企业信誉。但是，这类广告也为竞争对手提供了零售商的信息，容易使消费者感到困惑，也可能导致竞争对手采取法律行动。快餐店和低价零售商经常使用比较广告。

销售队伍的组建

零售商必须详细规定销售人员的资格要求，并对销售人员进行招聘、甄选、培训、酬报、管理和监督。应将销售人员分为承接订单型与获取订单型两类，并将其分配至适当的部门。

销售促进工具

零售商需要从图 19－5 所示的列表中选择具体的销售促进工具。促销工具的组合取决于企业的短期目标以及促销组合的其他要素。如果可能，应寻求合作企业。绝不能使用与企业形象不符的工具。此外，零售商还应该识别出顾客真正想要的促销方式。

分工协作

无论零售商的规模或类型如何，必须有人负责促销职能。大型零售商通常会将该工作委派给副总裁，由这位副总裁负责监督企业的促销人员、与广告代理商打交道、管理广告部门（如果有的话），并向分店提供购买点陈列材料。在大型零售商店中，人员销售通常由商店经理管理。促销策略要想取得成功，其要素必须与其他零售组合要素协调一致。销售人员必须掌握特价销售的信息并熟悉产品属性，必须按时接收、仔细标记并精心陈列促销商品，还要做好会计录入工作。购物中心或购物区经常会举办各种主题促销活动，如“重返校园”。在这些活动中，必须有人负责协调所有参与零售商的行动。

审查和修订促销计划

对促销计划成功与否的分析取决于其目标。如果未实现预定目标，就应该对促销计划进行修订。以下是检验促销努力效果的一些方法，见表 19－5。

表 19－5

零售促销目标举例	评估促销效果的方法
告知现有顾客新的信用计划；用新产品吸引潜在顾客	研究促销前后企业和产品的知晓度；评估受众规模
树立并加强特定的形象；维持顾客忠诚	调查研究采用公共关系和其他促销努力前后的形象变化
增加客流量；为销售人员获取线索；收入较上年有所增加；顾客退货现象较上年有所减少	评估销售业绩和咨询次数；研究促销前后的顾客购买意愿；研究顾客的交易地区和平均购买量；审查优惠券兑换率

尽管有时很难对促销努力进行评估（例如，收入的增加可能源于多种因素而不仅仅是促销），但对零售商来说，系统地研究和调整其促销组合是至关重要的。沃尔玛向供应商提供各分店的数据，并为合作促销计划提前设定目标，然后将实际销售额与目标进行比较。连锁家居用品中心劳氏公司运用计算机化的检验方法审查影响其宣传册设计和媒体组合选择的数千种不同方案。美国超价商店公司在明尼阿波利斯市的郊区设立了一家实验店，这是一家不向公众开放的模型店，该公司在那里测试新产品上架的外观，并进行季节性陈列的试验。科尔士百货公司等零售商正在测试报纸广告与电子传单在提高店内销售额和盈利能力方面的效果。[19]

关键术语

零售促销（retail promotion）
广告（advertising）
合作广告（cooperative advertising）
纵向合作广告协议（vertical cooperative advertising agreement）
横向合作广告协议（horizontal cooperative advertising agreement）
公共关系（public relations）
公共宣传（publicity）
人员销售（personal selling）
承接订单型销售人员（order-taking salesperson）
获取订单型销售人员（order-getting salesperson）
促销金／推广金（promotional or push monies，PMs）
千篇一律式销售演示（canned sales presentation）
需求－满意法（need-satisfaction approach）
销售促进（sales promotion）

口碑（word of mouth，WOM）
力所能及法（all-you-can-afford method）
增量法（incremental method）
竞争对等法（competitive parity method）
销售额百分比法（percentage-of-sales method）
目标任务法（objective-and-task method）
效果层级（hierarchy of effects）
到达率（reach）
频率（frequency）
集中式促销努力（massed promotion effort）
分散式促销努力（distributed promotion effort）

讨论题

1. 在线礼品零售商的广告计划与实体连锁礼品店的广告计划有何不同？
2. 制造商与零售商的合作广告目标有何共同点？又有何不同？
3. 一家当地药店如何才能获得正面的公共宣传？
4. 哪些零售商不应该采用人员销售？解释你的答案。
5. 哪些零售商不应该采用销售促进？解释你的答案。
6. 对零售商来说，广告、公共关系、人员销售和销售促进如何才能相辅相成？
7. 优惠券有何利弊？
8. 为以下各企业设计销售促进活动：
（1）附近商业街的购物中心
（2）新开张的餐馆
（3）在线高档折扣家具零售商
9. 小型零售商应采用哪种促销预算方法？大型零售商呢？为什么？
10. 从零售商的视角解释效果层级。将你的答案应用于一家新开张的消费电子产品商店。
11. 为一家大型体育用品连锁店设计一份用来协调其促销计划的清单。
12. 就以下各促销目标，解释如何评估促销效果：
（1）增加糖果的冲动购买
（2）树立可靠的形象
（3）提高顾客忠诚度

第Ⅶ篇 小案例

案例

保持简化[1]

“在这个全渠道购物的时代，提供简化的购物体验比以往任何时候都更加重要。能够提供最简洁流畅的体验的零售品牌将会实现最高水平的长期顾客忠诚。”

该观点出自品牌咨询公司思睿高（Siegel and Gale）的第六份年度“全球品牌简化指数”（Global Brand Simplicity Index）报告，该报告基于 8 个国家的 12 000 多名成年人的应答。这项调查请消费者对一些领先的零售品牌进行排名，排序依据包括品牌的简化程度、颠覆性品牌获得青睐的原因，以及简化顾客体验的有利之处。思睿高公司的全球洞察总监布赖恩·拉弗蒂（Brian Rafferty）表示：“通过简化顾客体验来提供价值的品牌不断认识到，简化是有回报的。”

对于那些过去一直苦于如何与全渠道购物者建立联系的公司来说，这可能是一个转折点。根据定义，全渠道零售模式使购物者能够无缝地利用品牌的实体和数字接触点，并以同样方便的方式购买商品。它也使购物者有机会跨渠道购买同一品牌而不是仅通过某个渠道。零售商必须采用并整合多种顾客接触点，包括基于网络的信息亭、智能手机、平板电脑和移动应用程序，以确保在顾客的购买过程中与其进行实时互动。

零售商必须确保顾客订购的商品能够送货到家或运至顾客期望的提货商店，这就需要采用新的订单履行方法以简化收货过程。拉弗蒂表示：“技术进步不断改变着顾客期望，因此零售商必须跟进并对各个渠道及其业务进行无缝协调。零售商需要提供个性化的购物体验，并确保购物者在他们期望的时间得到他们想要的商品。这种体验对顾客来说应该是不可见的。他们对过程不感兴趣——他们只想得到一流的体验。”

在顾客看来，只有少数零售商取得了长足进步，尤其是在美国。连锁食品杂货商美国大众超级市场公司就是其中之一：在美国的品牌简化指数榜单上，该公司在一年内跃升了 20 位，目前排名第三。据上述研究报告，大众超级市场公司“采用了一种便于顾客浏览的商店布局，并密切关注顾客体验”。

撇开大众超级市场公司不谈，在这一领域，非传统零售商的发展速度已经超过了传统零售商。购物者将谷歌公司列为美国的最佳零售商，因为当他们制定购买决策时，谷歌可以提供即时信息。网飞公司排名第二，亚马逊网站和网络鞋店 Zappos 则因免费配送分别排在第四和第六位。

---

① Based on material in Deena M. Amato-Mccoy, “ Keep It Simple,” *STORES Magazine*, March 2016, pp. 54-58. Reprinted by permission. Copyright 2016. STORES Magazine.

对于那些对简化的、信息化购物体验的影响力持观望态度的企业来说，可以参考以下数据：根据上述报告，63% 的消费者愿意为更简单的体验支付更高的价格，69% 更有可能因为某个品牌可以提供简化的体验和沟通而将其推荐给他人。

虽然来自购买点问询台等传统来源的信息已经铺天盖地，但全渠道商业模式正在从网站、社交媒体和电子式顾客接触点（包括电子信息亭和移动设备）等来源获取前所未有的非结构化数据。这类大数据包含了非常详尽的信息，如顾客偏好和商品消费模式。

零售品牌获取顾客具体信息的最佳来源就是其忠诚计划的数据库。唐恩都乐品牌的首席营销官约翰·科斯特洛（John Costello）表示："了解唐恩都乐顾客的需求可以使营销团队更好地专注于细节。我们让员工将注意力放在他们所在领域中与众不同的三到五个方面。找出与众不同之处，并忽略那些造成混乱的小事情。"通过敏锐地关注这些不断变化的因素，唐恩都乐在美国的品牌简化指数榜单上占据了第七位。

问题

1. 从零售商的角度来看，你将如何在全渠道环境中展现"简化"？
2. 从消费者的角度来看，"简化"对你意味着什么？它很重要吗？解释你的答案。
3. 是否各类零售商（小型和大型零售商、折扣店和高档店等）都应设法简化？为什么？
4. 根据该案例，你会为你们的校园书店提出哪些建议？

第Ⅷ篇

总　结

第Ⅷ篇是对本书所有内容的总结。

第20章将本书中介绍的零售战略的所有要素进行了整合。本章考察计划流程和机会分析、运营效率、绩效指标以及远景方案分析。重点讨论数据比较（标杆管理和差距分析）的价值。介绍如何通过零售审计进行战略控制。

RETAIL MANAGEMENT

第20章

零售战略的整合与控制

学习目标

- 说明整合零售战略的重要性。
- 考察在制定和实施整合零售战略过程中的四个关键因素：计划流程和机会分析、确定运营效率、绩效指标以及远景方案分析。
- 介绍如何将行业及企业数据应用于战略规划与分析（标杆管理和差距分析）。
- 介绍零售审计的价值。

零售商在社交媒体上面临的最大挑战之一是顾客发布的负面帖子。无论内容真实与否，这类帖子很可能会迅速传播，影响零售商的形象和绩效。因此，零售商必须了解负面顾客帖子的后果，并采取适当的处理策略。

美国顾客满意度指数（American Customer Satisfaction Index，ACSI）（www.theacsi.org）进行的研究发现，2015 年的顾客满意度普遍较低。在 ACSI 跟踪调查的 43 个行业中，5 个行业的顾客满意度有所提高，30 个行业有所下降，8 个行业保持不变。ACSI 的创建人克拉斯·福内尔（Claes Fornell）表示："虽然存在例外，但顾客满意度恶化的总体趋势几乎遍及每个行业，这限制了消费者的支出，并迫使零售商加大折扣力度或增加打折商品的数量。"

在顾客满意度有所提高的 5 个行业中，有 3 个行业是开展网络业务的。2015 年，社交媒体和在线旅游服务行业的用户满意度也有所提高。在线旅游服务行业的用户满意度指数上升了 1.3%，达到 78 分，这源于一系列小型旅游网站的合并，其中包括一些开展在线业务的酒店和航空公司。零售领域内顾客满意度指数涨幅最大的企业包括亚马逊、快餐店福来鸡（Chick-fil-A）和诺德斯特龙，它们在 ACSI 的百分制量表中都达到了 86 分。[1]

资料来源：iQoncept/Shutterstock. Reprinted by permission.

概　述

本章重点讨论零售战略的整合与控制，将前面已详细介绍的内容整合起来，说明零售商为什么需要调整战略，并介绍评估绩效的方法。

通过整合和定期监控企业战略，任何规模和经营模式的企业都能够确立适当的零售经营理念，并创造卓越的整体零售体验。例如，迪克体育用品商店（Dick's Sporting Goods）采用了三管齐下的零售战略，在与亚马逊网站等纯粹的在线零售商以及露露柠檬和阿仕利塔（Athleta）等灵活而小众的"运动休闲"零售商的竞争中保持着优势地位，但其竞争对手 Sports Authority 和 Sports Chalet 失败了。

在迪克体育用品商店，除了销售茵宝（Umbro）和 Maxfli 等知名品牌，其独家的自有品牌产品的增加既提高了商店客流量，也提高了定价灵活性。该商店还与一些运动服装品牌合作开设了"店内店"，如 Nike Field House 和 Under Armor All-American 商店，这增加了商店客流量，同时降低了营业成本，因为其店内设计和固定装置都是由这些品牌提供的。此外，开设能够提供独特的、定制的品牌体验并且占用资金较少的小型专业店，如 Field and Stream（主营狩猎和钓鱼用具）和 Chelsea Collective（针对女性顾客），也有助于吸引那些快速增长且对价格不太敏感的顾客细分市场。[2]

由于市场的全球化、经济的不确定性、不断变化的消费者生活方式、不同零售业态之间的激烈竞争以及移动和社交媒体的发展等快速的技术变革，今天的零售商在展望未来时，必须做出新的战略选择。

对零售商来说，研究迪克体育用品商店等成功企业以及面临重大挑战的企业的战略也是一种明智的做法。思考以下案例：Sports Authority 曾经是美国最大的体育用品连锁企业，但是在应对电子商务和全渠道竞争对手的竞争威胁时，它未能正确调整自己的规模，也未能制定出更有针对性的战略，因此该企业在 2016 年倒闭了。Sports Authority 是通过企业合并来扩大规模的，但是这些企业的文化、形象和定位各不相同，并且这些企业的市场存在重叠，这导致 Sports Authority 的经营效率、利润和销售额都有所下降。应对亚马逊公司的破坏性威胁时，Sports Authority 本应采取的战略是简单地跟随在线零售商的价格，缩减用于商店体验和商品现代化方面的投资，或者加强店内销售支持，但是它却通过大力折扣和免费配送服务来刺激商店购物者上网订购商品。光顾其商店的体育用品购物者已经有了关于最适合其需求和购买时机的特定商品和服务的最新信息，Sports Authority 却采用了大众营销方式，这意味着对于其顾客的真实需求而言，该企业对其商品品类、产品供应和定价的设想都过于简化了。这种混乱的战略既不能满足体育爱好者的需求，因为 Sports Authority 的商品品类和店内体验都不够专业，也无法使其成为偶然购物者的目的地商店，因为这些购物者发现，在线购物或者在迪克体育用品商店、Modell's 体育用品商店及一些运动休闲零售店等其竞争对手处购物更便宜、更方便。[3]

整合零售战略

本书的一个主要目标就是阐述零售战略各要素之间的关系，并说明以整合方式执行战略的必要性。图 20-1 展示了低价服装零售商 TJX 的整合零售战略。TJX 曾被评为“高绩效零售商”，因为它的绩效高于大多数零售商。2011—2016 财务年度，TJX 的销售额连年增长。尽管经济疲软带来了价格压力，但其毛利率和利润仍然保持强劲增长。[4] 我们的博客（www.bermanevansretail.com）提供了许多关于整合零售战略的帖子。

在制定和实施整合零售战略的过程中，零售商特别需要考虑四个基本因素：计划流程和机会分析、正确地确定运营效率、绩效指标以及远景方案分析。接下来详细讨论这些因素。

计划流程和机会分析

计划流程可以通过采取以下三项协调活动得到加强，使流程变得更加系统化，并反映多方的意见。

1. 高层主管规划企业的整体方向和目标。这可以为中层和基层管理人员（他们从各种内部和外部来源获取信息）提供书面指导。企业应鼓励中层和基层管理人员在早期阶段提出构想。

2. 将自上而下的计划与自下而上的计划或横向计划结合起来。

3. 制订具体计划，包括审查项目和审查日期。

企业需要研究机会对整体战略的影响，但应避免采用孤立的研究方式。零售商的全球扩张战略通常是通过实体店来实施的。随着全球零售市场的日趋成熟以及重大技术突破对国内外市场的影响，零售商需要考虑是优先采用数字化扩张、实体店扩张，还是实体店与虚拟店相结合的全渠道扩张。无论采用何种方法，零售商都可能取得成功，但是在制定战略的过程中，零售商必须了解每个市场的数字潜力和实体潜力，以及它们如何随着时间的推移而演变。零售商必须分析和了解自己的商业模式、能力、优先考虑事项和偏好，才能制定出渠道战略决策。[5]

形势分析

TJX公司历史悠久，最早的T. J. Maxx商店开设于1977年，并于1984年采用了目前的母公司名称。今天，TJX已经发展为一家上市公司，在美国和8个其他国家以低价销售服装和家居时尚商品。该公司一共经营着约3 600家商店和3个电子商务网站。TJX在其各个市场中的零售连锁店包括T. J. Maxx、马歇尔百货、Home Goods、Sierra Trading Post、Winners、HomeSense、T. K. Maxx和Trade Secret。这些连锁店都提供折扣价格。TJX公司的年销售额一直在稳步增长，目前达到近60亿美元。

目标

TJX制定了以下主要目标：（1）通过品牌、时尚、价格、质量和品类的结合提供超值商品；（2）成为该公司商店所经营产品线的低价零售的领先者；（3）向全球拓展业务；（4）在长期内将商店的顾客群体扩大50%；（5）利用公司网站来补充实体店；（6）保持卓越的企业运营和商品经营方面的实践。

消费者识别

TJX采用的是差异化营销策略，它拥有一个核心顾客群体，其核心顾客为25～54岁的女性，家庭收入为中等至中上等水平，对时尚和价值都比较敏感，也在百货商店、专业店及网上购物。

整体战略

TJX的战略符合其企业目标及其目标顾客的特征和需求。其员工具有世界一流的采购技能。其商店设计没有百货商店和专卖店那么精致。TJX采用机会性采购方式，因此其价格比全价零售店低20%～60%。其商品品类经常变化，以刺激那些渴望“寻宝”体验的觅购便宜货的顾客再次光顾。TJX采用精益库存管理方法，即其商店很少有多余商品。其商店主要采用自助服务，以缩减人员成本。该企业具有灵活性。

具体行动

TJX的采购组织在世界各地拥有1 000多名员工。该公司与供应商的关系非常牢固，从18 000多家供应商那里采购产品。为了在谈判中处于有利地位，TJX的前25家供应商只占其采购量的20%。此外，其货源遍布100多个国家。TJX利用数据库和消费者知识来营销特定产品并与顾客沟通，以有效地刺激所有渠道的销售。其营销工具包括广告、电子商务网站、社交媒体等。

控制

在过去40年中，TJX公司仅有一年的同店销售额比上一年度有所下降（最近没有发生过）。该公司致力于不断提高销售额和利润，并定期评估整个公司、各商店品牌以及在各个国家的经营绩效。其商业模式对不断变化的经济和零售环境具有很强的适应性，该公司在其商品选择方面对新趋势和衰落趋势都能迅速做出反应。

图 20－1　TJX 的整合零售战略

资料来源：Figure fully developed by the authors based on data from various TJX Company Inc. materials, including “Background Information 2016,” “Our Company,” “Growing a Global, Off-Price Value Company,” “How We Do It,” *TJX Companies*, *Form 10Q July 30, 2016*; *TJX Companies Inc. 2015 Annual Report*., and the firm’s Web site, www.tjx.com/index.html (September 17, 2016).

销售机会表（sales opportunity grid）是零售商评估机会的实用工具，该表格利用多种标准评估新商品和成熟商品、服务、流程和 / 或分店的前景。如果某些备选方案值得考虑，零售商就可以根据所遵循的整合战略来对机会进行评估。一些计算机软件使销售机会表的使用变得容易。

表 20－1 显示了一家超市的销售机会表，用于决定要经营两种沙拉酱中的哪一种。品牌 A 是成熟品牌，品牌 B 是新品牌。由于品牌 B 是新品牌，该超市认为其销售额在初期会较低，但二者第一年的总销售额将会相近。这两个品牌的价格相同，所需销售面积也相同。品牌 B 需要更高的陈列成本，其加价率也更高。到第一年末，品牌 B 的毛利润和净利润都会更高。根据整个表格的结果，该超市选择了品牌 B。然而，如果该超市更关注快速获利，那么它也可能选择品牌 A。

表 20－1　一家超市为两个沙拉酱品牌制定的销售机会表

标准	品牌 A（成熟品牌）	品牌 B（新品牌）
零售价格	2.58 美元 /8 盎司瓶	2.58 美元 /8 盎司瓶
所需销售空间	8 平方英尺	8 平方英尺
陈列成本	10 美元 / 月	前 6 个月：20 美元 / 月 6 个月后：10 美元 / 月
营业成本	0.12 美元 / 瓶	0.12 美元 / 瓶
加价率	19%	22%
销售估计		
第一个月		
销售量	250	50
销售额	645 美元	129 美元
前 6 个月		
销售量	1 400	500
销售额	3 612 美元	1 290 美元
第一年		
销售量	2 500	2 750
销售额	6 450 美元	7 095 美元
毛利润估计		
第一个月	123 美元	28 美元
前 6 个月	686 美元	284 美元
第一年	1 226 美元	1 561 美元
净利润估计		
第一个月	83 美元	2 美元
前 6 个月	458 美元	104 美元
第一年	806 美元	1 051 美元

例 1：

毛利润估计 = 销售额估计－（1.00－加价率）× 销售额估计

品牌 A 前 6 个月的毛利润估计 = 3 612 美元－（1.00－0.19）× 3 612 美元 = 686 美元

例 2：

净利润估计 = 毛利润估计－(陈列成本 + 营业成本）

品牌 A 前 6 个月的净利润估计 = 686 美元－(60 美元 +168 美元) = 458 美元

以符合战略的方式确定运营效率

正如第 12 章和第 13 章所述，运营效率是指零售战略的实施效率。所有零售商都希望在实现销售和利润目标的同时保持对成本的控制。一方面，零售商希望避免不必要的费用。如果 4 名销售人员就可以令人满意地接待所有顾客，那么它就不会同时使用 8 名销售人员。如果顾客愿意多走几英里前往一个租金较低的店址，它就不会将店址选在租金昂贵的区域购物中心。另一方面，零售商不希望在客流高峰时段因销售人员不足而失去顾客，它也不希望因选址在低租金的位置而丧失大量客流。

权衡之策通常意味着，成本最低的战略和成本最高的战略都不是最有效率的战略；前者可能无法为顾客提供充分的服务，后者可能会导致浪费。采用自助服务的高端零售商不会成功，折扣零售商也没有必要雇用大量的销售人员。最有效率的做法是尽可能有效地采用特定的整合零售战略（如提供全面服务的珠宝店）。

Food Lion 公司（隶属于总部位于布鲁塞尔的阿霍德·德尔海兹集团（Ahold Delhaize Group））是一家领先的美国零售商，在美国东南部和中大西洋地区的 10 个州设有近 1 100 家超市。作为其整合战略的关键要素，该公司经营着约 28 000 个全国性和地区性知名品牌的产品以及高质量的自有品牌产品。该公司旗下的直营或加盟超市采用多种商店业态，如超市、在线食品配送以及在线订购定点取货。Food Lion 商店最近进行了大规模的翻修和品牌重塑（“简单、新鲜、实惠”），并推出了新的三级定价方案，其中包括每周向 MVP 忠诚卡持有者提供的“优惠抢购”商品、“惊喜”价格的畅销商品以及“低价”的店内所有必需品。[6]

阿霍德·德尔海兹集团设在美国的连锁企业包括 Giant Carlisle、Giant Landover、Hannaford、马丁食品市场（Martin's）和 Stop & Shop（新英格兰地区和纽约），其中每家企业都采用了独特的营销策略。在整个系统范围内，该公司积极应对快速变化的零售环境。导致零售环境快速变化的因素包括消费者趋势、店内在线和移动应用渗透率的提高、对电子商务接受程度的提高（通过对领先的在线食品杂货商 Peapod 公司的控股）以及新鲜有机食品概念品牌的创立等。[7]

绩效指标

通过列出相关的**绩效指标**（performance measures）——用于评估运营效率的标准，并为每个指标设定标准（目标），零售商可以更好地制定和整合战略。零售商经常使用的指标包括总销售额、店均销售额、各商品 / 服务类别的销售额、每平方英尺销售额、毛利润、库存投资毛利率、营业收入、库存周转率、降价率、员工流动率、财务比率及利润率。

为了正确评估战略的效率，企业应采用**标杆管理**（benchmarking），即零售商根据本行业、特定竞争对手、高绩效企业和 / 或自身先前行动所取得的业绩，设定自己的标准并对绩效进行测量。企业需要同时考虑内部和外部标准。标杆管理的目的是利用同行的运营结果来产生改进流程、方法和技术的构想，以降低成本、提升顾客满意度和忠诚度并增加利润。[8]

美国人口普查局网站（www.census.gov/retail）上的“月度和年度零售贸易”版块是一个很好的免费信息来源。它可以显示大约 25 年的数据，包括各零售类别的销售额、采购额、毛利润率、库存及存销比率的逐月比较。除了月度和年度商店数据，它还报告季度电子商务数据。

不同规模以及经营不同商品或服务的零售商还可以从以下来源获得比较数据：小企业管理局、国内税务署（Internal Revenue Service）、《先进食品杂货商》、《连锁店时代》（*Chain Store Age*）、《当代零售》（*Retailing Today*）、BizMiner、邓白氏公司（Dun & Bradstreet）、全国零售联合会、风险管理协会（Risk Management Association）和年度报告。零售商可以根据这些数据与其他企业进行绩效比较。

表 20－2 列出了 14 个不同类型的小型零售商的收入、费用和利润的标杆管理数据。商品销售成本在收入中占比最高的是加油站和食品饮料商店，毛利润最高的是无店铺零售商，营业费用最高的是服装和配饰商店，净利润最高的是无店铺零售商。

表 20－2　根据典型独立零售商 2013 年的年度营业报表进行标杆管理（按总收入 = 100% 表示）

零售商类型	总收入	毛利润	商品销售成本	总营业费用	净利润
服装和配饰商店	100.0	48.0	52.0	32.9	15.1
建筑材料商店	100.0	37.9	62.1	24.9	13.0
电子产品和家用电器商店	100.0	33.4	66.6	23.4	10.0
食品饮料商店	100.0	29.0	71.0	22.8	6.2
家具和家居用品商店	100.0	43.7	56.3	31.2	12.5
加油站	100.0	13.8	86.2	11.3	2.5
日用品商店	100.0	32.7	67.3	20.7	12.0
健康和个人护理用品商店	100.0	41.7	58.3	27.0	14.7
杂货店	100.0	52.4	47.6	31.6	20.8
无店铺零售商	100.0	53.0	47.0	29.7	23.3
体育用品、业余爱好、图书和音像制品商店	100.0	37.6	62.4	25.5	12.1

资料来源：Computed by the authors from U.S. Internal Revenue Service data, www.bizstats.com.

正如本章前面部分简要讨论过的，美国顾客满意度指数（ACSI, www.theacsi.org）是一项受欢迎的、独立的、持续进行的标杆管理调查。该调查涉及两个问题：（1）美国顾客的满意度及其对质量的评价是提升还是下降？（2）特定行业以及特定公司的顾客满意度和质量评价是提升还是下降？这项指数基于 0 ～ 100 分量表。超过 7 万人的全国性样本参与了电话访谈，其中每家被调查公司都有 250 位现有顾客接受了访谈。2015 年，一些领先零售商的顾客满意度得分如下：亚马逊网站为 83 分，诺德斯特龙为 82 分，开市客和 Priceline 为 81 分，Applebee's 为 79 分，Bed Bath & Beyond 为 75 分，家得宝为 73 分，麦当劳为 69 分，阿贝克隆比 & 费奇为 65 分。[9]

现在，服务零售商对标杆管理非常感兴趣。一个众所周知的测量工具就是 SERVQUAL 模型，服务零售商可以利用该模型，要求顾客对五个绩效维度的一系列陈述做出应答，从而评估服务零售商的质量。[10]

- 可靠性：按照承诺提供服务；可靠地处理服务问题；在第一时间履行服务承诺；正

确地进行记录。

● 响应性：使顾客能够随时掌握服务的完成时间；提供及时的服务；员工乐于帮助顾客；能够随时响应顾客的要求。

● 保证性：员工必须培养顾客信心，并使顾客在交易中感到安全；员工必须礼貌待客，并具备丰富的知识以回答顾客的问题。

● 移情性：体贴地关注每位顾客；将顾客的最大利益铭记于心；员工应了解顾客需求；提供方便的营业时间。

● 有形性：使用现代化的设备；提供与服务相关的具有视觉吸引力的设施和材料；员工外表整洁、专业。

在考察其他企业的绩效时，企业应该关注零售业的最佳实践（无论是涉及本企业业务领域还是其他业务领域的公司）。例如，汤普金斯供应链联盟（Tompkins Supply Chain Consortium）由许多零售商组成。通过加入该联盟，成员企业可以获得信息来帮助它们解决以下问题：

● 与联盟伙伴相比，它们的经济影响如何？有哪些需要改进的领域？

● 与联盟伙伴相比，它们的成本结构是否具有竞争力？它们是否采取了正确的优化结果举措？

● 与联盟伙伴相比，它们的运营效率如何？采用了哪些流程（包括外包）和技术来提高企业绩效？

● 联盟伙伴如何测量供应链绩效？它们如何克服供应链中的障碍和挑战？

● 与联盟伙伴相比，它们的绩效指标如何？它们实现目标的程度如何？

● 与联盟伙伴相比，它们的组织结构如何？[11]

科尔尼咨询公司（www.atkearney.com）为那些进行全球扩张的零售商设计了**全球零售发展指数**（Global Retail Development Index，GRDI）。该指数从四个方面衡量在新兴国家的零售前景：市场吸引力、国别风险、市场饱和度和时间压力。根据 2015 年全球零售发展指数，中国、乌拉圭、智利、卡塔尔、蒙古国和格鲁吉亚的评分最高。在计算全球零售发展指数时，以下因素的权重相等[12]：

● 市场吸引力：基于人均零售额、人口规模、城市化水平和经商难易程度。

● 国别风险：基于政治风险、经济状况、债务指标、信用等级以及犯罪、暴力和腐败导致的商业成本。

● 市场饱和度：基于通过现代分销方式实现的零售额的份额，以及国际零售商的数量及其市场份额。

● 时间压力：基于通过现代零售模式实现的销售额的增长速度，这是市场达到饱和所需时间的一个指标。

零售商还可以对其内部绩效进行标杆管理和差距分析并为将来制定规划。通过**差距分析**（gap analysis），企业将实际绩效与潜在绩效进行比较，然后确定必须加以改进的领域。如图 20－2 所示，差距分析包括四个主要步骤。

在此以一家假设的企业——ABC 商店为例，介绍如何应用差距分析。表 20－3 显示了该企业 2013—2016 财务年度截至各年 12 月 31 日的财务绩效。ABC 商店可以使用表格中的数据对自身绩效进行标杆管理。2013—2016 年 ABC 商店的销售额先升后降，然后再次上升。毛利润占销售额的百分比始终保持强劲，营业费用占销售额的百分比连年下降，但在 2016 年有所提高。利润率起初下降，然后上升。流动比率持续下降。库存周转率有所波动，但库存投资毛利率稳步上升。尽管每笔交易的平均销售额存在波动，但每平方英尺的销售额稳定增长，同店销售额增长率呈现出与销售额一致的变化。总之，ABC 商店 2013—2016 年的绩效良好。这标志着 ABC 商店在短期内成功地缩小了绩效差距，并且正在恢复发展势头。

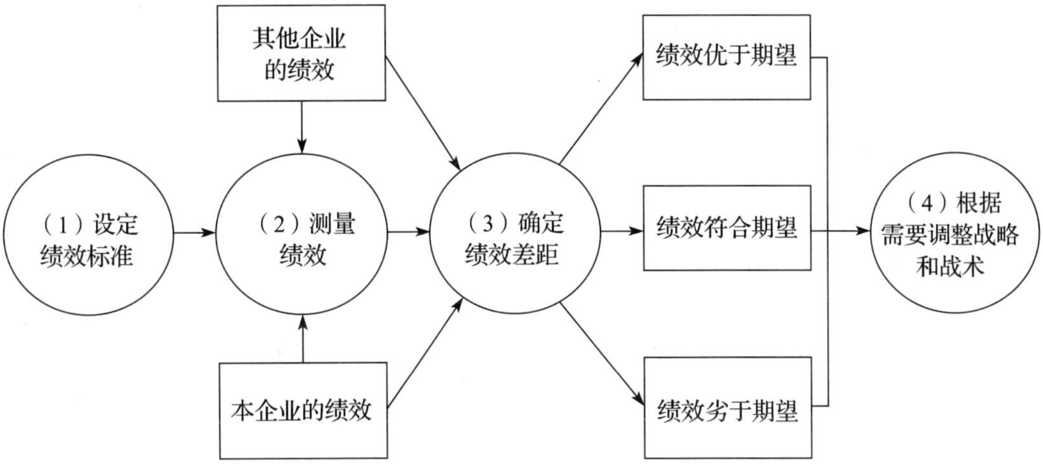

图 20－2　差距分析

表 20－3　ABC 商店：内部标杆管理和差距分析

	2016 年	2015 年	2014 年	2013 年
利润表数据				
净销售额（千美元）	58 219	52 590	53 821	50 750
毛利润（占销售额的百分比）	27.5%	27.1%	28.2%	28.0%
总营业费用（占销售额的百分比）	21.6%	20.9%	23.5%	24.0%
净利润（占销售额的百分比）	5.8%	4.2%	4.7%	5.0%
资产负债表数据和财务比率				
流动比率（次数）	1.42	1.39	1.47	1.50
库存周转率（次数）	5.2	4.9	5.1	4.8
库存投资毛利率（%）	25.3	24.0	21.6	18.1
顾客和商店数据				
每笔交易的平均销售额（美元）	159.55	145.56	178.12	157.92
与上年相比的同店销售额变化率（%）	+5.9	+5.1	+6.2	+4.9
每平方英尺销售额（美元）	389	365	367	323

为了确保在关系零售中缩小差距，企业应该完成以下任务。

1. 顾客洞见：分析顾客数据，如不同细分市场的销售额、成本和利润。

2. 顾客资料：收集并整合交易和生活方式方面的数据，以更好地了解每位顾客。识别那些符合企业最佳细分市场特征的潜在顾客。

3. 顾客生命周期模式：分析处于不同生命周期阶段的顾客行为，并考察不同细分市场的人口统计特征。

4. 扩展商业模式：基于第（3）步和第（4）步确定应该侧重于哪些顾客，如何最有效地与他们互动，以及建立和维系关系的最佳方式等。

5. 关系计划：采用所有接触点（人员接触、提货、配送、信息亭、电话、传真、计算机、移动设备、平板电脑）与顾客互动。

6. 实施：将零售战略的各个方面整合起来。[13]

我们的博客（www.bermanevansretail.com）提供了许多关于标杆管理和差距分析的帖子。

远景方案分析

进行**远景方案分析**（scenario analysis）时，零售商通过研究影响其长期绩效的因素来预测未来，然后根据不同的备选远景方案（如竞争程度低、中、高）制定权变（“如果这样怎么办”）计划。鉴于零售业的快速变化，远景方案分析是零售商的一个重要工具，也是一个广泛用于预测未来的工具。零售管理人员面临着实现短期目标的挑战，同时也需要预见可能会在未来改变现有流程的一些干扰因素。[14] 大量商店最近倒闭和破产表明：消费者的购买习惯和偏好发生了巨大变化；尽管失业率较低，但消费者支出增长缓慢；价格竞争越发激烈；社交媒体、移动和物联网技术对零售过程产生了广泛影响，灵活的在线企业将会受益，但传统零售商将会受损。[15]

一些传统零售商为了更好地整合其供应链，正在缩减规模并进行结构重组，从而提供一致的全渠道购物体验，在店内和线上提供优质的顾客服务，根据顾客趋势加快商品的生产。例如，罗德泰勒百货公司与快速供应商 Xcel 开展了合作，Xcel 拥有专有品牌和商标，其灵活的采购流程可将交货时间从 9 个月缩短至 6 周。杰西潘尼公司决定在销售季节的初始阶段减少从孟加拉国供应商处订购其自有品牌产品的数量，利用顾客数据来识别关键顾客，并为这些关键顾客从中美洲供应商处额外订购商品，因为这些供应商可以在 6 周内交货。这种方法有助于零售商以全价销售更多商品，类似于 Zara 等快时尚零售商的做法。[16]

在规划未来时，科尔士百货公司制订了清晰的战略计划。以下是该计划的一些要素。

- 组织使命与定位：科尔士公司的定位是以家庭为中心、以价值为导向的连锁百货商店，同时还经营一个电子商务网站（www.kohls.com）。该公司提供价格适中的服装、鞋类、男女及儿童配饰、美容用品和家居用品。各家分店的产品品类一致，但存在一定的地区差异。它经营多种自有品牌和独家品牌产品（“仅限科尔士销售”）以及全国性品牌产品。
- 目标：科尔士认为要想取得长期成功，有几个目标是必不可少的。其战略框架被称为“伟大纲领”，其中包括五项举措：提供令人惊喜的产品，提供难以置信的低价，提供轻松的购物体验，与顾客建立个人关系，打造强大的团队。这些举措有望增加商店和在线客流量。
- 基本战略：科尔士的商店整洁、明亮，可以提供一种轻松、愉快的购物体验。新的移动和平板电脑平台提升了店内数字体验。2015 年科尔士在所有分店推行了“在线订购、到店取货”（BOPUS）政策，这不仅为顾客带来了便利，也提高了商店的销售额。

● 商品经营：科尔士的年销售额约有一半来自自有品牌和独家品牌，另一半来自全国性品牌。在 21 世纪初期，科尔士 75% 的销售额来自全国性品牌，与自有品牌和独家品牌相比，全国性品牌的售价较高，但毛利润率较低。科尔士的自有品牌（Croft & Barrow，Sonoma Goods for Life 等）享有盛誉，也是店内的超值商品。虽然自有品牌的售价较低，但其毛利润通常较高。其独家品牌是通过与 Food Network、王薇薇（Vera Wang）的 Simply Vera 等知名品牌签订的许可协议来开发和销售的。这些独家品牌的价格低于全国性品牌但高于自有品牌，其毛利润则高于全国性品牌但低于自有品牌。

● 营销：科尔士公司采用独特的“九宫格”（“生活方式矩阵”）营销方法，将其产品和促销策略与消费者生活方式和价格点关联起来。[17]

我们的博客（www.bermanevansretail.com）提供了许多关于远景方案分析和未来规划的帖子。

控制：利用零售审计

零售商在制定并实施零售战略之后必须不断进行评估，并采取必要的调整。**零售审计**（retail audit）是一种重要的评估工具，即系统地审查和评估企业的所有零售活动或其特定方面，研究零售商目前正在做什么，评估其绩效，并对未来行动提出建议。零售审计旨在考察零售商的目标、战略、实施情况和组织结构。首先，审查和评估目标的清晰度、一致性和适当性；其次，分析企业战略及其制定方法；再次，审查战略的实施情况以及顾客的接受程度；最后，分析组织结构中的命令链和其他要素。

良好的审计工作包括以下要素：（1）定期进行审计；（2）采取深入分析；（3）系统地收集和分析数据；（4）保持开放、公正的视角；（5）揭示需要改进的劣势和可以利用的优势；（6）审计工作完成后，决策者应对审计报告中提出的建议做出反应。

开展审计工作

零售审计包括六个步骤：（1）确定由谁进行审计；（2）确定审计的时间和频率；（3）确定审计范围；（4）制定审计表；（5）实施审计；（6）向管理层汇报审计结果。图 20－3 展示了零售审计的流程，接下来进行详细介绍。

确定由谁进行审计

零售审计工作可由以下一方独自进行或三方共同进行：企业审计专家、企业部门经理和 / 或外部审计师。

企业审计专家是企业内部员工，其首要职责就是零售审计。由其承担审计工作的优点包括该人员具备审计专业知识、工作缜密、对企业情况充分了解，并且能够持续开展审计工作（没有时滞）。缺点在于会产生成本（尤其是对那些不需要全职审计人员的零售商而言），并且审计人员缺乏独立性。

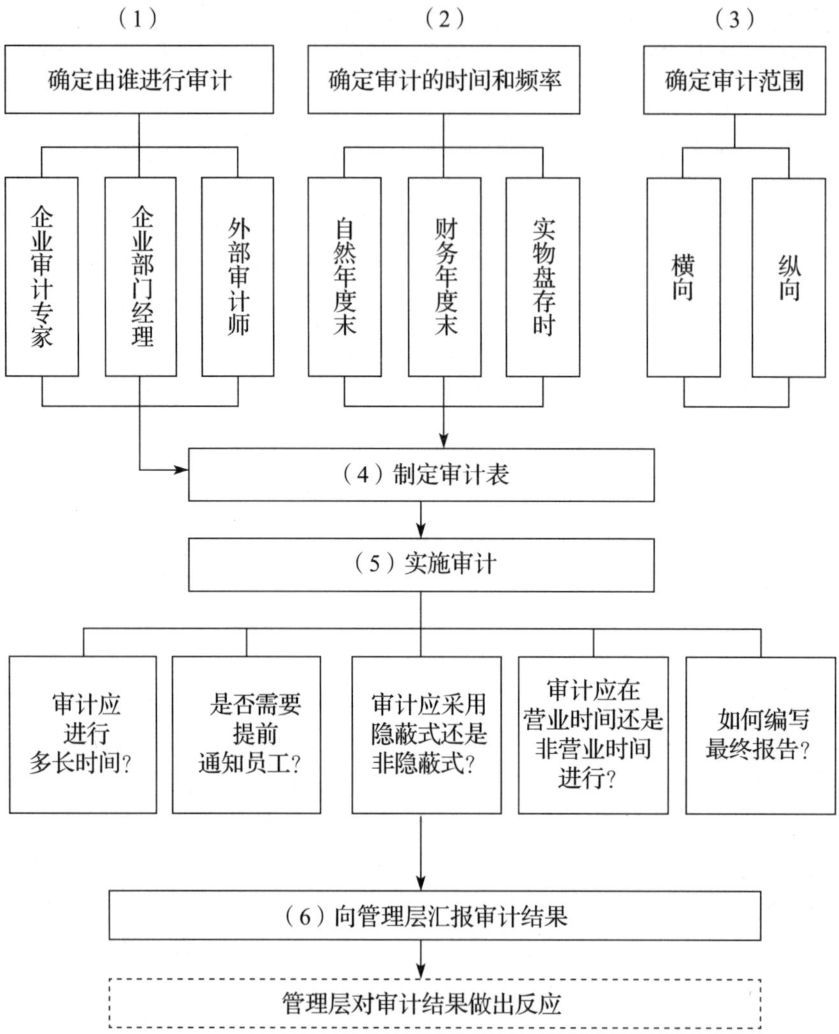

图 20－3　零售审计流程

企业部门经理也是企业内部员工，其首要职责是运营管理，但也可能会被要求参与零售审计。其参与审计的优点包括不存在额外的人员费用，部门经理对企业情况及其运营也有充分的了解。缺点在于经理需要付出额外时间、可能缺乏客观性、面临时间压力，以及整个企业范围的审计工作非常复杂。

外部审计师不是企业的员工而是企业付费聘请的审计顾问。优点在于外部审计师具有丰富的经验、客观性和缜密性。缺点包括每日或每小时的成本较高（但对一些零售商而言，聘请按日计费的审计顾问要比雇用全职审计人员的成本更低，大型企业则相反），审计顾问需要一定的时间才能熟悉企业情况，一些企业无法持续地聘请外部专家，以及一些企业的内部员工不愿与其合作。

确定审计的时间和频率

按照逻辑，审计时间可以定在自然年度末、零售商的年度报告年度（财务年度）末，或完成一次全面实物盘存后。这些审计时间都适合于评估零售商的上期运营绩效。零售审计至少需要每年进行一次，但一些零售商希望更频繁地进行分析。此外，针对各年同期（如每年的 1—12 月）开展审计工作也非常重要，这样才能进行有意义的比较、预测和调整。

确定审计范围

零售审计涉及的内容通常比财务分析更为宽泛，它审查企业战略和运营的众多方面，以确定企业的优势和劣势。审计分为两种类型：横向零售审计和纵向零售审计。横向审计通常可以揭示需要通过纵向审计进行深入研究的方面，因此零售商应将二者结合使用。

横向零售审计（horizontal retail audit）以整合的、一致的方式分析企业的整体绩效，从组织使命、目标、顾客满意度到基本零售战略组合及其实施。它也称为“零售战略审计”。**纵向零售审计**（vertical retail audit）深入分析企业战略组合或运营活动某一方面的绩效，如信用功能、顾客服务、商品分类或店内陈列。纵向审计具有针对性和专业性。

制定审计表

为了实现系统化，零售商应使用详细的审计表。审计表列出了需要审查的各个方面，并对数据收集提供指导。它通常与问卷类似，需要由审计人员完成。如果不使用审计表，就会增加分析的随意性和主观性，关键问题可能会被遗漏或措辞不当，还有可能出现审计人员偏差。更重要的是，不同审计时期的问题可能存在差异，因此无法进行比较。本章稍后将提供零售审计表的示例。

实施审计

接下来，零售商进入审计工作的实施阶段。管理层需要确定审计过程将进行多长时间。是否需要提前通知员工取决于管理层对两个因素的看法：是预先收集数据以节省时间，还是客观地了解实际情况（如果员工事先了解过多，可能导致审计结果出现偏差）。采用隐蔽式审计时，员工对正在进行的审计工作不知情。这种方式有助于审计人员审查人员销售等方面，便于其假扮成顾客来了解员工的反应。采用非隐蔽式审计时，员工知道企业正在开展审计工作。如果需要询问员工运营方面的具体问题并帮助收集数据，则应采用这种方式。

一些审计工作应在零售商的营业时间进行，如评估停车位是否充足、店内的客流模式、垂直运输设施的使用以及顾客关系等。另一些审计工作则应在非营业时间进行，如分析固定装置的状况、库存水平及周转率、财务报表以及员工记录等。

审计报告的形式可以是正式或非正式的、简洁或详尽的、口头或书面的，可以只报告结果，也可以在报告结果的同时提出建议。如果审计报告的形式符合管理层的要求，那么它被接受的概率就更大。

向管理层汇报审计结果并提出建议

审计的最后一步是向管理层汇报结果并提出建议。制定调整决策（如果需要）是管理层而不是审计人员的责任。决策制定者必须仔细阅读审计报告，思考每个要点，并实施必要的战略调整。管理层应严肃对待每次审计，并做出反应。如果管理层不接受建议，那么无论审计工作做得多么出色也毫无价值。

对审计结果做出反应

管理层在研究审计结果后，应采取适当的行动。优势方面应继续保持，劣势方面则应加以改进。所有行动必须与零售战略保持一致，并在企业的零售信息系统中注明（供以后参考）。

经营多个网站和/或众多品牌或商店的零售商往往依赖于许多相互关联的流程，以确保最佳的顾客体验和良好的业绩。对零售审计结果做出反应的最佳方式是根据当地市场条件和人口统计特征采取有针对性的行动，根据需要调整产品分类，进行适当的零售合并，更好地利用新的或成熟的经销商和批发商网络，以及采用适当的营销方法。[18]

实施零售审计时可能遇到的困难

在实施零售审计的过程中可能会出现一些障碍。零售商应该充分意识到这些困难。

- 审计成本可能很高。
- 审计工作可能非常耗时。
- 使用的绩效指标可能不适当。
- 员工可能会感觉受到威胁，不像期望的那样合作。
- 收集的数据可能不准确。
- 管理层可能不会对审计结果做出反应。

目前，许多零售商（尤其是小型零售商）仍然不理解或不进行系统的零售审计。如果这些零售商想要正确地评估自己并适当地规划未来，这种情况就必须改变。

零售审计表的示例

本节介绍管理审计表和零售绩效审查表，以说明小型零售商和大型零售商如何以低成本、高效率的方式实施零售审计。内部或外部审计人员（或部门经理）可以定期填写这些表格，然后与管理层讨论结果。这两个示例都属于横向审计。纵向审计则需要对这些表格中的某一方面进行深入分析。

小型零售商的管理审计表

在美国小企业管理局的支持下，“小型零售商的管理审计表”得到了开发。虽然该审计表是针对小型零售商编写的，但这种全面的横向审计适用于所有零售商。图 20－4 列出了该审计表中的一些特定问题。所有问题的期望答案都是“是”，对于答案为“否”的问题，企业需要研究其原因并调整战略。

零售绩效审查表

图 20－5 是另一种类型的审计表——零售绩效审查表，用于评估企业绩效并为未来做准备。它既适用于小型零售商，也适用于大型零售商。零售绩效审查表比小型零售商的管理审计表更具战略性，后者更注重战术。与图 20－4 中的“是”或“否”的答案不同，零售绩效审查表需要零售商以 1 ～ 5 分评价其各个方面的绩效，以提供更深入的信息。但是，不应该计算总分（除非所有项目都被赋予了权重），因为各项目的重要性不同。简单求和得到的总分是没有意义的。

计划
1. 你是否考虑过企业的长期发展方向？ ________
2. 你是否为本年的运营制订了一套可行的计划？ ________
3. 你的计划是否提供了应对竞争的方法？ ________
4. 你是否拥有用于审计目标的系统？ ________

顾客分析（谁是你的目标顾客？他们希望从你这里得到什么？）
1. 你是否按年龄、收入、受教育程度、职业等进行了顾客描述？ ________
2. 你是否了解顾客在你的商店购物的原因？ ________
3. 你是否会向顾客征求改善运营的建议？ ________
4. 你是否知道哪些商品和服务是你的顾客最喜欢的？ ________

组织和人力资源
1. 职位描述和职责权限是否得到了明确说明？ ________
2. 你是否拥有有效的员工沟通系统？ ________
3. 你是否制订了正式的员工激励计划？ ________
4. 你是否采取了措施来减少入店行窃和内部盗窃？ ________

运营活动和特殊服务
1. 你是否根据特定目标监控运营活动的各个方面？ ________
2. 你是否提供省时的服务来为顾客带来更大的便利？ ________
3. 你是否制定了处理顾客退货的政策？ ________
4. 你是否会通过顾客调查获得反馈？ ________

财务分析与控制
1. 你的财务记录是否可以为你提供制定正确决策所需的信息？ ________
2. 销售额是否可以按部门划分？ ________
3. 你是否了解零售会计法的利弊？ ________
4. 你是否采取了措施来减少入店行窃和内部盗窃？ ________

采购
1. 你是否为每个销售季节制定了按部门和商品类别划分的商品预算（计划采购额）？ ________
2. 商品预算是否考虑了计划销售额、计划毛利润、计划库存周转率和计划降价幅度？ ________
3. 你是否制订了独家品牌或自有品牌计划？ ________
4. 你是否获得了卖方 / 供应商提供的现金折扣和上架费？ ________

定价
1. 你是否已经确定了如何定价（低于、等于或高于市场价格）？ ________
2. 你是否为每个产品类别设定了特定的加价率？ ________
3. 你是否了解哪些商品滞销，哪些商品畅销？ ________
4. 你是否制定了降价政策？ ________

氛围
1. 你的企业形象是否体现了企业的独特吸引力？ ________
2. 你是否规划了最佳陈列位置？ ________
3. 你是否知道哪些商品属于冲动购买商品？ ________
4. 你是否使用了标牌来协助顾客购物？ ________

促销
1. 你是否熟悉不同促销方法的利弊？ ________
2. 你是否参与了合作广告？ ________
3. 你是否请顾客将你的企业推荐给亲朋好友？ ________
4. 你是否利用了社区项目或公共宣传？ ________

图 20－4　小型零售商的管理审计表——特定问题

说明：这些问题涵盖了零售的基本领域。你可以使用这张表格评估企业的现状，也可以重新思考某些特定的决策。请用“是”或“否”来回答所有问题。

资料来源：Adapted by the authors from Michael W. Little, *Marketing Checklist for Small Retailers* (Washington, DC: U.S. Small Business Administration, Management Aids Number 4.012).

• 清晰阐述了长期组织使命。	______
• 在制订未来计划时考虑到了企业现状。	______
• 积极追求可持续的竞争优势。	______
• 企业劣势得到了识别和最小化。	______
• 管理风格与企业的经营方式一致。	______
• 企业采用了合理的短期和长期方法来选择业务领域。	______
• 企业制定了具体、可行和可测量的短期和长期目标。	______
• 这些目标可以指导战略开发与资源配置。	______
• 了解目标市场的特征和需求。	______
• 企业战略是针对选定的目标市场定制的。	______
• 顾客高度忠诚。	______
• 针对战略组合的每个要素都制订了系统的计划。	______
• 所有重要的不可控因素都得到了监控。	______
• 整体战略是经过整合的。	______
• 短期、中期和长期计划具有一致性。	______
• 企业了解每个产品线、每项服务和每种经营模式在市场中所处的地位。	______
• 实施战术的方式与战略计划一致。	______
• 战略计划及其要素得到了充分的传达。	______
• 针对战略计划的各个方面，定期获取公正的反馈。	______
• 搜索有关新机会和新威胁的信息。	______
• 实施战略计划后，持续研究企业的优势与劣势，以及成功与失败的原因。	______
• 研究企业绩效，但需要尽量降低企业对某种情况过度反应的可能性。	______
• 在必要时以及发生危机之前进行战略调整。	______
• 企业避免在战略上摇摆不定（这会使顾客、员工和供应商等各方感到困惑）。	______
• 企业拥有运行良好的网站，或计划在短期内创建网站。	______

图 20－5　零售绩效审查表

说明：以 1 ～ 5 分评价企业在以上各个方面的绩效，1 分表示非常同意（绩效优异），5 分表示非常不同意（绩效不佳）。3 分或高于 3 分意味着有必要加以改进。

关键术语

销售机会表（sales opportunity grid）
绩效指标（performance measures）
标杆管理（benchmarking）
全球零售发展指数（Global Retail Development Index，GRDI）
差距分析（gap analysis）
远景方案分析（scenario analysis）
零售审计（retail audit）
横向零售审计（horizontal retail audit）
纵向零售审计（vertical retail audit）

讨论题

1. 为什么企业必须将其战略视为一个持续的整合过程？
2. 为一家计划在其店内服务组合中增设一个新鲜 Jamba 果汁吧的超市制定一份销售机会表。
3. 列出零售商常用的五个绩效指标，并解释研究这些指标会有什么收获。
4. 什么是标杆管理？介绍零售标杆管理过程的五个步骤。
5. 全球零售发展指数具有什么价值？

6. 差距分析与远景方案分析这两个概念之间有什么关联?
7. 指出横向零售审计与纵向零售审计的区别。为汽车修理零售商制定一份纵向审计表。
8. 良好的零售审计应具有哪些特点?
9. 以下类型的审计人员之间有什么区别?他们分别适用于何种情况?
（1）外部审计师
（2）企业审计专家
（3）企业部门经理
10. 在什么情况下应采用隐蔽式审计?
11. 管理层应如何对审计结果做出反应?忽视审计结果的后果是什么?
12. 为什么许多零售商不进行任何形式的零售审计?这些理由合理吗?解释你的答案。

第Ⅷ篇 小案例

案例 1

展望未来：第 1 部分[①]

（注：下文是一项研究的结果，该研究包括以下内容：由 Meridian-NorthStar Partners 公司和《先进食品杂货商》杂志针对整个行业的零售商进行的调查和访谈；针对供应商的类似调查和访谈；由 Stagnito Business Information + Edgell Communications 旗下的 Carbonview Research 公司对 1 000 名不同年龄段的购物者进行的网络调查；一份行业知识回顾；同时结合了真实世界的市场经验。）

在一项针对整个零售业的研究中，91% 的零售商和 95% 的供应商均指出，许多变化（包括新的购物者购买 / 配送选择的出现、新信息来源的产生、千禧世代等购物者的偏好，以及渠道的模糊，如传统零售渠道与电子商务渠道之间的模糊）正在重新定义“成功的条件”。

市场变化带来了全新的挑战以及对新思维和新解决方案的前所未有的需求。总部位于芝加哥的商业咨询公司 Alix Partners 对《纽约时报》(*New York Times*) 表示：“实体店零售商需要提出更好的主张，以吸引购物者进入商店。‘以量取胜’的理念已经不起作用了，它们必须想办法使购物再次变得有趣。”

第一项挑战涉及差异化和相关性。不断增加的购物者选择（针对膳食解决方案、美容保健产品、宠物用品等类别）是导致竞争的原因之一，尤其是在面对千禧世代购物者时。多达 1/3 的购物者和近一半的千禧世代在专业店和网上购物，这带来了进一步的挑战。这些选择正在改变成功的条件。接受我们调查的一家零售商表示：“传统上，我们着眼于市场购物篮和客流量。但是，在购物选择越来越多的今天，我们更需要的是差异化和相关性。”

第二项挑战涉及实体店与虚拟店之间的平衡。五年以后，购物者（特别是千禧世代）还会重视商店吗？答案是肯定的，但有一个警告：商店必须加以改进。首先，好消息是，购物者（尤其是千禧世代）认为，在未来五年内，在线购物将有所增长，但实体店将继续在购物和提货方面发挥重要作用。接受调查的另一家零售商表示：“购物者同时需要实体店和虚拟店这两种选择，并且希望二者能够无缝结合。”

其次，警告是，实体店必须与虚拟店的购物选择挂钩，但是仍需重视第一项挑战，即差异化、相关性以及商店吸引和刺激消费者的能力。一家零售商指出：“在全渠道环境中，重视商店对于我们的长期生存至关重要。”一家食品供应商表示：“我们预测在线业务将大

---

① Based on material in “Envision the Future,” *Progressive Grocer*, March 2016, pp. 38-41. Reprinted by permission.

幅度增长，但即使到2020年，它也仅占我们销售额的3%。”

类别管理几十年来一直发挥着关键作用并将继续发挥作用，但今天还需要其他方法来满足购物者更高层次的需求以及零售商所有商店的需求。今天的购物者需求不再受传统商品类别的限制。对零售商来说，针对150多个商品类别开发的解决方案已经无法满足它们的需求，因为今天的零售商需要将这些解决方案进行排序和整合，以刺激和吸引购物者，并使其整体运营差异化。

供应商和零售商都认识到，对于未来的购物者和商店管理需求来说，类别管理存在一些局限性。一家零售商表示：“类别管理很重要，但它只是进入市场的手段，并且从定义上来说，类别管理的范围和提供的解决方案都是有限的。仅凭类别管理，你无法成功。”用来满足购物者 / 商店更高层次需求的方法会影响所开发的洞见的类型和深度以及这些洞见的应用。

虽然现在几乎所有的供应商都具有购物者洞见，但零售商表示它们需要更广泛的商业洞见，以更充分地满足购物者和商店的需求。除了需要更深入、更成熟的洞见，还需要将这些洞见应用于在购物者需求和零售经营方面识别类别定义之外的“空白”。

问题

1. 你如何看待该案例的数据收集方法？解释你的答案。

2. “第一项挑战涉及差异化和相关性。”为什么这对于所有类型和规模的零售商都是如此？为什么这在未来会更加困难？

3. “第二项挑战涉及实体店与虚拟店之间的平衡。”为什么这对于所有类型和规模的零售商都是如此？为什么这在未来会更加困难？

4. 对在线收入增长的乐观预测有何利弊？

案例2

展望未来：第2部分①

（注：下文是一项研究的结果，该研究包括以下内容：由Meridian-NorthStar Partners公司和《先进食品杂货商》杂志针对整个行业的零售商进行的调查和访谈；针对供应商的类似调查和访谈；由Stagnito Business Information + Edgell Communications旗下的Carbonview Research公司对1 000名不同年龄段的购物者进行的网络调查；一份行业知识回顾；同时结合了真实世界的市场经验。）

要想在当今的环境中取得成功，零售商需要满足更多要求。原因如下：实体与虚拟渠道的模糊；不仅要关注消费者的需求，还要关注购物者的需求；零售商需要以令人信服的方式解决这些问题；零售业对“关键时刻”的认识也发生了转变，即从购物者站在摆满产品的货架前的这一刻，已经转变到购物者考虑在哪个渠道 / 零售商处购物的这一更早的时间点。

今天，刺激购物者和与购物者互动（2E）是两个至关重要的差异化因素，并可以满足零售商对差异化形象和相关性的需求。刺激（excite）：当购物者走过商店的某个区域时，这个区域是否会引起购物者的惊叹？是否会激发情感联系？是否会使他们感觉有必要进入浏览？是否足以使他们确信它可以替代专业店？互动（engage）：促销策略侧重于向购物者进

---

① Based on material in “Envision the Future,” *Progressive Grocer*, March 2016, pp. 38-41. Reprinted by permission.

行宣传，但与购物者互动则侧重于促使购物者发起对话。例如，为了与餐馆的外卖服务竞争（购物者经常使用移动设备打电话订购），你的预制食品部门是否也可以提供同样的服务？对于商店的其他部门，是否有机会在购物者进入商店前、在店内时以及离开商店后与其进行对话？

只有 50% 的购物者表示，他们对自己经常光顾的食品杂货店“完全或相当忠诚”；只有 51% 的购物者表示，他们在购物体验中获得的“享受程度很高或比较高”；41% 的购物者表示，“它的产品组织方式不符合我的要求”；30% 的购物者表示，“我认为它们在组织产品时没有关注购物者的需求”。关注 2E 有可能改变这种局面。正如多项研究所示，会员俱乐部的“寻宝”活动以及许多专业店的“趣味 / 刺激”活动都提供了有用的参考点。在我们的研究中，超过 3/4 的购物者表示，如果他们经常光顾的商店能够提供更具互动性的购物体验，他们很有可能会再次光顾。

随着商业环境的巨大改变，重新审视两个方面的行业“真理”也是有益的。首先是对商店外围和商店中心的认识。商店外围不仅具有独特的要素，还具有其他一些可以广泛应用的要素，如类别整合、视觉吸引力、信息 / 新闻以及各类服务台等。

其次是对整个商店的“共同外观”的认识。另一家零售商表示：“共同外观可能是劣势而不是优势。宠物用品通道的外观为什么要与家居清洁用品、零食或健康、美容和化妆品（HBC）的通道相同呢？这些区域需要与购物者建立联系而不仅是提供商品。宠物应被视为家庭成员。饮料应该提供纯净感、多样性、愉悦感。非处方药物应该满足治疗和预防的需要。”要想创造更激动人心、更具互动性的零售体验，零售商必须采用更全面的方法，而不是试图采用商店中心策略解决商店中心问题，或者对整个商店采用相同的外观。

一家排名前五的食品杂货零售商的例子可以充分说明存在某些机会，这些观察结果和启示也适用于其他渠道。该商店具有典型的外围区域，商店中心有 24 条通道，每条通道的末端都放置了带有编号的标牌，标牌上列出该通道内的 7 ～ 8 类产品（近 200 个类别）。这些标牌的形状和颜色都相同，所有的通道使用相同的固定装置和其他要素。某些产品类型（如饮料）占据了整整三条通道，但互不相邻，其他产品类型（如 HBC、宠物用品、日用品）通常各占一条通道。通道末端通常用来陈列与相邻通道内摆放的产品类型不一致的商品。

问题

1. 解释为什么“刺激”和“互动”对于前瞻性零售规划至关重要。

2. 最后一家使你感觉激动的零售店（实体商店或在线商店）是哪家商店？描述那些让你激动的要素。这是否刺激了你购买更多商品或快速再次光顾？为什么？

3. 作为购物者，你是否希望该零售商与你互动？根据你的答案，该零售商应采取什么措施来维系与你的关系？

4. 超市彻底重新设计其商店内部环境和布局的利弊是什么？

第Ⅷ篇　综合案例

实现卓越零售[①]

绪言

2016 年，科尔尼咨询公司进行的“实现卓越的零售运营”（Achieving Excellence in Retail Operations，AERO）研究揭示了这个商店运营新时代的双面性。好的方面是，“精明”零售的趋势清晰且一致。来自全球 100 多家零售企业高管的调查反馈表明，企业正在根据新的全渠道环境调整商店的运营战略和指标，并大力投资以提供支持。试点和试验的进展越来越快，所有零售部门也都在迅速提供越来越多的订单履行方式。

坏的方面是，AERO 指出，零售商在高效采用这些精明零售战略及指标时面临着许多挑战。虽然技术是当今零售投资的首选，但其投资回报率并不明显。在技术投资和全渠道整合的过程中，商店员工作为改善商店绩效的关键因素经常遭到忽视。重要的是，该研究还指出了零售服务与消费者期望之间的失调，即零售商投资于顾客可能不想要、不需要或不期望的服务，特别是在订单履行、店内技术和社交互动方面。在寻求为所有人提供所有产品的过程中，零售商是否不必要地提高了运营的成本和复杂性？

2016 年的 AERO 研究探讨了当今零售业的主要趋势，提供了有见地的案例分析，并分享了我们对潜在解决方案的看法。通过了解游戏的新规则，改善零售运营可以成为在这个新的零售时代的成功之道。

零售运营管理的精明方式

全渠道零售迎来了零售业的下一波增长浪潮。全渠道零售的确切定义取决于所讨论的对象。它是指各渠道的统一信息传递吗？是指各渠道的无缝订单履行吗？是指各渠道的一致定价吗？还是包括上述所有方面？无论如何定义全渠道零售，任何零售商都会告诉你，它对零售运营的影响是难以置信的。

AERO 的研究结果表明，商店已经做出了一些重大改变以支持全渠道零售。86% 的零售商调整了商店战略和指标以支持全渠道环境。零售商也在对商店员工进行跨平台互动方面的培训，激励他们通过电子商务渠道进行销售，并针对店内订单履行给予他们奖励。

---

① Based on material in Joel Alden, Dean Hillier, Pierre-Alexandre Koch, Adam Pressman, Ryan Fisher, and John Rabenhorst, “2016 Achieving Excellence in Retail Operations (AERO®) Study— Retail Operations: People Are Still the Best Investment,” A. T. Kearney, 2016, pp. 1-8. Reprinted by permission.

随着零售业领导者重新考虑其商店的作用，将商店作为陈列室、小型配送中心、教育中心等，关于消费者参与、教育和销售的培训也在不断发展。零售商的成功完全取决于实体店收入的日子已经一去不复返了，商店的利润和激励结构如今已得到完善，以包括其周边的电子商务业务，这也从根本上改变了店员看待顾客的方式。

零售商对于何时、何地、如何测试商店的一些新概念也变得更加精明。我们在 2013 年的调查中发现，19% 的零售商制订了积极的试验计划，今天，该数字达到 30% 以上。今年的调查结果发现，一些零售商为了获得成功正在采用商店运营软件工具集。

约翰·路易斯的案例分析

具有 150 年历史的英国百货商店约翰·路易斯（John Lewis）发现了一种更精明的技术管理方式，并最终为消费者提供了差异化的服务。该商店的成功始于多项试点计划。它利用在线技术试点了一家全渠道商店，以较小的规模提供约翰·路易斯的各种产品。消费者可以在其应用程序上获取 25 万种产品的信息、浏览产品评论、比较价格、制定愿望清单以及观看视频等。消费者还可以利用店内的 iPad 和电脑购买数千种该商店目前缺货的商品，并可以选择将商品配送到家或配送到另一家分店。此外，通过该商店的“在线订购、定点提货”计划，顾客还可以在线购买约翰·路易斯品牌或其他子品牌的多种商品，从服装到家居用品，然后一次性提货。

事实证明，约翰·路易斯的运营是成功的。今天，其销售额的 1/3 来自在线购买，金额约为 15 亿美元，增长率为 25%。其“在线订购、定点提货”订单已经达到每年 600 万单，是 2008 年（第一年）35 万单的 17 倍。

使零售服务与消费者期望保持一致

尽管零售业掀起了支持全渠道的活动浪潮，但零售商在商店运营方面下的许多赌注不一定都能带来预期的结果。我们的研究指出了零售服务与消费者期望之间的失调。虽然零售商正在向“全渠道极乐世界”大步迈进，但消费者的要求没有那么高。

虽然我们预期随着零售商提供的选择越来越多，消费者期望会发生变化，但研究结果表明，零售商只需正确地掌握“使零售服务与消费者期望保持一致”这一基本能力，超过 1/3 的受访者表示，他们的企业没有做到这一点。

例如，我们发现零售商正在争相缩短配送时间，从次日送达到当日送达，再到 1 小时送达。尽管如此，超过 3/4 的被调查消费者表示，他们期望的只是两天或在更长时间内送达。消费者表示，他们更关注零售商是否履行承诺，即他们能否在约定的时间内收到商品，而不是能否立即收到商品（见图 1）。

这些问题为零售运营提供了重要启示，即零售商需要新能力、新技能和新工具，也需要能够满足全渠道期望的工作流程和激励措施。当零售商提供的商品和服务以及对其进行的投资与顾客期望之间的差异过大时，零售商就会错失机会。商店运营过程中的全渠道投资应基于消费者的关注点，而不能仅仅基于零售商的“全渠道愿景”。这有助于零售商避免不必要的运营成本及复杂性，并最终减少消费者的困惑。

技术：希望与挫折

今年的研究再次发现，零售商正在大力投资于技术，但仍然苦于确定它的价值。我们 2016 年研究的受访者表示，技术是投资的首选领域，几乎每位受访者都表示他们将会投资于技术，但是近 60% 的受访者认为，他们的企业苦于如何运营以及如何测量投资回报率。该结果略微好于 2013 年，但仍然相当低（见图 2）。

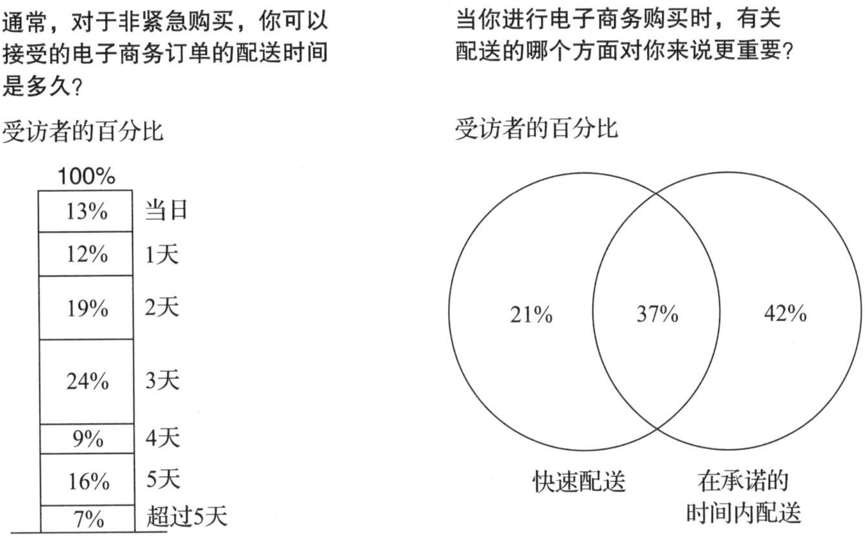

图 1 虽然缩短配送时间方面的竞争不断升温，但大多数顾客满足于两天送达

资料来源：A. T. Kearney, 2016. Reprinted by permission.

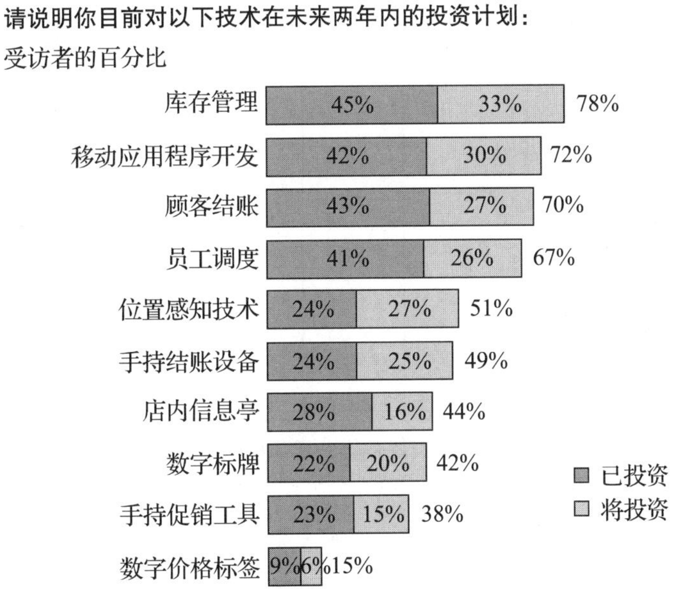

图 2 零售商正在商店运营的几乎每个主要领域进行技术投资

资料来源：A. T. Kearney, 2016. Reprinted by permission.

这到底是怎么回事？为什么零售商年复一年地持续投资于技术，以追逐零售领域的下一个大事件，却始终一无所获？

我们认为答案在于这些投资的侧重点。约 90% 的零售额仍然产生于实体店，但是我们今天看到的投资中几乎没有任何一项是为了帮助商店员工更好地工作。大多数投资侧重于面向消费者的技术，尽管 80% 的消费者表示，他们在通过店内技术进行直接互动时体验到了糟糕的服务。仅仅因为今天的服务体验很差，并不意味着要停止尝试。重点投资于能够使员工更好地与顾客互动并满足真正顾客需求的工具和信息，这仍然很有价值。零售商有机会缩小店内顾客互动方面的信息差距（如基于店内活动的偏好），但是需要获得比现在更强的顾客信任感以及分享信息的意愿。

那些投资于技术的零售商正在利用技术来帮助商店员工。这也有助于降低运营成本，因为员工受到了激励去学习、接纳和实施新的技术解决方案，从而可以提高运营效率和销售额，甚至有可能提高他们自己的佣金。

社交媒体的价值

全渠道时代的另一个重要领域是社交媒体，零售商可以通过正确地应用社交媒体创造价值。但是，2016 年的调查揭示，零售商在社交媒体上提供的商品和服务与消费者的实际期望之间存在差距。超过 60% 的零售商表示，它们仍然专注于挖掘社交媒体以创造价值。但是，2/3 的消费者则表示，他们根本不会在社交媒体上与零售商互动；那些与零售商在社交媒体上互动的消费者主要是为了获得优惠券或折扣（见图 3）。

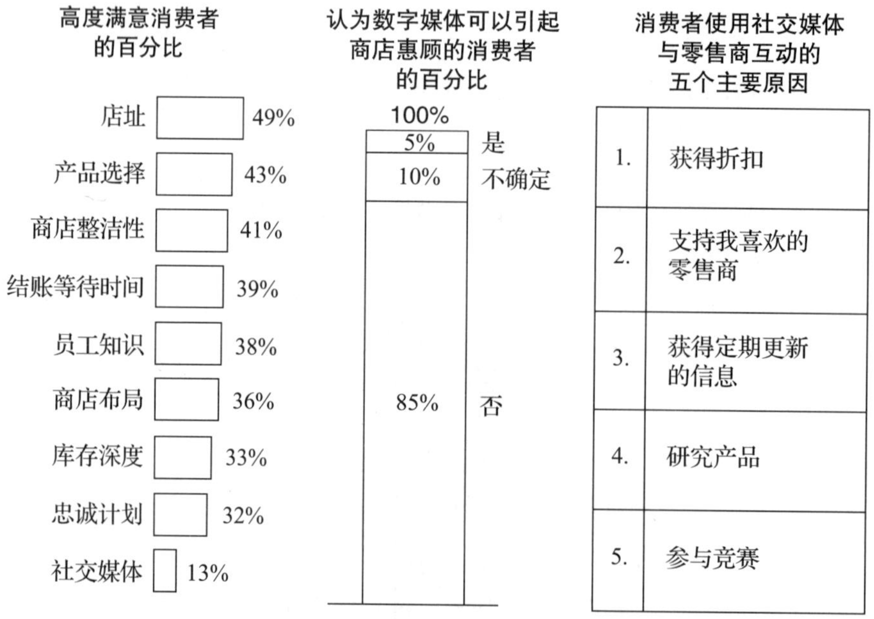

图 3　对于顾客来说，社交媒体不会增加商店惠顾而是用于获得折扣

资料来源：A. T. Kearney, 2016. Reprinted by permission.

这也属于零售商提供的商品和服务与消费者期望不符的情况吗？研究结果表明，超过 85% 的消费者表示社交媒体互动不会引起商店惠顾。此外，当被要求对零售商的一些接触点进行排序时，消费者将社交媒体列为 13 种接触点中价值最低的一种。店址、产品选择和商店整洁性排在前三位。

这并不意味着零售商应该停止在社交媒体上投入大量时间和精力，而是必须专注于如何正确地应用它。在社交媒体互动以及由此创造的价值方面处于领先地位的零售商正在与顾客进行在线互动，并培养一种社区意识。

沃比帕克的案例分析

与普通的零售商相比，沃比帕克（Warby Parker）眼镜的顾客在社交媒体上的互动程度更高。该公司强大的社会使命感使其受到了年轻人的欢迎。该公司在其眼镜设计、网站内容和商店体验方面保持一致、可识别的形象。

该公司在社会使命方面取得的成功源于定期开展一些独特和专有的活动，并在社交媒体上进行分享。它鼓励顾客在试用产品期间通过社交媒体进行互动。其网站上的 #warbyhometryon 主题标签为该公司提供了关于顾客对眼镜看法的“专家”意见。

商店员工：零售业的无名英雄

今天的零售商非常关注未来的消费者、令人兴奋的新技术以及社交媒体互动，但是 AERO 的研究结果表明，商店运营的真正英雄是店内员工，但他们经常遭到忽视。顾客表示，体验和服务对运营效率的影响最大。然而，研究结果一致显示，店员很少被作为投资的重点。

接近一半的受访零售商表示，员工培训计划应该得到“重大改进”。超过 70% 的零售商期望在近期扩大控制范围。此外，几乎所有的零售商都对其员工适应新的全渠道环境的能力表示了关注。我们认为，事实并不是零售商的店员技能低下，而是零售商没有正确地关注如何适当地支持店内员工。

商店员工是零售商最重要的资产，他们对任何商店的未来都至关重要。为了达到期望，投资应侧重于支持店员所需的核心基础：培训、激励、职业发展和企业支持。有趣的是，约 3/4 的零售商计划投资于员工及更多的培训，但是目前，员工需要更多的支持，以完成其最为关键的任务：提供卓越的顾客服务。

推动“精明”零售

随着全渠道时代的到来，零售商正在迅速提高商店运营能力。你如何确定你的零售组织已经准备好实现它的全部价值？

- 你是否制定了明确的商业战略，将不同渠道及不同商店业态的指标联系起来？
- 你是否使用了“学习商店”和“试点商店”来尝试改变计划，以了解全渠道投资的影响？
- 你如何衡量零售技术支出的投资回报率（ROI）？
- 你的在线订单配送服务能否按照承诺高效地为顾客配送？
- 你如何通过社交媒体为你和你的顾客创造更多价值？
- 你如何投资于店内员工以帮助他们取得成功？

事实上，许多零售商都对这些问题给出了肯定的回答。它们采取了新战略来满足消费者期望，使用了新指标来更恰当地测量员工的绩效和激励员工，并更频繁地利用试点商店来更快地获得答案。

但是，在追求“全渠道极乐世界”的过程中，零售商需要更好地掌握全渠道的核心基础：专注于顾客的需要和需求；提供支持以确保投资能够改善商店绩效；对投资回报率进行清晰的测量；了解如何支持店内员工。零售业仍需以人为本。正确地做到这一点仍然是成功的关键因素。

研究方法

关于该研究

科尔尼咨询公司的“实现卓越的零售运营”（AERO）研究为全球零售商提供了关于如何改善运营的真知灼见。2016 年的研究收集了来自美洲、欧洲和亚太地区高级零售主管的

100 多份应答，展现了全球范围内新兴的商店运营的最佳实践。该研究涵盖了多个行业，包括服装、保健与个人护理、大众超市及巨型超市、电子产品、食品杂货以及付现自运等。

除了零售商的观点，2016 年的研究还提供了消费者的观点。我们调查了近 800 位具有不同人口统计特征的北美消费者，他们的应答清晰展现了消费者对商店运营的看法。在该研究中，我们将零售商观点与消费者观点进行了比较和对比，确定了对于当今零售环境真正重要的因素。

该研究基于科尔尼咨询公司的商店运营框架（见图 4）。该框架（也曾用于 2010 年的研究）从确定战略方向、提供核心价值、优化支出和推动持久变革等方面来评估运营。

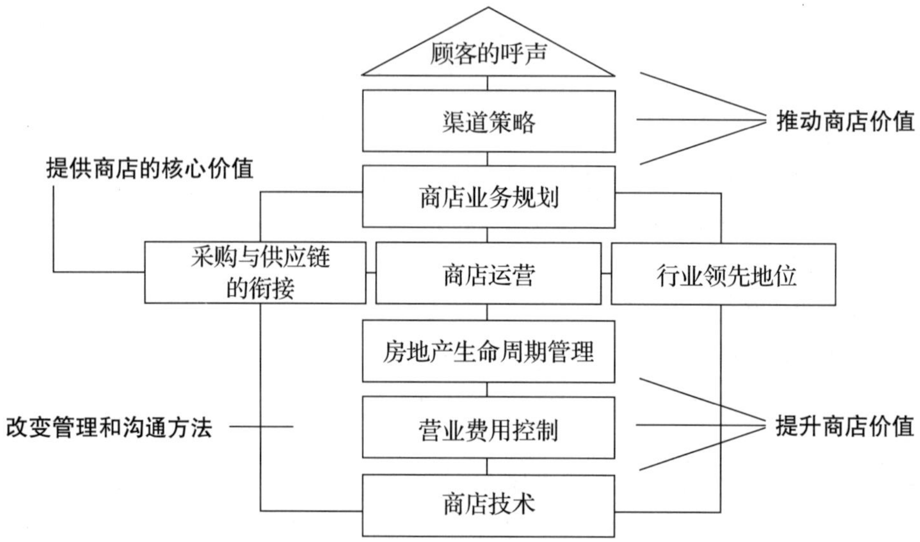

图 4　科尔尼咨询公司的商店运营框架是 AERO 研究的基础

资料来源：A. T. Kearney, 2016. Reprinted by permission.

问题

1. 你从该案例中可以得出哪些总体结论？解释你的答案。
2. 今天，零售商与顾客之间最严重的脱节是什么？应如何处理？
3. 其他零售商可以从约翰·路易斯和沃比帕克那里学到什么？
4. 描述图 1 所示的结果。你是否对该结果感到惊讶？这些结果对零售商有什么启示？
5. 描述图 2 所示的结果。零售商是否在技术投资方面做得很好？解释你的答案。
6. 描述图 3 所示的结果。你是否对该结果感到惊讶？为什么？这些结果对零售商有什么启示？
7. 评论 AERO 研究所采用的方法。讨论你将如何改进它。

图书在版编目（CIP）数据

零售管理：第 13 版 /（美）巴里·伯曼，（美）乔尔·埃文斯，（美）帕特拉莉·查特吉著；金钰译. -- 北京：中国人民大学出版社，2021.10

工商管理经典译丛. 市场营销系列

ISBN 978-7-300-29846-7

Ⅰ. ①零… Ⅱ. ①巴… ②乔… ③帕… ④金… Ⅲ. ①零售商店－商业管理 Ⅳ. ① F713.32

中国版本图书馆 CIP 数据核字（2021）第 186520 号

工商管理经典译丛·市场营销系列

零售管理（第 13 版）

巴里·伯曼
［美］乔尔·埃文斯　　著
帕特拉莉·查特吉
金　钰　译

Lingshou Guanli

出版发行	中国人民大学出版社		
社　　址	北京中关村大街 31 号	**邮政编码**	100080
电　　话	010 – 62511242（总编室）		010 – 62511770（质管部）
	010 – 82501766（邮购部）		010 – 62514148（门市部）
	010 – 62515195（发行公司）		010 – 62515275（盗版举报）
网　　址	http://www.crup.com.cn		
经　　销	新华书店		
印　　刷	北京七色印务有限公司		
开　　本	787 mm × 1092 mm　1/16	**版　　次**	2021 年 10 月第 1 版
印　　张	27 插页 1	**印　　次**	2024 年 1 月第 2 次印刷
字　　数	608 000	**定　　价**	89.00 元

Pearson

尊敬的老师：

您好！

为了确保您及时有效地申请培生整体教学资源，请您务必完整填写如下表格，加盖学院的公章后以电子扫描件等形式发我们，我们将会在2～3个工作日内为您处理。

请填写所需教辅的信息：

采用教材				□ 中文版 □ 英文版 □ 双语版
作　者			出版社	
版　次			ISBN	
课程时间	始于　　年　月　日		学生人数	
	止于　　年　月　日		学生年级	□ 专科 □ 本科 1/2 年级 □ 研究生 □ 本科 3/4 年级

请填写您的个人信息：

学　校			
院系/专业			
姓　名		职　称	□ 助教 □ 讲师 □ 副教授 □ 教授
通信地址/邮编			
手　机		电　话	
传　真			
official email（必填） （eg：×××@ruc. edu. cn）		email （eg：×××@163. com）	
是否愿意接受我们定期的新书讯息通知：　□ 是　□ 否			

系/院主任：______________（签字）

（系 / 院办公室章）

____年____月____日

资源介绍：

——教材、常规教辅资源（PPT、教师手册、题库等）：请访问 www. pearsonhighered. com/educator。（免费）

——MyLabs/Mastering 系列在线平台：适合老师和学生共同使用；访问需要 Access Code。（付费）

地址：北京市东城区北三环东路 36 号环球贸易中心 D 座 1208 室（100013）

Please send this form to：copub. hed@pearson. com

Website：www. pearson. com

中国人民大学出版社　管理分社

教师教学服务说明

中国人民大学出版社管理分社以出版工商管理和公共管理类精品图书为宗旨。为更好地服务一线教师，我们着力建设了一批数字化、立体化的网络教学资源。教师可以通过以下方式获得免费下载教学资源的权限：

★ 在中国人民大学出版社网站 www.crup.com.cn 进行注册，注册后进入“会员中心”，在左侧点击“我的教师认证”，填写相关信息，提交后等待审核。我们将在一个工作日内为您开通相关资源的下载权限。

★ 如您急需教学资源或需要其他帮助，请加入教师 QQ 群或在工作时间与我们联络。

中国人民大学出版社　管理分社

教师 QQ 群：648333426（工商管理）　114970332（财会）　648117133（公共管理）
教师群仅限教师加入，入群请备注（学校＋姓名）

联系电话：010-62515735，62515987，62515782，82501048，62514760

电子邮箱：glcbfs@crup.com.cn

通讯地址：北京市海淀区中关村大街甲 59 号文化大厦 1501 室（100872）

管理书社　　人大社财会　　公共管理与政治学悦读坊